GABRIEL M

THE SOUTH AMERICAN FOOTBALL YEARBOOK

2011-2012

British Library Cataloguing in Publication Data
A catalogue record for this book is available from the British Library

ISBN: 978-1-86223-225-9

Copyright © 2011, SOCCER BOOKS LIMITED (01472 696226)
72 St. Peter's Avenue, Cleethorpes, N.E. Lincolnshire, DN35 8HU, England
Web site   www.soccer-books.co.uk
e-mail   info@soccer-books.co.uk

All rights are reserved. No part of this publication may be reproduced, stored in a retrieval system or transmitted, in any form or by any means, electronic, mechanical, photocopying, recording, or otherwise, without the prior written permission of Soccer Books Limited.

Printed in the UK by QNS Printing

Dear Readers

This new edition of the South American Football Yearbook covers the 2010 competitive season (or 2010/2011) for all ten member countries of CONMEBOL, the governing body which oversees South American football. For this new edition, the format of the yearbook has been expanded and, in the chapters concerning the South American club competitions, readers will find complete line-ups and all other needful statistics for all matches played in the Copa Libertadores and the Copa Sudamericana. For the national teams' statistics, in addition to established data about national team players such as full names, dates of birth and clubs' membership, readers will also find the number of caps and goals of each player has won for their national teams. These figures are up to date at the time this yearbook went to print.

The obvious highlight of 2010 was the 19th FIFA World Championship final tournament, held in South Africa, marking the first time the African continent had hosted the competition. The South American national teams (Argentina, Brazil, Chile, Paraguay and Uruguay) all had a very successful start to the competition as they managed to qualify for the 2nd Round and four of the teams even progressed to the quarter-finals. However, here their opponents ultimately proved too strong. Brazil and Argentina, who were considered amongst the favourites to win the trophy, were defeated by the Netherlands and Germany respectively. Paraguay played well against the eventual champions Spain (and were perhaps a little unlucky to lose) but only Uruguay was able to qualify for the semi-finals although a large slice of luck was required as Ghana missed a penalty in the final minute of extra time before themselves succumbing on penalties! Although Uruguay then lost both the semi-final and the 3rd place play-off, they rightly viewed this as a successful tournament as they achieved their best finish since 1970 and their striker, Diego Forlán won the accolade of "Golden Ball" as he was chosen by FIFA as the best player of the tournament.

Before the 19th World Cup, European and South American countries had won 9 titles each but Spain's first title means that Europe now has a 10-9 lead. However, with the 20th World Cup to be held in Brazil in 2014, South America may quickly draw level once again!

The South American continental club competitions in 2010 were dominated by Brazilian clubs, who had two teams in the semi-finals of both the Copa Libertadores and the Copa Sudamericana. In the event, the Brazilian team SC Internacional Porto Alegre lifted the 2010 Copa Libertadores (defeating Mexican side, CD Guadalajara) and the Copa Sudamericana 2010 went to Argentina's CA Independiente Avellaneda as they defeated the Brazilian club, Goiás EC Goiania, a team who had surprised everyone by reaching the final itself!

In July 2011 the 43rd edition of the Copa América (the oldest continental championship in world football), will be held in Argentina. As usual, the main favorites are the host country, Argentina (which surprisingly won its last continental title as far back as 1993!), and Brazil, the title holders and winners of the last two editions. However, given that Argentina has not won any major trophy (if we do not consider the victories at the Olympic Games in 2004 and 2008) for nearly two decades, local public expectations are extremely high. The results of this continental tournament will be presented in the next year's edition of the South American Football Yearbook.

Finally, I wish to express my gratitude to Mr. Eliezer Sebastián Pérez, sports journalist in Caracas, who sent me a lot of data which really helped me to complete my material for Venezuelan football.

The Author

ABBREVIATIONS

GK	Goalkeeper		Ape	Apertura
DF	Defender		Cla	Clausura
MF	Midfielder		Cp	Caps
FW	Forward		Gls	Goals
DOB	Date of birth			

(F)   International friendly matches   (WCF)   World Cup Final Tournament

FIFA COUNTRY CODES – SOUTH AMERICA

Argentina	ARG		Ecuador	ECU
Bolivia	BOL		Paraguay	PAR
Brazil	BRA		Peru	PER
Chile	CHI		Uruguay	URU
Colombia	COL		Venezuela	VEN

FIFA COUNTRY CODES – EUROPE

Belgium	BEL		Israel	ISR
Croatia	CRO		Italy	ITA
Cyprus	CYP		Portugal	POR
England	ENG		Russia	RUS
France	FRA		Spain	ESP
Germany	GER		Sweden	SWE
Greece	GRE		Turkey	TUR
Holland	NED		Ukraine	UKR

FIFA COUNTRY CODES – NORTH & CENTRAL AMERICA

Canada	CAN		Panama	PAN
Costa Rica	CRC		United States of America	USA
Mexico	MEX			

FIFA COUNTRY CODES – AFRICA

Cameroon	CMR		Egypt	EGY

FIFA COUNTRY CODES – ASIA

Japan	JPN		Qatar	QAT
Korea Republic	KOR			

SUMMARY

Editorial	3
Abbreviations, FIFA Country Codes	4
Summary	5
COMPETITIONS FOR NATIONAL TEAMS	
World Cup 2010	6
Copa América 2011	13
SOUTH AMERICAN CONTINENTAL COMPETITIONS FOR CLUB TEAMS	
Copa Libertadores 2010	16
Copa Sudamericana 2010	64
NATIONAL ASSOCIATIONS	
Argentina	92
National and international records	93
Torneo IVECO del Bicentenario Apertura & Clausura 2010/2011	103
The Argentinean National Team 2010-2011	126
Bolivia	132
National and international records	133
Torneo Apertura & Clausura 2010	138
The Bolivian National Team 2010-2011	154
Brazil	157
National and international records	158
Campeonato Brasileiro Série A 2010	162
The State Championships 2010	186
The Brazilian National Team 2010-2011	228
Chile	233
National and international records	234
Primera División 2010 Apertura & Clausura	239
The Chilean National Team 2010-2011	261
Colombia	266
National and international records	267
Primera A - Copa Postobón I & II 2010	272
The Colombian National Team 2010-2011	295
Ecuador	299
National and international records	300
Campeonato Ecuatoriano de Fútbol 2010	304
The Ecuadorian National Team 2010-2011	319
Paraguay	324
National and international records	325
Torneo Apertura & Clausura 2010	331
The Paraguayan National Team 2010-2011	346
Peru	352
National and international records	353
Primera División del Perú 2010	358
The Peruvian National Team 2010-2011	377
Uruguay	381
National and international records	382
Primera División Profesional 2010/2011	388
The Uruguayan National Team 2010-2011	406
Venezuela	411
National and international records	412
Primera División de Venezuela 2010/2011	417
The Venezuelan National Team 2010-2011	442
THE SOUTH AMERICAN PLAYER OF THE YEAR 2010	446

WORLD CUP 2010

The 19th World Cup Final Tournament took place in South Africa from 11 June to 11 July 2010. Five teams represented the South American Football Confederation: Argentina (Group B), Brazil (Group G), Chile (Group H), Paraguay (Group F) and Uruguay (Group A). All five teams reached the second round of the competition and four teams (excepting Chile) was able to qualify to the quarter-finals. However, only Uruguay could qualify for the semi-finals, but the „Celeste"-team lost their both games against Holland and Germany and occupied the 4th place in the final ranking. Uruguayan striker Diego Martín Forlán Corazo was elected as „Best player of the Tournament".

List of venues:
Bloemfontain (Free State Stadium – Capacity 48,000);
Cape Town (Cape Town Stadium – 69,070);
Durban („Moses Mabhida" Stadium – 70,000);
Johannesburg (Ellis Park Stadium – 62,567, Soccer Stadium – 91,141);
Nelspruit (Mbombela Stadium – 43,500);
Polokwane („Peter Mokaba" Stadium – 46,000);
Port Elizabeth („Nelson Mandela" Bay Stadium – 48,459);
Pretoria (Loftus Versfeld Stadium – 51,762);
Rustenburg (Royal Bafokeng Stadium – 42,000);

FINAL TOURNAMENT
(teams in bold are qualified for the 2th Round)

GROUP A

11.06.2010	Johannesburg	South Africa - Mexico	1-1(0-0)
11.06.2010	Cape Town	Uruguay - France	0-0
16.06.2010	Pretoria	South Africa - Uruguay	0-3(0-1)
16.07.2010	Polokwane	France - Mexico	0-2(0-0)
22.06.2010	Rustenburg	Mexico - Uruguay	0-1(0-1)
22.06.2010	Bloemfontein	France – South Africa	1-2(0-2)

FINAL STANDINGS

1.	**Uruguay**	3	2	1	0	4	- 0	7
2.	**Mexico**	3	1	1	1	3	- 2	4
3.	South Africa	3	1	1	1	3	- 5	4
4.	France	3	0	1	2	1	- 4	1

GROUP B

12.06.2010	Port Elizabeth	Korea Republic - Greece		2-0(1-0)
12.06.2010	Johannesburg	Argentina - Nigeria		1-0(1-0)
17.06.2010	Johannesburg	Argentina – Korea Republic		4-1(2-1)
17.07.2010	Bloemfontein	Greece - Nigeria		2-1(1-1)
22.06.2010	Durban	Greece - Argentina		0-2(0-0)
22.06.2010	Polokwane	Nigeria – Korea Republic		2-2(1-1)

FINAL STANDINGS

1. **Argentina**	3	3	0	0	7	-	1	9
2. **Korea Republic**	3	1	1	1	5	-	6	4
3. Greece	3	1	0	2	2	-	5	3
4. Nigeria	3	0	1	2	3	-	5	1

GROUP C

12.06.2010	Rustenburg	England – United States		1-1(1-1)
13.06.2010	Polokwane	Algeria - Slovenia		0-1(0-0)
18.06.2010	Johannesburg	Slovenia – United States		2-2(2-0)
18.07.2010	Cape Town	England - Algeria		0-0
23.06.2010	Port Elizabeth	Slovenia - England		0-1(0-1)
23.06.2010	Pretoria	United States - Algeria		1-0(0-0)

FINAL STANDINGS

1. **United States**	3	1	2	0	4	-	3	5
2. **England**	3	1	2	0	2	-	1	5
3. Slovenia	3	1	1	1	3	-	3	4
4. Algeria	3	0	1	2	0	-	2	1

GROUP D

13.06.2010	Pretoria	Serbia - Ghana		0-1(0-0)
13.06.2010	Durban	Germany - Australia		4-0(2-0)
18.06.2010	Port Elizabeth	Germany - Serbia		0-1(0-1)
19.07.2010	Rustenburg	Ghana - Australia		1-1(1-1)
23.06.2010	Johannesburg	Ghana - Germany		0-1(0-0)
23.06.2010	Nelspruit	Australia - Serbia		2-1(0-0)

FINAL STANDINGS

1. **Germany**	3	2	0	1	5	-	1	6
2. **Ghana**	3	1	1	1	2	-	2	4
3. Australia	3	1	1	1	3	-	6	4
4. Serbia	3	1	0	2	2	-	3	3

GROUP E

14.06.2010	Johannesburg	Holland - Denmark		2-0(0-0)
14.06.2010	Bloemfontein	Japan - Cameroon		1-0(1-0)
19.06.2010	Durban	Holland - Japan		1-0(1-0)
19.07.2010	Pretoria	Cameroon - Denmark		1-2(1-1)
24.06.2010	Rustenburg	Denmark - Japan		1-3(0-2)
24.06.2010	Cape Town	Cameroon - Holland		1-2(0-1)

	FINAL STANDINGS							
1. **Holland**	3	3	0	0	5	-	1	9
2. **Japan**	3	2	0	1	4	-	2	6
3. Denmark	3	1	0	2	3	-	6	3
4. Cameroon	3	0	0	3	2	-	5	0

GROUP F

14.06.2010	Cape Town	Italy - Paraguay	1-1(0-1)
15.06.2010	Rustenburg	New Zealand - Slovakia	1-1(0-0)
20.06.2010	Bloemfontein	Slovakia - Paraguay	0-2(0-1)
20.07.2010	Nelspruit	Italy – New Zealand	1-1(1-1)
24.06.2010	Johannesburg	Slovakia - Italy	3-2(1-0)
24.06.2010	Polokwane	Paraguay – New Zealand	0-0

	FINAL STANDINGS							
1. **Paraguay**	3	1	2	0	3	-	1	5
2. **Slovakia**	3	1	1	1	4	-	5	4
3. New Zealand	3	0	3	0	2	-	2	3
4. Italy	3	0	2	1	4	-	5	2

GROUP G

15.06.2010	Port Elizabeth	Ivory Coast - Portugal	0-0
15.06.2010	Johannesburg	Brazil – Korea D.P.R.	2-1(0-0)
20.06.2010	Johannesburg	Brazil – Ivory Coast	3-1(1-0)
21.07.2010	Cape Town	Portugal – Korea D.P.R.	7-0(1-0)
25.06.2010	Durban	Portugal - Brazil	0-0
25.06.2010	Nelspruit	Korea D.P.R. – Ivory Coast	0-3(0-2)

	FINAL STANDINGS							
1. **Brazil**	3	2	1	0	5	-	2	7
2. **Portugal**	3	1	2	2	7	-	0	5
3. Ivory Coast	3	1	1	1	4	-	3	4
4. Korea D.P.R.	3	0	0	0	1	-	12	0

GROUP H

16.06.2010	Nelspruit	Honduras - Chile	0-1(0-1)
16.06.2010	Durban	Spain - Switzerland	0-1(0-0)
21.06.2010	Port Elizabeth	Chile - Switzerland	1-0(0-0)
21.07.2010	Johannesburg	Spain - Honduras	2-0(1-0)
25.06.2010	Pretoria	Chile - Spain	1-2(0-2)
25.06.2010	Bloemfontein	Switzerland - Honduras	0-0

	FINAL STANDINGS							
1. **Spain**	3	2	0	1	4	-	2	6
2. **Chile**	3	2	0	1	3	-	2	6
3. Switzerland	3	1	1	1	1	-	1	4
4. Honduras	3	0	1	2	0	-	3	1

SECOND ROUND

26.06.2010	Port Elizabeth	Uruguay – Korea Republic	2-1(1-0)
26.06.2010	Rustenburg	United States - Ghana	1-2(0-1,1-1)
27.06.2010	Bloemfontein	Germany - England	4-1(2-1)
27.06.2010	Johannesburg	Argentina - Mexico	3-1(2-0)
28.06.2010	Durban	Holland - Slovakia	2-1(1-0)
28.06.2010	Johannesburg	Brazil - Chile	3-0(2-0)
29.06.2010	Pretoria	Paraguay - Japan	0-0; 5-3 pen
29.06.2010	Cape Town	Spain - Portugal	1-0(0-0)

QUARTER-FINALS

02.07.2010	Port Elizabeth	Holland - Brazil	2-1(0-1)
02.07.2010	Johannesburg	Uruguay - Ghana	1-1(0-1,1-1) 4-2 pen
03.07.2010	Cape Town	Argentina - Germany	0-4(0-1)
03.07.2010	Johannesburg	Paraguay - Spain	0-1(0-0)

SEMI-FINALS

06.07.2010	Cape Town	Uruguay - Holland	2-3(1-1)
07.07.2010	Durban	Germany - Spain	0-1(0-0)

3rd PLACE PLAY-OFF

10.07.2010	Port Elizabeth	Uruguay - Germany	2-3(1-1)

FINAL

11.07.2010	Johannesburg	Holland – Spain	0-1(0-0,0-0)

FIFA WORLD CUP 2010 – THE SOUTH AMERICAN TEAMS SQUADS

ARGENTINA

Nr	Pos	Name	DOB	Club
1	GK	Diego Raúl POZO	16.02.1978	CA Colón de Santa Fé
21	GK	Mariano Gonzalo ANDÚJAR	30.07.1983	Calcio Catania (ITA)
22	GK	Sergio Germán ROMERO	22.02.1987	AZ'67 Alkmaar (NED)
2	DF	Martín Gastón DEMICHELIS	20.12.1980	FC Bayern München (GER)
3	DF	Clemente Juan RODRÍGUEZ	31.07.1981	Club Estudiantes de La Plata
4	DF	Nicolás Andrés BURDISSO	12.04.1981	AS Roma (ITA)
6	DF	Gabriel Iván HEINZE	19.04.1978	Olympique de Marseille (FRA)
12	DF	Ariel Hernán GARCÉ	14.07.1979	CA Colón de Santa Fé
13	DF	Wálter Adrián SAMUEL	23.05.1978	Internazionale FC Milano (ITA)
15	DF	Nicolás Hernán OTAMENDI	12.02.1988	CA Vélez Sársfield Buenos Aires
5	MF	Mario Ariel BOLATTI	17.02.1985	AC Fiorentina Firenze (ITA)
7	MF	Ángel Fabián DI MARÍA	14.02.1988	Sport Lisboa e Benfica (POR)
8	MF	Juan Sebastián VERÓN	09.03.1975	Club Estudiantes de La Plata
14	MF	Javier Alejandro MASCHERANO	08.06.1984	Liverpool FC (ENG)
17	MF	Jonás Manuel GUTIÉRREZ	05.07.1983	Newcastle United FC (ENG)
20	MF	Maximiliano Rubén RODRÍGUEZ	02.01.1981	Club Atlético de Madrid (ESP)
23	MF	Javier Matías PASTORE	20.06.1989	US Città di Palermo (ITA)
9	FW	Gonzalo Gerardo HIGUAÍN	10.12.1987	Real Madrid CF (ESP)
10	FW	Lionel Andrés MESSI	24.06.1987	FC Barcelona (ESP)
11	FW	Carlos Alberto TÉVEZ	05.02.1984	Manchester City FC (ENG)
16	FW	Sergio Leonel AGÜERO del Castillo	02.06.1988	Club Atlético de Madrid (ESP)
18	FW	Martín PALERMO	07.11.1973	CA Boca Juniors Buenos Aires
19	FW	Diego Alberto MILITO	12.06.1979	Internazionale FC Milano (ITA)
Trainer:		Diego Armando MARADONA	30.10.1960	

BRAZIL

Nr	Pos	Name	DOB	Club
1	GK	JÚLIO CÉSAR Soares de Espíndola	03.09.1979	Internazionale FC Milano (ITA)
12	GK	Heurelho da Silva GOMES	15.02.1981	Tottenham Hotspur FC (ENG)
22	GK	Doniéber Alexander Marangon „DONI"	22.10.1979	AS Roma (ITA)
2	DF	MAICON Douglas Sisenando	26.07.1981	Internazionale FC Milano (ITA)
3	DF	Lucimar Ferreira da Silva „LÚCIO"	08.05.1978	Internazionale FC Milano (ITA)
4	DF	JUAN Silveira dos Santos	01.02.1979	AS Roma (ITA)
6	DF	MICHEL Fernandes BASTOS	02.08.1983	Olympique Lyonnais (FRA)
13	DF	Daniel Alves da Silva „DANI ALVES"	06.05.1983	FC Barcelona (ESP)
14	DF	Ânderson Luís da Silva „LUISÃO"	13.02.1981	Sport Lisboa e Benfica (POR)
15	DF	THIAGO Emiliano da SILVA	22.09.1984	Milan AC (ITA)
16	DF	GILBERTO da Silva Melo	25.04.1976	Cruzeiro EC Belo Horizonte (BRA)
5	MF	FELIPE MELO de Carvalho	26.06.1983	FC Juventus Torino (ITA)
7	MF	ELANO Ralph Blumer	14.06.1981	Galatasaray SK Istanbul (TUR)
8	MF	GILBERTO Aparecido da SILVA	07.10.1976	PAE Panathinaïkos Athína (GRE)
10	MF	Ricardo Izecson dos Santos Leite „KAKÁ"	22.04.1982	Real Madrid CF (ESP)
17	MF	JOSUÉ Anunciado de Oliveira	19.07.1979	VfL Wolfsburg (GER)
18	MF	RAMIRES Santos do Nascimento	24.03.1987	Sport Lisboa e Benfica (POR)
19	MF	JÚLIO César BAPTISTA	01.10.1981	AS Roma (ITA)
20	MF	José KLÉBERSON Pereira	19.06.1979	CR Flamengo Rio de Janeiro
9	FW	LUÍS FABIANO Clemente	08.11.1980	Sevilla CF (ESP)
11	FW	Róbson de Souza „ROBINHO"	25.01.1984	Santos FC
21	FW	NILMAR Honorato da Silva	14.07.1984	Villarreal CF (ESP)
23	FW	Edinaldo Batista Libânio „GRAFITE"	02.04.1979	VfL Wolfsburg (GER)
Trainer:		Carlos Caetano Bledorn Verri „DUNGA"	31.10.1963	

CHILE

Nr	Pos	Name	DOB	Club
1	GK	Claudio Andrés BRAVO Muñoz	13.04.1983	Real Sociedad San Sebastián (ESP)
12	GK	Miguel Ángel PINTO Jerez	04.07.1983	Universidad de Chile Santiago
23	GK	Luis MARÍN Baharona	18.05.1983	Unión Española Santiago
2	DF	Ismael Ignacio FUENTES Castro	04.08.1981	CD Universidad Católica Santiago
3	DF	Waldo Alonso PONCE Carrizo	04.12.1982	CD Universidad Católica Santiago
4	DF	Mauricio Aníbal ISLA Isla	12.06.1988	Udinese Calcio (ITA)
5	DF	Pablo Andrés CONTRERAS Fica	11.09.1978	PAOK Thessaloníki (GRE)
17	DF	Gary Alexis MEDEL Soto	03.08.1987	Boca Juniors Buenos Aires (ARG)
18	DF	Gonzalo Alejandro JARA Reyes	29.08.1985	West Bromwich Albion FC (ENG)
6	MF	Carlos Emilio CARMONA Tello	21.02.1987	Reggina Calcio (ITA)
8	MF	Arturo Erasmo VIDAL Pardo	22.05.1987	TSV Bayer 04 Leverkusen (GER)
10	MF	Jorge Luis VALDIVIA Toro	19.10.1983	Al-Ain Sports Club (UAE)
13	MF	Marco Andrés ESTRADA Quinteros	28.05.1983	Universidad de Chile Santiago
14	MF	Matías Ariel FERNÁNDEZ Fernández	15.05.1986	Sporting Clube de Portugal (POR)
19	MF	Gonzalo Antonio FIERRO Caniullán	21.03.1983	Flamengo Rio de Janeiro (BRA)
20	MF	Rodrigo Javier MILLAR Carvajal	03.11.1981	CSD Colo-Colo Santiago
21	MF	Rodrigo Álvaro TELLO Valenzuela	14.10.1979	Beşiktaş JK Istanbul (TUR)
7	FW	Alexis Alejandro SÁNCHEZ Sánchez	19.12.1988	Udinese Calcio (ITA)
9	FW	Humberto Andrés SUAZO Pontivo	10.05.1981	CF Monterrey (MEX)
11	FW	Mark Dennis GONZÁLEZ Hoffman	10.07.1984	FK CSKA Moskva (RUS)
15	FW	Jean André Emanuel BEAUSEJOUR Coliqueo	01.06.1984	Club América Ciudad de México (MEX)
16	FW	Fabián Ariel ORELLANA Valenzuela	27.01.1986	CD Xerez (ESP)
22	FW	Esteban Efraín PAREDES Quintanilla	01.08.1980	CSD Colo-Colo Santiago
Trainer:		Marcelo Alberto BIELSA Caldera (ARG)	21.07.1955	

PARAGUAY

Nr	Pos	Name	DOB	Club
1	GK	Justo Wilmar VILLAR Viveros	30.06.1977	Real Valladolid CF (ESP)
12	GK	Diego Daniel BARRETO Cáceres	16.07.1981	Club Cerro Porteño Asunción
22	GK	Aldo Antonio BOBADILLA Ávalos	20.04.1976	CD Independiente Medellín (COL)
2	DF	Darío Anastacio VERÓN Maldonado	26.06.1979	UNAM Ciudad de México (MEX)
3	DF	Claudio Marcelo MOREL Rodríguez	02.02.1978	Boca Juniors Buenos Aires (ARG)
4	DF	Denis Ramón CANIZA Acuña	29.08.1974	CSD León (MEX)
5	DF	Julio César CÁCERES López	05.10.1979	Atlético Mineiro Belo Horizonte (BRA)
14	DF	Paulo César DA SILVA Barrios	01.02.1980	Sunderland AFC (ENG)
17	DF	Aureliano TORRES Román	16.06.1982	San Lorenzo de Almagro (ARG)
21	DF	Antolín ALCARAZ Viveros	30.07.1982	Club Brügge KV (BEL)
6	MF	Carlos BONET Cáceres	02.10.1977	Club Olimpia Asunción
8	MF	Édgar Osvaldo BARRETO Cáceres	15.07.1984	Atalanta Bergamasca Calcio (ITA)
11	MF	Jonathan SANTANA Ghere	19.10.1981	VfL Wolfsburg (GER)
13	MF	Enrique Daniel VERA Torres	10.03.1979	LDU de Quito (ECU)
15	MF	Víctor Javier CÁCERES Centurión	25.03.1985	Club Libertad Asunción
16	MF	Cristian Miguel RIVEROS Núñez	16.10.1982	CDSC Cruz Azul (MEX)
20	MF	Néstor Ezequiel ORTIGOZA	07.10.1984	Argentinos Juniors B. Aires (ARG)
7	FW	Óscar René CARDOZO	20.05.1983	Sport Lisboa e Benfica (POR)
9	FW	Roque Luis SANTA CRUZ Cantero	16.08.1981	Manchester City FC (ENG)
10	FW	Edgar BENÍTEZ Santander	08.11.1987	Club de Fútbol Pachuca (MEX)
18	FW	Nelson Antonio Haedo VALDÉZ	28.11.1983	BVB Borussia Dortmund (GER)
19	FW	Lucas Ramón BARRIOS Cáceres	13.11.1984	BVB Borussia Dortmund (GER)
23	FW	Rodolfo Vicente GAMARRA Varela	10.12.1988	Club Libertad Asunción
Trainer:		Gerardo Daniel MARTINO (ARG)	20.11.1962	

URUGUAY

Nr	Pos	Name	DOB	Club
1	GK	Néstor Fernando MUSLERA Micol	16.06.1986	SS Lazio Roma (ITA)
12	GK	Juan Guillermo CASTILLO Iriart	17.04.1978	Asociación Deportivo Cali (COL)
23	GK	Martín Andrés SILVA Leites	25.03.1983	Defensor SC Montevideo
2	DF	Diego Alfredo LUGANO Moreno	02.11.1980	Fenerbahçe SK Istanbul (TUR)
3	DF	Diego Roberto GODÍN Leal	16.02.1986	Villarreal CF (ESP)
4	DF	Jorge Ciro FUCILE Perdomo	19.11.1984	FC do Porto (POR)
6	DF	Mauricio Bernardo VICTORINO Dansilio	11.10.1982	Universidad de Chile Santiago (CHI)
16	DF	Victorio Maximiliano PEREIRA Páez	08.06.1984	Sport Lisboa e Benfica (POR)
19	DF	Andrés SCOTTI Ponce de León	14.12.1975	CSD Colo Colo Santiago (CHI)
22	DF	José Martín CÁCERES Silva	07.04.1987	FC Juventus Torino (ITA)
5	MF	Walter Alejandro GARGANO Guevara	27.07.1984	SSC Napoli (ITA)
8	MF	Sebastián EGUREN Ledesma	08.01.1981	Villarreal CF (ESP)
11	MF	Álvaro Daniel PEREIRA Barragán	28.01.1985	FC do Porto (POR)
14	MF	Marcelo Nicolás LODEIRO Benítez	21.03.1989	AFC Ajax Amsterdam (NED)
15	MF	Diego Fernando PÉREZ Aguado	18.05.1980	AS Monaco (FRA)
17	MF	Egidio Raúl ARÉVALO Ríos	29.09.1982	CA Peñarol Montevideo
18	MF	Ignacio María GONZÁLEZ Gatti	14.05.1982	APO Levadeon (GRE)
20	MF	Álvaro FERNÁNDEZ Gay	11.10.1985	Universidad de Chile Santiago (CHI)
7	FW	Edinson Roberto CAVANI Gómez	14.02.1987	US Città di Palermo (ITA)
9	FW	Luis Alberto SUÁREZ Díaz	24.01.1987	AFC Ajax Amsterdam (NED)
10	FW	Diego Martín FORLÁN Corazo	19.05.1979	Club Atlético de Madrid (ESP)
13	FW	Washington Sebastián ABREU Gallo	17.10.1976	Botafogo FR Rio de Janeiro (BRA)
21	FW	Sebastián Bruno FERNÁNDEZ Miglierina	23.05.1985	CA Banfield (ARG)
Trainer:		Óscar Wáshington TABÁREZ Silva	03.03.1947	

COPA AMÉRICA 2011

The 43rd edition of the Copa América (official Campeonato Sudamericano Copa América), organized by CONMEBOL (South American Football Confederation) will be held from July 1 to 24 in Argentina. 12 national teams will compete for the South American continental title: all 10 CONMEBOL members and two other invited teams: Costa Rica (replacing Japan, previously invited but later withdrew from the competition).

The tournament will be host in eight cities:

Buenos Aires (Estadio Monumental „Antonio Vespucio Liberti" – Capacity 64,000);
Córdoba (Estadio „Mario Alberto Kempes" – 57,000);
Jujuy (Estadio 23 de Agosto – 24,000);
La Plata (Estadio Ciudad de La Plata – 53,000);
Mendoza (Estadio Malvinas Argentinas – 45,000);
Salta (Estadio „Padre Ernesto Martearena" – 20,408);
San Juan (Estadio del Bicentenario – 51,762);
Santa Fe (Estadio „Brigadier General Estanislao López" – 40,000).

The draw for the final tournament was held in La Plata on November 11, 2010. The 12 teams were drawn in four groups as follows:

Group A	Venues and matches		
	01.07.2011	La Plata	Argentina – Bolivia
Argentina	02.07.2011	Jujuy	Colombia – Costa Rica
Colombia	06.07.2011	Santa Fe	Argentina – Colombia
Costa Rica	07.07.2011	Jujuy	Bolivia – Costa Rica
Bolivia	10.07.2011	Santa Fe	Colombia – Bolivia
	11.07.2011	Córdoba	Argentina – Costa Rica

Group B	Venues and matches		
	03.07.2011	La Plata	Brazil – Venezuela
Brazil	03.07.2011	Santa Fe	Paraguay – Ecuador
Paraguay	09.07.2011	Córdoba	Brazil – Paraguay
Ecuador	09.07.2011	Salta	Venezuela – Ecuador
Venezuela	13.07.2011	Salta	Paraguay – Venezuela
	13.07.2011	Córdoba	Brazil – Ecuador

Group C	Venues and matches		
Uruguay Chile Mexico Peru	04.07.2011 04.07.2011 08.07.2011 08.07.2011 12.07.2011 12.07.2011	San Juan San Juan Mendoza Mendoza Mendoza La Plata	Uruguay – Peru Chile – Mexico Peru – Mexico Uruguay – Chile Chile – Peru Uruguay – Mexico

Each group winners, runners-up and two best-placed third teams will qualify for the quarterfinals.

COPA AMÉRICA (1916-2007)
TABLE OF HONOURS

No	Year	Hosts	Winner	Runners-up	3rd Place
1	1916	Argentina	**Uruguay**	Argentina	Brazil
2	1917	Uruguay	**Uruguay**	Argentina	Brazil
3	1919	Brazil	**Brazil**	Uruguay	Argentina
4	1920	Chile	**Uruguay**	Argentina	Brazil
5	1921	Argentina	**Argentina**	Brazil	Uruguay
6	1922	Brazil	**Brazil**	Paraguay	Uruguay
7	1923	Uruguay	**Uruguay**	Argentina	Paraguay
8	1924	Uruguay	**Uruguay**	Argentina	Paraguay
9	1925	Argentina	**Argentina**	Brazil	Paraguay
10	1926	Chile	**Uruguay**	Argentina	Chile
11	1927	Peru	**Argentina**	Uruguay	Peru
12	1929	Argentina	**Argentina**	Paraguay	Uruguay
13	1935	Peru	**Uruguay**	Argentina	Peru
14	1937	Argentina	**Argentina**	Brazil	Paraguay
15	1939	Peru	**Peru**	Uruguay	Paraguay
16	1941	Chile	**Argentina**	Uruguay	Chile
17	1942	Uruguay	**Uruguay**	Argentina	Brazil
18	1945	Chile	**Argentina**	Brazil	Chile
19	1946	Argentina	**Argentina**	Brazil	Paraguay
20	1947	Ecuador	**Argentina**	Paraguay	Uruguay
21	1949	Brazil	**Brazil**	Paraguay	Peru
22	1953	Peru	**Paraguay**	Brazil	Uruguay
23	1955	Chile	**Argentina**	Chile	Peru
24	1956	Uruguay	**Uruguay**	Chile	Argentina
25	1957	Peru	**Argentina**	Brazil	Uruguay
26	1959	Argentina	**Argentina**	Brazil	Paraguay
27	1959-Extra	Ecuador	**Uruguay**	Argentina	Brazil
28	1963	Bolivia	**Bolivia**	Paraguay	Argentina

29	1967	Uruguay	**Uruguay**	Argentina	Chile
30	1975	-	**Peru**	Colombia	Brazil
31	1979	-	**Paraguay**	Chile	Brazil
32	1983	-	**Uruguay**	Brazil	Paraguay
33	1987	Argentina	**Uruguay**	Chile	Colombia
34	1989	Brazil	**Brazil**	Uruguay	Argentina
35	1991	Chile	**Argentina**	Brazil	Chile
36	1993	Ecuador	**Argentina**	Mexico	Colombia
37	1995	Uruguay	**Uruguay**	Brazil	Colombia
38	1997	Bolivia	**Brazil**	Bolivia	Mexico
39	1999	Paraguay	**Brazil**	Uruguay	Mexico
40	2001	Colombia	**Colombia**	Mexico	Honduras
41	2004	Peru	**Brazil**	Argentina	Uruguay
42	2007	Venezuela	**Brazil**	Argentina	Mexico

WINNING TEAMS:

Argentina	14
Uruguay	14
Brazil	8
Paraguay	2
Peru	2
Colombia	1
Bolivia	1
TOTAL	42

SOUTH AMERICAN CLUB COMPETITIONS 2010

COPA LIBERTADORES 2010

The 2010 Copa Libertadores de América (officially called „2010 Copa Santander Libertadores de América" for sponsorship reasons) was the 51st edition of the Copa Libertadores, CONMEBOL's and South Americas most important club tournament.

List of participating clubs:

Argentina – 6 teams:
Club Estudiantes de La Plata (title holders 2009)
Club Atlético Banfield (Winners Apertura 2009)
Club Atlético Vélez Sarsfield Buenos Aires (Winners Clausura 2010)
Club Atlético Lanús (best average last three seasons)
Club Atlético Colón de Santa Fé (2nd best average last three seasons)
Club Atlético Newell's Old Boys Rosario (3rd best average last three seasons)

Bolivia – 3 teams:
Club Bolívar La Paz (Winners Apertura 2009)
Club Social, Cultural y Deportivo Blooming Santa Cruz de la Sierra (Winners Clausura 2009)
Club Bamin Real Potosí (Winners Play-offs 2009)

Brazil – 5 teams:
Clube de Regatas do Flamengo Rio de Janeiro (Winners Série A 2009)
Sport Club Internacional Porto Alegre (Runners-up Série A 2009)
São Paulo Futebol Clube (3rd Place Série A 2009)
Cruzeiro Esporte Clube Belo Horizonte (4th Place Série A 2009)
Sport Club Corinthians Paulista São Paulo (Winners of Copa do Brasil 2009)

Chile – 3 teams:
Club de Fútbol Profesional de la Universidad de Chile Santiago (Winners Apertura 2009)
Club Social y Deportivo Colo-Colo Santiago (Winners Clausura 2009)
Club Deportivo Universidad Católica Santiago (best team of Clausura 2009 after the champions).

Colombia – 3 teams:
Corporación Deportiva Once Caldas Manizales (Winners Torneo Apertura 2009)
Corporación Deportiva Independiente Medellín (Winners Torneo Finalización 2009)

Corporación Popular Deportiva Junior Barranquilla (best placed non-champion team in the general table 2009)

Ecuador – 3 teams:
Sociedad Deportivo Quito (Serie A Champions 2009)
Club Deportivo Cuenca (Serie A Runners-up 2009)
Club Sport Emelec Guayaquil (Serie A 3rd Place 2009)

Paraguay – 3 teams:
Club Cerro Porteño Asunción (Winners Apertura 2009)
Club Nacional Asunción (Winners Clausura 2009)
Club Libertad Asunción (best placed non-champion team in the aggregate table 2009)

Peru – 3 teams:
Club Universitario de Deportes Lima (Winners Campeonato Descentralizado 2009)
Club Alianza Lima (Runners-up Campeonato Descentralizado 2009)
Club Juan Aurich de Chiclayo (Best-placed non-finalist of Campeonato Descentralizado 2009)

Uruguay – 3 teams:
Club Nacional de Football Montevideo (2008/2009 Champions)
Club Atlético Cerro Montevideo (2009 Liguilla Pre-Libertadores Winners)
Racing Club de Montevideo (2009 Liguilla Pre-Libertadores Runners-up)

Venezuela – 3 teams:
Caracas Fútbol Club (2008/2009 Primera División Champions)
Deportivo Italia Fútbol Club Caracas (2008/2009 Primera División Runners-up)
Deportivo Táchira Fútbol Club (2008/2009 Primera División best placed non-champion team in the general table)

Mexico – 5 teams:
Club Atlético Monarcas Morelia
Club de Fútbol Monterrey
Club de Futbol Estudiantes Guadalajara
Club Deportivo Guadalajara (*special invitee*)
San Luis Fútbol Club (*special invitee*)

PRELIMINARY ROUND

26.01.2010, Estadio Pueblo Nuevo, San Cristóbal; Attendance: 16,382
Referee: José Hernando Buitrago (Colombia)
Deportivo Táchira Fútbol Club - Club Libertad Asunción   1-0(1-0)
Deportivo Táchira: Manuel Alejandro Sanhouse Contreras, Daniel Eduardo Benítez Pernía, Gerzon Armando Chacón Varela, José Luis Granados Asprilla, Pedro Alfonso Fernández Camacho [*sent off 86*], José Javier Villafraz Quintero, Jong Harold Viafara Campo Ramos, Edgar Fernando Pérez Greco (75.Yeison David Ibarrola Silva), Nicolás Ignacio Díez (62.Jorge Alberto Rojas Méndez), Daniel Enrique Arismendi Marchan (71.José Mauricio Parra Perdomo), Armando Rafael Maita Urbáez. Trainer: Carlos Fabián Maldonado Piñeiro.
Club Libertad: Jorge Rodrigo Bava, Ismael Benegas, Pedro Alcides Sarabia Achucarro, Víctor Javier Cáceres Centurión, Sergio Daniel Aquino, Víctor Hugo Ayala Núñez, Jorge Luis Caballero, Edgar Arnulfo Robles (55.José Ariel Núñez Portelli), Miguel Ángel Ramón Samudio, Rodolfo Vicente Gamarra Varela (66.Roberto Carlos Gamarra Acosta), Pablo César Velázquez (66.Javier Mercedes González González). Trainer: Gregorio Elso Pérez Perdigón (Uruguay).
Goal: Armando Rafael Maita Urbáez (27).

02.02.2010, Estadio Defensores del Chaco, Asunción; Attendance: 1,252
Referee: Héctor Walter Baldassi (Argentina)
Club Libertad Asunción - Deportivo Táchira Fútbol Club   3-1(1-1)
Club Libertad: Bernardo David Medina, Ismael Benegas (71.Roberto Carlos Gamarra Acosta), Pedro Alcides Sarabia Achucarro, Víctor Javier Cáceres Centurión, Sergio Daniel Aquino, Víctor Hugo Ayala Núñez, Gustavo Alberto Cristaldo Brítez (46.Javier Mercedes González González), Jorge Luís Moreira Ferreira (54.Wilson Osmar Pittoni Rodríguez), Miguel Ángel Ramón Samudio, Rodolfo Vicente Gamarra Varela, Pablo César Velázquez. Trainer: Gregorio Elso Pérez Perdigón (Uruguay).
Deportivo Táchira: Manuel Alejandro Sanhouse Contreras, Daniel Eduardo Benítez Pernía, José Luis Granados Asprilla, Pedro Luis Boada Noya, Gerzon Armando Chacón Varela (82.David Eduardo Solari Poggio), Jorge Alberto Rojas Méndez, Jong Harold Viafara Campo Ramos, Yeison David Ibarrola Silva, José Javier Villafraz Quintero, Nicolás Ignacio Díez (69.Edgar Fernando Pérez Greco), Armando Rafael Maita Urbáez (78.Daniel Enrique Arismendi Marchan). Trainer: Carlos Fabián Maldonado Piñeiro.
Goals: Rodolfo Vicente Gamarra Varela (40), Pablo César Velázquez (67, 81) / Pedro Luis Boada Noya (29).
(*Club Libertad Asunción won 3-2 on aggregate*)

27.01.2010, Estadio „Elias Aguirre", Chiclayo; Attendance: 10,312
Referee: Pablo Antonio Pozo Quinteros (Chile)
Club Juan Aurich de Chiclayo - CF Estudiantes Guadalajara   2-0(1-0)
Juan Aurich: Diego Hernán Morales, Jesús Martín Álvarez Hurtado, Jorge Martín Araujo, Roberto Carlos Guizasola, Willy Alexander Rivas Asin, Gianfranco Renato Espejo Reyes, Juan Carlos La Rosa Llontop, Reimond Orangel Manco Albarracín, Pedro Luis Ascoy Cortez (90.Franco Giovanni Mendoza Breña), Luis Carlos Tejada Hansell (81.Manuel Francisco Barreto Sayan), Herlyn Ysrael Zúñiga Yanez (57.Ricardo Manuel Ciciliano).
CF Estudiantes: Mario Rodríguez Cervantes, Oswaldo Alanís Pantoja, Marcelo Guadalupe Alatorre Maldonado (86.Jorge Damián Zamogilny), Juan Carlos Leaño del Castillo, Joel Melchor Sánchez Ramos (67.Freddy José Bareiro Gamarra), Diego Octavio Jiménez Villa, Mauro Emiliano Cejas, Rafael Medina Rodríguez, Alberto Ramírez Torres (56.Rubens Oscar Sambueza), Elgabry Ricardo Rangel Especiano, Rodrigo Patricio Ruíz de Barbieri. Trainer: Miguel Ernesto Herrera Aguirre.
Goals: Luis Carlos Tejada Hansell (11, 60).

03.02.2010, Estadio Tres de Marzo, Zapopan; Attendance: 3,000
Referee: Juan Soto (Venezuela)
CF Estudiantes Guadalajara - Club Juan Aurich de Chiclayo **1-2(0-1)**
CF Estudiantes: Mario Rodríguez Cervantes, Marcelo Guadalupe Alatorre Maldonado (20.Samuel Ochoa Oregel), Juan Carlos Leaño del Castillo, Diego Octavio Jiménez Villa, Daniel Alcántar (46.Mauro Emiliano Cejas), Jorge Damián Zamogilny, Rafael Medina Rodríguez (46.Roberto Carlos Gutiérrez Gamboa), Elgabry Ricardo Rangel Especiano, Rubens Oscar Sambueza, Freddy José Bareiro Gamarra, Rodrigo Patricio Ruíz de Barbieri. Trainer: Miguel Ernesto Herrera Aguirre.
Juan Aurich: Diego Hernán Morales, Jesús Martín Álvarez Hurtado, Jorge Martín Araujo, Roberto Carlos Guizasola, Willy Alexander Rivas Asin [sent off 66], Gianfranco Renato Espejo Reyes, Juan Carlos La Rosa Llontop, Ricardo Manuel Ciciliano, Reimond Orangel Manco Albarracín (77.César Alberto Sánchez Aurich), Pedro Luis Ascoy Cortez (62.Jose Luis Guevara Tinoco), Luis Carlos Tejada Hansell (81.Herlyn Ysrael Zúñiga Yanez).
Goals: Freddy José Bareiro Gamarra (77) / Luis Carlos Tejada Hansell (41), Ricardo Manuel Ciciliano (75).
(Club Juan Aurich de Chiclayo won 4-1 on aggregate)

26.01.2010, Estadio „Brigadier Estanislao López", Santa Fé; Attendance: 14,902
Referee: Jorge Luis Larrionda Pietrafesa (Uruguay)
CA Colón de Santa Fé - CD Universidad Católica Santiago **3-2(1-1)**
CA Colón: Diego Raúl Pozo, Salustiano Antonio Candia Galeano, Ariel Hernán Garcé, Marcelo Jesús Goux, Alejandro Rubén Capurro, Facundo Daniel Bertoglio, Ricardo Ernesto Gómez (46.Juan Manuel Lucero), Germán Ezequiel Rivarola, Iván Diego Moreno y Fabianesi (54.Eduardo Germán Coudet), Oscar Esteban Fuertes (76.Cristian Alberto Pellerano), Federico Gastón Nieto. Trainer: Antonio Ricardo Mohamed Matijevich.
Universidad Católica: Paulo Andrés Garcés Contreras, Ismael Ignacio Fuentes Castro, David Andrés Henríquez Espinoza, Hans Alexis Martínez Cabrera, Jorge Andrés Ormeño Guerra [sent off 90], Francisco Andrés Silva Gajardo (41.Ángel Rodrigo Carreño Ballesteros), Damián Rodrigo Díaz, Milovan Petar Mirosevic Albornoz (67.Fernando Andrés Meneses Cornejo), Rodrigo Ignacio Valenzuela Avilés, Rodrigo Alejandro Toloza Vilches (78.Pablo Andrés Vranjicán Storani), Juan José Morales. Trainer: Marco Antonio Figueroa Montero.
Goals: Federico Gastón Nieto (5), Oscar Esteban Fuertes (66), Facundo Daniel Bertoglio (69) / Juan José Morales (35, 81).

09.02.2010, Estadio „San Carlos de Apoquindo", Santiago; Attendance: 12,272
Referee: Carlos Manuel Torres (Paraguay)
CD Universidad Católica Santiago - CA Colón de Santa Fé **3-2(1-0,3-2,3-2)**
5-3 on penalties
Universidad Católica: Paulo Andrés Garcés Contreras, Ismael Ignacio Fuentes Castro, David Andrés Henríquez Espinoza, Hans Alexis Martínez Cabrera, Leonel Jonathan Mena Gutiérrez, Ángel Rodrigo Carreño Ballesteros (58.Pablo Andrés Vranjicán Storani), Damián Rodrigo Díaz, Milovan Petar Mirosevic Albornoz, Rodrigo Ignacio Valenzuela Avilés (76.Rodrigo Martín Mannara), Rodrigo Alejandro Toloza Vilches, Juan José Morales. Trainer: Marco Antonio Figueroa Montero.
CA Colón: Diego Raúl Pozo, Salustiano Antonio Candia Galeano [sent off 69], Ariel Hernán Garcé (46.Eduardo Germán Coudet), Marcelo Jesús Goux, Alejandro Rubén Capurro, Facundo Daniel Bertoglio (72.Josimar Mosquera Angulo), Germán Ezequiel Rivarola, Nicolás Emanuel Torres, Iván Diego Moreno y Fabianesi, Oscar Esteban Fuertes (60.Cristian Alberto Pellerano), Federico Gastón Nieto. Trainer: Antonio Ricardo Mohamed Matijevich.
Goals: David Andrés Henríquez Espinoza (40), Rodrigo Alejandro Toloza Vilches (74), Juan José Morales (83) / Iván Diego Moreno y Fabianesi (53), Oscar Esteban Fuertes (55 penalty).
Penalties: Rodrigo Alejandro Toloza Vilches, Milovan Petar Mirosevic Albornoz, Pablo Andrés Vranjicán Storani, Damián Rodrigo Díaz, Rodrigo Martín Mannara / Eduardo Germán Coudet, Iván Diego Moreno y Fabianesi (miss), Cristian Alberto Pellerano, Germán Ezequiel Rivarola.

(*CD Universidad Católica Santiago won 5-3 on penalties [after 5-5 on aggregate]*)

27.01.2010, Estadio „Víctor Agustín Ugarte", Potosí; Attendance: 7,064
Referee: Víctor Hugo Rivera (Peru)
Club Bamin Real Potosí - Cruzeiro EC Belo Horizonte   1-1(0-1)
Real Potosí: Mauro Machado da Silva, Ronald Eguino Segovia, Alvaro Ricaldi Alcocer, Edhemir Rodríguez Mercado, Gerardo César Yacerotte Soruco, Fernando Matías Argarañaz, Edgar Clavijo Peralta (46.Augusto Andaveris Iriondo), Gonzalo Germán Galindo Sánchez, Miguel Oswaldo Loaiza Tardio, Cristian Maciel Ruíz (73.Jorge Daniel Florentín Cáceres), Eduardo Fabiano Ortíz Cuéllar (27.Roberto Carlos Correa Arias). Trainer: Sergio Apaza.
Cruzeiro: Fábio Deivson Lopes Maciel, Carlos Gilberto Nascimento Silva „Gil", Leonardo Fabiano da Silva e Silva, Diego Renan de Lima Ferreira, Gilberto da Silva Melo [*sent off 20*], Elicarlos Souza Santos (75.Fábio Alves Félix „Fabinho"), Henrique Pacheco Lima, Antônio Marcos da Silva Filho „Marquinhos Paraná", Pedro Ken Morimoto Moreira, Kléber Giacomance de Souza Freitas (65.Thiago Ribeiro Cardoso), Wellington Pereira do Nascimento „Wellington Paulista". Trainer: Adílson Dias Batista.
Goals: Roberto Carlos Correa Arias (88) / Wellington Pereira do Nascimento „Wellington Paulista" (7).

03.02.2010, Estádio „Governador Magalhães Pinto", Belo Horizonte; Attendance: 36,574
Referee: Diego Hernán Abal (Argentina)
Cruzeiro EC Belo Horizonte - Club Bamin Real Potosí   7-0(4-0)
Cruzeiro: Fábio Deivson Lopes Maciel, Carlos Gilberto Nascimento Silva „Gil", Leonardo Fabiano da Silva e Silva, Diego Renan de Lima Ferreira, Jonathan Cícero Moreira, Elicarlos Souza Santos (48.Joffre David Guerrón Méndez), Henrique Pacheco Lima, Antônio Marcos da Silva Filho „Marquinhos Paraná", Kléber Giacomance de Souza Freitas (73.Eliandro dos Santos Gonzaga), Thiago Ribeiro Cardoso, Wellington Pereira do Nascimento „Wellington Paulista" (67.Bernardo Vieira de Souza). Trainer: Adílson Dias Batista.
Real Potosí: Mauro Machado da Silva, Edgar Clavijo Peralta, Helmut Enrique Gutíerrez Zapana, Alvaro Ricaldi Alcocer, Edhemir Rodríguez Mercado, Gerardo César Yacerotte Soruco [*sent off 46*], Fernando Matías Argarañaz (64.Miguel Oswaldo Loaiza Tardio), Ronald Eguino Segovia, Gonzalo Germán Galindo Sánchez [*sent off 74*], Eduardo Fabiano Ortíz Cuéllar, Augusto Andaveris Iriondo (88.Pastor Buenaventura Torrez Quiróz). Trainer: Sergio Apaza.
Goals: Wellington Pereira do Nascimento „Wellington Paulista" (29), Thiago Ribeiro Cardoso (30), Kléber Giacomance de Souza Freitas (39), Jonathan Cícero Moreira (45), Eliandro dos Santos Gonzaga (87), Bernardo Vieira de Souza (88), Joffre David Guerrón Méndez (90+1).
(*Cruzeiro EC Belo Horizonte won 8-1 on aggregate*)

27.01.2010, Estadio „Marcela Bielsa", Rosario; Attendance: 15,292
Referee: Roberto Carlos Silvera (Uruguay)
CA Newell's Old Boys Rosario - CS Emelec Guayaquil   0-0
Newell's Old Boys: Sebastián Darío Peratta, Agustín Alayes, Juan Manuel Insaurralde, Nahuel Roselli (53.Diego Alberto Torres), Rolando Carlos Schiavi, Leonel Jesús Vangioni, Lucas Ademar Bernardi (70.Cristian Sánchez Prette), Diego Mateo Alustiza, Mauro Abel Formica, Jorge Daniel Achucarro (81.Juan Leandro Quiroga), Antonio Joaquín Boghossian. Trainer: Roberto Néstor Sensini.
CS Emelec: Marcelo Ramón Elizaga Ferrero, Julio Marcelo Fleitas Silveira, Mariano Florencio Mina Orobio, Gabriel Eduardo Achilier Zurita, Carlos Andrés Quiñónez Valencia (75.Silvano de los Santos Estacio Montaño), Mario David Quiroz Villón, Pablo Javier Pérez (90.Hernan Gastón Peirone), Pedro Angel Quiñónez Rodríguez, Enner Remberto Valencia Lastra (56.José Luis Quiñónez Quiñónez), Santiago Biglieri, Joao Robin Rojas Mendoza. Trainer: Jorge Luis Sampaoli (Argentina).

10.02.2010, Estadio „George Capwell", Guayaquil; Attendance: 14,634
Referee: Óscar Julián Ruíz Acosta (Colombia)
CS Emelec Guayaquil - CA Newell's Old Boys Rosario   2-1(0-0)
CS Emelec: Marcelo Ramón Elizaga Ferrero, Julio Marcelo Fleitas Silveira, Mariano Florencio Mina Orobio, Gabriel Eduardo Achilier Zurita, Carlos Andrés Quiñónez Valencia, Mario David Quiroz Villón, Fernando Augusto Giménez Solís (25.Pedro Angel Quiñónez Rodríguez), Pablo Javier Pérez, Santiago Biglieri (90.Eduardo Javier Morante Rosas), Jaime Javier Ayoví Corozo, Joao Robin Rojas Mendoza. Trainer: Jorge Luis Sampaoli (Argentina).
Newell's Old Boys: Sebastián Darío Peratta, Agustín Alayes, Juan Manuel Insaurralde, Rolando Carlos Schiavi [*sent off 85*], Leonel Jesús Vangioni (70.Marcelo Estigarribia), Hugo Alberto Barrientos, Lucas Ademar Bernardi (79.Mauricio Ezequiel Sperdutti), Pablo Franco Dolci, Mauro Abel Formica, Jorge Daniel Achucarro (86.Cristian Manuel Núñez), Antonio Joaquín Boghossian. Trainer: Roberto Néstor Sensini.
Goals: Joao Robin Rojas Mendoza (46), Carlos Andrés Quiñónez Valencia (65) / Hugo Alberto Barrientos (52).
(*CS Emelec Guayaquil won 2-1 on aggregate*)

26.01.2010, Estadio Metropolitano „Roberto Meléndez", Barranquilla; Attendance: 18,026
Referee: Carlos Vera (Ecuador)
CDP Junior Barranquilla - Racing Club de Montevideo   2-2(1-1)
CDP Junior: Adrián Berbia Pose, Haider Guillermo Palacio Alvarez, Román Aureliano Torres Morcillo, Roller Cambindo Ibarra [*sent off 74*], César Augusto Fawcett Lebolo (80.Jhon Alexander Valencia Hinestroza), Jorge Daniel Casanova Curbelo (62.Martín Enrique Arzuaga Coronel), Jhon Alexander Jaramillo Gómez, Paulo César Arango Ambuila, Giovanni Hernández Soto, Emerson de Jesús Acuña Fluviano (81.Víctor Javier Cortés), Carlos Arturo Bacca Ahumada. Trainer: Diego Edison Umaña.
Racing Club: Jorge Walter Contreras Rodríguez, Héctor Roberto Hernández Bauza, José Ignacio Pallas Martínez, Rodrigo Nicolás Brasesco Pérez, Santiago Humberto Ostolaza Chimelir, Danny Tejera, Darío Antonio Flores Bistolfi (77.Alejandro Cleber Reyes Sosa), Diego Martín Scotti Ponce de León, Claudio Matías Mirabaje Correa (67.Jean Pierre Agustin Barrientos), Martín Cauteruccio Rodríguez [*sent off 45*], Líber Daniel Quiñónez Prieto (62.Néstor Fabián Silva Fros). Trainer: Juan José Verzeri.
Goals: Emerson de Jesús Acuña Fluviano (12), Martín Enrique Arzuaga Coronel (90+1) / Claudio Matías Mirabaje Correa (28), José Ignacio Pallas Martínez (67).

02.02.2010, Estadio Gran Parque Central, Montevideo; Attendance: 4,768
Referee: Paulo César de Oliveira (Brazil)
Racing Club de Montevideo - CDP Junior Barranquilla   2-0(1-0)
Racing Club: Jorge Walter Contreras Rodríguez, Rodrigo Nicolás Brasesco Pérez, Héctor Roberto Hernández Bauza, José Ignacio Pallas Martínez, Danny Tejera, Darío Antonio Flores Bistolfi (78.Gastón Machado), Santiago Humberto Ostolaza Chimelir, Claudio Matías Mirabaje Correa (68.Jean Pierre Agustin Barrientos), Héctor Federico Vega Ataídes, Néstor Fabián Silva Fros (71.Román Marcelo Cuello Arizmendi), Líber Daniel Quiñónez Prieto. Trainer: Juan José Verzeri.
CDP Junior: Adrián Berbia Pose, Haider Guillermo Palacio Alvarez, Román Aureliano Torres Morcillo, Pedro Pablo Tavima Alba, César Augusto Fawcett Lebolo, Jorge Daniel Casanova Curbelo, Jhon Alexander Jaramillo Gómez (51.Víctor Javier Cortés [*sent off 90*]), Paulo César Arango Ambuila Giovanni Hernández Soto, Emerson de Jesús Acuña Fluviano (77.Fram Enrique Pacheco Cárdenas), Carlos Arturo Bacca Ahumada (46.Martín Enrique Arzuaga Coronel). Trainer: Diego Edison Umaña.
Goals: Líber Daniel Quiñónez Prieto (14 penalty, 88).
(*Racing Club de Montevideo won 4-2 on aggregate*)

GROUP STAGE

The top team in each group and the top six second-placed team advanced to the Round of 16.

GROUP 1

11.02.2010, Estadio Defensores del Chaco, Asunción; Attendance: 15,219
Referee: Saúl Esteban Laverni (Argentina)
Club Cerro Porteño Asunción - CD Independiente Medellín   1-1(0-1)
Cerro Porteño: Diego Daniel Barreto Cáceres, Diego Armando Herner, David Bernardo Mendoza Ayala (46.Carlos Ariel Recalde), Miguel Ángel Torrén, Iván Rodrigo Piris, Luis Enrique Cáceres Centurión, Alberto Martínez (70.Rodrigo Ramón Burgos Oviedo), Javier Alejandro Villarreal, Iván Emmanuel González Ferreira (46.Julio Daniel Dos Santos Rodríguez), César Augusto Ramírez, Pablo Daniel Zeballos Ocampos. Trainer: Pedro Antonio Troglio (Argentina).
CD Independiente: Aldo Antonio Bobadilla Ávalos, Anselmo De Almeida Machado, Leyton Jiménez Romero, Ricardo Calle Estrada, Juan David Valencia Hinestroza, Juan Esteban López Mosquera, Juan Esteban Ortiz Blandón, Malher Tressor Moreno Baldrich (65.Nelson Alberto Barahona Collins), Luis Carlos Arias Cardona, Edgar Felipe Pardo Castro (86.César Augusto Rivas Chará), Mario Edison Giménez (46.César Augusto Valoyes Córdoba). Trainer: Édgar Carvajal Villa.
Goals: César Augusto Ramírez (56) / Edgar Felipe Pardo Castro (17).

24.02.2010, Estádio Municipal „Paulo Machado de Carvalho", São Paulo; Attendance: 31,035
Referee: Raúl Orozco (Bolivia)
SC Corinthians Paulista São Paulo - Racing Club de Montevideo   2-1(1-1)
SC Corinthians: Luiz Felipe Ventura dos Santos, Anderson Sebastião Cardoso „Chicão", William Machado de Oliveira, Roberto Carlos da Silva Rocha, Alessandro Mori Nunes (71.Jucilei da Silva), Ralf de Souza Teles, Matías Adrián De Federico (46.Rodrigo de Souza Cardoso), Elias Mendes Trindade, Anderson Simas Luciano „Tcheco", Jorge Henrique de Souza (84.Bruno Ferreira Bonfim „Dentinho"), Ronaldo Luís Nazário de Lima. Trainer: Luiz Antonio Venker Menezes.
Racing Montevideo: Jorge Walter Contreras Rodríguez, Rodrigo Nicolás Brasesco Pérez, Héctor Roberto Hernández Bauza, José Ignacio Pallas Martínez, Danny Tejera, Darío Antonio Flores Bistolfi [sent off 56], Héctor Federico Vega Ataídes, Santiago Humberto Ostolaza Chimelir, Claudio Matías Mirabaje Correa (65.Carlos Eduardo Keosseián Lagomarsino), Martín Cauteruccio Rodríguez (90+3.Nicolás Fanque López Araujo), Líber Daniel Quiñónez Prieto (72.Jean Pierre Agustin Barrientos). Trainer: Juan José Verzeri.
Goals: Elias Mendes Trindade (10, 70) / Martín Cauteruccio Rodríguez (1).

09.03.2010, Estadio Centenario, Montevideo; Attendance: 1,435
Referee: Federico José Beligoy (Argentina)
Racing Club de Montevideo - Club Cerro Porteño Asunción   2-1(1-0)
Racing Montevideo: Jorge Walter Contreras Rodríguez, Rodrigo Nicolás Brasesco Pérez, Héctor Roberto Hernández Bauza, José Ignacio Pallas Martínez, Danny Tejera, Héctor Federico Vega Ataídes, Santiago Humberto Ostolaza Chimelir, Jean Pierre Agustin Barrientos (74.Gonzalo Aguilar Camacho), Claudio Matías Mirabaje Correa (86.Néstor Fabián Silva Fros), Martín Cauteruccio Rodríguez, Líber Daniel Quiñónez Prieto (59.Jorge Luis Cazulo). Trainer: Juan José Verzeri.
Cerro Porteño: Diego Daniel Barreto Cáceres, Diego Armando Herner, Julio César Irrazábal, Miguel Ángel Torrén, Iván Rodrigo Piris, Luís Carlos Cardozo (46.Julio Daniel Dos Santos Rodríguez), Luis Enrique Cáceres Centurión, Carlos Ariel Recalde (59.Ramón Idalecio Cardozo), Javier Alejandro Villarreal [sent off 78], César Augusto Ramírez (74.Sebastián Adolfo Ereros), Pablo Daniel Zeballos Ocampos. Trainer: Pedro Antonio Troglio (Argentina).
Goals: Claudio Matías Mirabaje Correa (18), Martín Cauteruccio Rodríguez (68) / Luis Enrique Cáceres Centurión (83).

10.03.2010, Estadio „Nemesio Camacho" 'El Campín', Bogotá; Attendance: 23,886
Referee: Sergio Fabián Pezzota (Argentina)
CD Independiente Medellín - SC Corinthians Paulista São Paulo   1-1(0-0)
CD Independiente: Aldo Antonio Bobadilla Ávalos, Anselmo De Almeida Machado, Leyton Jiménez Romero, Ricardo Calle Estrada, Juan David Valencia Hinestroza, Juan Esteban Ortiz Blandón, Jhon Javier Restrepo Pérez, Nelson Alberto Barahona Collins (68.César Augusto Valoyes Córdoba), Luis Carlos Arias Cardona, Edgar Felipe Pardo Castro (88.César Augusto Rivas Chará), Mario Edison Giménez (56.Malher Tressor Moreno Baldrich). Trainer: Édgar Carvajal Villa.
SC Corinthians: Luiz Felipe Ventura dos Santos, Anderson Sebastião Cardoso „Chicão", William Machado de Oliveira, Roberto Carlos da Silva Rocha, Marcelo Mattos (83.Manoel de Morais Amorim), Ralf de Souza Teles, Danilo Gabriel de Andrade (59.Bruno Ferreira Bonfim „Dentinho"), Elias Mendes Trindade, Juciiel da Silva, Jorge Henrique de Souza, Ronaldo Luís Nazário de Lima (73.Rodrigo de Souza Cardoso). Trainer: Luiz Antonio Venker Menezes.
Goals: César Augusto Valoyes Córdoba (75) / Bruno Ferreira Bonfim „Dentinho" (84).

17.03.2010, Estadio Defensores del Chaco, Asunción; Attendance: 17,321
Referee: Pablo Antonio Pozo Quinteros (Chile)
Club Cerro Porteño Asunción - SC Corinthians Paulista São Paulo   0-1(0-1)
Cerro Porteño: Diego Daniel Barreto Cáceres, Diego Armando Herner (74.Ramón Idalecio Cardozo), Julio César Irrazábal, Miguel Ángel Torrén, Iván Rodrigo Piris, Jorge Orlando Brítez Larramendi [*sent off 82*], Luis Enrique Cáceres Centurión (69.Carlos Ariel Recalde), Jorge Daniel Nuñez, Julio Daniel Dos Santos Rodríguez, César Augusto Ramírez (63.Sebastián Adolfo Ereros), Pablo Daniel Zeballos Ocampos. Trainer: Pedro Antonio Troglio (Argentina).
SC Corinthians: Luiz Felipe Ventura dos Santos, Anderson Sebastião Cardoso „Chicão", William Machado de Oliveira, Roberto Carlos da Silva Rocha, Moacir Costa da Silva, Ralf de Souza Teles, Danilo Gabriel de Andrade (74.Anderson Simas Luciano „Tcheco"), Elias Mendes Trindade, Juciiel da Silva, Bruno Ferreira Bonfim „Dentinho" (69.Jorge Henrique de Souza), Ronaldo Luís Nazário de Lima (83.Rodrigo de Souza Cardoso). Trainer: Luiz Antonio Venker Menezes.
Goal: Ronaldo Luís Nazário de Lima (40).

18.03.2010, Estadio Palogrande, Manizales; Attendance: 4,651
Referee: Juan Soto (Venezuela)
CD Independiente Medellín - Racing Club de Montevideo   0-0
CD Independiente: Aldo Antonio Bobadilla Ávalos, Anselmo De Almeida Machado, Leyton Jiménez Romero, Ricardo Calle Estrada (72.Lewis Alexander Ochoa Cassiani [*sent off 88*]), Juan David Valencia Hinestroza, Juan Esteban Ortiz Blandón (60.Malher Tressor Moreno Baldrich), Jhon Javier Restrepo Pérez, Nelson Alberto Barahona Collins (79.Mario Edison Giménez), Luis Carlos Arias Cardona, Edgar Felipe Pardo Castro, César Augusto Valoyes Córdoba [*sent off 66*]. Trainer: Édgar Carvajal Villa.
Racing Montevideo: Jorge Walter Contreras Rodríguez, Rodrigo Nicolás Brasesco Pérez, Héctor Roberto Hernández Bauza, José Ignacio Pallas Martínez, Danny Tejera, Héctor Federico Vega Ataídes, Jorge Luis Cazulo (46.Jean Pierre Agustin Barrientos), Santiago Humberto Ostolaza Chimelir, Claudio Matías Mirabaje Correa (84.Alejandro Cleber Reyes Sosa), Martín Cauteruccio Rodríguez, Líber Daniel Quiñónez Prieto (69.Néstor Fabián Silva Fros). Trainer: Juan José Verzeri.

25.03.2010, Estadio Gran Parque Central, Montevideo; Attendance: 2,492
Referee: Diego Hernán Abal (Argentina)
Racing Club de Montevideo - CD Independiente Medellín   1-0(0-0)
Racing Montevideo: Jorge Walter Contreras Rodríguez, Rodrigo Nicolás Brasesco Pérez, Héctor Roberto Hernández Bauza, José Ignacio Pallas Martínez, Danny Tejera, Héctor Federico Vega Ataídes, Jorge Luis Cazulo (72.Jean Pierre Agustin Barrientos), Santiago Humberto Ostolaza Chimelir, Claudio Matías Mirabaje Correa (82.Mathías Nicolás Abero Villa), Martín Cauteruccio Rodríguez, Néstor Fabián Silva Fros (72.Líber Daniel Quiñónez Prieto). Trainer: Juan José Verzeri.

CD Independiente: Aldo Antonio Bobadilla Ávalos, Anselmo De Almeida Machado, Leyton Jiménez Romero, Ricardo Calle Estrada, Juan David Valencia Hinestroza, Juan Esteban Ortiz Blandón, Jhon Javier Restrepo Pérez, Héctor Alejandro Vasco Osorio (77.Nelson Alberto Barahona Collins), Luis Carlos Arias Cardona, Edgar Felipe Pardo Castro (83.César Augusto Rivas Chará), Mario Edison Giménez [*sent off 84*]. Trainer: Édgar Carvajal Villa.
Goal: Santiago Humberto Ostolaza Chimelir (74).

01.04.2010, Estádio Municipal „Paulo Machado de Carvalho", São Paulo; Attendance: 30,321
Referee: Víctor Hugo Carrillo (Peru)
SC Corinthians Paulista São Paulo - Club Cerro Porteño Asunción   2-1(1-0)
SC Corinthians: Rafael de Carvalho Santos, Anderson Sebastião Cardoso „Chicão", William Machado de Oliveira, Roberto Carlos da Silva Rocha, Moacir Costa da Silva, Ralf de Souza Teles, Danilo Gabriel de Andrade (90.Anderson Simas Luciano „Tcheco"), Elias Mendes Trindade, Jucilei da Silva, Bruno Ferreira Bonfim „Dentinho" (81.Jorge Henrique de Souza), Ronaldo Luís Nazário de Lima (87.Pedro Iarley Lima Dantas). Trainer: Luiz Antonio Venker Menezes.
Cerro Porteño: Diego Daniel Barreto Cáceres, Ernesto Rubén Cristaldo Santa Cruz, Diego Armando Herner, Iván Rodrigo Piris, Luís Carlos Cardozo, Rodrigo Ramón Burgos Oviedo (74.Luis Enrique Cáceres Centurión), Jorge Daniel Nuñez (60.Julio César Irrazábal), Javier Alejandro Villarreal, Julio Daniel Dos Santos Rodríguez, Roberto Antonio Nanni (70.Sebastián Adolfo Ereros), Pablo Daniel Zeballos Ocampos. Trainer: Pedro Antonio Troglio (Argentina).
Goals: Ronaldo Luís Nazário de Lima (36), Anderson Sebastião Cardoso „Chicão" (63) / Julio Daniel Dos Santos Rodríguez (79).

08.04.2010, Estadio „Atanasio Girardot", Medellín; Attendance: 8,066
Referee: Georges Buckley (Peru)
CD Independiente Medellín - Club Cerro Porteño Asunción   1-0(0-0)
CD Independiente: Aldo Antonio Bobadilla Ávalos, Anselmo De Almeida Machado, Leyton Jiménez Romero, Ricardo Calle Estrada, Juan David Valencia Hinestroza, Juan Esteban Ortiz Blandón, Jhon Javier Restrepo Pérez, Luis Carlos Arias Cardona, Edgar Felipe Pardo Castro (83.Héctor Alejandro Vasco Osorio), Malher Tressor Moreno Baldrich (46.Nelson Alberto Barahona Collins), César Augusto Valoyes Córdoba (89.César Augusto Rivas Chará). Trainer: Édgar Carvajal Villa.
Cerro Porteño: Ezequiel Luis Medrán, Ernesto Rubén Cristaldo Santa Cruz, Fidel Amado Pérez, Iván Rodrigo Piris, Luís Carlos Cardozo, Rodrigo Ramón Burgos Oviedo [*sent off 67*], Alberto Martínez (58.Luis Enrique Cáceres Centurión), Jorge Daniel Nuñez, Carlos Ariel Recalde (77.Julio Daniel Dos Santos Rodríguez), Ramón Idalecio Cardozo, Roberto Antonio Nanni (77.Sebastián Adolfo Ereros). Trainer: Pedro Antonio Troglio (Argentina).
Goal: Luis Carlos Arias Cardona (55).

14.04.2010, Estadio Gran Parque Central, Montevideo; Attendance: 2,669
Referee: Héctor Walter Baldassi (Argentina)
Racing Club de Montevideo - SC Corinthians Paulista São Paulo   0-2(0-1)
Racing Montevideo: Jorge Walter Contreras Rodríguez, Rodrigo Nicolás Brasesco Pérez, Héctor Roberto Hernández Bauza, José Ignacio Pallas Martínez, Danny Tejera, Héctor Federico Vega Ataídes, Jorge Luis Cazulo (65.Jean Pierre Agustin Barrientos), Santiago Humberto Ostolaza Chimelir, Claudio Matías Mirabaje Correa, Martín Cauteruccio Rodríguez, Líber Daniel Quiñónez Prieto. Trainer: Juan José Verzeri.
SC Corinthians: Júlio César de Souza Santos, Anderson Sebastião Cardoso „Chicão", William Machado de Oliveira, Roberto Carlos da Silva Rocha, Moacir Costa da Silva, Ralf de Souza Teles, Danilo Gabriel de Andrade (83.Paulo André Cren Benini), Elias Mendes Trindade, Jucilei da Silva, Bruno Ferreira Bonfim „Dentinho" (73.Pedro Iarley Lima Dantas), Ronaldo Luís Nazário de Lima (69.Jorge Henrique de Souza). Trainer: Luiz Antonio Venker Menezes.
Goals: Bruno Ferreira Bonfim „Dentinho" (33), Elias Mendes Trindade (87).

22.04.2010, Estadio „General Pablo Rojas", Asunción; Attendance: 2,728
Referee: Víctor Hugo Rivera (Peru)
Club Cerro Porteño Asunción - Racing Club de Montevideo   0-0
Cerro Porteño: Ezequiel Luis Medrán, Julio César Irrazábal, Fidel Amado Pérez, Miguel Ángel Torrén, Iván Rodrigo Piris, Alberto Martínez, Carlos Ariel Recalde, Javier Alejandro Villarreal, Iván Emmanuel González Ferreira (62.Ernesto Rubén Cristaldo Santa Cruz), Sebastián Adolfo Ereros (67.César Augusto Ramírez), Roberto Antonio Nanni (82.Ramón Idalecio Cardozo). Trainer: Pedro Antonio Troglio (Argentina).
Racing Montevideo: Jorge Walter Contreras Rodríguez, Rodrigo Nicolás Brasesco Pérez, Héctor Roberto Hernández Bauza (54.Jean Pierre Agustin Barrientos), José Ignacio Pallas Martínez, Danny Tejera, Héctor Federico Vega Ataídes (79.Alejandro Cleber Reyes Sosa), Jorge Luis Cazulo, Santiago Humberto Ostolaza Chimelir, Claudio Matías Mirabaje Correa, Martín Cauteruccio Rodríguez, Líber Daniel Quiñónez Prieto (71.Néstor Fabián Silva Fros). Trainer: Juan José Verzeri.

22.04.2010, Estádio Municipal „Paulo Machado de Carvalho", São Paulo; Attendance: 29,541
Referee: Federico José Beligoy (Argentina)
SC Corinthians Paulista São Paulo - CD Independiente Medellín   1-0(1-0)
SC Corinthians: Júlio César de Souza Santos, Anderson Sebastião Cardoso „Chicão", William Machado de Oliveira, Roberto Carlos da Silva Rocha, Moacir Costa da Silva, Ralf de Souza Teles, Danilo Gabriel de Andrade (87.Eduardo César Daud Gaspar „Edu"), Elias Mendes Trindade, Jucilei da Silva, Bruno Ferreira Bonfim „Dentinho" (65.Jorge Henrique de Souza), Pedro Iarley Lima Dantas (77.Rodrigo de Souza Cardoso). Trainer: Luiz Antonio Venker Menezes.
CD Independiente: Aldo Antonio Bobadilla Ávalos, Anselmo De Almeida Machado, Leyton Jiménez Romero, Ricardo Calle Estrada, Juan David Valencia Hinestroza, Juan Esteban Ortiz Blandón, Jhon Javier Restrepo Pérez, Nelson Alberto Barahona Collins (77.Hernán Enrique Pertúz Ortega), Héctor Alejandro Vasco Osorio (46.Malher Tressor Moreno Baldrich), Edgar Felipe Pardo Castro, Mario Edison Giménez (57.César Augusto Valoyes Córdoba). Trainer: Édgar Carvajal Villa.
Goal: Juan David Valencia Hinestroza (23 own goal).

FINAL STANDINGS
1. **SC Corinthians Paulista São Paulo**   6   5   1   0   9 - 3   16
2. *Racing Club de Montevideo*   6   2   2   2   4 - 5   8
3. CD Independiente Medellín   6   1   3   2   3 - 4   6
4. Club Cerro Porteño Asunción   6   0   2   4   3 - 7   2

GROUP 2

09.02.2010, Estadio Defensores del Chaco, Asunción; Attendance: 1,000
Referee: Federico José Beligoy (Argentina)
Club Nacional Asunción - CD Once Caldas Manizales   0-2(0-1)
Nacional: Germán Martín Caffa, Ricardo Mazacotte, Raúl Eduardo Piris (69.Celso Pablo González), Arturo David Aquino, Marcos Benjamín Melgarejo, Aldo Rubén Paniagua Riveros, Marcos David Miers, Fabio Ramón Ramos Mereles, Marcos Antonio Riveros Krayacich, Víctor Marcelino Aquino Romero, Guillermo Alexis Beltrán. Trainer: Juan Manuel Battaglia.
Once Caldas: Héctor Fabio Landázuri, Diego Armando Amaya Solano, Alexis Héctor Henríquez Charales, Oswaldo Augusto Vizcarrondo Araújo, Luis Alberto Núñez Charales, José Iván Vélez Castillo, Diego Alejandro Arias Hincapié, Fernando Antonio Cárdenas Arredondo (75.Juan Guillermo Baena), Jaime Alberto Castrillón Vásquez, Danny Manuel Santoya Otero (69.John Jairo Valencia Ortíz), Fernando Uribe Hincapié (81.Sebastián Lucas Tagliabúe). Trainer: Juan Carlos Osorio Arbelaez.
Goals: Jaime Alberto Castrillón Vásquez (22), Danny Manuel Santoya Otero (64).

10.02.2010, Estádio Cícero Pompeu de Toledo „Morumbi", São Paulo; Attendance: 34,501
Referee: Sergio Fabián Pezzota (Argentina)
São Paulo Futebol Clube - Club de Fútbol Monterrey   2-0(1-0)
São Paulo FC: Rogério Ceni, João Miranda de Souza Filho, Renato Assis da Silva, Alexandre Luiz Reame „Xandão", Cléber Santana Loureiro, Richarlyson Barbosa Felisbino (74.Cícero João de Cezare „Cicinho"), Anderson Hernanes de Carvalho Andrade Lima, Jean Raphael Vanderlei Moreira, Jorge Wagner Góes Conceição (90.Leonardo Lima da Silva „Léo Lima"), Marcelo dos Santos „Marcelinho Paraíba" (82.Marlos Romero Bonfim), Washington Stecanela Cerqueira. Trainer: Ricardo Gomes Raimundo.
CF Monterrey: Jonathan Emmanuel Orozco Martínez, Diego Alberto Cervantes Chávez, Severo Efraín Meza Mayorga, Héctor Miguel Morales Llanas, Sergio Pérez Moya, Gerardo Gabriel Galindo Martínez (72.Luis Alfonso Rodríguez Alanís), José de Jesús Arellano Alcocer (61.Osvaldo David Martínez Arce), Juan Carlos Medina Alonzo, Abraham Dario Carreño Rohan, Osvaldo Felix Souza „Val Baiano" (61.Sergio Alejandro Santana Piedra), Jesús Eduardo Zavala Castañeda. Trainer: Víctor Manuel Vucetich Rojas.
Goals: Washington Stecanela Cerqueira (12, 76).

24.02.2010, Estadio Tecnológico, Monterrey; Attendance: 20,366
Referee: Víctor Hugo Rivera (Peru)
Club de Fútbol Monterrey - Club Nacional Asunción   2-1(0-0)
CF Monterrey: Omar Ortíz Uribe, José María Basanta, Diego Alberto Cervantes Chávez, Sergio Pérez Moya, Gerardo Gabriel Galindo Martínez (71.Osvaldo Felix Souza „Val Baiano"), José de Jesús Arellano Alcocer, Walter Orlando Ayoví Corozo, Juan Carlos Medina Alonzo (61.Neri Raúl Cardozo), Osvaldo David Martínez Arce, Luis Ernesto Pérez Gómez, Sergio Alejandro Santana Piedra. Trainer: Víctor Manuel Vucetich Rojas.
Nacional: Germán Martín Caffa, Ricardo Mazacotte, Herminio Antonio Miranda, Arturo David Aquino, Alfredo David Rojas, Carlos Ruiz Peralta, Ignacio Ramón Cáceres Cabañas, Marcos Antonio Riveros Krayacich, Víctor Marcelino Aquino Romero, Ariel Gregorio Bogado Llanos (46.Guillermo Alexis Beltrán), Nestor Fabián Caballero. Trainer: Juan Manuel Battaglia.
Goals: Sergio Alejandro Santana Piedra (60), Osvaldo David Martínez Arce (68) / Herminio Antonio Miranda (67 penalty).

25.02.2010, Estadio Palogrande, Manizales; Attendance: 21,766
Referee: Pablo Antonio Pozo Quinteros (Chile)
CD Once Caldas Manizales - São Paulo Futebol Clube   2-1(0-1)
Once Caldas: Luis Enrique Martínez Rodríguez, José Iván Vélez Castillo, Oswaldo Augusto Vizcarrondo Araújo, Alexis Héctor Henríquez Charales, Luis Alberto Núñez Charales, Jaime Alberto Castrillón Vásquez (46.Fernando Antonio Cárdenas Arredondo), John Jairo Valencia Ortíz, Diego Alejandro Arias Hincapié, Dayro Mauricio Moreno Galindo, Danny Manuel Santoya Otero (70.Juan Guillermo Baena), Fernando Uribe Hincapié (81.Diego Armando Amaya Solano). Trainer: Juan Carlos Osorio Arbelaez.
São Paulo FC: Rogério Ceni, Cícero João de Cezare „Cicinho", João Miranda de Souza Filho, Alexandre Luiz Reame „Xandão", Jorge Wagner Góes Conceição, Jean Raphael Vanderlei Moreira, Richarlyson Barbosa Felisbino, Cléber Santana Loureiro, Anderson Hernanes de Carvalho Andrade Lima, Washington Stecanela Cerqueira, Marcelo dos Santos „Marcelinho Paraíba" (76.Rodrigo Ribeiro Souto). Trainer: Ricardo Gomes Raimundo.
Goals: Fernando Uribe Hincapié (49), Dayro Mauricio Moreno Galindo (71) / Rogério Ceni (32).

10.03.2010, Estadio Palogrande, Manizales; Attendance: 20,127
Referee: Jorge Joaquín Antequera (Bolivia)
CD Once Caldas Manizales - Club de Fútbol Monterrey   **1-1(0-1)**
Once Caldas: Luis Enrique Martínez Rodríguez, Alexis Héctor Henríquez Charales, Oswaldo Augusto Vizcarrondo Araújo, Luis Alberto Núñez Charales, José Iván Vélez Castillo, Diego Alejandro Arias Hincapié, John Jairo Valencia Ortíz, Fernando Antonio Cárdenas Arredondo (55.Danny Manuel Santoya Otero), Jaime Alberto Castrillón Vásquez (46.Diego Armando Amaya Solano), Dayro Mauricio Moreno Galindo, Fernando Uribe Hincapié (76.Juan Guillermo Baena). Trainer: Juan Carlos Osorio Arbelaez.
CF Monterrey: Jonathan Emmanuel Orozco Martínez, José María Basanta, Duilio César Jean Pierre Davino Rodríguez, Héctor Miguel Morales Llanas, Sergio Pérez Moya, Walter Orlando Ayoví Corozo, William Alberto Paredes Barbudo (71.Gerardo Gabriel Galindo Martínez [*sent off 83*]), Osvaldo David Martínez Arce (76.Severo Efraín Meza Mayorga), Neri Raúl Cardozo, Sergio Alejandro Santana Piedra (62.Osvaldo Felix Souza „Val Baiano"), Jesús Eduardo Zavala Castañeda [*sent off 56*]. Trainer: Víctor Manuel Vucetich Rojas.
Goals: John Jairo Valencia Ortíz (58) / Héctor Miguel Morales Llanas (33).

11.03.2010, Estadio Defensores del Chaco, Asunción; Attendance: 700
Referee: Enrique Roberto Osses Zencovich (Chile)
Club Nacional Asunción - São Paulo Futebol Clube   **0-2(0-0)**
Nacional: Germán Martín Caffa, Ricardo Mazacotte, Herminio Antonio Miranda, Raúl Eduardo Piris, Marcos Benjamín Melgarejo (60.Guillermo Alexis Beltrán), Carlos Ruiz Peralta (32.Arturo David Aquino; 72.Ariel Gregorio Bogado Llanos), Orlando Rubén Bordón, Marcos David Miers, Fabio Ramón Ramos Mereles, Marcos Antonio Riveros Krayacich, Víctor Marcelino Aquino Romero. Trainer: Juan Manuel Battaglia.
São Paulo FC: Rogério Ceni, João Miranda de Souza Filho, Cícero João de Cezare „Cicinho" (69.Rodrigo Ribeiro Souto), Júnior César Eduardo Machado, Alex Sandro da Silva, Richarlyson Barbosa Felisbino, Anderson Hernanes de Carvalho Andrade Lima, Jean Raphael Vanderlei Moreira, Marcelo dos Santos „Marcelinho Paraíba" (46.Cléber Santana Loureiro), Dagoberto Pelentier (83.Luiz Fernando Pereira da Silva „Fernandinho"), Washington Stecanela Cerqueira. Trainer: Ricardo Gomes Raimundo.
Goals: Washington Stecanela Cerqueira (59, 89).

17.03.2010, Estadio Tecnológico, Monterrey; Attendance: 26,725
Referee: Georges Buckley (Peru)
Club de Fútbol Monterrey - CD Once Caldas Manizales   **2-2(1-1)**
CF Monterrey: Jonathan Emmanuel Orozco Martínez, José María Basanta, Duilio César Jean Pierre Davino Rodríguez (67.Jesús Aldo de Nigris Guajardo), Severo Efraín Meza Mayorga (64.Diego Alberto Cervantes Chávez), Héctor Miguel Morales Llanas, Walter Orlando Ayoví Corozo, William Alberto Paredes Barbudo, Osvaldo David Martínez Arce, Neri Raúl Cardozo, Abraham Dario Carreño Rohan, Sergio Alejandro Santana Piedra (63.Sergio Pérez Moya). Trainer: Víctor Manuel Vucetich Rojas.
Once Caldas: Luis Enrique Martínez Rodríguez, Diego Armando Amaya Solano (56.Dayron Alexánder Pérez Calle), Alexis Héctor Henríquez Charales, Oswaldo Augusto Vizcarrondo Araújo, Luis Alberto Núñez Charales, José Iván Vélez Castillo, Diego Alejandro Arias Hincapié, John Jairo Valencia Ortíz, Dayro Mauricio Moreno Galindo, Danny Manuel Santoya Otero (46.Fernando Antonio Cárdenas Arredondo, Fernando Uribe Hincapié (46.Jaime Alberto Castrillón Vásquez). Trainer: Juan Carlos Osorio Arbelaez.
Goals: Osvaldo David Martínez Arce (18 penalty), Neri Raúl Cardozo (46) / Dayro Mauricio Moreno Galindo (1), Jaime Alberto Castrillón Vásquez (66).

18.03.2010, Estádio Cícero Pompeu de Toledo „Morumbi", São Paulo; Attendance: 31,411
Referee: Darío Ubriaco (Uruguay)
São Paulo Futebol Clube - Club Nacional Asunción   3-0(2-0)
São Paulo FC: Rogério Ceni, João Miranda de Souza Filho, Júnior César Eduardo Machado, Alex Sandro da Silva, Cléber Santana Loureiro, Richarlyson Barbosa Felisbino (79.Rodrigo Ribeiro Souto), Anderson Hernanes de Carvalho Andrade Lima, Jean Raphael Vanderlei Moreira (75.Cícero João de Cezare „Cicinho"), Leonardo Lima da Silva „Léo Lima", Dagoberto Pelentier, Washington Stecanela Cerqueira (71.Luiz Fernando Pereira da Silva „Fernandinho"). Trainer: Ricardo Gomes Raimundo.
Nacional: Germán Martín Caffa, Ricardo Mazacotte (46.Arturo David Aquino), Herminio Antonio Miranda, Raúl Eduardo Piris, Alfredo David Rojas (46.Víctor Marcelino Aquino Romero), Aldo Rubén Paniagua Riveros, Ignacio Ramón Cáceres Cabañas, Blas Bernardo Irala, Marcos David Miers, Marcos Antonio Riveros Krayacich, Guillermo Alexis Beltrán (64.Orlando Rubén Bordón). Trainer: Juan Manuel Battaglia.
Goals: Dagoberto Pelentier (30), Leonardo Lima da Silva „Léo Lima" (33), Washington Stecanela Cerqueira (55).

31.03.2010, Estadio Tecnológico, Monterrey; Attendance: 28,472
Referee: Saúl Esteban Laverni (Argentina)
Club de Fútbol Monterrey - São Paulo Futebol Clube   0-0
CF Monterrey: Jonathan Emmanuel Orozco Martínez, José María Basanta, Héctor Miguel Morales Llanas, Sergio Pérez Moya (82.Juan Carlos Medina Alonzo), Walter Orlando Ayoví Corozo, William Alberto Paredes Barbudo, Osvaldo David Martínez Arce, Neri Raúl Cardozo, Sergio Alejandro Santana Piedra (59.José de Jesús Arellano Alcocer), Osvaldo Felix Souza „Val Baiano" (59.Abraham Dario Carreño Rohan), Jesús Eduardo Zavala Castañeda. Trainer: Víctor Manuel Vucetich Rojas.
São Paulo FC: Rogério Ceni, João Miranda de Souza Filho, Cícero João de Cezare „Cicinho" (71.Jean Raphael Vanderlei Moreira), Júnior César Eduardo Machado, Alex Sandro da Silva, Rodrigo Ribeiro Souto, Cléber Santana Loureiro, Anderson Hernanes de Carvalho Andrade Lima (82.Alexandre Luiz Reame „Xandão"), Jorge Wagner Góes Conceição, Dagoberto Pelentier (56.Luiz Fernando Pereira da Silva „Fernandinho"), Washington Stecanela Cerqueira. Trainer: Ricardo Gomes Raimundo.

01.04.2010, Estadio Palogrande, Manizales; Attendance: 17,000
Referee: Mayker Gómez (Paraguay)
CD Once Caldas Manizales - Club Nacional Asunción   1-0(1-0)
Once Caldas: Héctor Fabio Landázuri, Alexis Héctor Henríquez Charales, Oswaldo Augusto Vizcarrondo Araújo, Luis Alberto Núñez Charales, José Iván Vélez Castillo, Diego Alejandro Arias Hincapié, John Jairo Valencia Ortíz, Jaime Alberto Castrillón Vásquez (75.Diego Armando Amaya Solano), Dayro Mauricio Moreno Galindo, Danny Manuel Santoya Otero (56.Fernando Antonio Cárdenas Arredondo), Fernando Uribe Hincapié (70.Sebastián Hernández Mejía). Trainer: Juan Carlos Osorio Arbelaez.
Nacional: Germán Martín Caffa, Ricardo Mazacotte, Herminio Antonio Miranda, Raúl Eduardo Piris, Marcos Benjamín Melgarejo (62.Arturo David Aquino), Orlando Rubén Bordón, Ignacio Ramón Cáceres Cabañas (88.Sergio Reinaldo Gómez Duarte), Blas Bernardo Irala, Marcos David Miers Fabio Ramón Ramos Mereles, Nestor Fabián Caballero (69.Víctor Marcelino Aquino Romero). Trainer: Juan Manuel Battaglia.
Goal: (14).

21.04.2010, Estadio Defensores del Chaco, Asunción; Attendance: 350
Referee: Raúl Orozco (Bolivia)
Club Nacional Asunción - Club de Fútbol Monterrey   2-0(1-0)
Nacional: Germán Martín Caffa, Herminio Antonio Miranda, Raúl Eduardo Piris (46.Gilberto Ariel Velásquez), Marcos Benjamín Melgarejo, Aldo Rubén Paniagua Riveros, Orlando Rubén Bordón, Ignacio Ramón Cáceres Cabañas, Blas Bernardo Irala, Marcos Antonio Riveros Krayacich, Víctor Marcelino Aquino Romero (61.Guillermo Alexis Beltrán), Nestor Fabián Caballero (74.Fabio Ramón

Ramos Mereles). Trainer: Juan Manuel Battaglia.
CF Monterrey: Jonathan Emmanuel Orozco Martínez, José María Basanta, Diego Alberto Cervantes Chávez, José Oscar Recio (71.Neri Raúl Cardozo), Sergio Pérez Moya, José de Jesús Arellano Alcocer (78.Osvaldo David Martínez Arce), Juan Carlos Medina Alonzo, Hugo Eduardo Meléndez (70.William Alberto Paredes Barbudo), Luis Alfonso Rodríguez Alanís, Brayan Adán Martínez, Osvaldo Felix Souza „Val Baiano". Trainer: Víctor Manuel Vucetich Rojas.
Goals: Aldo Rubén Paniagua Riveros (4), Guillermo Alexis Beltrán (67).

21.04.2010, Estádio Cícero Pompeu de Toledo „Morumbi", São Paulo; Attendance: 50,461
Referee: Diego Hernán Abal (Argentina)
São Paulo Futebol Clube - CD Once Caldas Manizales   1-0(1-0)
São Paulo FC: Rogério Ceni, João Miranda de Souza Filho, Cícero João de Cezare „Cicinho", Alex Sandro da Silva, Rodrigo Ribeiro Souto, Richarlyson Barbosa Felisbino, Anderson Hernanes de Carvalho Andrade Lima (85.Cléber Santana Loureiro), Jorge Wagner Góes Conceição (66.Washington Stecanela Cerqueira), Marlos Romero Bonfim, Dagoberto Pelentier, Luiz Fernando Pereira da Silva „Fernandinho" (59.Jean Raphael Vanderlei Moreira). Trainer: Ricardo Gomes Raimundo.
Once Caldas: Luis Enrique Martínez Rodríguez, Alexis Héctor Henríquez Charales, Oswaldo Augusto Vizcarrondo Araújo, Luis Alberto Núñez Charales, José Iván Vélez Castillo, Diego Alejandro Arias Hincapié, John Jairo Valencia Ortíz, Jaime Alberto Castrillón Vásquez (71.Diego Armando Amaya Solano), Dayron Alexánder Pérez Calle (46.Fernando Antonio Cárdenas Arredondo), Dayro Mauricio Moreno Galindo, Danny Manuel Santoya Otero (71.Fernando Uribe Hincapié). Trainer: Juan Carlos Osorio Arbelaez.
Goal: Luiz Fernando Pereira da Silva „Fernandinho" (40).

FINAL STANDINGS

1. São Paulo Futebol Clube	6	4	1	1	9	-	2	13
2. *CD Once Caldas Manizales*	6	3	2	1	8	-	5	11
3. Club de Fútbol Monterrey	6	1	3	2	5	-	8	6
4. Club Nacional Asunción	6	1	0	5	3	-	10	3

GROUP 3

10.02.2010, Estadio „Hernando Siles Zuazo", La Paz; Attendance: 16,852
Referee: Samuel Haro (Ecuador)
Club Bolívar La Paz - Club Alianza Lima   1-3(0-0)
Bolívar: Carlos Erwin Arias, Ignacio Ithurralde Sáez (46.Wether Thiers Charles Da Silva Mota), Ronald Taylor Rivero Kuhn, Luis Aníbal Torrico Valverde, Limbert Méndez Rocha, Walter Alberto Flores Condarco, Leonel Alfredo Reyes Saravia (71.Enrique Parada Salvatierre), Abdón Reyes Cardozo, Alex Rodrigo Da Rosa Dorneles, Anderson Aparecido Gonzaga Martíns (56.José Gabriel Ríos Banegas), William Ferreira Martínez. Trainer: Santiago Escobar.
Alianza: Salomón Alexis Libman Pastor, Carlos Javier Solís Alvarado, Héctor Vidal Sosa, Edgar Villamarín Arguedas, Amiltón Fair Prado Barrón (66.Alexander Gustavo Sánchez Reyes), Edgar Daniel González Brítez, Henry Edson Quinteros Sánchez (62.Juan José Jayo Legario), Jean Carlo Tragodara Gálvez, Joel Melchor Sánchez, Wilmer Alexander Aguirre Vázquez, José Carlos Fernández Piedra (79.Johnnier Esteiner Montaño Caicedo). Trainer: Gustavo Adolfo Costas (Argentina).
Goals: William Ferreira Martínez (89 penalty) / José Carlos Fernández Piedra (73, 74), Johnnier Esteiner Montaño Caicedo (90+1).

11.02.2010, Estadio Centenario „Dr. José Luis Meiszner", Quilmes; Attendance: 10,704
Referee: Sálvio Spínola Fagundes Filho (Brazil)
Club Estudiantes de La Plata - Club Juan Aurich de Chiclayo   5-1(2-1)
Estudiantes: Agustín Ignacio Orión, Cristian Ariel Cellay, Germán David Ré (64.Faustino Marcos Alberto Rojo), Clemente Juan Rodríguez, Leandro Desábato, Leandro Damián Benítez, Rodrigo Braña, Enzo Nicolás Pérez (77.Maximiliano Ezequiel Núñez), Juan Sebastián Verón, José Ernesto Sosa (82.Leandro González), Mauro Boselli. Trainer: Alejandro Javier Sabella.
Juan Aurich: Diego Hernán Morales, Jesús Martín Álvarez Hurtado, Jorge Martín Araujo, Roberto Carlos Guizasola [*sent off 45*], Jerson Vásquez Shampiama, Gianfranco Renato Espejo Reyes, Juan Carlos La Rosa Llontop (67.Herlyn Ysrael Zúñiga Yanez), Ricardo Manuel Ciciliano, Reimond Orangel Manco Albarracín (57.Jose Luis Guevara Tinoco), Pedro Luis Ascoy Cortez (46.César Alberto Sánchez Aurich), Luis Carlos Tejada Hansell.
Goals: Mauro Boselli (6 penalty), Germán David Ré (43), Mauro Boselli (59, 72), Leandro González (89) / Luis Carlos Tejada Hansell (34).

18.02.2010, Estadio „Alejandro Villanueva", Lima; Attendance: 16,310
Referee: Marlon Escalante (Venezuela)
Club Alianza Lima - Club Estudiantes de La Plata   4-1(2-1)
Alianza: Salomón Alexis Libman Pastor, Carlos Javier Solís Alvarado, Héctor Vidal Sosa, Edgar Villamarín Arguedas, Amiltón Fair Prado Barrón, Edgar Daniel González Brítez, Henry Edson Quinteros Sánchez (74.Juan José Jayo Legario), Jean Carlo Tragodara Gálvez (84.Walter Ricardo Vílchez Soto), Joel Melchor Sánchez (69.Alexander Gustavo Sánchez Reyes), Wilmer Alexander Aguirre Vázquez, José Carlos Fernández Piedra. Trainer: Gustavo Adolfo Costas (Argentina).
Estudiantes: Agustín Ignacio Orión, Cristian Ariel Cellay, Germán David Ré, Clemente Juan Rodríguez, Leandro Desábato, Leandro Damián Benítez (64.Jerónimo Morales Neumann), Rodrigo Braña, Enzo Nicolás Pérez (47.Maximiliano Ezequiel Núñez), Juan Sebastián Verón, José Ernesto Sosa (90.Faustino Marcos Alberto Rojo), Mauro Boselli. Trainer: Alejandro Javier Sabella.
Goals: Wilmer Alexander Aguirre Vázquez (18, 34, 74), José Carlos Fernández Piedra (84) / José Ernesto Sosa (1).

24.02.2010, Estadio „Elías Aguirre", Chiclayo; Attendance: 10,759
Referee: Patricio Antonio Polic Orellana (Chile)
Club Juan Aurich de Chiclayo - Club Bolívar La Paz   2-0(2-0)
Juan Aurich: Diego Hernán Morales, Jesús Martín Álvarez Hurtado, Jorge Martín Araujo, Willy Alexander Rivas Asin, Gianfranco Renato Espejo Reyes, Juan Carlos La Rosa Llontop, Jose Luis Guevara Tinoco, Ricardo Manuel Ciciliano (46.William Medardo Chiroque), Reimond Orangel Manco Albarracín (68.Franco Giovanni Mendoza Breña), Pedro Luis Ascoy Cortez [*sent off 38*], Luis Carlos Tejada Hansell (83.Herlyn Ysrael Zúñiga Yanez).
Bolívar: Carlos Erwin Arias, Ignacio Ithurralde Sáez, Ronald Taylor Rivero Kuhn, Luis Aníbal Torrico Valverde (61.André Filipe Saraiva Martins), Limbert Méndez Rocha (72.Enrique Parada Salvatierre), Walter Alberto Flores Condarco, Leonel Alfredo Reyes Saravia, Abdón Reyes Cardozo (46.Wether Thiers Charles Da Silva Mota), Alex Rodrigo Da Rosa Dorneles, Anderson Aparecido Gonzaga Martíns, William Ferreira Martínez. Trainer: Santiago Escobar.
Goals: Ricardo Manuel Ciciliano (11), Luis Carlos Tejada Hansell (37).

09.03.2010, Estadio „Hernando Siles Zuazo", La Paz; Attendance: 7,887
Referee: Carlos Galeano Rios (Paraguay)
Club Bolívar La Paz - Club Estudiantes de La Plata   0-0
Bolívar: Carlos Erwin Arias, Ignacio Ithurralde Sáez, Enrique Parada Salvatierre, Ronald Taylor Rivero Kuhn, Luis Aníbal Torrico Valverde (59.José Gabriel Ríos Banegas), Walter Alberto Flores Condarco, Abdón Reyes Cardozo, Leonel Alfredo Reyes Saravia, Alex Rodrigo Da Rosa Dorneles (72.Anderson Aparecido Gonzaga Martíns), Wether Thiers Charles Da Silva Mota, William Ferreira Martínez. Trainer: Santiago Escobar.

Estudiantes: Agustín Ignacio Orión, Marcos Alberto Angeleri, Cristian Ariel Cellay, Germán David Ré, Clemente Juan Rodríguez, Leandro Desábato, Rodrigo Braña, Enzo Nicolás Pérez (57.Matías Ariel Sánchez), Juan Sebastián Verón, José Ernesto Sosa (75.Maximiliano Ezequiel Núñez), Mauro Boselli (90.Leandro Damián Benítez). Trainer: Alejandro Javier Sabella.

10.03.2010, Estadio „Alejandro Villanueva", Lima; Attendance: 24,742
Referee: Percy Rojas (Peru)
Club Alianza Lima - Club Juan Aurich de Chiclayo   **2-0(1-0)**
Alianza: Salomón Alexis Libman Pastor, Carlos Javier Solís Alvarado, Héctor Vidal Sosa, Edgar Villamarín Arguedas, Amiltón Fair Prado Barrón, Edgar Daniel González Brítez, Henry Edson Quinteros Sánchez (75.Walter Ricardo Vílchez Soto), Jean Carlo Tragodara Gálvez (74.Alexander Gustavo Sánchez Reyes), Joel Melchor Sánchez, Wilmer Alexander Aguirre Vázquez, José Carlos Fernández Piedra (82.Johnnier Esteiner Montaño Caicedo). Trainer: Gustavo Adolfo Costas (Argentina).
Juan Aurich: Diego Hernán Morales, Jesús Martín Álvarez Hurtado, Jorge Martín Araujo, Roberto Carlos Guizasola, Willy Alexander Rivas Asin, Miguel Angel Cevasco (60.Franco Giovanni Mendoza Breña), Gianfranco Renato Espejo Reyes (46.Reimond Orangel Manco Albarracín), Juan Carlos La Rosa Llontop, Ricardo Manuel Ciciliano, William Medardo Chiroque (65.Herlyn Ysrael Zúñiga Yanez), Luis Carlos Tejada Hansell.
Goals: José Carlos Fernández Piedra (41), Jean Carlo Tragodara Gálvez (59).

16.03.2010, Estadio „Elías Aguirre", Chiclayo; Attendance: 13,253
Referee: Carlos Eugênio Simon (Brazil)
Club Juan Aurich de Chiclayo - Club Alianza Lima   **4-2(2-1)**
Juan Aurich: Diego Hernán Morales, Jesús Martín Álvarez Hurtado, Jorge Martín Araujo, Roberto Carlos Guizasola, Willy Alexander Rivas Asin (49.Jerson Vásquez Shampiama), Gianfranco Renato Espejo Reyes, Juan Carlos La Rosa Llontop, Ricardo Manuel Ciciliano (72.Herlyn Ysrael Zúñiga Yanez), Reimond Orangel Manco Albarracín (85.William Medardo Chiroque), Pedro Luis Ascoy Cortez, Luis Carlos Tejada Hansell.
Alianza: Salomón Alexis Libman Pastor, Carlos Javier Solís Alvarado, Héctor Vidal Sosa, Edgar Villamarín Arguedas, Amiltón Fair Prado Barrón, Edgar Daniel González Brítez, Henry Edson Quinteros Sánchez (69.Johnnier Esteiner Montaño Caicedo), Jean Carlo Tragodara Gálvez (81.Óscar Christopher Vílchez Soto), Joel Melchor Sánchez, Wilmer Alexander Aguirre Vázquez, José Carlos Fernández Piedra (62.Roberto Ovelar Maldonado). Trainer: Gustavo Adolfo Costas (Argentina).
Goals: Roberto Carlos Guizasola (25), Luis Carlos Tejada Hansell (44), Reimond Orangel Manco Albarracín (59), Pedro Luis Ascoy Cortez (87) / Joel Melchor Sánchez (3), Roberto Ovelar Maldonado (72).

23.03.2010, Estadio Centenario „Dr. José Luis Meiszner", Quilmes; Attendance: 8,907
Referee: Marcelo de Lima Henrique (Brazil)
Club Estudiantes de La Plata - Club Bolívar La Paz   **2-0(0-0)**
Estudiantes: Agustín Ignacio Orión, Marcos Alberto Angeleri, Cristian Ariel Cellay, Germán David Ré, Leandro Desábato, Rodrigo Braña, Enzo Nicolás Pérez (46.Marcelo Adrián Carrusca), Juan Sebastián Verón, José Ernesto Sosa (86.Jerónimo Morales Neumann), Gastón Nicolás Fernández (65.Maximiliano Ezequiel Núñez), Mauro Boselli. Trainer: Alejandro Javier Sabella.
Bolívar: Carlos Erwin Arias, Ignacio Ithurralde Sáez, Mario Alberto Ovando Padilla (84.Rudy Alejandro Cardozo Fernández), Ronald Taylor Rivero Kuhn, Luis Aníbal Torrico Valverde, Walter Alberto Flores Condarco, Leonel Alfredo Reyes Saravia, Abdón Reyes Cardozo (61.Enrique Parada Salvatierre), Alex Rodrigo Da Rosa Dorneles (61.Anderson Aparecido Gonzaga Martíns), Wether Thiers Charles Da Silva Mota, William Ferreira Martínez. Trainer: Santiago Escobar.
Goals: José Ernesto Sosa (51), Mauro Boselli (79).

30.03.2010, Estadio „Elías Aguirre", Chiclayo; Attendance: 19,904
Referee: Carlos Arecio Amarilla Demarqui (Paraguay)
Club Juan Aurich de Chiclayo - Club Estudiantes de La Plata   0-2(0-0)
Juan Aurich: Diego Hernán Morales, Jesús Martín Álvarez Hurtado [*sent off 85*], Jorge Martín Araujo, Roberto Carlos Guizasola, Jerson Vásquez Shampiama, Gianfranco Renato Espejo Reyes, Juan Carlos La Rosa Llontop (60.William Medardo Chiroque), Ricardo Manuel Ciciliano, Reimond Orangel Manco Albarracín, Pedro Luis Ascoy Cortez (83.Herlyn Ysrael Zúñiga Yanez; 87.Víctor Julio Rodolfo Balta Mori), Luis Carlos Tejada Hansell [*sent off 90*].
Estudiantes: Agustín Ignacio Orión, Marcos Alberto Angeleri, Cristian Ariel Cellay, Germán David Ré, Clemente Juan Rodríguez (81.Faustino Marcos Alberto Rojo), Leandro Desábato, Rodrigo Braña, Juan Sebastián Verón, José Ernesto Sosa (88.Matías Ariel Sánchez), Gastón Nicolás Fernández (64.Enzo Nicolás Pérez), Mauro Boselli. Trainer: Alejandro Javier Sabella.
Goals: Gastón Nicolás Fernández (62), Rodrigo Braña (68).

08.04.2010, Estadio „Alejandro Villanueva", Lima; Attendance: 11,285
Referee: Juan Soto (Venezuela)
Club Alianza Lima - Club Bolívar La Paz   1-0(1-0)
Alianza: Salomón Alexis Libman Pastor, Héctor Vidal Sosa, Walter Ricardo Vílchez Soto, Edgar Villamarín Arguedas [*sent off 86*], Amiltón Fair Prado Barrón, Edgar Daniel González Brítez, Henry Edson Quinteros Sánchez, Jean Carlo Tragodara Gálvez (82.Eduardo Alberto Uribe Oshiro), Joel Melchor Sánchez (64.Alexander Gustavo Sánchez Reyes), Wilmer Alexander Aguirre Vázquez, José Carlos Fernández Piedra (63.Roberto Ovelar Maldonado). Trainer: Gustavo Adolfo Costas (Argentina).
Bolívar: Carlos Erwin Arias, Rudy Alejandro Cardozo Fernández, Ignacio Ithurralde Sáez, Ronald Taylor Rivero Kuhn, Ariel Juárez Montaño, Walter Alberto Flores Condarco, Leonel Alfredo Reyes Saravia (76.Didi Torrico Camacho), Abdón Reyes Cardozo (87.José Gabriel Ríos Banegas), Wether Thiers Charles Da Silva Mota, Anderson Aparecido Gonzaga Martíns (77.Alex Rodrigo Da Rosa Dorneles), William Ferreira Martínez. Trainer: Santiago Escobar.
Goal: José Carlos Fernández Piedra (6).

20.04.2010, Estadio „Hernando Siles Zuazo", La Paz; Attendance: 2,484
Referee: Jorge Luis Osorio Reyes (Chile)
Club Bolívar La Paz - Club Juan Aurich de Chiclayo   2-0(0-0)
Bolívar: Carlos Erwin Arias, Ignacio Ithurralde Sáez, Ronald Taylor Rivero Kuhn, Ariel Juárez Montaño (85.Enrique Parada Salvatierre), Walter Alberto Flores Condarco, Rudy Alejandro Cardozo Fernández (57.José Gabriel Ríos Banegas), Leonel Alfredo Reyes Saravia, Abdón Reyes Cardozo, Wether Thiers Charles Da Silva Mota, Anderson Aparecido Gonzaga Martíns (67.Alex Rodrigo Da Rosa Dorneles), William Ferreira Martínez. Trainer: Santiago Escobar.
Juan Aurich: Diego Hernán Morales, Jorge Martín Araujo, Jhonny Javier Lalopú, Jerson Vásquez Shampiama, Gianfranco Renato Espejo Reyes (74.Miguel Angel Cevasco), Juan Carlos La Rosa Llontop, César Alberto Sánchez Aurich, Franco Giovanni Mendoza Breña, William Medardo Chiroque (79.Fernando Rafael García López), Manuel Francisco Barreto Sayan (63.Gary Jeamsen Correa Gogín), Herlyn Ysrael Zúñiga Yanez.
Goals: Walter Alberto Flores Condarco (71), Alex Rodrigo Da Rosa Dorneles (86).

20.04.2010, Estadio Centenario „Dr. José Luis Meiszner", Quilmes; Attendance: 14,982
Referee: Roberto Carlos Silvera (Uruguay)
Club Estudiantes de La Plata - Club Alianza Lima   1-0(0-0)
Estudiantes: Agustín Ignacio Orión, Marcos Alberto Angeleri, Cristian Ariel Cellay, Clemente Juan Rodríguez (88.Germán David Ré), Leandro Desábato, Rodrigo Braña, Maximiliano Ezequiel Núñez (81.Leandro González), Enzo Nicolás Pérez, Juan Sebastián Verón, José Ernesto Sosa, Mauro Boselli. Trainer: Alejandro Javier Sabella.
Alianza: George Patrick Forsyth Sommer, Carlos Javier Solís Alvarado, Héctor Vidal Sosa, Walter Ricardo Vílchez Soto [*sent off 90+3*], Amiltón Fair Prado Barrón, Edgar Daniel González Brítez,

Henry Edson Quinteros Sánchez (81.Óscar Christopher Vílchez Soto), Jean Carlo Tragodara Gálvez (86.Eduardo Alberto Uribe Oshiro), Joel Melchor Sánchez, Wilmer Alexander Aguirre Vázquez, José Carlos Fernández Piedra (72.Johnnier Esteiner Montaño Caicedo). Trainer: Gustavo Adolfo Costas (Argentina).
Goal: Juan Sebastián Verón (90+5).

FINAL STANDINGS

1. Club Estudiantes de La Plata	6	4	1	1	11	-	5	13
2. *Club Alianza Lima*	6	4	0	2	12	-	7	12
3. Club Juan Aurich de Chiclayo	6	2	0	4	7	-	13	6
4. Club Bolívar La Paz	6	1	1	4	3	-	8	4

GROUP 4

09.02.2010, Estadio „Néstor Díaz Pérez", Lanús; Attendance: 4,220
Referee: Wilson Luiz Seneme (Brazil)
Club Atlético Lanús - Club Libertad Asunción   0-2(0-0)
CA Lanús: Agustín Federico Marchesín, Hernán Gustavo Grana (77.Cristian Menéndez), Santiago Abel Hoyos, Jádson Viera Castro, Matias Lionel Fritzler, Maximiliano Nicolás Velázquez, Agustín Daniel Pelletieri, Sebastián Marcelo Blanco, Marcos Sebastián Aguirre (67.Eduardo Fabián Ledesma), Diego Eduardo Lagos (67.Santiago Gabriel Salcedo González), Gonzalo Rubén Castillejos. Trainer: Luis Francisco Zubeldía.
Libertad: Bernardo David Medina, Ismael Benegas, Pedro Alcides Sarabia Achucarro, Víctor Javier Cáceres Centurión, Sergio Daniel Aquino, Víctor Hugo Ayala Núñez, Jorge Luís Moreira Ferreira (46.Wilson Osmar Pittoni Rodríguez), Miguel Ángel Ramón Samudio, Rodolfo Vicente Gamarra Varela (67.Omar Héber Pouso Osores), Javier Mercedes González González (76.Gustavo Ramón Mencia Ávalos), Pablo César Velázquez. Trainer: Gregorio Elso Pérez Perdigón (Uruguay).
Goals: Rodolfo Vicente Gamarra Varela (67), Pablo César Velázquez (73).

11.02.2010, Estadio „Ramón ‚Tahuichi' Aguilera", Santa Cruz de la Sierra; Attendance: 10,600
Referee: Julio Quintana Rodríguez (Paraguay)
CSCD Blooming Santa Cruz - Club Universitario de Deportes Lima   1-2(0-0)
Blooming: Andrés Martín Jemio Amenabar, Fabrício Brandao Santos, Wilder Zabala Perrogon, Lorgio Álvarez Roca, Jesús Alejandro Gómez Lanza, José Luis Chávez Sánchez, Andrés Roberto Imperiale, Luis Carlos Vieira Junior (57.Julio César Hurtado Sánchez), Damián Emilio Akerman, José Alfredo Castillo Parada (57.Roger Suárez Sandoval), Juan Carlos Sánchez (61.David Raúl Villalba Candía). Trainer: Carlos Aragonés Espinoza.
Universitario Lima: Raúl Omar Fernández Valverde, John Christian Galliquio Castro, Carlos Alberto Galván Méndez, Jesús Giancarlos Rabanal Dávila, Renzo Revoredo Zuazo, Antonio Emiliano Gonzáles Canchari (69.Luis Alberto Hernández Díaz), Rainer Torres Salas (79.Luís Alberto Ramírez Lucay), Rodolfo Espinoza Díaz, Jorge Johann Vásquez Rosales, Piero Fernando Alva Niezen, Carlos Alberto Orejuela Pita (64.Gianfranco Alberto Labarthe Tomé). Trainer: José Guillermo del Solar Álvarez-Calderón.
Goals: Jesús Alejandro Gómez Lanza (89) / Carlos Alberto Orejuela Pita (52), Rodolfo Espinoza Díaz (76).

16.02.2010, Estadio Defensores del Chaco, Asunción; Attendance: 450
Referee: Roberto Carlos Silvera (Uruguay)
Club Libertad Asunción - CSCD Blooming Santa Cruz de la Sierra   4-0(1-0)
Libertad: Bernardo David Medina, Ismael Benegas, Pedro Alcides Sarabia Achucarro, Víctor Javier Cáceres Centurión, Sergio Daniel Aquino (69.Omar Héber Pouso Osores), Víctor Hugo Ayala Núñez, Jorge Luís Moreira Ferreira (38.Wilson Osmar Pittoni Rodríguez), Miguel Ángel Ramón Samudio, Rodolfo Vicente Gamarra Varela, Javier Mercedes González González (65.Rodrigo Alborno), Pablo César Velázquez. Trainer: Gregorio Elso Pérez Perdigón (Uruguay).
Blooming: Andrés Martín Jemio Amenabar, Fabrício Brandao Santos [*sent off 48*], Wilder Zabala Perrogon, Lorgio Álvarez Roca, Jesús Alejandro Gómez Lanza, Jorge Marcos Andia Pizarro (83.Raúl René González Guzmán), José Luis Chávez Sánchez (65.Julio César Hurtado Sánchez), Andrés Roberto Imperiale [*sent off 51*], Luis Carlos Vieira Junior (54.Omar Jesús Morales Paz), Damián Emilio Akerman, Juan Carlos Sánchez. Trainer: Carlos Aragonés Espinoza.
Goals: Víctor Javier Cáceres Centurión (45), Rodolfo Vicente Gamarra Varela (68), Víctor Hugo Ayala Núñez (90), Rodolfo Vicente Gamarra Varela (90+1).

17.02.2010, Estadio Monumental, Lima; Attendance: 12,507
Referee: Juan Soto (Venezuela)
Club Universitario de Deportes Lima - Club Atlético Lanús   2-0(1-0)
Universitario Lima: Raúl Omar Fernández Valverde, John Christian Galliquio Castro, Carlos Alberto Galván Méndez, Jesús Giancarlos Rabanal Dávila, Renzo Revoredo Zuazo, Antonio Emiliano Gonzáles Canchari (58.Gianfranco Alberto Labarthe Tomé), Rainer Torres Salas, Rodolfo Espinoza Díaz, Jorge Johann Vásquez Rosales (86.Giancarlo Carmona Maldonado), Piero Fernando Alva Niezen, Carlos Alberto Orejuela Pita (69.Luís Alberto Ramírez Lucay). Trainer: José Guillermo del Solar Álvarez-Calderón.
CA Lanús: Agustín Federico Marchesín, Rodrigo Erramuspe, Hernán Gustavo Grana (83.Cristian Menéndez), Jádson Viera Castro, Matias Lionel Fritzler, Maximiliano Nicolás Velázquez, Sebastián Marcelo Blanco (64.Diego Eduardo Lagos), Eduardo Fabián Ledesma, Guido Pizarro (73.Marcos Sebastián Aguirre), Gonzalo Rubén Castillejos, Santiago Gabriel Salcedo González. Trainer: Luis Francisco Zubeldía.
Goals: Piero Fernando Alva Niezen (18), Gianfranco Alberto Labarthe Tomé (88).

25.02.2010, Estadio „Ramón ‚Tahuichi' Aguilera", Santa Cruz de la Sierra; Attendance: 3,709
Referee: Evandro Rogerio Roman (Brazil)
CSCD Blooming Santa Cruz de la Sierra - Club Atlético Lanús   1-4(1-2)
Blooming: Andrés Martín Jemio Amenabar, David Raúl Villalba Candía (46.Jorge Marcos Andia Pizarro), Wilder Zabala Perrogon, Lorgio Álvarez Roca, Jesús Alejandro Gómez Lanza, José Luis Chávez Sánchez, Omar Jesús Morales Paz, Luis Carlos Vieira Junior (61.Julio César Hurtado Sánchez), Damián Emilio Akerman, Juan Carlos Sánchez, Luís Hernán Sillero Farias (55.Roger Suárez Sandoval). Trainer: Carlos Aragonés Espinoza.
CA Lanús: Agustín Federico Marchesín, Rodrigo Erramuspe, Hernán Gustavo Grana, Santiago Abel Hoyos, Jádson Viera Castro, Matias Lionel Fritzler, Maximiliano Nicolás Velázquez (46.Carlos Darío Arce), Agustín Daniel Pelletieri, Sebastián Marcelo Blanco (83.Nelson Javier Carrasco), Gonzalo Rubén Castillejos (56.Diego Eduardo Lagos), Santiago Gabriel Salcedo González. Trainer: Luis Francisco Zubeldía.
Goals: Luis Carlos Vieira Junior (9) / Sebastián Marcelo Blanco (24), Santiago Gabriel Salcedo González (39), Diego Eduardo Lagos (60, 76).

25.02.2010, Estadio Monumental, Lima; Attendance: 16,530
Referee: Omar Andrés Ponce Manzo (Ecuador)
Club Universitario de Deportes Lima - Club Libertad Asunción   0-0
Universitario Lima: Raúl Omar Fernández Valverde, John Christian Galliquio Castro, Carlos Alberto Galván Méndez, Jesús Giancarlos Rabanal Dávila, Renzo Revoredo Zuazo, Antonio Emiliano Gonzáles

Canchari (60.Gianfranco Alberto Labarthe Tomé), Rainer Torres Salas, Rodolfo Espinoza Díaz, Luís Alberto Ramírez Lucay, Piero Fernando Alva Niezen, Víctor Enrique Píriz Álvez. Trainer: José Guillermo del Solar Álvarez-Calderón.
Libertad: Bernardo David Medina, Ismael Benegas, Adalberto Román Benítez, Pedro Alcides Sarabia Achucarro, Víctor Javier Cáceres Centurión, Sergio Daniel Aquino (78.Omar Héber Pouso Osores), Víctor Hugo Ayala Núñez, Miguel Ángel Ramón Samudio, Rodolfo Vicente Gamarra Varela (63.Rodrigo Alborno), Javier Mercedes González González (75.Jorge Luís Moreira Ferreira), Pablo César Velázquez. Trainer: Gregorio Elso Pérez Perdigón (Uruguay).

23.03.2010, Estadio Defensores del Chaco, Asunción; Attendance: 270
Referee: Sálvio Spínola Fagundes Filho (Brazil)
Club Libertad Asunción - Club Universitario de Deportes Lima   1-1(0-0)
Libertad: Bernardo David Medina, Adalberto Román Benítez, Pedro Alcides Sarabia Achucarro, Víctor Javier Cáceres Centurión, Sergio Daniel Aquino, Víctor Hugo Ayala Núñez, Edgar Arnulfo Robles (79.Jorge Luís Moreira Ferreira), Miguel Ángel Ramón Samudio, Rodolfo Vicente Gamarra Varela, Javier Mercedes González González (46.Wilson Osmar Pittoni Rodríguez), Pablo César Velázquez. Trainer: Gregorio Elso Pérez Perdigón (Uruguay).
Universitario Lima: Raúl Omar Fernández Valverde, John Christian Galliquio Castro, Carlos Alberto Galván Méndez, Giancarlo Carmona Maldonado, Jesús Giancarlos Rabanal Dávila, Antonio Emiliano Gonzáles Canchari (72.Jorge Johann Vásquez Rosales), Rainer Torres Salas, Rodolfo Espinoza Díaz, Luís Alberto Ramírez Lucay, Piero Fernando Alva Niezen (83.Carlos Alberto Orejuela Pita), Gianfranco Alberto Labarthe Tomé (66.Víctor Enrique Píriz Álvez). Trainer: José Guillermo del Solar Álvarez-Calderón.
Goals: Víctor Hugo Ayala Núñez (56) / Luís Alberto Ramírez Lucay (87).

24.03.2010, Estadio „Néstor Díaz Pérez", Lanús; Attendance: 4,271
Referee: Patricio Antonio Polic Orellana (Chile)
Club Atlético Lanús - CSCD Blooming Santa Cruz de la Sierra   1-0(1-0)
CA Lanús: Agustín Federico Marchesín, Rodrigo Erramuspe, Hernán Gustavo Grana (77.Marcos Sebastián Aguirre), Santiago Abel Hoyos, Jádson Viera Castro, Maximiliano Nicolás Velázquez, Agustín Daniel Pelletieri, Sebastián Marcelo Blanco, Eduardo Fabián Ledesma (70.Guido Pizarro), Gonzalo Rubén Castillejos (60.Diego Eduardo Lagos), Santiago Gabriel Salcedo González. Trainer: Luis Francisco Zubeldía.
Blooming: Andrés Martín Jemio Amenabar, Fabrício Brandao Santos, Raúl René González Guzmán, David Raúl Villalba Candía (57.Wilder Zabala Perrogon), Lorgio Álvarez Roca, Jesús Alejandro Gómez Lanza, Jorge Marcos Andia Pizarro, José Luis Chávez Sánchez (81.Julio César Hurtado Sánchez), Andrés Roberto Imperiale, Luis Carlos Vieira Junior, José Alfredo Castillo Parada. Trainer: Carlos Aragonés Espinoza.
Goal: Santiago Gabriel Salcedo González (17 penalty).

30.03.2010, Estadio Defensores del Chaco, Asunción; Attendance: 900
Referee: Paulo César de Oliveira (Brazil)
Club Libertad Asunción - Club Atlético Lanús   1-1(1-0)
Libertad: Bernardo David Medina, Adalberto Román Benítez, Pedro Alcides Sarabia Achucarro, Víctor Javier Cáceres Centurión, Sergio Daniel Aquino, Víctor Hugo Ayala Núñez, Wilson Osmar Pittoni Rodríguez (70.Rodrigo Alborno), Edgar Arnulfo Robles, Miguel Ángel Ramón Samudio (66.Gustavo Ramón Mencia Ávalos), Roberto Carlos Gamarra Acosta, Pablo César Velázquez (77.Javier Mercedes González González). Trainer: Gregorio Elso Pérez Perdigón (Uruguay).
CA Lanús: Agustín Federico Marchesín, Rodrigo Erramuspe, Hernán Gustavo Grana, Santiago Abel Hoyos, Jádson Viera Castro, Maximiliano Nicolás Velázquez, Agustín Daniel Pelletieri (61.Marcos Sebastián Aguirre), Sebastián Marcelo Blanco, Eduardo Fabián Ledesma, Diego Eduardo Lagos (61.Matias Lionel Fritzler), Santiago Gabriel Salcedo González [*sent off 41*]. Trainer: Luis Francisco Zubeldía.
Goals: Adalberto Román Benítez (4) / Maximiliano Nicolás Velázquez (84).

06.04.2010, Estadio Monumental, Lima; Attendance: 18,800
Referee: Héber Lopes (Brazil)
Club Universitario de Deportes Lima - CSCD Blooming Santa Cruz   0-0
Universitario Lima: Raúl Omar Fernández Valverde, John Christian Galliquio Castro, Carlos Alberto Galván Méndez, Jesús Giancarlos Rabanal Dávila, Renzo Revoredo Zuazo, Antonio Emiliano Gonzáles Canchari (46.Giancarlo Carmona Maldonado), Rainer Torres Salas, Rodolfo Espinoza Díaz, Luís Alberto Ramírez Lucay, Piero Fernando Alva Niezen, Gianfranco Alberto Labarthe Tomé (68.Carlos Alberto Orejuela Pita). Trainer: José Guillermo del Solar Álvarez-Calderón.
Blooming: Andrés Martín Jemio Amenabar, Fabrício Brandao Santos, David Raúl Villalba Candía, Wilder Zabala Perrogon, Lorgio Álvarez Roca, Jesús Alejandro Gómez Lanza, José Luis Chávez Sánchez, Andrés Roberto Imperiale, Omar Jesús Morales Paz, Luis Carlos Vieira Junior (90.Julio César Hurtado Sánchez), José Alfredo Castillo Parada (79.Luís Hernán Sillero Farias). Trainer: Carlos Aragonés Espinoza.

15.04.2010, Estadio „Ramón ‚Tahuichi' Aguilera", Santa Cruz de la Sierra; Attendance: 800
Referee: Jorge Luis Larrionda Pietrafesa (Uruguay)
CSCD Blooming Santa Cruz de la Sierra - Club Libertad Asunción   1-2(1-1)
Blooming: Andrés Martín Jemio Amenabar, Dustin Maldonado Antelo, David Raúl Villalba Candía, Wilder Zabala Perrogon, Julio César Hurtado Sánchez, Jorge González Suárez (46.Lorgio Álvarez Roca), Jorge Marcos Andia Pizarro, Andrés Roberto Imperiale, Omar Jesús Morales Paz, José Alfredo Castillo Parada (62.Luis Carlos Vieira Junior), Luís Hernán Sillero Farias (46.Damián Emilio Akerman). Trainer: Carlos Aragonés Espinoza.
Libertad: Bernardo David Medina, Ismael Benegas, Adalberto Román Benítez, Pedro Alcides Sarabia Achucarro, Víctor Javier Cáceres Centurión, Sergio Daniel Aquino, Víctor Hugo Ayala Núñez, Miguel Ángel Ramón Samudio, Rodolfo Vicente Gamarra Varela (81.Edgar Arnulfo Robles), Javier Mercedes González González (46.Gustavo Alberto Cristaldo Brítez), Pablo César Velázquez (77.Roberto Carlos Gamarra Acosta). Trainer: Gregorio Elso Pérez Perdigón (Uruguay).
Goals: Julio César Hurtado Sánchez (27) / Adalberto Román Benítez (38), Rodolfo Vicente Gamarra Varela (53).

15.04.2010, Estadio „Néstor Díaz Pérez", Lanús; Attendance: 4,198
Referee: Carlos Eugênio Simon (Brazil)
Club Atlético Lanús - Club Universitario de Deportes Lima   0-0
CA Lanús: Agustín Federico Marchesín, Rodrigo Erramuspe (46.Hernán Gustavo Grana), Santiago Abel Hoyos, Jádson Viera Castro, Maximiliano Nicolás Velázquez, Agustín Daniel Pelletieri, Sebastián Marcelo Blanco, Guido Pizarro, Marcos Sebastián Aguirre (75.Nelson Javier Carrasco), Gonzalo Rubén Castillejos (75.Cristian Menéndez), Leandro Díaz. Trainer: Luis Francisco Zubeldía.
Universitario Lima: Raúl Omar Fernández Valverde, John Christian Galliquio Castro, Carlos Alberto Galván Méndez, Giancarlo Carmona Maldonado, Jesús Giancarlos Rabanal Dávila, Renzo Revoredo Zuazo, Antonio Emiliano Gonzáles Canchari (59.Raúl Mario Ruidiaz Misitich), Rainer Torres Salas, Rodolfo Espinoza Díaz, Piero Fernando Alva Niezen, Gianfranco Alberto Labarthe Tomé (69.Víctor Enrique Píriz Álvez). Trainer: José Guillermo del Solar Álvarez-Calderón.

FINAL STANDINGS

1. Club Libertad Asunción	6	3	3	0	10	-	3	12
2. *Club Universitario de Deportes Lima*	6	2	4	0	5	-	2	10
3. Club Atlético Lanús	6	2	2	2	6	-	6	8
4. CSCD Blooming Santa Cruz de la Sierra	6	0	1	5	3	-	13	1

GROUP 5

09.02.2010, Estadio Centenario, Montevideo; Attendance: 6,021
Referee: Jorge Osorio Reyes (Chile)
Club Atlético Cerro Montevideo - Sociedad Deportivo Quito   2-0(1-0)
CA Cerro: Damián Frascarelli, Walter Fernando Ibáñez Costa, Pablo Rodrigo Melo, Daniel Leites, Pablo Eduardo Caballero, Richard Javier Pellejero Ferreira, Sebastián Marcelo Suárez López, Claudio Martín Dadomo Minervini (90.Jorge Fabián Trujillo), Danilo Asconeguy Ruiz, Álvaro Alejandro Melo Silvera, Rodrigo Nicanor Mora (86.Andrés Raúl Molina). Trainer: Pablo Repetto.
Deportivo Quito: Oswaldo Geovanny Ibarra Carabalí, Geovanny Banner Caicedo Quiñónez, Iván Jacinto Hurtado Angulo, Roberto Michael Castro Cadena (64.Juan Carlos Paredes Reasco), Luis Armando Checa Villamar, Pedro Luis Esterilla Delgado (73.José Jacobo Viscaino Rosales), Luis Fernando Saritama Padilla, Ángel Gabriel Escobar Arce, Michael Antonio Arroyo Mina, Marcos Emiliano Pirchio, Iván Emilio Borghello (38.Franco Niell). Trainer: Rubén Darío Insúa (Argentina).
Goals: Claudio Martín Dadomo Minervini (19), Rodrigo Nicanor Mora (62).

23.02.2010, Estádio „José Pinheiro Borda", Porto Alegre; Attendance: 39,304
Referee: Diego Hernán Abal (Argentina)
SC Internacional Porto Alegre - Club Sport Emelec Guayaquil   2-1(0-0)
SC Internacional: Roberto Carlos Abbondanzieri, Fabian Guedes „Bolívar", Danilo Aparecido da Silva, Gonzalo Sorondo Amaro, Kléber de Carvalho Correia, Claudinei Cardoso Félix da Silva „Nei" (64.Taison Barcellos Freda), Sandro Ranieri Guimarães Cordeiro, Luís Eduardo Schmidt „Edu" (77.Walter Henrique da Silva), Giuliano Victor de Paula (80.André Luiz Tavares „Andrezinho"), Pablo Horacio Guiñazú, Alecsandro Barbosa Felisbino. Trainer: Jorge Daniel Fossati Lurachi (Uruguay).
CS Emelec: Marcelo Ramón Elizaga Ferrero, Julio Marcelo Fleitas Silveira, Mariano Florencio Mina Orobio, Gabriel Eduardo Achilier Zurita, Eduardo Javier Morante Rosas (76.José Luis Quiñónez Quiñónez), Mario David Quiroz Villón, Pablo Javier Pérez, Pedro Angel Quiñónez Rodríguez, Enner Remberto Valencia Lastra (46.Santiago Biglieri), Jaime Javier Ayoví Corozo (90.Hernan Gastón Peirone), Joao Robin Rojas Mendoza. Trainer: Jorge Luis Sampaoli (Argentina).
Goals: Claudinei Cardoso Félix da Silva „Nei" (53), Alecsandro Barbosa Felisbino (87) / Mario David Quiroz Villón (49).

11.03.2010, Estadio „George Capwell", Guayaquil; Attendance: 9,793
Referee: Víctor Hugo Carrillo (Peru)
Club Sport Emelec Guayaquil - Club Atlético Cerro Montevideo   1-2(0-0)
CS Emelec: Marcelo Ramón Elizaga Ferrero, Julio Marcelo Fleitas Silveira, Mariano Florencio Mina Orobio (81.Angel Israel Mena Delgado), Gabriel Eduardo Achilier Zurita, Mario David Quiroz Villón, Pablo Javier Pérez, Pedro Angel Quiñónez Rodríguez, Enner Remberto Valencia Lastra (54.Hernan Gastón Peirone), Santiago Biglieri, Jaime Javier Ayoví Corozo, Joao Robin Rojas Mendoza. Trainer: Jorge Luis Sampaoli (Argentina).
CA Cerro: Mathías Rolero, Walter Fernando Ibáñez Costa, Daniel Leites, Pablo Rodrigo Melo, Claudio Martín Dadomo Minervini, Pablo Eduardo Caballero (81.Marcelo Adrián Mansilla Iriarte), Richard Javier Pellejero Ferreira, Sebastián Marcelo Suárez López, Danilo Asconeguy Ruiz, Álvaro Alejandro Melo Silvera (78.Jorge Fabián Trujillo), Rodrigo Nicanor Mora (88.Andrés Raúl Molina). Trainer: Pablo Repetto.
Goals: Pablo Javier Pérez (70) / Pablo Eduardo Caballero (52), Claudio Martín Dadomo Minervini (57).

11.03.2010, Estadio Olímpico „Atahualpa", Quito; Attendance: 4,088
Referee: José Hernando Buitrago (Colombia)
Sociedad Deportivo Quito - SC Internacional Porto Alegre   1-1(1-1)
Deportivo Quito: Oswaldo Geovanny Ibarra Carabalí, José Ramón Aguirre Icaza, Roberto Michael Castro Cadena, Luis Armando Checa Villamar, Iván Jacinto Hurtado Angulo, Isaac Bryan Mina Arboleda, Tilson Oswaldo Minda Suscal, Michael Antonio Arroyo Mina (65.Mauricio Alejandro Donoso Pérez), Luis Fernando Saritama Padilla, Franco Niell, Marcos Emiliano Pirchio (61.Iván Emilio Borghello). Trainer: Rubén Darío Insúa (Argentina).
SC Internacional: Roberto Carlos Abbondanzieri, Marcos Antônio de Lima „Índio", Juan Guilherme Nunes Jesus, Gonzalo Sorondo Amaro, Kléber de Carvalho Correia, Bruno Ramón Silva Barone, Sandro Ranieri Guimarães Cordeiro, Luís Eduardo Schmidt „Edu" (70.Andrés Nicolás D'Alessandro), Giuliano Victor de Paula (80.Wilson Tiago Mathías), Pablo Horacio Guiñazú, Alecsandro Barbosa Felisbino (84.Taison Barcellos Freda). Trainer: Jorge Daniel Fossati Lurachi (Uruguay).
Goals: Tilson Oswaldo Minda Suscal (33) / Giuliano Victor de Paula (40).

18.03.2010, Estadio „Atilio Paiva Olivera", Rivera; Attendance: 25,510
Referee: Saúl Esteban Laverni (Argentina)
Club Atlético Cerro Montevideo - SC Internacional Porto Alegre   0-0
CA Cerro: Mathías Rolero, Walter Fernando Ibáñez Costa, Daniel Leites, Pablo Rodrigo Melo, Claudio Martín Dadomo Minervini, Pablo Eduardo Caballero, Richard Javier Pellejero Ferreira, Sebastián Marcelo Suárez López, Álvaro Alejandro Melo Silvera (87.Andrés Raúl Molina), Danilo Asconeguy Ruiz, Rodrigo Nicanor Mora (78.Maximiliano Lombardi Rodríguez). Trainer: Pablo Repetto.
SC Internacional: Roberto Carlos Abbondanzieri, Marcos Antônio de Lima „Índio", Gonzalo Sorondo Amaro, Kléber de Carvalho Correia, Bruno Ramón Silva Barone (57.Claudinei Cardoso Félix da Silva „Nei"), Sandro Ranieri Guimarães Cordeiro, Andrés Nicolás D'Alessandro (72.André Luiz Tavares „Andrezinho"), Luís Eduardo Schmidt „Edu", Giuliano Victor de Paula (80.Taison Barcellos Freda), Pablo Horacio Guiñazú, Alecsandro Barbosa Felisbino. Trainer: Jorge Daniel Fossati Lurachi (Uruguay).

25.03.2010, Estadio Olímpico „Atahualpa", Quito; Attendance: 5,719
Referee: José Luis Espinel Mena (Ecuador)
Sociedad Deportivo Quito - Club Sport Emelec Guayaquil   1-0(0-0)
Deportivo Quito: Oswaldo Geovanny Ibarra Carabalí, Geovanny Banner Caicedo Quiñónez, Luis Armando Checa Villamar, Luis Alexis Tenorio Rivas, Ángel Gabriel Escobar Arce, Pedro Luis Esterilla Delgado, Tilson Oswaldo Minda Suscal, Michael Antonio Arroyo Mina (88.José Jacobo Viscaino Rosales), Luis Fernando Saritama Padilla, Iván Emilio Borghello (80.Roberto Michael Castro Cadena), Franco Niell (83.Marcos Emiliano Pirchio). Trainer: Rubén Darío Insúa (Argentina).
CS Emelec: Marcelo Ramón Elizaga Ferrero, Mariano Florencio Mina Orobio, Luis Alberto Zambrano Santa Cruz, Gabriel Eduardo Achilier Zurita, Eduardo Javier Morante Rosas, José Luis Quiñónez Quiñónez, Mario David Quiroz Villón, Pedro Angel Quiñónez Rodríguez, Enner Remberto Valencia Lastra (46.Santiago Biglieri), Hernan Gastón Peirone (62.Jaime Javier Ayoví Corozo), Joao Robin Rojas Mendoza (69.Silvano de los Santos Estacio Montaño). Trainer: Jorge Luis Sampaoli (Argentina).
Goal: Michael Antonio Arroyo Mina (64).

31.03.2010, Estádio „José Pinheiro Borda", Porto Alegre; Attendance: 36,897
Referee: Carlos Manuel Torres (Paraguay)
SC Internacional Porto Alegre - Club Atlético Cerro Montevideo   2-0(0-0)
SC Internacional: Roberto Carlos Abbondanzieri, Fabian Guedes „Bolívar", Marcos Antônio de Lima „Índio", Kléber de Carvalho Correia, Claudinei Cardoso Félix da Silva „Nei", Sandro Ranieri Guimarães Cordeiro, Andrés Nicolás D'Alessandro (75.André Luiz Tavares „Andrezinho"), Giuliano Victor de Paula (88.Wilson Tiago Mathías), Pablo Horacio Guiñazú, Alecsandro Barbosa Felisbino, Walter Henrique da Silva (83.Taison Barcellos Freda). Trainer: Jorge Daniel Fossati Lurachi

(Uruguay).
CA Cerro: Damián Frascarelli, Walter Fernando Ibáñez Costa, Daniel Leites, Pablo Rodrigo Melo, Claudio Martín Dadomo Minervini (80.Maximiliano Lombardi Rodríguez), Pablo Eduardo Caballero, Richard Javier Pellejero Ferreira, Sebastián Marcelo Suárez López (82.Jorge Fabián Trujillo), Álvaro Alejandro Melo Silvera, Danilo Asconeguy Ruiz, Rodrigo Nicanor Mora (63.Sergio Suffo). Trainer: Pablo Repetto.
Goals: Walter Fernando Ibáñez Costa (59 own goal), Andrés Nicolás D'Alessandro (72).

01.04.2010, Estadio „George Capwell", Guayaquil; Attendance: 4,217
Referee: Samuel Haro (Ecuador)
Club Sport Emelec Guayaquil - Sociedad Deportivo Quito   0-1(0-0)
CS Emelec: Marcelo Ramón Elizaga Ferrero, Julio Marcelo Fleitas Silveira, Mariano Florencio Mina Orobio, Luis Alberto Zambrano Santa Cruz, Gabriel Eduardo Achilier Zurita [*sent off 79*], José Luis Quiñónez Quiñónez, Mario David Quiroz Villón, Santiago Biglieri, Jaime Javier Ayoví Corozo, Hernan Gastón Peirone (46.Silvano de los Santos Estacio Montaño), Joao Robin Rojas Mendoza (68.Enner Remberto Valencia Lastra). Trainer: Jorge Luis Sampaoli (Argentina).
Deportivo Quito: Oswaldo Geovanny Ibarra Carabalí, Luis Armando Checa Villamar, Iván Jacinto Hurtado Angulo, Isaac Bryan Mina Arboleda, Ángel Gabriel Escobar Arce, Pedro Luis Esterilla Delgado (60.Mauricio Alejandro Donoso Pérez), Tilson Oswaldo Minda Suscal, Michael Antonio Arroyo Mina (73.Juan Carlos Paredes Reasco), Luis Fernando Saritama Padilla, Iván Emilio Borghello (46.Marcos Emiliano Pirchio), Franco Niell. Trainer: Rubén Darío Insúa (Argentina).
Goal: Iván Jacinto Hurtado Angulo (90+1 penalty).

13.04.2010, Estadio Olímpico „Atahualpa", Quito; Attendance: 6,836
Referee: Óscar Julián Ruíz Acosta (Colombia)
Sociedad Deportivo Quito - Club Atlético Cerro Montevideo   2-1(1-1)
Deportivo Quito: Oswaldo Geovanny Ibarra Carabalí, Luis Armando Checa Villamar, Iván Jacinto Hurtado Angulo, Isaac Bryan Mina Arboleda, Ángel Gabriel Escobar Arce (46.Mauricio Alejandro Donoso Pérez), Tilson Oswaldo Minda Suscal, Michael Antonio Arroyo Mina, Luis Fernando Saritama Padilla, Franco Niell, Juan Carlos Paredes Reasco (68.Roberto Michael Castro Cadena), Marcos Emiliano Pirchio (77.Daniel Alejandro Solano Valerazo). Trainer: Rubén Darío Insúa (Argentina).
CA Cerro: Damián Frascarelli, Walter Fernando Ibáñez Costa, Daniel Leites, Pablo Rodrigo Melo, Claudio Martín Dadomo Minervini (88.Jonathan Daniel Soto Da Luz), Pablo Eduardo Caballero (82.Marcelo Adrián Mansilla Iriarte), Richard Javier Pellejero Ferreira, Sebastián Marcelo Suárez López, Álvaro Alejandro Melo Silvera (73.Jorge Fabián Trujillo), Danilo Asconeguy Ruiz, Rodrigo Nicanor Mora. Trainer: Pablo Repetto.
Goals: Isaac Bryan Mina Arboleda (20), Luis Armando Checa Villamar (87) / Claudio Martín Dadomo Minervini (26 penalty).

14.04.2010, Estadio „George Capwell", Guayaquil; Attendance: 3,774
Referee: Marlon Escalante (Venezuela)
Club Sport Emelec Guayaquil - SC Internacional Porto Alegre   0-0
CS Emelec: Javier Hernán Klimowicz Laganá, Julio Marcelo Fleitas Silveira, Mariano Florencio Mina Orobio, Luis Alberto Zambrano Santa Cruz, Silvano de los Santos Estacio Montaño, José Luis Quiñónez Quiñónez, Fernando Augusto Giménez Solís (71.Fernando Vicente Gaibor Orellana), Pedro Angel Quiñónez Rodríguez (67.Polo Raúl Wila Canga), Enner Remberto Valencia Lastra (77.Angel Israel Mena Delgado), Santiago Biglieri, Hernan Gastón Peirone. Trainer: Jorge Luis Sampaoli (Argentina).
SC Internacional: Roberto Carlos Abbondanzieri, Fabian Guedes „Bolívar", Gonzalo Sorondo Amaro, Kléber de Carvalho Correia [*sent off 73*], Claudinei Cardoso Félix da Silva „Nei", Sandro Ranieri Guimarães Cordeiro, Andrés Nicolás D'Alessandro (85.Luís Eduardo Schmidt „Edu"), Giuliano Victor de Paula (69.André Luiz Tavares „Andrezinho"), Pablo Horacio Guiñazú, Alecsandro Barbosa Felisbino, Walter Henrique da Silva (65.Taison Barcellos Freda). Trainer: Jorge Daniel Fossati Lurachi (Uruguay).

22.04.2010, Estádio „José Pinheiro Borda", Porto Alegre; Attendance: 31,360
Referee: Carlos Arecio Amarilla Demarqui (Paraguay)
SC Internacional Porto Alegre - Sociedad Deportivo Quito   3-0(1-0)
SC Internacional: Roberto Carlos Abbondanzieri, Fabian Guedes „Bolívar", Gonzalo Sorondo Amaro, Kléber de Carvalho Correia (79.Fabiano Eller dos Santos), Claudinei Cardoso Félix da Silva „Nei", Sandro Ranieri Guimarães Cordeiro, André Luiz Tavares „Andrezinho" (85.Giuliano Victor de Paula), Andrés Nicolás D'Alessandro, Pablo Horacio Guiñazú, Alecsandro Barbosa Felisbino, Walter Henrique da Silva (67.Luís Eduardo Schmidt „Edu" [*sent off 88*]). Trainer: Jorge Daniel Fossati Lurachi (Uruguay).
Deportivo Quito: Oswaldo Geovanny Ibarra Carabalí, Geovanny Banner Caicedo Quiñónez, Luis Armando Checa Villamar, Iván Jacinto Hurtado Angulo, Isaac Bryan Mina Arboleda, Pedro Luis Esterilla Delgado (46.Roberto Michael Castro Cadena), Tilson Oswaldo Minda Suscal, Michael Antonio Arroyo Mina, Luis Fernando Saritama Padilla (75.Franco Niell), Iván Emilio Borghello, Marcos Emiliano Pirchio (46.Mauricio Alejandro Donoso Pérez). Trainer: Rubén Darío Insúa (Argentina).
Goals: André Luiz Tavares „Andrezinho" (4), Fabian Guedes „Bolívar" (61), Giuliano Victor de Paula (90+2).

22.04.2010, Estadio „Luis Tróccoli", Montevideo; Attendance: 2,669
Referee: Iván Gamboa (Bolivia)
Club Atlético Cerro Montevideo - Club Sport Emelec Guayaquil   0-0
CA Cerro: Damián Frascarelli, Ignacio Amarilla (46.Fernando Daniel Alves), Walter Fernando Ibáñez Costa, Daniel Leites (64.Jonathan Daniel Soto Da Luz), Claudio Martín Dadomo Minervini, Pablo Eduardo Caballero, Richard Javier Pellejero Ferreira, Sebastián Marcelo Suárez López [*sent off 76*], Álvaro Alejandro Melo Silvera (74.Ricardo Sebastián Queiro Savio), Danilo Asconeguy Ruiz, Rodrigo Nicanor Mora. Trainer: Pablo Repetto.
CS Emelec: Marcelo Ramón Elizaga Ferrero, Julio Marcelo Fleitas Silveira, Gabriel Eduardo Achilier Zurita, Silvano de los Santos Estacio Montaño, Eduardo Javier Morante Rosas, Mario David Quiroz Villón [*sent off 79*], Fernando Augusto Giménez Solís, Pedro Angel Quiñónez Rodríguez, Santiago Biglieri (57.Enner Remberto Valencia Lastra), Jaime Javier Ayoví Corozo (62.Hernan Gastón Peirone), Joao Robin Rojas Mendoza (90.José Luis Quiñónez Quiñónez). Trainer: Jorge Luis Sampaoli (Argentina).

FINAL STANDINGS

1.	SC Internacional Porto Alegre	6	3	3	0	8	- 2	12
2.	*Sociedad Deportivo Quito*	6	3	1	2	5	- 7	10
3.	Club Atlético Cerro Montevideo	6	2	2	2	5	- 5	8
4.	Club Sport Emelec Guayaquil	6	0	2	4	2	- 6	2

GROUP 6

10.02.2010, Estadio „Florencio Sola", Banfield; Attendance: 5,804
Referee: Antonio Arias Alvarenga (Paraguay)
Club Atlético Banfield - Club Atlético Monarcas Morelia   2-1(0-0)
CA Banfield: Cristian David Lucchetti, Víctor Rubén López, Jonathan Ramón Maidana, Walter Marcelo Bustamante, Julio Eduardo Barraza, Roberto Miguel Battión, Walter Daniel Erviti Roldán (82.Emanuel Pío), Marcelo Nildo Quinteros (89.Julio Javier Marchant), James David Rodríguez Rubio, Sebastián Bruno Fernández Miglierina, Rubén Darío Ramírez. Trainer: Julio César Falcioni.
CA Monarcas: Moisés Alberto Muñoz Rodríguez, Mauricio Martín Romero, Marvin Gabriel Cabrera Ibarra, Hugo Patricio Droguett Diocares, Fernando Salazar Lomelí, Adrián Alexei Aldrete Rodríguez [*sent off 51*], Jorge Hernández González, Gabriel Ernesto Pereyra Vázquez (68.Elias Hernan Hernández), Aldo Leao Ramírez Sierra, Jared Francisco Borgetti Echavarría (57.Jaime Durán Gómez),

Miguel Sabah Rodríguez (81.Luis Gabriel Rey Villamizar). Trainer: Tomás Juan Boy Espinoza.
Goals: James David Rodríguez Rubio (55), Roberto Miguel Battión (79) / Luis Gabriel Rey Villamizar (90).

11.02.2010, Estadio Gran Parque Central, Montevideo; Attendance: 11,300
Referee: Enrique Roberto Osses Zencovich (Chile)
Club Nacional de Football Montevideo - Club Deportivo Cuenca 3-2(0-1)
Nacional: Rodrigo Martín Muñoz, Christian Washington Núñez Medina, Daniel Alejandro Lembo Betancor, Sebastián Coates Nion, Óscar Javier Morales Albornoz, Álvaro Raúl González Luengo (69.Sergio Rubén Blanco Soto), Mauricio Ernesto Pereyra Antonini, Gustavo Antonio Varela Rodríguez, Mario Ignacio Regueiro Pintos (79.Sebastián Andrés Balsas Bruno), Ángel Alejandro Morales Santos, Santiago Damián García Correa (60.Diego Daniel Vera Méndez). Trainer: Eduardo Mario Acevedo.
CD Cuenca: Esteban Javier Dreer, Juan Kely Guerrón Vásquez, Arlin Segundo Ayoví Ayoví, Diego Adrián Ianiero, Bernardo Javier Chila Ayoví, Giancarlos Pablo Ramos Barrios, Mauricio Bladimir Hurtado Alvarado (65.Oswaldo William España España), José Eduardo Granda Vicuña (75.Christian Santiago Cordero Rodríguez), Jhon Antonio García Figueroa, Gabriel Antonio Méndez, Luis Miguel Escalada (80.Darwin Deivis Caicedo Wila). Trainer: Paúl Vélez.
Goals: Mario Ignacio Regueiro Pintos (46, 65), Ángel Alejandro Morales Santos (85 penalty) / José Eduardo Granda Vicuña (25), Luis Miguel Escalada (67).

17.02.2010, Estadio „Alejandro Serrano Aguilar", Cuenca; Attendance: 11,345
Referee: Wilmar Roldán Pérez (Colombia)
Club Deportivo Cuenca - Club Atlético Banfield 1-4(0-2)
CD Cuenca: Esteban Javier Dreer, Arlin Segundo Ayoví Ayoví, Bernardo Javier Chila Ayoví, Diego Adrián Ianiero (73.Christian Santiago Cordero Rodríguez), Juan Kely Guerrón Vásquez, Giancarlos Pablo Ramos Barrios, Jhon Antonio García Figueroa (46.Oswaldo William España España), José Eduardo Granda Vicuña, Mauricio Bladimir Hurtado Alvarado (46.Jorge Washington Ladines Garcés), Gabriel Antonio Méndez, Luis Miguel Escalada. Trainer: Paúl Vélez.
CA Banfield: Cristian David Lucchetti, Víctor Rubén López, Jonathan Ramón Maidana, Walter Marcelo Bustamante [*sent off 85*], Julio Eduardo Barraza, Roberto Miguel Battión, Walter Daniel Erviti Roldán (73.Emanuel Pío), Marcelo Nildo Quinteros, James David Rodríguez Rubio, Sebastián Bruno Fernández Miglierina (80.Cristian Andrés García), Rubén Darío Ramírez. Trainer: Julio César Falcioni.
Goals: Gabriel Antonio Méndez (86 penalty) / Walter Daniel Erviti Roldán (35), Sebastián Bruno Fernández Miglierina (38, 60), James David Rodríguez Rubio (71).

23.02.2010, Estadio Morelos, Morelia; Attendance: 21,493
Referee: Francisco Peñuela (Colombia)
Club Atlético Monarcas Morelia - Club Nacional Montevideo 0-0
CA Monarcas: Moisés Alberto Muñoz Rodríguez, Jaime Durán Gómez, Mauricio Martín Romero, Fernando Salazar Lomelí, Jorge Hernández González (60.Miguel Sabah Rodríguez [*sent off 84*]), Enrique Pérez Herrera, Aldo Leao Ramírez Sierra (74.Luis Fernando Silva), Hugo Patricio Droguett Diocares, Jared Francisco Borgetti Echavarría, Elias Hernan Hernández (54.Gabriel Ernesto Pereyra Vázquez), Luis Gabriel Rey Villamizar. Trainer: Tomás Juan Boy Espinoza.
Nacional: Rodrigo Martín Muñoz, Sebastián Coates Nion, Daniel Alejandro Lembo Betancor, Ernesto Goñi Ameijenda, Christian Washington Núñez Medina, Raúl Freddy Ferro Olivera (77.Sergio Rubén Blanco Soto), Óscar Javier Morales Albornoz, Gustavo Antonio Varela Rodríguez, Mario Ignacio Regueiro Pintos, Álvaro Raúl González Luengo (60.Sebastián Andrés Balsas Bruno), Mauricio Ernesto Pereyra Antonini (68.Maximiliano Matías Calzada Fuentes). Trainer: Eduardo Mario Acevedo.

09.03.2010, Estadio „Alejandro Serrano Aguilar", Cuenca; Attendance: 7,700
Referee: Giovanni Perluzzo (Venezuela)
Club Deportivo Cuenca - Club Atlético Monarcas Morelia   2-0(0-0)
CD Cuenca: Esteban Javier Dreer, Bernardo Javier Chila Ayoví, Diego Adrián Ianiero, John William Narváez Arroyo, Marco Antonio Quiñónez Angulo, Juan Kely Guerrón Vásquez, Giancarlos Pablo Ramos Barrios [*sent off 86*], Jhon Antonio García Figueroa, José Eduardo Granda Vicuña (46.Oswaldo William España España), Gabriel Antonio Méndez (88.Fernando Rafael Fajardo Ávila), Luis Miguel Escalada (84.Jorge Washington Ladines Garcés). Trainer: Paúl Vélez.
CA Monarcas: Moisés Alberto Muñoz Rodríguez, Jaime Durán Gómez, Mauricio Martín Romero, Hugo Patricio Droguett Diocares, Marvin Gabriel Cabrera Ibarra, Fernando Salazar Lomelí, Jorge Hernández González (67.Pedro Luis Beltrán García), Ismael Pineda Jácome, Jared Francisco Borgetti Echavarría, Elias Hernan Hernández (79.Mario Antonio Moreno González [*sent off 86*]), Luis Gabriel Rey Villamizar (76.Miguel Ángel Sansores Sánchez). Trainer: Tomás Juan Boy Espinoza.
Goals: Gabriel Antonio Méndez (59), Luis Miguel Escalada (83).

10.03.2010, Estadio Centenario, Montevideo; Attendance: 34,468
Referee: Héber Lopes (Brazil)
Club Nacional de Football Montevideo - Club Atlético Banfield   2-2(2-2)
Nacional: Rodrigo Martín Muñoz, Sebastián Coates Nion, Daniel Alejandro Lembo Betancor, Ernesto Goñi Ameijenda (83.Sergio Rubén Blanco Soto), Christian Washington Núñez Medina (62.Maximiliano Matías Calzada Fuentes), Raúl Freddy Ferro Olivera (70.Santiago Damián García Correa), Gustavo Antonio Varela Rodríguez, Óscar Javier Morales Albornoz, Mario Ignacio Regueiro Pintos, Álvaro Raúl González Luengo, Ángel Alejandro Morales Santos. Trainer: Eduardo Mario Acevedo.
CA Banfield: Cristian David Lucchetti, Víctor Rubén López, Jonathan Ramón Maidana, José Alberto Shaffer, Julio Eduardo Barraza, Roberto Miguel Battión, Walter Daniel Erviti Roldán (78.Emanuel Pío), Marcelo Nildo Quinteros (84.Santiago Andrés Ladino), James David Rodríguez Rubio (88.Mathías Adolfo Cardaccio Alaguich), Sebastián Bruno Fernández Miglierina, Rubén Darío Ramírez. Trainer: Julio César Falcioni.
Goals: Gustavo Antonio Varela Rodríguez (6), Mario Ignacio Regueiro Pintos (41) / James David Rodríguez Rubio (18, 37 penalty).

16.03.2010, Estadio „Florencio Sola", Banfield; Attendance: 9,507
Referee: Wilson Luiz Seneme (Brazil)
Club Atlético Banfield - Club Nacional de Football Montevideo   0-2(0-2)
CA Banfield: Cristian David Lucchetti, Víctor Rubén López, Jonathan Ramón Maidana, Walter Marcelo Bustamante (70.Cristian Andrés García), Julio Eduardo Barraza (83.Emanuel Pío), Roberto Miguel Battión (65.Mathías Adolfo Cardaccio Alaguich), Walter Daniel Erviti Roldán, Marcelo Nildo Quinteros, James David Rodríguez Rubio, Sebastián Bruno Fernández Miglierina, Rubén Darío Ramírez. Trainer: Julio César Falcioni.
Nacional: Rodrigo Martín Muñoz, Sebastián Coates Nion, Daniel Alejandro Lembo Betancor (22.Gonzalo Damián Godoy Silva), Ernesto Goñi Ameijenda, Raúl Freddy Ferro Olivera (58.Sebastián Andrés Balsas Bruno), Óscar Javier Morales Albornoz, Gustavo Antonio Varela Rodríguez, Maximiliano Matías Calzada Fuentes, Álvaro Raúl González Luengo, Ángel Alejandro Morales Santos (72.Mauricio Ernesto Pereyra Antonini), Mario Ignacio Regueiro Pintos. Trainer: Eduardo Mario Acevedo.
Goals: Sebastián Coates Nion (34), Gonzalo Damián Godoy Silva (41).

16.03.2010, Estadio Morelos, Morelia; Attendance: 14,066
Referee: Víctor Hugo Rivera (Peru)
Club Atlético Monarcas Morelia - Club Deportivo Cuenca   2-1(2-0)
CA Monarcas: Moisés Alberto Muñoz Rodríguez, Jaime Durán Gómez, Mauricio Martín Romero, Christian Emmanuel Sánchez Narváez, Marvin Gabriel Cabrera Ibarra (63.Enrique Pérez Herrera),

Fernando Salazar Lomelí, Pedro Luis Beltrán García (69.Jorge Kalú Gastelum Ocampo), Hugo Patricio Droguett Diocares, Jared Francisco Borgetti Echavarría, Elias Hernan Hernández, Luis Gabriel Rey Villamizar (66.Oscar Emilio Rojas Ruiz). Trainer: Tomás Juan Boy Espinoza.
CD Cuenca: Esteban Javier Dreer, Bernardo Javier Chila Ayoví (60.Christian Santiago Cordero Rodríguez), Oswaldo William España España, Diego Adrián Ianiero, John William Narváez Arroyo, Marco Antonio Quiñónez Angulo, Juan Kely Guerrón Vásquez, Jhon Antonio García Figueroa, José Eduardo Granda Vicuña (85.Jefferson Alexander Nájera Recalde), Gabriel Antonio Méndez, Luis Miguel Escalada (73.Jorge Washington Ladines Garcés). Trainer: Paúl Vélez.
Goals: Jared Francisco Borgetti Echavarría (19, 27) / Jorge Washington Ladines Garcés (76).

31.03.2010, Estadio Morelos, Morelia; Attendance: 16,516
Referee: Óscar Julián Ruíz Acosta (Colombia)
Club Atlético Monarcas Morelia - Club Atlético Banfield   1-1(0-0)
CA Monarcas: Moisés Alberto Muñoz Rodríguez, Jaime Durán Gómez, Mauricio Martín Romero, Christian Emmanuel Sánchez Narváez, Fernando Salazar Lomelí (46.Hugo Patricio Droguett Diocares), Adrián Alexei Aldrete Rodríguez (46.Jared Francisco Borgetti Echavarría), Jorge Kalú Gastelum Ocampo [*sent off 74*], Gabriel Ernesto Pereyra Vázquez (79.Jorge Hernández González), Enrique Pérez Herrera, Elias Hernan Hernández, Miguel Sabah Rodríguez. Trainer: Tomás Juan Boy Espinoza.
CA Banfield: Cristian David Lucchetti, Mauro Dos Santos, Víctor Rubén López, Jonathan Ramón Maidana, Santiago Andrés Ladino, Roberto Miguel Battión [*sent off 65*], Walter Daniel Erviti Roldán, Cristian Andrés García (60.Luis Ángel Salmerón), Marcelo Nildo Quinteros (88.Maximiliano Laso), James David Rodríguez Rubio, Sebastián Bruno Fernández Miglierina (67.Emanuel Pío). Trainer: Julio César Falcioni.
Goals: Jared Francisco Borgetti Echavarría (78) / Maximiliano Laso (90+2).

07.04.2010, Estadio „Alejandro Serrano Aguilar", Cuenca; Attendance: 4,683
Referee: Pablo Antonio Pozo Quinteros (Chile)
Club Deportivo Cuenca - Club Nacional de Football Montevideo   0-0
CD Cuenca: Esteban Javier Dreer, Arlin Segundo Ayoví Ayoví, Diego Adrián Ianiero, John William Narváez Arroyo, Juan Kely Guerrón Vásquez, Giancarlos Pablo Ramos Barrios (86.José Eduardo Granda Vicuña), Jhon Antonio García Figueroa, Mauricio Bladimir Hurtado Alvarado (58.Oswaldo William España España), Gabriel Antonio Méndez, Luis Miguel Escalada, Jorge Washington Ladines Garcés (76.Jefferson Alexander Nájera Recalde). Trainer: Paúl Vélez.
Nacional: Rodrigo Martín Muñoz, Sebastián Coates Nion, Gonzalo Damián Godoy Silva, Ernesto Goñi Ameijenda, Raúl Freddy Ferro Olivera, Óscar Javier Morales Albornoz [*sent off 90*], Maximiliano Matías Calzada Fuentes (77.Gianni Bismark Martínez Guigou), Álvaro Raúl González Luengo, Mario Ignacio Regueiro Pintos, Gustavo Antonio Varela Rodríguez (90.Christian Washington Núñez Medina), Sergio Rubén Blanco Soto (61.Mauricio Ernesto Pereyra Antonini). Trainer: Eduardo Mario Acevedo.

21.04.2010, Estadio Gran Parque Central, Montevideo; Attendance: 12,780
Referee: Paulo César de Oliveira (Brazil)
Club Nacional Montevideo - Club Atlético Monarcas Morelia   2-0(1-0)
Nacional: Rodrigo Martín Muñoz, Sebastián Coates Nion, Daniel Alejandro Lembo Betancor, Ernesto Goñi Ameijenda, Raúl Freddy Ferro Olivera, Maximiliano Matías Calzada Fuentes, Álvaro Raúl González Luengo (57.Christian Washington Núñez Medina), Gustavo Antonio Varela Rodríguez, Mario Ignacio Regueiro Pintos, Matías Julio Cabrera Acevedo (86.Sergio Rubén Blanco Soto), Ángel Alejandro Morales Santos (73.Mauricio Ernesto Pereyra Antonini). Trainer: Eduardo Mario Acevedo.
CA Monarcas: Miguel Ángel Fraga Licona, Jaime Durán Gómez, Luis Fernando Silva, Marvin Gabriel Cabrera Ibarra, Pedro Luis Beltrán García, Jorge Hernández González, Enrique Pérez Herrera, Ismael Pineda Jácome (71.Elias Hernan Hernández), Oscar Emilio Rojas Ruiz, Jared Francisco Borgetti Echavarría, Mario Antonio Moreno González (62.Miguel Ángel Sansores Sánchez). Trainer: Tomás Juan Boy Espinoza.
Goals: Mario Ignacio Regueiro Pintos (3), Mauricio Ernesto Pereyra Antonini (78).

21.04.2010, Estadio „Florencio Sola", Banfield; Attendance: 5,486
Referee: Carlos Galeano Rios (Paraguay)
Club Atlético Banfield - Club Deportivo Cuenca   4-1(0-0)
CA Banfield: Cristian David Lucchetti, Víctor Rubén López, Jonathan Ramón Maidana, Santiago Andrés Ladino, Julio Eduardo Barraza (46.Mathías Adolfo Cardaccio Alaguich), Walter Daniel Erviti Roldán, Cristian Andrés García (52.Sebastián Bruno Fernández Miglierina), Marcelo Nildo Quinteros, Federico Javier Sardella, James David Rodríguez Rubio (79.Mauro Dos Santos), Rubén Darío Ramírez. Trainer: Julio César Falcioni.
CD Cuenca: Esteban Javier Dreer, Arlin Segundo Ayoví Ayoví, Diego Adrián Ianiero, John William Narváez Arroyo, Juan Kely Guerrón Vásquez, Christian Santiago Cordero Rodríguez (82.José Valdiviezo), Michael Leonardo Endara Leones, Fernando Rafael Fajardo Ávila, José Eduardo Granda Vicuña (79.Pablo Xavier Arévalo Jiménez), Gabriel Antonio Méndez, Luis Miguel Escalada (75.Jefferson Alexander Nájera Recalde). Trainer: Paúl Vélez.
Goals: Rubén Darío Ramírez (48, 68), Walter Daniel Erviti Roldán (87), Cristian David Lucchetti (90 penalty) / Gabriel Antonio Méndez (72).

FINAL STANDINGS

1.	Club Nacional de Football Montevideo	6	3	3	0	9 - 4	12
2.	**Club Atlético Banfield**	6	3	2	1	13 - 8	11
3.	Club Atlético Monarcas Morelia	6	1	2	3	4 - 8	5
4.	Club Deportivo Cuenca	6	1	1	4	7 - 13	4

GROUP 7

10.02.2010, Estadio „José Amalfitani", Buenos Aires; Attendance: 11,000
Referee: Martín Emilio Vázquez Broquetas (Uruguay)
CA Vélez Sarsfield Buenos Aires - Cruzeiro EC Belo Horizonte   2-0(1-0)
Vélez Sarsfield: Marcelo Germán Montoya, Sebastián Enrique Domínguez, Nicolás Hernán Otamendi, Pablo Martín Lima Olid (63.Alejandro Ariel Cabral), Nicolás Alejandro Cabrera (63.Juan Manuel Martínez), Fabián Andrés Cubero, Leandro Daniel Somoza, Víctor Eduardo Zapata, Maximiliano Nicolás Morález, Hernán Rodrigo López, Santiago Martín Silva Olivera (83.Rolando David Zárate). Trainer: Ricardo Alberto Gareca.
Cruzeiro: Fábio Deivson Lopes Maciel, Carlos Gilberto Nascimento Silva „Gil" [*sent off 37*], Leonardo Fabiano da Silva e Silva, Diego Renan de Lima Ferreira (39.Thiago Heleno Henrique Ferreira), Jonathan Cícero Moreira, Gilberto da Silva Melo [*sent off 2*], Elicarlos Souza Santos, Henrique Pacheco Lima, Antônio Marcos da Silva Filho „Marquinhos Paraná", Kléber Giacomance de Souza Freitas (67.Wellington Pereira do Nascimento „Wellington Paulista"), Thiago Ribeiro Cardoso (51.Pedro Ken Morimoto Moreira). Trainer: Adílson Dias Batista.
Goals: Santiago Martín Silva Olivera (5), Juan Manuel Martínez (77).

16.02.2010, Estadio Monumental „David Arellano", Santiago; Attendance: 10,840
Referee: Víctor Hugo Carrillo (Peru)
CSD Colo-Colo Santiago - Deportivo Italia FC Caracas   1-0(0-0)
Colo-Colo: Francisco Javier Prieto Caroca, Andrés Scotti Ponce de León, Sebastián Patricio Toro Hormazábal, Roberto Andrés Cereceda Guajardo, Paulo Cezar Magalhaes Lobos (46.José Pedro Fuenzalida Gana), Rodrigo David Meléndez Araya, Charles Mariano Aránguiz Sandoval, Rodrigo Javier Millar Carvajal, Macnelly Torres (90.Diego Alejandro Olate Jeria), Esteban Efraín Paredes Quintanilla, Cristian Venancio Bogado Morínigo (81.Claudio Fernando Graf). Trainer: Hugo Daniel Tocalli (Argentina).
Deportivo Italia: José Carlos Fernández Gonzáles, Carlos Javier López, Marcelo Omar Maidana, David Andrew McIntosh Parra, Rafael Antonio Lobo Espino (82.Diomar Ángel Díaz Calderón),

Leopoldo Rafael Jiménez González, Gianfranco Di Julio Bartolomeo (74.Félix Manuel Cásseres), Evelio De Jesús Hernández Guedez, Gabriel José Urdaneta Rángel, Richard José Blanco Delgado (54.Amir Buelvas Salsa), Cristian Alfonso Cásseres Cáceres. Trainer: Eduardo Saragó.
Goal: Esteban Efraín Paredes Quintanilla (58).

23.02.2010, Estadio Olímpico de la UCV, Caracas; Attendance: 1,351
Referee: Samuel Haro (Ecuador)
Deportivo Italia FC Caracas - CA Vélez Sarsfield Buenos Aires 0-1(0-0)
Deportivo Italia: José Carlos Fernández Gonzáles, Carlos Javier López, Marcelo Omar Maidana, David Andrew McIntosh Parra, Rafael Antonio Lobo Espino, Leopoldo Rafael Jiménez González, Gianfranco Di Julio Bartolomeo (77.Diomar Ángel Díaz Calderón), Evelio De Jesús Hernández Guedez (63.Félix Manuel Cásseres), Gabriel José Urdaneta Rángel, Cristian Alfonso Cásseres Cáceres, Emerson Mariano Panigutti (70.Richard José Blanco Delgado). Trainer: Eduardo Saragó.
Vélez Sarsfield: Marcelo Germán Montoya, Sebastián Enrique Domínguez, Nicolás Hernán Otamendi, Pablo Martín Lima Olid, Nicolás Alejandro Cabrera (82.Gastón Ricardo Díaz), Fabián Andrés Cubero, Leandro Daniel Somoza, Víctor Eduardo Zapata, Maximiliano Nicolás Morález (86.Alejandro Ariel Cabral), Hernán Rodrigo López, Santiago Martín Silva Olivera (72.Juan Manuel Martínez). Trainer: Ricardo Alberto Gareca.
Goal: Hernán Rodrigo López (54).

24.02.2010, Estádio „Governador Magalhães Pinto", Belo Horizonte; Attendance: 32,927
Referee: Óscar Julián Ruiz Acosta (Colombia)
Cruzeiro EC Belo Horizonte - CSD Colo-Colo Santiago 4-1(1-1)
Cruzeiro: Fábio Deivson Lopes Maciel, Leonardo Fabiano da Silva e Silva, Thiago Heleno Henrique Ferreira, Diego Renan de Lima Ferreira, Jonathan Cícero Moreira, Elicarlos Souza Santos (27.Pedro Ken Morimoto Moreira), Henrique Pacheco Lima (82.Bernardo Vieira de Souza), Antônio Marcos da Silva Filho „Marquinhos Paraná", Roger Galera Flores (54.Wellington Pereira do Nascimento „Wellington Paulista"), Kléber Giacomance de Souza Freitas, Thiago Ribeiro Cardoso. Trainer: Adílson Dias Batista.
Colo-Colo: Francisco Javier Prieto Caroca, Diego Alejandro Olate Jeria [sent off 57], Andrés Scotti Ponce de León, Sebastián Patricio Toro Hormazábal, Roberto Andrés Cereceda Guajardo [sent off 67], Rodrigo David Meléndez Araya, Charles Mariano Aránguiz Sandoval, Rodrigo Javier Millar Carvajal, Macnelly Torres (58.Paulo Cezar Magalhaes Lobos), Esteban Efraín Paredes Quintanilla (72.Héctor Arturo Sanhueza Medel), Ezequiel Rodrigo Miralles Sabugo. Trainer: Hugo Daniel Tocalli (Argentina).
Goals: Thiago Ribeiro Cardoso (7), Kléber Giacomance de Souza Freitas (62 penalty), Pedro Ken Morimoto Moreira (69), Kléber Giacomance de Souza Freitas (72 penalty) / Esteban Efraín Paredes Quintanilla (37).

11.03.2010, Estadio Olímpico de la UCV, Caracas; Attendance: 200
Referee: Carlos Vera (Ecuador)
Deportivo Italia FC Caracas - Cruzeiro EC Belo Horizonte 2-2(1-1)
Deportivo Italia: Alan José Liebeskind Díaz, Daniel Díez (87.Rafael Antonio Lobo Espino [sent off 89]), Carlos Javier López, Marcelo Omar Maidana, David Andrew McIntosh Parra, Diomar Ángel Díaz Calderón (68.Félix Manuel Cásseres), Alain Giancarlo Nadali Giroletti, Bladimir Alejandro Morales Duarte, Gabriel José Urdaneta Rángel, Richard José Blanco Delgado, Emerson Mariano Panigutti (76.Cristian Alfonso Cásseres Cáceres). Trainer: Eduardo Saragó.
Cruzeiro: Fábio Deivson Lopes Maciel, Leonardo Fabiano da Silva e Silva, Thiago Heleno Henrique Ferreira, Diego Renan de Lima Ferreira (64.Carlos Gilberto Nascimento Silva „Gil"), Jonathan Cícero Moreira, Henrique Pacheco Lima, Antônio Marcos da Silva Filho „Marquinhos Paraná", Pedro Ken Morimoto Moreira, Roger Galera Flores (73.Eliandro dos Santos Gonzaga), Kléber Giacomance de Souza Freitas [sent off 85], Thiago Ribeiro Cardoso (89.Bernardo Vieira de Souza). Trainer: Adílson Dias Batista.
Goals: Richard José Blanco Delgado (11), David Andrew McIntosh Parra (65) / Kléber Giacomance de Souza Freitas (26, 50).

16.03.2010, Estadio Monumental „David Arellano", Santiago; Attendance: 11,200
Referee: Carlos Arecio Amarilla Demarqui (Paraguay)
CSD Colo-Colo Santiago - CA Vélez Sarsfield Buenos Aires   1-1(0-0)
Colo-Colo: Francisco Javier Prieto Caroca, Miguel Augusto Riffo Garay, Andrés Scotti Ponce de León, Sebastián Patricio Toro Hormazábal, Paulo Cezar Magalhaes Lobos, Rodrigo David Meléndez Araya (81.José Pedro Fuenzalida Gana), Charles Mariano Aránguiz Sandoval, Rodrigo Javier Millar Carvajal, Héctor Arturo Sanhueza Medel (46.Macnelly Torres), Esteban Efraín Paredes Quintanilla, Ezequiel Rodrigo Miralles Sabugo. Trainer: Hugo Daniel Tocalli (Argentina).
Vélez Sarsfield: Marcelo Germán Montoya, Gastón Ricardo Díaz (63.Franco Razzotti), Sebastián Enrique Domínguez, Nicolás Hernán Otamendi, Emiliano Ramiro Papa, Fabián Andrés Cubero, Leandro Daniel Somoza, Víctor Eduardo Zapata [*sent off 59*], Maximiliano Nicolás Morález (84.Rolando David Zárate), Hernán Rodrigo López (68.Juan Manuel Martínez), Santiago Martín Silva Olivera. Trainer: Ricardo Alberto Gareca.
Goals: Esteban Efraín Paredes Quintanilla (57) / Santiago Martín Silva Olivera (90+2).

24.03.2010, Estádio „Governador Magalhães Pinto", Belo Horizonte; Attendance: 17,237
Referee: Antonio Arias Alvarenga (Paraguay)
Cruzeiro EC Belo Horizonte - Deportivo Italia FC Caracas   2-0(1-0)
Cruzeiro: Fábio Deivson Lopes Maciel, Leonardo Fabiano da Silva e Silva, Thiago Heleno Henrique Ferreira, Diego Renan de Lima Ferreira, Jonathan Cícero Moreira, Gilberto da Silva Melo (67.Pedro Ken Morimoto Moreira), Fábio Alves Félix „Fabinho", Henrique Pacheco Lima, Antônio Marcos da Silva Filho „Marquinhos Paraná" (86.Fabrício de Sousa), Thiago Ribeiro Cardoso (87.Eliandro dos Santos Gonzaga), Wellington Pereira do Nascimento „Wellington Paulista". Trainer: Adílson Dias Batista.
Deportivo Italia: José Carlos Fernández Gonzáles, Daniel Díez (80.Evelio De Jesús Hernández Guedez), Carlos Javier López, Marcelo Omar Maidana, David Andrew McIntosh Parra, Leopoldo Rafael Jiménez González, Diomar Ángel Díaz Calderón (73.Cristian Alfonso Cásseres Cáceres), Alain Giancarlo Nadali Giroletti, Gabriel José Urdaneta Rángel, Richard José Blanco Delgado, Emerson Mariano Panigutti (65.Félix Manuel Cásseres). Trainer: Eduardo Saragó.
Goals: Fábio Alves Félix „Fabinho" (6), 67.Pedro Ken Morimoto Moreira (69).

25.03.2010, Estadio „José Amalfitani", Buenos Aires; Attendance: 9,325
Referee: Roberto Carlos Silvera (Uruguay)
CA Vélez Sarsfield Buenos Aires - CSD Colo-Colo Santiago   2-1(2-1)
Vélez Sarsfield: Marcelo Germán Montoya, Gastón Ricardo Díaz, Sebastián Enrique Domínguez, Nicolás Hernán Otamendi, Emiliano Ramiro Papa, Fabián Andrés Cubero, Leandro Daniel Somoza (75.Franco Razzotti), Alejandro Ariel Cabral, Maximiliano Nicolás Morález (83.Juan Manuel Martínez), Hernán Rodrigo López (90.Nicolás Alejandro Cabrera), Santiago Martín Silva Olivera. Trainer: Ricardo Alberto Gareca.
Colo-Colo: Francisco Javier Prieto Caroca, Miguel Augusto Riffo Garay, Andrés Scotti Ponce de León, Sebastián Patricio Toro Hormazábal (80.Claudio Fernando Graf), Roberto Andrés Cereceda Guajardo, Rodrigo David Meléndez Araya, Charles Mariano Aránguiz Sandoval (60.José Pedro Fuenzalida Gana), Rodrigo Javier Millar Carvajal [*sent off 87*], Macnelly Torres, Esteban Efraín Paredes Quintanilla, Ezequiel Rodrigo Miralles Sabugo. Trainer: Hugo Daniel Tocalli (Argentina).
Goals: Hernán Rodrigo López (14), Santiago Martín Silva Olivera (30) / Ezequiel Rodrigo Miralles Sabugo (9).

31.03.2010, Estádio „Governador Magalhães Pinto", Belo Horizonte; Attendance: 43,374
Referee: Wilmar Roldán Pérez (Colombia)
Cruzeiro EC Belo Horizonte - CA Vélez Sarsfield Buenos Aires   3-0(1-0)
Cruzeiro: Fábio Deivson Lopes Maciel, Leonardo Fabiano da Silva e Silva, Thiago Heleno Henrique Ferreira (33.Carlos Gilberto Nascimento Silva „Gil"), Diego Renan de Lima Ferreira, Jonathan Cícero Moreira, Gilberto da Silva Melo (69.Fabrício de Sousa), Fábio Alves Félix „Fabinho", Henrique Pacheco Lima, Antônio Marcos da Silva Filho „Marquinhos Paraná", Kléber Giacomance de Souza Freitas, Thiago Ribeiro Cardoso (76.Wellington Pereira do Nascimento „Wellington Paulista"). Trainer: Adílson Dias Batista.
Vélez Sarsfield: Marcelo Germán Montoya, Gastón Ricardo Díaz (51.Pablo Martín Lima Olid), Sebastián Enrique Domínguez, Nicolás Hernán Otamendi, Emiliano Ramiro Papa, Fabián Andrés Cubero, Leandro Daniel Somoza [*sent off 82*], Víctor Eduardo Zapata, Maximiliano Nicolás Morález (75.Nicolás Alejandro Cabrera), Hernán Rodrigo López (57.Juan Manuel Martínez), Santiago Martín Silva Olivera. Trainer: Ricardo Alberto Gareca.
Goals: Thiago Ribeiro Cardoso (32), Kléber Giacomance de Souza Freitas (48, 53).

06.04.2010, Estadio Olímpico de la UCV, Caracas; Attendance: 200
Referee: Marco Antonio Rodríguez Moreno (Mexico)
Deportivo Italia FC Caracas - CSD Colo-Colo Santiago   2-3(1-2)
Deportivo Italia: José Carlos Fernández Gonzáles, Carlos Javier López, Marcelo Omar Maidana, David Andrew McIntosh Parra, Rafael Antonio Lobo Espino (61.Richard José Blanco Delgado), Félix Manuel Cásseres, Alain Giancarlo Nadali Giroletti, Bladimir Alejandro Morales Duarte (67.Diomar Ángel Díaz Calderón), Gabriel José Urdaneta Rángel, Cristian Alfonso Cásseres Cáceres (81.Evelio De Jesús Hernández Guedez), Emerson Mariano Panigutti. Trainer: Eduardo Saragó.
Colo-Colo: Francisco Javier Prieto Caroca, Andrés Scotti Ponce de León, Sebastián Patricio Toro Hormazábal, Roberto Andrés Cereceda Guajardo, Paulo Cezar Magalhaes Lobos, Rodrigo David Meléndez Araya (52.Héctor Arturo Sanhueza Medel), Charles Mariano Aránguiz Sandoval, José Pedro Fuenzalida Gana (83.Miguel Augusto Riffo Garay), Macnelly Torres, Cristian Venancio Bogado Morínigo, Ezequiel Rodrigo Miralles Sabugo. Trainer: Hugo Daniel Tocalli (Argentina).
Goals: Emerson Mariano Panigutti (16), Richard José Blanco Delgado (87 penalty) / Cristian Venancio Bogado Morínigo (27), Ezequiel Rodrigo Miralles Sabugo (39, 58).

15.04.2010, Estadio Monumental „David Arellano", Santiago; Attendance: 8,402
Referee: Carlos Manuel Torres (Paraguay)
CSD Colo-Colo Santiago - Cruzeiro EC Belo Horizonte   1-1(0-0)
Colo-Colo: Francisco Javier Prieto Caroca, Andrés Scotti Ponce de León, Sebastián Patricio Toro Hormazábal, Roberto Andrés Cereceda Guajardo (65.Matías Leonel Quiroga), Paulo Cezar Magalhaes Lobos (55.José Pedro Fuenzalida Gana; 90.Claudio Fernando Graf), Rodrigo David Meléndez Araya, Charles Mariano Aránguiz Sandoval, Rodrigo Javier Millar Carvajal, Macnelly Torres, Cristian Venancio Bogado Morínigo, Ezequiel Rodrigo Miralles Sabugo. Trainer: Hugo Daniel Tocalli (Argentina).
Cruzeiro: Fábio Deivson Lopes Maciel, Carlos Gilberto Nascimento Silva „Gil", Leonardo Fabiano da Silva e Silva, Diego Renan de Lima Ferreira (64.Thiago Heleno Henrique Ferreira), Jonathan Cícero Moreira, Gilberto da Silva Melo, Fábio Alves Félix „Fabinho" (46.Fabrício de Sousa), Henrique Pacheco Lima, Antônio Marcos da Silva Filho „Marquinhos Paraná", Thiago Ribeiro Cardoso, Wellington Pereira do Nascimento „Wellington Paulista" (73.Roger Galera Flores). Trainer: Adílson Dias Batista.
Goals: Rodrigo Javier Millar Carvajal (61) / Thiago Ribeiro Cardoso (57).

15.04.2010, Estadio „José Amalfitani", Buenos Aires; Attendance: 5,408
Referee: Darío Ubriaco (Uruguay)
CA Vélez Sarsfield Buenos Aires - Deportivo Italia FC Caracas   4-0(1-0)
Vélez Sarsfield: Marcelo Germán Montoya, Gastón Ricardo Díaz, Sebastián Enrique Domínguez (63.Fernando Omar Tobío), Nicolás Hernán Otamendi, Emiliano Ramiro Papa, Leandro Gastón Coronel (76.Alejandro Ariel Cabral), Fabián Andrés Cubero, Víctor Eduardo Zapata, Maximiliano Nicolás Morález, Hernán Rodrigo López, Juan Manuel Martínez. Trainer: Ricardo Alberto Gareca.
Deportivo Italia: Alan José Liebeskind Díaz, Daniel Díez, Carlos Javier López, Marcelo Omar Maidana, Nolberto Riascos Segura, Gianfranco Di Julio Bartolomeo, Diomar Ángel Díaz Calderón, Evelio De Jesús Hernández Guedez (69.Félix Manuel Cásseres), Bladimir Alejandro Morales Duarte, Cristian Alfonso Cásseres Cáceres (76.Yhonny Alexander Salcedo Moreno), Emerson Mariano Panigutti (43.Amir Buelvas Salsa). Trainer: Eduardo Saragó.
Goals: Víctor Eduardo Zapata (42), Hernán Rodrigo López (48 penalty), Emiliano Ramiro Papa (73), Hernán Rodrigo López (83).

FINAL STANDINGS
1. CA Vélez Sarsfield Buenos Aires   6   4   1   1   10 - 5   13
2. *Cruzeiro EC Belo Horizonte*   6   3   2   1   12 - 6   11
3. CSD Colo-Colo Santiago   6   2   2   2   8 - 10   8
4. Deportivo Italia FC Caracas   6   0   1   5   4 - 13   1

GROUP 8

18.02.2010, Estadio Sausalito, Viña del Mar; Attendance: 10,100
Referee: Georges Buckley (Peru)
CFP de la Universidad de Chile Santiago - Caracas FC   1-0(1-0)
Universidad de Chile: Esteban Néstor Condé Quintana, Rafael Andrés Olarra Guerrero, Mauricio Bernardo Victorino Dansilio, Matías Nicolás Rodríguez, José Raúl Contreras Arrau, Felipe Ignacio Seymour Dobud, Marco Andrés Estrada Quinteros, Álvaro Fernández Gay (82.Marcelo Alfonso Díaz Rojas), Walter Damián Montillo (55.Edson Raúl Puch Cortéz), Juan Manuel Olivera López, Gabriel Alejandro Vargas Venegas (55.Diego Gabriel Rivarola Popón). Trainer: Gerardo Cono Pelusso Boyrie (Uruguay).
Caracas FC: Renny Vicente Vega Hernández, Gabriel Alejandro Cichero Konarek, Alejandro Enrique Cichero Konarek, Franklin José Lucena Peña (71.Zamir Valoyes Nabollán), José Manuel Rey Cortegoso, Giovanny Michael Romero Armenio, Darío Damián Figueroa (79.Bremer Alfredo Piñango Arévalo), Alejandro Abraham Guerra Morales, Edgar Hernán Jiménez González, Jesús Javier Gómez Mercado (60.Rodrigo Prieto Aubert), Rafael Ernesto Castellín García. Trainer: Noel Sanvicente Bethelmy.
Goal: Juan Manuel Olivera López (2 penalty).

24.02.2010, Estádio „Jornalista Mário Filho" (Maracanã), Rio de Janeiro; Attendance: 30,930
Referee: Carlos Arecio Amarilla Demarqui (Paraguay)
CR Flamengo Rio de Janeiro - CD Universidad Católica Santiago   2-0(1-0)
Flamengo: Marcelo Lomba do Nascimento, Álvaro Luiz Maior de Aquino, Fabrício Silva Dornellas, Juan Maldonado Jaimez Júnior, Leonardo da Silva Moura „Léo Moura" (75.Éverton Cardoso da Silva), Rafael Ferreira Francisco „Toró", Willians Domingos Fernandes [*sent off 2*], José Kléberson Pereira, Adriano Leite Ribeiro, Vágner Silva de Souza „Vágner 'Love'" (85.Dejan Petković), Vinícius Pacheco dos Santos (60.Fernando Gomes de Jesus). Trainer: Rogério Moraes Lourenço.
Universidad Católica: Paulo Andrés Garcés Contreras, Ismael Ignacio Fuentes Castro, David Andrés Henríquez Espinoza (70.Leonel Jonathan Mena Gutiérrez), Hans Alexis Martínez Cabrera, Waldo Alonso Ponce Carrizo, Francisco Andrés Silva Gajardo, Damián Rodrigo Díaz, Milovan Petar Mirosevic Albornoz [*sent off 41*], Rodrigo Ignacio Valenzuela Avilés, Rodrigo Alejandro Toloza

Vilches (68.Rodrigo Martín Mannara), Juan José Morales (54.Pablo Andrés Vranjicán Storani).
Trainer: Marco Antonio Figueroa Montero.
Goals: Leonardo da Silva Moura „Léo Moura" (11), Adriano Leite Ribeiro (58).

09.03.2010, Estadio „San Carlos de Apoquindo", Santiago; Attendance: 11,667
Referee: Claudio Alfredo Puga Briones (Chile)
CD Universidad Católica Santiago - CFP Universidad de Chile Santiago   2-2(1-1)
Universidad Católica: Paulo Andrés Garcés Contreras, Ismael Ignacio Fuentes Castro, David Andrés Henríquez Espinoza, Hans Alexis Martínez Cabrera, Waldo Alonso Ponce Carrizo, Diego Rosende Lagos, Francisco Andrés Silva Gajardo, Damián Rodrigo Díaz, Rodrigo Alejandro Toloza Vilches, Matías Martín Rubio Kostner (83.Francisco Javier Pizarro Cartés), Pablo Andrés Vranjicán Storani (73.Juan José Morales). Trainer: Marco Antonio Figueroa Montero.
Universidad de Chile: Esteban Néstor Condé Quintana, Rafael Andrés Olarra Guerrero, Mauricio Bernardo Victorino Dansilio, Matías Nicolás Rodríguez, José Raúl Contreras Arrau, Felipe Ignacio Seymour Dobud (84.Álvaro Fernández Gay), Marco Andrés Estrada Quinteros (77.Manuel Rolando Iturra Urrutia), Walter Damián Montillo, Juan Manuel Olivera López, Edson Raúl Puch Cortéz, Eduardo Jesús Vargas Rojas (73.Diego Gabriel Rivarola Popón). Trainer: Gerardo Cono Pelusso Boyrie (Uruguay).
Goals: Matías Martín Rubio Kostner (21), Francisco Andrés Silva Gajardo (70) / Juan Manuel Olivera López (19), Edson Raúl Puch Cortéz (90+1).

10.03.2010, Estadio Olímpico de la UCV, Caracas; Attendance: 19,400
Referee: Wilmar Roldán Pérez (Colombia)
Caracas FC - CR Flamengo Rio de Janeiro   1-3(0-1)
Caracas FC: Renny Vicente Vega Hernández, Jaime Andrés Bustamante Suárez, Alejandro Enrique Cichero Konarek, Gabriel Alejandro Cichero Konarek, Franklin José Lucena Peña, Giovanny Michael Romero Armenio (56.Rodrigo Prieto Aubert), Alejandro Abraham Guerra Morales, Edgar Hernán Jiménez González, Rafael Ernesto Castellín García (77.Fernando Luis Aristigueta De Luca), Jesús Javier Gómez Mercado (79.Alexander David González), Zamir Valoyes Nabollán. Trainer: Noel Sanvicente Bethelmy.
Flamengo: Bruno Fernandes das Dores de Souza, Álvaro Luiz Maior de Aquino, Fabrício Silva Dornellas, Juan Maldonado Jaimez Júnior, Leonardo da Silva Moura „Léo Moura", Fernando Gomes de Jesus (54.Rodrigo Oliveira da Silva Alvim), Rafael Ferreira Francisco „Toró" [sent off 53], José Kléberson Pereira, Dejan Petković (59.Ronaldo Simões Angelim), Vágner Silva de Souza „Vágner 'Love'", Vinícius Pacheco dos Santos (84.Gonzalo Antonio Fierro Caniullán). Trainer: Rogério Moraes Lourenço.
Goals: Rafael Ernesto Castellín García (65) / Vágner Silva de Souza „Vágner 'Love'" (36 penalty, 75), Rodrigo Oliveira da Silva Alvim (90+2).

17.03.2010, Estadio Olímpico de la UCV, Caracas; Attendance: 15,500
Referee: Mauricio Rafael Morales Ovalle (Mexico)
Caracas FC - CD Universidad Católica Santiago   0-0
Caracas FC: Renny Vicente Vega Hernández, Jaime Andrés Bustamante Suárez, Alejandro Enrique Cichero Konarek, Gabriel Alejandro Cichero Konarek, Franklin José Lucena Peña, Giovanny Michael Romero Armenio (79.Pablo Jesús Camacho Figueira), Darío Damián Figueroa (56.Alejandro Abraham Guerra Morales), Edgar Hernán Jiménez González, Rafael Ernesto Castellín García, Jesús Javier Gómez Mercado, Rodrigo Prieto Aubert (56.Zamir Valoyes Nabollán). Trainer: Noel Sanvicente Bethelmy.
Universidad Católica: Paulo Andrés Garcés Contreras, Ismael Ignacio Fuentes Castro (46.Jorge Andrés Ormeño Guerra), David Andrés Henríquez Espinoza, Hans Alexis Martínez Cabrera, Waldo Alonso Ponce Carrizo, Diego Rosende Lagos (72.Rodrigo Ignacio Valenzuela Avilés), Francisco Andrés Silva Gajardo, Damián Rodrigo Díaz (46.Matías Martín Rubio Kostner), Milovan Petar Mirosevic Albornoz, Rodrigo Alejandro Toloza Vilches, Pablo Andrés Vranjicán Storani. Trainer: Marco Antonio Figueroa Montero.

17.03.2010, Estadio Monumental „David Arellano", Santiago; Attendance: 20,936
Referee: Jorge Luis Larrionda Pietrafesa (Uruguay)
CFP de la Universidad de Chile Santiago - CR Flamengo Rio de Janeiro   2-1(1-0)
Universidad de Chile: Esteban Néstor Condé Quintana, Rafael Andrés Olarra Guerrero, Mauricio Bernardo Victorino Dansilio, Matías Nicolás Rodríguez, José Raúl Contreras Arrau, Felipe Ignacio Seymour Dobud, Marco Andrés Estrada Quinteros (52.Nelson Alejandro Pinto Martínez), Walter Damián Montillo, Juan Manuel Olivera López (85.Diego Gabriel Rivarola Popón), Edson Raúl Puch Cortéz, Eduardo Jesús Vargas Rojas (67.Álvaro Fernández Gay). Trainer: Gerardo Cono Pelusso Boyrie (Uruguay).
Flamengo: Bruno Fernandes das Dores de Souza, Álvaro Luiz Maior de Aquino, Fabrício Silva Dornellas, Juan Maldonado Jaimez Júnior, Leonardo da Silva Moura „Léo Moura" (77.Éverton Cardoso da Silva), Rodrigo Oliveira da Silva Alvim, Willians Domingos Fernandes, José Kléberson Pereira (59.Gonzalo Antonio Fierro Caniullán), Adriano Leite Ribeiro, Vágner Silva de Souza „Vágner 'Love'", Vinícius Pacheco dos Santos (66.Dejan Petković). Trainer: Rogério Moraes Lourenço.
Goals: Eduardo Jesús Vargas Rojas (42), Felipe Ignacio Seymour Dobud (54) / Rodrigo Oliveira da Silva Alvim (50).

24.03.2010, Estadio „San Carlos de Apoquindo", Santiago; Attendance: 9,103
Referee: Néstor Fabián Pitana (Argentina)
CD Universidad Católica Santiago - Caracas FC   1-1(0-0)
Universidad Católica: Paulo Andrés Garcés Contreras, Ismael Ignacio Fuentes Castro, David Andrés Henríquez Espinoza, Waldo Alonso Ponce Carrizo, Francisco Andrés Silva Gajardo, Damián Rodrigo Díaz (46.Hans Alexis Martínez Cabrera), Milovan Petar Mirosevic Albornoz, Rodrigo Ignacio Valenzuela Avilés (67.Pablo Andrés Vranjicán Storani), Rodrigo Alejandro Toloza Vilches (56.Fernando Andrés Meneses Cornejo), Juan José Morales, Matías Martín Rubio Kostner. Trainer: Marco Antonio Figueroa Montero.
Caracas FC: Renny Vicente Vega Hernández, Jaime Andrés Bustamante Suárez, Gabriel Alejandro Cichero Konarek, Alejandro Enrique Cichero Konarek, Pablo Jesús Camacho Figueira, Darío Damián Figueroa (83.Zamir Valoyes Nabollán), Alejandro Abraham Guerra Morales (74.César Iván González Torres), Edgar Hernán Jiménez González, Bremer Alfredo Piñango Arévalo, Jesús Javier Gómez Mercado, Rodrigo Prieto Aubert (89.Rafael Ernesto Castellín García). Trainer: Ceferino Bencomo.
Goals: Juan José Morales (82) / Jaime Andrés Bustamante Suárez (50).

08.04.2010, Estádio „Jornalista Mário Filho" (Maracanã), Rio de Janeiro; Attendance: 20,330
Referee: Roberto Carlos Silvera (Uruguay)
CR Flamengo Rio de Janeiro - CFP de la Universidad de Chile Santiago   2-2(0-1)
Flamengo: Bruno Fernandes das Dores de Souza, Álvaro Luiz Maior de Aquino, Ronaldo Simões Angelim, Juan Maldonado Jaimez Júnior, Leonardo da Silva Moura „Léo Moura", Michael Anderson Pereira da Silva (85.Claudio Andrés del Tránsito Maldonado Rivera), Rafael Ferreira Francisco „Toró", Willians Domingos Fernandes, José Kléberson Pereira (46.Bruno Ferreira Mombra Rosa „Bruno Mezenga"), Vágner Silva de Souza „Vágner 'Love'", Vinícius Pacheco dos Santos (61.Dejan Petković). Trainer: Rogério Moraes Lourenço.
Universidad de Chile: Esteban Néstor Condé Quintana, Rafael Andrés Olarra Guerrero, Mauricio Bernardo Victorino Dansilio, Matías Nicolás Rodríguez, José Manuel Rojas Bahamondes, José Raúl Contreras Arrau, Felipe Ignacio Seymour Dobud, Manuel Rolando Iturra Urrutia, Walter Damián Montillo, Juan Manuel Olivera López (80.Diego Gabriel Rivarola Popón), Edson Raúl Puch Cortéz (72.Eduardo Jesús Vargas Rojas). Trainer: Gerardo Cono Pelusso Boyrie (Uruguay).
Goals: Michael Anderson Pereira da Silva (67), Leonardo da Silva Moura „Léo Moura" (82) / Walter Damián Montillo (43), Matías Nicolás Rodríguez (90+2).

13.03.2010, Estadio Olímpico de la UCV, Caracas; Attendance: 6,353
Referee: Jorge Joaquín Antequera (Bolivia)
Caracas FC - CFP de la Universidad de Chile Santiago   1-3(0-3)
Caracas FC: Renny Vicente Vega Hernández, Jaime Andrés Bustamante Suárez, Alejandro Enrique Cichero Konarek, Gabriel Alejandro Cichero Konarek, Pablo Jesús Camacho Figueira, Alejandro Abraham Guerra Morales [*sent off 65*], Edgar Hernán Jiménez González, Bremer Alfredo Piñango Arévalo (46.Franklin José Lucena Peña), Jesús Javier Gómez Mercado (72.César Iván González Torres), Rodrigo Prieto Aubert (46.Darío Damián Figueroa), Zamir Valoyes Nabollán. Trainer: Ceferino Bencomo.
Universidad de Chile: Miguel Angel Pinto Jérez, Rafael Andrés Olarra Guerrero, Mauricio Bernardo Victorino Dansilio, Matías Nicolás Rodríguez, José Manuel Rojas Bahamondes, José Raúl Contreras Arrau, Felipe Ignacio Seymour Dobud, Manuel Rolando Iturra Urrutia, Walter Damián Montillo (88.Marco Andrés Estrada Quinteros), Juan Manuel Olivera López, Edson Raúl Puch Cortéz (8.Eduardo Jesús Vargas Rojas; 73.Diego Gabriel Rivarola Popón). Trainer: Gerardo Cono Pelusso Boyrie (Uruguay).
Goals: César Iván González Torres (76) / Mauricio Bernardo Victorino Dansilio (18), Juan Manuel Olivera López (32 penalty), Matías Nicolás Rodríguez (35).

14.03.2010, Estadio „San Carlos de Apoquindo", Santiago; Attendance: 7,709
Referee: Sergio Fabián Pezzota (Argentina)
CD Universidad Católica Santiago - CR Flamengo Rio de Janeiro   2-0(2-0)
Universidad Católica: Paulo Andrés Garcés Contreras, Ismael Ignacio Fuentes Castro, David Andrés Henríquez Espinoza, Hans Alexis Martínez Cabrera (66.Fernando Andrés Meneses Cornejo), Waldo Alonso Ponce Carrizo (81.Diego Rosende Lagos), Jorge Andrés Ormeño Guerra (75.Matías Martín Rubio Kostner), Francisco Andrés Silva Gajardo, Damián Rodrigo Díaz, Milovan Petar Mirosevic Albornoz, Rodrigo Ignacio Valenzuela Avilés, Juan José Morales. Trainer: Marco Antonio Figueroa Montero.
Flamengo: Bruno Fernandes das Dores de Souza, Álvaro Luiz Maior de Aquino (24.Fabrício Silva Dornellas), Ronaldo Simões Angelim, Juan Maldonado Jaimez Júnior, Leonardo da Silva Moura „Léo Moura", Rafael Ferreira Francisco „Toró", Claudio Andrés del Tránsito Maldonado Rivera, Willians Domingos Fernandes (46.Gonzalo Antonio Fierro Caniullán), Dejan Petković (46.Vinícius Pacheco dos Santos), Bruno Ferreira Mombra Rosa „Bruno Mezenga", Vágner Silva de Souza „Vágner 'Love'". Trainer: Rogério Moraes Lourenço.
Goals: Damián Rodrigo Díaz (2), Francisco Andrés Silva Gajardo (45).

21.04.2010, Estadio Monumental „David Arellano", Santiago; Attendance: 9,286
Referee: Pablo Antonio Pozo Quinteros (Chile)
CFP Universidad de Chile Santiago - CD Universidad Católica Santiago   0-0
Universidad de Chile: Miguel Angel Pinto Jérez, Juan René Abarca, Juan Claudio González Calderón, Marcelo Alfonso Díaz Rojas, Mauricio Antonio Arias González (90.Juan Manuel Olivera López), Álvaro Fernández Gay, Manuel Rolando Iturra Urrutia (46.Felipe Ignacio Seymour Dobud), Nelson Alejandro Pinto Martínez, José Luis Silva Araya (67.Walter Damián Montillo), Diego Gabriel Rivarola Popón, Gabriel Alejandro Vargas Venegas. Trainer: Gerardo Cono Pelusso Boyrie (Uruguay).
Universidad Católica: Paulo Andrés Garcés Contreras, Ismael Ignacio Fuentes Castro, Hans Alexis Martínez Cabrera (46.Diego Rosende Lagos), Leonel Jonathan Mena Gutiérrez, Jorge Andrés Ormeño Guerra, Francisco Andrés Silva Gajardo, Damián Rodrigo Díaz [*sent off 88*], Fernando Andrés Meneses Cornejo (46.Pablo Andrés Vranjicán Storani), Milovan Petar Mirosevic Albornoz, Rodrigo Ignacio Valenzuela Avilés, Juan José Morales (71.Ángel Rodrigo Carreño Ballesteros). Trainer: Marco Antonio Figueroa Montero.

21.04.2010, Estádio „Jornalista Mário Filho" (Maracanã), Rio de Janeiro; Attendance: 34,106
Referee: Jorge Luis Larrionda Pietrafesa (Uruguay)
CR Flamengo Rio de Janeiro - Caracas FC   3-2(2-1)
Flamengo: Bruno Fernandes das Dores de Souza, David Braz de Oliveira Filho, Ronaldo Simões Angelim, Juan Maldonado Jaimez Júnior, Leonardo da Silva Moura „Léo Moura", Michael Anderson Pereira da Silva (79.Gonzalo Antonio Fierro Caniullán), Claudio Andrés del Tránsito Maldonado Rivera (84.José Kléberson Pereira), Willians Domingos Fernandes, Adriano Leite Ribeiro, Vágner Silva de Souza „Vágner 'Love'", Vinícius Pacheco dos Santos (68.Dejan Petković). Trainer: Rogério Moraes Lourenço.
Caracas FC: Javier Eduardo Toyo Barcenas, Jaime Andrés Bustamante Suárez, Alejandro Enrique Cichero Konarek, Franklin José Lucena Peña, Henry Leonardo Bautista, Giovanni Michael Romero Armenio, Darío Damián Figueroa, Edgar Hernán Jiménez González, Rafael Ernesto Castellín García (73.Fernando Luis Aristiguieta De Luca), César Iván González Ferreira (40.Jesús Javier Gómez Mercado), Zamir Valoyes Nabollán (60.Alexander David González). Trainer: Ceferino Bencomo.
Goals: Ronaldo Simões Angelim (17), Michael Anderson Pereira da Silva (19), David Braz de Oliveira Filho (75) / Rafael Ernesto Castellín García (14), Jesús Javier Gómez Mercado (67).

FINAL STANDINGS

1. **CFP de la Universidad de Chile Santiago**	6	3	3	0	10 - 6	12
2. *CR Flamengo Rio de Janeiro*	6	3	1	2	11 - 9	10
3. CD Universidad Católica Santiago	6	1	4	1	5 - 5	7
4. Caracas FC	6	0	2	4	5 - 11	2

RANKING OF THE RUNNERS-UP

1. **Club Alianza Lima**	6	4	0	2	12 - 7	12
2. **Cruzeiro EC Belo Horizonte**	6	3	2	1	12 - 6	11
3. **Club Atlético Banfield**	6	3	2	1	13 - 8	11
4. **CD Once Caldas Manizales**	6	3	2	1	8 - 5	11
5. **Club Universitario de Deportes Lima**	6	2	4	0	5 - 2	10
6. **CR Flamengo Rio de Janeiro**	6	3	1	2	11 - 9	10
7. Sociedad Deportivo Quito	6	3	1	2	5 - 7	10
8. Racing Club de Montevideo	6	2	2	2	4 - 5	8

Places 1-6 qualified for the Round of 16. Mexican clubs San Luis Fútbol Club and Club Deportivo Guadalajara completed the field to 16 teams.

ROUND OF 16

28.04.2010, Estádio „Jornalista Mário Filho" (Maracanã), Rio de Janeiro; Attendance: 72,442
Referee: Carlos Arecio Amarilla Demarqui (Paraguay)
CR Flamengo Rio de Janeiro - SC Corinthians Paulista São Paulo   1-0(0-0)
Flamengo: Bruno Fernandes das Dores de Souza, David Braz de Oliveira Filho, Ronaldo Simões Angelim, Juan Maldonado Jaimez Júnior, Leonardo da Silva Moura „Léo Moura", Michael Anderson Pereira da Silva [*sent off 37*], Rômulo Noronha, Claudio Andrés del Tránsito Maldonado Rivera (78.Rafael Ferreira Francisco „Toró"), Willians Domingos Fernandes (86.Gonzalo Antonio Fierro Caniullán), Adriano Leite Ribeiro, Vágner Silva de Souza „Vágner 'Love'" (81.Vinícius Pacheco dos Santos). Trainer: Rogério Moraes Lourenço.
SC Corinthians: Júlio César de Souza Santos, Anderson Sebastião Cardoso „Chicão", William Machado de Oliveira, Roberto Carlos da Silva Rocha, Moacir Costa da Silva, Ralf de Souza Teles, Danilo Gabriel de Andrade (66.Pedro Iarley Lima Dantas), Elias Mendes Trindade, Jucilei da Silva, Bruno Ferreira Bonfim „Dentinho" (66.Jorge Henrique de Souza), Ronaldo Luís Nazário de Lima (86.Rodrigo de Souza Cardoso). Trainer: Luiz Antonio Venker Menezes.
Goal: Adriano Leite Ribeiro (66 penalty).

05.05.2010, Estádio Municipal „Paulo Machado de Carvalho", São Paulo; Attendance: 35,561
Referee: Roberto Carlos Silvera (Uruguay)
SC Corinthians Paulista São Paulo - CR Flamengo Rio de Janeiro   2-1(2-0)
SC Corinthians: Luiz Felipe Ventura dos Santos, Anderson Sebastião Cardoso „Chicão", William Machado de Oliveira, Roberto Carlos da Silva Rocha, Alessandro Mori Nunes (79.José Paulo Bezerra Maciel Junior „Paulinho"), Ralf de Souza Teles, Danilo Gabriel de Andrade, Elias Mendes Trindade (69.Jucilei da Silva), Bruno Ferreira Bonfim „Dentinho", Jorge Henrique de Souza (66.Pedro Iarley Lima Dantas), Ronaldo Luís Nazário de Lima. Trainer: Luiz Antonio Venker Menezes.
Flamengo: Bruno Fernandes das Dores de Souza, David Braz de Oliveira Filho, Ronaldo Simões Angelim, Juan Maldonado Jaimez Júnior, Leonardo da Silva Moura „Léo Moura", Rômulo Noronha, Claudio Andrés del Tránsito Maldonado Rivera (88.Rafael Ferreira Francisco „Toró"), Willians Domingos Fernandes, Adriano Leite Ribeiro, Vágner Silva de Souza „Vágner 'Love'" (78.Gonzalo Antonio Fierro Caniullán), Vinícius Pacheco dos Santos (46.José Kléberson Pereira). Trainer: Rogério Moraes Lourenço.
Goals: David Braz de Oliveira Filho (28 own goal), Ronaldo Luís Nazário de Lima (39) / Vágner Silva de Souza „Vágner 'Love'" (49).
(*CR Flamengo Rio de Janeiro won on away goals rule [2-2 on aggregate]*)

28.04.2010, Estadio Monumental, Lima; Attendance: 37,034
Referee: Saúl Esteban Laverni (Argentina)
Club Universitario de Deportes Lima - São Paulo Futebol Clube   0-0
Universitario Lima: Luis Ricardo Llontop Godeau, Carlos Alberto Galván Méndez, Giancarlo Carmona Maldonado (83.Miguel Ángel Torres Quintana), Jesús Giancarlos Rabanal Dávila, Renzo Revoredo Zuazo, Antonio Emiliano Gonzáles Canchari (46.Luis Alberto Hernández Díaz), Rainer Torres Salas, Rodolfo Espinoza Díaz, Jorge Johann Vásquez Rosales (60.Raúl Mario Ruidiaz Misitich), Piero Fernando Alva Niezen, Víctor Enrique Píriz Álvez. Trainer: José Guillermo del Solar Álvarez-Calderón.
São Paulo FC: Rogério Ceni, João Miranda de Souza Filho, Cícero João de Cezare „Cicinho" (36.Jean Raphael Vanderlei Moreira), Alex Sandro da Silva, Rodrigo Ribeiro Souto, Richarlyson Barbosa Felisbino [*sent off 65*], Anderson Hernanes de Carvalho Andrade Lima, Jorge Wagner Góes Conceição, Marlos Romero Bonfim (67.Júnior César Eduardo Machado), Dagoberto Pelentier, Washington Stecanela Cerqueira (84.Renato Assis da Silva). Trainer: Ricardo Gomes Raimundo.

04.05.2010, Estádio Cícero Pompeu de Toledo „Morumbi", São Paulo; Attendance: 43,838
Referee: Carlos Manuel Torres (Paraguay)
São Paulo Futebol Clube - Club Universitario de Deportes Lima   **0-0; 3-1 on penalties**
São Paulo FC: Rogério Ceni, João Miranda de Souza Filho, Cícero João de Cezare „Cicinho" (74.Jean Raphael Vanderlei Moreira), Júnior César Eduardo Machado, Alex Sandro da Silva, Rodrigo Ribeiro Souto, Anderson Hernanes de Carvalho Andrade Lima, Jorge Wagner Góes Conceição (46.Washington Stecanela Cerqueira), Marlos Romero Bonfim, Dagoberto Pelentier, Luiz Fernando Pereira da Silva „Fernandinho" (90.Marcelo dos Santos „Marcelinho Paraíba"). Trainer: Ricardo Gomes Raimundo.
Universitario Lima: Luis Ricardo Llontop Godeau, Carlos Alberto Galván Méndez, Giancarlo Carmona Maldonado, Jesús Giancarlos Rabanal Dávila, Renzo Revoredo Zuazo, Luis Alberto Hernández Díaz, Rainer Torres Salas (77.Luís Alberto Ramírez Lucay), Rodolfo Espinoza Díaz, Jorge Johann Vásquez Rosales (72.Miguel Ángel Torres Quintana), Piero Fernando Alva Niezen, Víctor Enrique Píriz Álvez (46.Gianfranco Alberto Labarthe Tomé). Trainer: José Guillermo del Solar Álvarez-Calderón.
Penalties: Rogério Ceni (miss); Luís Alberto Ramírez Lucay 0-1; Anderson Hernanes de Carvalho Andrade Lima 1-1; Piero Fernando Alva Niezen (miss); Marcelo dos Santos „Marcelinho Paraíba" 2-1; Carlos Alberto Galván Méndez (miss); Dagoberto Pelentier 3-1; Gianfranco Alberto Labarthe Tomé (miss).
(São Paulo Futebol Clube won 3-1 on penalties [after 0-0] on aggregate)

27.04.2010, Estadio „Alfonso Lastras", San Luis Potosí; Attendance: 5,600
Referee: Juan Soto (Venezuela)
San Luis Fútbol Club - Club Estudiantes de La Plata   **0-1(0-1)**
San Luis FC: Carlos Alberto Trejo Sánchez, Pablo César Aguilar, Oscar Yaroslav Mascorro Ábrego, Diego Alfonso Martínez Balderas, Noé Maya Vilches (46.Diego Javier de la Torre Muciño), Braulio Luna Guzmán, Guillermo Rangel Álvarez (71.Rodolfo Salinas Ortíz), Ignacio Torres Olvera, Juan Pablo Rodríguez Conde, Alfredo David Moreno, Blas Antonio Miguel Pérez Ortega (62.Victor Hugo Lojero Alexandersson). Trainer: Marcos Ignacio Ambriz Espinoza.
Estudiantes: Agustín Ignacio Orión, Cristian Ariel Cellay, Federico Fernández, Faustino Marcos Alberto Rojo (75.Raúl Alejandro Iberbia), Clemente Juan Rodríguez [*sent off 68*], Leandro Damián Benítez, Marcelo Adrián Carrusca (69.Germán David Ré), Maximiliano Ezequiel Núñez, Matías Ariel Sánchez, Gastón Nicolás Fernández (62.Enzo Nicolás Pérez), Leandro González. Trainer: Alejandro Javier Sabella.
Goal: Leandro González (25).

05.05.2010, Estadio Centenario „Dr. José Luis Meiszner", Quilmes; Attendance: 9,359
Referee: Víctor Hugo Carrillo (Peru)
Club Estudiantes de La Plata - San Luis Fútbol Club   **3-1(1-1)**
Estudiantes: Agustín Ignacio Orión, Marcos Alberto Angeleri, Federico Fernández, Faustino Marcos Alberto Rojo (78.Germán David Ré), Leandro Desábato, Leandro Damián Benítez, Marcelo Adrián Carrusca (35.José Ernesto Sosa), Maximiliano Ezequiel Núñez, Juan Sebastián Verón (67.Matías Ariel Sánchez), Mauro Boselli, Leandro González. Trainer: Alejandro Javier Sabella.
San Luis FC: Carlos Alberto Trejo Sánchez, Pablo César Aguilar, Edwin William Hernández, Oscar Yaroslav Mascorro Ábrego, Gonzalo Pineda Reyes, Braulio Luna Guzmán, Jesús Alejandro Palacios Olague, Ignacio Torres Olvera (63.Blas Antonio Miguel Pérez Ortega), César Eduardo González Amais, Diego Javier de la Torre Muciño (75.Juan Pablo Rodríguez Conde), Alfredo David Moreno. Trainer: Marcos Ignacio Ambriz Espinoza.
Goals: Leandro González (4), Leandro Damián Benítez (50, 55) / Diego Javier de la Torre Muciño (7).
(Club Estudiantes de La Plata won 4-1 on aggregate)

27.04.2010, Estadio Monumental Jalisco, Guadalajara; Attendance: 8,332
Referee: Óscar Julián Ruiz Acosta (Colombia)
Club Deportivo Guadalajara - CA Vélez Sarsfield Buenos Aires   3-0(1-0)
CD Guadalajara: Liborio Vicente Sánchez Ledesma, Mario Humberto de Luna Saucedo, Edgar Eduardo Mejía Virrete (65.Patricio Gabriel Araujo Vázquez), Christian Pérez Vázquez (79.Xavier Iván Baez Gamiño), Miguel Ángel Ponce Briseño, Héctor Reynoso López, Omar Alejandro Esparza Morales, Marco Jhonfai Fabián de la Mora (66.Ulises Alejandro Dávila Plascencia), Edgar Iván Solís Castillón, Omar Arellano Riverón, Omar Bravo Tordecillas. Trainer: José Luis Real.
Vélez Sarsfield: Marcelo Germán Montoya [*sent off 90*], Gastón Ricardo Díaz, Sebastián Enrique Domínguez, Nicolás Hernán Otamendi, Emiliano Ramiro Papa (46.Marco Natanael Torsiglieri), Fabián Andrés Cubero (81.Iván Gonzalo Bella), Leandro Daniel Somoza, Víctor Eduardo Zapata, Maximiliano Nicolás Morález, Hernán Rodrigo López (79.Rolando David Zárate), Juan Manuel Martínez. Trainer: Ricardo Alberto Gareca.
Goals: Omar Bravo Tordecillas (25, 79), Héctor Reynoso López (90+2 penalty).

04.05.2010, Estadio „José Amalfitani", Buenos Aires; Attendance: 10,055
Referee: Wilson Luiz Seneme (Brazil)
CA Vélez Sarsfield Buenos Aires - Club Deportivo Guadalajara   2-0(1-0)
Vélez Sarsfield: Marcelo Alberto Barovero, Gastón Ricardo Díaz (55.Juan Manuel Martínez), Sebastián Enrique Domínguez, Nicolás Hernán Otamendi, Emiliano Ramiro Papa, Fabián Andrés Cubero, Leandro Daniel Somoza, Víctor Eduardo Zapata (78.Rolando David Zárate), Maximiliano Nicolás Morález (69.Ricardo Gabriel Álvarez), Hernán Rodrigo López, Santiago Martín Silva Olivera. Trainer: Ricardo Alberto Gareca.
CD Guadalajara: Liborio Vicente Sánchez Ledesma, Mario Humberto de Luna Saucedo, Jorge Enríquez García (80.Patricio Gabriel Araujo Vázquez), Edgar Eduardo Mejía Virrete, Christian Pérez Vázquez, Miguel Ángel Ponce Briseño, Héctor Reynoso López, Omar Alejandro Esparza Morales, Edgar Iván Solís Castillón, Omar Arellano Riverón (63.Ulises Alejandro Dávila Plascencia), Omar Bravo Tordecillas (76.Xavier Iván Baez Gamiño). Trainer: José Luis Real.
Goals: Santiago Martín Silva Olivera (3), Rolando David Zárate (88).
(*Club Deportivo Guadalajara won 3-2 on aggregate*)

29.04.2010, Estadio Palogrande, Manizales; Attendance: 10,981
Referee: Sálvio Spínola Fagundes Filho (Brazil)
CD Once Caldas Manizales - Club Libertad Asunción   0-0
Once Caldas: Luis Enrique Martínez Rodríguez, Diego Armando Amaya Solano (66.Sebastián Hernández Mejía), Alexis Héctor Henríquez Charales, Oswaldo Augusto Vizcarrondo Araújo, Luis Alberto Núñez Charales, José Iván Vélez Castillo, Diego Alejandro Arias Hincapié, John Jairo Valencia Ortíz, Jaime Alberto Castrillón Vásquez (56.Danny Manuel Santoya Otero), Dayro Mauricio Moreno Galindo, Fernando Uribe Hincapié. Trainer: Juan Carlos Osorio Arbelaez.
Libertad: Bernardo David Medina, Ismael Benegas, Adalberto Román Benítez, Pedro Alcides Sarabia Achucarro, Arnaldo Andrés Vera Chamorro, Víctor Javier Cáceres Centurión, Sergio Daniel Aquino, Víctor Hugo Ayala Núñez (74.Edgar Arnulfo Robles), Miguel Ángel Ramón Samudio (81.Omar Héber Pouso Osores), Rodolfo Vicente Gamarra Varela, Pablo César Velázquez (38.Roberto Carlos Gamarra Acosta). Trainer: Gregorio Elso Pérez Perdigón (Uruguay).

06.05.2010, Estadio Defensores del Chaco, Asunción; Attendance: 2,000
Referee: Sergio Fabián Pezzotta (Argentina)
Club Libertad Asunción - CD Once Caldas Manizales   2-1(0-0)
Libertad: Bernardo David Medina, Ismael Benegas (67.Aldo David Olmedo Román), Adalberto Román Benítez, Pedro Alcides Sarabia Achucarro, Arnaldo Andrés Vera Chamorro, Víctor Javier Cáceres Centurión, Sergio Daniel Aquino, Víctor Hugo Ayala Núñez, Miguel Ángel Ramón Samudio (56.Manuel José Maciel Fernández), Rodolfo Vicente Gamarra Varela, Pablo César Velázquez

(63.Roberto Carlos Gamarra Acosta). Trainer: Gregorio Elso Pérez Perdigón (Uruguay).
Once Caldas: Luis Enrique Martínez Rodríguez, Alexis Héctor Henríquez Charales, Oswaldo Augusto Vizcarrondo Araújo, Carlos Johnson Carpio, Luis Alberto Núñez Charales, José Iván Vélez Castillo, Diego Alejandro Arias Hincapié, John Jairo Valencia Ortíz (65.Jaime Alberto Castrillón Vásquez), Dayron Alexánder Pérez Calle (60.Diego Armando Amaya Solano), Dayro Mauricio Moreno Galindo, Fernando Uribe Hincapié (69.Danny Manuel Santoya Otero). Trainer: Juan Carlos Osorio Arbelaez.
Goals: Roberto Carlos Gamarra Acosta (73 penalty, 89) / Dayro Mauricio Moreno Galindo (55).
(*Club Libertad Asunción won 2-1 on aggregate*)

28.04.2010, Estadio „Florencio Sola", Banfield; Attendance: 6,794
Referee: Jorge Luis Larrionda Pietrafesa (Uruguay)
Club Atlético Banfield - SC Internacional Porto Alegre   3-1(0-0)
CA Banfield: Cristian David Lucchetti, Víctor Rubén López, Jonathan Ramón Maidana, Santiago Andrés Ladino, Julio Eduardo Barraza [*sent off 83*], Roberto Miguel Battión, Walter Daniel Erviti Roldán, Marcelo Nildo Quinteros, James David Rodríguez Rubio (85.Mauro Dos Santos), Sebastián Bruno Fernández Miglierina (90.Federico Javier Sardella), Rubén Darío Ramírez. Trainer: Julio César Falcioni.
SC Internacional: Roberto Carlos Abbondanzieri, Fabian Guedes „Bolívar", Fabiano Eller dos Santos, Gonzalo Sorondo Amaro, Kléber de Carvalho Correia [*sent off 56*], Claudinei Cardoso Félix da Silva „Nei", Sandro Ranieri Guimarães Cordeiro, André Luiz Tavares „Andrezinho" (88.Taison Barcellos Freda), Andrés Nicolás D'Alessandro (88.Éverton Santos da Costa), Pablo Horacio Guiñazú, Alecsandro Barbosa Felisbino (78.Walter Henrique da Silva). Trainer: Jorge Daniel Fossati Lurachi (Uruguay).
Goals: James David Rodríguez Rubio (47), Roberto Miguel Battión (59), Sebastián Bruno Fernández Miglierina (81) / Kléber de Carvalho Correia (50).

06.05.2010, Estádio „José Pinheiro Borda", Porto Alegre; Attendance: 34,643
Referee: Wilmar Roldán Pérez (Colombia)
SC Internacional Porto Alegre - Club Atlético Banfield   2-0(1-0)
SC Internacional: Roberto Carlos Abbondanzieri, Fabian Guedes „Bolívar", Fabiano Eller dos Santos, Gonzalo Sorondo Amaro, Claudinei Cardoso Félix da Silva „Nei", Sandro Ranieri Guimarães Cordeiro, André Luiz Tavares „Andrezinho" (70.Giuliano Victor de Paula), Andrés Nicolás D'Alessandro (90.Glaydson Marcelino Freire), Pablo Horacio Guiñazú, Alecsandro Barbosa Felisbino, Walter Henrique da Silva (88.Éverton Santos da Costa). Trainer: Jorge Daniel Fossati Lurachi (Uruguay).
CA Banfield: Cristian David Lucchetti, Víctor Rubén López, Jonathan Ramón Maidana, Walter Marcelo Bustamante (81.Maximiliano Laso), Santiago Andrés Ladino (89.Mauro Dos Santos), Roberto Miguel Battión, Walter Daniel Erviti Roldán, Marcelo Nildo Quinteros (74.Mathías Adolfo Cardaccio Alaguich), James David Rodríguez Rubio [*sent off 82*], Sebastián Bruno Fernández Miglierina, Rubén Darío Ramírez. Trainer: Julio César Falcioni.
Goals: Alecsandro Barbosa Felisbino (42), Walter Henrique da Silva (58).
(*SC Internacional Porto Alegre won on away goals rule [3-3 on aggregate]*)

29.04.2010, Estádio „Governador Magalhães Pinto", Belo Horizonte; Attendance: 32,254
Referee: Héctor Walter Baldassi (Argentina)
Cruzeiro EC Belo Horizonte - Club Nacional de Football Montevideo   3-1(3-0)
Cruzeiro: Fábio Deivson Lopes Maciel, Carlos Gilberto Nascimento Silva „Gil", Leonardo Fabiano da Silva e Silva, Diego Renan de Lima Ferreira, Jonathan Cícero Moreira, Gilberto da Silva Melo (75.Joffre David Guerrón Méndez), Fabrício de Sousa (46.Elicarlos Souza Santos), Henrique Pacheco Lima, Antônio Marcos da Silva Filho „Marquinhos Paraná", Kléber Giacomance de Souza Freitas, Thiago Ribeiro Cardoso. Trainer: Adílson Dias Batista.
Nacional: Rodrigo Martín Muñoz, Sebastián Coates Nion, Daniel Alejandro Lembo Betancor, Christian Washington Núñez Medina, Raúl Freddy Ferro Olivera, Óscar Javier Morales Albornoz

(80.Mauricio Ernesto Pereyra Antonini), Maximiliano Matías Calzada Fuentes, Álvaro Raúl González Luengo, Gustavo Antonio Varela Rodríguez (38.Diego Daniel Vera Méndez), Mario Ignacio Regueiro Pintos, Ángel Alejandro Morales Santos (67.Gonzalo Damián Godoy Silva). Trainer: Eduardo Mario Acevedo.
Goals: Thiago Ribeiro Cardoso (7, 22, 42) / Mario Ignacio Regueiro Pintos (51).

05.05.2010, Estadio Gran Parque Central, Montevideo; Attendance: 13,919
Referee: Federico José Beligoy (Argentina)
Club Nacional de Football Montevideo - Cruzeiro EC Belo Horizonte   0-3(0-1)
Nacional: Rodrigo Martín Muñoz, Sebastián Coates Nion [*sent off 53*], Daniel Alejandro Lembo Betancor, Christian Washington Núñez Medina (62.Mauricio Ernesto Pereyra Antonini), Raúl Freddy Ferro Olivera, Óscar Javier Morales Albornoz, Maximiliano Matías Calzada Fuentes (46.Diego Daniel Vera Méndez), Gustavo Antonio Varela Rodríguez [*sent off 69*], Ángel Alejandro Morales Santos, Mario Ignacio Regueiro Pintos, Álvaro Raúl González Luengo (82.Gonzalo Damián Godoy Silva). Trainer: Eduardo Mario Acevedo.
Cruzeiro: Fábio Deivson Lopes Maciel, Carlos Gilberto Nascimento Silva „Gil", Leonardo Fabiano da Silva e Silva [*sent off 53*], Diego Renan de Lima Ferreira, Jonathan Cícero Moreira, Gilberto da Silva Melo, Fabrício de Sousa (70.Pedro Ken Morimoto Moreira), Henrique Pacheco Lima, Antônio Marcos da Silva Filho „Marquinhos Paraná", Kléber Giacomance de Souza Freitas (56.Thiago Heleno Henrique Ferreira), Thiago Ribeiro Cardoso (82.Wellington Pereira do Nascimento „Wellington Paulista"). Trainer: Adílson Dias Batista.
Goals: Thiago Ribeiro Cardoso (29), Diego Renan de Lima Ferreira (48), Gilberto da Silva Melo (80).
(*Cruzeiro EC Belo Horizonte won 6-1 on aggregate*)

28.04.2010, Estadio „Alejandro Villanueva", Lima; Attendance: 29,247
Referee: Carlos Eugênio Simon (Brazil)
Club Alianza Lima - CFP de la Universidad de Chile Santiago   0-1(0-0)
Alianza: George Patrick Forsyth Sommer, Carlos Javier Solís Alvarado, Héctor Vidal Sosa, Edgar Villamarín Arguedas, Amilton Fair Prado Barrón, Edgar Daniel González Brítez, Henry Edson Quinteros Sánchez (59.Johnnier Esteiner Montaño Caicedo), Jean Carlo Tragodara Gálvez, Joel Melchor Sánchez (75.Alexander Gustavo Sánchez Reyes), Wilmer Alexander Aguirre Vázquez, José Carlos Fernández Piedra (59.Claudio Matías Velázquez). Trainer: Gustavo Adolfo Costas (Argentina).
Universidad de Chile: Miguel Angel Pinto Jérez, Rafael Andrés Olarra Guerrero, Mauricio Bernardo Victorino Dansilio, Matías Nicolás Rodríguez, José Manuel Rojas Bahamondes, José Raúl Contreras Arrau (68.Álvaro Fernández Gay), Felipe Ignacio Seymour Dobud (83.Nelson Alejandro Pinto Martínez), Manuel Rolando Iturra Urrutia, Walter Damián Montillo, Juan Manuel Olivera López (72.Diego Gabriel Rivarola Popón), Eduardo Jesús Vargas Rojas. Trainer: Gerardo Cono Pelusso Boyrie (Uruguay).
Goal: Diego Gabriel Rivarola Popón (86).

05.05.2010, Estadio Monumental „David Arellano", Santiago; Attendance: 28,663
Referee: Carlos Vera (Ecuador)
CFP de la Universidad de Chile Santiago - Club Alianza Lima   2-2(0-1)
Universidad de Chile: Miguel Angel Pinto Jérez, Rafael Andrés Olarra Guerrero, Mauricio Bernardo Victorino Dansilio, Matías Nicolás Rodríguez, José Manuel Rojas Bahamondes, José Raúl Contreras Arrau (46.Edson Raúl Puch Cortéz), Felipe Ignacio Seymour Dobud, Manuel Rolando Iturra Urrutia, Walter Damián Montillo, Juan Manuel Olivera López (85.Diego Gabriel Rivarola Popón), Eduardo Jesús Vargas Rojas (77.Álvaro Fernández Gay). Trainer: Gerardo Cono Pelusso Boyrie (Uruguay).
Alianza: George Patrick Forsyth Sommer, Carlos Javier Solís Alvarado, Héctor Vidal Sosa, Edgar Villamarín Arguedas (46.Walter Ricardo Vílchez Soto), Amilton Fair Prado Barrón, Edgar Daniel González Brítez, Henry Edson Quinteros Sánchez (53.Óscar Christopher Vílchez Soto), Jean Carlo Tragodara Gálvez (70.Johnnier Esteiner Montaño Caicedo), Joel Melchor Sánchez, Wilmer Alexander Aguirre Vázquez, José Carlos Fernández Piedra. Trainer: Gustavo Adolfo Costas (Argentina).

Goals: Eduardo Jesús Vargas Rojas (63), Felipe Ignacio Seymour Dobud (90+2) / José Carlos Fernández Piedra (24, 87).
(*CFP de la Universidad de Chile Santiago won 3-2 on aggregate*)

QUARTER-FINALS

12.05.2010, Estádio „Jornalista Mário Filho" (Maracanã), Rio de Janeiro; Attendance: 72,442
Referee: Carlos Arecio Amarilla Demarqui (Paraguay)
CR Flamengo Rio de Janeiro - CFP de la Universidad de Chile Santiago   2-3(1-2)
Flamengo: Bruno Fernandes das Dores de Souza, David Braz de Oliveira Filho, Ronaldo Simões Angelim, Juan Maldonado Jaimez Júnior, Leonardo da Silva Moura „Léo Moura", Rômulo Noronha (20.Michael Anderson Pereira da Silva), Claudio Andrés del Tránsito Maldonado Rivera (46.Dejan Petković), Willians Domingos Fernandes, José Kléberson Pereira (73.Denis Marques do Nascimento), Adriano Leite Ribeiro, Vágner Silva de Souza „Vágner 'Love'". Trainer: Rogério Moraes Lourenço.
Universidad de Chile: Miguel Angel Pinto Jérez, Rafael Andrés Olarra Guerrero, Mauricio Bernardo Victorino Dansilio, Matías Nicolás Rodríguez, José Manuel Rojas Bahamondes, Felipe Ignacio Seymour Dobud, Álvaro Fernández Gay, Manuel Rolando Iturra Urrutia [*sent off 45*], Walter Damián Montillo (81.Edson Raúl Puch Cortéz), Juan Manuel Olivera López (74.Diego Gabriel Rivarola Popón), Eduardo Jesús Vargas Rojas (46.Nelson Alejandro Pinto Martínez). Trainer: Gerardo Cono Pelusso Boyrie (Uruguay).
Goals: Adriano Leite Ribeiro (39), Juan Maldonado Jaimez Júnior (88) / Mauricio Bernardo Victorino Dansilio (4), Rafael Andrés Olarra Guerrero (24), Álvaro Fernández Gay (47).

20.05.2010, Estadio „Santa Laura", Santiago; Attendance: 14,450
Referee: Roberto Carlos Silvera (Uruguay)
CFP de la Universidad de Chile Santiago - CR Flamengo Rio de Janeiro   1-2(0-1)
Universidad de Chile: Miguel Angel Pinto Jérez, Rafael Andrés Olarra Guerrero, Mauricio Bernardo Victorino Dansilio, Matías Nicolás Rodríguez, José Manuel Rojas Bahamondes, Felipe Ignacio Seymour Dobud, Álvaro Fernández Gay, Nelson Alejandro Pinto Martínez, Walter Damián Montillo (80.José Raúl Contreras Arrau), Juan Manuel Olivera López (85.Diego Gabriel Rivarola Popón), Eduardo Jesús Vargas Rojas (55.Edson Raúl Puch Cortéz). Trainer: Gerardo Cono Pelusso Boyrie (Uruguay).
Flamengo: Bruno Fernandes das Dores de Souza, David Braz de Oliveira Filho, Ronaldo Simões Angelim, Juan Maldonado Jaimez Júnior, Leonardo da Silva Moura „Léo Moura", Michael Anderson Pereira da Silva (46.Dejan Petković), Rafael Ferreira Francisco „Toró" (78.Vinícius Pacheco dos Santos), Willians Domingos Fernandes [*sent off 89*], José Kléberson Pereira (86.Bruno Ferreira Mombra Rosa „Bruno Mezenga"), Adriano Leite Ribeiro, Vágner Silva de Souza „Vágner 'Love'" [*sent off 90*]. Trainer: Rogério Moraes Lourenço.
Goals: Walter Damián Montillo (73) / Vágner Silva de Souza „Vágner 'Love'" (45), Adriano Leite Ribeiro (78).
(*CFP de la Universidad de Chile Santiago won on away goals rule [4-4 on aggregate]*)

12.05.2010, Estádio „Governador Magalhães Pinto", Belo Horizonte; Attendance: 48,602
Referee: Óscar Julián Ruiz Acosta (Colombia)
Cruzeiro EC Belo Horizonte - São Paulo Futebol Clube   0-2(0-1)
Cruzeiro: Fábio Deivson Lopes Maciel, Carlos Gilberto Nascimento Silva „Gil", Thiago Heleno Henrique Ferreira, Diego Renan de Lima Ferreira (54.Joffre David Guerrón Méndez), Jonathan Cícero Moreira, Gilberto da Silva Melo (78.Roger Galera Flores), Fábio Alves Félix „Fabinho", Henrique Pacheco Lima, Antônio Marcos da Silva Filho „Marquinhos Paraná", Kléber Giacomance de Souza Freitas, Thiago Ribeiro Cardoso. Trainer: Adílson Dias Batista.
São Paulo FC: Rogério Ceni, Alexandre Luiz Reame „Xandão", Cícero João de Cezare „Cicinho" (87.Jean Raphael Vanderlei Moreira), Júnior César Eduardo Machado (79.Jorge Wagner Góes

58

Conceição), Alex Sandro da Silva, Rodrigo Ribeiro Souto, Richarlyson Barbosa Felisbino, Anderson Hernanes de Carvalho Andrade Lima, Marlos Romero Bonfim, Dagoberto Pelentier, Fernando Lúcio da Costa „Fernandão" (82.Washington Stecanela Cerqueira). Trainer: Ricardo Gomes Raimundo.
Goals: Dagoberto Pelentier (23), Anderson Hernanes de Carvalho Andrade Lima (65).

19.05.2010, Estádio Cícero Pompeu de Toledo „Morumbi", São Paulo; Attendance: 52,196
Referee: Jorge Luis Larrionda Pietrafesa (Uruguay)
São Paulo Futebol Clube - Cruzeiro EC Belo Horizonte   2-0(1-0)
São Paulo FC: Rogério Ceni, João Miranda de Souza Filho (85.Alexandre Luiz Reame „Xandão"), Cícero João de Cezare „Cicinho", Júnior César Eduardo Machado, Alex Sandro da Silva, Rodrigo Ribeiro Souto, Richarlyson Barbosa Felisbino (82.Jean Raphael Vanderlei Moreira), Anderson Hernanes de Carvalho Andrade Lima, Marlos Romero Bonfim, Dagoberto Pelentier (76.Luiz Fernando Pereira da Silva „Fernandinho"), Fernando Lúcio da Costa „Fernandão". Trainer: Ricardo Gomes Raimundo.
Cruzeiro: Fábio Deivson Lopes Maciel, Carlos Gilberto Nascimento Silva „Gil", Leonardo Fabiano da Silva e Silva, Diego Renan de Lima Ferreira (58.Elicarlos Souza Santos), Jonathan Cícero Moreira (28.Thiago Heleno Henrique Ferreira), Gilberto da Silva Melo, Fabrício de Sousa (46.Wellington Pereira do Nascimento „Wellington Paulista"), Henrique Pacheco Lima, Antônio Marcos da Silva Filho „Marquinhos Paraná", Kléber Giacomance de Souza Freitas [*sent off 1*], Thiago Ribeiro Cardoso. Trainer: Adílson Dias Batista.
Goals: Anderson Hernanes de Carvalho Andrade Lima (23), Dagoberto Pelentier (43).
(*São Paulo Futebol Clube won 4-0 on aggregate*)

13.05.2010, Estádio „José Pinheiro Borda", Porto Alegre; Attendance: 40,115
Referee: Roberto Carlos Silvera (Uruguay)
SC Internacional Porto Alegre - Club Estudiantes de La Plata   1-0(0-0)
SC Internacional: Roberto Carlos Abbondanzieri, Fabian Guedes „Bolívar", Gonzalo Sorondo Amaro, Kléber de Carvalho Correia, Claudinei Cardoso Félix da Silva „Nei" (76.Glaydson Marcelino Freire), Sandro Ranieri Guimarães Cordeiro, André Luiz Tavares „Andrezinho", Andrés Nicolás D'Alessandro (76.Giuliano Victor de Paula), Pablo Horacio Guiñazú, Alecsandro Barbosa Felisbino, Walter Henrique da Silva (64.Taison Barcellos Freda). Trainer: Jorge Daniel Fossati Lurachi (Uruguay).
Estudiantes: Agustín Ignacio Orión, Cristian Ariel Cellay, Federico Fernández, Germán David Ré, Clemente Juan Rodríguez, Leandro Desábato, Enzo Nicolás Pérez (84.Darío Gustavo Stefanatto), Matías Ariel Sánchez, Juan Sebastián Verón, José Ernesto Sosa (71.Leandro Damián Benítez), Mauro Boselli. Trainer: Alejandro Javier Sabella.
Goal: Gonzalo Sorondo Amaro (88).

20.05.2010, Estadio Centenario „Dr. José Luis Meiszner", Quilmes; Attendance: 14,500
Referee: Óscar Julián Ruiz Acosta (Colombia)
Club Estudiantes de La Plata - SC Internacional Porto Alegre   2-1(2-0)
Estudiantes: Agustín Ignacio Orión, Cristian Ariel Cellay, Germán David Ré, Leandro Desábato, Clemente Juan Rodríguez (89.Federico Fernández), Enzo Nicolás Pérez, Matías Ariel Sánchez, José Ernesto Sosa, Juan Sebastián Verón, Mauro Boselli, Leandro González (46.Marcos Alberto Angeleri). Trainer: Alejandro Javier Sabella.
SC Internacional: Roberto Carlos Abbondanzieri, Fabian Guedes „Bolívar", Fabiano Eller dos Santos, Gonzalo Sorondo Amaro, Kléber de Carvalho Correia, Claudinei Cardoso Félix da Silva „Nei" (68.Walter Henrique da Silva), Sandro Ranieri Guimarães Cordeiro (85.Luís Eduardo Schmidt „Edu"), Pablo Horacio Guiñazú, André Luiz Tavares „Andrezinho", Andrés Nicolás D'Alessandro (76.Giuliano Victor de Paula), Alecsandro Barbosa Felisbino. Trainer: Jorge Daniel Fossati Lurachi (Uruguay).
Goals: Leandro González (19), Enzo Nicolás Pérez (21) / Giuliano Victor de Paula (88).
(*SC Internacional Porto Alegre won on away goals rule [2-2 on aggregate]*)

11.05.2010, Estadio Monumental Jalisco, Guadalajara; Attendance: 15,000
Referee: Pablo Antonio Pozo Quinteros (Chile)
Club Deportivo Guadalajara - Club Libertad Asunción   3-0(2-0)
CD Guadalajara: Liborio Vicente Sánchez Ledesma, Mario Humberto de Luna Saucedo, Christian Pérez Vázquez, Héctor Reynoso López, Patricio Gabriel Araujo Vázquez, Xavier Iván Baez Gamiño, Abraham Coronado Tafoya (64.Omar Alejandro Esparza Morales), Marco Jhonfai Fabián de la Mora, Julio César Nava García (70.Edgar Iván Solís Castillón), Omar Arellano Riverón (17.Ricardo Michel Vázquez Gallien), Omar Bravo Tordecillas. Trainer: José Luis Real.
Libertad: Bernardo David Medina, Adalberto Román Benítez, Pedro Alcides Sarabia Achucarro, Arnaldo Andrés Vera Chamorro, Aldo David Olmedo Román, Víctor Javier Cáceres Centurión, Sergio Daniel Aquino, Víctor Hugo Ayala Núñez (46.Jorge Luís Moreira Ferreira), Miguel Ángel Ramón Samudio (71.Manuel José Maciel Fernández), Roberto Carlos Gamarra Acosta (46.Pablo César Velázquez), Rodolfo Vicente Gamarra Varela. Trainer: Gregorio Elso Pérez Perdigón (Uruguay).
Goals: Omar Bravo Tordecillas (7), Ricardo Michel Vázquez Gallien (29), Omar Bravo Tordecillas (80).

18.05.2010, Estadio Defensores del Chaco, Asunción; Attendance: 260
Referee: Héctor Walter Baldassi (Argentina)
Club Libertad Asunción - Club Deportivo Guadalajara   2-0(1-0)
Libertad: Bernardo David Medina, Adalberto Román Benítez, Pedro Alcides Sarabia Achucarro, Arnaldo Andrés Vera Chamorro, Víctor Javier Cáceres Centurión, Víctor Hugo Ayala Núñez, Jorge Luís Moreira Ferreira, Wilson Osmar Pittoni Rodríguez (58.Roberto Carlos Gamarra Acosta), Miguel Ángel Ramón Samudio (40.Manuel José Maciel Fernández), Rodolfo Vicente Gamarra Varela (62.José Ariel Núñez Portelli), Pablo César Velázquez. Trainer: Gregorio Elso Pérez Perdigón (Uruguay).
CD Guadalajara: Liborio Vicente Sánchez Ledesma, Mario Humberto de Luna Saucedo, Jorge Enríquez García (66.Edgar Eduardo Mejía Virrete), Christian Pérez Vázquez, Héctor Reynoso López, Patricio Gabriel Araujo Vázquez, Omar Alejandro Esparza Morales, Xavier Iván Baez Gamiño, Edgar Iván Solís Castillón (72.Miguel Ángel Ponce Briseño), Omar Arellano Riverón (55.Ulises Alejandro Dávila Plascencia), Omar Bravo Tordecillas. Trainer: José Luis Real.
Goals: Adalberto Román Benítez (20), Manuel José Maciel Fernández (68).
(Club Deportivo Guadalajara won 3-2 on aggregate)

SEMI-FINALS

27.07.2010, Estadio Azteca, Ciudad de México; Attendance: 52,035
Referee: Juan Soto (Venezuela)
Club Deportivo Guadalajara - CFP de la Universidad de Chile Santiago   1-1(0-0)
CD Guadalajara: Luis Ernesto Michel Vergara, Edgar Eduardo Mejía Virrete, José Jonny Magallón Oliva, Omar Alejandro Esparza Morales, Héctor Reynoso López, Miguel Ángel Ponce Briseño, Alberto Medina Briseño (70.Marco Jhonfai Fabián de la Mora), Xavier Iván Baez Gamiño, Adolfo Bautista Herrera, Omar Arellano Riverón, Omar Bravo Tordecillas. Trainer: José Luis Real.
Universidad de Chile: Miguel Angel Pinto Jérez, Rafael Andrés Olarra Guerrero, Mauricio Bernardo Victorino Dansilio, Matías Nicolás Rodríguez, José Manuel Rojas Bahamondes, José Raúl Contreras Arrau (79.Ángel Orlando Rojas Ortega), Manuel Rolando Iturra Urrutia, Felipe Ignacio Seymour Dobud (87.Nelson Alejandro Pinto Martínez), Walter Damián Montillo, Juan Manuel Olivera López (66.Diego Gabriel Rivarola Popón), Edson Raúl Puch Cortéz. Trainer: Gerardo Cono Pelusso Boyrie (Uruguay).
Goals: Omar Arellano Riverón (52) / Rafael Andrés Olarra Guerrero (47).

03.08.2010, Estadio Nacional „Julio Martínez Prádanos", Santiago; Attendance: 40,000
Referee: Sergio Fabián Pezzotta (Argentina)
CFP de la Universidad de Chile Santiago - Club Deportivo Guadalajara   0-2(0-1)
Universidad de Chile: Miguel Angel Pinto Jérez, Matías Nicolás Rodríguez, Mauricio Bernardo Victorino Dansilio, Rafael Andrés Olarra Guerrero (73.Eduardo Jesús Vargas Rojas), José Raúl Contreras Arrau (46.Diego Gabriel Rivarola Popón), Manuel Rolando Iturra Urrutia, Felipe Ignacio Seymour Dobud, José Manuel Rojas Bahamondes (66.Ángel Orlando Rojas Ortega), Walter Damián Montillo, Juan Manuel Olivera López, Edson Raúl Puch Cortéz. Trainer: Gerardo Cono Pelusso Boyrie (Uruguay).
CD Guadalajara: Luis Ernesto Michel Vergara, Miguel Ángel Ponce Briseño, Mario Humberto de Luna Saucedo, Héctor Reynoso López, Edgar Eduardo Mejía Virrete, José Jonny Magallón Oliva, Xavier Iván Baez Gamiño, Patricio Gabriel Araujo Vázquez, Marco Jhonfai Fabián de la Mora (86.Dionicio Manuel Escalante Moreno), Adolfo Bautista Herrera (82.Ulises Alejandro Dávila Plascencia), Omar Bravo Tordecillas (90.Ricardo Michel Vázquez Gallien). Trainer: José Luis Real.
Goals: Xavier Iván Baez Gamiño (22), José Jonny Magallón Oliva (55).
(Club Deportivo Guadalajara won 3-1 on aggregate)

28.07.2010, Estádio „José Pinheiro Borda", Porto Alegre; Attendance: 48,166
Referee: Héctor Walter Baldassi (Argentina)
SC Internacional Porto Alegre - São Paulo Futebol Clube   1-0(0-0)
SC Internacional: Renan Brito Soares, Fabian Guedes „Bolívar", Kléber de Carvalho Correia, Marcos Antônio de Lima „Índio", Claudinei Cardoso Félix da Silva „Nei", André Luiz Tavares „Andrezinho" (64.Giuliano Victor de Paula), Pablo Horacio Guiñazú, Sandro Ranieri Guimarães Cordeiro, Andrés Nicolás D'Alessandro, Alecsandro. Barbosa Felisbino, Taison Barcellos Freda (85.Rafael Augusto Sobis do Nascimento). Trainer: Celso Juarez Roth.
São Paulo FC: Rogério Ceni, Júnior César Eduardo Machado, João Miranda de Souza Filho, Alex Sandro da Silva, Anderson Hernanes de Carvalho Andrade Lima, Rodrigo Ribeiro Souto, Richarlyson Barbosa Felisbino (70.Cléber Santana Loureiro), Marlos Romero Bonfim (83.Luiz Fernando Pereira da Silva „Fernandinho"), Jean Raphael Vanderlei Moreira, Dagoberto Pelentier (72.Ricardo Oliveira), Fernando Lúcio da Costa „Fernandão". Trainer: Ricardo Gomes Raimundo.
Goal: Giuliano Victor de Paula (68).

05.08.2010, Estádio Cícero Pompeu de Toledo „Morumbi", São Paulo; Attendance: 62,129
Referee: Carlos Arecio Amarilla Demarqui (Paraguay)
São Paulo Futebol Clube - SC Internacional Porto Alegre   2-1(1-0)
São Paulo FC: Rogério Ceni, Júnior César Eduardo Machado, João Miranda de Souza Filho, Alex Sandro da Silva, Cléber Santana Loureiro (72.Marlos Romero Bonfim), Rodrigo Ribeiro Souto (87.Marcelo dos Santos „Marcelinho Paraíba"), Anderson Hernanes de Carvalho Andrade Lima, Jean Raphael Vanderlei Moreira, Ricardo Oliveira, Fernando Lúcio da Costa „Fernandão", Dagoberto Pelentier (80.Luiz Fernando Pereira da Silva „Fernandinho"). Trainer: Ricardo Gomes Raimundo.
SC Internacional: Renan Brito Soares, Marcos Antônio de Lima „Índio", Fabian Guedes „Bolívar", Kléber de Carvalho Correia, Claudinei Cardoso Félix da Silva „Nei", Sandro Ranieri Guimarães Cordeiro, Paulo César Fonseca do Nascimento „Tinga" [sent off 79], Pablo Horacio Guiñazú, Andrés Nicolás D'Alessandro (78.Giuliano Victor de Paula), Taison Barcellos Freda (89.Wilson Tiago Mathías), Alecsandro Barbosa Felisbino. Trainer: Celso Juarez Roth.
Goals: Alex Sandro da Silva (30), Ricardo Oliveira (54) / Alecsandro Barbosa Felisbino (52).
(SC Internacional Porto Alegre won on away goals rule [2-2 on aggregate])

FINAL

11.08.2010, Estadio Omnilife, Zapopán; Attendance: 30,870
Referee: Héctor Walter Baldassi (Argentina)
Club Deportivo Guadalajara - SC Internacional Porto Alegre   1-2(1-0)
CD Guadalajara: Luis Ernesto Michel Vergara, Mario Humberto de Luna Saucedo, José Jonny Magallón Oliva, Héctor Reynoso López, Miguel Ángel Ponce Briseño, Xavier Iván Baez Gamiño (85.Ulises Alejandro Dávila Plascencia), Edgar Eduardo Mejía Virrete, Marco Jhonfai Fabián de la Mora (78.Dionicio Manuel Escalante Moreno), Omar Arellano Riverón (69.Patricio Gabriel Araujo Vázquez), Omar Bravo Tordecillas, Adolfo Bautista Herrera. Trainer: José Luis Real.
SC Internacional: Renan Brito Soares, Claudinei Cardoso Félix da Silva „Nei", Fabian Guedes „Bolívar", Marcos Antônio de Lima „Índio", Kléber de Carvalho Correia, Giuliano Victor de Paula, Pablo Horacio Guiñazú, Sandro Ranieri Guimarães Cordeiro, Andrés Nicolás D'Alessandro, Alecsandro Barbosa Felisbino (32.Éverton Santos da Costa; 71.Rafael Augusto Sobis do Nascimento), Taison Barcellos Freda (85.Wilson Tiago Mathías). Trainer: Celso Juarez Roth.
Goals: 1-0 Adolfo Bautista Herrera (45+2), 1-1 Giuliano Victor de Paula (72), 1-2 Fabian Guedes „Bolívar" (76).

18.08.2010, Estádio „José Pinheiro Borda", Porto Alegre; Attendance: 56,000
Referee: Óscar Julián Ruiz Acosta (Colombia)
SC Internacional Porto Alegre - Club Deportivo Guadalajara   3-2(0-1)
SC Internacional: Renan Brito Soares, Claudinei Cardoso Félix da Silva „Nei", Fabian Guedes „Bolívar", Marcos Antônio de Lima „Índio", Kléber de Carvalho Correia, Pablo Horacio Guiñazú, Sandro Ranieri Guimarães Cordeiro, Paulo César Fonseca do Nascimento „Tinga" (83.Wilson Tiago Mathías), Andrés Nicolás D'Alessandro, Taison Barcellos Freda (64.Giuliano Victor de Paula), Rafael Augusto Sobis do Nascimento (73.Leandro Damião da Silva dos Santos). Trainer: Celso Juarez Roth.
CD Guadalajara: Luis Ernesto Michel Vergara, Mario Humberto de Luna Saucedo, Héctor Reynoso López, José Jonny Magallón Oliva, Miguel Ángel Ponce Briseño (79.Dionicio Manuel Escalante Moreno), Patricio Gabriel Araujo Vázquez, Xavier Iván Baez Gamiño (81.Ricardo Michel Vázquez Gallien), Marco Jhonfai Fabián de la Mora, Adolfo Bautista Herrera, Omar Arellano Riverón [sent off 85], Omar Bravo Tordecillas. Trainer: José Luis Real.
Goals: 0-1 Marco Jhonfai Fabián de la Mora (43), 1-1 Rafael Augusto Sobis do Nascimento (61), 2-1 Leandro Damião da Silva dos Santos (76), 3-1 Giuliano Victor de Paula (89), 3-2 Omar Bravo Tordecillas (90+2).

Copa Libertadores Winner 2010: **SPORT CLUB INTERNACIONAL PORTO ALEGRE**
Best Goalscorer: Thiago Ribeiro Cardoso (Cruzeiro Esporte Clube Belo Horizonte) – 8 goals

COPA LIBERTADORES (1960-2010)
TABLE OF HONOURS

1960	Club Atlético Peñarol Montevideo	(URU)
1961	Club Atlético Peñarol Montevideo	(URU)
1962	Santos Futebol Clube	(BRA)
1963	Santos Futebol Clube	(BRA)
1964	Club Atlético Independiente Avellaneda	(ARG)
1965	Club Atlético Independiente Avellaneda	(ARG)
1966	Club Atlético Peñarol Montevideo	(URU)
1967	Racing Club Avellaneda	(ARG)
1968	Club Estudiantes de La Plata	(ARG)
1969	Club Estudiantes de La Plata	(ARG)
1970	Club Estudiantes de La Plata	(ARG)
1971	Club Nacional de Football Montevideo	(URU)
1972	Club Atlético Independiente Avellaneda	(ARG)
1973	Club Atlético Independiente Avellaneda	(ARG)
1974	Club Atlético Independiente Avellaneda	(ARG)
1975	Club Atlético Independiente Avellaneda	(ARG)
1976	Cruzeiro Esporte Clube Belo Horizonte	(BRA)
1977	Club Atlético Boca Juniors Buenos Aires	(ARG)
1978	Club Atlético Boca Juniors Buenos Aires	(ARG)
1979	Club Olimpia Asunción	(PAR)
1980	Club Nacional de Football Montevideo	(URU)
1981	Clube de Regatas do Flamengo Rio de Janeiro	(BRA)
1982	Club Atlético Peñarol Montevideo	(URU)
1983	Grêmio Foot-Ball Porto Alegrense	(BRA)
1984	Club Atlético Independiente Avellaneda	(ARG)
1985	Asociación Atlética Argentinos Juniors Buenos Aires	(ARG)
1986	Club Atlético River Plate Buenos Aires	(ARG)
1987	Club Atlético Peñarol Montevideo	(URU)
1988	Club Nacional de Football Montevideo	(URU)
1989	Atlético Nacional Medellín	(COL)
1990	Club Olimpia Asunción	(PAR)
1991	Club Social y Deportivo Colo-Colo Santiago	(CHI)
1992	São Paulo Futebol Clube	(BRA)
1993	São Paulo Futebol Clube	(BRA)
1994	Club Atlético Vélez Sársfield Buenos Aires	(ARG)
1995	Grêmio Foot-Ball Porto Alegrense	(BRA)
1996	Club Atlético River Plate Buenos Aires	(ARG)
1997	Cruzeiro Esporte Clube Belo Horizonte	(BRA)
1998	Club de Regatas Vasco da Gama Rio de Janeiro	(BRA)
1999	Sociedade Esportiva Palmeiras São Paulo	(BRA)
2000	Club Atlético Boca Juniors Buenos Aires	(ARG)
2001	Club Atlético Boca Juniors Buenos Aires	(ARG)
2002	Club Olimpia Asunción	(PAR)
2003	Club Atlético Boca Juniors Buenos Aires	(ARG)
2004	Corporación Deportiva Once Caldas Manizales	(COL)
2005	São Paulo Futebol Clube	(BRA)
2006	Sport Club Internacional Porto Alegre	(BRA)
2007	Club Atlético Boca Juniors Buenos Aires	(ARG)
2008	Liga Deportiva Universitaria Quito	(ECU)
2009	Club Estudiantes de La Plata	(ARG)
2010	Sport Club Internacional Porto Alegre	(BRA)

COPA SUDAMERICANA 2010

The 2010 Copa Sudamericana (officially called „2010 Copa Nissan Sudamericana de Clubes" for sponsorship reasons) was the 9th edition of the CONMEBOL's and South Americas second most important club tournament.

List of participating clubs:

Argentina – 6 teams:
Club Atlético Banfield (1st Place Aggregate Table of Season 2009-2010)
Asociación Atlética Argentinos Juniors Buenos Aires (2nd Place Aggregate Table of Season 2009-2010)
Club Estudiantes de La Plata (3rd Place Aggregate Table of Season 2009-2010)
Club Atlético Newell's Old Boys Rosario (4th Place Aggregate Table of Season 2009-2010)
Club Atlético Independiente Avellaneda (5th Place Aggregate Table of Season 2009-2010)
Club Atlético Vélez Sársfield Buenos Aires (6th Place Aggregate Table of Season 2009-2010)

Bolivia – 3teams:
Club Deportivo San José Oruro (3rd Place Apertura 2009)
Club Deportivo Oriente Petrolero Santa Cruz de la Sierra (3rd Place Clausura 2009)
Club Deportivo Universitario Sucre (Loser's Hexagonal winner Apertura 2010)

Brazil – 8 teams:
Sociedade Esportiva Palmeiras São Paulo (5th Place Série A 2009)
Avaí Futebol Clube Florianópolis (6th Place Série A 2009)
Clube Atlético Mineiro Belo Horizonte (7th Place Série A 2009)
Grêmio Foot-Ball Porto Alegrense (8th Place Série A 2009)
Goiás Esporte Clube Goiânia (9th Place Série A 2009)
Grêmio Prudente Futebol Ltda. Presidente Prudente (11th Place Série A 2009)
Santos Futebol Clube (12th Place Série A 2009)
Esporte Clube Vitória Salvador (13th Place Série A 2009)

Chile – 3 teams:
Club de Deportes Unión San Felipe (Copa Chile 2009 Winners).
Club Social y Deportivo Colo-Colo Santiago (Best-placed team after 17 Rounds of the 2010 Primera División)
Club de Fútbol Profesional de la Universidad de Chile Santiago (Copa Sudamericana 2010 Play-off winner)

Colombia – 3 teams:
Santa Fe Corporación Deportiva Bogotá (Winners Copa Colombia 2009)
Corporacion Club Deportes Tolima (Primera A 2009 2nd best-placed non-champion team)
Club Deportivo Atlético Huila (Primera A 2009 3rd best-placed non-champion team)

Ecuador – 4 teams:
Liga Deportiva Universitaria de Quito (title holders 2009)
Club Sport Emelec Guayaquil (2010 Serie A First Stage Winners)
Barcelona Sporting Club Guayaquil (2010 Serie A First Stage 3rd Place)
Sociedad Deportivo Quito (2010 Serie A First Stage 4th Place)

Paraguay – 3 teams:
Club Cerro Porteño Asunción (best placed champion 2009)
Club Olimpia Asunción (2nd best-placed non-champion team in the aggregate table 2009)
Club Guaraní Asunción (3rd best-placed non-champion team in the aggregate table 2009)

Peru – 3 teams:
Deportivo Sport Huancayo (2nd best-placed non-finalist of Campeonato Descentralizado 2009)
Club Deportivo Universidad San Martín de Porres (3rd best-placed non-finalist of Campeonato Descentralizado 2009)
Club Social Cultural Deportivo Universidad Cesar Vallejo Trujillo (4th best-placed non-finalist of Campeonato Descentralizado 2009)

Uruguay – 3 teams:
Club Atlético Peñarol Montevideo (2009/2010 Champions)
Club Atlético River Plate Montevideo (2009/2010 2nd best placed non-champions)
Defensor Sporting Club Montevideo (2009/2010 3rd best placed non-champions)

Venezuela – 3 teams:
Caracas Fútbol Club (2009 Copa Venezuela Winners)
Trujillanos Fútbol Club Valera (2009 Copa Venezuela Runners-up)
Club Deportivo Lara (2009–2010 Primera División 2nd best-placed non-finalist)

PRELIMINARY ROUND

03.08.2010, Estadio Centenario, Montevideo
Referee: Néstor Fabián Pitana (Argentina)
Defensor Sporting Club Montevideo - Club Olimpia Asunción   2-0(1-0)
Defensor: Martín Andrés Silva Leites, Damián Nicolás Suárez, Mario Pablo Risso, Walter Fernando Ibáñez Costa, Sergio Sebastián Ariosa, Eduardo Lorenzo Aranda (90.Marcelo Juvenal Fernández García), Diego Manuel Rodríguez Da Luz, Miguel Angel Amado Alanís, Diego Alejandro De Souza Carballo, Rodrigo Nicanor Mora Núñez (90.Adrián Nicolás Luna Retamar), Ignacio Risso Thomasset. Trainer: Pablo Repetto.
Olimpia: Nicolás Miroslav Peric Villarreal, Oscar Esteban Jiménez, Mariano Esteban Uglessich, Rubén Darío Maldonado Brizuela, Enrique Gabriel Meza Brítez, Pedro Vera, Richard Ortíz (73.Osmar de la Cruz Molinas González), Diego Antonio Gavilán Zárate, Diego Antonio Figueredo Matiauda (60.Nelson Rafael Cuevas Amarilla), Juan Carlos Ferreyra (82.Luis Nery Caballero), Nelson David Romero Cárdenas. Trainer: Luis Alberto Cubilla Almeida (Uruguay).
Goals: Rodrigo Nicanor Mora Núñez (37, 71).

02.09.2010, Estadio Defensores del Chaco, Asunción
Referee: Enrique Roberto Osses Zencovich (Chile)
Club Olimpia Asunción - Defensor Sporting Club Montevideo   1-1(0-0)
Olimpia: Nicolás Miroslav Peric Villarreal, Mariano Esteban Uglessich, Rubén Darío Maldonado Brizuela, Julio César Manzur Caffarena, Diego Antonio Gavilán Zárate (46.Cristian Venancio Bogado Moringo), Derlis Ricardo Orué Acevedo, Pedro Vera, Richard Ortíz (67.Blas Cáceres), Juan Carlos Ferreyra, Nelson David Romero Cárdenas, Luis Nery Caballero (84.Diego Antonio Figueredo

Matiauda). Trainer: Luis Alberto Cubilla Almeida (Uruguay).
Defensor: Martín Andrés Silva Leites, Damián Nicolás Suárez, Mario Pablo Risso, Walter Fernando Ibáñez Costa, Sergio Sebastián Ariosa, Eduardo Lorenzo Aranda (76.Danilo Asconeguy Ruíz), Diego Manuel Rodríguez Da Luz, Miguel Angel Amado Alanís, Diego Alejandro De Souza Carballo, Ignacio Risso Thomasset (72.Adrián Argachá González), Rodrigo Nicanor Mora Núñez (80.Adrián Nicolás Luna Retamar). Trainer: Pablo Repetto.
Goals: Juan Carlos Ferreyra (86) / Rodrigo Nicanor Mora Núñez (50).
(*Defensor Sporting Club Montevideo won 3-1 on aggregate*)

04.08.2010, Estadio Olímpico „Atahualpa", Quito;
Referee: Patricio Antonio Polic Orellana (Chile)
Sociedad Deportivo Quito - CD Universidad San Martín de Porres   3-2(1-0)
Deportivo Quito: Oswaldo Geovanny Ibarra Carabalí, Luis Armando Checa Villamar, Isaac Bryan Mina Arboleda, Iván Jacinto Hurtado Angulo, Segundo Alejandro Castillo Nazareno (57.Carlos Alberto García Charcopa), Juan Carlos Paredes Reasco, Luis Fernando Saritama Padilla, Mauricio Alejandro Donoso Pérez, Ángel Gabriel Escobar Arce (79.Juan Diego González Vigil), Tilson Oswaldo Minda Suscal, José Carlos Fernández Pedra. Trainer: Rubén Dario Insúa (Argentina).
Universidad San Martín: Leao Butrón Gotuzzo, Jorge Raúl Huamán Salinas, Guillermo Alejandro York Guizasola La Rosa, Christian Guillermo Martín Ramos Garagay, Atilio Muente Gionti, Jhon Cristopher Hinostroza Guzmán [*sent off 62*], Ronald Jhonatan Quinteros Sánchez, Walter Milciades Fretes Bogar (78.Orlando Contreras Collantes), Pablo Ernesto Vitti (65.Carlos Oswaldo Fernández Maldonado), Heber Alberto Arriola (80.Adán Adolfo Balbín Silva), Germán Ariel Alemanno. Trainer: Aníbal Ruiz (Uruguay).
Goals: Isaac Bryan Mina Arboleda (23), José Carlos Fernández Pedra (61), Luis Armando Checa Villamar (90) / Pablo Ernesto Vitti (51), Germán Ariel Alemanno (74).

10.08.2010, Estadio Monumental, Lima;
Referee: Francisco Peñuela (Colombia)
CD Universidad San Martín de Porres - Sociedad Deportivo Quito   2-1(0-1)
Universidad San Martín: Leao Butrón Gotuzzo, Jorge Raúl Huamán Salinas (46.Pedro Alexandro García De la Cruz), Guillermo Alejandro York Guizasola La Rosa (75.Roberto Enrique Silva Pró), Christian Guillermo Martín Ramos Garagay, Atilio Muente Gionti, Ronald Jhonatan Quinteros Sánchez (70.Christian Alberto Cueva Bravo), Carlos Oswaldo Fernández Maldonado, Walter Milciades Fretes Bogar, Pablo Ernesto Vitti, Germán Ariel Alemanno, Heber Alberto Arriola [*sent off 80*]. Trainer: Aníbal Ruiz (Uruguay).
Deportivo Quito: Bonard Patricio García Zambrano, Luis Armando Checa Villamar, Geovanny Banner Caicedo Quiñónez, Iván Jacinto Hurtado Angulo, Isaac Bryan Mina Arboleda, Edwin Rolando Tenorio Montaño, Segundo Alejandro Castillo Nazareno (64.Pedro Luis Esterilla Delgado), Tilson Oswaldo Minda Suscal, Luis Fernando Saritama Padilla, José Carlos Fernández Pedra (74.Mauricio Alejandro Donoso Pérez), Juan Carlos Paredes Reasco (46.Juan Diego González Vigil). Trainer: Rubén Dario Insúa (Argentina).
Goals: Heber Alberto Arriola (78 penalty), Germán Ariel Alemanno (85) / Luis Armando Checa Villamar (45).
(*CD Universidad San Martín de Porres won on away goals rule [4-4 on aggregate]*)

04.08.2010, Estadio „Guillermo Plazas Alcid", Neiva;
Referee: Omar Andres Ponce Manzo (Ecuador)
CD Atlético Huila Neiva - Trujillanos FC Valera   4-1(3-1)
Atlético Huila: Luis Fernando Fernández López, Ervin Antonio Maturana Ortíz, Nicolás Nahuel Ayr, Nectalí Vizcaíno Nieto, Gonzálo Martínez Caicedo, Bréiner Steven Belalcázar Ulabarri (68.Óscar Fabián Rueda Muñoz), Amílcar Henríquez Espinosa, Rafael Arlex Castillo Galvis (80.Jorge Hernando Vidal Buesaquillo), Carlos Mario Carbonero Mancilla, Carlos Wilson Villagra Medina, Ayron Del

Valle Rodríguez (49.Iván José Velázquez Wilches). Trainer: Luis Guillermo Berrío Gómez.
Trujillanos FC: Javier Pindado, Edixon Bladimir Cuevas Tirado, Rolando Argenis Álvarez Suárez, Freddy de Jesús Reyes Suárez (58.Ynmer Eliécer González Alseco), Víctor José Valera Pineda, Manuel Bernardo Rodríguez Molina, Roberto Javier Armúa, Arquímedes José Figuera Salazar, César Augusto Alzate Meza (46.Juan Guillermo Vélez), Rubén Antonio García Abreu, Norman Freddy Cabrera Valencia (63.José Ángel Díaz Heredia [*sent off 81*]). Trainer: Pedro Vera.
Goals: Carlos Mario Carbonero Mancilla (5), Rafael Arlex Castillo Galvis (32), Gonzálo Martínez Caicedo (38 penalty), Iván José Velázquez Wilches (90+1) / Rubén Antonio García Abreu (19).

01.09.2010, Estadio „José Alberto Pérez", Valera;
Referee: Raúl Orozco (Bolivia)
Trujillanos FC Valera - CD Atlético Huila Neiva**1-1(1-1)**
Trujillanos FC: Luis Carlos Rojas, Edixon Bladimir Cuevas Tirado, Ynmer Eliécer González Alseco, Mayker José González Montilla, Manuel Bernardo Rodríguez Molina, Arquímedes José Figuera Salazar (77.Gerardo José Mendoza), Miguel Leonardo Sosa González, Roberto Javier Armúa, Luis Alfredo García Urbano (61.Juan Guillermo Vélez), César Augusto Alzate Meza, Rubén Antonio García Abreu (69.Francisco Carabalí Terán). Trainer: Pedro Vera.
Atlético Huila: Luis Fernando Fernández López, Gonzálo Martínez Caicedo, Ervin Antonio Maturana Ortíz, Nicolás Nahuel Ayr, Nectalí Vizcaíno Nieto, Amílcar Henríquez Espinosa (90.Daniel Eduardo Bocanegra Ortíz), Óscar Fabián Rueda Muñoz, Carlos Mario Carbonero Mancilla, Rafael Arlex Castillo Galvis (77.Víctor Alfonso Guazá Lucumí), Ayron Del Valle Rodríguez (65.Jorge Hernando Vidal Buesaquillo), Carlos Wilson Villagra Medina. Trainer: Luis Guillermo Berrío Gómez.
Goals: Rubén Antonio García Abreu (3) / Óscar Fabián Rueda Muñoz (8).
(*CD Atlético Huila Neiva won 5-2 on aggregate*)

12.08.2010, Estadio Mansiche, Trujillo
Referee: Jorge Joaquín Antequera (Bolivia)
CSCD Universidad César Vallejo Trujillo - Barcelona SC Guayaquil**1-2(1-1)**
Universidad César Vallejo: Joel Ademir Pinto Herrera, Andrés Camilo Ramírez, Juan Francisco Hernández Díaz, Manuel Eduardo Ugaz Nemotto (46.Wadid Jesús Arismendi Lazo), Manuel Alejandro Corrales González, Erick Omar Torres Arias (74.Alhan Christian Zúñiga Yánez), Juan Carlos Nakaya Taira, Jorge Luis Cazulo, Mayer Andrés Candelo García, Héctor Hugo Hurtado, Saulo Aponte Córdova (74.Luis Ricardo Caldas Morales). Trainer: Mario Viera (Uruguay).
Barcelona: Máximo Orlando Banguera Valdivieso, Omar Andrés de Jesús Borja, José Luis Perlaza Napa, Jefferson Javier Hurtado Orovio, Cristian Nicolás Sánchez Prette, Geovanny Enrique Nazareno Simisterra, Fernando Roberto Hidalgo Maldonado, Luis Alberto Bolaños León (77.Edison Gutember Valdivieso De Lucca), Matías Damián Oyola, Juan Eduardo Samudio Serna (76.Juan Carlos Anangonó Campos), Ricardo Daniel Noir (82.Pablo David Palacios Hereria). Trainer: Juan Manuel Llop (Argentina).
Goals: Héctor Hugo Hurtado (20) / Jefferson Javier Hurtado Orovio (22), Ricardo Daniel Noir (64).

24.08.2010, Estadio Monumental „Banco Pichincha", Guayaquil;
Referee: Albert Duarte (Colombia)
Barcelona SC Guayaquil - CSCD Universidad César Vallejo Trujillo**3-1(2-1)**
Barcelona: Máximo Orlando Banguera Valdivieso, Omar Andrés de Jesús Borja [*sent off 84*], Jefferson Javier Hurtado Orovio, José Luis Perlaza Napa, Geovanny Enrique Nazareno Simisterra, Cristian Nicolás Sánchez Prette, Fernando Roberto Hidalgo Maldonado, Matías Damián Oyola, Mike Davis Rodríguez Sornoza (83.Luis Miguel Garcés Prado), Ricardo Daniel Noir (51.Pablo David Palacios Hereria), Juan Eduardo Samudio Serna (85.Jorge Luis Cevallos Castillo). Trainer: Juan Manuel Llop (Argentina).
Universidad César Vallejo: Joel Ademir Pinto Herrera, Lee Alexander Andonaire Delfín, Erick Omar Torres Arias (63.Saulo Aponte Córdova), Juan Francisco Hernández Díaz, Manuel Alejandro Corrales González (78.Jair Edson Céspedes Zegarra), Jorge Luis Cazulo (70.Sidney Enrique Faiffer Ames), Juan

Carlos Nakaya Taira, Mayer Andrés Candelo García, Wadid Jesús Arismendi Lazo, Luis Ricardo Caldas, Héctor Hugo Hurtado. Trainer: Mario Viera (Uruguay).
Goals: Ricardo Daniel Noir (9), Matías Damián Oyola (33), Juan Eduardo Samudio Serna (58) / Jorge Luis Cazulo (32).
(*Barcelona SC Guayaquil won 5-1 on aggregate*)

17.08.2010, Estadio Olímpico Patria, Sucre; Attendance: 15,000
Referee: Líber Prudente (Uruguay)
CD Universitario de Sucre - CSD Colo-Colo Santiago   2-0(0-0)
Universitario: Carlos Emilio Lampe Porras, Oscar Añez Urachianta, Martín Ángel Aguirre Schmidt, Tobías Albarracín, Marvin Orlando Bejarano Jiménez, Sacha Silvestre Lima Castedo, Luis Antonio Liendo Asbun, Jesús Ronald Gallegos Vera (87.Rafael Segovia Jérez), Julián César Junco (77.Getulio Joaquín Vaca Diez Parada), Martín Esteban Michel (55.Ramón Horacio Fernández), Roberto Galindo Sánchez. Trainer: Eduardo Villegas.
Colo-Colo: Raúl Alejandro Olivares Gálvez, José Pedro Fuenzalida Gana, Miguel Augusto Riffo Garay, Sebastián Patricio Toro Hormazábal (85.Jorge Antonio Carrasco Chirino), Roberto Andrés Cereceda Guajardo, Héctor Arturo Sanhueza Medel, Rodrigo David Meléndez Araya, Rodrigo Javier Millar Carvajal, Macnelly Torres, Lucas Antonio Wilchez (64.Cristóbal Andrés Jorquera Torres), Ezequiel Rodrigo Miralles Sabugo (36.Javier Edgardo Cámpora). Trainer: Diego Sebastián Cagna (Argentina).
Goals: Roberto Galindo Sánchez (58), Sacha Silvestre Lima Castedo (80).

25.08.2010, Estadio Monumental „David Arellano", Santiago; Attendance: 10,000
Referee: Carlos Arecio Amarilla Demarqui (Paraguay)
CSD Colo-Colo Santiago - CD Universitario de Sucre   3-1(1-1)
Colo-Colo: Raúl Alejandro Olivares Gálvez, José Pedro Fuenzalida Gana, Jorge Antonio Carrasco Chirino, Sebastián Patricio Toro Hormazábal (66.Cristóbal Andrés Jorquera Torres), Roberto Andrés Cereceda Guajardo, Rodrigo David Meléndez Araya, Rodrigo Javier Millar Carvajal, Lucas Antonio Wilchez, Macnelly Torres, Matías Leonel Quiroga (53.Bryan Martin Rabello Mella), Javier Edgardo Cámpora. Trainer: Diego Sebastián Cagna (Argentina).
Universitario: Carlos Emilio Lampe Porras, Oscar Añez Urachianta, Tobías Albarracín, Marvin Orlando Bejarano Jiménez, Martín Ángel Aguirre Schmidt, Julián César Junco (60.Milton Erick Melgar Cuellar), Luis Antonio Liendo Asbun, Sacha Silvestre Lima Castedo, Jesús Ronald Gallegos Vera, Martín Esteban Michel (64.Damián Matías Cirillo), Roberto Galindo Sánchez (73.Ramón Horacio Fernández). Trainer: Eduardo Villegas.
Goals: Javier Edgardo Cámpora (38, 52), José Pedro Fuenzalida Gana (67) / Roberto Galindo Sánchez (45).
(*CD Universitario de Sucre won on away goals rule [3-3 on aggregate]*)

17.08.2010, Estadio Metropolitano de Fútbol de Lara, Barquisimeto;
Referee: Víctor Hugo Carrillo (Peru)
CD Lara Barquisimeto - Santa Fé CD Bogotá   2-0(2-0)
CD Lara: David Dario Andrade Hernández, Jolvi José Granados Acosta, Elvis Alfonso Martínez Dugarte, Yuber Antonio Mosquera, Daniel José Godoy Hurtado (77.David Fernando Montoya Velez), Jarvi Mejía Saldaña, Francisco Javier Flores Sequera (64.Engelberth José Briceño Avendaño), Pedro Anderson Orozco, Marlon Antonio Fernández Jiménez, Edwin Mauricio Chalar (82.Alexander Rondón Heredia), Aquiles David Ocanto Querales. Trainer: Carlos Eduardo Hernández.
Santa Fé: Augustín Julio Castro, Sergio Andrés Otálvaro Botero, Jhonnier González Córdoba, Carlos Enrique Valdés, Félix Enrique Noguera Collante, Daniel Alejandro Torres Rojas, Mario Alejandro González Castro, Omar Sebastian Pérez (77.Luis Manuel Seijas Gunther), Alejandro Bernal Ríos (74.José Yulián Anchico Patiño), Óscar Eduardo Rodas Vargas, Néstor Fabián Salazar Díaz (65.Cristian Nazarith Truque [*sent off 69*]). Trainer: Néstor William Otero Carvajal.

Goals: Aquiles David Ocanto Querales (13), Edwin Mauricio Chalar (45).

26.08.2010, Estadio „Nemesio Camacho" ,El Campín', Bogotá;
Referee: Pablo Antonio Pozo Quinteros (Chile)
Santa Fé CD Bogotá - CD Lara Barquisimeto   **4-0(1-0)**
Santa Fé: Augustín Julio Castro, Sergio Andrés Otálvaro Botero, Jhonnier González Córdoba, Félix Enrique Noguera Collante, Carlos Enrique Valdés [*sent off 67*], Daniel Alejandro Torres Rojas, Mario Alejandro González Castro, Alejandro Bernal Ríos (73.José Yulián Anchico Patiño), Luis Manuel Seijas Gunther, Omar Sebastian Pérez (74.Germán Martín Centurión Marecos), Néstor Fabián Salazar Díaz (64.Óscar Eduardo Rodas Vargas). Trainer: Néstor William Otero Carvajal.
CD Lara: David Dario Andrade Hernández, Jolvi José Granados Acosta, Elvis Alfonso Martínez Dugarte, Yuber Antonio Mosquera, Daniel José Godoy Hurtado (88.Engelberth José Briceño Avendaño), Pedro Anderson Orozco, Marlon Antonio Fernández Jiménez (58.David Fernando Montoya Velez [*sent off 67*]), Francisco Javier Flores Sequera (76.Alexander Rondón Heredia [*sent off 83*]), Jarvi Mejía Saldaña, Aquiles David Ocanto, Edwin Mauricio Chalar. Trainer: Carlos Eduardo Hernández.
Goals: Sergio Andrés Otálvaro Botero (6), Alejandro Bernal Ríos (50), Félix Enrique Noguera Collante (72), José Yulián Anchico Patiño (90+4 penalty).
(*Santa Fé CD Bogotá won 4-2 on aggregate*)

19.08.2010, Estadio Defensores del Chaco, Asunción
Referee: Jorge Luis Osorio Reyes (Chile)
Club Guaraní Asunción - CA River Plate Montevideo   **2-0(0-0)**
Guaraní: Pablo Fernando Aurrecochea Medina, Eduardo Filippini, Francisco Joel Benítez, Elvis Israel Marecos, Tomás Javier Bartomeús, Angel Antonio Ortíz (64.Miguel Paniagua Rivarola), Pedro Julián Chávez Ruiz, Jorge Darío Mendoza Torres, Jonathan Fabbro, Julián Alfonso Benítez (67.Christian Gustavo Sosa), Rodrigo Teixeira (76.Walter Fernando Guglielmone Gómez). Trainer: Félix Darío León.
River Plate: Fernando Darío Laforia García, Gabriel Marques de Andrade Pinto, Jonathan Sandoval, Mauricio Prieto Garcés, Bruno Montelongo Gesta (76.Bruno Federico Barreto González), Federico Pérez Silvera, Leandro Ezquerra de León, Pablo Daniel Gaglianone De León, Matías Nicolás Pereyra Ríos (76.Fernando Adgardo Correa Ayala), Jorge Carlos Zambrana Echague, Felipe Laurino Varela (41.Sergio Sebastián Souza Pisano). Trainer: Jorge Guillermo Almada Álves.
Goals: Jonathan Fabbro (67), Rodrigo Teixeira (73).

01.09.2010, Estadio Centenario, Montevideo
Referee: Leandro Pedro Vuaden (Brazil)
CA River Plate Montevideo - Club Guaraní Asunción   **4-2(1-2)**
River Plate: Fernando Darío Laforia García, Gabriel Marques de Andrade Pinto, Mauricio Prieto Garcés, Paulo Vinícius Souza dos Santos, Mario Enrique Rizotto Vázquez, Pablo Daniel Gaglianone De León, Bruno Federico Barreto González, Leandro Ezquerra de León (81.Pablo Fernando Olivera Fernández), Jorge Carlos Zambrana Echague, Carlos Federico Puppo Gross (57.Jhon Edinson Varela Prado), Jonathan Alexander Ramírez Silva (57.Fernando Adgardo Correa Ayala). Trainer: Jorge Guillermo Almada Álves.
Guaraní: Pablo Fernando Aurrecochea Medina, Elvis Israel Marecos, Francisco Joel Benítez, Eduardo Filippini, Tomás Javier Bartomeús, Jorge Darío Mendoza Torres (87.Fernando Andrés Cafasso), Angel Antonio Ortíz, Jonathan Fabbro, Miguel Paniagua Rivarola, Julián Alfonso Benítez (65.Christian Gustavo Sosa), Rodrigo Teixeira. Trainer: Félix Darío León.
Goals: Jonathan Alexander Ramírez Silva (22), Jorge Carlos Zambrana Echague (66), Fernando Adgardo Correa Ayala (74, 86) / Rodrigo Teixeira (9), Francisco Joel Benítez (45).
(*Club Guaraní Asunción won on away goals rule [4-4 on aggregate]*)

24.08.2010, Estadio El Teniente, Rancagua; Attendance: 12,000
Referee: Víctor Hugo Rivera (Peru)
CFP de la Universidad de Chile - CD Oriente Petrolero Santa Cruz   2-2(0-0)
Universidad de Chile: Miguel Angel Pinto Jérez, José Manuel Rojas Bahamondes (83.Eugenio Esteban Mena Reveco), Mauricio Bernardo Victorino Dansilio, Juan René Abarca, Matías Nicolás Rodríguez, Nelson Alejandro Pinto Martínez (72.Ángel Orlando Rojas Ortega), Felipe Ignacio Seymour Dobud, Emanuel Adrián Centurión, Diego Gabriel Rivarola Popón, Carlos Éber Bueno Suárez, Edson Raúl Puch Cortéz. Trainer: Gerardo Cono Pelusso Boyrie (Uruguay).
Oriente Petrolero: José Carlo Fernández, Alejandro Javier Schiaparelli, Miguel Angel Hoyos Guzmán, Luis Alberto Gutiérrez Herrera, Gustavo Martín Caamaño, Nicolas Suárez Vaca, Jhasmany Campos Dávalos (32.Rolando Rea Romero), Francisco Antonio Argüello Benítez, Joselito Vaca Velasco, Mauricio Saucedo Guardia (85.Jorge Andrés Ramírez Frostte), Danilo Javier Peinado Lerena (89.Diego Terrazas Pérez). Trainer: Gustavo Domingo Quinteros Desabato.
Goals: Carlos Éber Bueno Suárez (49), Edson Raúl Puch Cortéz (70) / Rolando Rea Romero (46), Mauricio Saucedo Guardia (48).

31.08.2010, Estadio „Ramón "Tahuichi" Aguilera", Santa Cruz de la Sierra; Attendance: 30,000
Referee: Enrique Cáceres Villafane (Paraguay)
CD Oriente Petrolero Santa Cruz - CFP de la Universidad de Chile   1-0(1-0)
Oriente Petrolero: José Carlo Fernández, Alejandro Javier Schiaparelli, Miguel Angel Hoyos Guzmán, Luis Alberto Gutiérrez Herrera, Gustavo Martín Caamaño, Nicolas Suárez Vaca, Jhasmany Campos Dávalos (78.Rolando Rea Romero), Francisco Antonio Argüello Benítez, Mauricio Saucedo Guardia (56.Alcides Peña Jiménez), Joselito Vaca Velasco, Danilo Javier Peinado Lerena (89.Jorge Andrés Ramírez Frostte). Trainer: Gustavo Domingo Quinteros Desabato.
Universidad de Chile: Miguel Angel Pinto Jérez, José Manuel Rojas Bahamondes, Mauricio Bernardo Victorino Dansilio, Juan Claudio González Calderón, Matías Nicolás Rodríguez (67.Eduardo Jesús Vargas Rojas), Nelson Alejandro Pinto Martínez, Guillermo Andrés Marino (55.Diego Gabriel Rivarola), Felipe Ignacio Seymour Dobud, Emanuel Adrián Centurión, Edson Raúl Puch Cortéz (71.Ángel Orlando Rojas Ortega), Carlos Éber Bueno Suárez. Trainer: Gerardo Cono Pelusso Boyrie (Uruguay).
Goal: Danilo Javier Peinado Lerena (12).
(CD Oriente Petrolero Santa Cruz de la Sierra won 3-2 on aggregate)

SECOND ROUND

04.08.2010, Estádio „Eduardo José Farah", Presidente Prudente;
Referee: Evandro Rogerio Roman (Brazil)
Grêmio Prudente Futebol Ltda. Barueri - Clube Atlético Mineiro   0-0
Belo Horizonte
Grêmio Prudente: Giovani Aparecido Adriano dos Santos, Anderson Luis de Azevedo Rodrigues Marques, Leonardo José Aparecido Moura, Paulo César Arruda Parente, Marcelo Oliveira Ferreira, Rodrigo Marcos dos Santos „Rodrigo Mancha", Robson Souza dos Santos (81.Willian José da Silva), João Vitor Lima Gomes, Deyvid Franck Silva Sacconi (71.Anderson Carvalho Trindade), Wesley Barbosa de Morais, Wanderley dos Santos Monteiro Júnior (59.Clecildo Rafael Martins de Souza Ladislau). Trainer: Antônio Jorge Cecílio Sobrinho „Toninho Cecílio".
Atlético Mineiro: Fábio Costa, Julio César Cáceres López, Jairo Rolando Campos León (32.Werley Ananias da Silva), Fernando Alves Santa Clara „Fernardinho", Diego de Souza Andrade, Sérgio Antônio Borges Júnior „Serginho" (79.Ricardo Luís Pozzi Rodrigues „Ricardinho"), José Luís Santos da Visitação „Zé Luis", Diego Macedo Prado dos Santos, João Pedro Geraldino dos Santos Galvão, Daniel da Silva Carvalho (70.Sosthenes José Santos Salles „Neto Berola"), Diego Tardelli Martins. Trainer: Vanderlei Luxemburgo da Silva.

11.08.2010, Estádio Municipal „Epaminondas Mendes Brito", Ipatinga;
Referee: Héber Lopes (Brazil)
Clube Atlético Mineiro Belo Horizonte - Grêmio Prudente Futebol Ltda.   1-0(0-0)
Atlético Mineiro: Fábio Costa, Werley Ananias da Silva, Jairo Rolando Campos León (31.Sosthenes José Santos Salles „Neto Berola"), Willian Lanes de Lima, Diego Macedo Prado dos Santos, Fernando Alves Santa Clara „Fernardinho" (46.Leandro Silva Wanderley), Sérgio Antônio Borges Júnior „Serginho", João Pedro Geraldino dos Santos Galvão, Ricardo Luís Pozzi Rodrigues „Ricardinho", Diego de Souza Andrade, Ricardo Bueno da Silva (56.Manuel de Brito Filho „Obina"). Trainer: Vanderlei Luxemburgo da Silva.
Grêmio Prudente: Giovani Aparecido Adriano dos Santos, Anderson Luis de Azevedo Rodrigues Marques, Leonardo José Aparecido Moura, Paulo César Arruda Parente, Marcelo Oliveira Ferreira, Rodrigo Marcos dos Santos „Rodrigo Mancha", João Vitor Lima Gomes, Anderson Carvalho Trindade, Wesley Barbosa de Morais (67.Carlos Eduardo de Oliveira Alves), Wanderley dos Santos Monteiro Júnior (85.Willian José da Silva), Clecildo Rafael Martins de Souza Ladislau (80.Deyvid Franck Silva Sacconi). Trainer: Antônio Jorge Cecílio Sobrinho „Toninho Cecílio".
Goal: Ricardo Luís Pozzi Rodrigues „Ricardinho" (90+2).
(Clube Atlético Mineiro Belo Horizonte won 1-0 on aggregate)

05.08.2010, Estádio Serra Dourada, Goiânia;
Referee: Marcelo de Lima Henrique (Brazil)
Goiás EC Goiânia - Grêmio Foot-Ball Porto Alegrense   1-1(0-1)
Goiás: Hélio César Pinto dos Anjos „Harlei", Ernando Rodrigues Lopes, Rafael Tolói, Jenílson Ângelo de Souza „Júnior", Wellington de Oliveira Monteiro, William José de Souza „Amaral", Carlos Alberto de Oliveira Júnior (67.Romero Mendonça Sobrinho „Romerito"), Jonílson Clovis Nascimento Breves, Bernardo Vieira de Souza (60.Felipe Reinaldo da Silva), Éverton Leandro dos Santos Pinto (58.Christiano Florêncio da Silva „Pedrão"), Rafael Martiniano de Miranda Moura. Trainer: Émerson Leão.
Grêmio: Victor Leandro Bagy, Rafael Marques Pinto, Ozéia de Paul Maciel, Rodrigo Baldasso da Costa, Hugo Henrique Assis do Nascimento (67.Fábio Santos Romeu), Adílson Warken, Douglas dos Santos, Maylson Barbosa Teixeira (79.Edílson Mendes Guimarães), Ferdinando Pereira Leda, Humberlito Borges Teixeira (46.André Luiz Barretto Silva Lima), Jonas Gonçalves Oliveira. Trainer: Paulo Silas de Prado Pereira.
Goals: Rafael Martiniano de Miranda Moura (78 penalty) / Hugo Henrique Assis do Nascimento (36).

12.08.2010, Estádio Olimpico, Porto Alegre;
Referee: Paulo César de Oliveira (Brazil)
Grêmio Foot-Ball Porto Alegrense - Goiás EC Goiânia   0-2(0-1)
Grêmio: Marcelo Grohe, Edílson Mendes Guimarães, Rafael Marques Pinto, Neuton Sergio Piccoli, Fábio Santos Romeu, Maylson Barbosa Teixeira (61.Hugo Henrique Assis do Nascimento), Willian Henrique Antunes „Willian Magrão", Ferdinando Pereira Leda, Willamis de Souza Silva (74.Roberson de Arruda Alves), Douglas dos Santos (68.André Luiz Barretto Silva Lima), Jonas Gonçalves Oliveira. Trainer: Paulo Silas de Prado Pereira.
Goiás: Hélio César Pinto dos Anjos „Harlei", Wendel Santana Pereira Santos, Rafael Tolói, Ernando Rodrigues Lopes, Jenílson Ângelo de Souza „Júnior" (70.Marcos Alberto Skavinski „Marcão"), Wellington de Oliveira Monteiro, Jonílson Clovis Nascimento Breves, William José de Souza „Amaral", Bernardo Vieira de Souza (65.Francisco Rithelly da Silva Sousa), Éverton Leandro dos Santos Pinto, Rafael Martiniano de Miranda Moura. Trainer: Émerson Leão.
Goals: William José de Souza „Amaral" (9), Éverton Leandro dos Santos Pinto (90).
(*Goiás EC Goiânia won 3-1 on aggregate*)

11.08.2010, Estadio „Manoel Barradas", Salvador de Bahía;
Referee: Leandro Pedro Vuaden (Brazil)
EC Vitória Salvador - SE Palmeiras São Paulo   2-0(0-0)
Vitória: Lee Winston Leandro da Silva Oliveira, Wallace Reis da Silva, Anderson Vieira Martins, Egídio de Araújo Pereira Junior, Carlos Vanderson Aguiar da Silva, Elkeson de Oliveira Cardoso, Ricardo Renato de Conceição, Renato Eduardo de Oliveira Ribeiro (65.Ismael Soares Bastos Neto), Ramon Menezes Hubner (80.Valmir Roseno Santos „Bida"), Cléber Schwenck Tiene (75.José Luiz Guimarães Sanabio Júnior), Hiziel de Souza Soares. Trainer: Ricardo Neto da Silva.
Palmeiras: Eliton Deola, Cícero Vítor dos Santos Júnior, Danilo Larangeira, Maurício Donizete Ramos Júnior, Pablo Estifer Armero (41.Luan Michel Louza), Lucas Pierre Santos Oliveira, Márcio Rodrigues Araújo (63.Luiz Otávio Santos de Araújo „Tinga"), Cássio de Souza Soares „Lincoln", Rivaldo Barbosa dos Santos, Ewerthon Henrique de Souza, José Tadeu Mouro Júnior (72.Max Brendon Costa Pinheiro). Trainer: Luiz Felipe Scolari „Felipão".
Goals: Ramon Menezes Hubner (48), Ismael Soares Bastos Neto (88).

19.08.2010, Estádio do Pacaembu, São Paulo;
Referee: Héber Lopes (Brazil)
SE Palmeiras São Paulo - EC Vitória Salvador   3-0(1-0)
Palmeiras: Marcos Roberto Silveira Reis, Maurício Donizete Ramos Júnior, Danilo Larangeira, Fabrício Silva Dornellas „Fabrício Carioca" (58.Ewerthon Henrique de Souza), Cícero Vítor dos Santos Júnior, Edimo Ferreira Campos „Edinho", Marcos dos Santos Assunção, Márcio Rodrigues Araújo, Rivaldo Barbosa dos Santos, Luan Michel Louza (69.Patrik Camilo Cornélio da Silva), José Tadeu Mouro Júnior. Trainer: Luiz Felipe Scolari „Felipão".
Vitória: Julián Ramiro Viáfara Mesa, Eduardo José Diniz Costa, Wallace Reis da Silva, Anderson Vieira Martins, Egídio de Araújo Pereira Junior, Carlos Vanderson Aguiar da Silva, Ricardo Renato de Conceição, Thiago Humberto Gomes, Ramon Menezes Hubner (58.Ismael Soares Bastos Neto; 74.Renato Eduardo de Oliveira Ribeiro), Elkeson de Oliveira Cardoso, Cléber Schwenck Tiene (62.José Luiz Guimarães Sanabio Júnior). Trainer: Ricardo Neto da Silva.
Goals: José Tadeu Mouro Júnior (45, 58), Marcos dos Santos Assunção (89).
(*SE Palmeiras São Paulo won 3-2 on aggregate*)

12.08.2010, Estádio do Pacaembu, São Paulo;
Referee: Ricardo Marques Ribeiro (Brazil)
Santos Futebol Clube – Avaí FC Florianópolis　　　　　　　　　**1-3(0-1)**
Santos: Rafael Cabral Barbosa (58.Felipe Garcia dos Prazeres), Leonardo Lourenço Bastos „Léo" (46.Paulo Henrique Chagas de Lima „Paulo Ganso"), Eduardo Luiz Abonízio de Souza „Edu Dracena", Severino dos Ramos Durval da Silva, Marcos Rogério Ricci Lopes „Pará", Marcos Arouca da Silva, Wesley Tavares dos Santos, Mádson Formagini Caridade (46.Neymar da Silva Santos Júnior), Marcos Vicente dos Santos „Marquinhos", José Eduardo Bischofe de Almeida „Zé Eduardo", Marcel Augusto Ortolan. Trainer: Dorival Silvestre Júnior.
Avaí FC: José Carlos dos Anjos Sávio „Zé Carlos", Patric Cabral Lalau, Rafael Diego de Souza, Émerson dos Santos da Silva, Elton Divino Célio „Eltinho", Márcio Glad „Marcinho Guerreiro", Rudnei da Rosa (66.Bruno César Pereira da Silva), Antonio Caio da Silva Souza, Davi Rodrigues de Jesus (72.Marcos Martins dos Anjos), Róbson Michael Signorini, Vanderson da Silva Souza „Vandinho" (77.Sávio Bortolini Pimentel). Trainer: Antônio Lopes dos Santos.
Goals: José Eduardo Bischofe de Almeida „Zé Eduardo" (69) / Rudnei da Rosa (17), Vanderson da Silva Souza „Vandinho" (64, 76).

18.08.2010, Estádio „Aderbal Ramos da Silva", Florianópolis;
Referee: Evandro Rogerio Roman (Brazil)
Avaí FC Florianópolis - Santos Futebol Clube　　　　　　　　　**0-1(0-1)**
Avaí FC: Renan Soares Reuter, Patric Cabral Lalau, Émerson dos Santos da Silva, Rafael Diego de Souza, Elton Divino Célio „Eltinho", Márcio Glad „Marcinho Guerreiro", Rudnei da Rosa (77.Bruno César Pereira da Silva), Antonio Caio da Silva Souza, Róbson Michael Signorini (73.Sávio Bortolini Pimentel), Davi Rodrigues de Jesus (46.Marcos Martins dos Anjos), Vanderson da Silva Souza „Vandinho". Trainer: Antônio Lopes dos Santos.
Santos: Rafael Cabral Barbosa, Marcos Rogério Ricci Lopes „Pará", Eduardo Luiz Abonízio de Souza „Edu Dracena", Severino dos Ramos Durval da Silva, Leonardo Lourenço Bastos „Léo" (80.Marcel Augusto Ortolan), Marcos Arouca da Silva, Rodrigo César Castro Cabral „Rodriguinho", Marcos Vicente dos Santos „Marquinhos" (72.Mádson Formagini Caridade), Paulo Henrique Chagas de Lima „Paulo Ganso", José Eduardo Bischofe de Almeida „Zé Eduardo", Neymar da Silva Santos Júnior. Trainer: Dorival Silvestre Júnior.
Goal: José Eduardo Bischofe de Almeida „Zé Eduardo" (24).
(Avaí FC Florianópolis won 3-2 on aggregate)

26.08.2010, Estadio Libertadores de América, Avellaneda;
Referee: Sergio Fabián Pezzotta (Argentina)
CA Independiente Avellaneda - AA Argentinos Juniors Buenos Aires　　　**1-0(1-0)**
Independiente: Adrián José Gabbarini, Julián Alberto Velázquez, Leonel Ezequiel Galeano, Eduardo Nicolás Tuzzio, Maximiliano Nicolás Velázquez, Nicolás Martínez (77.Patricio Julián Rodríguez), Hernán Daniel Fredes (83.Nicolás Alejandro Cabrera), Lucas Armando Mareque Buccolini, Fernando Gabriel Godoy, Néstor Andrés Silvera, Facundo Manuel Carlos Parra (90.Federico Andrés Mancuello). Trainer: Daniel Oscar Garnero.
Argentinos Juniors: Nicolás Gastón Navarro, Miguel Ángel Torrén, Juan Alberto Sabia, Santiago Juan Gentiletti, Sergio Daniel Escudero, Néstor Ezequiel Ortigoza, Gonzalo Sebastián Prósperi, Juan Ignacio Mercier, Ramón Darío Ocampo (52.Emilio Exequiel Hernández Hernández), Gonzalo Vargas Abella (78.Fabio Escobar Benítez), Franco Niell (60.Andrés Fabricio Romero). Trainer: Pedro Antonio Troglio.
Goal: Leonel Ezequiel Galeano (9).

09.09.2010, Estadio „Diego Armando Maradona", Buenos Aires;
Referee: Néstor Fabián Pitana (Argentina)
AA Argentinos Juniors Buenos Aires - CA Independiente Avellaneda   1-1(1-0)
Argentinos Juniors: Nicolás Gastón Navarro, Sergio Daniel Escudero, Santiago Juan Gentiletti, Juan Alberto Sabia, Gonzalo Sebastián Prósperi, Néstor Ezequiel Ortigoza, Juan Ignacio Mercier, Federico Hernán Domínguez, Mauro Ezequiel Bogado (71.Andrés Fabricio Romero), Nicolás Blandi, Franco Niell (72.Gonzalo Vargas Abella). Trainer: Pedro Antonio Troglio.
Independiente: Adrián José Gabbarini, Maximiliano Nicolás Velázquez, Leonel Ezequiel Galeano, Eduardo Nicolás Tuzzio, Julián Alberto Velázquez, Fernando Gabriel Godoy, Hernán Daniel Fredes (88.Roberto Miguel Battión), Lucas Armando Mareque Buccolini, Leandro Gracián (82.Nicolás Martínez), Patricio Julián Rodríguez (79.Facundo Manuel Carlos Parra), Néstor Andrés Silvera. Trainer: Daniel Oscar Garnero.
Goals: Néstor Ezequiel Ortigoza (34 penalty) / Leandro Gracián (66).
(*CA Independiente Avellaneda won 2-1 on aggregate*)

31.08.2010, Estadio Monumental „Banco Pichincha", Guayaquil;
Referee: Juan Soto (Venezuela)
Barcelona SC Guayaquil - CA Peñarol Montevideo   0-1(0-0)
Barcelona: Máximo Orlando Banguera Valdivieso, José Luis Perlaza Napa, Jefferson Javier Hurtado Orovio, Geovanny Enrique Nazareno Simisterra, Cristian Nicolás Sánchez Prette, Fernando Roberto Hidalgo Maldonado, Jorge Luis Cevallos Castillo (73.Luis Miguel Garcés Prado [*sent off 82*]), Matías Damián Oyola, Luis Alberto Bolaños León (62.Mike Davis Rodríguez Sornoza), Ricardo Daniel Noir (68.Pablo David Palacios Hereria), Juan Eduardo Samudio Serna. Trainer: Juan Manuel Llop (Argentina).
Peñarol: Carlos Sebastián Sosa Silva, Matías Aguirregaray, Gerardo Alcoba Rebollo, Guillermo Daniel Rodríguez Pérez, Emiliano Albín Antognazza, Marcelo Fabián Sosa Farías, Egidio Raúl Arévalo Ríos, Fabián Larry Estoyanoff Poggio [*sent off 84*], Alejandro Martinuccio (90.Mathías Corujo), Antonio Pacheco D'Agosti (80.Nicolás Mario Domingo), Christian Palacios (69.Octavio Darío Rodríguez Peña). Trainer: Diego Vicente Aguirre Camblor.
Goal: José Luis Perlaza Napa (60 own goal).

14.09.2010, Estadio Centenario, Montevideo;
Referee: Héber Lopes (Brazil)
CA Peñarol Montevideo - Barcelona SC Guayaquil   2-1(0-0)
Peñarol: Carlos Sebastián Sosa Silva, Matías Aguirregaray, Gerardo Alcoba Rebollo, Guillermo Daniel Rodríguez Pérez, Emiliano Albín Antognazza, Marcelo Fabián Sosa Farías, Egidio Raúl Arévalo Ríos, Mathías Corujo (87.Octavio Darío Rodríguez Peña), Alejandro Martinuccio, Diego Martín Alonso López (48.Jonathan Raphael Ramis Persincula), Christian Palacios (69.Antonio Pacheco D'Agosti). Trainer: Diego Vicente Aguirre Camblor.
Barcelona: Máximo Orlando Banguera Valdivieso, Jonathan Javier Montenegro Castillo (22.Jorge Luis Cevallos Castillo), Jefferson Javier Hurtado Orovio, José Luis Perlaza Napa, Geovanny Enrique Nazareno Simisterra, Fernando Roberto Hidalgo Maldonado, Dennys Andres Quiñonez Espinoza (46.Cristian Nicolás Sánchez Prette), Matías Damián Oyola, Juan Eduardo Samudio Serna, Pablo David Palacios Hereria, Ricardo Daniel Noir. Trainer: Juan Manuel Llop (Argentina).
Goals: Jonathan Raphael Ramis Persincula (72), Antonio Pacheco D'Agosti (90+4 penalty) / Carlos Sebastián Sosa Silva (79 own goal).
(*CA Peñarol Montevideo won 3-1 on aggregate*)

02.09.2010, Estadio „José Amalfitani", Buenos Aires;
Referee: Néstor Fabián Pitana (Argentina)
CA Vélez Sarsfield Buenos Aires - Club Atlético Banfield   0-1(0-1)
Vélez Sarsfield: Marcelo Germán Montoya, Fernando Ortíz, Sebastián Enrique Domínguez, Gastón Ricardo Díaz, Emiliano Ramiro Papa, Augusto Matías Fernández (46.Santiago Martín Silva Olivera), Franco Razzotti, Ricardo Gabriel Álvarez, Víctor Eduardo Zapata, Iván Gonzalo Bella (57.Maximiliano Nicolás Morález), Jonathan Cristaldo (68.Juan Manuel Martínez). Trainer: Ricardo Alberto Gareca.
CA Banfield: Enrique Alberto Bologna Gómez, Walter Marcelo Bustamante, Víctor Rubén López, Mauro Dos Santos, Marcelo Adrián Carrusca (78.Gabriel Antonio Méndez), Ariel Javier Rosada, Gustavo Toledo (85.Alejandro Alfredo Delfino), Marcelo Nildo Quinteros, Walter Daniel Erviti Roldán, Rubén Darío Ramírez, Cristian Andrés García (75.Sebastián Ariel Romero). Trainer: Sebastián Ariel Méndez Pardiñas.
Goal: Cristian Andrés García (30).

15.09.2010, Estadio „Florencio Sola", Buenos Aires;
Referee: Saúl Esteban Laverni (Argentina)
Club Atlético Banfield - CA Vélez Sarsfield Buenos Aires   1-1(1-0)
CA Banfield: Enrique Alberto Bologna Gómez, Walter Marcelo Bustamante, Mauro Dos Santos, Víctor Rubén López, Gustavo Toledo, Marcelo Nildo Quinteros, Ariel Javier Rosada (77.Emanuel Pío), Marcelo Adrián Carrusca [sent off 84], Cristian Andrés García (59.Gabriel Antonio Méndez), Walter Daniel Erviti Roldán (65.Sebastián Ariel Romero), Rubén Darío Ramírez. Trainer: Sebastián Ariel Méndez Pardiñas.
Vélez Sarsfield: Marcelo Alberto Barovero, Fernando Ortiz [sent off 54], Gastón Ricardo Díaz, Fernando Omar Tobío, Iván Gonzalo Bella, Emiliano Ramiro Papa, Leandro Daniel Somoza [sent off 72], Franco Razzotti (59.Sebastián Enrique Domínguez), Ricardo Gabriel Álvarez, Jonathan Cristaldo, Eduardo Berón (46.Santiago Martín Silva Olivera [sent off 63]). Trainer: Ricardo Alberto Gareca.
Goals: Marcelo Adrián Carrusca (15) / Jonathan Cristaldo (90).
(Club Atlético Banfield won 2-1 on aggregate)

02.09.2010, Estadio Monumental, Lima;
Referee: Antonio Arias Alvarenga (Paraguay)
CD Universidad San Martín de Porres - CS Emelec Guayaquil   2-1(1-1)
Universidad San Martín: Leao Butrón Gotuzzo, Aldo Sebastián Corzo Chávez (59.Christian Alberto Cueva Bravo), Christian Guillermo Martín Ramos Garagay, Adán Adolfo Balbín Silva, Carlos Oswaldo Fernández Maldonado, Pedro Alexandro García De la Cruz (82.Manuel Angel Tejada Medina), Jhon Cristopher Hinostroza Guzmán, Ronald Jhonatan Quinteros Sánchez, Atilio Muente Gionti, Germán Ariel Alemanno, Pablo Ernesto Vitti. Trainer: Aníbal Ruiz (Uruguay).
Emelec: Marcelo Ramón Elizaga Ferrero, Mariano Florencio Mina Orobio [sent off 87], Gabriel Eduardo Achilier Zurita [sent off 48], Julio Marcelo Fleitas Silveira (18.Carlos Andrés Quiñónez Valencia), Leandro Gabriel Torres (46.Enner Remberto Valencia Lastra), José Luis Quiñónez Quiñónez, Fernando Augusto Giménez Solís, Polo Raúl Wila Canga, Santiago Biglieri (62.Silvano de los Santos Estacio Montaño), Jaime Javier Ayoví Corozo, Joao Robin Rojas Mendoza. Trainer: Jorge Luis Sampaoli (Argentina).
Goals: Pablo Ernesto Vitti (45), Ronald Jhonatan Quinteros Sánchez (74) / Joao Robin Rojas Mendoza (4).

15.09.2010, Estadio „George Capwell", Guayaquil;
Referee: Enrique Roberto Osses Zencovich (Chile)
CS Emelec Guayaquil - CD Universidad San Martín de Porres   5-0(2-0)
Emelec: Marcelo Ramón Elizaga Ferrero, Pedro Angel Quiñónez Rodríguez (53.Enner Remberto Valencia Lastra), José Luis Quiñónez Quiñónez, Eduardo Javier Morante Rosas (77.Deison Adolfo Méndez Rosero), Fernando Augusto Giménez Solís, Mario David Quiroz Villón, Carlos Andrés

Quiñónez Valencia, Polo Raúl Wila Canga (88.Silvano de los Santos Estacio Montaño), Joao Robin Rojas Mendoza, Santiago Biglieri, Jaime Javier Ayoví Corozo. Trainer: Jorge Luis Sampaoli (Argentina).
Universidad San Martín: Leo Butrón Gotuzzo, Christian Guillermo Martín Ramos Garagay, Jorge Raúl Huamán Salinas (53.Aldo Sebastián Corzo Chávez), Atilio Muente Gionti, Carlos Oswaldo Fernández Maldonado, Adán Adolfo Balbín Silva, Jhon Cristopher Hinostroza Guzmán, Ronald Jhonatan Quinteros Sánchez (65.Christian Alberto Cueva Bravo), Pablo Ernesto Vitti, Germán Ariel Alemanno (82.Pedro Alexandro García De la Cruz), Heber Alberto Arriola. Trainer: Aníbal Ruiz (Uruguay).
Goals: Jaime Javier Ayoví Corozo (12), Mario David Quiroz Villón (17), Fernando Augusto Giménez Solís (46), Jaime Javier Ayoví Corozo (61), Enner Remberto Valencia Lastra (89).
(CS Emelec Guayaquil won 6-2 on aggregate)

07.09.2010, Estadio „Guillermo Plazas Alcid", Neiva;
Referee: Carlos Vera (Ecuador)
CD Atlético Huila Neiva - CD San José Oruro   1-1(0-1)
Atlético Huila: Luis Fernando Fernández López, Gonzálo Martínez Caicedo, Nicolás Nahuel Ayr, Ervin Antonio Maturana Ortíz, Nectalí Vizcaíno Nieto, Bréiner Steven Belalcázar Ulabarri (63.Víctor Alfonso Guazá Lucumí), Carlos Mario Carbonero Mancilla, Óscar Fabián Rueda Muñoz, Rafael Arlex Castillo Galvis, Carlos Wilson Villagra Medina, Ayron Del Valle Rodríguez (79.Jeison Arley Quiñones Angulo). Trainer: Luis Guillermo Berrío Gómez.
San José: Joel Fernando Zayas, Alan Loras Vélez, Aníbal Gerardo Medina Anbol, Damir Miranda Mercado, Alejandro René Bejarano Sajama (88.Eliseo Isaías Dury), Rolando Ribera Menacho, Percy Limbert Pizarro Vaca, Luis Javier Méndez Moza, Regis Adair Quaresma De Souza, Edgar Marcelo Escalante Mojica (71.Ronald Puma Caballero), Oscar Alberto Díaz Acosta (90.Aquilino Villalba Sanabria). Trainer: Marco Ferrufino.
Goals: Gonzálo Martínez Caicedo (61 penalty) / Regis Adair Quaresma De Souza (27 penalty).

22.09.2010, Estadio „Jesús Bermúdez", Oruro;
Referee: Carlos Galeano Rios (Paraguay)
CD San José Oruro - CD Atlético Huila Neiva   4-0(3-0)
San José: Eloy Padilla López, Ronald Puma Caballero, Luis Javier Méndez Moza, Alan Loras Vélez, Aníbal Gerardo Medina Anbol, Damir Miranda Mercado, Rolando Ribera Menacho, Alejandro René Bejarano Sajama (76.Eliseo Isaías Dury), Regis Adair Quaresma De Souza (79.Sebastián Yeri Molina), Oscar Alberto Díaz Acosta, Aquilino Villalba Sanabria (67.Edgar Marcelo Escalante Mojica). Trainer: Marco Ferrufino.
Atlético Huila: Luis Fernando Fernández López, Ervin Antonio Maturana Ortíz, Gonzálo Martínez Caicedo, Daniel Eduardo Bocanegra Ortíz, Nectalí Vizcaíno Nieto, Carlos Mario Carbonero Mancilla (68.Ayron Del Valle Rodríguez), Bréiner Steven Belalcázar Ulabarri, Amílcar Henríquez Espinosa, Rafael Arlex Castillo Galvis (56.Javier Araújo Peñaloza), Carlos Wilson Villagra Medina, Jeison Arley Quiñones Angulo (53.Víctor Alfonso Guazá Lucumí). Trainer: Luis Guillermo Berrío Gómez.
Goals: Aquilino Villalba Sanabria (5), Regis Adair Quaresma De Souza (23), Alejandro René Bejarano Sajama (42), Aníbal Gerardo Medina Anbol (66).
(CD San José Oruro won 5-1 on aggregate)

07.09.2010, Estadio Defensores del Chaco, Asunción;
Referee: Saúl Esteban Laverni (Argentina)
Club Guaraní Asunción - CD Unión San Felipe   1-1(0-0)
Guaraní: Pablo Fernando Aurrecochea Medina, Elvis Israel Marecos, Francisco Joel Benítez, Eduardo Filippini, Tomás Javier Bartomeús, Fernando Andrés Cafasso (46.Christian Gustavo Sosa), Jorge Darío Mendoza Torres, Angel Antonio Ortíz, Jonathan Fabbro, Julián Alfonso Benítez (71.Hugo César Notario), Rodrigo Teixeira (79.Walter Fernando Guglielmone Gómez). Trainer: Félix Darío León.

Unión: Jaime Alejandro Bravo Jeffery, Cristian Fernando Suárez Figueroa, Eduardo Sebastián Quiñones Lobos, Marcelo Alejandro Teuber Coser (30.Cristian Javier Magaña Leyton), Eros Roque Pérez Salas, Esteban Andrés Carvajal Tapia, Sebastián Eduardo Páez Aravena, Juan Andrés Toloza Cortés, David Andrés Distefano (75.Miguel Ángel González), Jonathan Domínguez (77.Víctor Damián Meza), Luis Ángel Vildozo Godoy. Trainer: Ivo Alexis Basay Hatibovic.
Goals: Angel Antonio Ortíz (53) / Luis Ángel Vildozo Godoy (90+3 penalty).

23.09.2010, Estadio „Santa Laura", Santiago; Attendance: 8,000
Referee: Pablo Lunati (Argentina)
CD Unión San Felipe - Club Guaraní Asunción   1-1(0-1,1-1,1-1)
8-7 on penalties
Unión: Jaime Alejandro Bravo Jeffery, Cristian Javier Magaña Leyton, Cristian Fernando Suárez Figueroa, Eduardo Sebastián Quiñones Lobos, Eros Roque Pérez Salas, Sebastián Eduardo Páez Aravena, David Andrés Distefano (66.Juan Pablo Estay Molina), Esteban Andrés Carvajal Tapia (74.Jonathan Domínguez), Juan Andrés Toloza Cortés (87.David Daniel Fernández Flores), Miguel Ángel González, Luis Ángel Vildozo Godoy. Trainer: Ivo Alexis Basay Hatibovic.
Guaraní: Pablo Fernando Aurrecochea Medina, Elvis Israel Marecos, Eduardo Filippini, Francisco Joel Benítez, Héctor Federico Carballo, Juan José Aguilar Orzusa (72.Pedro Julián Chávez Ruiz), Jorge Darío Mendoza Torres, Jonathan Fabbro, Miguel Paniagua Rivarola, Julián Alfonso Benítez (84.Christian Gustavo Sosa), Rodrigo Teixeira (89.Walter Fernando Guglielmone Gómez). Trainer: Félix Darío León.
Goals: Miguel Ángel González (57) / Héctor Federico Carballo (44).
Penalties: Miguel Ángel González, Sebastián Eduardo Páez Aravena, Cristian Fernando Suárez Figueroa, Luis Ángel Vildozo Godoy, Eros Roque Pérez Salas (miss), David Daniel Fernández Flores (miss), Eduardo Sebastián Quiñones Lobos, Jaime Alejandro Bravo Jeffery, Jonathan Domínguez (miss), Juan Pablo Estay Molina, Cristian Javier Magaña Leyton / Jonathan Fabbro, Héctor Federico Carballo, Miguel Paniagua Rivarola, Walter Fernando Guglielmone Gómez, Pedro Julián Chávez Ruiz (miss), Elvis Israel Marecos (miss), Christian Gustavo Sosa, Francisco Joel Benítez, Jorge Darío Mendoza Torres (miss), Eduardo Filippini, Pablo Fernando Aurrecochea Medina (miss).
(CD Unión San Felipe won 8-7 on penalties [after 2-2 on aggregate])

09.09.2010, Estadio Olímpico Patria, Sucre;
Referee: Georges Buckley (Peru)
CD Universitario de Sucre - Club Cerro Porteño Asunción   1-0(0-0)
Universitario: Carlos Emilio Lampe Porras, Oscar Añez Urachianta, Martín Ángel Aguirre Schmidt, Tobías Albarracín, Marvin Orlando Bejarano Jiménez, Sacha Silvestre Lima Castedo, Luis Antonio Liendo Asbun, Jesús Ronald Gallegos Vera (79.Damián Matías Cirillo), Julián César Junco (43.Getulio Joaquín Vaca Diez Parada), Martín Esteban Michel (69.Ramón Horacio Fernández), Roberto Galindo Sánchez. Trainer: Eduardo Villegas.
Cerro Porteño: Diego Daniel Barreto Cáceres, Luís Carlos Cardozo, César Iván Benítez León, Pedro Juan Benítez Domínguez, Iván Rodrigo Piris, Javier Alejandro Villarreal, Rodrigo Ramón Burgos Oviedo, Carlos Manuel Martínez Guillén (46.Julio Daniel Dos Santos Rodríguez), Iván Arturo Torres Riveros (61.Luis Enrique Cáceres Centurión), Jorge Daniel Núñez Espínola, Roberto Antonio Nanni (68.Pablo Daniel Zeballos Ocampos). Trainer: Javier Luis Torrente (Argentina).
Goal: Roberto Galindo Sánchez (83).

21.09.2010, Estadio „General Pablo Rojas", Asunción;
Referee: Jorge Luis Larrionda Pietrafesa (Uruguay)
Club Cerro Porteño Asunción - CD Universitario de Sucre   2-2(0-1)
Cerro Porteño: Diego Daniel Barreto Cáceres, Luís Carlos Cardozo, César Iván Benítez León (46.Jorge Daniel Nuñez), Pedro Juan Benítez Domínguez, Iván Rodrigo Piris, Luis Enrique Cáceres Centurión (61.José Domingo Salcedo González), Javier Alejandro Villarreal, Iván Arturo Torres Riveros, Julio Daniel Dos Santos Rodríguez (66.Carlos Manuel Martínez Guillén), Pablo Daniel

Zeballos Ocampos, Roberto Antonio Nanni. Trainer: Javier Luis Torrente (Argentina).
Universitario: Carlos Emilio Lampe Porras, Marvin Orlando Bejarano Jiménez, Martín Ángel Aguirre Schmidt, Tobías Albarracín, Oscar Añez Urachianta, Sacha Silvestre Lima Castedo, Alejandro Leonel Morales, Luis Antonio Liendo Asbun, Jesús Ronald Gallegos Vera (81.Milton Erick Melgar Cuellar), Ramón Horacio Fernández (66.Damián Matías Cirillo), Roberto Galindo Sánchez (81.Julián César Junco). Trainer: Eduardo Villegas.
Goals: Julio Daniel Dos Santos Rodríguez (54), Jorge Daniel Nuñez (73 penalty) / Roberto Galindo Sánchez (23), Damián Matías Cirillo (68).
(*CD Universitario de Sucre won 3-2 on aggregate*)

14.09.2010, Estadio „Ramón "Tahuichi" Aguilera", Santa Cruz de la Sierra;
Referee: Darío Ubriaco (Uruguay)
CD Oriente Petrolero Santa Cruz - CC Deportes Tolima Ibagué   **1-0(0-0)**
Oriente Petrolero: José Carlo Fernández, Alejandro Javier Schiaparelli, Miguel Angel Hoyos Guzmán, Luis Alberto Gutiérrez Herrera, Gustavo Martín Caamaño, Jhasmany Campos Dávalos, Nicolas Suárez Vaca (65.Alcides Peña Jiménez), Joselito Vaca Velasco (90.Fernando Javier Saucedo Pereyra), Francisco Antonio Argüello Benítez, Mauricio Saucedo Guardia (87.Rolando Rea Romero), Danilo Javier Peinado Lerena. Trainer: Gustavo Domingo Quinteros Desabato.
Deportes Tolima: Antony Domingo Silva Cano, Gerardo Enrique Vallejo Metaute, Jair Arrechea Amú, Wílmer Díaz Lucumí, Danny Leandro Aguilar Mancilla, Christian Camilo Marrugo Rodríguez, Gustavo Adolfo Bolívar Zapata, Diego Ferney Chará Zamora, Jhon Fredy Hurtado (82.Jorge Isaacs Perlaza Aguiño), Rodrigo Daniel Marangoni, Wílder Andrés Medina Tamayo. Trainer: Hernán Torres Oliveros.
Goal: Mauricio Saucedo Guardia (80).

21.09.2010, Estadio „Manuel Murillo Toro", Ibagué;
Referee: Juan Soto (Venezuela)
CC Deportes Tolima Ibagué - CD Oriente Petrolero Santa Cruz   **2-0(2-0)**
Deportes Tolima: Antony Domingo Silva Cano, Yesid Martínez Alegría, Gerardo Enrique Vallejo Metaute, Jair Arrechea Amú, Danny Leandro Aguilar Mancilla, Gustavo Adolfo Bolívar Zapata [*sent off 28*], Diego Ferney Chará Zamora, Jhon Fredy Hurtado (41.Mike Campaz), Rodrigo Daniel Marangoni, Jorge Isaacs Perlaza Aguiño (79.Fernando Antonio Cárdenas Arredondo), Wílder Andrés Medina Tamayo (87.Hugo Pablo Centurión). Trainer: Hernán Torres Oliveros.
Oriente Petrolero: José Carlo Fernández, Alejandro Javier Schiaparelli, Miguel Angel Hoyos Guzmán, Luis Alberto Gutiérrez Herrera, Gustavo Martín Caamaño, Jhasmany Campos Dávalos (74.Jorge Andrés Ramírez Frostte), Nicolas Suárez Vaca (63.Rolando Rea Romero), Joselito Vaca Velasco, Francisco Antonio Argüello Benítez (40.Alcides Peña Jiménez), Fernando Javier Saucedo Pereyra, Danilo Javier Peinado Lerena [*sent off 28*]. Trainer: Gustavo Domingo Quinteros Desabato.
Goals: Wílder Andrés Medina Tamayo (2), Jorge Isaacs Perlaza Aguiño (25).
(*CC Deportes Tolima Ibagué won 2-1 on aggregate*)

16.09.2010, Estadio „Nemesio Camacho" ,El Campín', Bogotá;
Referee: Omar Andres Ponce Manzo (Ecuador)
Santa Fé CD Bogotá - Caracas FC   **2-1(0-1)**
Santa Fé: Augustín Julio Castro, Félix Enrique Noguera Collante, Jhonnier González Córdoba, Sergio Andrés Otálvaro Botero, Germán Martín Centurión Marecos (46.Andrés Felipe González Ramírez), Daniel Alejandro Torres Rojas, Mario Alejandro González Castro (46.Óscar Eduardo Rodas Vargas), Omar Sebastian Pérez, Luis Manuel Seijas Gunther, Alejandro Bernal Ríos (62.José Yulián Anchico Patiño), Néstor Fabián Salazar Díaz. Trainer: Néstor William Otero Carvajal.
Caracas FC: Renny Vicente Vega Hernández, Franklin José Lucena Peña, Julio César Machado Cesáreo, Giovanny Michael Romero Armenio, Luis Eduardo Zapata (70.Alexander David González), Jesús Javier Gómez Mercado, Edgar Hernán Jiménez González, César Iván González Torres

(82.Guillermo Abel Ramírez), Alejandro Abraham Guerra Morales, Heatklif Rafael Castillo Delgado, Luis Carlos Cabezas Mairongo (75.Josef Alexander Martínez). Trainer: Ceferino Bencomo.
Goals: Luis Manuel Seijas Gunther (55), Óscar Eduardo Rodas Vargas (71) / Heatklif Rafael Castillo Delgado (37).

23.09.2010, Estadio Olímpico de la UCV, Caracas;
Referee: Georges Buckley (Peru)
Caracas FC - Santa Fé CD Bogotá   **0-0**
Caracas FC: David González, Pablo Jesús Camacho Figueira (74.César Iván González Torres), Giovanny Michael Romero Armenio, Julio César Machado Cesáreo, Edder Alfonso Pérez Consuegra, Franklin José Lucena Peña (84.Luis González), Darío Damián Figueroa, Edgar Hernán Jiménez González, Jesús Javier Gómez Mercado, Heatklif Rafael Castillo Delgado (68.Josef Alexander Martínez), Gilson José Salazar Rodríguez. Trainer: Ceferino Bencomo.
Santa Fé: Augustín Julio Castro, Sergio Andrés Otálvaro Botero, Carlos Enrique Valdés, Jhonnier González Córdoba, Félix Enrique Noguera Collante, Alejandro Bernal Ríos (67.José Yulián Anchico Patiño), Juan Carlos Quintero Pérez, Daniel Alejandro Torres Rojas, Luis Manuel Seijas Gunther (86.Efraín Viáfara Molina), Omar Sebastian Pérez (74.Óscar Eduardo Rodas Vargas), Néstor Fabián Salazar Díaz. Trainer: Néstor William Otero Carvajal.
(Santa Fé CD Bogotá won 2-1 on aggregate)

16.09.2010, Estadio Centenario, Montevideo;
Referee: Marcelo de Lima Henrique (Brazil)
Defensor Sporting Club Montevideo - Deportivo Sport Huancayo   **9-0(2-0)**
Defensor: Martín Andrés Silva Leites, Damián Nicolás Suárez (46.Adrián Nicolás Luna Retamar), Mario Pablo Risso, Walter Fernando Ibáñez Costa, Sergio Sebastián Ariosa, Miguel Angel Amado Alanís, Sebastián Marcelo Suárez López, Eduardo Lorenzo Aranda (79.Danilo Asconeguy Ruíz), Diego Alejandro De Souza Carballo, Rodrigo Nicanor Mora Núñez, Ignacio Risso Thomasset (73.Brahian Alemán Athaydes). Trainer: Pablo Repetto.
Sport Huancayo: Marco Christian Flores, Carlos Edgar Alvarenga Alderete (50.Fernando Octavio Masías Mory), Javier Bohuzlav Salazar Tejada [*sent off 65*], Juan de La Cruz Matto González, Charles Arley Quinto Hurtado (55.Julião Antonio de Sousa Neto), Blas Ramón López Medez [*sent off 41*], César Andrés Ortiz Castillo, Lorenzo Nicolás López (49.Irvin Beybe Ávila Acero), Adderli James Campos Cabrejo, Johan Joussep Sotil Elche, Sixto Abel Santacruz Báez. Trainer: Roberto Orlando Mosquera Vera.
Goals: Diego Alejandro De Souza Carballo (1 penalty), Mario Pablo Risso (43), Diego Alejandro De Souza Carballo (46), Miguel Angel Amado Alanís (47), Rodrigo Nicanor Mora Núñez (56), Adrián Nicolás Luna Retamar (61 penalty), Rodrigo Nicanor Mora Núñez (66 penalty), Eduardo Lorenzo Aranda (76), Adrián Nicolás Luna Retamar (79).

22.09.2010, Estadio Huancayo, Huancayo;
Referee: José Hernando Buitrago (Colombia)
Deportivo Sport Huancayo - Defensor Sporting Club Montevideo   **2-0(1-0)**
Sport Huancayo: Luis Alexander Araujo Ludeña, Carlos Alberto Flores Asencio, Rafael Nicanor Farfán, Miguel Ángel Huertas del Águila, Fernando Octavio Masías Mory (74.César Alexander Doy Tello), César Andrés Ortiz Castillo, Carlos Luciano Ibarra Farfán (80.Adderli James Campos Cabrejo), Hilden Salas Castillo, Miguel Ángel Mostto Fernández-Prada (65.Héctor Fabián Ramírez Pinillo), Johan Joussep Sotil Elche, Irvin Beybe Ávila Acero. Trainer: Roberto Orlando Mosquera Vera.
Defensor: Martín Andrés Silva Leites, Damián Nicolás Suárez, Mario Pablo Risso, Walter Fernando Ibáñez Costa, Sergio Sebastián Ariosa, Danilo Asconeguy Ruíz, Miguel Angel Amado Alanís (58.Sebastián Marcelo Suárez López), Diego Manuel Rodríguez Da Luz, Adrián Argachá González, Diego Alejandro De Souza Carballo (57.Rodrigo Nicanor Mora Núñez), Marcelo Juvenal Fernández García (85.Adrián Nicolás Luna Retamar). Trainer: Pablo Repetto.
Goals: Damián Nicolas Suárez Suárez (45 own goal), Héctor Fabián Ramírez Pinillo (66).

(*Defensor Sporting Club Montevideo won 9-2 on aggregate*)

16.09.2010, Estadio „Marcelo Bielsa", Rosario;
Referee: Diego Hernán Abal (Argentina)
CA Newell's Old Boys Rosario - Club Estudiantes de La Plata   1-0(0-0)
Newell's Old Boys: Sebastián Darío Peratta, Alexis Maximiliano Machuca, Agustín Alayes, Gabriel Alejandro Cichero Konarek, Luciano Germán Vella, Lucas Ademar Bernardi (73.Pablo Franco Dolci), Diego Mateo, Mauricio Ezequiel Sperdutti, Mauro Abel Formica, Iván Emilio Borghello (65.Luis Miguel Rodríguez), Marcelo Estigarribia (55.Daniel Salvatierra). Trainer: Roberto Néstor Sensini.
Estudiantes: Agustín Ignacio Orión, Raúl Alejandro Iberbia, Facundo Sebastián Roncaglia, Federico Fernández, Faustino Marcos Alberto Rojo, Maximiliano Ezequiel Núñez, Gabriel Martín Peñalba (65.Enzo Nicolás Pérez), Darío Gustavo Stefanatto, Michael Ryan Hoyos (75.Juan Pablo Pereyra), Leandro Damián Benítez, Leandro González. Trainer: Alejandro Javier Sabella.
Goal: Mauro Abel Formica (90+3 penalty).

22.09.2010, Estadio Centenario „Dr. José Luis Meiszner", Quilmes;
Referee: Juan Pablo Pompei (Argentina)
Club Estudiantes de La Plata - CA Newell's Old Boys Rosario   1-1(1-1)
Estudiantes: Agustín Ignacio Orión, Raúl Alejandro Iberbia, Germán David Ré (53.Enzo Nicolás Pérez), Leandro Desábato, Facundo Sebastián Roncaglia, Federico Fernández, Gabriel Martín Peñalba, Darío Gustavo Stefanatto, Juan Sebastián Verón (79.Juan Pablo Pereyra), Michael Ryan Hoyos, Leandro González (80.Maximiliano Ezequiel Núñez). Trainer: Alejandro Javier Sabella.
Newell's Old Boys: Sebastián Darío Peratta, Luciano Germán Vella, Agustín Alayes, Rolando Carlos Schiavi, Gabriel Alejandro Cichero Konarek, Lucas Ademar Bernardi, Diego Mateo, Mauricio Ezequiel Sperdutti (83.Pablo Franco Dolci), Iván Emilio Borghello (76.Daniel Salvatierra), Mauro Abel Formica, Marcelo Estigarribia (71.Leonel Jesús Vangioni). Trainer: Roberto Néstor Sensini.
Goals: Federico Fernández (12) / Iván Emilio Borghello (43).
(*CA Newell's Old Boys Rosario won 2-1 on aggregate*)

ROUND OF 16

06.10.2010, Estadio „Marcelo Bielsa", Rosario;
Referee: Martín Emilio Vázquez Broquetas (Uruguay)
CA Newell's Old Boys Rosario - CD San José Oruro **6-0(3-0)**
Newell's Old Boys: Sebastián Darío Peratta, Luciano Germán Vella, Agustín Alayes, Rolando Carlos Schiavi, Ignacio David Fideleff, Lucas Ademar Bernardi, Diego Mateo, Mauricio Ezequiel Sperdutti (74.Luis Miguel Rodríguez), Mauro Abel Formica (80.Leandro Sebastián Velázquez), Iván Emilio Borghello (71.Daniel Salvatierra), Marcelo Estigarribia. Trainer: Roberto Néstor Sensini.
San José: Eloy Padilla López, Ronald Puma Caballero (46.Franklin Juan Herrera Gómez), Alan Loras Vélez, Damir Miranda Mercado, Luis Javier Méndez Moza, Aníbal Gerardo Medina Anbol, Rolando Ribera Menacho, Oscar Alberto Díaz Acosta, Alejandro René Bejarano Sajama, Regis Adair Quaresma De Souza, Aquilino Villalba Sanabria (62.Sebastián Yeri Molina). Trainer: Marco Ferrufino.
Goals: Rolando Carlos Schiavi (6), Mauro Abel Formica (26), Rolando Carlos Schiavi (35), Marcelo Estigarribia (60), Mauro Abel Formica (61), Daniel Salvatierra (90+2).

21.10.2010, Estadio „Jesús Bermúdez", Oruro;
Referee: Giovanni Perluzzo (Venezuela)
CD San José Oruro - CA Newell's Old Boys Rosario **2-0(1-0)**
San José: Eloy Padilla López, Alan Loras Vélez (66.José Leandro Padilla Abunter), Luis Javier Méndez Moza, Aníbal Gerardo Medina Anbol, Damir Miranda Mercado, Alejandro René Bejarano Sajama, Edgar Marcelo Escalante Mojica (62.Ronald Puma Caballero), Sebastián Yeri Molina (72.Eliseo Isaías Dury), Percy Limbert Pizarro Vaca, Regis Adair Quaresma De Souza, Aquilino Villalba Sanabria. Trainer: Marco Ferrufino.
Newell's Old Boys: Sebastián Darío Peratta, Luciano Germán Vella, Agustín Alayes, Rolando Carlos Schiavi, Ignacio David Fideleff, Lucas Ademar Bernardi (81.Leonel Jesús Vangioni), Pablo Franco Dolci (60.Mauricio Ezequiel Sperdutti), Diego Mateo, Iván Emilio Borghello, Mauro Abel Formica (72.Leandro Sebastián Velázquez), Marcelo Estigarribia. Trainer: Roberto Néstor Sensini.
Goals: Luis Javier Méndez Moza (20), Aquilino Villalba Sanabria (81).
(CA Newell's Old Boys Rosario won 6-2 on aggregate)

28.09.2010, Estadio Centenario, Montevideo;
Referee: Carlos Manuel Torres (Paraguay)
Defensor Sporting Club Montevideo - CA Independiente Avellaneda **1-0(0-0)**
Defensor: Martín Andrés Silva Leites, Damián Nicolás Suárez, Mario Pablo Risso, Walter Fernando Ibáñez Costa, Sergio Sebastián Ariosa, Eduardo Lorenzo Aranda (75.Danilo Asconeguy Ruíz), Miguel Angel Amado Alanís, Sebastián Marcelo Suárez López, Diego Alejandro De Souza Carballo, Ignacio Risso Thomasset, Rodrigo Nicanor Mora Núñez. Trainer: Pablo Repetto.
Independiente: Hilario Bernardo Navarro Ruiz, Cristian Javier Báez, Leonel Ezequiel Galeano, Julián Alberto Velázquez, Lucas Armando Mareque Buccolini, Nicolás Alejandro Cabrera (61.Leandro Gracián), Fernando Gabriel Godoy, Eduardo Nicolás Tuzzio, Federico Andrés Mancuello (68.Martín Alberto Gómez Manzanella), Facundo Manuel Carlos Parra, Néstor Andrés Silvera (84.Patricio Julián Rodríguez). Trainer: Daniel Oscar Garnero.
Goal: Leandro Gracián (75 own goal).

19.10.2010, Estadio Libertadores de América, Avellaneda;
Referee: Wilson Luiz Seneme (Brazil)
CA Independiente Avellaneda - Defensor Sporting Club Montevideo **4-2(3-1)**
Independiente: Hilario Bernardo Navarro Ruiz, Julián Alberto Velázquez, Leonel Ezequiel Galeano, Eduardo Nicolás Tuzzio, Nicolás Alejandro Cabrera, Hernán Daniel Fredes, Lucas Armando Mareque Buccolini, Patricio Julián Rodríguez (63.Nicolás Martínez), Fernando Gabriel Godoy (51.Martín Alberto Gómez Manzanella), Facundo Manuel Carlos Parra (75.Maximiliano Nicolás Velázquez), Néstor Andrés Silvera. Trainer: Antonio Ricardo Mohamed Matijevich.

Defensor: Martín Andrés Silva Leites, Damián Nicolás Suárez (76.Adrián Nicolás Luna Retamar), Mario Pablo Risso, Walter Fernando Ibáñez Costa, Sergio Sebastián Ariosa (86.Brahian Alemán Athaydes), Eduardo Lorenzo Aranda, Diego Manuel Rodríguez Da Luz, Miguel Angel Amado Alanís (89.César David Texeira Torres), Diego Alejandro De Souza Carballo, Rodrigo Nicanor Mora Núñez, Ignacio Risso Thomasset. Trainer: Pablo Repetto.
Goals: Néstor Andrés Silvera (15), Hernán Daniel Fredes (19), Nicolás Alejandro Cabrera (28), Nicolás Martínez (75) / Rodrigo Nicanor Mora Núñez (12), Diego Manuel Rodríguez Da Luz (48).
(*CA Independiente Avellaneda won 4-3 on aggregate*)

29.09.2010, Estadio „Florencio Sola", Buenos Aires;
Referee: Sálvio Spínola Fagundes Filho (Brazil)
Club Atlético Banfield - CC Deportes Tolima Ibagué   **2-0(2-0)**
CA Banfield: Enrique Alberto Bologna Gómez, Santiago Andrés Ladino, Mauro Dos Santos, Víctor Rubén López, Walter Marcelo Bustamante, Marcelo Nildo Quinteros, Ariel Javier Rosada, Sebastián Ariel Romero (85.Alejandro Alfredo Delfino), Walter Daniel Erviti Roldán, Rubén Darío Ramírez (67.Gabriel Antonio Méndez), Emilio José Zelaya. Trainer: Sebastián Ariel Méndez Pardiñas.
Deportes Tolima: Antony Domingo Silva Cano, Gerardo Enrique Vallejo Metaute, Yesid Martínez Alegría, Jair Arrechea Amú, Danny Leandro Aguilar Mancilla, Christian Camilo Marrugo Rodríguez, Diego Ferney Chará Zamora, Rodrigo Daniel Marangoni, Mike Campaz, Jorge Isaacs Perlaza Aguiño (75.Julio César Ortellado Melgarejo), Wílder Andrés Medina Tamayo. Trainer: Hernán Torres Oliveros.
Goals: Víctor Rubén López (14), Emilio José Zelaya (25).

12.10.2010, Estadio „Manuel Murillo Toro", Ibagué;
Referee: Roberto Carlos Silvera (Uruguay)
CC Deportes Tolima Ibagué - Club Atlético Banfield   **3-0(2-0)**
Deportes Tolima: Antony Domingo Silva Cano, Gerardo Enrique Vallejo Metaute, Yesid Martínez Alegría, Jair Arrechea Amú [*sent off 58*], Christian Camilo Marrugo Rodríguez (89.Hugo Pablo Centurión), Gustavo Adolfo Bolívar Zapata, Diego Ferney Chará Zamora, Rodrigo Daniel Marangoni (76.Mike Campaz), Danny Leandro Aguilar Mancilla, Jorge Isaacs Perlaza Aguiño (59.Jesús Javier Valencia Quiróz), Wílder Andrés Medina Tamayo. Trainer: Hernán Torres Oliveros.
CA Banfield: Enrique Alberto Bologna Gómez, Santiago Andrés Ladino, Mauro Dos Santos, Víctor Rubén López [*sent off 90*], Walter Marcelo Bustamante (77.Marcelo Adrián Carrusca), Walter Daniel Erviti Roldán, Marcelo Nildo Quinteros, Ariel Javier Rosada (41.Federico Javier Sardella), Sebastián Ariel Romero (62.Gabriel Antonio Méndez), Rubén Darío Ramírez, Emilio José Zelaya. Trainer: Sebastián Ariel Méndez Pardiñas.
Goals: Wílder Andrés Medina Tamayo (12), Christian Camilo Marrugo Rodríguez (41), Rodrigo Daniel Marangoni (74).
(*CC Deportes Tolima Ibagué won 3-2 on aggregate*)

06.10.2010, Estádio Serra Dourada, Goiânia;
Referee: Diego Hernán Abal (Argentina)
Goiás EC Goiânia - CA Peñarol Montevideo   **1-0(1-0)**
Goiás: Hélio César Pinto dos Anjos „Harlei", Douglas Pereira dos Santos, Ernando Rodrigues Lopes, Marcos Alberto Skavinski „Marcão", Wellington Aleixo dos Santos „Wellington Saci", Wellington de Oliveira Monteiro, Valmir Lucas de Oliveira, William José de Souza „Amaral", Bernardo Vieira de Souza (89.Carlos Alberto de Oliveira Júnior), Rafael Martiniano de Miranda Moura (81.Jones da Silva Lopes), Felipe Reinaldo da Silva (72.Éverton Leandro dos Santos Pinto). Trainer: Jorge de Amorim Campos Oliveira „Jorginho".
Peñarol: Carlos Sebastián Sosa Silva, Matías Aguirregaray, Guillermo Daniel Rodríguez Pérez, Gerardo Alcoba Rebollo, Octavio Darío Rodríguez Peña, Marcelo Fabián Sosa Farías, Egidio Raúl Arévalo Ríos, Fabián Larry Estoyanoff Poggio, Alejandro Martinuccio (34.Santiago Hernán Solari

Poggio), Jonathan Raphael Ramis Persincula (74.Diego Martín Alonso López), Antonio Pacheco D'Agosti (46.Mathías Corujo). Trainer: Diego Vicente Aguirre Camblor.
Goal: Rafael Martiniano de Miranda Moura (23).

21.10.2010, Estadio Centenario, Montevideo;
Referee: Carlos Arecio Amarilla Demarqui (Paraguay)
CA Peñarol Montevideo - Goiás EC Goiânia **3-2(2-1)**
Peñarol: Carlos Sebastián Sosa Silva, Mathías Corujo (64.Diego Martín Alonso López), Gerardo Alcoba Rebollo, Guillermo Daniel Rodríguez Pérez, Octavio Darío Rodríguez Peña, Marcelo Fabián Sosa Farías, Egidio Raúl Arévalo Ríos, Jonathan Raphael Ramis Persincula (46.Cristian de Jesús Mejía Martínez), Santiago Hernán Solari Poggio (76.Christian Palacios), Antonio Pacheco D'Agosti, Alejandro Martinuccio. Trainer: Diego Vicente Aguirre Camblor.
Goiás: Hélio César Pinto dos Anjos „Harlei", Wellington de Oliveira Monteiro, Marcos Alberto Skavinski „Marcão", Ernando Rodrigues Lopes, Douglas Pereira dos Santos, Valmir Lucas de Oliveira, Wellington Aleixo dos Santos „Wellington Saci", William José de Souza „Amaral" (85.Jonílson Clovis Nascimento Breves), Bernardo Vieira de Souza (46.Éverton Leandro dos Santos Pinto [*sent off 56*]), Rafael Martiniano de Miranda Moura, Felipe Reinaldo da Silva (64.Carlos Alberto de Oliveira Júnior). Trainer: Jorge de Amorim Campos Oliveira „Jorginho".
Goals: Mathías Corujo (38), Marcelo Fabián Sosa Farías (43), Alejandro Martinuccio (84) / Rafael Martiniano de Miranda Moura (17), Carlos Alberto de Oliveira Júnior (77).
(*Goiás EC Goiânia won on away goals rule [3-3 on aggregate]*)

12.10.2010, Estadio „Santa Laura", Santiago;
Referee: Rafael Furchi (Argentina)
CD Unión San Felipe - LDU de Quito **4-2(2-1)**
Unión: Jaime Alejandro Bravo Jeffery, Esteban Andrés Carvajal Tapia (62.Jimmy Orlando Quiroz Plaza), David Daniel Fernández Flores, Cristian Fernando Suárez Figueroa, Cristian Javier Magaña Leyton, Juan Andrés Toloza Cortés, Sebastián Eduardo Páez Aravena, David Andrés Distéfano (87.Miguel Ángel Coronado Contreras), Eros Roque Pérez Salas (68.Juan Pablo Estay Molina), Luis Ángel Vildozo Godoy, Miguel Ángel González. Trainer: Ivo Alexis Basay Hatibovic.
LDU: José Francisco Cevallos Villavicencio, Néicer Reasco Yano (84.Enrique Roberto Gamez Quintero), Jorge Daniel Guagua Tamayo, Carlos Arberto Espínola Oviedo, Diego Armando Calderón Espinoza, Ulises Hernán de la Cruz Bernardo, Norberto Carlos Araujo (77.Juan Manuel Salgueiro Silva), Patricio Javier Urrutia Espinoza, Ángel Lizardo Cheme Ortíz, Hernán Barcos, Carlos Ariel Luna (68.Miler Alejandro Bolaños Reasco). Trainer: Edgardo Bauza (Argentina).
Goals: David Andrés Distéfano (24), Luis Ángel Vildozo Godoy (27, 67), Juan Andrés Toloza Cortés (87) / Hernán Barcos (36 penalty), Carlos Ariel Luna (61).

19.10.2010, Estadio Casa Blanca, Quito;
Referee: Wilmar Roldán Pérez (Colombia)
LDU de Quito - CD Unión San Felipe **6-1(2-1)**
LDU: José Francisco Cevallos Villavicencio, Jorge Daniel Guagua Tamayo, Carlos Arberto Espínola Oviedo, Diego Armando Calderón Espinoza, Néicer Reasco Yano, Ulises Hernán de la Cruz Bernardo, Patricio Javier Urrutia Espinoza (68.Willian Francisco Araujo Ogonaga), Ángel Lizardo Cheme Ortíz, Christian Rolando Lara Anangonó (46.Carlos Ariel Luna), Juan Manuel Salgueiro Silva (74.Miler Alejandro Bolaños Reasco), Hernán Barcos. Trainer: Edgardo Bauza (Argentina).
Unión: Jaime Alejandro Bravo Jeffery, Cristian Javier Magaña Leyton, David Daniel Fernández Flores, Cristian Fernando Suárez Figueroa, Eros Roque Pérez Salas (69.Víctor Damián Meza), Sebastián Eduardo Páez Aravena, Juan Andrés Toloza Cortés, David Andrés Distéfano (67.Juan Pablo Estay Molina), Miguel Ángel González, Luis Ángel Vildozo Godoy, Jimmy Orlando Quiroz Plaza (60.Esteban Andrés Carvajal Tapia). Trainer: Ivo Alexis Basay Hatibovic.
Goals: Ángel Lizardo Cheme Ortíz (21), Hernán Barcos (24 penalty), Jorge Daniel Guagua Tamayo (51), Carlos Ariel Luna (59), Juan Manuel Salgueiro Silva (66), Hernán Barcos (73) / Luis Ángel

Vildozo Godoy (38).
(*LDU de Quito won 8-5 on aggregate*)

13.10.2010, Estádio „Joaquim Henrique Nogueira", Sete Lagoas;
Referee: Carlos Manuel Torres (Paraguay)
Clube Atlético Mineiro Belo Horizonte - Santa Fé CD Bogotá   2-0(1-0)
Atlético Mineiro: Renan Ribeiro, Ojer Rafael Cruz, Willian Lanes de Lima, Werley Ananias da Silva, Fernando Alves Santa Clara „Fernardinho", Alexandre Luiz Fernandes „Âle", Rafael Fagundes Mariano „Rafael Jataí", Sérgio Antônio Borges Júnior „Serginho", Diego de Souza Andrade, Ricardo Bueno da Silva (55.Sosthenes José Santos Salles „Neto Berola"), Manuel de Brito Filho „Obina" (90.Jheimy da Silva Carvalho). Trainer: Dorival Silvestre Júnior.
Santa Fé: Augustín Julio Castro, Sergio Andrés Otálvaro Botero, Jhonnier González Córdoba, Carlos Enrique Valdés, Félix Enrique Noguera Collante, Daniel Alejandro Torres Rojas (64.Néstor Fabián Salazar Díaz), Mario Alejandro González Castro (46.José Yulián Anchico Patiño), Omar Sebastian Pérez, Juan Carlos Quintero Pérez, Alejandro Bernal Ríos, Cristian Nazarith Truque (80.Óscar Eduardo Rodas Vargas). Trainer: Néstor William Otero Carvajal.
Goals: Manuel de Brito Filho „Obina" (29, 62).

20.10.2010, Estadio „Nemesio Camacho" ‚El Campín', Bogotá;
Referee: Carlos Vera (Ecuador)
Santa Fé CD Bogotá - Clube Atlético Mineiro Belo Horizonte   1-0(0-0)
Santa Fé: Augustín Julio Castro, Sergio Andrés Otálvaro Botero, Félix Enrique Noguera Collante (76.Efraín Viáfara Molina), Jhonnier González Córdoba, Carlos Enrique Valdés, José Yulián Anchico Patiño, Mario Alejandro González Castro (58.Alejandro Bernal Ríos), Daniel Alejandro Torres Rojas, Cristian Nazarith Truque, Luis Manuel Seijas Gunther, Óscar Eduardo Rodas Vargas (74.Néstor Fabián Salazar Díaz). Trainer: Néstor William Otero Carvajal.
Atlético Mineiro: Renan Ribeiro, Fernando Alves Santa Clara „Fernardinho", Jairo Rolando Campos León, Julio César Cáceres López, Willian Lanes de Lima, Diego Macedo Prado dos Santos, Édison Vicente Méndez Méndez, Alexandre Luiz Fernandes „Âle", Valdisney Costa dos Santos „Diney", Sosthenes José Santos Salles „Neto Berola" (60.Jheimy da Silva Carvalho), Ricardo Bueno da Silva (85.Fabiano Pereira da Costa). Trainer: Dorival Silvestre Júnior.
Goal: Félix Enrique Noguera Collante (60).
(*Clube Atlético Mineiro Belo Horizonte won 2-1 on aggregate*)

13.10.2010, Estadio „George Capwell", Guayaquil;
Referee: Francisco Peñuela (Colombia)
CS Emelec Guayaquil - Avaí FC Florianópolis   2-1(0-0)
Emelec: Javier Hernán Klimowicz Laganá, Carlos Andrés Quiñónez Valencia, Eduardo Javier Morante Rosas, Gabriel Eduardo Achilier Zurita, Enner Remberto Valencia Lastra (46.Leandro Gabriel Torres), Polo Raúl Wila Canga (55.Pedro Angel Quiñónez Rodríguez [*sent off 83*]), Mario David Quiroz Villón, Fernando Augusto Giménez Solís, Santiago Biglieri (86.José Luis Quiñónez Quiñónez), Jaime Javier Ayoví Corozo, Joao Robin Rojas Mendoza. Trainer: Jorge Luis Sampaoli (Argentina).
Avaí FC: José Carlos dos Anjos Sávio „Zé Carlos", Patric Cabral Lalau, Émerson dos Santos da Silva, Gabriel Valongo da Silva (33.Davi Rodrigues de Jesus), Elton Divino Célio „Eltinho", Bruno César Pereira da Silva, Emerson Pereira Nunes, Rudnei da Rosa, Sandro da Silva Mendonça (72.Jéferson Rodrigues Gonçalves), Marcelo Rodrigues „Marcelinho" (82.Válber Mendes Ferreira), Róbson Michael Signorini. Trainer: Vágner Benazzi de Andrade.
Goals: Elton Divino Célio „Eltinho" (64 own goal), Joao Robin Rojas Mendoza (90+2) / Marcelo Rodrigues „Marcelinho" (70).

21.10.2010, Estádio „Aderbal Ramos da Silva", Florianópolis;
Referee: Patricio Antonio Polic Orellana (Chile)
Avaí FC Florianópolis - CS Emelec Guayaquil   3-1(0-1)
Avaí FC: José Carlos dos Anjos Sávio „Zé Carlos", Marcos Martins dos Anjos (46.Válber Mendes Ferreira), Emerson Pereira Nunes, Émerson dos Santos da Silva, Elton Divino Célio „Eltinho", Bruno César Pereira da Silva, Jéferson Rodrigues Gonçalves, Rudnei da Rosa, Antonio Caio da Silva Souza, Róbson Michael Signorini (72.Erinaldo Santos Rabelo „Pará"), Roberto César Zardin Rodrigues (86.Marcelo Rodrigues „Marcelinho"). Trainer: Vágner Benazzi de Andrade.
Emelec: Marcelo Ramón Elizaga Ferrero, Carlos Andrés Quiñónez Valencia, Julio Marcelo Fleitas Silveira, Eduardo Javier Morante Rosas, Gabriel Eduardo Achilier Zurita (77.Santiago Biglieri), Polo Raúl Wila Canga (62.Leandro Gabriel Torres), Mario David Quiroz Villón, Fernando Augusto Giménez Solís, Joao Robin Rojas Mendoza, Enner Remberto Valencia Lastra (55.José Luis Quiñónez Quiñónez), Jaime Javier Ayoví Corozo. Trainer: Jorge Luis Sampaoli (Argentina).
Goals: Roberto César Zardin Rodrigues (47), Elton Divino Célio „Eltinho" (51), Émerson dos Santos da Silva (53) / Joao Robin Rojas Mendoza (2).
(Avaí FC Florianópolis won 4-3 on aggregate)

14.10.2010, Estadio Olímpico Patria, Sucre;
Referee: Víctor Hugo Carrillo (Peru)
CD Universitario de Sucre - SE Palmeiras São Paulo   0-1(0-1)
Universitario: Carlos Emilio Lampe Porras, Oscar Añez Urachianta, Martín Ángel Aguirre Schmidt, Tobías Albarracín, Marvin Orlando Bejarano Jiménez, Jesús Ronald Gallegos Vera (59.Alejandro Leonel Morales), Luis Antonio Liendo Asbun, Sacha Silvestre Lima Castedo, Julián César Junco (56.Damián Matías Cirillo), Roberto Galindo Sánchez, Ramón Horacio Fernández (71.Getulio Joaquín Vaca Diez Parada). Trainer: Eduardo Villegas.
Palmeiras: Eliton Deola, Márcio Rodrigues Araújo, Maurício Donizete Ramos Júnior (90.Leandro Amaro dos Santos Ferreira), Danilo Larangeira, Gabriel Moisés Antunes da Silva, Marcos dos Santos Assunção, Luiz Otávio Santos de Araújo „Tinga", Lucas Pierre Santos Oliveira (69.Fabrício Silva Dornellas „Fabrício Carioca"), Kléber Giacomance de Souza Freitas, Rivaldo Barbosa dos Santos, Jorge Luís Valdivia Toro (36.Cássio de Souza Soares „Lincoln"). Trainer: Luiz Felipe Scolari „Felipão".
Goal: Marcos dos Santos Assunção (26).

20.10.2010, Aerena Barueri, Barueri;
Referee: Antonio Arias Alvarenga (Paraguay)
SE Palmeiras São Paulo - CD Universitario de Sucre   3-1(2-0)
Palmeiras: Eliton Deola, Edimo Ferreira Campos „Edinho", Danilo Larangeira, Fabrício Silva Dornellas „Fabrício Carioca", Gabriel Moisés Antunes da Silva, Marcos dos Santos Assunção (86.Lucas Pierre Santos Oliveira), Luiz Otávio Santos de Araújo „Tinga" (88.Patrik Camilo Cornélio da Silva), Márcio Rodrigues Araújo, Jorge Luís Valdivia Toro, Kléber Giacomance de Souza Freitas (78.Telmário de Araújo Sacramento „Dinei"), Luan Michel Louza. Trainer: Luiz Felipe Scolari „Felipão".
Universitario: Carlos Emilio Lampe Porras, Marvin Orlando Bejarano Jiménez, Martín Ángel Aguirre Schmidt, Tobías Albarracín, Rafael Segovia Jérez, Julián César Junco (46.Milton Erick Melgar Cuellar), Luis Antonio Liendo Asbun, Sacha Silvestre Lima Castedo, Jesús Ronald Gallegos Vera (61.Gustavo Adolfo Paz), Ramón Horacio Fernández (59.Damián Matías Cirillo), Roberto Galindo Sánchez. Trainer: Eduardo Villegas.
Goals: Kléber Giacomance de Souza Freitas (11), Luan Michel Louza (27), Danilo Larangeira (68) / Damián Matías Cirillo (61).
(SE Palmeiras São Paulo won 3-2 on aggregate)

QUARTER-FINALS

27.10.2010, Estádio Serra Dourada, Goiânia;
Referee: Wilson Luiz Seneme (Brazil)
Goiás EC Goiânia - Avaí FC Florianópolis   **2-2(1-0)**
Goiás: Hélio César Pinto dos Anjos „Harlei", Douglas Pereira dos Santos, Ernando Rodrigues Lopes, Rafael Tolói, Marcos Alberto Skavinski „Marcão" (56.Carlos Alberto de Oliveira Júnior), Wellington Aleixo dos Santos „Wellington Saci", William José de Souza „Amaral", Wellington de Oliveira Monteiro, Bernardo Vieira de Souza (71.Jones da Silva Lopes), Felipe Reinaldo da Silva (71.Marcelo Pereira da Costa), Rafael Martiniano de Miranda Moura. Trainer: Jorge de Amorim Campos Oliveira „Jorginho".
Avaí FC: José Carlos dos Anjos Sávio „Zé Carlos", Marcos Martins dos Anjos, Émerson dos Santos da Silva, Emerson Pereira Nunes, Erinaldo Santos Rabelo „Pará", Bruno César Pereira da Silva, Rudnei da Rosa, Diogo Orlando de Oliveira, Davi Rodrigues de Jesus (58.Antonio Caio da Silva Souza), Válber Mendes Ferreira (68.Róbson Michael Signorini; 83.Laércio Gomes Costa „Carreirinha"), Marcelo Rodrigues „Marcelinho". Trainer: Vágner Benazzi de Andrade.
Goals: Rafael Martiniano de Miranda Moura (29, 90+4) / Davi Rodrigues de Jesus (52 penalty), Marcelo Rodrigues „Marcelinho" (71).

11.11.2010, Estádio „Aderbal Ramos da Silva", Florianópolis;
Referee: Héber Lopes (Brazil)
Avaí FC Florianópolis - Goiás EC Goiânia   **0-1(0-1)**
Avaí FC: José Carlos dos Anjos Sávio „Zé Carlos", Émerson dos Santos da Silva (66.Marcelo Rodrigues „Marcelinho"), Rafael Diego de Souza, Patric Cabral Lalau, Rudnei da Rosa (46.Jéferson Rodrigues Gonçalves), Erinaldo Santos Rabelo „Pará", Emerson Pereira Nunes, Diogo Orlando de Oliveira, Antonio Caio da Silva Souza, Válber Mendes Ferreira (46.Róbson Michael Signorini), Roberto César Zardin Rodrigues. Trainer: Vágner Benazzi de Andrade.
Goiás: Hélio César Pinto dos Anjos „Harlei", Rafael Tolói, Marcos Alberto Skavinski „Marcão", Ernando Rodrigues Lopes, Wellington Aleixo dos Santos „Wellington Saci", Douglas Pereira dos Santos, Carlos Alberto de Oliveira Júnior, William José de Souza „Amaral", Marcelo Pereira da Costa, Rafael Martiniano de Miranda Moura, Felipe Reinaldo da Silva (69.Jones da Silva Lopes). Trainer: Jorge de Amorim Campos Oliveira „Jorginho".
Goal: Rafael Martiniano de Miranda Moura (45).
(Goiás EC Goiânia won 3-2 on aggregate)

27.10.2010, Estádio „Joaquim Henrique Nogueira", Sete Lagoas;
Referee: Marcelo de Lima Henrique (Brazil)
Clube Atlético Mineiro Belo Horizonte - SE Palmeiras São Paulo   **1-1(0-0)**
Atlético Mineiro: Renan Ribeiro, Jairo Rolando Campos León, Julio César Cáceres López, Werley Ananias da Silva, Diego Macedo Prado dos Santos (63.Diego de Souza Andrade), Édison Vicente Méndez Méndez, José Luís Santos da Visitação „Zé Luís", Fernando Alves Santa Clara „Fernardinho", Daniel da Silva Carvalho (27.Maycon Vinicius Ferreira da Cruz „Nikão"), Sosthenes José Santos Salles „Neto Berola" (46.Manuel de Brito Filho „Obina"), Ricardo Bueno da Silva. Trainer: Dorival Silvestre Júnior.
Palmeiras: Eliton Deola, Edimo Ferreira Campos „Edinho", Fabrício Silva Dornellas „Fabrício Carioca", Danilo Larangeira, Gabriel Moisés Antunes da Silva, Marcos dos Santos Assunção, Luiz Otávio Santos de Araújo „Tinga" (73.Lucas Pierre Santos Oliveira), Márcio Rodrigues Araújo, Jorge Luís Valdivia Toro (19.Cássio de Souza Soares „Lincoln"), Luan Michel Louza, Kléber Giacomance de Souza Freitas. Trainer: Luiz Felipe Scolari „Felipão".
Goals: Manuel de Brito Filho „Obina" (76 penalty) / Kléber Giacomance de Souza Freitas (55).

10.11.2010, Estádio do Pacaembu, São Paulo;
Referee: Leandro Pedro Vuaden (Brazil)
SE Palmeiras São Paulo - Clube Atlético Mineiro Belo Horizonte   2-0(1-0)
Palmeiras: Eliton Deola, Márcio Rodrigues Araújo, Danilo Larangeira, Maurício Donizete Ramos Júnior, Gabriel Moisés Antunes da Silva, Marcos dos Santos Assunção, Edimo Ferreira Campos „Edinho", Luiz Otávio Santos de Araújo „Tinga", Jorge Luís Valdivia Toro (15.Cássio de Souza Soares „Lincoln";83.Telmário de Araújo Sacramento „Dinei"), Luan Michel Louza (90.Lucas Pierre Santos Oliveira), Kléber Giacomance de Souza Freitas. Trainer: Luiz Felipe Scolari „Felipão".
Atlético Mineiro: Renan Ribeiro, Jairo Rolando Campos León, Julio César Cáceres López, Willian Lanes de Lima, Diego Macedo Prado dos Santos (64.Maycon Vinicius Ferreira da Cruz „Nikão"), Fabiano Pereira da Costa (70.Diego Tardelli Martins), Alexandre Luiz Fernandes „Âle" (61.Sérgio Antônio Borges Júnior „Serginho"), Édison Vicente Méndez Méndez, Fernando Alves Santa Clara „Fernardinho", Sosthenes José Santos Salles „Neto Berola", Ricardo Bueno da Silva. Trainer: Dorival Silvestre Júnior.
Goals: Marcos dos Santos Assunção (27), Luan Michel Louza (79).
(SE Palmeiras São Paulo won 3-1 on aggregate)

02.11.2010, Estadio „Marcelo Bielsa", Rosario;
Referee: Darío Ubriaco (Uruguay)
CA Newell's Old Boys Rosario - LDU de Quito   0-0
Newell's Old Boys: Sebastián Darío Peratta, Agustín Alayes, Rolando Carlos Schiavi, Ignacio David Fideleff (78.Sebastián Taborda Ramos), Luciano Germán Vella (64.Luis Miguel Rodríguez), Lucas Ademar Bernardi, Diego Mateo, Marcelo Estigarribia, Mauro Abel Formica, Iván Emilio Borghello (83.Daniel Salvatierra), Mauricio Ezequiel Sperdutti. Trainer: Roberto Néstor Sensini.
LDU: José Francisco Cevallos Villavicencio, Jorge Daniel Guagua Tamayo, Norberto Carlos Araujo, Diego Armando Calderón Espinoza, Ulises Hernán de la Cruz Bernardo (87.Carlos Arberto Espínola Oviedo), Néicer Reasco Yano, Patricio Javier Urrutia Espinoza, Willian Francisco Araujo Ogonaga, Ángel Lizardo Cheme Ortíz (83.Enrique Roberto Gamez Quintero), Hernán Barcos, Carlos Ariel Luna (75.Juan Manuel Salgueiro Silva). Trainer: Edgardo Bauza (Argentina).

10.11.2010, Estadio Casa Blanca, Quito;
Referee: Óscar Julián Ruiz Acosta (Colombia)
LDU de Quito - CA Newell's Old Boys Rosario   1-0(0-0)
LDU: José Francisco Cevallos Villavicencio, Jorge Daniel Guagua Tamayo, Norberto Carlos Araujo, Diego Armando Calderón Espinoza, Ulises Hernán de la Cruz Bernardo (61.Miler Alejandro Bolaños Reasco), Néicer Reasco Yano, Ángel Lizardo Cheme Ortíz, Willian Francisco Araujo Ogonaga, Juan Manuel Salgueiro Silva (88.Carlos Arberto Espínola Oviedo), Hernán Barcos (77.Walter Richard Calderón Carcelén), Carlos Ariel Luna. Trainer: Edgardo Bauza (Argentina).
Newell's Old Boys: Sebastián Darío Peratta, Luciano Germán Vella (82.Daniel Salvatierra), Rolando Carlos Schiavi, Agustín Alayes, Gabriel Alejandro Cichero Konarek, Lucas Ademar Bernardi (86.Sebastián Taborda Ramos), Diego Mateo, Mauricio Ezequiel Sperdutti, Mauro Abel Formica, Iván Emilio Borghello (89.Luis Miguel Rodríguez), Marcelo Estigarribia.. Trainer: Roberto Néstor Sensini.
Goal: Walter Richard Calderón Carcelén (81).
(LDU de Quito won 1-0 on aggregate)

03.11.2010, Estadio „Manuel Murillo Toro", Ibagué;
Referee: Carlos Eugênio Simon (Brazil)
CC Deportes Tolima Ibagué - CA Independiente Avellaneda   2-2(1-1)
Deportes Tolima: Antony Domingo Silva Cano, Yesid Martínez Alegría, Gerardo Enrique Vallejo Metaute, Wílmer Díaz Lucumí, Christian Camilo Marrugo Rodríguez (81.Julio César Ortellado Melgarejo), Gustavo Adolfo Bolívar Zapata, Diego Ferney Chará Zamora, Rodrigo Daniel Marangoni, Danny Leandro Aguilar Mancilla, Jorge Isaacs Perlaza Aguiño, Wílder Andrés Medina Tamayo. Trainer: Hernán Torres Oliveros.
Independiente: Hilario Bernardo Navarro Ruiz, Lucas Armando Mareque Buccolini, Leonel Ezequiel Galeano, Eduardo Nicolás Tuzzio, Julián Alberto Velázquez, Hernán Daniel Fredes, Roberto Miguel Battión (78.Fernando Gabriel Godoy), Nicolás Alejandro Cabrera, Patricio Julián Rodríguez (63.Maximiliano Nicolás Velázquez), Facundo Manuel Carlos Parra (74.Martín Alberto Gómez Manzanella), Néstor Andrés Silvera. Trainer: Antonio Ricardo Mohamed Matijevich.
Goals: Wílder Andrés Medina Tamayo (40), Rodrigo Daniel Marangoni (73) / Néstor Andrés Silvera (30 penalty), Julián Alberto Velázquez (78).

11.11.2010, Estadio „Presidente Juan Domingo Perón", Avellaneda;
Referee: Carlos Arecio Amarilla Demarqui (Paraguay)
CA Independiente Avellaneda - CC Deportes Tolima Ibagué   0-0
Independiente: Hilario Bernardo Navarro Ruiz, Lucas Armando Mareque Buccolini, Eduardo Nicolás Tuzzio, Leonel Ezequiel Galeano, Julián Alberto Velázquez, Nicolás Alejandro Cabrera, Hernán Daniel Fredes, Roberto Miguel Battión (86.Fernando Gabriel Godoy), Patricio Julián Rodríguez (66.Maximiliano Nicolás Velázquez), Facundo Manuel Carlos Parra (74.Martín Alberto Gómez Manzanella), Néstor Andrés Silvera. Trainer: Antonio Ricardo Mohamed Matijevich.
Deportes Tolima: Antony Domingo Silva Cano, Yesid Martínez Alegría, Gerardo Enrique Vallejo Metaute, Jair Arrechea Amú, Christian Camilo Marrugo Rodríguez (80.Julio César Ortellado Melgarejo), Diego Ferney Chará Zamora, Gustavo Adolfo Bolívar Zapata, Rodrigo Daniel Marangoni, Danny Leandro Aguilar Mancilla, Jorge Isaacs Perlaza Aguiño, Wílder Andrés Medina Tamayo. Trainer: Hernán Torres Oliveros.
(*CA Independiente Avellaneda won on away goals rule [2-2 on aggregate]*)

SEMI-FINALS

17.11.2010, Estádio Serra Dourada, Goiânia;
Referee: Evandro Rogerio Roman (Brazil)
Goiás EC Goiânia - SE Palmeiras São Paulo   0-1(0-0)
Goiás: Hélio César Pinto dos Anjos „Harlei", Ernando Rodrigues Lopes (87.Éverton Leandro dos Santos Pinto), Marcos Alberto Skavinski „Marcão", Rafael Tolói, Douglas Pereira dos Santos, Wellington Aleixo dos Santos „Wellington Saci", William José de Souza „Amaral", Carlos Alberto de Oliveira Júnior, Marcelo Pereira da Costa, Felipe Reinaldo da Silva (71.Otacílio Mariano Neto), Rafael Martiniano de Miranda Moura. Trainer: Artur Neto.
Palmeiras: Eliton Deola, Gabriel Moisés Antunes da Silva, Maurício Donizete Ramos Júnior, Danilo Larangeira, Márcio Rodrigues Araújo, Luiz Otávio Santos de Araújo „Tinga" (84.Leandro Amaro dos Santos Ferreira), Marcos dos Santos Assunção, Edimo Ferreira Campos „Edinho", Cássio de Souza Soares „Lincoln" (79.Lucas Pierre Santos Oliveira), Luan Michel Louza, Kléber Giacomance de Souza Freitas. Trainer: Luiz Felipe Scolari „Felipão".
Goal: Marcos dos Santos Assunção (49).

24.11.2010, Estádio do Pacaembu, São Paulo;
Referee: Héber Lopes (Brazil)
SE Palmeiras São Paulo - Goiás EC Goiânia   **1-2(1-1)**
Palmeiras: Eliton Deola, Danilo Larangeira, Maurício Donizete Ramos Júnior, Gabriel Moisés Antunes da Silva, Cássio de Souza Soares „Lincoln" (77.Telmário de Araújo Sacramento „Dinei"), Edimo Ferreira Campos „Edinho", Marcos dos Santos Assunção, Luiz Otávio Santos de Araújo „Tinga" (87.Ewerthon Henrique de Souza), Márcio Rodrigues Araújo, Luan Michel Louza, Kléber Giacomance de Souza Freitas. Trainer: Luiz Felipe Scolari „Felipão".
Goiás: Hélio César Pinto dos Anjos „Harlei", Rafael Tolói, Marcos Alberto Skavinski „Marcão", Ernando Rodrigues Lopes, Douglas Pereira dos Santos (46.Felipe Reinaldo da Silva), Wellington Aleixo dos Santos „Wellington Saci", Carlos Alberto de Oliveira Júnior, William José de Souza „Amaral", Marcelo Pereira da Costa, Otacílio Mariano Neto (87.Jonílson Clovis Nascimento Breves), Rafael Martiniano de Miranda Moura. Trainer: Artur Neto.
Goals: Luan Michel Louza (34) / Carlos Alberto de Oliveira Júnior (45), Ernando Rodrigues Lopes (83).
(*Goiás EC Goiânia won on away goals rule [2-2 on aggregate]*)

18.11.2010, Estadio Casa Blanca, Quito;
Referee: Roberto Carlos Silvera (Uruguay)
LDU de Quito - CA Independiente Avellaneda   **3-2(1-0)**
LDU: José Francisco Cevallos Villavicencio, Jorge Daniel Guagua Tamayo, Norberto Carlos Araujo, Diego Armando Calderón Espinoza, Ulises Hernán de la Cruz Bernardo, Néicer Reasco Yano, Patricio Javier Urrutia Espinoza, Ángel Lizardo Cheme Ortíz (79.Walter Richard Calderón Carcelén), Carlos Ariel Luna (46.Miler Alejandro Bolaños Reasco, Hernán Barcos, Juan Manuel Salgueiro Silva (66.Christian Rolando Lara Anangonó). Trainer: Edgardo Bauza (Argentina).
Independiente: Hilario Bernardo Navarro Ruiz, Eduardo Nicolás Tuzzio, Leonel Ezequiel Galeano, Julián Alberto Velázquez, Nicolás Alejandro Cabrera, Hernán Daniel Fredes (87.Carlos Javier Matheu), Roberto Miguel Battión, Lucas Armando Mareque Buccolini, Fernando Gabriel Godoy (61.Nicolás Martínez), Facundo Manuel Carlos Parra (68.Maximiliano Nicolás Velázquez), Néstor Andrés Silvera. Trainer: Antonio Ricardo Mohamed Matijevich.
Goals: Juan Manuel Salgueiro Silva (45), Miler Alejandro Bolaños Reasco (49), Néicer Reasco Yano (57) / Néstor Andrés Silvera (58), Lucas Armando Mareque Buccolini (64).

25.11.2010, Estadio Libertadores de América, Avellaneda;
Referee: Enrique Roberto Osses Zencovich (Chile)
CA Independiente Avellaneda - LDU de Quito   **2-1(1-1)**
Independiente: Hilario Bernardo Navarro Ruiz, Leonel Ezequiel Galeano, Julián Alberto Velázquez, Eduardo Nicolás Tuzzio, Nicolás Alejandro Cabrera, Hernán Daniel Fredes, Roberto Miguel Battión (82.Maximiliano Nicolás Velázquez), Lucas Armando Mareque Buccolini, Facundo Manuel Carlos Parra (90.Carlos Javier Matheu), Néstor Andrés Silvera, Martín Alberto Gómez Manzanella (59.Fernando Gabriel Godoy). Trainer: Antonio Ricardo Mohamed Matijevich.
LDU: José Francisco Cevallos Villavicencio, Ulises Hernán de la Cruz Bernardo, Jorge Daniel Guagua Tamayo, Norberto Carlos Araujo, Néicer Reasco Yano (74.Enrique Roberto Gamez Quintero), Willian Francisco Araujo Ogonaga (78.Walter Richard Calderón Carcelén), Patricio Javier Urrutia Espinoza (60.Miler Alejandro Bolaños Reasco), Diego Armando Calderón Espinoza, Ángel Lizardo Cheme Ortíz, Juan Manuel Salgueiro Silva, Hernán Barcos. Trainer: Edgardo Bauza (Argentina).
Goals: Facundo Manuel Carlos Parra (27), Hernán Daniel Fredes (46) / Juan Manuel Salgueiro Silva (45+1).
(*CA Independiente Avellaneda won on away goals rule [4-4 on aggregate]*)

FINAL

01.12.2010, Estádio Serra Dourada, Goiânia;
Referee: Carlos Manuel Torres (Paraguay)
Goiás EC Goiânia - CA Independiente Avellaneda   **2-0(2-0)**
Goiás: Hélio César Pinto dos Anjos „Harlei", Ernando Rodrigues Lopes, Rafael Tolói, Marcos Alberto Skavinski „Marcão", Douglas Pereira dos Santos, William José de Souza „Amaral", Carlos Alberto de Oliveira Júnior, Marcelo Pereira da Costa (86.Felipe Reinaldo da Silva), Wellington Aleixo dos Santos „Wellington Saci", Rafael Martiniano de Miranda Moura, Otacílio Mariano Neto (69.Éverton Leandro dos Santos Pinto). Trainer: Artur Neto.
Independiente: Hilario Bernardo Navarro Ruiz, Julián Alberto Velázquez, Eduardo Nicolás Tuzzio, Leonel Ezequiel Galeano, Nicolás Alejandro Cabrera (80.Carlos Javier Matheu), Fernando Gabriel Godoy (46.Patricio Julián Rodríguez), Roberto Miguel Battión, Hernán Daniel Fredes (86.Maximiliano Nicolás Velázquez), Lucas Armando Mareque Buccolini, Néstor Andrés Silvera [*sent off 57*], Facundo Manuel Carlos Parra. Trainer: Antonio Ricardo Mohamed Matijevich.
Goals: 1-0 Rafael Martiniano de Miranda Moura (14), 2-0 Otacílio Mariano Neto (22).

08.12.2010, Estadio Libertadores de América, Avellaneda;
Referee: Óscar Julián Ruiz Acosta (Colombia)
CA Independiente Avellaneda - Goiás EC Goiânia   **3-1(3-1,3-1,3-1)**
                                                      5-3 on penalties
Independiente: Hilario Bernardo Navarro Ruiz, Carlos Javier Matheu, Eduardo Nicolás Tuzzio, Julián Alberto Velázquez, Nicolás Alejandro Cabrera, Hernán Daniel Fredes (107.Maximiliano Nicolás Velázquez), Roberto Miguel Battión, Lucas Armando Mareque Buccolini, Nicolás Martínez (65.Martín Alberto Gómez Manzanella), Patricio Julián Rodríguez (71.Leandro Gracián), Facundo Manuel Carlos Parra. Trainer: Antonio Ricardo Mohamed Matijevich.
Goiás: Hélio César Pinto dos Anjos „Harlei", Rafael Tolói, Ernando Rodrigues Lopes, Marcos Alberto Skavinski „Marcão", Douglas Pereira dos Santos (66.Éverton Leandro dos Santos Pinto), Wellington Aleixo dos Santos „Wellington Saci", William José de Souza „Amaral", Carlos Alberto de Oliveira Júnior, Marcelo Pereira da Costa, Otacílio Mariano Neto (75.Felipe Reinaldo da Silva), Rafael Martiniano de Miranda Moura. Trainer: Artur Neto.
Goals: 1-0 Julián Alberto Velázquez (19), 1-1 Rafael Martiniano de Miranda Moura (22), 2-1 Facundo Manuel Carlos Parra (27), 3-1 Facundo Manuel Carlos Parra (34).
Penalties: Maximiliano Nicolás Velázquez 1-0; Rafael Tolói 1-1; Facundo Manuel Carlos Parra 2-1; Éverton Leandro dos Santos Pinto 2-2; Leandro Gracián 3-2; Felipe Reinaldo da Silva (missed); Carlos Javier Matheu 4-2; Rafael Martiniano de Miranda Moura 4-3; Eduardo Nicolás Tuzzio 5-3.

Copa Sudamericana Winner 2010: **CLUB ATLÉTICO INDEPENDIENTE AVELLANEDA**

Best Goalscorer: **Rafael Martiniano de Miranda Moura** (Goiás EC Goiânia) – 8 goals

COPA SUDAMERICANA (2002-2010)		
TABLE OF HONOURS		
2002	Club Atlético San Lorenzo de Almagro Buenos Aires	(ARG)
2003	Club Sportivo Cienciano de Cuzco	(PER)
2004	Club Atlético Boca Juniors Buenos Aires	(ARG)
2005	Club Atlético Boca Juniors Buenos Aires	(ARG)
2006	Club de Fútbol Pachuca	(MEX)
2007	Arsenal Fútbol Club de Sarandí	(ARG)
2008	Sport Club Internacional Porto Alegre	(BRA)
2009	Liga Deportiva Universitaria Quito	(ECU)
2010	Club Atlético Independiente Avellaneda	(ARG)

NATIONAL ASSOCIATIONS

Argentina   Bolivia   Brazil   Chile   Colombia

Ecuador   Paraguay   Peru   Uruguay   Venezuela

ARGENTINA

The Country:	The FA:
República Argentina (Argentine Republic)	Asociación del Fútbol Argentino
Capital: Buenos Aires	Viamonte 1366/76 Buenos Aires 1053
Surface: 2,766,890km²	Foundation date: 1893
Inhabitants: 40,091,359	Member of FIFA since: 1912
Time: UTC-3	Member of CONMEBOL since: 1916

NATIONAL TEAM RECORDS

COPA AMÉRICA		WORLD CUP	
1916	Runners-up	1930	Final Tournament (Runners-up)
1917	Runners-up	1934	Final Tournament (1st Round)
1919	3rd Place	1938	Withdrew
1920	Runners-up	1950	Withdrew
1921	Winners	1954	Withdrew
1922	4th Place	1958	Final Tournament (1st Round)
1923	Runners-up	1962	Final Tournament (1st Round)
1924	Runners-up	1966	Final Tournament (Quarter-Finals)
1925	Winners	1970	Qualifiers
1926	Runners-up	1974	Final Tournament (2nd Round)
1927	Winners	1978	**Final Tournament (Winners)**
1929	Winners	1982	Final Tournament (2nd Round)
1935	Runners-up	1986	**Final Tournament (Winners)**
1937	Winners	1990	Final Tournament (Runners-up)
1939	Withdrew	1994	Final Tournament (1/16 Finals)
1941	Winners	1998	Final Tournament (Quarter-Finals)
1942	Runners-up	2002	Final Tournament (1st Round)
1945	Winners	2006	Final Tournament (Quarter-Finals)
1946	Winners	2010	Final Tournament (Quarter-Finals)
1947	Winners	PANAMERICAN GAMES	
1949	Withdrew	1951	Winners
1953	Withdrew	1955	Winners
1955	Winners	1959	Winners
1956	3rd Place	1963	Runners-up
1957	Winners	1967	Round 1
1959	Winners	1971	Winners
1959E	Runners-up	1975	3rd Place
1963	3rd Place	1979	3rd Place
1967	Runners-up	1983	Round 1
1975	Round 1	1987	3rd Place
1979	Round 1	1991	Did not enter
1983	Round 1	1995	Winners
1987	4th Place	1999	Did not enter
1989	3rd Place	2003	Winners
1991	Winners	2007	Round 1
1993	Winners	PANAMERICAN CHAMPIONSHIP	
1995	Quarter-Finals	1952	Did not enter
1997	Quarter-Finals	1956	Runners-up
1999	Quarter-Finals	1960	Winners
2001	Withdrew		
2004	Runners-up		
2007	Runners-up		
2011	*To be played*		

OLYMPIC GAMES 1896-2008
1928 (Runenrs-up), 1960, 1964, 1988, 1996 (Runners-up), **2004 & 2008 (Winners)**
FIFA CONFEDERATIONS CUP 1992-2009
1992 (Winners), 1995 (Runners-up), 2005 (Runners-up).
PLAYER WITH MOST INTERNATIONAL CAPS
Javier Adelmar Zanetti – 140 caps (1994-2011)
PLAYER WITH MOST INTERNATIONAL GOALS
Gabriel Omar Batistuta – 56 goals (78 caps, 1991-2002)

ARGENTINEAN CLUB HONOURS IN SOUTH AMERICAN CLUB COMPETITIONS:

COPA LIBERTADORES 1960-2010
CA Independiente Avellaneda (1964, 1965, 1972, 1973, 1974, 1975, 1984)
Racing Club Avellaneda (1967)
Club Estudiantes de La Plata (1968, 1969, 1970, 2009)
CA Boca Juniours Buenos Aires (1977, 1978, 2000, 2001, 2003, 2007)
AA Argentinos Juniors Bunoes Aires (1985)
CA River Plate Buenos Aires (1986, 1996)
CA Vélez Sársfield Buenos Aires (1994)
COPA SUDAMERICANA 2002-2010
CA San Lorenzo de Almagro (2002)
CA Boca Juniours Buenos Aires (2004, 2005)
Arsenal Fútbol Club de Sarandí (2007)
CA Independiente Avellaneda (2010)
COPA CONMEBOL 1992-1999
CA Rosario Central (1995)
CA Lanús (1996)
CA Talleres Córdoba (1999)
SUPERCUP „JOÃO HAVELANGE" 1988-1997*
Racing Club Avellaneda (1988)
CA Boca Juniours Buenos Aires (1989)
CA Independiente Avellaneda (1994, 1995)
CA Vélez Sársfield Buenos Aires (1996)
CA River Plate Buenos Aires (1997)
COPA MERCOSUR 1998-2001**
CA San Lorenzo de Almagro (2001)

*Contested betwenn winners of all previous editions of the Copa Libertadores
**Contested between teams belonging countries from the southern part of South America (Argentina, Brazil, Chile, Paraguay and Uruguay).

NATIONAL COMPETITIONS
TABLE OF HONOURS

NATIONAL CHAMPIONS
1891-2011

The Amateur Era in Argentine football lasted between 1891 and 1934 and it was the first league tournament outside the United Kingdom. Between 1912-1914 (FAF = Federación Argentina de Football) and 1919-1926 (AAM = Asociación Amateurs de Football), other rival Football Associations organized their own amateur championships, but this associations were not recognized by the FIFA.

	Argentinean Amateur Championship
1891	Saint Andrew's Old Caledonians
1892	*No competition*
1893	Lomas Athletic Club Buenos Aires
1894	Lomas Athletic Club Buenos Aires
1895	Lomas Athletic Club Buenos Aires
1896	Lomas Academy Buenos Aires
1897	Lomas Athletic Club Buenos Aires
1898	Lomas Athletic Club Buenos Aires
1899	Belgrano Athletic Club
1900	Buenos Aires English High School*
1901	Alumni Athletic Club
1902	Alumni Athletic Club
1903	Alumni Athletic Club
1904	Belgrano Athletic Club
1905	Alumni Athletic Club
1906	Alumni Athletic Club
1907	Alumni Athletic Club
1908	Belgrano Athletic Club
1909	Alumni Athletic Club
1910	Alumni Athletic Club
1911	Alumni Athletic Club
1912	Quilmes Atlético Club / Club Porteño (FAF)
1913	Racing Club de Avellaneda / Club Estudiantes de La Plata (FAF)
1914	Racing Club de Avellaneda / Club Porteño (FAF)
1915	Racing Club de Avellaneda
1916	Racing Club de Avellaneda
1917	Racing Club de Avellaneda
1918	Racing Club de Avellaneda
1919	Club Atlético Boca Juniors Buenos Aires / Racing Club de Avellaneda (AAM)
1920	Club Atlético Boca Juniors Buenos Aires / Club Atlético River Plate Buenos Aires (AAM)
1921	Club Atlético Huracán Buenos Aires / Racing Club de Avellaneda (AAM)
1922	Club Atlético Huracán Buenos Aires / Club Atlético Independiente Avellaneda (AAM)
1923	Club Atlético Boca Juniors Buenos Aires / Club Atlético San Lorenzo de Almagro (AAM)
1924	Club Atlético Boca Juniors Buenos Aires / Club Atlético San Lorenzo de Almagro (AAM)
1925	Club Atlético Huracán Buenos Aires / Racing Club de Avellaneda (AAM)
1926	Club Atlético Boca Juniors Buenos Aires / Club Atlético Independiente Avellaneda (AAM)

1927	Club Atlético San Lorenzo de Almagro
1928	Club Atlético Huracán Buenos Aires
1929	Club de Gimnasia y Esgrima La Plata
1930	Club Atlético Boca Juniors Buenos Aires
1931	Club Atlético Estudiantil Porteño
1932	Club Sportivo Barracas Bolívar
1933	Club Sportivo Dock Sud Avellaneda
1934	Club Atlético Estudiantil Porteño

*became later Alumni Athletic Club

The best teams played since 1931 for the Professional League, founded in 1931. Between 1967 and 1985 two championships were played:
Metropolitano (=Met; First Division) with the club teams based in the Metropolitan area.
Nacional (=Nac) played with teams from all regions.

Between 1985/1986 and 1990/1991, the League played on European style, with autumn-spring seasons.

Since 1991/1992, two championships were played: **Apertura** (=Ape) is the initial championship of the League; **Clausura** (=Cla) is the last championship of the League.

	Argentinean Professional Championship
1931	Club Atlético Boca Juniors Buenos Aires
1932	Club Atlético River Plate Buenos Aires
1933	Club Atlético San Lorenzo de Almagro
1934	Club Atlético Boca Juniors Buenos Aires
1935	Club Atlético Boca Juniors Buenos Aires
1936	Club Atlético River Plate Buenos Aires
1937	Club Atlético River Plate Buenos Aires
1938	Club Atlético Independiente Avellaneda
1939	Club Atlético Independiente Avellaneda
1940	Club Atlético Boca Juniors Buenos Aires
1941	Club Atlético River Plate Buenos Aires
1942	Club Atlético River Plate Buenos Aires
1943	Club Atlético Boca Juniors Buenos Aires
1944	Club Atlético Boca Juniors Buenos Aires
1945	Club Atlético River Plate Buenos Aires
1946	Club Atlético San Lorenzo de Almagro
1947	Club Atlético River Plate Buenos Aires
1948	Club Atlético Independiente Avellaneda
1949	Racing Club de Avellaneda
1950	Racing Club de Avellaneda
1951	Racing Club de Avellaneda
1952	Club Atlético River Plate Buenos Aires
1953	Club Atlético River Plate Buenos Aires
1954	Club Atlético Boca Juniors Buenos Aires
1955	Club Atlético River Plate Buenos Aires
1956	Club Atlético River Plate Buenos Aires
1957	Club Atlético River Plate Buenos Aires
1958	Racing Club de Avellaneda
1959	Club Atlético San Lorenzo de Almagro
1960	Club Atlético Independiente Avellaneda
1961	Racing Club de Avellaneda
1962	Club Atlético Boca Juniors Buenos Aires

1963	Club Atlético Independiente Avellaneda	
1964	Club Atlético Boca Juniors Buenos Aires	
1965	Club Atlético Boca Juniors Buenos Aires	
1966	Racing Club de Avellaneda	
1967	Met:	Club Estudiantes de La Plata
	Nac:	Club Atlético Independiente Avellaneda
1968	Met:	Club Atlético San Lorenzo de Almagro
	Nac:	Club Atlético Vélez Sársfield Buenos Aires
1969	Met:	Club Atlético Chacarita Juniors San Martín
	Nac:	Club Atlético Boca Juniors Buenos Aires
1970	Met:	Club Atlético Independiente Avellaneda
	Nac:	Club Atlético Boca Juniors Buenos Aires
1971	Met:	Club Atlético Independiente Avellaneda
	Nac:	Club Atlético Rosario Central
1972	Met:	Club Atlético San Lorenzo de Almagro
	Nac:	Club Atlético San Lorenzo de Almagro
1973	Met:	Club Atlético Huracán Buenos Aires
	Nac:	Club Atlético Rosario Central
1974	Met:	Club Atlético Newell's Old Boys Rosario
	Nac:	Club Atlético San Lorenzo de Almagro
1975	Met:	Club Atlético River Plate Buenos Aires
	Nac:	Club Atlético River Plate Buenos Aires
1976	Met:	Club Atlético Boca Juniors Buenos Aires
	Nac:	Club Atlético Boca Juniors Buenos Aires
1977	Met:	Club Atlético River Plate Buenos Aires
	Nac:	Club Atlético Independiente Avellaneda
1978	Met:	Quilmes Atlético Club
	Nac:	Club Atlético Independiente Avellaneda
1979	Met:	Club Atlético River Plate Buenos Aires
	Nac:	Club Atlético River Plate Buenos Aires
1980	Met:	Club Atlético River Plate Buenos Aires
	Nac:	Club Atlético Rosario Central
1981	Met:	Club Atlético Boca Juniors Buenos Aires
	Nac:	Club Atlético River Plate Buenos Aires
1982	Nac:	Club Ferro Carril Oeste Buenos Aires
	Met:	Club Estudiantes de La Plata
1983	Nac:	Club Estudiantes de La Plata
	Met:	Club Atlético Independiente Avellaneda
1984	Nac:	Club Ferro Carril Oeste Buenos Aires
	Met:	Asociación Atlética Argentinos Juniors Buenos Aires
1985	Nac:	Asociación Atlética Argentinos Juniors Buenos Aires
1985/1986	Club Atlético River Plate Buenos Aires	
1986/1987	Club Atlético Rosario Central	
1987/1988	Club Atlético Newell's Old Boys Rosario	
1988/1989	Club Atlético Independiente Avellaneda	
1989/1990	Club Atlético River Plate Buenos Aires	
1990/1991	Club Atlético Newell's Old Boys Rosario	
1991/1992	Ape:	Club Atlético River Plate Buenos Aires
	Cla:	Club Atlético Newell's Old Boys Rosario
1992/1993	Ape:	Club Atlético Boca Juniors Buenos Aires
	Cla:	Club Atlético Vélez Sársfield Buenos Aires
1993/1994	Ape:	Club Atlético River Plate Buenos Aires

	Cla:	Club Atlético Independiente Avellaneda
1994/1995	Ape:	Club Atlético River Plate Buenos Aires
	Cla:	Club Atlético San Lorenzo de Almagro
1995/1996	Ape:	Club Atlético Vélez Sársfield Buenos Aires
	Cla:	Club Atlético Vélez Sársfield Buenos Aires
1996/1997	Ape:	Club Atlético River Plate Buenos Aires
	Cla:	Club Atlético River Plate Buenos Aires
1997/1998	Ape:	Club Atlético River Plate Buenos Aires
	Cla:	Club Atlético Vélez Sársfield Buenos Aires
1998/1999	Ape:	Club Atlético Boca Juniors Buenos Aires
	Cla:	Club Atlético Boca Juniors Buenos Aires
1999/2000	Ape:	Club Atlético River Plate Buenos Aires
	Cla:	Club Atlético River Plate Buenos Aires
2000/2001	Ape:	Club Atlético Boca Juniors Buenos Aires
	Cla:	Club Atlético San Lorenzo de Almagro
2001/2002	Ape:	Racing Club de Avellaneda
	Cla:	Club Atlético River Plate Buenos Aires
2002/2003	Ape:	Club Atlético Independiente Avellaneda
	Cla:	Club Atlético River Plate Buenos Aires
2003/2004	Ape:	Club Atlético Boca Juniors Buenos Aires
	Cla:	Club Atlético River Plate Buenos Aires
2004/2005	Ape:	Club Atlético Newell's Old Boys Rosario
	Cla:	Club Atlético Vélez Sársfield Buenos Aires
2005/2006	Ape:	Club Atlético Boca Juniors Buenos Aires
	Cla:	Club Atlético Boca Juniors Buenos Aires
2006/2007	Ape:	Club Estudiantes de La Plata
	Cla:	Club Atlético San Lorenzo de Almagro
2007/2008	Ape:	Club Atlético Lanús
	Cla:	Club Atlético River Plate Buenos Aires
2008/2009	Ape:	Club Atlético Boca Juniors Buenos Aires
	Cla:	Club Atlético Vélez Sársfield Buenos Aires
2009/2010	Ape:	Club Atlético Banfield
	Cla:	Asociación Atlética Argentinos Juniors Buenos Aires
2010/2011	Ape:	Club Estudiantes de La Plata
	Cla:	*Clausura Championship not yet finished*

TOP SCORERS
1891-2011

	Argentinean Amateur Championship	
1891	F. Archer (Buenos Aires & Rosario railway)	7
1892	*No competition*	
1893	William Leslie (Lomas AC Buenos Aires)	7
1894	James Gifford (Flores Athletic Club)	4
1895	*Not awarded*	
1896	T. F. Allen (Flores Athletic Club), Juan O. Anderson (Lomas AC Buenos Aires)	7
1897	William Stirling (Lomas AC Buenos Aires)	20
1898	T. F. Allen (Lanús Athletic)	11
1899	Percy Hooton (Belgrano AC)	3
1900	Spencer Leonard (Buenos Aires English High School)	8
1901	Herbert Dorning (Belgrano AC)	5
1902	Jorge Gibson Brown (Alumni AC)	11

Year	Player(s)	Goals
1903	Jorge Gibson Brown (Alumni AC)	12
1904	Alfredo Carr Brown (Alumni AC)	11
1905	Tristán González (CA Estudiantes Buenos Aires), Carlos Lett (Alumni AC)	12
1906	Eliseo Brown (Alumni AC), Percy Hooton (Quilmes AC), Henry Lawrie (Lomas AC Buenos Aires), C. H. Whaley (Belgrano AC)	8
1907	Eliseo Brown (Alumni AC)	24
1908	Eliseo Brown (Alumni AC)	19
1909	Eliseo Brown (Alumni AC)	17
1910	Watson Hutton & Arnold Pencliff (Alumni AC)	13
1911	Ricardo S. Malbrán (San Isidro AC), Ricardo S. Malbrán (Alumni AC), Antonio Piaggio (Club Porteño)	10
1912	Alberto Bernardino Ohaco (Racing Club de Avellaneda)	9
	Enrique Colla (CA Independiente Avellaneda)/FAF	12
1913	Alberto Bernardino Ohaco (Racing Club de Avellaneda)	20
	Guillermo Dannaher (CA Argentino de Quilmes)/FAF	16
1914	Alberto Bernardino Ohaco (Racing Club de Avellaneda)	20
	Norberto Carabelli (Club Hispano Argentino)/FAF	11
1915	Alberto Bernardino Ohaco (Racing Club de Avellaneda)	31
1916	Marius Hiller (Club de Gimnasia y Esgrima La Plata)	16
1917	Alberto Andrés Marcovecchio (Racing Club de Avellaneda)	18
1918	Albérico Zabaleta (Racing Club de Avellaneda)	13
1919	Alfredo Garassino, Alfredo Martín (CA Boca Juniors Buenos Aires)	6
	Alberto Andrés Marcovecchio (Racing Club de Avellaneda)/AAM	12
1920	Fausto Lucarelli (CA Banfield)	15
	Santiago Carreras (CA Vélez Sársfield Buenos Aires)/AAM	19
1921	Guillermo Dannaher (CA Huracán Buenos Aires)	23
	Albérico Zabaleta (Racing Club de Avellaneda)/AAM	32
1922	J. Clarke (Sportivo Palermo), Domingo Alberto Tarasconi (CA Boca Juniors)	11
	Manuel Seoane (CA Independiente Avellaneda)/AAM	55
1923	Domingo Alberto Tarasconi (CA Boca Juniors Buenos Aires)	40
	Martín Barceló (Racing Club de Avellaneda)/AAM	15
1924	Domingo Alberto Tarasconi (CA Boca Juniors Buenos Aires)	16
	Ricardo Lucarelli (Sportivo Buenos Aires), Luis Ravaschino (CA Independiente Avellaneda)/AAM	15
1925	José Gaslini (CA Chacarita Juniors San Martín)	16
	Alberto Bellomo (Estudiantes de La Plata)/AAM	16
1926	Roberto Eugenio Cerro (CA Boca Juniors Buenos Aires)	20
	Manuel Seoane (CA Independiente Avellaneda)/AAM	29
1927	Domingo Alberto Tarasconi (CA Boca Juniors Buenos Aires)	32
1928	Roberto Eugenio Cerro (CA Boca Juniors Buenos Aires)	32
1929	Juan Bautista Cortesse (CA San Lorenzo de Almagro), Manuel Seoane (CA Independiente Avellaneda)	13
1930	Roberto Eugenio Cerro (CA Boca Juniors Buenos Aires)	37
1931	Julio Ciancia (Club Almagro)	14
1932	Juan Carlos Irurieta (CA All Boys Buenos Aires)	23
1933	A. Lorenzo (CA Barracas Central Buenos Aires)	16
1934	C. Maseda (CA Argentino de Quilmes), Domingo Alberto Tarasconi (Club General San Martín)	16
Argentinean Professional Championship		
1931	Alberto Máximo Zozaya (Club Estudiantes de La Plata)	33
1932	Bernabé Ferreyra (CA River Plate Buenos Aires)	43
1933	Francisco Antonio Varallo (CA Boca Juniors Buenos Aires)	34

1934	Evaristo Vicente Barrera (Racing Club de Avellaneda)	34
1935	Agustín Cosso (CA Vélez Sársfield Buenos Aires)	33
1936	Evaristo Vicente Barrera (Racing Club de Avellaneda)	33
1937	Arsenio Pastor Erico (CA Independiente Avellaneda)	47
1938	Arsenio Pastor Erico (CA Independiente Avellaneda)	43
1939	Arsenio Pastor Erico (CA Independiente Avellaneda)	40
1940	Delfín Benítez Cáceres (Racing Club de Avellaneda)	
	Isidro Lángara Galarraga (CA San Lorenzo de Almagro)	33
1941	José Canteli (CA Newell's Old Boys Rosario)	30
1942	Rinaldo Fioramonte Martino (CA San Lorenzo de Almagro)	25
1943	Luis Arrieta (CA Lanús),	
	Ángel Amadeo Labruna (CA River Plate Buenos Aires),	
	Raúl Frutos (CA Platense)	23
1944	Atilio Mellone (CA Huracán Buenos Aires)	26
1945	Ángel Amadeo Labruna (CA River Plate Buenos Aires)	25
1946	Mario Emilio Heriberto Boyé Auterio (CA Boca Juniors Buenos Aires)	24
1947	Alfredo Di Stéfano Laulhé (CA River Plate Buenos Aires)	27
1948	Benjamín Santos (CA Rosario Central)	27
1949	Llamil Simes (Racing Club de Avellaneda),	
	Juan José Pizzuti (CA Banfield)	26
1950	Mario Papa (CA San Lorenzo de Almagro)	24
1951	Júlio Carlos Santiago Vernazza (CA River Plate Buenos Aires)	22
1952	Eduardo Ricagni (CA Huracán Buenos Aires)	28
1953	Juan José Pizzuti (Racing Club de Avellaneda),	
	Juan Benavidez (CA San Lorenzo de Almagro)	22
1954	Angel Antonio Berni Gómez (PAR, CA San Lorenzo de Almagro),	
	Norberto Conde (CA Vélez Sársfield Buenos Aires),	
	José Borello (CA Boca Juniors Buenos Aires)	19
1955	Oscar Massei (CA Rosario Central)	21
1956	Juan Alberto Castro (CA Rosario Central),	
	Ernesto Grillo (CA Independiente Avellaneda)	17
1957	Roberto Zárate (CA River Plate Buenos Aires)	22
1958	José Francisco Sanfilippo (CA San Lorenzo de Almagro)	28
1959	José Francisco Sanfilippo (CA San Lorenzo de Almagro)	31
1960	José Francisco Sanfilippo (CA San Lorenzo de Almagro)	34
1961	José Francisco Sanfilippo (CA San Lorenzo de Almagro)	26
1962	Luis Artime (CA River Plate Buenos Aires)	28
1963	Luis Artime (CA River Plate Buenos Aires)	26
1964	Héctor Rodolfo Veira (CA San Lorenzo de Almagro)	17
1965	Juan Carlos Carone (CA Vélez Sársfield Buenos Aires)	19
1966	Luis Artime (CA Independiente Avellaneda)	23
1967	Met: Bernardo Acosta (CA Lanús)	18
	Nac: Luis Artime (CA Independiente Avellaneda)	11
1968	Met: Alfredo Domingo Obberti (CA Los Andes)	13
	Nac: Omar Wehbe (CA Vélez Sársfield Buenos Aires)	13
1969	Met: Walter Machado (Racing Club de Avellaneda)	14
	Nac: Rodolfo José Fischer (CA San Lorenzo de Almagro),	
	Carlos Bulla (CA Platense)	14
1970	Met: Oscar Antonio Más (CA River Plate Buenos Aires)	16
	Nac: Carlos Arcecio Bianchi (CA Vélez Sársfield Buenos Aires)	18
1971	Met: Carlos Arcecio Bianchi (CA Vélez Sársfield Buenos Aires)	36

Año	Torneo	Jugador	Goles
	Nac:	Alfredo Domingo Obberti (CA Newell's Old Boys Rosario), José Luñíz (Centro Juventud Antoniana Salta)	10
1972	Met:	Miguel Ángel Brindisi (CA Huracán Buenos Aires)	21
	Nac:	Carlos Manuel Morete (CA River Plate Buenos Aires)	14
1973	Met:	Oscar Antonio Más (CA River Plate Buenos Aires), Hugo Alberto Curioni (CA Boca Juniors Buenos Aires), Ignacio Peña (Club Estudiantes de La Plata)	17
	Nac:	Juan Gómez Voglino (CA Atlanta Buenos Aires)	18
1974	Met:	Carlos Manuel Morete (CA River Plate Buenos Aires)	18
	Nac:	Mario Alberto Kempes (CA Rosario Central)	25
1975	Met:	Héctor Horacio Scotta (CA San Lorenzo de Almagro)	28
	Nac:	Héctor Horacio Scotta (CA San Lorenzo de Almagro)	32
1976	Met:	Mario Alberto Kempes (CA Rosario Central)	21
	Nac:	Norberto Eresumo (San Lorenzo de Mar del Plata), Luis Ludueña (CA Talleres Córdoba), Víctor Marchetti (CA Unión de Santa Fé)	12
1977	Met:	Carlos Álvarez (AA Argentinos Juniors Buenos Aires)	27
	Nac:	Alfredo Letanú (Club Estudiantes de La Plata)	13
1978	Met:	Diego Armando Maradona (AA Argentinos Juniors Buenos Aires), Luis Andreucci (Quilmes AC)	22
	Nac:	José Omar Reinaldi (CA Talleres Córdoba)	18
1979	Met:	Diego Armando Maradona (AA Argentinos Juniors Buenos Aires), Sergio Élio Fortunato (Club Estudiantes de La Plata)	14
	Nac:	Diego Armando Maradona (AA Argentinos Juniors Buenos Aires)	12
1980	Met:	Diego Armando Maradona (AA Argentinos Juniors Buenos Aires)	25
	Nac:	Diego Armando Maradona (AA Argentinos Juniors Buenos Aires)	17
1981	Met:	Raúl Chaparro (Instituto Atlético Central Córdoba)	20
	Nac:	Carlos Arcecio Bianchi (CA Vélez Sársfield Buenos Aires)	15
1982	Nac:	Miguel Juárez (Club Ferro Carril Oeste Buenos Aires)	22
	Met:	Carlos Manuel Morete (CA Independiente Avellaneda)	20
1983	Nac:	Armando Mario Husillos (Club Social y Deportivo Loma Negra Olavarría)	11
	Met:	Víctor Rogelio Ramos (CA Newell's Old Boys Rosario)	30
1984	Nac:	Pedro Pablo Pasculli (AA Argentinos Juniors Buenos Aires)	9
	Met:	Enzo Francescoli Uriarte (URU, CA River Plate Buenos Aires)	24
1985	Nac:	Jorge Alberto Comas Romero (CA Vélez Sársfield Buenos Aires)	12
1985/1986		Enzo Francescoli Uriarte (URU, CA River Plate Buenos Aires)	25
1986/1987		Omar Arnaldo Palma (CA Rosario Central)	20
1987/1988		José Luis Rodríguez (Club Social, Deportivo y Cultural Español Buenos Aires)	18
1988/1989		Oscar Alberto Dertycia Álvarez (AA Argentinos Juniors Buenos Aires), Néstor Raúl Gorosito (CA San Lorenzo de Almagro)	20
1989/1990		Ariel Osvaldo Cozzoni (CA Newell's Old Boys Rosario)	23
1990/1991		Esteban Fernando González Sánchez (CA Vélez Sársfield Buenos Aires)	18
1991/1992	Ape:	Ramón Ángel Díaz (CA River Plate Buenos Aires)	14
	Cla:	Darío Oscar Scotto (CA Platense), Diego Fernando Latorre (CA Boca Juniors Buenos Aires)	9
1992/1993	Ape:	Alberto Federico Acosta (CA San Lorenzo de Almagro)	12
	Cla:	Rubén Fernando da Silva Echeverrito (URU, CA River Plate Buenos Aires)	13
1993/1994	Ape:	Sergio Daniel Martínez Alzuri (URU, CA Boca Juniors Buenos Aires)	12
	Cla:	Marcelo Fabian Espina (CA Platense), Marcelo Fabian Espina (CA River Plate Buenos Aires)	11
1994/1995	Ape:	Enzo Francescoli Uriarte (URU, CA River Plate Buenos Aires)	12
	Cla:	José Oscar Flores (CA Vélez Sársfield Buenos Aires)	14

1995/1996	Ape:	José Luis Calderón (Club Estudiantes de La Plata)	13
	Cla:	Ariel Maximiliano López (CA Lanús)	13
1996/1997	Ape:	Gustavo Enrique Reggi (CA Newell's Old Boys Rosario)	11
	Cla:	Sergio Daniel Martínez Alzuri (URU, CA Boca Juniors Buenos Aires)	15
1997/1998	Ape:	Rubén Fernando da Silva Echeverrito (URU, CA Rosario Central)	15
	Cla:	Roberto Carlos Sosa (Club de Gimnasia y Esgrima La Plata)	16
1998/1999	Ape:	Martín Palermo (CA Boca Juniors Buenos Aires)	20
	Cla:	José Luis Calderón (CA Independiente Avellaneda)	17
1999/2000	Ape:	Javier Pedro Saviola Fernández (CA River Plate Buenos Aires)	15
	Cla:	Oscar Esteban Fuertes (CA Colón)	17
2000/2001	Ape:	Juan Pablo Ángel (COL, CA River Plate Buenos Aires)	13
	Cla:	Bernardo Daniel Romeo (CA San Lorenzo de Almagro)	15
2001/2002	Ape:	Martín Alejandro Cardetti (CA River Plate Buenos Aires)	17
	Cla:	Fernando Ezequiel Cavenaghi (CA River Plate Buenos Aires)	15
2002/2003	Ape:	Néstor Andrés Silvera (CA Independiente Avellaneda)	16
	Cla:	Luciano Gabriel Figueroa Herrera (CA Rosario Central)	17
2003/2004	Ape:	Ernesto Antonio Farías (Club Estudiantes de La Plata)	12
	Cla:	Rolando David Zárate Riga (CA Vélez Sársfield Buenos Aires)	13
2004/2005	Ape:	Lisandro López (Racing Club de Avellaneda)	12
	Cla:	Hugo Mariano Pavone (Club Estudiantes de La Plata)	16
2005/2006	Ape:	Javier Edgardo Bustamante Cámpora (CA Tiro Federal Argentino Rosario)	13
	Cla:	Gonzalo Vargas Abella (URU, Club de Gimnasia y Esgrima La Plata)	12
2006/2007	Ape:	Mauro Matías Zárate (CA Vélez Sársfield Buenos Aires), Rodrigo Sebastián Palacio (CA Boca Juniors Buenos Aires)	12
	Cla:	Martín Palermo (CA Boca Juniors Buenos Aires)	11
2007/2008	Ape:	Germán Gustavo Denis (CA Independiente Avellaneda)	18
	Cla:	Darío Cvitanich (CA Banfield)	13
2008/2009	Ape:	José Gustavo Sand (CA Lanús)	15
	Cla:	José Gustavo Sand (CA Lanús)	13
2009/2010	Ape:	Santiago Martín Silva Olivera (URU, CA Banfield)	14
	Cla:	Mauro Boselli (Club Estudiantes de La Plata)	13
2010/2011	Ape:	Santiago Martín Silva Olivera (URU, CA Vélez Sársfield Buenos Aires) Denis Stracqualursi (CA Tigre Victoria)	11
	Cla:	*Clausura Championship not yet finished*	

NATIONAL CHAMPIONSHIP 2010/2011
Torneo IVECO del Bicentenario Apertura 2010

#	Club	P	W	D	L	GF	-	GA	Pts
1.	**Club Estudiantes de La Plata**	19	14	3	2	32	-	8	45
2.	CA Vélez Sársfield Buenos Aires	19	13	4	2	33	-	9	43
3.	Arsenal FC de Sarandí	19	9	5	5	22	-	19	32
4.	CA River Plate Buenos Aires	19	8	7	4	21	-	18	31
5.	CD Godoy Cruz Mendoza	19	7	8	4	32	-	25	29
6.	Racing Club de Avellaneda	19	8	5	6	25	-	18	29
7.	CA Lanús	19	8	4	7	20	-	25	28
8.	CA All Boys Buenos Aires	19	7	5	7	24	-	23	26
9.	CA Newell's Old Boys Rosario	19	6	8	5	13	-	12	26
10.	CA Colón de Santa Fé	19	7	5	7	21	-	29	26
11.	CA Boca Juniors Buenos Aires	19	7	4	8	20	-	20	25
12.	CA Tigre Victoria	19	7	4	8	24	-	24	25
13.	AA Argentinos Juniors Buenos Aires	19	6	6	7	22	-	21	24
14.	CA San Lorenzo de Almagro	19	6	6	7	18	-	20	24
15.	CA Banfield	19	4	8	7	20	-	19	20
16.	Quilmes Atlético Club	19	4	7	8	14	-	23	19
17.	Club Olimpo de Bahía Blanca	19	5	3	11	18	-	26	18
18.	CA Huracán Buenos Aires	19	4	4	11	16	-	33	16
19.	Club de Gimnasia y Esgrima La Plata	19	3	6	10	13	-	23	15
20.	CA Independiente Avellaneda	19	2	8	9	13	-	26	14

NATIONAL CHAMPIONSHIP 2010/2011
Torneo IVECO del Bicentenario Clausura 2011

The Clausura 2011 Championship will be finished on June 19 2011. Final table of the Clausura 2011, Relegation Table 2010/2011 and statistics about Relegation/Promotion Play/offs will be published in the next edition of „South American Football Yearbook"!

CLUB ATLÉTICO ALL BOYS BUENOS AIRES

Foundation date: March 15, 1913
Address: Álvarez Jonte 4180, Ciudad de Buenos Aires
Stadium: Estadio Islas Malvinas, Buenos Aires - Capacity: 24,000

THE SQUAD

	DOB
Goalkeepers:	
Nicolás Carlos Cambiasso	02.03.1978
Lucas Di Grazia	03.06.1986
Matías Fernando Giordano	11.09.1979
Defenders:	
Diego Andrés Ayala Santacruz	09.01.1990
Mariano Sebastián Brau	10.07.1982
Carlos Damián Casteglione	09.05.1980
Eduardo Rodrigo Domínguez	01.09.1978
Jonathan Ferrari	08.05.1987
Carlos Alberto Madeo	31.07.1981
Armando Esteban Panceri	14.03.1985
Mauricio Prol	28.01.1989
Matías Rudler	25.04.1988
Carlos Daniel Soto	20.01.1984
Cristian Daniel Vella	06.03.1978
Midfielders:	
Hugo Alberto Barrientos	03.01.1977
Sebastián Hugo Grazzini	25.01.1981
Víctor David López	20.04.1987
Emanuel Perea	08.04.1985
Lucas Roberto Rimoldi	07.08.1980
Juan Pablo Rodríguez Conde	14.06.1982
Fernando Sánchez	20.01.1976
Facundo Tessoro	13.06.1986
Marcelo Javier Vieytes	02.01.1979
Forwards:	
Gustavo Javier Bartelt	02.09.1974
Sebastián Adolfo Ereros	14.04.1985
Cristian Gastón Fabbiani	03.09.1983
Emmanuel Gigliotti	20.05.1987
Mauro Matos	06.08.1982
Ariel Arnaldo Ortega	04.03.1974
Matías Augusto Pérez García	13.10.1984
Henry Emanuel Rui	24.08.1990
Matías Saad	16.06.1980
Agustín Gonzalo Torassa	20.10.1988
Ariel Silvio Zárate Riga	13.07.1973
Trainer:	
José Santos Romero	03.11.1951

ASOCIACIÓN ATLÉTICA ARGENTINOS JUNIORS

Foundation date: August 15, 1904
Address: Asociación Atlética Argentinos Juniors, Punta Arenas 1271, [C1427DQB], Buenos Aires
Stadium: Estadio „Diego Armando Maradona", La Paternal, Buenos Aires – Capacity: 24,800

THE SQUAD

	DOB
Goalkeepers:	
Juan Ignacio Carrera	10.03.1981
Luis Alberto Ojeda	21.03.1990
Nicolás Gastón Navarro	25.03.1985
Defenders:	
Nicolás Berardo	26.07.1990
Federico Hernán Domínguez	13.08.1976
Julián Fernández	18.07.1989
Santiago Juan Gentiletti	09.01.1985
Federico José Pistone	13.06.1990
Gonzalo Sebastián Prósperi	28.09.1985
Lucas Rodríguez	27.09.1993
Juan Alberto Sabia	17.12.1981
Miguel Ángel Torrén	12.08.1988
Midfielders:	
Germán Rodrigo Basualdo	22.07.1980
Mauro Ezequiel Bogado	31.05.1985
Lionel Coudannes	09.05.1984
Sergio Daniel Escudero	12.04.1983
Emilio Exequiel Hernández Hernández (CHI)	14.09.1984
Matías Laba	11.12.1991
Juan Ignacio Mercier	02.02.1980
Ramón Darío Ocampo	21.06.1986
Néstor Ezequiel Ortigoza (PAR)	07.10.1984
Carlos Ariel Recalde González (PAR)	14.12.1983
Cristian Nicolás Sánchez Prette	10.05.1985
Eial Strahman	21.06.1989
Forwards:	
Leandro Iván Barrera	22.02.1991
Nicolás Blandi	13.01.1990
Fabio Escobar Benítez (PAR)	15.02.1982
Pedro Pablo Hernández	24.10.1986
Franco Niell	22.05.1983
Gustavo Andrés Oberman	25.03.1985
Jonathan Páez	26.02.1987
Ciro Pablo Rius Aragallo	27.10.1988
Gonzalo Rodríguez	10.05.1991
Andrés Fabricio Romero	21.12.1989
Matías Rotondi	29.01.1992
Hernán Matías Salazar	02.05.1990
Santiago Gabriel Salcedo González (PAR)	06.09.1981
Gonzalo Vargas Abella (URU)	22.09.1981
Trainer:	
Pedro Antonio Troglio	28.07.1965

ARSENAL FÚTBOL CLUB DE SARANDÍ
Foundation date: January 11, 1957
Address: J. Díaz de Solís 3660, CP: 1872, Sarandí, Buenos Aires
Stadium: Estadio „Julio H. Grondona", Buenos Aires - Capacity: 16,000

THE SQUAD

	DOB
Goalkeepers:	
Cristian Daniel Campestrini	16.06.1980
Catriel Iván Víctor Orcellet	10.05.1978
Defenders:	
Pablo César Aguilar Benítez (PAR)	02.04.1987
Ignacio Boggino	22.02.1986
Cristian Enrique Cepeda	05.02.1991
Juan Ángel Krupoviesa	16.04.1979
Lisandro Ezequiel López	01.09.1989
Gonzalo Ezequiel Menéndez	16.12.1992
Martín Hugo Nervo	06.01.1991
Gustavo Ariel Toranzo	15.09.1987
Midfielders:	
Marcos Sebastián Aguirre	30.03.1984
Cristian Osvaldo Álvarez	09.01.1978
Leandro Víctor Argüello	29.07.1990
Juan Pablo Caffa	30.09.1984
Gonzalo Gabriel Choy González (URU)	11.11.1981
Gastón Rubén Esmeraldo	08.02.1978
Hernán Adrián González	20.11.1976
Cristian Gustavo Leiva	26.09.1977
Iván José Marcone	30.06.1988
Jorge Alberto Ortíz	20.06.1984
Damián Pérez	22.12.1988
Nahuel Sachetto	06.02.1988
Sergio Román Sena	25.08.1982
Facundo Ezequiel Silva	19.01.1981
Forwards:	
Gustavo Matías Alustiza	31.05.1984
Gustavo Ezequiel Blanco Leschuk	18.08.1981
Andrés Franzoia	21.10.1985
Mauro Iván Óbolo	28.09.1981
Luciano Félix Leguizamón	01.07.1982
Franco Daniel Mendoza	18.08.1981
Claudio Ezequiel Mosca	02.04.1991
Matías Javier Sierra	19.02.1990
Mariano Sebastián Trípodi	03.07.1987
Trainer:	
Gustavo Julio Alfaro	14.08.1962

CLUB ATLÉTICO BANFIELD

Foundation date: January 21, 1896
Address: Avenida Valentín Vergara 1635/55, Banfield, Provincia BA Lomas de Zamora
Stadium: Estadio „Florencio Sola", Banfield, Buenos Aires - Capacity: 37,245

THE SQUAD

	DOB
Goalkeepers:	
Enrique Alberto Bologna Gómez	13.02.1982
Sebastián Alberto López	14.09.1985
Pablo Ariel Santillo	07.03.1980
Defenders:	
Julio Eduardo Barraza	03.04.1980
Walter Marcelo Bustamante	17.02.1980
Alejandro Alfredo Delfino	18.09.1989
José Ricardo Devaca Sánchez (PAR)	18.09.1982
Mauro Dos Santos	07.07.1989
Santiago Andrés Ladino	21.10.1980
Víctor Rubén López	19.12.1978
Favio Segovia	12.01.1989
Gustavo Toledo	19.09.1989
Nicolás Alejandro Tagliafico	31.08.1992
Midfielders:	
Alejandro Barbaro	20.01.1992
Maximiliano Andrés Bustos	05.01.1982
Marcelo Adrián Carrusca	01.09.1983
Walter Daniel Erviti Roldán	12.06.1980
Jonatan David Gómez	21.12.1989
Marcelo González	28.02.1990
Gabriel Antonio Méndez	08.05.1988
Hernán Pereyra	21.02.1990
Emanuel Pío	04.11.1988
Marcelo Nildo Quinteros	23.12.1976
Julián Guillermo Rojas (COL)	28.02.1990
Ariel Javier Rosada	11.04.1978
Federico Javier Sardella	16.04.1988
Nahuel Yeri	12.09.1991
Forwards:	
Jorge Daniel Achucarro (PAR)	06.11.1981
Jerónimo Barrales	27.01.1983
Nicolás Bauchet	02.07.1989
Cristian Andrés García	29.04.1988
Rubén Darío Ramírez	17.10.1982
Sebastián Ariel Romero	27.04.1978
Facundo Ferreyra	17.03.1991
Emilio José Zelaya	30.07.1987
Diego Alejandro de Souza Carballo (URU)	14.05.1984
Trainer:	
Julio César Falcioni [06.08.2010 – 18.12.2010; Resigned]	20.07.1956
Sebastián Ariel Méndez Pardiñas	04.07.1977

CLUB ATLÉTICO BOCA JUNIORS BUENOS AIRES

Foundation date: April 3, 1905
Address: Brandsen 805, C1161AAQ, La Boca, Buenos Aires
Stadium: Estadio „Alberto J. Armando" [La Bombonera], Buenos Aires - Capacity: 49,000

THE SQUAD

	DOB
Goalkeepers:	
Sebastián Ezequiel D'Angelo	14.01.1989
Javier Hernán García	29.01.1987
Cristian David Luchetti	25.06.1978
Maximiliano Scapparoni	13.01.1989
Defenders:	
David Eduardo Achucarro	05.01.1991
Leandro Damián Aguirre	08.02.1989
Omar Alejandro Alfonso	11.09.1989
José María Calvo	15.07.1981
Matías Nicolás Caruzzo	15.08.1984
Cristian Ariel Cellay	05.09.1981
Juan Manuel Insaurralde	03.10.1984
Lucas Leandro Marín	22.01.1992
Luciano Fabián Monzón	13.04.1987
Alan Pérez	20.04.1991
Clemente Juan Rodríguez	31.07.1981
Enzo Ruiz	
Gastón Sauro	23.02.1990
Santiago Hernán Villafañe	19.05.1988
Midfielders:	
Sebastián Alejandro Battaglia	08.11.1980
Exequiel Emanuel Benavídez	05.03.1989
Marcelo Cañete	15.04.1990
Cristian Manuel Chávez	16.06.1986
Carlos Nicolás Colazo	08.07.1990
David Hernán Drocco	20.01.1989
Cristian Damián Erbes	06.01.1990
Walter Daniel Erviti	12.07.1980
Damián Ariel Escudero	20.04.1987
Matías Alejandro Giménez	23.12.1984
Jonathan Mazzola	30.04.1991
Gary Alexis Medel Soto (CHI)	03.08.1987
Jesús Davíd José Méndez	01.08.1984
Esteban Gabriel Orfano	13.01.1992
Leandro Daniel Paredes	29.06.1994
Diego Alejandro Rivero	11.08.1981
Juan Román Riquelme	24.06.1978
Juan Sánchez Miño	01.01.1990
Leandro Daniel Somoza	26.01.1981
Forwards:	
Joel Acosta	16.01.1991
Sergio Ezequiel Araújo	28.01.1992
Orlando Gabriel Gaona Lugo (PAR)	25.07.1990
Juan Martín Imbert	31.03.1990
Pablo Nicolás Mouche	11.10.1987
Ricardo Daniel Noir	26.02.1987
Martín Palermo	07.11.1973
Lucas Ezequiel Viatri	29.03.1987
Trainer:	
Claudio Daniel Borghi Bidos [06.08.2010 – 17.11.2010; Resigned]	28.09.1964
Roberto Carlos Pompei [17.11.2010 – 18.12.2010; Interim]	14.03.1970
Julio César Falcioni	20.07.1956

CLUB ATLÉTICO COLÓN DE SANTA FÉ

Foundation date: May 5, 1905
Address: Colón de Santa Fé, Avenida Dr. Juan José Paso N°3535, S3000DXG, Santa Fé
Stadium: Estadio „Brigadier General Estanislao López" - Capacity: 32,500

THE SQUAD

	DOB
Goalkeepers:	
Germán Andrés Bailó	06.09.1988
Marcos Guillermo Díaz	05.02.1986
Diego Raúl Pozo	16.02.1978
Defenders:	
Mauricio Valentín Arias	10.10.1990
Ronald Raldes Balcázar (BOL)	20.04.1981
Maximiliano Caire	12.07.1988
Salustiano Antonio Candia Galeano (PAR)	08.06.1983
Ariel Hernán Garcé	14.07.1979
Marcelo Jesús Goux	21.09.1975
Gabriel Maximiliano Graciani	28.11.1992
Humberto Antonio Mendoza (COL)	02.10.1984
Ismael Alberto Quilez	16.11.1989
Juan Leandro Quiroga	20.04.1982
Germán Ezequiel Rivarola	18.04.1979
Midfielders:	
Lucas Emanuel Acosta	21.06.1988
Mauro Benildo Bellone	03.07.1990
Damián Rodrigo Díaz	01.05.1986
Ricardo Ernesto Gómez	23.10.1981
Cristian Raúl Ledesma	29.11.1978
Iván Diego Moreno y Fabianesi (ESP)	04.06.1979
Lucas Andrés Mugni	12.01.1992
Leonardo Sebastián Prediger	04.09.1986
Alfredo Germán Ramírez	28.10.1988
Facundo Sánchez	07.03.1990
Santiago Ezequiel Soto	07.05.1990
Forwards:	
Germán Ezequiel Cano	02.02.1988
Martín Nicolás Comachi	06.08.1991
Facundo Nicolás Curuchet	21.01.1990
Oscar Esteban Fuertes	26.12.1972
Federico Fernando Higuaín	25.10.1984
Joaquín Oscar Larrivey	20.08.1984
Germán Alejandro Lesman	08.09.1990
Juan Manuel Lucero Campos	26.05.1985
Carlos Martín Luque	01.03.1993
Edgar Catalino Zaracho Zorilla (PAR)	29.11.1989
Trainer:	
Antonio Ricardo Mohamed Matijevich	02.04.1970
[06.08.2010 - 21.09.2010; Resigned]	
Fernando Andrés Gamboa [27.09.2010-09.04.2011; Sacked]	28.10.1970
Mario Sciacqua [from 11.04.2011; Interim]	

CLUB ESTUDIANTES DE LA PLATA

Foundation date: August 4, 1905
Address: Estudiantes La Plata, Avenida 53 Centro N°620 B1900BAZ, La Plata
Stadium: Estadio Centenario „Dr. José Luis Meiszner", Quilmes - Capacity: 30,200

THE SQUAD

	DOB
Goalkeepers:	
Agustín Ignacio Orión	26.07.1981
Gerónimo Rulli	20.05.1992
Agustín Silva	28.06.1989
César Omar Taborda	23.01.1984
Defenders:	
Nelson Fabián Benítez	24.05.1984
Leonardo Delgado	29.11.1992
Leandro Desábato	24.01.1979
Federico Fernández	21.02.1989
Raúl Alejandro Iberbia	25.12.1989
Emanuel López	01.01.1990
Gabriel Iván Mercado	18.03.1987
Germán Davíd Ré	02.11.1981
Faustino Marcos Alberto Rojo	20.03.1990
Facundo Sebastián Roncaglia	10.02.1987
Matías Sarulyte	13.03.1989
Midfielders:	
Diego Orlando Auzqui	19.10.1989
Pablo César Barrientos	17.01.1985
Leandro Damián Benítez	05.04.1981
Roberto Matías Birge	15.01.1989
Rodrigo Braña	07.03.1979
Héctor Emiliano Cardozo	05.08.1991
Ramón Ignacio Fernández	03.12.1984
Jonathan Germano	19.10.1989
Michael Ryan Hoyos (USA)	02.08.1991
Leonardo Rafael Jara	20.05.1991
Gabriel Martín Peñalba	23.09.1984
Enzo Nicolás Pérez	22.02.1986
Matías Ariel Sánchez	18.08.1987
Darío Gustavo Stefanatto	03.04.1985
Juan Sebastián Verón	09.03.1975
Forwards:	
Carlos Daniel Auzqui	16.09.1991
Mauricio Nicolás Carrasco	24.09.1987
Gastón Nicolás Fernández	12.10.1983
Milton Galiana	01.01.1989
Leandro González	14.10.1985
Hernán Rodrigo López Mora (URU)	21.01.1978
Maximiliano Ezequiel Núñez	17.09.1986
Juan Pablo Pereyra	30.05.1984
Trainer:	
Alejandro Javier Sabella [06.08.2010 - 03.02.2011; Resigned]	05.11.1954
Manolo Eduardo Berizzo	13.11.1979

CLUB DE GIMNASIA Y ESGRIMA LA PLATA

Foundation date: June 3, 1887
Address: Gimnasia y Esgrima La Plata, Calle 4 Centro N°979/83, B1900DBG La Plata
Stadium: Estadio „Juan Carlos Zerillo", La Plata - Capacity: 24,544

THE SQUAD

	DOB
Goalkeepers:	
Yair Iván Bonnin	20.09.1990
Fernando Monetti	21.02.1989
Diego Fernando Pellegrino	31.03.1986
Gastón Alejandro Sessa	15.04.1973
Defenders:	
Antonio Ariel Agüero	18.08.1980
Raúl Alberto Albornoz	20.03.1989
Oliver Paz Benítez	07.06.1991
Pablo Ezequiel Fontanello	26.09.1984
Patricio Andrés Graff	18.11.1975
Hugo Germán Iriarte	26.03.1982
Miguel Ángel Juárez	10.01.1987
Lucas León Landa	03.04.1986
Lisandro Magallán	27.09.1993
Abel Luis Masuero	06.04.1988
Ricardo Ariel Moreira	23.02.1982
Cristian Daniel Piarrou	19.05.1988
Federico Quiroga	13.10.1989
Boris Alexis Rieloff Venegas (CHI)	08.01.1984
Leandro Sapetti	30.01.1989
Gonzalo Manuel Soto	03.04.1990
Midfielders:	
Luciano Román Aued	01.03.1987
Alejandro Rubén Capurro	31.10.1980
Milton Oscar Casco	11.04.1988
Lucas Nahuel Castro	09.04.1989
Hernán Nicolás Encina	03.11.1982
Ignacio Martín Fernández	12.01.1990
Alejandro Javier Frezzotti	15.02.1984
César Eduardo González Amais (VEN)	01.10.1982
Emiliano Jorge Rubén Méndez	15.02.1989
Dardo Federico Miloc	16.10.1990
Franco Mussis	19.04.1992
Fabián Andrés Rinaudo	15.05.1987
Alfredo Israel Roldán	08.10.1990
Forwards:	
Guillermo Barros Schelotto	04.05.1973
Gastón Ángel Casas	10.01.1978
Jorge Cristian Córdoba	12.12.1987
Agustín Ezequiel Curima	21.07.1992
Claudio Fernando Graf	31.01.1976
Walter Adrián Jiménez	29.08.1977
Álvaro Damián Navarro Bica (URU)	28.01.1985
Juan Ángel Neira	21.02.1989
Germán Ezequiel Pacheco	19.05.1991
Antonio Raúl Rojano	27.04.1991
Joaquín Romea	03.03.1993
José Nicolás Vizcarra	08.08.1984
Trainer:	
Diego Martín Cocca [06.08.2010 – 29.09.2010; Resigned]	02.11.1972
Pablo Javier Morant [30.09.2010 – 18.12.2010; Interim]	30.06.1970
Miguel Ángel Cappa [21.12.2010-01.05.2011; Sacked]	06.09.1946
Hernán Darío Ortíz [from 02.05.2011; Interim]	

CLUB DEPORTIVO GODOY CRUZ

Foundation date: June 21, 1921
Address: Balcarce 477, Godoy Cruz, Mendoza, CP 5501
Stadium: Estadio Malvinas Argentinas, Mendoza - Capacity: 48,000

THE SQUAD

	DOB
Goalkeepers:	
Nelson Martín Ibáñez	19.01.1981
Sebastián Alberto Torrico	22.02.1980
Defenders:	
Víctor Emanuel Aguilera	11.06.1989
Lucas Esteban Ceballos Maiz	03.01.1987
Cristian Germán Cuevas	28.03.1988
Jorge Winston Curbelo Garis (URU)	21.12.1981
Francisco Dutari	03.03.1988
Emir Saúl Faccioli	05.08.1989
Zelmar García	02.03.1987
Roberto Emilio Russo	06.06.1982
Darío Alejandro Salomón	04.10.1983
Paolo Ezequiel Santander	21.06.1987
Nicolás Gabriel Sánchez	04.02.1986
Leonardo Germán Sigali	28.05.1987
Germán Ariel Voboril	05.05.1987
Midfielders:	
Alejandro Maximiliano Camargo	12.06.1989
Jairo Fernando Castillo Cortés (COL)	17.11.1977
Israel Alejandro Damonte	06.01.1982
Gonzalo Orlando Díaz	01.03.1990
Mariano Martín Donda	24.03.1982
Juan Carlos Falcón	19.11.1979
Gabriel Oscar Moyano	28.07.1992
Nicolás Andrés Olmedo	10.03.1983
David Arturo Ramírez Torres	18.02.1980
Ariel Mauricio Rojas	16.01.1986
Carlos Andrés Sánchez Arcosa (URU)	02.12.1984
Sergio Daniel Sánchez	24.01.1988
Adrián Nahuel Torres	31.10.1989
Diego Nicolás Villar	25.04.1982
Federico Sebastián Villegas	15.09.1987
Forwards:	
César Alberto Carranza	16.08.1980
Pablo Martín Miranda	14.12.1984
Álvaro Damián Navarro Bica (URU)	28.01.1985
Fabricio Damián Núñez Lozano (URU)	04.11.1985
Jorge Piñeiro Da Silva	24.09.1987
Rubén Darío Ramírez	17.10.1982
Rodrigo Javier Salinas	04.06.1986
Jesús Jonathan Vera	10.01.1989
Trainer:	
Omar Andrés Asad [06.08.2010 – 14.12.2010; Resigned]	09.04.1971
Jorge Orosmán da Silva Echeverrito (Uruguay)	11.12.1961

CLUB ATLÉTICO HURACÁN BUENOS AIRES

Foundation date: November 11, 1908
Address: CA Huracán, Avenida Caseros 3159, (C1263AAA) Buenos Aires
Stadium: Estadio „Tomás Adolfo Ducó", Parque Patricios, Buenos Aires - Capacity: 48,314

THE SQUAD

	DOB
Goalkeepers:	
Lucas Calviño	08.11.1984
Esteban Daneri	21.05.1991
David González Giraldo (COL)	20.07.1982
Gastón Ezequiel Monzón	13.05.1987
Defenders:	
Nicolás Aguirre	12.04.1991
David Alcides Angeloff	18.02.1991
Bruno Bilotti	04.07.1991
Kevin Cura	03.10.1990
Juan Manuel Fernández	09.10.1991
Ezequiel Nicolás Filipetto	09.12.1987
Lautaro Roque Formica	27.01.1986
Jonathan Hereñú	21.08.1990
Rodrigo Lemos (URU)	08.03.1991
Martín López	
Luciano Alejandro Ospina Londoño	18.02.1991
Agustín Peña	08.03.1989
Carlos Quintana	11.02.1988
Facundo Hernán Quiroga	10.11.1978
Diego Manuel Rodríguez Da Luz	08.08.1986
Leonardo Villán	12.02.1992
Midfielders:	
Rodrigo Andrés Battaglia	12.07.1991
Nahuel Oviedo Betancourt	09.05.1990
Marcos Brítez Ojeda	22.05.1986
Juan Carlos Carrizo	03.06.1987
Franco Chiviló	28.04.1991
Ezequiel Gallegos	
Francisco Hernández	14.08.1989
Gastón Machín	20.02.1983
Cristian Omar Maidana	24.01.1987
César Ariel Montiglio	30.01.1984
Angel Alejandro Morales Santos	14.06.1975
José Harrison Otálvaro Arce (COL)	28.02.1986
Fernando Gabriel Pagés	17.11.1983
Matías Leonel Quiroga	25.01.1986
Robert Sales Benítez (PAR)	25.04.1990
Darío Soplan	01.02.1990
Nicolás Vallejos	
Nicolás Vélez	
Forwards:	
Julián Bottaro	28.02.1992
Javier Edgardo Campora	07.01.1980
Claudio Rubén Guerra	05.08.1983
Federico Raúl Laurito	18.05.1990
Emiliano Lencina	18.02.1989
Federico Luciano Nieto	19.01.1991
Federico Ortíz López	07.08.1989
Mariano Matías Martínez	29.01.1979
Muriel Juan Orlando	18.03.1989
Alejandro Gabriel Quintana	23.08.1990
Guillermo Ezequiel Roffes	05.03.1991
Mariano Néstor Torres	19.05.1987
Rolando David Zárate Riga	06.08.1978
Trainer:	
Héctor Oscar Rivoira [06.08.2010 – 20.09.2010; Resigned]	10.04.1960
Miguel Ángel Brindisi [22.09.2010 – 22.02.2011; Resigned]	08.10.1950
Roberto Fabián Pompei	14.03.1970

CLUB ATLÉTICO INDEPENDIENTE AVELLANEDA

Foundation date: January 1, 1905
Address: Independiente Avellaneda, Avenida Pres Bartolome Mitre N°470 B1870AAR, Avellaneda
Stadium: Estadio Libertadores de América, Avellaneda - Capacity: 32,000

THE SQUAD

	DOB
Goalkeepers:	
Walter Fabián Assmann	23.03.1986
Adrián José Gabbarini	10.10.1985
Hilario Bernardo Navarro Ruiz	14.11.1980
Diego Martín Rodríguez	25.06.1989
Defenders:	
Cristian Javier Báez	09.04.1990
Ignacio Miguel Barcia	15.06.1989
Samuel Catalino Cáceres Arza (PAR)	20.03.1989
Nicolás Delmonte	10.05.1989
Leonel Ezequiel Galeano	02.08.1991
Lucas Nahuel Kruspzky	06.04.1992
Braian Javier Luna	15.05.1991
Lucas Armando Mareque Buccolini	12.01.1983
Carlos Javier Matheu	13.05.1985
Juan Manuel Sánchez	13.05.1991
Franco Simonetti	23.08.1989
Eduardo Nicolás Tuzzio	31.07.1984
Gabriel Gustavo Vallés	31.05.1986
Julián Alberto Velázquez	23.01.1990
Maximiliano Nicolás Velázquez	14.03.1980
José Iván Vélez Castillo (COL)	16.08.1984
Midfielders:	
Roberto Miguel Battión	01.03.1982
Walter Alejandro Busse	03.03.1987
Nicolás Alejandro Cabrera	05.06.1984
Matías Adrián De Federico	23.08.1989
Hernán Daniel Fredes	27.03.1987
Leandro Gracián	06.08.1982
Fernando Gabriel Godoy	01.05.1990
Federico Andrés Mancuello	26.03.1989
Nicolás Martínez	25.09.1987
Jorge Matías Jaime	20.03.1991
Cristian Alberto Pellerano	01.02.1982
Jorge Iván Pérez	23.05.1990
Patricio Julián Rodríguez	04.05.1990
Jonathan Ezequiel Suárez	11.05.1991
Lucas Martín Villafáñez	04.10.1991
Roberto Matías Vissio	11.03.1990
Sergio Javier Vittor	06.09.1989
Forwards:	
Jairo Fernando Castillo Cortés (COL)	17.11.1977
Martín Alberto Gómez Manzanella	26.01.1983
Nicolás Mario Mazzola	28.02.1990
Brian Nieva	18.04.1990
Leonel Jorge Núñez	13.10.1984
Germán Ezequiel Pacheco	19.05.1991
Facundo Manuel Carlos Parra	15.06.1985
Néstor Andrés Silvera	14.03.1977
Trainer:	
Daniel Oscar Garnero [06.08.2010 – 20.09.2010; Resigned]	01.04.1969
Antonio Ricardo Mohamed Matijevich [from 05.10.2010]	02.04.1970

CLUB ATLÉTICO LANÚS

Foundation date: January 3, 1915
Address: CA Lanús, Calle 9 de Julio N°1680, B1824KJL Lanús
Stadium: Estadio Ciudad de Lanús / „Néstor Díaz Pérez", Lanús - Capacity: 46,619

THE SQUAD

	DOB
Goalkeepers:	
Esteban Andrada	26.01.1989
Maurico Ariel Caranta	31.07.1978
Agustín Federico Marchesín	16.03.1988
Fabián Gustavo Moyano Batres	02.01.1986
Defenders:	
Carlos Luciano Araujo	19.11.1981
Carlos Darío Arce	04.02.1985
Luciano Balbi	04.04.1989
Rodrigo Erramuspe	03.05.1990
Paolo Duval Goltz	12.05.1985
Hernán Gustavo Grana	12.04.1985
Santiago Abel Hoyos	03.06.1982
Carlos Roberto Izquierdoz	03.11.1988
Hernán Ezequiel López	23.03.1991
Maximiliano Lugo	04.12.1989
Midfielders:	
Marcos Sebastián Aguirre	30.03.1984
César Alberto Carranza	16.08.1980
Javier Carrasco	14.02.1989
Diego Hernán González	09.02.1988
Eduardo Fabián Ledesma (PAR)	07.08.1985
Agustín Daniel Pelletieri	17.05.1982
Adrián Maximiliano Peralta	08.05.1982
Guido Pizarro	26.02.1990
Diego Hernán Valeri	01.05.1986
Mario Zaninovicz	20.03.1987
Forwards:	
Erick Aparicio	25.01.1990
Sebastián Marcelo Blanco	15.03.1988
Mauro Germán Camoranesi (ITA)	04.10.1976
Germán Ezequiel Cano	02.02.1988
Gonzalo Rubén Castillejos	05.03.1986
Leandro Díaz	06.06.1992
Diego Eduardo Lagos	05.03.1986
Mario Ignacio Regueiro Pintos	09.09.1978
Nicolás Francisco Ramírez	18.02.1988
Silvio Romero	22.07.1988
Santiago Gabriel Salcedo González (PAR)	06.09.1981
Trainer:	
Luis Francisco Zubeldía [06.08.2010 – 15.11.2010; Resigned]	13.01.1981
Gabriel Francisco Schürrer Peralta	16.08.1971

CLUB ATLÉTICO NEWELL'S OLD BOYS ROSARIO
Foundation date: November 3, 1903
Address: CA Newell's Old Boys, Parque Independencia 2000, Rosario
Stadium: Estadio „Marcelo Bielsa", Rosario - Capacity: 38,095

THE SQUAD

	DOB
Goalkeepers:	
Matías Ricardo Alasia	07.05.1985
Nahuel Ignacio Guzmán	10.02.1986
Lucas Hoyos	29.04.1989
Sebastián Darío Peratta	01.11.1976
Defenders:	
Agustín Alayes	22.07.1978
Marcelo Blanc	04.07.1989
Rodrigo Chávez	05.03.1990
Gabriel Alejandro Cichero Konarek (VEN)	25.04.1984
Cristian Díaz	
Ignacio David Fideleff	04.07.1989
Fabricio Fabio Fuentes	13.10.1976
Alexis Maximiliano Machuca	10.05.1990
Rolando Carlos Schiavi	18.01.1973
Luciano Germán Vella	13.04.1981
Cristian Franco Lema	24.03.1990
Midfielders:	
Diego Mateo Alustiza	07.08.1978
Lucas Ademar Bernardi	27.09.1977
Néstor Abrahan Camacho Ledesma (PAR)	15.10.1987
Alejandro Matías Cascio	23.06.1988
Pablo Franco Dolci	01.01.1984
Federico Domínguez	17.05.1991
Marcelo Alejandro Estigarribia Balmori (PAR)	21.09.1987
Lorenzo Faravelli	29.03.1993
Mauro Fórmica	04.04.1988
Mauricio Scaglia	17.01.1990
Mauricio Ezequiel Sperdutti	16.02.1986
Martín Tonso	21.10.1989
Carlos Vaca	08.05.1988
Leonel Jesús Vangioni	05.05.1987
Leandro Sebastián Velázquez	10.05.1989
Raúl Hernán Villalba	30.11.1989
Forwards:	
Sergio Oscar Almirón	20.09.1985
Claudio Daniel Bieler	01.03.1984
Iván Emilio Borghello	12.03.1983
Juan Manuel Cobelli	27.02.1988
Fernando Emanuel Dening	04.07.1988
Federico Falcone	21.02.1990
Luis Miguel Rodríguez	01.01.1985
Daniel Salvatierra	23.02.1990
Sebastián Taborda Ramos (URU)	22.05.1981
Maximiliano Velasco	
Trainer:	
Roberto Néstor Sensini [2009-10.04.2011; Resigned]	12.10.1966
Javier Torrente [from 18.04.2011]	

CLUB OLIMPO DE BAHÍA BLANCA

Year of Formation: October 15, 1910
Address: Calle Sarmiento 52, 8000 Bahía Blanca, Provincia de Buenos Aires
Stadium: Estadio Roberto Natalio Carminatti, Bahía Blanca – Capacity: 16,000

THE SQUAD

	DOB
Goalkeepers:	
Gabriel Arias	13.09.1987
Matías Alejandro Ibáñez Basualdo	16.12.1986
Laureano Martín Tombolini	13.08.1976
Ezequiel Héctor Viola	01.09.1987
Defenders:	
Nicolás Alexis Bianchi Arce	28.01.1987
Eduardo Javier Casais	19.03.1985
Gabriel Darío Díaz Valdiviezo	02.07.1987
Federico Hernán Domínguez	13.08.1976
Diego Andrés Flamenco	21.02.1987
Pablo Ezequiel Jerez	26.07.1983
Marcelo Diego Mosset	29.09.1981
Diego Alejandro Reynoso	01.11.1981
Juan Andrés Tejera Arachichu (URU)	26.07.1983
Lucas Vasallo	23.08.1987
Cristian Damián Villanueva	25.12.1983
Midfielders:	
Martín Sebastián Aguirre	14.09.1981
Damían Eduardo Biccicontti	20.05.1987
Roberto Sebastián Brum Gutiérrez (URU)	05.07.1983
Juan Manuel Cobo Gálvez	26.11.1984
Diego Alberto Galván	19.03.1982
Sebastián Ángel Longo	27.09.1983
Juan Alberto Mauri	29.12.1988
Marcelo Israel Ricci	04.08.1986
Martín Rolle	02.02.1985
Edgar Alexis Scalco	27.03.1987
Juan Pablo Schefer	16.11.1985
David Alejandro Vega	17.11.1980
Forwards:	
Néstor Fabián Bareiro Leguizamón (PAR)	11.12.1984
Facundo Andrés Castillón	21.08.1986
Alejandro Darío Delorte	02.06.1978
Julio César Furch	29.07.1989
Marcos Litre	14.09.1988
Ezequiel Carlos Maggiolo	15.06.1977
Emerson Mariano Panigutti	13.02.1976
Carlos Antonio Salom	03.03.1987
Trainer:	
Omar de Felippe	03.04.1962

QUILMES ATLÉTICO CLUB
Year of Formation: November 27, 1887
Address: Calle Guido y Calle General Paz 1878, Quilmes, Provincia de Buenos Aires
Stadium: Estadio Centenario „Dr. José Luis Meiszner", Quilmes - Capacity: 30,200

THE SQUAD

	DOB
Goalkeepers:	
Hernán Ismael Galíndez	30.03.1987
Diego Hernán Morales	16.04.1983
Emanuel Trípodi	08.01.1981
Defenders:	
Ariel Esteban Broggi	15.01.1983
Claudio Corvalán	23.03.1989
Matías Gabriel Di Gregorio	04.06.1986
Fabricio Bautista Fontanini	30.03.1990
Danilo Telmo Gerlo	07.03.1979
Leandro Andrés Gioda	01.10.1984
Facundo Gómez	08.10.1988
Hernán Grana	12.04.1985
Cristian Damián Leyes	14.01.1986
Sebastián Rodrigo Martínez Aguirre (URU)	11.04.1983
Martín Quiles	31.03.1986
Nahuel Roselli	14.08.1985
Midfielders:	
Charles Mariano Aránguiz Sandoval (CHI)	17.04.1989
Miguel Eduardo Caneo	17.03.1983
Francisco Cerro	09.02.1988
Leandro Coronel	10.02.1988
Arnaldo González	13.05.1989
Santiago Hirsig	12.01.1978
Juan Manuel Iturbe Arévalos	04.06.1993
Enzo Kalinski	10.03.1987
Miguel Pedro López	09.06.1988
Óscar Javier Morales Albornoz (URU)	29.03.1975
Gervasio Daniel Núñez	29.01.1988
Santiago Raymonda	03.04.1979
Gustavo Antonio Varela Rodríguez (URU)	14.05.1978
Forwards:	
Paolo Daniel Cardozo	09.06.1989
Martín Cauteruccio	14.04.1987
Pablo Garnier	26.02.1981
Damián Ezequiel Gómez	14.01.1990
Juan José Morales	13.05.1982
Enrique Rafael Narvay	26.01.1990
Bernardo Daniel Romeo	10.09.1977
Diego Alberto Torres	03.07.1982
Trainer:	
Hugo Daniel Tocalli [06.08.2010 – 15.10.2010; Resigned]	21.01.1948
Leonardo Carol Madelón [18.10.2010 – 06.03.2011; Resigned]	25.01.1963
Ricardo Daniel Caruso Lombardi [from 08.03.2011]	10.02.1962

RACING CLUB DE AVELLANEDA

Foundation date: March 25, 1903
Address: Racing de Avellaneda, Avenida Pres Bartolome Mitre N°934, B1870AAW Avellaneda
Stadium: Estadio „Presidente Juan Domingo Perón", Avellaneda - Capacity: 51,389

THE SQUAD

	DOB
Goalkeepers:	
Jorge Alberto De Olivera	21.08.1982
Mauro Javier Dobler	03.01.1983
Roberto Junior Fernández (PAR)	29.03.1988
Defenders:	
Lucas Elio Aveldaño	19.07.1985
Roberto Fabián Ayala (*retired after Apertura 2010*)	12.04.1973
Marcos Antonio Cáceres (PAR)	05.05.1986
Matías Cahais	24.12.1987
Gonzalo Sebastián García	06.02.1987
Damián Andrés Ledesma	21.05.1982
Brian Emanuel Lluy	25.04.1989
Matías Alfredo Martínez	24.03.1988
Iván Alexis Pillud	24.04.1986
Nicolás Miguel Sáinz	16.06.1989
Midfielders:	
Giovani Andrés Moreno Cardona (COL)	01.07.1986
Lucas Martín Castromán	02.10.1980
José Luis Férnandez	26.10.1987
Lucas Matías Licht	06.04.1981
Oscar Adrián Lucero	16.08.1984
Sebastián Mayorga	06.02.1990
Gonzalo Pérez	24.04.1990
Raúl Fernando Poclaba	23.01.1990
Juan Cruz Respuela	26.06.1991
Mario Sosa	04.06.1986
Patricio Daniel Toranzo	19.03.1982
Martín Wagner	15.06.1985
Claudio Ariel Yacob	18.07.1987
Bruno Zuculini	02.04.1993
Franco Zuculini	05.09.1990
Forwards:	
Luis Alberto Benítez	14.02.1985
Claudio Daniel Bieler	01.03.1984
Ignacio Colombini	12.05.1992
Luis Carlos Fariña Olivera	20.04.1991
Gabriel Agustín Hauche	27.11.1986
Pablo Ariel Lugüercio	10.03.1982
Santiago Malano	29.01.1987
Teófilo Antonio Gutérrez Roncancio	17.05.1985
Valentín Nicolás Viola	28.08.1991
Trainer:	
Miguel Ángel Russo	09.04.1956

CLUB ATLÉTICO RIVER PLATE BUENOS AIRES

Foundation date: May 25, 1901
Address: CA River Plate, Avenida Pres J. Figueroa Alcorta N°7597, C1428BCL Cd. Buenos Aires
Stadium: Estadio Monumental „Antonio Vespucio Liberti", Buenos Aires - Capacity: 65,645

THE SQUAD

	DOB
Goalkeepers:	
Juan Pablo Carrizo	06.05.1984
Leandro Chichizola	27.03.1990
Gonzalo Marinelli	07.02.1989
Mario Daniel Vega	03.06.1984
Defenders:	
Luciano Abecasis	04.06.1990
Carlos Andrés Arano	06.05.1980
Maximiliano Angél Coronel	28.04.1989
Juan Manuel Díaz Martínez (URU)	28.10.1987
Paulo Andrés Ferrari	04.01.1982
Alexis Javier Ferrero	31.03.1979
José Ramiro Funes Mori	05.03.1991
Jonatan Ramón Maidana	29.04.1985
Emanuel Martínez	
Adalberto Román Benítez (PAR)	11.04.1987
Lucas Alfonso Orban	03.02.1989
Germán Alejo Pezzela	27.06.1991
Gastón Ezequiel Villarreal	11.02.1990
Midfielders:	
Matías Enrique Abelairas	18.06.1985
Walter Aníbal Acevedo	16.02.1986
Facundo Andrés Affranchino	09.02.1990
Matías Jesús Almeyda	21.12.1973
Rodrigo Javier Archubi	06.06.1985
Josepmir Aaron Ballón Villacorta (PER)	21.03.1988
Diego Daniel Cardozo	02.06.1987
Nicolás Castro	12.01.1989
Adrián Ezequiel Cirigliano	24.01.1992
Mauro Alberto Díaz	10.03.1991
Fabio Giménez	13.09.1990
Manuel Lanzini	15.02.1993
Roberto Maximiliano Pereyra	07.01.1991
Facundo Tomás Quignon	02.05.1993
Juan Rodrigo Rojas Ovelar (PAR)	09.04.1988
Forwards:	
Fabián Bordagaray	15.02.1987
Gustavo Leonardo Bou	18.02.1990
Diego Mario Buonanotte Rende	19.04.1988
Leandro Rubén Caruso	14.07.1981
Rogelio Gabriel Funes Mori	05.03.1991
Erik Lamela	25.03.1992
Pablo Leonel Mazza	1987
Ariel Arnaldo Ortega	04.03.1974
Hugo Mariano Pavone	27.05.1982
Daniel Alberto Villalba Barrios	06.07.1992
Trainer:	
Ángel Cappa [06.08.2010 – 08.11.2010; Sacked]	06.09.1946
Juan José López [from 10.11.2010]	31.10.1950

CLUB ATLÉTICO SAN LORENZO DE ALMAGRO

Foundation date: April 1, 1908
Address: CA San Lorenzo de Almagro, Calle Varela N°2680 C1437BJH, Cd. Buenos Aires
Stadium: Estadio „Pedro Bidegain", Nueva Pompeya, Buenos Aires - Capacity: 43,493

THE SQUAD

	DOB
Goalkeepers:	
Damián Gonzalo Albil	09.12.1979
Gustavo Jorge Campagnuolo	27.06.1973
Bruno Emiliano Centeno	08.08.1988
Ezequiel Mastrolía	25.03.1991
Pablo Alejandro Migliore	27.01.1982
Defenders:	
Alan Emanuel Aciar	26.02.1988
Gastón Damián Aguirre	11.11.1981
Pablo Andrés Alvarado	27.02.1986
Nelson Fabián Benítez	24.05.1984
Jonathan Pablo Bottinelli	14.09.1984
Giancarlo Carmona Maldonado (PER)	12.10.1985
Jonathan Ferrari	08.05.1987
Diego Armando Herner	31.07.1983
Nahuel Iribarren	02.02.1988
Walter Kanneman	14.03.1991
Sebastián Luna	25.12.1987
Fernando Nicolás Meza	21.03.1990
José Luis Palomino	05.01.1990
Diego Rodolfo Placente	27.07.1977
José Ignacio San Román	17.08.1988
Aurelio Torres Román (PAR)	16.02.1982
Cristian Alberto Tula	28.01.1978
Germán Ariel Voboril	05.05.1987
Midfielders:	
Gonzalo Bazán	05.05.1989
Nicolás Bertocchi	09.06.1989
Rafael Esteban Cabrera	30.07.1990
Leandro Chaparro	07.01.1991
Matías Alejandro Giménez	23.12.1984
Sebastián González	04.03.1992
Fernando Gutiérrez	04.02.1989
Axel Fernando Juárez	29.07.1990
Damián Alberto Martínez	31.01.1990
Leonardo Fabián López Méndez (COL)	18.05.1987
Juan Carlos Menseguéz	18.02.1984
Néstor Ezequiel Ortigoza	07.10.1984
Guillermo Ariel Pereyra	20.02.1980
Santiago Prim	11.05.1990
Salvador Agustín Reynoso	12.10.1987
Diego Alejandro Rivero	11.08.1981
Leandro Atilio Romagnoli	17.03.1981
Sebastián Rusculleda	28.04.1985
Juan Manuel Torres	20.06.1985
Forwards:	
Emiliano Alfaro Toscano (URU)	28.04.1988
Sebastián Andrés Balsas Bruno (URU)	05.03.1986
Carlos Nahuel Benítez	10.04.1990
Fabián Bordagaray	15.02.1987
Bruno Damián Camiletti	11.05.1989
José Nahuel De Vico	15.08.1990
Fabricio Pedrozo	06.11.1992
Gonzalo Eduardo Rovira	07.04.1988
Juan Manuel Salgueiro (URU)	03.04.1983
Pablo César Leonardo Velázquez Centurión (PAR)	12.03.1987
Carlos Emmanuel Torres	24.06.1992
Trainer:	
Ramón Ángel Díaz [25.05.2010-24.04.2011]	29.08.1959
Mario Sciacqua [Interim]	

CLUB ATLÉTICO TIGRE VICTORIA

Foundation date: August 3, 1902
Address: Guido Spano 1053 y Presidente Perón, Victoria 1644 , San Fernando, Prov. de Buenos Aires
Stadium: Estadio Coliseo de Victoria, Victoria - Capacity: 26,282

THE SQUAD

	DOB
Goalkeepers:	
Luis Emanuel Ardente	17.09.1981
Daniel Alejandro Islas	19.02.1979
Defenders:	
Juan Camillo Angulo Villegas (COL)	26.09.1988
Horacio David Anzorena	08.12.1985
Juan Carlos Blengio	26.06.1980
Pablo Domingo Cáceres Rodríguez (URU)	27.06.1986
Pablo Timoteo De Miranda	24.02.1986
Mariano Raúl Echeverría	27.05.1981
Daniel Kabir Mustafá	02.08.1984
Norberto Javier Paparatto	03.01.1984
Claudio Daniel Pérez	26.12.1985
Mariano Andrés Pernía	04.05.1977
Carlos Andrés Rodales Ramírez (URU)	27.06.1986
Carlos Jesús Ricci	03.07.1989
Walter Guillermo Sánchez	19.10.1989
Cristian Trombetta	15.10.1986
Gonzalo Renzo Vera	01.06.1983
Midfielders:	
Jonathan Matías Blanco	29.04.1987
Rubén Alejandro Botta Montero	31.01.1990
Gerardo Brítez	16.07.1988
Cristian Britos Rodríguez (URU)	07.09.1990
Diego Rafael Castaño	08.06.1979
Ángel Gastón Díaz	26.03.1981
Marín Sebastián Galmarini	28.02.1982
Esteban Nicolás González Rojas	16.09.1978
Kevin Fabián Emiliano Itabel	20.08.1983
Ramiro Emiliano Leone	01.06.1977
Román Fernando Martínez	27.03.1983
Lucas Ariel Menossi	11.07.1992
Mariano Luis Pasini	19.10.1976
Ribair Rodríguez Pérez (URU)	04.10.1987
Forwards:	
Víctor Leonel Altobelli	20.06.1984
Cristian Pedro Bardaro	11.08.1977
Pablo Nicolás Caballero	21.07.1986
Lucas Simón García	01.08.1986
Alberto Marín Gómez Manzanella	26.01.1983
Franco Lanaro	18.01.1989
Diego Alberto Morales	29.11.1986
Denis Andrés Stracqualursi	20.10.1987
Fernando Daniel Telechea	06.10.1981
Trainer:	
Ricardo Daniel Caruso Lombardi [06.08.2010 - 29.12.2010; Resigned]	10.02.1962
Rodolfo Martín Arruabarrena [from 01.05.2011]	20.07.1975

CLUB ATLÉTICO VÉLEZ SÁRSFIELD BUENOS AIRES

Foundation date: January 1, 1910
Address: CA Velez Sársfield, Avenida Dr Juan Bautista Justo N°9200, C1408AKU Cd. Buenos Aires
Stadium: Estadio „José Amalfitani", Buenos Aires - Capacity: 49,540

THE SQUAD

	DOB
Goalkeepers:	
Marcelo Alberto Barovero	12.02.1984
Ezequiel Cacace	07.01.1984
Marcelo Germán Montoya	23.01.1983
Defenders:	
Mariano Bíttolo	24.04.1990
Gastón Ricardo Díaz	13.03.1988
Sebastián Enrique Domínguez	29.07.1980
Juan Iurino	09.06.1990
Emanuel Olivera	02.04.1990
Fernando Ortíz	25.12.1977
Gino Peruzzi	09.06.1992
Guillermo Pfund	30.05.1989
Fernando Omar Tobío	18.10.1989
Midfielders:	
Ricardo Gabriel Álvarez	12.04.1988
Iván Gonzalo Bella	13.09.1989
Héctor Canteros	15.03.1989
Luciano Cigno	29.02.1988
Fabián Andrés Cubero	21.12.1978
Leandro Desábato	30.03.1990
Augusto Matías Fernández	10.04.1986
Maximiliano Nicolás Morález	27.02.1987
Emiliano Ramiro Papa	19.04.1982
David Arturo Ramírez	18.02.1981
Franco Razzotti	06.02.1985
Leandro Daniel Somoza	26.01.1981
Víctor Eduardo Zapata	20.01.1979
Forwards:	
Eduardo Berón	29.11.1987
Matías Conti	17.01.1990
Jorge Correa	
Jonathan Cristaldo	05.03.1989
Guillermo Luis Franco Farquarson	03.11.1976
Maximiliano Jorge Giusti	18.02.1991
Andrés Guzmán Chojdt	13.03.1988
Juan Manuel Martínez	25.10.1985
Leonardo Piris	01.04.1990
Ezequiel Rescaldani	11.06.1992
Santiago Martín Silva Olivera (URU)	09.12.1980
Trainer:	
Ricardo Alberto Gareca	10.02.1958

SECOND LEVEL
Primera B Nacional 2010/2011

1. AMSD Atlético de Rafaela (*Promoted*)	35	21	8	6	56	-	23	71
2. CA Unión de Santa Fé	35	20	3	12	46	-	36	63
3. CA San Martín de San Juan	35	17	8	10	44	-	32	59
4. CA Belgrano de Córdoba	35	14	13	8	49	-	33	55
5. CA Tucumán San Miguel	35	14	8	13	42	-	37	50
6. CA Patronato de la Juventud Católica Paraná	35	14	8	13	41	-	37	50
7. CA Gymnasia y Esgrima de Jujuy	35	12	14	9	33	-	30	50
8. CA Rosario Central	35	14	7	14	40	-	37	49
9. Instituto AC Córdoba	35	10	18	7	36	-	31	48
10. CA Boca Unidos Corrientes	35	12	12	11	41	-	43	48
11. CA Aldovisi Mar del Plata	35	12	10	13	40	-	44	46
12. Club Ferro Carril Oeste Buenos Aires	35	11	13	11	37	-	43	46
13. Club Almirante Brown de Isidro Casanova	35	11	12	12	29	-	27	45
14. CS Deportivo Merlo	35	11	11	13	26	-	33	44
15. CA San Martín de Tucumán	35	10	12	13	32	-	38	42
16. CSD Defensa y Justicia Florencio Varela	35	8	13	14	31	-	38	37
17. CA Chacarita Juniors San Martín	35	8	13	14	21	-	36	37
18. CS Independiente Rivadavia Mendoza	35	7	13	15	38	-	47	34
19. CAI Comodoro Rivadavia	35	6	15	14	34	-	50	33
20. CA Tiro Federal Rosario	35	7	11	17	32	-	53	32

(Stand at 31.05.2011)
Places 1-2 will be promoted to the Primera A 2011/2012 Championship. AMSD Atlético de Rafaela is 3 days before end of the championship always promoted.
Places 3-4 will play in the Promotion/Relegation Play/offs.

The Primera B 2010/2011 Championship will be finished end of June 2011. Final table of the Primera B 2010/2011 Championship, Relegation Table 2010/2011 and statistics about Relegation/Promotion Play/offs will be published in the next edition of „South American Football Yearbook"!

THIRD LEVEL
Primera B Metropolitana 2010/2011

1.	CA Atlanta Buenos Aires (*Promoted*)	40	26	6	8	66 - 35	84
2.	CA Defensores de Belgrano	40	19	13	8	47 - 26	70
3.	CA Nueva Chicago Mataderos	40	18	14	8	41 - 33	68
4.	CA Estudiantes Buenos Aires	40	19	10	11	50 - 42	67
5.	Club Atlético Barracas Central	40	15	19	6	49 - 26	64
6.	CA Brown de Adrogué	40	17	13	10	51 - 35	64
7.	Club Deportivo Armenio Ingeniero Maschwitz	40	16	13	11	40 - 29	61
8.	Club Comunicaciones Buenos Aires	40	17	8	15	40 - 38	59
9.	Club Deportivo Morón	40	13	18	9	42 - 36	57
10.	Club Almagro Buenos Aires	40	16	9	15	52 - 50	57
11.	CSD Villa San Carlos Berisso	40	17	6	17	42 - 40	57
12.	CA Acassuso	40	12	17	11	43 - 41	53
13.	CA Platense Vicente López	40	11	19	10	29 - 31	52
14.	Club Social y Deportivo Flandria Jáuregui	40	12	14	14	36 - 31	50
15.	Club Atlético Colegiales Buenos Aires	40	12	14	14	30 - 33	50
16.	CSD Tristán Suárez	40	11	13	16	39 - 50	46
17.	CA Temperley	40	12	8	20	38 - 52	44
18.	Club Sportivo Italiano Ciudad Evita	40	10	13	17	25 - 39	43
19.	CA San Telmo	40	9	12	19	33 - 51	39
20.	CA Los Andes Lomas de Zamora	40	6	15	19	39 - 56	33
21.	CA Sarmiento Junín	40	7	12	21	25 - 50	33
22.	CD Español Buenos Aires	40	5	14	21	21 - 54	29

(Stand at 31.05.2011)
The Primera B Metropolitana 2010/2011 Championship will be finished end of June 2011. CA Atlanta Buenos Aires is 2 days before end of the championship always promoted.
Places 2-9 will play in the Torneo Reducido.

NATIONAL TEAM
INTERNATIONAL MATCHES
(01.06.2010 – 31.05.2011)

12.06.2010	Johannesburg	Argentina - Nigeria	1-0(1-0)	(WCF)
17.06.2010	Johannesburg	Argentina – Korea Republic	4-1(2-1)	(WCF)
22.06.2010	Polokwane	Greece - Argentina	0-2(0-0)	(WCF)
27.06.2010	Johannesburg	Argentina - Mexico	3-1(2-0)	(WCF)
03.07.2010	Cape Town	Argentina - Germany	0-4(0-1)	(WCF)
11.08.2010	Dublin	Republic of Ireland - Argentina	0-1(0-1)	(F)
07.09.2010	Buenos Aires	Argentina - Spain	4-1(3-0)	(F)
08.10.2010	Ōmiya	Japan - Argentina	1-0(1-0)	(F)
17.11.2010	Doha	Argentina - Brazil	1-0(0-0)	(F)
09.02.2011	Genève	Argentina - Portugal	2-1(1-1)	(F)
16.03.2011	San Juan	Argentina - Venezuela	4-1(2-1)	(F)
26.03.2011	E. Rutherford	United States - Argentina	1-1(0-1)	(F)
29.03.2011	San Juán	Costa Rica - Argentina	0-0	(F)
20.04.2011	Mar del Plata	Argentina - Ecuador	2-2(2-1)	(F)
25.05.2011	Resistencia	Argentina - Paraguay	4-2(3-1)	(F)

12.06.2010, 19th World Cup, Final Tournament, 1st Round
Ellis Park Stadium, Johannesburg (South Africa); Attendance: 55,686
Referee: Wolfgang Stark (Germany)
ARGENTINA - NIGERIA   **1-0(1-0)**
ARG: Sergio Germán Romero, Jonás Manuel Gutiérrez, Martín Gastón Demichelis, Walter Adrián Samuel, Gabriel Iván Heinze, Javier Alejandro Mascherano (Cap), Juan Sebastián Verón (74.Maximiliano Rubén Rodríguez), Ángel Fabián di María (85.Nicolás Andrés Burdisso), Lionel Andrés Messi, Carlos Alberto Tévez, Gonzalo Gerardo Higuaín (79.Diego Alberto Milito). Trainer: Diego Armando Maradona.
Goal: Gabriel Iván Heinze (6).

17.06.2010, 19th World Cup, Final Tournament, 1st Round
Soccer City, Johannesburg (South Africa); Attendance: 82,174
Referee: Frank De Bleeckere (Belgium)
ARGENTINA – KOREA REPUBLIC   **4-1(2-1)**
ARG: Sergio Germán Romero, Jonás Manuel Gutiérrez, Martín Gastón Demichelis, Walter Adrián Samuel (23.Nicolás Andrés Burdisso), Gabriel Iván Heinze, Javier Alejandro Mascherano (Cap), Maximiliano Rubén Rodríguez, Ángel Fabián di María, Lionel Andrés Messi, Gonzalo Gerardo Higuaín (82.Mario Ariel Bolatti), Carlos Alberto Tévez (75.Sergio Leonel Agüero del Castillo). Trainer: Diego Armando Maradona.
Goals: Park Chu-Young (17 own goal), Gonzalo Gerardo Higuaín (33, 76, 80).

22.06.2010, 19th World Cup, Final Tournament, 1st Round
„Peter Mokaba" Stadium, Polokwane (South Africa); Attendance: 38,891
Referee: Ravshan Irmatov (Uzbekistan)
GREECE - ARGENTINA   **0-2(0-0)**
ARG: Sergio Germán Romero, Nicolás Andrés Burdisso, Martín Gastón Demichelis, Nicolás Hernán Otamendi, Clemente Juan Rodríguez, Juan Sebastián Verón, Mario Ariel Bolatti, Maximiliano Rubén Rodríguez (63.Ángel Fabián di María), Lionel Andrés Messi (Cap), Sergio Leonel Agüero del Castillo (77.Javier Matías Pastore), Diego Alberto Milito (80.Martín Palermo). Trainer: Diego Armando Maradona.
Goals: Martín Gastón Demichelis (77), Martín Palermo (89).

27.06.2010, 19th World Cup, Final Tournament, 2nd Round
Soccer City, Johannesburg (South Africa); Attendance: 84,377
Referee: Roberto Rosetti (Italy)
ARGENTINA - MEXICO   **3-1(2-0)**
ARG: Sergio Germán Romero, Nicolás Hernán Otamendi, Martín Gastón Demichelis, Nicolás Andrés Burdisso, Gabriel Iván Heinze, Javier Alejandro Mascherano (Cap), Maximiliano Rubén Rodríguez (87.Javier Matías Pastore), Ángel Fabián di María (79.Jonás Manuel Gutiérrez), Lionel Andrés Messi, Carlos Alberto Tévez (69.Juan Sebastián Verón), Gonzalo Gerardo Higuaín. Trainer: Diego Armando Maradona.
Goals: Carlos Alberto Tévez (26), Gonzalo Gerardo Higuaín (33), Carlos Alberto Tévez (52).

03.07.2010, 19th World Cup, Final Tournament, Quarter-Finals
Cape Town Stadium, Cape Town (South Africa); Attendance: 64,100
Referee: Ravshan Irmatov (Uzbekistan)
ARGENTINA - GERMANY   **0-4(0-1)**
ARG: Sergio Germán Romero, Nicolás Hernán Otamendi (70.Javier Matías Pastore), Martín Gastón Demichelis, Nicolás Andrés Burdisso, Gabriel Iván Heinze, Maximiliano Rubén Rodríguez, Javier Alejandro Mascherano (Cap), Ángel Fabián di María (75.Sergio Leonel Agüero del Castillo), Lionel Andrés Messi, Carlos Alberto Tévez, Gonzalo Gerardo Higuaín. Trainer: Diego Armando Maradona.

11.08.2010, Friendly International
Aviva Stadium, Dublin; Attendance: 49,500
Referee: Peter Rasmussen (Denmark)
REPUBLIC OF IRELAND - ARGENTINA   **0-1(0-1)**
ARG: Sergio Germán Romero, Nicolás Andrés Burdisso (46.Pablo Javier Zabaleta Girod), Gabriel Iván Heinze (72.Federico Insúa), Walter Adrián Samuel (83.Fabricio Coloccini), Martín Gastón Demichelis, Fernando Rubén Gago, Javier Alejandro Mascherano (Cap), Éver Maximiliano David Banega, Ángel Fabián di María (75.Jonás Manuel Gutiérrez), Gonzalo Gerardo Higuaín (46.Diego Alberto Milito), Lionel Andrés Messi (58.Ezequiel Iván Lavezzi). Trainer: Sergio Daniel Batista.
Goal: Ángel Fabián di María (20).

07.09.2010, Friendly International
Estadio Monumental „Antonio Vespucio Liberti", Buenos Aires; Attendance: 53,000
Referee: Óscar Julián Ruiz Acosta (Colombia)
ARGENTINA - SPAIN   **4-1(3-0)**
ARG: Sergio Germán Romero, Javier Adelmar Zanetti, Martín Gastón Demichelis, Gabriel Alejandro Milito, Gabriel Iván Heinze, Éver Maximiliano David Banega, Javier Alejandro Mascherano (Cap), Esteban Matías Cambiasso Deleau, Lionel Andrés Messi (89.Andrés Nicolás D'Alessandro), Gonzalo Gerardo Higuaín (68.Sergio Leonel Agüero del Castillo), Carlos Alberto Tévez (59.Ángel Fabián di María). Trainer: Sergio Daniel Batista.
Goals: Lionel Andrés Messi (10), Gonzalo Gerardo Higuaín (13), Carlos Alberto Tévez (34), Sergio Leonel Agüero del Castillo (90+1).

08.10.2010, Friendly International
NACK5 Stadium, Ōmiya; Attendance: 57,735
Referee: Pawel Gil (Poland)
JAPAN - ARGENTINA   **1-0(1-0)**
ARG: Sergio Germán Romero, Nicolás Andrés Burdisso (78.Ezequiel Iván Lavezzi), Martín Gastón Demichelis, Gabriel Alejandro Milito, Gabriel Iván Heinze, Javier Alejandro Mascherano (Cap), Esteban Matías Cambiasso Deleau (44.Mario Ariel Bolatti; 84.Ángel Fabián di María), Andrés Nicolás D'Alessandro (59.Javier Matías Pastore), Lionel Andrés Messi, Carlos Alberto Tévez, Diego Alberto Milito (33.Gonzalo Gerardo Higuaín). Trainer: Sergio Daniel Batista.

17.11.2010, Friendly International
Khalifa International Stadium, Doha (Qatar); Attendance: 50,000
Referee: Abdullah Dor Mohammed Balideh (Qatar)
ARGENTINA - BRAZIL   **1-0(0-0)**
ARG: Sergio Germán Romero, Nicolás Andrés Burdisso, Gabriel Iván Heinze, Nicolás Martín Pareja, Javier Adelmar Zanetti, Javier Alejandro Mascherano (Cap), Éver Maximiliano David Banega, Ángel Fabián di María, Javier Matías Pastore (69.Andrés Nicolás D'Alessandro), Gonzalo Gerardo Higuaín (46.Ezequiel Iván Lavezzi), Lionel Andrés Messi. Trainer: Sergio Daniel Batista.
Goal: Lionel Andrés Messi (90+1).

09.02.2011, Friendly International
Stade de Genève, Genève (Switzerland); Attendance: 30,000
Referee: Massimo Busacca (Switzerland)
ARGENTINA - PORTUGAL   **2-1(1-1)**
ARG: Sergio Germán Romero, Nicolás Andrés Burdisso, Gabriel Alejandro Milito, Faustino Marcos Alberto Rojo, Javier Adelmar Zanetti (61.Pablo Javier Zabaleta Girod), Javier Alejandro Mascherano, Esteban Matías Cambiasso Deleau (78.Lucas Rodrigo Biglia), Éver Maximiliano David Banega (62.Fernando Rubén Gago), Ángel Fabián di María (65.Javier Matías Pastore), Ezequiel Iván Lavezzi (83.Juan Manuel Martínez), Lionel Andrés Messi. Trainer: Sergio Daniel Batista.
Goals: Ángel Fabián di María (13), Lionel Andrés Messi (89 penalty).

16.03.2011, Friendly International
Estadio del Bicentenario, San Juan; Attendance: 25,000
Referee: Claudio Alfredo Puga Briones (Chile)
ARGENTINA - VENEZUELA   **4-1(2-1)**
ARG: Javier Hernán García (46.Agustín Federico Marchesín), Iván Alexis Pillud (46.Gastón Ricardo Díaz), Lisandro Ezequiel López, Jonathan Ramón Maidana, Ariel Mauricio Rojas (32.Luciano Fabián Monzón), Cristian Manuel Chávez, Maximiliano Nicolás Moralez (55.Luciano Román Aued), Claudio Ariel Yacob (61.Fabián Andrés Rinaudo), Diego Hernán Valeri, Matías Adrián De Federico (46.Mauricio Ezequiel Sperdutti), Pablo Nicolás Mouche. Trainer: Sergio Daniel Batista.
Goals: Cristian Manuel Chávez (20), Pablo Nicolás Mouche (35, 53), Luciano Román Aued (75).

26.03.2011, Friendly International
New Meadowlands Stadium, East Rutherford, New Jersey; Attendance: 78,986
Referee: Roberto García Orozco (Mexico)
UNITED STATES - ARGENTINA   **1-1(0-1)**
ARG: Mariano Gonzalo Andújar, Nicolás Andrés Burdisso, Gabriel Alejandro Milito, Faustino Marcos Alberto Rojo, Javier Alejandro Mascherano, Javier Adelmar Zanetti, Éver Maximiliano David Banega, Esteban Matías Cambiasso Deleau (75.Lucas Rodrigo Biglia), Ezequiel Iván Lavezzi, Lionel Andrés Messi, Ángel Fabián di María. Trainer: Sergio Daniel Batista.
Goal: Esteban Matías Cambiasso Deleau (42).

29.03.2011, Friendly International
Estadio Nacional, San José; Attendance: 35,000
Referee: Marco Antonio Rodríguez Moreno (Mexico)
COSTA RICA - ARGENTINA   **0-0**
ARG: Mariano Gonzalo Andújar, Marcos Alberto Angeleri, Ezequiel Marcelo Garay, Gabriel Alejandro Milito (46.Nicolás Hernán Otamendi), Faustino Marcos Alberto Rojo, José Ernesto Sosa (66.Eduardo Antonio Salvio), Javier Alejandro Mascherano (46.Mario Ariel Bolatti), Éver Maximiliano David Banega (46.Fernando Daniel Belluschi), Lucas Rodrigo Biglia, Osvaldo Nicolás Fabián Gaitán, Javier Matías Pastore. Trainer: Sergio Daniel Batista.

20.04.2011, Friendly International
Estadio "José María Minella", Mar del Plata; Attendance: n/a
Referee: Roberto Carlos Silvera (Uruguay)
ARGENTINA - ECUADOR   **2-2(2-1)**
ARG: Juan Pablo Carrizo, Federico Fernández (46.Ismael Alberto Quílez), Jonathan Ramón Maidana, Iván Alexis Pillud (46.Julián Alberto Velázquez), Cristian Manuel Chávez, Enzo Nicolás Pérez (69.Mauricio Ezequiel Sperdutti), Ariel Mauricio Rojas (65.Luciano Fabián Monzón), Diego Hernán Valeri, Claudio Ariel Yacob (43.Lucas Ezequiel Viatri), Gabriel Agustín Hauche (46.Luciano Román Aued), Pablo Nicolás Mouche. Trainer: Sergio Daniel Batista.
Goals: Claudio Ariel Yacob (32), Gabriel Agustín Hauche (34).

25.05.2011, Friendly International
Estadio Centenario del Club Atlético Sarmiento, Resistencia; Attendance: n/a
Referee: Roberto Carlos Silvera (Uruguay)
ARGENTINA - PARAGUAY   **4-2(3-1)**
ARG: Juan Pablo Carrizo, Federico Fernández, Lisandro Ezequiel López (74.Jonathan Pablo Bottinelli), Iván Alexis Pillud (65.Ismael Alberto Quílez), Luciano Fabián Monzón, Cristian Manuel Chávez, Enzo Nicolás Pérez (77.Lucas Ezequiel Viatri), Fabián Andrés Rinaudo, Diego Hernán Valeri (86.Ariel Mauricio Rojas), Gabriel Agustín Hauche (65.Diego Alberto Morales), Erik Manuel Lamela (58.Pablo Nicolás Mouche). Trainer: Sergio Daniel Batista.
Goals: Gabriel Agustín Hauche (12), Federico Fernández (37), Gabriel Agustín Hauche (45), Enzo Nicolás Pérez (74).

NATIONAL TEAM PLAYERS 2010/2011				
Name	DOB	Club	Cp	Gls
Goalkeepers				
Mariano Gonzalo ANDÚJAR	30.07.1983	Calcio Catania (ITA)	6	0
Juan Pablo CARRIZO	06.05.1984	CA River Plate Buenos Aires	12	0
Javier Hernán GARCÍA	29.01.1987	CA Boca Juniors Buenos Aires	1	0
Agustín Federico MARCHESÍN	16.03.1988	CA Lanús	1	0
Sergio Germán ROMERO	22.02.1987	AZ'67 Alkmaar (NED)	16	0
Defenders				
Marcos Alberto ANGELERI	07.04.1983	Sunderland AFC (ENG)	4	0
Jonathan Pablo BOTTINELLI	14.09.1984	CA San Lorenzo de Almagro Buenos Aires	2	0
Nicolás Andrés BURDISSO	12.04.1981	AS Roma (ITA)	39	2
Fabricio COLOCCINI	22.01.1982	Newcastle United FC (ENG)	34	1
Martín Gastón DEMICHELIS	20.12.1980	FC Bayern München (GER)	33	2
Gastón Ricardo DÍAZ	13.03.1988	CA Vélez Sársfield B. Aires	1	0
Federico FERNÁNDEZ	21.02.1989	Club Estudiantes La Plata	2	1
Ezequiel Marcelo GARAY	10.10.1986	Real Madrid CF (ESP)	2	0
Gabriel Iván HEINZE	19.04.1978	Olympique de Marseille (FRA)	72	3
Lisandro Ezequiel LÓPEZ	01.09.1989	Arsenal FC de Sarandí	2	0
Jonathan Ramón MAIDANA	29.07.1985	CA River Plate Buenos Aires	2	0
Gabriel Alejandro MILITO	07.09.1980	FC Barcelona (ESP)	37	1
Luciano Fabián MONZÓN	13.04.1987	CA Boca Juniors Buenos Aires	7	0
Nicolás Hernán OTAMENDI	12.02.1988	CA Vélez Sársfield B. Aires; 07.2010-> FC do Porto (POR)	11	0
Nicolás Martín PAREJA	19.01.1984	FK Spartak Moskva (RUS)	1	0
Iván Alexis PILLUD	24.04.1986	Racing Club de Avellaneda	3	0
Ismael Alberto QUÍLEZ	02.10.1988	CA Colón de santa Fé	2	0
Clemente Juan RODRÍGUEZ	31.07.1981	Club Estudiantes de La Plata	13	0
Ariel Mauricio ROJAS	16.01.1986	CD Godoy Cruz Mendoza	3	0
Faustino Marcos Alberto ROJO	20.03.1990	FK Spartak Moskva (RUS)	3	0
Wálter Adrián SAMUEL (Luján)	23.05.1978	Internazionale FC Milano (ITA)	57	5
Julián Alberto VELÁSQUEZ	23.10.1990	CA Independiente Avellaneda	1	0
Pablo Javier ZABALETA Girod	16.01.1985	Manchester City FC (ENG)	9	0
Javier Adelmar ZANETTI	10.08.1973	Internazionale FC Milano (ITA)	140	8
Midfielders				
Luciano Román AUED	01.03.1987	Club de Gimnasia y Esgrima La Plata	2	1
Éver Maximiliano David BANEGA	29.06.1988	Valencia CF (ESP)	8	0
Fernando Daniel BELLUSCHI	10.09.1983	FC do Porto (POR)	3	0
Mario Ariel BOLATTI	17.02.1985	AC Fiorentina Firenze (ITA); 02.2011-> SC Internacional Porto Alegre (BRA)	9	1
Esteban Matías CAMBIASSO Deleau	18.08.1980	Internazionale FC Milano (ITA)	50	5
Cristian Manuel CHÁVEZ	16.06.1986	CA Boca Juniors Buenos Aires	3	1
Andrés Nicolás D'ALESSANDRO	15.04.1981	SC Internacional Porto Alegre (BRA)	25	3
Lucas Rodrigo BIGLIA	30.01.1986	RSC Anderlecht Bruxelles (BEL)	3	0
Ángel Fabián DI MARÍA	14.02.1988	Sport Lisboa e Benfica (POR); 07.2010-> Real Madrid CF (ESP)	19	3
Fernando Rubén GAGO	10.04.1986	Real Madrid CF (ESP)	29	0

Name	DOB	Club	Caps	Goals
Osvaldo Nicolás Fabián GAITÁN	23.02.1988	Sport Lisboa e Benfica (POR)	4	0
Jonás Manuel GUTIÉRREZ	05.07.1983	Newcastle United FC (ENG)	20	1
Federico INSÚA	03.01.1980	Bursaspor Kulübü (TUR)	15	0
Erik Manuel LAMELA	04.03.1992	CA River Plate Buenos Aires	1	0
Javier Alejandro MASCHERANO	08.06.1984	Liverpool FC (ENG); 08.2010-> FC Barcelona (ESP)	68	2
Diego Alberto MORALES	29.11.1986	CA Tigre	1	0
Maximiliano Nicolás MORALEZ	26.02.1987	CA Vélez Sársfield B. Aires	1	0
Javier Matías PASTORE	20.06.1989	US Città di Palermo (ITA)	8	0
Enzo Nicolás PÉREZ	22.02.1986	Club Estudiantes de La Plata	5	1
Fabián Andrés RINAUDO	15.05.1987	Club de Gimnasia y Esgrima La Plata	3	0
Maximiliano Rubén RODRÍGUEZ	02.01.1981	Liverpool FC (ENG)	41	12
José Ernesto SOSA	19.06.1985	SSC Napoli (ITA)	7	1
Diego Hernán VALERI	01.05.1986	CA Lanús	3	0
Juan Sebastián VERÓN	09.03.1975	Club Estudiantes de La Plata	73	9
Claudio Ariel YACOB	18.07.1987	Racing Club de Avellaneda	2	1
Forwards				
Sergio Leonel AGÜERO del Castillo	02.06.1988	Club Atlético de Madrid (ESP)	26	9
Matias Adrián DEFEDERICO	23.08.1989	CA Independiente Avellaneda	2	1
Gabriel Agustín HAUCHE	27.11.1986	Racing Club de Avellaneda	5	3
Gonzalo Gerardo HIGUAÍN	10.12.1987	Real Madrid CF (ESP)	13	7
Ezequiel Iván LAVEZZI	03.05.1985	SSC Napoli (ITA)	11	0
Juan Manuel MARTÍNEZ	25.10.1985	CA Vélez Sársfield B. Aires	1	0
Lionel Andrés MESSI	24.06.1987	FC Barcelona (ESP)	56	16
Diego Alberto MILITO	12.06.1979	Internazionale FC Milano (ITA)	25	4
Pablo Nicolás MOUCHE	11.10.1987	CA Boca Juniors Buenos Aires	3	2
Martín PALERMO	07.11.1973	CA Boca Juniors Buenos Aires	15	9
Eduardo Antonio SALVIO	13.07.1990	Sport Lisboa e Benfica (POR)	2	0
Mauricio Ezequiel SPERDUTTI	16.02.1986	CA Newell's Old Boys Rosario	2	0
Carlos Alberto TÉVEZ	05.02.1984	Manchester City FC (ENG)	60	12
Lucas Ezequiel VIATRI	29.03.1987	CA Boca Juniors Buenos Aires	2	0
Trainer				
Diego Armando MARADONA	30.10.1960			
Sergio Daniel BATISTA	09.11.1962			

(Caps and goals at 31.05.2011)

BOLIVIA

The Country:	The FA:
Estado Plurinacional de Bolivia (Plurinational State of Bolivia) Capital: Sucre Surface: 1,098,581 km² Inhabitants: 9,775,246 Time: UTC-4	Federación Boliviana de Fútbol Av. Libertador Bolívar 1168, Cochabamba Year of Formation: 1925 Member of FIFA since: 1926 Member of CONMEBOL since: 1926

NATIONAL TEAM RECORDS

COPA AMÉRICA		WORLD CUP	
1916	Did not enter	1930	Final Tournament (1st Round)
1917	Did not enter	1934	Did not enter
1919	Did not enter	1938	Did not enter
1920	Did not enter	1950	Final Tournament (1st Round)
1921	Did not enter	1954	Did not enter
1922	Did not enter	1958	Did not enter
1923	Did not enter	1962	Qualifiers
1924	Did not enter	1966	Qualifiers
1925	Did not enter	1970	Qualifiers
1926	5th Place	1974	Qualifiers
1927	4th Place	1978	Qualifiers
1929	Withdrew	1982	Qualifiers
1935	Withdrew	1986	Qualifiers
1937	Withdrew	1990	Qualifiers
1939	Withdrew	1994	Final Tournament (1st Round)
1941	Withdrew	1998	Qualifiers
1942	Withdrew	2002	Qualifiers
1945	6th Place	2006	Qualifiers
1946	6th Place	2010	Qualifiers
1947	7th Place	**PANAMERICAN GAMES**	
1949	4th Place	1951	Did not enter
1953	6th Place	1955	Did not enter
1955	Withdrew	1959	Did not enter
1956	Withdrew	1963	Did not enter
1957	Withdrew	1967	Did not enter
1959	7th Place	1971	Did not enter
1959E	Withdrew	1975	2nd Round
1963	**Winners**	1979	Did not enter
1967	6th Place	1983	Did not enter
1975	1st Round	1987	Did not enter
1979	1st Round	1991	Did not enter
1983	1st Round	1995	Did not enter
1987	1st Round	1999	Did not enter
1989	1st Round	2003	Did not enter
1991	1st Round	2007	4th Place
1993	1st Round	**PANAMERICAN CHAMPIONSHIP**	
1995	Quarter-Final	1952	Did not enter
1997	Runners-up	1956	Did not enter
1999	1st Round	1960	Did not enter
2001	1st Round		
2004	1st Round		
2007	1st Round		
2011	*To be played*		

OLYMPIC GAMES 1896-2008	
None	
FIFA CONFEDERATIONS CUP 1992-2009	
1999	
PLAYER WITH MOST INTERNATIONAL CAPS	
Marco Antonio Sandy Sansusty (1993-2003) – 93 caps	
PLAYER WITH MOST INTERNATIONAL GOALS	
Joaquín Botero Vaca – 20 goals (48 caps; 1999-2009)	

BOLIVIAN CLUB HONOURS IN SOUTH AMERICAN CLUB COMPETITIONS:

COPA LIBERTADORES 1960-2010	
None	
COPA SUDAMERICANA 2002-2010	
None	
COPA CONMEBOL 1992-1999	
None	
SUPERCUP „JOÃO HAVELANGE" 1988-1997*	
None	
COPA MERCONORTE 1998-2001**	
None	

*Contested betwenn winners of all previous editions of the Copa Libertadores
**Contested between teams belonging countries from the northern part of South America (Bolivia, Colombia, Ecuador, Peru and Venezuela);

NATIONAL COMPETITIONS
TABLE OF HONOURS

NATIONAL CHAMPIONS 1914-2010	
La Paz League	
1914	Club The Strongest La Paz
1915	Colegio Militar La Paz
1916-1	Club The Strongest La Paz
1916-2	Club The Strongest La Paz
1917	Club The Strongest La Paz
1918	*No competition*
1919	*No competition*
1920	*No competition*
1921	*No competition*
1922	Club The Strongest La Paz
1923	Club The Strongest La Paz
1924	Club The Strongest La Paz
1925	Club The Strongest La Paz
1926	*No competition*
1927	Nimbles Sport La Paz
1928	Colegio Militar La Paz
1929	CD Universitario La Paz
1930	Club The Strongest La Paz
1931	Nimbles Sport La Paz
1932	Club Bolívar La Paz

1933	*No competition*
1934	*No competition*
1935	Club The Strongest La Paz
1936	Ayacucho La Paz
1937	Club Bolívar La Paz
1938	Club The Strongest La Paz
1939	Club Bolívar La Paz
1940	Club Bolívar La Paz
1941	Club Bolívar La Paz
1942	Club Bolívar La Paz
1943	Club The Strongest La Paz
1944	Deportivo Ferroviario de La Paz
1945	Club The Strongest La Paz
1946	Club The Strongest La Paz
1947	CD Lítoral La Paz
1948	CD Lítoral La Paz
1949	CD Lítoral La Paz
1950	Club Bolívar La Paz
1951	Club Always Ready La Paz
1952	Club The Strongest La Paz
1953	Club Bolívar La Paz
Torneo Integrado (La Paz & Cochabamba & Oruro)	
1954	CD Lítoral La Paz
1955	CS San José Oruro
1956	Club Bolívar La Paz
1957	Club Always Ready La Paz
Torneo Nacional / Copa Simón Bolívar*	
1958	Club Jorge Wilstermann Cochabamba
1959	Club Jorge Wilstermann Cochabamba
1960	Club Jorge Wilstermann Cochabamba
1961	Deportivo Municipal La Paz
1962	*No competition*
1963	Club Aurora Cochabamba
1964	Club The Strongest La Paz
1965	Deportivo Municipal La Paz
1966	Club Bolívar La Paz
1967	Club Jorge Wilstermann Cochabamba
1968	Club Bolívar La Paz
1969	CD Universitario La Paz
1970	CD Chaco Petrolero La Paz
1971	CD Oriente Petrolero Santa Cruz de la Sierra
1972	Club Jorge Wilstermann Cochabamba
1973	Club Jorge Wilstermann Cochabamba
1974	Club The Strongest La Paz
1975	CD Guabirá Montero
1976	Club Bolívar La Paz
Professional National League	
1977	Club The Strongest La Paz
1978	Club Bolívar La Paz
1979	CD Oriente Petrolero Santa Cruz de la Sierra
1980	Club Jorge Wilstermann Cochabamba
1981	Club Jorge Wilstermann Cochabamba

		CHAMPIONS		CUP WINNERS**
1982		Club Bolívar La Paz		
1983		Club Bolívar La Paz		
1984		CSCD Blooming Santa Cruz de la Sierra		
1985		Club Bolívar La Paz		
1986		Club The Strongest La Paz		
1987		Club Bolívar La Paz		
1988		Club Bolívar La Paz		
1989		Club The Strongest La Paz		Escuela „Enrique Happ" Cochabamba
1990		CD Oriente Petrolero Santa Cruz de la Sierra		Club Universidad Santa Cruz
1991		Club Bolívar La Paz		Escuela „Enrique Happ" Cochabamba
1992		Club Bolívar La Paz		Escuela „Enrique Happ" Cochabamba
1993		Club The Strongest La Paz		Real Santa Cruz FC
1994		Club Bolívar La Paz		Club Stormers Sucre
1995		CD San José Oruro		Deportivo Municipal La Paz
1996		Club Bolívar La Paz		CSCD Blooming Santa Cruz de la Sierra
1997		Club Bolívar La Paz		Club Bamin Real Potosí
1998		CSCD Blooming Santa Cruz de la Sierra		Club Unión Central Tarija
1999		CSCD Blooming Santa Cruz de la Sierra		Atlético Pompeya
2000		Club Jorge Wilstermann Cochabamba		Club Universidad Iberoamericana
2001		CD Oriente Petrolero Santa Cruz de la Sierra		CD San José Oruro
2002		Club Bolívar La Paz		Club Aurora Cochabamba
2003	Ape:	Club The Strongest La Paz		La Paz FC
	Cla:	Club The Strongest La Paz		
2004	Ape:	Club Bolívar La Paz		Club Destroyers Santa Cruz de la Sierra
	Cla:	CD Oriente Petrolero Santa Cruz de la Sierra		
2005	TA:	Club Bolívar La Paz		CD Universitario Sucre
	Ape:	CSCD Blooming Santa Cruz de la Sierra		
2006	Ape:	Club Bolívar La Paz		Municipal Real Mamoré Trinidad
	Cla:	Club Jorge Wilstermann Cochabamba		
2007	Ape:	Club Bamin Real Potosí		CD Guabirá Montero
	Cla:	CD San José Oruro		
2008	Ape:	CD Universitario Sucre		CA Nacional Potosí
	Cla:	Club Aurora Cochabamba		
2009	Ape:	Club Bolívar La Paz		CD Guabirá Montero
	Cla:	CSCD Blooming Santa Cruz de la Sierra		
2010	Ape:	Club Jorge Wilstermann Cochabamba		CA Nacional Potosí
	Cla:	CD Oriente Petrolero Santa Cruz de la Sierra		

*between 1960 and 1976, the final play-offs for the Torneo Nacional was known as „Copa Simón Bolívar".
**National Cup competition was reintroduced in 1989 as the Second League championship, whose winner were promoted for the First League.
In 2005, the first half season was called „Torneo Adecuación".

		BEST GOALSCORERS	
1977		Jesús Reynaldo Hurtado (Club Bolívar La Paz)	28
1978		Jesús Reynaldo Hurtado (Club Bolívar La Paz)	39
1979		Raúl Horacio Baldessari (ARG, CSCD Blooming Santa Cruz de la Sierra)	31
1980		Juan Carlos Sánchez (ARG, CD Guabirá Montero)	21
1981		Juan Carlos Sánchez (ARG, CSCD Blooming Santa Cruz de la Sierra)	30
1982		Raúl Horacio Baldessari (ARG, CD Oriente Petrolero Santa Cruz de la Sierra)	25
1983		Juan Carlos Sánchez (ARG, CSCD Blooming Santa Cruz de la Sierra)	30
1984		Víctor Hugo Antelo (CD Oriente Petrolero Santa Cruz de la Sierra)	38
1985		Víctor Hugo Antelo (CD Oriente Petrolero Santa Cruz de la Sierra)	37
1986		Jesús Reynaldo Hurtado (Club The Strongest La Paz)	36
1987		Fernando Salinas (Club Bolívar La Paz)	28
1988		Fernando Salinas (Club Bolívar La Paz)	17
1989		Víctor Hugo Antelo (Real Santa Cruz FC)	22
1990		Juan Carlos Sánchez (ARG, CD San José Oruro)	20
1991		Carlos Da Silva (BRA, CD Oriente Petrolero Santa Cruz de la Sierra) Jorge Hirano Matsumoto (PER, Club Bolívar La Paz) Jasson Rodrigues (BRA, CD Chaco Petrolero La Paz)	19
1992		Álvaro Guillermo Peña (CD San José Oruro)	32
1993		Víctor Hugo Antelo (CD San José Oruro)	20
1994		Oscar Osmar González (ARG, Club Independiente Petrolero Sucre)	23
1995		Juan Berthy Suárez (CD Guabirá Montero)	29
1996		Sergio João (BRA, Club Stormers Sucre)	17
1997		Víctor Hugo Antelo (CSCD Blooming Santa Cruz de la Sierra)	24
1998		Víctor Hugo Antelo (CSCD Blooming Santa Cruz de la Sierra)	31
1999		Víctor Hugo Antelo (CSCD Blooming Santa Cruz de la Sierra)	31
2000		Daniel Alejandro Delfino (ARG, Club The Strongest La Paz)	28
2001		José Alfredo Castillo (CD Oriente Petrolero Santa Cruz de la Sierra)	42
2002		Joaquín Botero Vaca (Club Bolívar La Paz)	49
2003	Ape:	Thiago Leitão Polieri (Club Jorge Wilstermann Cochabamba)	19
	Cla:	Miguel Ángel Mercado Melgar (Club Bolívar La Paz)	18
2004	Ape:	José Martín Menacho Aguilera (Club Bamin Real Potosí)	15
	Cla:	Pablo Daniel Escobar Olivetti (PAR, CD San José Oruro)	17
2005	TA:	Rubén Darío Aguilera Ferreira (PAR, CD San José Oruro)	21
	Ape:	Juan Matías Fischer (ARG, Club Bolívar La Paz)	16
2006	Ape:	Cristino Alfredo Jara Mereles (Club Bamin Real Potosí)	16
	Cla:	Cristino Alfredo Jara Mereles (Club Bamin Real Potosí)	19
2007	Ape:	Hernán Boyero (ARG, CSCD Blooming Santa Cruz de la Sierra) Lizandro Moyano (ARG, CD San José Oruro)	12
	Cla:	Juan Alberto Maraude (ARG, Municipal Real Mamoré Trinidad)	14
2008	Ape:	Anderson Aparecido Gonzaga (BRA, CSCD Blooming Santa Cruz de la Sierra)	16
	Cla:	Hernán Boyero (ARG, CSCD Blooming Santa Cruz de la Sierra) Martín Adrian Palavicini López (CD San José Oruro)	6
2009	Ape:	William Ferreira Martínez (URU, Club Bolívar La Paz)	16
	Cla:	Cristián Omar Díaz (ARG, CD San José Oruro) William Ferreira Martínez (URU, Club Bolívar La Paz) Pastór Torrez (Club Bamin Real Potosí)	9
2010	Ape:	Cristián Omar Díaz (ARG, CD San José Oruro)	18
	Cla:	William Ferreira Martínez (URU, Club Bolívar La Paz)	14

NATIONAL CHAMPIONSHIP
Campeonato Apertura Entel 2010

First Phase

The 12 clubs were divided into two groups. Places 1-3 of each group were qualified for the Winner's Hexagonal and places 4-6 were qualified for the Loser's Hexagonal.

Serie A

1. Club The Strongest La Paz	12	5	4	3	21	-	18	19
2. CD San José Oruro	12	5	3	4	24	-	19	18
3. Club Aurora Cochabamba	12	4	5	3	18	-	16	17
4. CD Universitario Sucre	12	5	1	6	21	-	18	16
5. CD Guabirá Montero	12	3	3	6	15	-	24	12
6. CSCD Blooming Santa Cruz de la Sierra	12	3	2	7	13	-	20	11

Serie B

1. Club Bolívar La Paz	12	9	1	2	23	-	11	28
2. CD Oriente Petrolero Santa Cruz de la Sierra	12	7	1	4	21	-	10	22
3. Club Jorge Wilstermann Cochabamba	12	5	3	4	17	-	17	18
4. Club Bamin Real Potosí	12	5	1	6	11	-	19	16
5. La Paz Fútbol Club	12	4	2	6	18	-	20	14
6. Municipal Real Mamoré Trinidad	12	4	0	8	15	-	25	12

Second Phase

Loser's Hexagonal

1. CD Universitario Sucre	10	6	2	2	20	-	10	20
2. CSCD Blooming Santa Cruz de la Sierra	10	6	1	3	21	-	15	19
3. Club Bamin Real Potosí	10	5	1	4	19	-	16	16
4. La Paz Fútbol Club	10	3	2	5	17	-	17	11
5. Municipal Real Mamoré Trinidad	10	3	2	5	10	-	20	11
6. CD Guabirá Montero	10	3	0	7	10	-	19	9

CD Universitario Sucre qualified for the Copa Sudamericana 2010.

Winner's Hexagonal

1. **Club Jorge Wilstermann Cochabamba**	10	6	2	2	15	-	11	20
2. CD Oriente Petrolero Santa Cruz de la Sierra	10	6	1	3	18	-	10	19
3. Club Aurora Cochabamba	10	4	2	4	20	-	18	14
4. Club The Strongest La Paz	10	3	4	3	15	-	14	13
5. Club Bolívar La Paz	10	3	2	5	10	-	14	11
6. CD San José Oruro	10	1	3	6	12	-	23	6

Torneo Apertura 2010 Champions: **Club Jorge Wilstermann Cochabamba**

Torneo Play-Off 2010
(Torneo de Invierno Entel)

First Round
(15-21.06.2010)

CD Guabirá Montero - **Municipal Real Mamoré Trinidad**	0-2(0-0)	1-0(1-0)
CD San José Oruro - La Paz Fútbol Club	3-3(2-2)	4-1(1-1)
Club Jorge Wilstermann Cochabamba - Club Aurora Cochabamba	3-0(0-0)	1-1(1-0)
Club Bamin Real Potosí - CD Universitario Sucre	3-0(1-0)	0-2(0-0)
CSCD Blooming Santa Cruz de la Sierra - **CD Oriente Petrolero Santa Cruz**	1-2(1-1)	1-0(1-0)
Club Bolívar La Paz - **Club The Strongest La Paz**	2-0(1-0)	0-2(0-1)
		4-5 pen

CSCD Blooming Santa Cruz de la Sierra and **Club Bolívar La Paz** qualified for the Second Round as best losers.

Quarter-Finals
(23-27.06.2010)

Municipal Real Mamoré Trinidad - **CD Oriente Petrolero Santa Cruz**	1-1(1-0)	0-3(0-1)
CD San José Oruro - Club The Strongest La Paz	0-0	2-1(1-1)
Club Bamin Real Potosí - **Club Bolívar La Paz**	5-3(2-2)	1-4(0-3)
Club Jorge Wilstermann Cochabamba - CSCD Blooming Santa Cruz	2-0(1-0)	0-3(0-1)
		4-1 pen

Semi-Finals
(30.06.-07.07.2010)

CD Oriente Petrolero Santa Cruz - Club Jorge Wilstermann	3-1(1-0)	1-0(0-0)	
CD San José Oruro - Club Bolívar La Paz	1-0(1-0)	1-5(0-1)	2-1(1-1)

Final

1st Leg (14.07.2010):
CD San José Oruro - CD Oriente Petrolero Santa Cruz   **2-0(1-0)**
Goals: Alan Loras Vélez (17), Óscar Alberto Díaz Acosta (55).

2nd Leg (18.07.2010):
CD Oriente Petrolero Santa Cruz - CD San José Oruro   **5-2(1-1)**
Goals: Joselito Vaca Velasco (5), Eduardo Marcelo Aguirre (53), Alcides Peña Jiménez (63), Jhasmani Campos Dávalos (67), Fernando Javier Saucedo (90+2) / Régis Adair de Souza Quaresma (27), Óscar Alberto Díaz Acosta (51).

Play-Off (21.07.2010):
CD Oriente Petrolero Santa Cruz - CD San José Oruro   **1-1(1-1,1-1,1-1)**
                                                        6-5 on penalties
Goals: Alcides Peña Jiménez (10) / Marcelo Edgar Escalante (18).

Winners of the Torneo Play-Off 2010: **CD Oriente Petrolero Santa Cruz de la Sierra** – qualified for the Copa Libertadores 2011

NATIONAL CHAMPIONSHIP
Campeonato Clausura Entel 2010

1. CD Oriente Petrolero Santa Cruz	22	12	4	6	38	-	26	40
2. Club Bolívar La Paz	22	10	6	6	37	-	28	36
3. Club Aurora Cochabamba	22	10	4	8	34	-	30	34
4. CD San José Oruro	22	10	4	8	39	-	37	34
5. CD Guabirá Montero	22	9	5	8	22	-	28	32
6. CSCD Blooming Santa Cruz de la Sierra	22	9	4	9	28	-	26	31
7. Club Bamin Real Potosí	22	8	5	9	38	-	35	29
8. Club The Strongest La Paz	22	10	2	10	37	-	36	29
9. Municipal Real Mamoré Trinidad	22	7	7	8	21	-	30	28
10. La Paz Fútbol Club	22	7	5	10	33	-	36	26
11. Club Jorge Wilstermann Cochabamba	22	5	7	10	26	-	32	22
12. CD Universitario Sucre	22	5	7	10	24	-	33	22

Relegation Table

The team which will be relegated is determined on average points taking into account results of the last four seasons (Apertura & Clausura 2009, Apertura & Clausura 2010).

Pos	Team	2009		2010		Total		Aver
		P	M	P	M	P	M	
1.	Club Bolívar La Paz	65	34	64	34	129	68	1.897
2.	CD Oriente Petrolero Santa Cruz de la Sierra	54	34	62	34	116	68	1.706
3.	Club Bamin Real Potosí	61	34	45	34	106	68	1.559
4.	CD San José Oruro	50	34	52	34	102	68	1.500
5.	Club The Strongest La Paz	53	34	48	34	101	68	1.485
6.	CD Universitario Sucre	51	34	38	34	89	68	1.309
7.	CD Guabirá Montero	0	0	44	34	44	34	1.294
8.	Club Aurora Cochabamba	37	34	51	34	88	68	1.294
9.	CSCD Blooming Santa Cruz de la Sierra	45	34	42	34	87	68	1.279
10.	La Paz Fútbol Club	42	34	40	34	82	68	1.206
11.	Municipal Real Mamoré Trinidad (*Relegation Play-Off*)	33	34	40	34	73	68	1.074
12.	Club Jorge Wilstermann Cochabamba (*Relegated*)	32	34	40	34	72	68	1.059

Relegation Play/Off (09-12.12.2010)

Municipal Real Mamoré Trinidad - Club Real América Santa Cruz de la Sierra   2-1(2-0)
Club Real América Santa Cruz de la Sierra - Municipal Real Mamoré Trinidad   3-4(1-1)

Municipal Real Mamoré Trinidad keep its place at first level.

THE CLUBS 2010

CLUB AURORA COCHABAMBA

Foundation date: May 27, 1935
Address: Club Aurora, Av. Aroma No. 562, Cochabamba
Stadium: Estadio „Félix Capriles", Cochabamba – Capacity: 32,000

THE SQUAD

	DOB
Goalkeepers:	
Silvio Marcos Dulcich Arias (ARG)	01.10.1981
Roberto Carlos Rivas Rivera	09.06.1985
Ricardo Suárez Mercado	
Defenders:	
Wilder Arévalo Ramírez	30.04.1980
Diego Marcelo Blanco Vallejos	10.03.1988
Rodrigo Borda Quispe	11.02.1992
Brian Federico Cucco Ballarini (ARG)	22.01.1989
Iván Enrique Huayhuata Romero	09.03.1989
Edgar Juvencio Miranda (PAR)	17.07.1982
Ronald Rodríguez Cabrera	11.06.1989
Carlos Hugo Tordoya Pizarro	31.07.1987
Humberto Viviani Ribera	10.12.1980
Edward Mauro Zenteno Álvarez	05.12.1984
Alvaro Óscar Zuleta Solíz	
Midfielders:	
Vicente Arce Camacho	22.11.1985
Caleb Cardozo Herbas	11.08.1989
Jaime Cardozo Tahua	16.10.1981
Iver Eduardo Castedo Sotelo	25.07.1987
Jaime Robles Céspedes	02.02.1978
Jaime Alberto Cornejo Valencia	
Joe Emmanuel Escobar Aliaga	09.01.1983
Ignacio Awad García Justiniano	20.08.1986
José Marcelo Gomes (BRA)	24.11.1981
José Luis Llanos Fernández	15.09.1981
Ramiro Mamani Mamani	14.09.1991
Diego Olivera Navia	25.05.1988
José Luis Roca Chayana	
Arnulfo Valentierra Cuero (COL)	16.08.1974
Forwards:	
Matias Bomba Daviv (ARG)	07.04.1989
Carlos Alberto Guzman Abregu	
Osvaldo Moreno (PAR)	04.06.1981
Jair Alexander Reinoso Moreno (COL)	07.06.1985
Fernando Adrián Rodríguez	
Carlos Enrique Saucedo Urgel	11.09.1979
Trainer:	
Not known	

CLUB SOCIAL, CULTURAL Y DEPORTIVO BLOOMING
SANTA CRUZ DE LA SIERRA

Foundation date: May 1, 1946
Address: Km. 6,5 Carretera al Norte, Santa Cruz
Stadium: Estadio „Ramón "Tahuichi" Aguilera", Santa Cruz de la Sierra – Capacity: 40,000

THE SQUAD

	DOB
Goalkeepers:	
Andrés Martín Jemio Amenabar (ARG)	06.07.1976
Jorge Esteban Ruth Cruz	26.12.1982
Pedro Daniel Viera Pereyra	01.08.1990
Defenders:	
Lorgio Álvarez Roca	29.06.1978
Luis René Barboza Quiróz	
Fabrício Brandao Santos (BRA)	16.04.1982
Andrés Roberto Imperiale (ARG)	08.07.1986
Raúl René Gonzales Guzmán	08.04.1988
Sergio Antonio Jáuregui Landivar	13.03.1985
Dustin Maldonado Antelo	18.03.1990
Juan Carlos Sánchez Ampuero	01.03.1985
José Luis Vargas Espinoza	07.11.1991
Wilder Zabala Perrogon	31.12.1982
Midfielders:	
Jorge Marcos Andia Pizarro	08.02.1988
Christian Alexis Arabe Pedraza	25.12.1991
José Luis Chávez Sánchez	18.05.1986
Michael Cristhian Cristaldo Vaca	25.06.1990
Geovani Monteiro De Souza Pinheiro (BRA)	20.09.1982
Jesús Alejandro Gómez Lanza	18.07.1979
Jorge González Suárez	15.01.1990
Julio César Hurtado Sánchez	25.12.1983
Gualberto Mojica Olmos	07.10.1984
Omar Jesús Morales Paz	18.01.1988
Santos Rodrigo Navarro Arteaga	20.11.1990
Gustavo Pinedo Zabala	18.02.1988
Manuel Alejandro Robles Vásquez	02.06.1991
Juan Ricardo Tarabillo Limpias	1991
Diego Henry Torrico Limón	05.01.1992
Luis Carlos Vieira Junior (BRA)	27.07.1982
David Raúl Villalba Candía (PAR)	13.04.1982
Forwards:	
Damián Emilio Akerman (ARG)	25.03.1980
Hernán Eduardo Boyero (ARG)	30.12.1979
José Julián Cababa García	22.02.1990
José Alfredo Castillo Parada	02.09.1983
Luís Hernán Sillero Farias (ARG)	23.06.1978
Roger Suárez Sandoval	02.04.1977
Trainer:	
Carlos Aragonés Espinoza	16.02.1956

CLUB BOLÍVAR LA PAZ

Foundation date: April 12, 1925
Address: Calle 17 de Obrajes, La Paz
Stadium: Estadio „Hernando Siles Zuazo", La Paz – Capacity: 42,000

THE SQUAD

	DOB
Goalkeepers:	
Carlos Erwin Arias	18.02.1980
Raúl Arturo Cano Salinas	22.01.1990
Romel Javier Quiñónez Suárez	25.06.1992
Juan Heber Farfán Rivero	19.04.1982
Juan Marcelo Robledo Pizarro	12.03.1978
Defenders:	
Juan Enrique Bustillos Bozo	17.05.1988
Abraham Cabrera Scapin	1991
Ignacio Ithurralde Sáez (URU)	30.05.1983
Ariel Juárez Montaño	26.03.1988
Miguel Ángel Rimba de la Barra	20.01.1990
Ronald Taylor Rivero Kuhn	29.01.1980
Limbert Méndez Rocha	18.08.1982
Stalin Taborga	13.02.1994
Luis Aníbal Torrico Valverde	14.09.1986
Vanderlei Mascarenhas Dos Santos (BRA)	19.10.1982
Midfielders:	
Henry Alcides Bazán Pérez	12.12.1983
Rudy Alejandro Cardozo Fernández	14.02.1990
Jhon Alonso Carinao Pineda	13.09.1991
Erwin Joel Carrión Mujica	1991
Alex Rodrigo Da Rosa Dorneles	01.06.1976
Francis Lothar Kerschner Dookeran	1990
Walter Alberto Flores Condarco	29.10.1978
Mario Alberto Ovando Padilla	10.11.1985
Enrique Parada Salvatierre	04.11.1981
Danner Jesús Pachi Bozo	01.08.1988
Leonel Alfredo Reyes Saravia	18.11.1976
Jeison Siquita Toledo	1992
Didi Torrico Camacho	18.05.1988
Valdeir da Silva Santos (BRA)	12.04.1977
Juan Gabriel Valverde Rivera (URU)	24.06.1990
Forwards:	
Anderson Aparecido Gonzaga Martíns (BRA)	29.12.1983
André Filipe Saraiva Martins (POR)	26.03.1987
Jorge Céspedes Vargas	14.07.1990
Wether Thiers Charles Da Silva Mota (BRA)	11.03.1984
William Ferreira Martínez (URU)	25.02.1983
Abdón Reyes Cardozo	15.10.1981
José Gabriel Ríos Banegas	20.03.1983
Rodrigo Vargas Touchard	01.09.1989
Jose Carlos da Silva Santos „Zé Carlos" (BRA)	19.03.1975
Trainer:	
Santiago Escobar Saldarriaga	13.01.1964

CLUB DEPORTIVO GUABIRÁ MONTERO
Year of Formation: 1962
Address: Calle Libertad en el edificio Union de Cañeros Guabira, Montero
Stadium: Estadio „Gilberto Parada", Montero - 18,000

THE SQUAD

	DOB
Goalkeepers:	
Luis Andrés Campos Justiniano	1992
Roberto Cronembold Aguilera	1986
Sergio Daniel Galarza Soliz	25.08.1975
Defenders:	
Javier Algañaraz Mercado	11.03.1982
Ronald Arana Céspedes	18.01.1977
Claudio Rubén Centurión (PAR)	21.07.1983
Cristhian Michael Coimbra Arias	31.12.1988
Julio Etter Mendoza	1990
Ronald Gutíerrez Flores	02.12.1979
Ronals Amílcar López Vargas	
Delio Ramón Ojeda Ferreira (PAR)	25.09.1985
Armin Oliva Porcel	1993
Alvaro Paniagua Pérez	1987
Luis Carlos Paz Yabeta	16.05.1986
Eduardo Segovia Campos	
Antonio Armando Torrez Serrano	1988
Richard Zandro Uriona García	28.03.1973
Midfielders:	
Gonzalo Daniel Acosta (ARG)	1984
Matías Sebastián Arce (ARG)	31.01.1980
Franklin Adolfo Becerra Flores	10.02.1988
Ricardo Bejarano Vargas	02.01.1990
Luis Héctor Cristaldo Ruiz Díaz	31.08.1969
Adrian Cuellar Paredes	08.09.1982
Daniel Flores Paraba (PAR)	1988
Jorge Luis Jaime Tezano	22.03.1988
Andres Jiménez Pérez	08.07.1985
Gil Antonio Parada Velarde	1990
Luis Alejandro Ribera Guzmán	1991
Miguel Angel Rios Pinto	1992
Carlos Daniel Silva Romero	24.07.1983
Ricardo Verduguez	28.07.1989
Edson Marcelo Zenteno Alvarez	12.08.1978
Forwards:	
Mario Berthy Balcázar Ortíz	1990
Franco Ezequiel Casañas (ARG)	1985
Freddy Chispas Arias	10.06.1984
Bruno Ezequiel Juárez	09.01.1984
Leandro Emanuel Rinetti (ARG)	20.01.1987
Darwin Rios Pinto	25.04.1991
Pedro Javier Velázquez Insfrán (PAR)	13.05.1983
Trainer:	
Claudio Chacior	

CLUB JORGE WILSTERMANN COCHABAMBA

Foundation date: November 24, 1949
Address: Calle Ecuador 673, Cochabamba
Stadium: Estadio „Félix Capriles", Cochabamba – Capacity: 32,000

THE SQUAD

	DOB
Goalkeepers:	
Hamlet Israel Barrientos Ferrufino	09.01.1978
Raúl Arturo Cano Salinas	22.01.1990
Dennis Cartagena Leaño	17.09.1987
Mauro Machado	22.01.1975
Roberto Carlos Rivas Rivera	09.06.1985
Defenders:	
Juan Brown (ARG)	30.09.1977
Marcelo Antonio Carballo Cadima	07.12.1974
Lucas Fernández (ARG)	20.07.1988
Sergio Garzón	16.02.1991
Jusselio Donizete da Silva (BRA)	21.05.1983
Marco Mercado	18.06.1989
Daniel Nicoll Taboada Caballero	06.06.1990
Luis Eduardo Zapata (COL)	24.04.1980
Midfielders:	
Gregorio Abregu (ARG)	09.09.1989
Marcelo Angulo Mendoza	17.07.1972
Diego Didier Bengolea Vargas	07.12.1979
Oliver Cristhian Fernández Ocaña	14.10.1983
Luis Gabriel García (ARG)	05.06.1988
Javier Alejandro Guzmán Panozo	23.01.1985
Edson Hinojosa	02.03.1992
Cristhian Machado	20.06.1990
Victor Hugo Melgar Bejarano	28.02.1988
Juan Carlos Ojeda	23.08.1988
Ramiro Rodríguez Rendón	03.08.1987
Erick Rojas Fernández	26.02.1989
Juan Daniel Salaberry Brum (URU)	07.02.1980
Amilcar Alvaro Sánchez Guzmán	23.01.1991
Gianakis Suárez Tan Wing	26.09.1991
Nicolas Torres (USA)	01.06.1987
Renan Vargas Saravia	11.12.1991
Iani Martín Verón (ARG)	21.06.1986
Forwards:	
Jorge Milton Becerra Céspedes	05.07.1991
Milton Coimbra Sulzer	04.05.1975
Fabio Lima de Campos (BRA)	29.03.1988
Nicolás Mosquera (COL)	18.05.1988
Agustín Alejo Picciolo (ARG)	20.01.1983
Jesús Daniel Toscanini Correa (URU)	11.12.1987
Trainer:	
Eduardo Villegas	29.03.1964

LA PAZ FÚTBOL CLUB

Foundation date: May 30, 1989
Address: Av. Sánchez Bustamente 504, La Paz
Stadium: Estadio „Hernando Siles Zuazo", La Paz – Capacity: 42,000

THE SQUAD

	DOB
Goalkeepers:	
Diter Alquiza Baeny	26.10.1982
Eder Jordan Pereyra	17.06.1985
Fernando Andrés Méndez Tellerina	1992
José Feliciano Peñarrieta Flores	18.11.1988
Defenders:	
Rómulo Alaca Loza	29.10.1974
Rolando Barra Pinedo	10.03.1987
Carlos Alberto Flores López	23.09.1991
Alan Pablo Gálvez Fernández	1988
Alejandro Melean Villarroel	16.06.1987
Enrique Romaña González (COL)	28.12.1988
Juan Carlos Paz García	14.04.1970
Diomedes Peña Zúñiga	21.03.1976
Diego Vejarano Pinto	02.01.1988
Mauricio Zelada Zurita	1989
Midfielders:	
Jarin Asprilla Rengifo (COL)	20.05.1987
Simón Néstor Bastos Taborda	04.02.1986
Felipe Alejandro Cabanillas Moreno (COL)	23.05.1988
Bladimir Compas Velasco	07.05.1984
Fabricio de Andrade Silva (BRA)	1986
Miguel Angel Hurtado Suárez	04.07.1985
Joselo Nomey Muñoz	08.06.1983
Richard Oni Iriarte	31.07.1988
Jorge Gary Paz Ponce	23.04.1987
Raul Rodolfo Reque Balderrama	10.12.1993
Armando Gabriel Romero del Pozo	28.04.1993
Roly Desiderio Sejas Muñoz	27.09.1978
José Roberto Velasco Wehfritz	07.03.1989
Juan Carlos Zampiery Rivarola	1990
Forwards:	
Jenrry Alaca Maconde	14.11.1986
Erland Alvarez Pinedo	24.02.1989
Víctor Hugo Angola Cadima	14.08.1986
Ben Al Cheik Karin Ismael Dikoundi	1985
Christian Jesús Reynaldo Gómez	16.09.1978
Ronald Segovia Calzadilla	17.01.1985
Carlo Eduardo Vargas Menacho	27.02.1987
Trainer:	
Sergio Apaza	

CLUB DEPORTIVO ORIENTE PETROLERO
SANTA CRUZ DE LA SIERRA

Foundation date: November 5, 1955
Address: Av. Monseñor Costas No.50 - Barrio San Antonio, Santa Cruz de la Sierra
Stadium: Estadio „Ramón "Tahuichi" Aguilera", Santa Cruz de la Sierra – Capacity: 40,000

THE SQUAD

	DOB
Goalkeepers:	
Oscar Luis Antelo Justiniano	18.07.1979
Alex Arancibia Chávez	28.01.1990
Edson Avallay Arispe	1968
José Carlo Fernández	24.01.1971
Hugo Suárez Vaca	07.02.1982
Defenders:	
Juan Gabriel Aguilar Osinaga	15.03.1987
Carlos Arrien Gutiérrez	
Gustavo Martín Caamaño (ARG)	27.03.1979
José Eduardo Cuéllar Salazar	
Luis Alberto Gutiérrez Herrera	15.01.1985
Miguel Ángel Hoyos Guzmán	03.03.1981
Daniel Manjón Montero	19.02.1990
Carlos Deiby Martínez Baigorria	
Eduardo Melgar Paz	15.12.1985
Ronny Fernando Montero Martínez	15.05.1991
Angel Ariel Ribera Guzmán	02.08.1985
Alejandro Javier Schiapparelli (ARG)	16.05.1980
Ronald Lorgio Suárez Salcedo	05.12.1990
Nicolas Suárez Vaca	23.12.1978
Diego Terrazas Pérez	23.02.1987
Jorge Leonardo Toco Arredondo	13.01.1992
Juan Alejandro Tomás Valdivieso Coimbra	
José Vargas Robles	
Midfielders:	
Francisco Agreda Leaños	
Marcelo Eduardo Aguirre Biscaldi (ARG)	25.08.1983
Francisco Antonio Argüello Benítez (PAR)	04.06.1980
Jhasmany Campos Dávalos	10.05.1988
Pedro Hernán Cañellas García	1990
Yasmani Georges Duk Arandia	1990
Gustavo Eguez Balcazar	14.02.1990
Rover Heguigorri Coimbra	
Brolin Jordan Pereira	20.08.1990
Luis Hernán Melgar Ortíz	1983
Ronald Rea Romero	27.03.1989
Nahun Rodríguez Suárez	
Pablo Rojas Morón	
Fernando Javier Saucedo Pereyra	15.03.1990
Mauricio Saucedo Guardia	14.08.1985
José Miguel Suárez Peredo	
Mario Alfaro Uriona García	05.06.1983
Joselito Vaca Velasco	12.08.1982
Forwards:	
Abrão Lincoln Martins (BRA)	14.06.1983
Pedro Luis López Moreno	01.12.1990
Gilberto Ramon Palacios Acosta (PAR)	08.01.1980
Danilo Javier Peinado Lerena (URU)	04.04.985
Alcides Peña Jiménez	14.01.1989
Jorge Andrés Ramírez Frostte (URU)	25.05.1986
Landivar Antelo Reyes	18.08.1991
Pablo Antonio Salinas Menacho	07.08.1979
Donald Vaca Montero	
Trainer:	
Gustavo Domingo Quinteros Desabato	15.02.1965

MUNICIPAL REAL MAMORÉ TRINIDAD

Foundation date: March 15, 2006
Address: Calle Meliton Villavicencio No. 445, Trinidad
Stadium: Estadio Gran Mamoré, Trinidad – Capacity: 12,000

THE SQUAD

	DOB
Goalkeepers:	
Pablo Javier Lanz (ARG)	18.03.1979
Luis Gustavo Lugo Silvero (PAR)	20.03.1984
José Luis Muñoz Lino	1990
Defenders:	
Adhemar Arias Bravo	17.05.1980
Francisco Antonio Díaz Espinoza	1990
Ovidio Guatía Alcázar	10.04.1981
Juan Pablo Fernández Méndez	07.02.1982
Daniel Alejandro Maturana Ibañez	19.10.1988
John Edwin Peña Carabalí (COL)	30.12.1978
Luis Alberto Reyes Zabala	08.04.1976
Ernesto Suárez Vargas	15.07.1983
Juan Doile Vaca Mendoza	10.08.1979
Midfielders:	
Miguel Angel Camacho Chávez	28.08.1985
Rolando Campos Solíz	27.09.1978
Julio César Cortéz Ávalos	02.10.1981
Carlos Alberto Durán Pinto	02.02.1980
Oliver Cristhian Fernández Ocaña	14.10.1983
Divar Loras Velez	1991
Frank Ernesto Oni Iriarte	28.12.1989
Carlos Eduardo Sabja Añez	14.01.1990
Juan Pablo Sánchez Chanevy (ARG)	08.06.1982
José Luis Suárez Arza	1994
Mario Alfaro Uriona García	05.07.1983
Forwards:	
Fernando Junior Chávez Gómez	1993
Porfirio Díez Aguilar	17.07.1983
Juan Alberto Maraude (ARG)	11.01.1981
Martín Adrián Palavicini López (ARG)	15.08.1977
José Mauricio Pinilla (COL)	02.09.1977
Ivan Jamilton Adán Zerda (ARG)	17.11.1989
Trainer:	
Buenaventura Ferreira Gómez (PAR)	04.07.1960

CLUB BAMIN REAL POTOSÍ

Foundation date: October 20, 1941
Address: Calle Final Bustillos s/n (Industrias Potosí), Potosí
Stadium: Estadio „Víctor Agustín Ugarte", Potosí – Capacity: 18,000

THE SQUAD

	DOB
Goalkeepers:	
Luis Angel Barrero Huaranca	1992
Gustavo Gois De Lira Cuevas	10.05.1982
Mauro Machado da Silva (BRA)	22.01.1975
Defenders:	
Edgar Clavijo Peralta	13.02.1978
José Luis Contaja Vicente	02.06.1987
Luis Miguel Garnica Chávez	1990
Helmut Enrique Gutíerrez Zapana	02.07.1984
Ronny Jiménez Mendoza	12.04.1989
José Enrique Nájar (ARG)	20.03.1982
José Luis Reyes	12.06.1990
Alvaro Ricaldi Alcocer	28.04.1982
Edhemir Rodríguez Mercado	21.10.1986
Diego Esteban Salvatierra (ARG)	11.04.1980
Mauricio Sebastián Sanjurjo (ARG)	09.12.1980
Midfielders:	
Fernando Matías Argarañaz (ARG)	23.04.1984
Guillermo Ariel Chena Campagnolo	13.04.1988
David Angel Choque Pocomani	1992
Roberto Carlos Correa Arias (ARG)	21.03.1975
Ronald Eguino Segovia	20.02.1988
Walter Guillermo Erquicia Méndez	1993
Gonzalo Germán Galindo Sánchez	20.10.1974
Miguel Oswaldo Loaiza Tardio	13.02.1983
Eduardo Fabiano Ortíz Cuéllar	07.05.1980
Mauricio Simón Panozo Veizaga	03.07.1991
Forwards:	
Augusto Andaveris Iriondo	05.05.1979
Roberto Iván Fergonzi	11.03.1983
Jorge Daniel Florentín Cáceres	08.12.1982
Dino Huallpa Mendoza	04.04.1986
Cristian Maciel Ruíz (ARG)	10.12.1981
Alahin Saavedra Suruy	1989
Pastor Buenaventura Torrez Quiróz	27.08.1990
Gerardo César Yacerotte Soruco	28.08.1985
Trainer:	
Víctor Hugo Andrada	25.12.1958

CLUB DEPORTIVO SAN JOSÉ ORURO

Foundation date: March 19, 1942
Address: Caro entre 6 de Agosto y Potosi No. 448, Oruro
Stadium: Estadio „Jesús Bermúdez", Oruro – Capacity: 28,000

THE SQUAD

	DOB
Goalkeepers:	
Pedro Higa Zabalo	26.01.1970
Eloy Padilla López	08.03.1976
Yadin Salazar Caballero	26.03.1982
Joel Fernando Zayas (PAR)	17.09.1977
Defenders:	
Gary Arauz Solíz	
Jorge Daniel Bruno	31.12.1983
Néstor Joaquín Chippitee González (PAR)	25.02.1983
Eliseo Isaías Dury	16.10.1990
Jorge Luis Escalera Pinaya	15.03.1990
José Andrés Fabbri Zeballos	06.06.1988
Franklin Juan Herrera Gómez	14.04.1988
Alan Loras Vélez	04.07.1986
Aníbal Gerardo Medina Anbol	19.10.1985
Luis Javier Méndez Moza	23.06.1986
Damir Miranda Mercado	06.10.1985
Percy Limbert Pizarro Vaca	17.07.1976
Midfielders:	
Alejandro René Bejarano Sajama	21.06.1984
Emerson Felipe De Oliveira „Emerson Felipão" (BRA)	17.05.1977
Andrés Fernando Irahola Zallez	01.11.1991
José Leandro Padilla Abunter	23.06.1986
Ronald Puma Caballero	23.05.1980
Regis Adair Quaresma De Souza (BRA)	25.01.1982
Rolando Ribera Menacho	13.03.1983
Alvaro Sandoval Condarco	23.01.1989
Forwards:	
Christian Omar Díaz (ARG)	03.11.1986
Oscar Alberto Díaz Acosta	22.10.1985
Edgar Marcelo Escalante Mojica	13.03.1986
Marcelo Ezequiel Guaymas (ARG)	25.02.1985
Sebastián Yeri Molina	20.11.1990
Aquilino Villalba Sanabria (PAR)	20.09.1983
José Luis Villegas Mora	1992
Rubin Vitingay Romero	02.02.1993
Trainer:	
Marco Ferrufino	

CLUB THE STRONGEST LA PAZ

Foundation date: April 8, 1908
Address: Calle Colón No. 512 esq. Comercio, La Paz
Stadium: Estadio „Hernando Siles Zuazo", La Paz – Capacity: 42,000

THE SQUAD

	DOB
Goalkeepers:	
Leonardo Nicolás Díaz (ARG)	05.09.1972
Roberto Escalier Sánchez	1991
Gustavo Adolfo Fernández Pedraza	23.08.1986
Luis Eduardo Galarza Solíz	14.05.1985
Max Alexander Rougcher Navarro	02.01.1984
Defenders:	
Santos Amador Quispe	06.04.1983
Miguel Angel Cabrera Romero	30.08.1991
Percy Colque Paredes	28.10.1976
Federico Santiago García Di Bernardo (ARG)	06.04.1984
Gerson Luís García Gálvez	24.04.1985
Carlos Miguel Hermosa Castellón	20.08.1986
Luís Mario Palacios Vidaurre	13.07.1977
Herman Solíz Salvatierra	06.06.1979
Nelvin Solíz Escalante	03.11.1989
Midfielders:	
Pablo Almanza Oroza	01.11.1989
Carmelo Angulo Mendoza	23.05.1980
Diego Bejarano Ibañez	1992
Carlos Oswaldo Camacho Suárez	02.05.1986
Alejandro Saúl Chumacero Bracamonte	22.04.1991
Javier Alejandro Gúzman Panozo	23.01.1985
Haroldo Teixeira Da Rocha	03.10.1977
Rodolfo Alejandro Medina Andrade	1992
Jorge Antonio Ortíz Ortíz	01.06.1984
Marco David Paz Alvarez	29.07.1979
Darwin Peña Arce	08.08.1977
Miguel Angel Quiroga Castillo	15.09.1991
Rodrigo Luis Ramallo Cornejo	19.10.1990
Luís Gatty Ribeiro Roca	01.11.1979
Rosauro Rivero Céspedes	08.09.1982
Gabriel Andrés Silva Quisbert	1993
Polieri Thiago Leitao	06.12.1978
Adrián César Trigo Forguera	1992
Sergio Adrián Valverde Martínez	1991
Forwards:	
Renán Yoriel Addles Daniels	11.07.1989
Oscar Mario Araúz Sotelo	23.08.1980
Miguel Angel Barriga Balderrama	21.05.1992
Julián Di Cosmo Bibbo (ARG)	28.12.1984
Limberg Gutiérrez Mariscal	19.11.1977
Javier Martín López (ARG)	16.03.1984
Walter Javier López (PAR)	05.03.1986
José Martín Menacho Aguilera	07.08.1973
Pablo Osvaldo Vázquez (ARG)	29.07.1982
Rodrigo Rufino Zabala Villanueva	1992
Trainer:	
Néstor Oscar Craviotto (ARG)	06.10.1963

CLUB DEPORTIVO UNIVERSITARIO SUCRE

Foundation date: April 5, 1962
Address: Calle Olañeta 45, Sucre
Stadium: Estadio Olímpico Patria, Sucre – Capacity: 32,000

THE SQUAD

	DOB
Goalkeepers:	
Carlos Emilio Lampe Porras	17.03.1987
Juan Carlos Robles Rodríguez	24.01.1985
Sergio Richard Rios	11.06.1986
William Portillo Aguirre	31.05.1987
Defenders:	
Martín Ángel Aguirre Schmidt (ARG)	10.02.1984
Tobías Albarracín (ARG)	05.12.1984
Oscar Añez Urachianta	23.07.1990
Ramiro Daniel Ballivián	08.04.1992
Axel Daniel Bejarano Nuñez	27.11.1989
Marvin Orlando Bejarano Jiménez	06.03.1988
Elmer Ferrufino Orellano	29.10.1987
Leandro Gareca Fernández	23.06.1991
José Loayza Pedraza	09.09.1976
Rafael Segovia Jérez (ARG)	19.06.1980
Midfielders:	
Luis Daniel Arroyo Cabrera	1992
Diego Didier Bengolea Vargas	07.12.1979
Matías Ezequiel Favano Otermin (ARG)	04.06.1980
Jesús Ronald Gallegos Vera	06.09.1982
Julián César Junco (ARG)	04.05.1983
Luis Antonio Liendo Asbun	25.02.1978
Sacha Silvestre Lima Castedo	17.08.1981
Milton Erick Melgar Cuellar	20.11.1985
Alejandro Leonel Morales	02.09.1988
Juan Carlos Padra (ARG)	21.01.1981
Gustavo Adolfo Paz	19.04.1983
Ludwig Jorge Rojas Osorio	08.06.1990
Oscar Alejandro Sanz Mass	01.02.1991
Nicolás Darío Tudor Sánchez	04.05.1990
Getulio Joaquín Vaca Diez Parada	24.10.1984
Forwards:	
Damián Matías Cirillo (ARG)	17.01.1980
Ramón Horacio Fernández (ARG)	26.10.1986
Roberto Galindo Sánchez	14.10.1980
Martín Esteban Michel	04.10.1983
Aldo Peña Dorado	02.07.1982
José Leonel Poppe Hermosa	1991

Trainer:
Javier Vega

COPA SIMÓN BOLÍVAR 2010

Qualified teams from the 9 Departments (=Second Division Regional League):

Department	Regional League Champions	Regional League Runners-up
Beni	Club Primero De Mayo Beni	Club Atlético Marbán Beni
Chuquisaca	Club Independiente Petrolero Sucre	Club Fancesa
Cochabamba	Escuela „Enrique Happ" Cochabamba	Deportivo Bata Cochabamba
La Paz	Mariscal Braun La Paz	ABB La Paz
Oruro	Club 31 de Octubre Oruro	Club Oruro Royal
Pando	Real Vaca Díez	CD Universitario de Pando
Potosí	Club Atlético Nacional Potosí	CD Universitario de Potosí
Santa Cruz	Club Real América Santa Cruz	Club Callejas Santa Cruz
Tarija	Club Atlético Ciclón	Club García Agreda Tarija

GROUP PHASE

Group A1
1. Escuela „Enrique Happ" Cochabamba   6   5   1   0   23 - 6   16
2. Club 31 de Octubre Oruro   6   2   2   2   6 - 10   8
3. ABB La Paz   6   2   0   4   10 - 16   6

Group A2
1. Club Oruro Royal   6   2   2   2   6 - 6   8
2. Deportivo Bata Cochabamba   6   2   1   3   7 - 11   7
3. Mariscal Braun La Paz   6   1   2   3   6 - 9   5

Group B1
1. Club García Agreda Tarija   6   4   2   0   10 - 5   14
2. CD Universitario de Potosí   6   2   0   4   7 - 11   6
3. Club Independiente Petrolero Sucre 6   0   1   5   3 - 12   1

Group B2
1. Club Atlético Nacional Potosí   6   4   2   0   10 - 4   14
2. Club Fancesa   6   3   1   2   10 - 5   10
3. Club Atlético Ciclón   6   1   2   3   4 - 8   5

Group C
1. Club Real América Santa Cruz   6   5   0   1   19 - 5   15
2. Club Primero De Mayo Beni   6   5   0   1   9 - 2   15
3. Club Callejas Santa Cruz   6   3   0   3   8 - 7   9
4. Club Atlético Marbán Beni   6   2   1   3   7 - 10   7
5. Real Vaca Díez   6   1   1   4   4 - 16   4
6. CD Universitario de Pando   6   1   0   5   2 - 9   3

Quarter-Finals
Club Primero De Mayo Beni - **Club Atlético Nacional Potosí**   4-2(1-2)   0-6(0-4)
Club Oruro Royal - **Club Real América Santa Cruz**   2-0(1-0)   1-3(0-0)
                                                                           0-3 pen
Club García Agreda Tarija - Escuela „Enrique Happ" Cochabamba   1-0(0-0)   0-0
Club Primero De Mayo Beni also qualified as best losers.

Semi-Finals

Club Real América Santa Cruz - Club García Agreda Tarija	3-1(3-0)	1-1(0-1)
Club Atlético Nacional Potosí - Club Primero De Mayo Beni	2-1(1-0)	2-2(1-1)

Final

1st Leg (14.09.2010, Potosí):
Club Atlético Nacional Potosí - Club Real América Santa Cruz   **2-0(0-0)**
Goals: Ricardo da Silva (72, 88).

2nd Leg (21.09.2010, Santa Cruz de la Sierra):
Club Real América Santa Cruz - Club Atlético Nacional Potosí   **0-1(0-0)**
Goal: carlos Camacho (90).

Winners of the Copa Simón Bolívar 2010: **Club Atlético Nacional Potosí** (qualified for the Promotion/Relegation Play/Offs)

NATIONAL TEAM INTERNATIONAL MATCHES (01.06.2010 – 31.05.2011)				
11.08.2010	La Paz	Bolivia - Colombia	1-1(0-1)	(F)
07.10.2010	Santa Cruz	Bolivia - Venezuela	1-3(0-3)	(F)
09.02.2011	Antalya	Latvia - Bolivia	2-1(1-0)	(F)
25.03.2011	Cd. de Panamá	Panama - Bolivia		(F)
28.03.2011	Guatemala C.	Guatemala - Bolivia		(F)
31.05.2011	Los Angeles	Bolivia		(F)

11.08.2010, Friendly International
stadio „Hernándo Siles Zuazo", La Paz; Attendance: 6,310
Referee: Gabriel Norberto Favale (Argentina)
BOLIVIA - COLOMBIA   **1-1(0-1)**
BOL: Daniel Vaca Tasca (46.Carlos Emilio Lampe Porras), Miguel Ángel Hoyos Guzmán, Edemir Rodríguez Mercado, Luis Alberto Gutiérrez Herrera, Ignacio Awad García Justiniano, Nicolás Suárez Vaca, Jaime Robles Céspedes (46.Wálter Alberto Flores Condarco), Joselito Vaca Velasco, Rudy Alejandro Cardozo Fernández (46.Roberto Galindo Sánchez), Álex Rodrigo da Rosa Dornelles (79.Amílcar Álvaro Sánchez Gúzman), Alcides Peña Jiménez (46.Diego Aroldo Cabrera Flores; 49.Abdón Reyes Cardozo). Trainer: Eduardo Villegas.
Goal: Roberto Galindo Sánchez (64).

07.10.2010, Friendly International
Estadio „Ramón 'Tahuichi' Aguilera", Santa Cruz de la Sierra; Attendance: 18,000
Referee: Ibrahim Chaibou (Niger)
BOLIVIA - VENEZUELA   **1-3(0-3)**
BOL: Carlos Emilio Lampe Porras (46.Daniel Vaca Tasca), Luis Alberto Gutiérrez Herrera, Ronald Raldes Balcázar, Miguel Ángel Hoyos Guzmán, Jhasmani Campos Dávalos, Ignacio Awad García Justiniano (24.Marvin Orlando Bejarano Jiménez), Ronald Lázaro García Justiniano (77.José Luis Chávez Sánchez), Joselito Vaca Velasco, Roberto Galindo Sánchez (46.Sacha Silvestre Lima Castedo), Marcelo Moreno Martins (83.José Alfredo Castillo Parada), Wálter Veizaga Argote (46.Mauricio Saucedo Guardia). Trainer: Eduardo Villegas.
Goal: Marcelo Moreno Martins (32).

09.02.2011, Friendly International
Mardan Stadyumu, Antalya (Turkey); Attendance: n/a
Referee: Krisztián Selmeczi (Hungary)
LATVIA - BOLIVIA   **2-1(1-0)**
BOL: Carlos Erwin Arias Eguez, Luis Alberto Gutiérrez Herrera, Ronald Raldes Balcázar, Ronald Taylor Rivero Khun (86.Marvin Orlando Bejarano Jiménez), Miguel Ángel Hoyos Guzmán, Jhasmani Campos Dávalos (46.Juan Carlos Arce Justiniano), Wálter Alberto Flores Condarco (74.Ricardo Pedriel Suárez), Jaime Robles Céspedes, Joselito Vaca Velasco, Mauricio Saucedo Guardia (65.Rudy Alejandro Cardozo Fernández), Marcelo Moreno Martins. Trainer: Gustavo Domingo Quinteros Desabato.
Goal: Juan Carlos Arce Justiniano (55 penalty).

25.03.2011, Friendly International
Estadio „Rommel Fernández", Ciudad de Panamá; Attendance: 10,000
Referee: Walter Alexander López Castellanos (Guatemala)
PANAMA - BOLIVIA   **2-0(1-0)**
BOL: Carlos Erwin Arias Eguez, Ronald Raldes Balcázar, Ronald Taylor Rivero Khun, Edemir Rodríguez Mercado, Lorgio Álvarez Roca (46.Marvin Orlando Bejarano Jiménez), Rudy Alejandro Cardozo Fernández, Wálter Alberto Flores Condarco, Ronald Lázaro García Justiniano (83.Jesús Alejandro Gómez Lanza), Miguel Oswaldo Loaiza Tardio (70.Jaime Robles Céspedes), José Alfredo Castillo Parada, Ricardo Pedriel Suárez (77.Augusto Andaveris Iriondo). Trainer: Gustavo Domingo Quinteros Desabato.

28.03.2011, Friendly International
Estadio „Carlos Salazar Hijo", Mazatenango; Attendance: 6,154
Referee: Joel Antonio Aguilar Chicas (El Salvador)
GUATEMALA - BOLIVIA   **1-1(0-0)**
BOL: Carlos Erwin Arias Eguez (64.Sergio Daniel Galarza Soliz), Luis Alberto Gutiérrez Herrera, Ronald Raldes Balcázar, Ronald Taylor Rivero Khun, Edemir Rodríguez Mercado, Rudy Alejandro Cardozo Fernández, Jhasmani Campos Dávalos, Wálter Alberto Flores Condarco, Jaime Robles Céspedes, Joselito Vaca Velasco, José Alfredo Castillo Parada (56.Ricardo Pedriel Suárez). Trainer: Gustavo Domingo Quinteros Desabato.
Goal: Ricardo Pedriel Suárez (72).

NATIONAL TEAM PLAYERS 2010/2011				
Name	DOB	Club	Cp	Gls
Goalkeepers				
Carlos Erwin ARIAS Eguez	27.04.1982	Maccabi Netanya FC (ISR)	31	0
Sergio Daniel GALARZA Solis	25.08.1975	CSCD Blooming Santa Cruz	15	0
Carlos Emilio LAMPE Porras	17.03.1987	CD Universitario Sucre	3	0
Daniel VACA Tasca	03.11.1989	Club Jorge Wilstermann	3	0
Defenders				
Lorgio ÁLVAREZ Roca	29.06.1978	Club Bolívar la Paz	38	1
Marvin Orlando BEJARANO Jiménez	06.03.1988	CD Universitario Sucre	6	0
Ignacio Awad GARCÍA Justiniano	20.08.1986	Club Aurora Cochabamba	10	0
Luis Alberto GUTIÉRREZ Herrera	15.01.1985	CD Oriente Petrolero	15	0
Miguel Ángel HOYOS Guzmán	03.03.1981	CD Oriente Petrolero	28	1
Ronald RALDES Balcázar	20.04.1981	CA Colón de Santa Fé (ARG)	53	0
Ronald Taylor RIVERO Khun	29.01.1980	Club Bolívar La Paz	18	0
Edemir RODRÍGUEZ Mercado	21.10.1986	Club Bamin Real Potosí; 01.2011-> Club Bolívar La Paz	11	0
Amílcar Álvaro SÁNCHEZ Gúzman	23.01.1991	Club Jorge Wilstermann	1	0
Nicolás SUÁREZ Vaca	23.12.1978	CD Oriente Petrolero	8	0
Midfielders				
Jhasmani CAMPOS Dávalos	10.05.1988	CD Oriente Petrolero	11	1
Rudy Alejandro CARDOZO Fernández	14.02.1990	Club Bolívar La Paz	4	0
José Luis CHÁVEZ Sánchez	18.05.1986	CSCD Blooming Santa Cruz	3	0
Wálter Alberto FLORES Condarco	29.10.1978	Club Bolívar La Paz	18	0
Ronald Lázaro GARCÍA Justiniano	17.12.1980	Anorthosis Famagusta FC (CYP); 01.2011-> Club Bolívar La Paz	41	2
Jesús Alejandro GÓMEZ Lanza	18.07.1979	CSCD Blooming Santa Cruz	5	0
Sacha Silvestre LIMA Castedo	17.08.1981	CD Universitario Sucre	11	0
Miguel Oswaldo LOAIZA Tardio	13.01.1983	Club Bamin Real Potosí	1	0
Abdón REYES Cardozo	07.11.1981	Club Bolívar La Paz	12	0
Jaime ROBLES Céspedes	02.02.1978	Club Aurora Cochabamba	14	0
Mauricio SAUCEDO Guardia	14.08.1985	CD Oriente Petrolero	11	0
Joselito VACA Velasco	12.08.1982	CD Oriente Petrolero	48	2
Forwards				
Augusto ANDAVERIS Iriondo	05.05.1979	Club Bamin Real Potosí	14	1
Juan Carlos ARCE Justiniano	10.04.1985	CD Oriente Petrolero	20	4
Diego Aroldo CABRERA Flores	13.08.1982	Asociación Deportivo Pasto (COL)	18	1
José Alfredo CASTILLO Parada	09.02.1983	CSCD Blooming Santa Cruz; 01.2011-> CF Estudiantes Guadalajara (MEX)	24	6
Álex Rodrigo DA ROSA Dornelles	01.06.1976	Club Bolívar La Paz	5	1
Roberto GALINDO Sánchez	14.10.1980	CD Universitario Sucre	2	1
Marcelo MORENO Martins	18.06.1987	FK Shakhtar Donetsk (UKR)	20	8
Ricardo PEDRIEL Suárez	19.01.1987	Sivasspor (TUR)	10	2
Alcides PEÑA Jiménez	14.01.1989	CD Oriente Petrolero	1	0
Wálter VEIZAGA Argote	22.04.1986	Club Jorge Wilstermann	2	0
Trainer				
Eduardo VILLEGAS	29.03.1964			
Gustavo Domingo QUINTEROS DESABATO	15.02.1965			

(Caps and goals at 31.05.2011)

BRAZIL

The Country:	The FA:
República Federativa do Brasil (Federative Republic of Brazil) Capital: Brasilia Surface: 8,514,877 km² Inhabitants: 192,272,890 Time: UTC-2 to -4	Confederação Brasileira de Futebol Rua Victor Civita 66, Bloco 1 - Edifício 5-5 Andar Barra da Tijuca Rio de Janeiro 22775-044 Year of Formation: 1914 Member of FIFA since: 1923 Member of CONMEBOL since: 1916

NATIONAL TEAM RECORDS

COPA AMÉRICA		WORLD CUP	
1916	3rd Place	1930	Final Tournament (1st Round)
1917	3rd Place	1934	Final Tournament (1st Round)
1919	**Winners**	1938	Final Tournament (3rd Place)
1920	3rd Place	1950	Final Tournament (Runners-up)
1921	Runners-up	1954	Final Tournament (Quarter-Finals)
1922	**Winners**	1958	**Final Tournament (Winners)**
1923	4th Place	1962	**Final Tournament (Winners)**
1924	Withdrew	1966	Final Tournament (1st Round)
1925	Runners-up	1970	**Final Tournament (Winners)**
1926	Withdrew	1974	Final Tournament (4th Place)
1927	Withdrew	1978	Final Tournament (3rd Place)
1929	Withdrew	1982	Final Tournament (2nd Round)
1935	Withdrew	1986	Final Tournament (Quarter-Finals)
1937	Runners-up	1990	Final Tournament (2nd Round)
1939	Withdrew	1994	**Final Tournament (Winners)**
1941	Withdrew	1998	Final Tournament (Runners-up)
1942	3rd Place	2002	**Final Tournament (Winners)**
1945	Runners-up	2006	Final Tournament (Quarter-Finals)
1946	Runners-up	2010	Final Tournament (Quarter-Finals)
1947	Withdrew	PANAMERICAN GAMES	
1949	**Winners**	1951	Withdrew
1953	Runners-up	1955	-
1955	Withdrew	1959	Runners-up
1956	4th Place	1963	**Winners**
1957	Runners-up	1967	-
1959	Runners-up	1971	-
1959E	3rd Place	1975	**Winners**
1963	4th Place	1979	**Winners**
1967	Withdrew	1983	Runners-up
1975	Semi-Finals	1987	**Winners**
1979	Semi-Finals	1991	-
1983	Runners-up	1995	Quarter-Finals
1987	Round 1	1999	-
1989	**Winners**	2003	Runners-up
1991	Runners-up	2007	Round 1
1993	Quarter-Finals	PANAMERICAN CHAMPIONSHIP	
1995	Runners-up	1952	**Winners**
1997	**Winners**	1956	**Winners**
1999	**Winners**	1960	Runners-up
2001	Quarter-Finals		
2004	**Winners**		
2007	**Winners**		
2011	*To be played*		

OLYMPIC GAMES 1896-2008
1952, 1960, 1964, 1968, 1972, 1976, 1984&1988 (Runners-up), 1996 (3rd Place), 2000, 2008 (3rd Place)
FIFA CONFEDERATIONS CUP 1992-2009
1997 (Winners), 1999 (Runners-up), 2001, 2003, **2005 (Winners), 2009 (Winners)**
PLAYER WITH MOST INTERNATIONAL CAPS
Marcos Evangelista de Morais „Cafu" – 142 caps (1990-2006)
PLAYER WITH MOST INTERNATIONAL GOALS
Edson Arantes do Nascimento „Pelé" – 77 goals (92 caps, 1957-1971)

BRAZILIAN CLUB HONOURS IN SOUTH AMERICAN CLUB COMPETITIONS:

COPA LIBERTADORES 1960-2010
Santos Futebol Clube (1962, 1963)
Cruzeiro Esporte Clube Belo Horizonte (1976, 1997)
Clube de Regatas do Flamengo Rio de Janeiro (1981)
Grêmio Foot-Ball Porto Alegrense (1983, 1995)
São Paulo Futebol Clube (1992, 1993, 2005)
Club de Regatas Vasco da Gama Rio de Janeiro (1998)
Sociedade Esportiva Palmeiras São Paulo (1999)
Sport Club Internacional Porto Alegre (2006, 2010)
COPA SUDAMERICANA 2002-2010
Sport Club Internacional Porto Alegre (2008)
COPA CONMEBOL 1992-1999
Clube Atlético Mineiro (1992, 1997)
Botafogo de Futebol e Regatas Rio de Janeiro (1993)
São Paulo Futebol Clube (1994)
Santos Futebol Clube (1998)
SUPERCUP „JOÃO HAVELANGE" 1988-1997*
Cruzeiro Esporte Clube Belo Horizonte (1991, 1992)
São Paulo Futebol Clube (1993)
COPA MERCOSUR 1998-2001**
Sociedade Esportiva Palmeiras São Paulo (1998)
Clube de Regatas do Flamengo Rio de Janeiro (1999)
Club de Regatas Vasco da Gama Rio de Janeiro (2000)

*Contested betwenn winners of all previous editions of the Copa Libertadores
** Contested between teams belonging countries from the southern part of South America (Argentina, Brazil, Chile, Paraguay and Uruguay).

NATIONAL COMPETITIONS
TABLE OF HONOURS

	CHAMPIONS	CUP WINNERS
1959	-	Esporte Clube Bahia
1960	-	SE Palmeiras São Paulo
1961	-	Santos FC
1962	-	Santos FC
1963	-	Santos FC
1964	-	Santos FC
1965	-	Santos FC
1966	-	Cruzeiro EC Belo Horizonte
1967	-	SE Palmeiras São Paulo
1968	-	Botafogo de FR Rio de Janeiro
1969	-	-
1970	-	-
1971	Clube Atlético Mineiro	-
1972	SE Palmeiras São Paulo	-
1973	SE Palmeiras São Paulo	-
1974	CR Vasco da Gama Rio de Janeiro	-
1975	SC Internacional Porto Alegre	-
1976	SC Internacional Porto Alegre	-
1977	São Paulo FC	-
1978	Guarani FC Campinas	-
1979	SC Internacional Porto Alegre	-
1980	CR Flamengo Rio de Janeiro	-
1981	Grêmio Foot-Ball Porto Alegrense	-
1982	CR Flamengo Rio de Janeiro	-
1983	CR Flamengo Rio de Janeiro	-
1984	Fluminense FC Rio de Janeiro	-
1985	Coritiba FC	-
1986	São Paulo FC	-
1987	Sport Club do Recife	-
1988	Esporte Clube Bahia	-
1989	CR Vasco da Gama Rio de Janeiro	Grêmio Foot-Ball Porto Alegrense
1990	SC Corinthians Paulista São Paulo	CR Flamengo Rio de Janeiro
1991	São Paulo FC	Criciúma EC
1992	CR Flamengo Rio de Janeiro	SC Internacional Porto Alegre
1993	SE Palmeiras São Paulo	Cruzeiro EC Belo Horizonte
1994	SE Palmeiras São Paulo	Grêmio Foot-Ball Porto Alegrense
1995	Botafogo de FR Rio de Janeiro	SC Corinthians Paulista São Paulo
1996	Grêmio Foot-Ball Porto Alegrense	Cruzeiro EC Belo Horizonte
1997	CR Vasco da Gama Rio de Janeiro	Grêmio Foot-Ball Porto Alegrense
1998	SC Corinthians Paulista São Paulo	SE Palmeiras São Paulo
1999	SC Corinthians Paulista São Paulo	EC Juventude Caxias do Sul
2000	CR Vasco da Gama Rio de Janeiro	Cruzeiro EC Belo Horizonte
2001	Clube Atlético Paranaense Curitiba	Grêmio Foot-Ball Porto Alegrense
2002	Santos FC	SC Corinthians Paulista São Paulo
2003	Cruzeiro EC Belo Horizonte	Cruzeiro EC Belo Horizonte
2004	Santos FC	EC Santo André
2005	SC Corinthians Paulista São Paulo	Paulista FC São Paulo
2006	São Paulo FC	CR Flamengo Rio de Janeiro

2007	São Paulo FC	Fluminense FC Rio de Janeiro
2008	São Paulo FC	Sport Club do Recife
2009	CR Flamengo Rio de Janeiro	SC Corinthians Paulista São Paulo
2010	Fluminense FC Rio de Janeiro	Santos FC

	BEST GOALSCORERS	
1971	Dario José dos Santos (Clube Atlético Mineiro)	17
1972	Dario José dos Santos (Clube Atlético Mineiro) Pedro Virgilio Rocha Franchetti (São Paulo FC)	17
1973	Ramón da Silva Ramos (Santa Cruz FC Recife)	21
1974	Carlos Roberto de Oliveira „Roberto Dinamite" (CR Vasco da Gama)	16
1975	Flávio Almeida da Fonseca „Flávio Minuano" (SC Internacional Porto Alegre)	16
1976	Dario José dos Santos (SC Internacional Porto Alegre)	16
1977	José Reinaldo de Lima (Clube Atlético Mineiro)	28
1978	Paulo Luiz Massariol „Paulinho" (CR Vasco da Gama)	19
1979	César Martins de Oliveira (América FC Rio de Janeiro) Roberto César Itacaramby (Cruzeiro EC Belo Horizonte)	12
1980	Arthur Antunes Coimbra „Zico" (CR Flamengo Rio de Janeiro)	21
1981	João Batista Nunes de Oliveira (CR Flamengo Rio de Janeiro)	16
1982	Arthur Antunes Coimbra „Zico" (CR Flamengo Rio de Janeiro)	21
1983	Sérgio Bernardino „Serginho" (Santos FC)	22
1984	Carlos Roberto de Oliveira „Roberto Dinamite" (CR Vasco da Gama)	16
1985	Edmar Bernardes dos Santos (Guarani FC Campinas)	20
1986	Antônio de Oliveira Filho „Careca" (São Paulo FC)	25
1987	Luís Antônio Corréa da Costa „Müller" (São Paulo FC)	25
1988	Nílson Esídio Mora (SC Internacional Porto Alegre)	15
1989	Túlio Humberto Pereira Costa (Goiás EC Goiânia)	11
1990	Charles Fabian Figueiredo Santos (Esporte Clube Bahia)	11
1991	Paulo César Vieira Rosa „Paulinho" (Santos FC)	15
1992	José Roberto Gama de Oliveira „Bebeto" (CR Vasco da Gama)	18
1993	Alexandre da Silva „Guga" (Santos FC)	14
1994	Márcio Amoroso dos Santos (Guarani FC Campinas) Túlio Humberto Pereira Costa (Botafogo de FR Rio de Janeiro)	19
1995	Túlio Humberto Pereira Costa (Botafogo de FR Rio de Janeiro)	23
1996	Renaldo Lopes da Cruz (Clube Atlético Mineiro) Arílson de Paula Nunes „Paulo Nunes" (Grêmio Foot-Ball Porto Alegrense)	16
1997	Edmundo Alves de Souza Neto (CR Vasco da Gama)	29
1998	Paulo Sergio Rosa „Viola" (Santos FC)	21
1999	Guilherme de Cássio Alves (Clube Atlético Mineiro)	28
2000	Elpídio Barbosa Conceição „Dill" (Goiás EC Goiânia) Magno Alves de Araújo (Fluminense FC Rio de Janeiro) Romário de Souza Faria (CR Vasco da Gama)	20
2001	Romário de Souza Faria (CR Vasco da Gama)	21
2002	Luís Fabiano Clemente (São Paulo FC) Rodrigo Fabri (Grêmio Foot-Ball Porto Alegrense)	19
2003	Editácio Vieira de Andrade „Dimba" (Goiás EC Goiânia)	31
2004	Washington Stecanela Cerqueira (Clube Atlético Paranaense Curitiba)	34
2005	Romário de Souza Faria (CR Vasco da Gama)	22
2006	Rodrigo de Souza Cardoso (Goiás EC Goiânia)	17
2007	Josiel da Rocha (Paraná Clube Curitiba)	20

2008	Keirrison de Souza Carneiro (Coritiba FC) Washington Stecanela Cerqueira (Fluminense FC Rio de Janeiro) Kléber João Boas Pereira (Santos FC)	21
2009	Adriano Leite Ribeiro (CR Flamengo Rio de Janeiro) Diego Tardelli Martins (Clube Atlético Mineiro)	19
2010	Jonas Gonçalves Oliveira (Grêmio Foot-Ball Porto Alegrense)	23

NATIONAL CHAMPIONSHIP
Campeonato Brasileiro Série A 2010

1. Fluminense FC Rio de Janeiro	38	20	11	7	62	-	36	71
2. Cruzeiro EC Belo Horizonte	38	20	9	9	53	-	38	69
3. SC Corinthians Paulista São Paulo	38	19	11	8	65	-	41	68
4. Grêmio Foot-Ball Porto Alegrense	38	17	12	9	68	-	43	63
5. Clube Atlético Paranaense Curitiba	38	17	9	12	43	-	45	60
6. Botafogo de FR Rio de Janeiro	38	14	17	7	54	-	42	59
7. SC Internacional Porto Alegre	38	16	10	12	48	-	41	58
8. Santos Futebol Clube	38	15	11	12	63	-	50	56
9. São Paulo Futebol Clube	38	15	10	13	54	-	54	55
10. SE Palmeiras São Paulo	38	12	14	12	42	-	43	50
11. CR Vasco da Gama Rio de Janeiro	38	11	16	11	43	-	45	49
12. Ceará Sporting Club Fortaleza	38	10	17	11	35	-	44	47
13. Clube Atlético Mineiro Belo Horizonte	38	13	6	19	52	-	64	45
14. CR Flamengo Rio de Janeiro	38	9	17	12	41	-	44	44
15. Avaí FC Florianópolis	38	11	10	17	49	-	58	43
16. Atlético Clube Goianiense	38	11	9	18	51	-	57	42
17. EC Vitória Salvador de Bahia (*Relegated*)	38	9	15	14	42	-	48	42
18. Guarani Futebol Clube Campinas (*Relegated*)	38	8	13	17	33	-	53	37
19. Goiás EC Goiânia (*Relegated*)	38	8	9	21	41	-	68	33
20. Grêmio Recreativo Barueri Presidente Prudente (*Relegated*)	38	7	10	21	39	-	64	28

*3 points deducted for fielding an ineligible player.

NATIONAL CUP
COPA DO BRASIL FINAL 2010

28.07.2010, Estádio da Vila Belmiro, Santos; Attendance: 14,000
Referee: Leonardo Gaciba da Silva
Santos Futebol Clube - EC Vitória Salvador de Bahia   **2-0(1-0)**
Santos FC: Rafael Cabral Barbosa, Marcos Rogério Ricci Lopes „Pará", Bruno Henrique Fortunato Aguiar, Severino dos Ramos Durval da Silva, Alex Sandro Lobo Silva „Alex Sandro", Marcos Arouca da Silva, Wesley Lopes Beltrame, Paulo Henrique Chagas de Lima „Ganso" (80.Marcos Vicente dos Santos „Marquinhos"), Robson de Souza „Robinho" (80.José Eduardo Bischofe de Almeida „Zé Eduardo"), André Felipe Ribeiro de Souza (65.Marcel Augusto Ortolan), Neymar da Silva Santos Júnior. Trainer: Dorival Silvestre Júnior.
Vitória: Lee Winston Leandro da Silva Oliveira, Rafael Menezes da Cruz (23.Valmir Roseno Santos „Bida"), Wallace Reis da Silva, Anderson Vieira Martins, Egídio de Araújo Pereira Júnior, Carlos Vanderson Aguiar Silva, Ismael Soares Bastos Neto „Neto Coruja", Fernando Almeida de Oliveira (75.Gabriel Armando de Abreu), Ramon Menezes Hubner (63.Renato Eduardo de Oliveira Ribeiro), Elkeson de Oliveira Cardoso, Cléber Schwenck Tiene. Trainer: Ricardo Neto da Silva.
Goals: 1-0 Neymar da Silva Santos Júnior (14), 2-0 Marcos Vicente dos Santos „Marquinhos" (85).

04.08.2010, Estádio Barradão, Salvador; Attendance: 35,000
Referee: Carlos Eugênio Simon
EC Vitória Salvador de Bahia - Santos Futebol Clube   2-1(0-1)
Vitória: Julián Ramiro Viáfara Mesa, Severino de Ramos Clementino da Silva „Nino Paraíba" (18.Gabriel Armando de Abreu), Wallace Reis da Silva, Anderson Vieira Martins, Egídio de Araújo Pereira Júnior, Ismael Soares Bastos Neto „Neto Coruja", Valmir Roseno Santos „Bida" (83.Adaílton dos Santos da Silva), Elkeson de Oliveira Cardoso, Ramon Menezes Hubner (67.Renato Eduardo de Oliveira Ribeiro), José Luiz Guimarães Sanabio Júnior, Cléber Schwenck Tiene. Trainer: Ricardo Neto da Silva.
Santos FC: Rafael Cabral Barbosa, Marcos Rogério Ricci Lopes „Pará", Eduardo Luiz Abonízio de Souza „Edu Dracena", Severino dos Ramos Durval da Silva, Alex Sandro Lobo Silva „Alex Sandro", Marcos Arouca da Silva, Wesley Lopes Beltrame, Paulo Henrique Chagas de Lima „Ganso", Robson de Souza „Robinho" (87.Rodrigo César Castro Cabral „Rodriguinho"), André Felipe Ribeiro de Souza (62.José Eduardo Bischofe de Almeida „Zé Eduardo"), Neymar da Silva Santos Júnior (78.Marcel Augusto Ortolan). Trainer: Dorival Silvestre Júnior.
Goals: 0-1 Eduardo Luiz Abonízio de Souza „Edu Dracena" (44), 1-1 Wallace Reis da Silva (57), 2-1 José Luiz Guimarães Sanabio Júnior (77).

<u>Copa do Brasil Winner 2010:</u>
Santos Futebol Clube – qualified for the Copa Libertadores 2011

THE CLUBS 2010

ATLÉTICO CLUBE GOIANIENSE

Foundation date: April 2, 1937
Address: Rua Vitória Régia, Qd. 01, Lt. 20 Setor Urias Magalhães, Goiânia, CEP: 74565-100
Stadium: Estádio Serra Dourada, Goiânia - Capacity: 50,049 /
Estádio „Antônio Accioly", Goiânia - Capacity: 5,000

THE SQUAD

		DOB
Goalkeepers:		
João Carlos	João Carlos Heidemann	06.04.1988
Edson	Édson Pereira Lisboa	24.09.1985
Márcio	Márcio Luiz Silva Lopes Santos Souza	24.01.1981
Roberto	Roberto Gomes Júnior	29.01.1990
Defenders:		
Adriano	Adriano José de Lara	09.12.1987
Chiquinho	Francisco Gomes Andrade Júnior „Chiquinho"	13.03.1980
Daniel Marques	Daniel Marques Silva	11.07.1983
Dida	Eduardo Gabriel dos Santos Filho „Dida"	04.02.1979
Gilson	Gilson Rosa de Jesus	29.11.1979
Jairo	Jairo Lima de Araújo	29.07.1974
Paulo Henrique	Paulo Henrique Silva Rodrigues	27.03.1983
Thiago Feltri	Thiago Henrique Feltri	18.05.1985
Victor Ferraz	Victor Ferraz Macedo	14.01.1988
Welton Felipe	Welton Felipe Marques Soares	15.06.1986
Midfielders:		
Agenor	Agenor Figueiredo dos Santos	07.08.1981
Anailson	Anaílson Brito Noleto	08.03.1978
Elias	Elias Ribeiro de Oliveira	02.09.1983
Élvis	Élvis Vieira Araújo	09.09.1990
Erandir	Francisco Erandir da Silva Feitosa	05.08.1982
Keninha	Kenedy Silva Reis „Keninha"	25.11.1985
Pituca	Claussio dos Santos Dimas „Pituca"	08.10.1990
Ramalho	José Ramalho Carvalho de Freitas	03.06.1980
Raphael	Raphael Luz Pessoa	18.07.1989
Renatinho	Renato Ribeiro Calixto „Renatinho"	04.10.1988
Robston	Carlos Robston Ludgero Júnior	23.12.1981
Rômulo	Rômulo Noronha	04.02.1987
Tiago Martins	Tiago Martins Nascimento Vieira	05.10.1989
William	Willian Fernando da Silva „William"	20.11.1986
Forwards:		
Diogo Campos	Diogo Campos Gomes	31.12.1990
Diogo Galvão	Diogo Galvão de Macedo	09.03.1982
Josiel	Josiel da Rocha	07.08.1980
Juninho	Júnior César Moreira da Cunha „Juninho"	05.04.1985
Marcão	Marcos Assis Santana „Marcão"	25.09.1985
Pedro Paulo	Pedro Paulo da Silva	29.06.1985
Trainer:		
Geninho	Eugênio Machado Souto „Geninho" [Round 1-6; Resigned]	15.05.1948
Roberto Fernandes	Roberto Fernandes [Round 7-11; Sacked]	05.05.1971
René Simões	René Rodrigues Simões [Round 12-38]	17.12.1952

CLUBE ATLÉTICO MINEIRO BELO HORIZONTE

Foundation date: March 25, 1908
Address: Av Olegario Maciel, 1516 , Bairro Centro, Belo Horizonte, MG CEP: 30180-110
Stadium: Estádio „Governador Magalhães Pinto", Belo Horizonte Capacity: 75,783 /
Estádio „Joaquim Henrique Nogueira" (Arena do Jacaré), Belo Horizonte – Capacity: 25,000

THE SQUAD

		DOB
Goalkeepers:		
Aranha	Mário Lúcio Duarte Costa „Aranha"	17.11.1980
Fábio Costa	Fábio Costa	27.11.1977
Paulo Vitor	Paulo Vitor Freitas Souza	16.09.1990
Renan Ribeiro	Renan Ribeiro	23.03.1990
Defenders:		
	Julio César Cáceres López (PAR)	05.10.1979
	Jairo Rolando Campos León (ECU)	19.07.1984
Diego Macedo	Diego Macedo Prado dos Santos	08.05.1987
Eron	Eron Santos Lourenço	17.01.1992
Fernardinho	Fernando Alves Santa Clara „Fernardinho"	16.04.1981
Leandro	Leandro Silva Wanderley	19.04.1979
Lima	Willian Lanes de Lima	10.02.1985
Rafael Cruz	Ojer Rafael Cruz	18.01.1985
Réver	Réver Humberto Alves Araújo	04.01.1985
Sidimar	Fernando Sidimar Cigolini	09.07.1992
Werley	Werley Ananias da Silva	05.09.1988
Zé Luis	José Luís Santos da Visitação „Zé Luis"	23.03.1979
Midfielders:		
Âle	Alexandre Luiz Fernandes „Âle"	21.01.1986
Bernard	Bernard Anício Caldeira Duarte	08.09.1992
Daniel Carvalho	Daniel da Silva Carvalho	01.03.1983
Diego Souza	Diego de Souza Andrade	17.06.1985
Diney	Valdisney Costa dos Santos „Diney"	02.03.1991
Fabiano	Fabiano Pereira da Costa	06.04.1978
Fillipe Soutto	Fillipe Soutto Mayor Nogueira Ferreira	11.03.1991
Jackson	Francisco Jackson Menezes da Costa	21.01.1987
João Pedro	João Pedro Geraldino dos Santos Galvão	09.03.1992
Leleu	Claudionor Souza de Jesus „Leleu"	05.03.1993
	Édison Vicente Méndez Méndez (ECU)	16.03.1979
Nikão	Maycon Vinicius Ferreira da Cruz „Nikão"	29.07.1982
Rafael Jataí	Rafael Fagundes Mariano „Rafael Jataí"	19.05.1989
Renan	Renan Fernandes Garcia	19.06.1986
Ricardinho	Ricardo Luís Pozzi Rodrigues „Ricardinho"	23.05.1976
Serginho	Sérgio Antônio Borges Júnior „Serginho"	04.08.1986
Wendel	Wendel Alex dos Santos	31.08.1991
Forwards:		
Diego Tardelli	Diego Tardelli Martins	10.05.1985
Jheimiy	Jheimy da Silva Carvalho	06.08.1988
Jóbson	Jóbson Leandro Pereira de Oliveira	15.02.1988
Neto Berola	Sosthenes José Santos Salles „Neto Berola"	18.11.1987
Obina	Manuel de Brito Filho „Obina"	31.01.1983
Ricardo Bueno	Ricardo Bueno da Silva	15.08.1987
Trainer:		
Vanderlei Luxemburgo	Vanderlei Luxemburgo da Silva [Round 1-24; Sacked]	10.05.1982
Dorival Júnior	Dorival Silvestre Júnior [Round 25-38]	25.04.1962

CLUBE ATLÉTICO PARANAENSE CURITIBA
Foundation date: June 12, 1941
Address: Rua Petit Carneiro, 57 Água Verde, CEP 80240-050, Curitiba
Stadium: Arena da Baixada, Curitiba – Capacity: 28,327

THE SQUAD

		DOB
Goalkeepers:		
João Carlos	João Carlos Heidemann	06.04.1988
Neto	Norberto Murara Neto	17.07.1989
Santos	Aderbar Melo dos Santos Neto	17.03.1990
Defenders:		
Alex Fraga	Alex José de Oliveira Fraga	22.05.1986
Anderson Aquino	Anderson Angus Aquino	18.12.1986
Antônio Carlos	Antônio Carlos dos Santos Aguiar „Antônio Carlos"	22.06.1983
Bruno Costa	Bruno Costa de Souza	06.02.1990
Élder Granja	Élder da Silva Granja	02.07.1982
Heracles	Heracles Paiva Aguiar	18.09.1992
Leandro	Leandro Paulino Da Silva	07.04.1986
Manoel	Manoel Messias Silva Carvalho	26.02.1990
Márcio Azevedo	Márcio Gonzaga de Azevedo	05.02.1986
Mithyuê	Mithyuê de Linhares	16.10.1989
Paulinho	Paulo Cesar Elias „Paulinho"	15.10.1984
Rafael Santos	Rafael Alves dos Santos	10.11.1984
Raul	Raul Guilherme Martins	13.03.1990
Rhodolfo	Luiz Rhodolfo Dini Gaioto	11.08.1986
Wagner Diniz	Wagner Diniz Gomes de Araújo	21.09.1983
Midfielders:		
Branquinho	Wellington Clayton Gonçalves dos Santos „Branquinho"	02.01.1983
Chico	Luis Francisco Grando „Chico"	02.02.1987
Claiton	Claiton Alberto Fontoura dos Santos	25.01.1978
Deivid	Deivid Willian da Silva	18.01.1989
Eli Sabiá	Eli Sabiá Filho	31.08.1988
Gerônimo	Gerônimo dos Santos Oliveira	01.06.1989
	Iván Emmanuel González Ferreira (PAR)	28.01.1987
Netinho	Artur Pereira Neto „Netinho"	27.04.1984
Olberdam	Olberdam de Oliveira Serra	06.02.1985
Paulo Baier	Paulo César Baier	25.10.1974
Madson	Madson Formagini Caridade	21.05.1986
Vitor	Vitor Cruz de Jesus	01.02.1987
Forwards:		
Bruno Mineiro	Bruno Menezes Soares „Bruno Mineiro"	02.02.1983
Maikon Leite	Maikon Fernando Souza Leite	03.08.1988
Marcelo	Marcelo Cirino da Silva	22.01.1992
	Joffre David Guerrón Méndez (ECU)	28.04.1985
	Federico Gastón Nieto (ARG)	26.08.1983
Thiago Santos	Thiago de Jesus Santos	30.01.1988
Trainer:		
Leandro Niehues	Leandro Carlos Niehues [Round 1-3; Sacked]	14.03.1973
Carpegiani	Paulo César Carpegiani [Round 4-27]	07.02.1949
Sérgio Soares	Sérgio Soares da Silva [Round 28-38]	11.01.1967

AVAÍ FUTEBOL CLUBE FLORIANÓPOLIS

Foundation date: September 1, 1923
Address: Rua Vereador Osvaldo Bittencourt,, Florianópolis, CEP: 88047-700
Stadium: Estádio „Aderbal Ramos da Silva" (Ressacada), Florianópolis – Capacity: 19,000

THE SQUAD

		DOB
Goalkeepers:		
Aleks	Aleksander Douglas de Faria	20.02.1991
Renan	Renan Soares Reuter	12.12.1990
Zé Carlos	José Carlos dos Anjos Sávio „Zé Carlos"	09.01.1985
Defenders:		
Charles	Charles Rodrigues da Silva	15.07.1987
Clayton	Clayton Nascimento Meireles	12.04.1989
Danielzinho	Daniel Tiago Duarte „Danielzinho"	21.02.1988
Eltinho	Elton Divino Célio „Eltinho"	07.07.1987
Émerson	Émerson dos Santos da Silva	03.05.1985
Emerson Nunes	Emerson Pereira Nunes	21.03.1982
Gabriel	Gabriel Valongo da Silva	30.06.1987
Gustavo	Gustavo dos Santos	26.01.1987
Julinho	Júlio César Godinho Catole „Julinho"	05.08.1986
Léo San	Leonardo Henriques da Silva „Léo San"	22.07.1982
Marcos	Marcos Martins dos Anjos	24.07.1989
Medina	Luiz Carlos Medina	23.04.1990
Pará	Erinaldo Santos Rabelo „Pará"	19.09.1987
Patric	Patric Cabral Lalau	25.03.1989
Rafael	Rafael Diego de Souza	08.07.1986
Renan Oliveira	Renan Aparecido Albertini de Oliveira	17.11.1990
Romano	Romano Rodrigues	10.11.1987
Vitor Hugo	Vitor Hugo Gonçalves	29.12.1987
Midfielders:		
Batista	José Batista Leite da Silva	12.07.1979
Bruno	Bruno César Pereira da Silva	03.08.1986
Caio	Antonio Caio da Silva Souza	10.11.1980
Davi	Davi Rodrigues de Jesus	06.04.1984
Dinélson	Dinélson dos Santos Lima	04.02.1986
Diogo Orlando	Diogo Orlando de Oliveira	04.12.1983
Hegon	Hegon Henrique Martins de Andrade	06.05.1988
Jéferson	Jéferson Rodrigues Gonçalves	15.07.1984
Jhonny	Jhonny Góis	12.06.1990
Johnny Dias	Johnny Fernando Dias	07.05.1993
Leandro Bonfim	Leandro do Bonfim	08.01.1984
Marcinho Guerreiro	Márcio Glad „Marcinho Guerreiro"	23.09.1980
Marquinhos Júnior	Marcos César do Nascimento Meireles „Marquinhos Júnior"	20.12.1984
Matheus	Matheus Humberto Maximiano	31.05.1989
Róbson	Róbson Michael Signorini	10.11.1987
Rodrigo Thiesen	Rodrigo Thiesen	01.12.1986
Rudnei	Rudnei da Rosa	07.10.1984
Sandro	Sandro da Silva Mendonça	01.10.1983
Sávio	Sávio Bortolini Pimentel	09.01.1974
Válber	Válber Mendes Ferreira	22.09.1981
Forwards:		
Carreirinha	Laércio Gomes Costa „Carreirinha"	03.02.1990
Cristian	Cristian Porto Spricigo	07.08.1990
Jandson	Jandson dos Santos	16.09.1986
Jonatha	Jonatha Alves da Silva	04.04.1987
Marcelinho	Marcelo Rodrigues „Marcelinho"	09.01.1987
	Facundo Pumpido (ARG)	21.10.1988
Rafael Costa	Rafael Costa dos Santos	23.08.1987
Roberto	Roberto César Zardin Rodrigues	19.12.1985
Vandinho	Vanderson da Silva Souza „Vandinho"	24.08.1986
William	William Salles de Lima Souza Júnior	14.05.1983
Trainer:		
Péricles Chamusca	Péricles Raimundo Oliveira Chamusca [Round 1-7]	29.09.1965
Antônio Lopes	Antônio Lopes dos Santos [Round 8-23; Sacked]	12.06.1941
Vágner Benazzi	Vágner Benazzi de Andrade [Round 24-38]	17.06.1954

BOTAFOGO DE FUTEBOL E REGATAS RIO DE JANEIRO

Foundation date: August 12, 1904
Address: Av. Venceslau Brás, 72 - Botafogo Rio de Janeiro, CEP 22290-140
Stadium: Estádio Olímpico „João Havelange" (Engenhão), Rio de Janeiro – Capacity: 46,931

THE SQUAD

		DOB
Goalkeepers:		
Jefferson	Jefferson de Oliveira Galvão	02.01.1983
Luís Guilherme	Luís Guilherme Loreno Marcelino Alves	04.06.1992
Milton Raphael	Milton Raphael Guimarães Pires	11.05.1991
Renan	Renan dos Santos	18.05.1989
Defenders:		
Alessandro	Alessandro da Conceição Pinto	21.09.1977
Alex Lopes	Alex Pereira Lopes	16.05.1989
Antônio Carlos	Antônio Carlos dos Santos Aguiar	22.06.1983
Danny Morais	Danny Bittencourt Morais	29.06.1985
Edson	Edson Henrique da Silva	06.07.1987
Fábio Ferreira	Fábio Ferreira da Silva	04.10.1984
Felipe Lima	Felipe Ferreira Lima	
Gabriel	Gabriel Henrique Silva	04.03.1989
Marcelo Cordeiro	Marcelo Cordeiro de Souza	04.12.1981
Márcio Rozário	Márcio Nascimento Rozário	21.11.1983
Midfielders:		
Bruno	Bruno Tiago Costa Araújo	23.03.1989
Fahel	Leandro Fahel Matos	15.08.1981
Jougle	Jougle Manoel Rodrigues da Silva	20.01.1988
Leandro Guerreiro	Leandro Luchese Guerreiro	17.11.1978
Lucas Zen	Lucas de Lacerda Lima Gonçalves „Lucas Zen"	17.06.1991
Lúcio Flávio	Lúcio Flávio dos Santos	03.02.1979
Maicosuel	Maicosuel Reginaldo de Matos	16.06.1986
Marcelo Mattos	Marcelo de Mattos Terra	10.02.1984
Marcos Vinícius	Marcos Vinícius Ribeiro Viana	15.04.1989
Rodrigo Dantas	Rodrigo Corrêa Dantas	20.10.1989
Somália	Paulo Rogério Reis Silva „Somália"	10.04.1984
Forwards:		
	Washington Sebastián Abreu Gallo (URU)	17.10.1976
Alex	Alexssander Medeiros de Azeredo	21.08.1990
Caio	Caio Canedo Corrêa	09.08.1990
Edno	Edno Roberto Cunha	31.05.1983
	Germán Gustavo Herrera (ARG)	19.07.1983
Jóbson	Jóbson Leandro Pereira de Oliveira	15.02.1988
Willian	Willian Alves de Oliveira	07.12.1991
Trainer:		
Joel Santana	Joel Natalino Santana	25.12.1948

CEARÁ SPORTING CLUB

Foundation date: June 2, 1914
Address: Avenida João Pessoa, 3532 - Porangabuçu, Ceará
Stadium: Estádio „Plácido Aderaldo Castelo" (Castelão), Fortaleza - 60,326

THE SQUAD

		DOB
Goalkeepers:		
Adilson	Adilson Cândido de Souza	28.05.1974
Diego	Diego Salgado Costa de Menezes	02.02.1982
Dionantan	Manoel Dionantan Paiva Rodrigues	17.02.1985
Michel Alves	Michel Aluzio da Cruz Alves	25.04.1981
Defenders:		
Anderson	Anderson Silva de Mattos Grasiane	26.08.1981
Arlindo Maracanã	Arlindo Luis Jesus dos Santos	02.10.1978
Boiadeiro	Thiago Xavier da Rosa	24.09.1984
Erivelton	Erivelton Gomes Viana	02.04.1978
Ernandes	Ernandes Dias Luz	11.11.1987
Eusebius	Jefferson José Rodrigues de Oliveira	22.09.1985
Fabricio	Fabrício Manini	08.10.1980
Juninho	Renato Agostinho de Oliveira Júnior	25.04.1981
Pablo	Pablo Nascimento Castro	21.06.1991
Vincent	Wellington da Silva Vicente	30.04.1983
Midfielders:		
Careca	Marcos Paulo da Silva „Careca"	30.10.1980
Geraldo	Geraldo Moreira da Silva Júnior	06.02.1974
Heleno	Heleno dos Santos Alves	23.08.1978
João Marcos	João Marcos Alves Ferreira	24.06.1981
Júnior Cearence	José Gerardo Rocha Moreira Junior „Júnior Cearence"	19.11.1977
Luizinho	Luiz Henrique Corrêa de Araújo „Luizinho"	16.10.1988
Michel	Michel Miguel da Silva	08.06.1981
Sérgio Mota	Sergio Mota Mello	16.11.1989
Forwards:		
Camilo	Fernando Camilo Farias	09.03.1986
Washington	Washington Luiz Mascarenhas Silva	23.08.1978
Clodoaldo	Clodoaldo Francisco Chagas Ferreira	28.12.1978
Kempes	Everton Kempes Gonçalves dos Santos	08.03.1982
Magno Alves	Magno Alves de Araújo	13.01.1976
Marcelo Nicácio	Marcelo Nicácio	05.01.1983
Júnior	José Luiz Guimarães Sanabio Júnior	15.06.1976
Iarley	Pedro Iarley Lima Dantas	29.03.1974
Osvaldo	Osvaldo Loureço Filho	11.04.1987
Trainer:		
Paulo César Gusmão	Paulo César Lopes de Gusmão [Round 1-7]	19.05.1962
Estevam Soares	Estevam Eduardo Lemos Soares [Round 8-13; Sacked]	10.06.1956
Mário Sérgio	Mário Sérgio Pontes de Paiva [Round 9-20; Sacked]	07.09.1950
Dimas Filgueiras	Dimas Filgueiras Filho [Round 21-38]	13.05.1944

SPORT CLUB CORINTHIANS PAULISTA SÃO PAULO

Foundation date: September 1, 1910
Address: Rua São Jorge, 777 São Paulo, CEP 03087-000
Stadium: Estádio do Pacaembu, São Paulo - Capacity: 37,952

THE SQUAD

		DOB
Goalkeepers:		
	Aldo Antonio Bobadilla Ávalos (PAR)	20.04.1976
Danilo Fernandes	Danilo Fernandes Batista	03.04.1988
Júlio César	Júlio César de Souza Santos	27.10.1984
Rafael Santos	Rafael de Carvalho Santos	14.03.1989
Defenders:		
Alessandro	Alessandro Mori Nunes	10.01.1979
André Vinicius	André Vinicius Lima de Oliveira	30.07.1991
Chicão	Anderson Sebastião Cardoso „Chicão"	03.06.1981
Dodô	José Rodolfo Pires Ribeiro „Dodô"	06.02.1992
Leandro Castán	Leandro Castán da Silva	05.11.1986
Moacir	Moacir Costa da Silva	14.02.1986
Paulo André	Paulo André Cren Benini	20.08.1983
Renato	Renato de Araújo Chaves Júnior	04.05.1990
Roberto Carlos	Roberto Carlos da Silva Rocha	10.04.1973
Thiago Heleno	Thiago Heleno Henrique Ferreira	17.09.1988
William	William Machado de Oliveira	24.08.1976
Midfielders:		
Boquita	Rafael Aparecido da Silva „Boquita"	07.04.1990
Bruno César	Bruno César Zanaki	03.11.1988
Danilo	Danilo Gabriel de Andrade	11.06.1979
	Matías Adrián De Federico (ARG)	23.08.1989
Edno	Edno Roberto Cunha	31.05.1983
Eduardo Ramos	Eduardo Ramos Martins	25.03.1986
Edu	Eduardo César Daud Gaspar „Edu"	15.05.1978
Elias	Elias Mendes Trindade	16.05.1985
Éverton Ribeiro	Éverton Augusto de Barros Ribeiro	10.04.1989
Jucilei	Jucilei da Silva	06.04.1988
Moradei	Daniel Moradei de Almeida	08.08.1986
Morais	Manoel de Morais Amorim	17.07.1984
Paulinho	José Paulo Bezerra Maciel Junior „Paulinho"	25.07.1988
Ralf	Ralf de Souza Teles	09.06.1984
Forwards:		
Dentinho	Bruno Ferreira Bonfim „Dentinho"	19.01.1989
Iarley	Pedro Iarley Lima Dantas	29.03.1974
Jorge Henrique	Jorge Henrique de Souza	23.04.1982
Otacílio Neto	Otacílio Mariano Neto	17.11.1982
Ronaldo	Ronaldo Luís Nazário de Lima	22.09.1976
Souza	Rodrigo de Souza Cardoso	04.03.1982
Taubaté	Paulo Sérgio Rodrigues Theodoro „Taubaté"	15.09.1991
Trainer:		
Mano Menezes	Luiz Antonio Venker Menezes [Round 1-11]	11.06.1962
Adílson Batista	Adílson Dias Batista [Round 12-29]	16.03.1968
Tite	Adenor Leonardo Bacchi „Tite" [Round 30-38]	25.05.1961

CRUZEIRO ESPORTE CLUBE BELO HORIZONTE

Foundation date: January 2, 1921
Address: Rua Guajajaras, 1722 , Bairro Barro Preto, Belo Horizonte, CEP 30180-101
Stadium: Estádio „Governador Magalhães Pinto", Belo Horizonte Capacity: 75,783 /
Estádio „Joaquim Henrique Nogueira" (Arena do Jacaré), Belo Horizonte – Capacity: 25,000

THE SQUAD

		DOB
Goalkeepers:		
Fábio	Fábio Deivson Lopes Maciel	30.09.1980
Flávio	Flávio Henrique Esteves Guedes	05.03.1985
Gabriel	Gabriel Vasconcelos Ferreira	27.09.1992
Rafael	Rafael Pires Monteiro	23.06.1989
Defenders:		
Afonso	Afonso da Cruz Araújo Júnior	01.02.1988
Apodi	Luiz Diallisson de Souza Alves „Apodi"	13.12.1986
Cláudio Caçapa	Cláudio Roberto da Silva „Cláudio Caçapa"	29.05.1976
Diego Renan	Diego Renan de Lima Ferreira	26.01.1990
Edcarlos	Edcarlos Conceição Santos	10.05.1985
Gil	Carlos Gilberto Nascimento Silva „Gil"	12.06.1987
Jonathan	Jonathan Cícero Moreira	27.02.1986
Léo	Leonardo Renan Simões de Lacerda	30.01.1988
Leonardo Silva	Leonardo Fabiano da Silva e Silva	22.06.1979
Pablo	Pablo de Barros Paulino	03.08.1989
Rômulo	Rômulo Souza Orestes Caldeira	22.05.1987
Midfielders:		
Bernardo	Bernardo Vieira de Souza	20.05.1990
Camilo	Fernando Camilo Farias	09.03.1986
Dudu	Eduardo Pereira Rodrigues „Dudu"	07.01.1992
Elicarlos	Elicarlos Souza Santos	08.06.1985
Éverton	Francisco Éverton de Almeida Andrade	08.08.1984
Fabinho	Fábio Alves Félix „Fabinho"	10.01.1980
Fabrício	Fabrício de Sousa	05.07.1982
Gilberto	Gilberto da Silva Melo	25.04.1976
Henrique	Henrique Pacheco Lima	16.05.1985
Marquinhos Paraná	Antônio Marcos da Silva Filho „Marquinhos Paraná"	20.07.1977
	Walter Damián Montillo (ARG)	14.04.1984
Pedro Ken	Pedro Ken Morimoto Moreira	20.03.1987
	Leonardo Sebastián Prediger (ARG)	04.09.1986
Roger	Roger Galera Flores	17.08.1978
Uchôa	Anderson Uchôa dos Santos	04.02.1991
Forwards:		
Eliandro	Eliandro dos Santos Gonzaga	23.04.1990
Robert	Robert de Pinho de Souza	27.02.1981
	Ernesto António Farías (ARG)	29.05.1980
Thiago Ribeiro	Thiago Ribeiro Cardoso	24.02.1986
Wallyson	Wallyson Ricardo Maciel Monteiro	17.10.1989
Wellington Paulista	Wellington Pereira do Nascimento „Wellington Paulista"	22.04.1983
Trainer:		
Adílson Batista	Adílson Dias Batista [Round 1-6]	16.03.1968
Cuca	Alexi Stival „Cuca" [Round 7-38]	07.06.1963

CLUBE DE REGATAS DO FLAMENGO RIO DE JANEIRO

Foundation date: November 15, 1895
Address: Av. Borges de Medeiros, 997, Gávea, Rio de Janeiro, CEP 22430-041
Stadium: Estádio „Jornalista Mário Filho" (Maracanã), Rio de Janeiro – Capacity: 82,238 / Estádio „General Raulino de Oliveira", Rio de Janeiro – Capacity: 21,000

THE SQUAD

		DOB
Goalkeepers:		
César	César Bernardo Dutra	27.01.1992
Marcelo Carné	Marcelo Henrique Passos Carné	06.02.1990
Marcelo Lomba	Marcelo Lomba do Nascimento	18.12.1986
Paulo Victor	Paulo Victor Mileo Vidotti	12.01.1987
Vinícius	Damião Vinícius Silva Ribeiro	09.11.1984
Defenders:		
Anderson	Anderson Santos da Vitória	10.06.1992
Antônio	Antônio Carlos Rodrigues dos Santos Júnior	30.03.1989
David	David Braz de Oliveira Filho	21.05.1987
Digão	Rodrigo Longo Freitas „Digão"	12.03.1993
Egídio	Egídio de Araújo Pereira Júnior	16.06.1986
Jean	Jean Ferreira Narde	18.11.1979
Juan	Juan Maldonado Jaimez Júnior	06.02.1982
Léo Moura	Leonardo da Silva Moura „Léo Moura"	23.10.1978
Rafael Galhardo	Rafael Galhardo de Souza	30.10.1991
Rodrigo Alvim	Rodrigo Oliveira da Silva Alvim	23.11.1983
Ronaldo Angelim	Ronaldo Simões Angelim	26.11.1975
Welinton	Welinton Souza Silva	10.04.1989
Midfielders:		
Adryan	Adryan Oliveira Tavares	10.08.1994
Camacho	Guilherme de Aguiar Camacho	02.03.1990
Erick Flores	Erick Flores Bonfim	30.04.1989
Éverton	Éverton Cardoso da Silva	11.12.1988
	Gonzalo Antonio Fierro Caniullán (CHI)	21.03.1983
Fernando	Fernando Gomes de Jesus	12.12.1986
João Vitor	João Vitor Ribeiro Rodrigues	01.12.1991
Kléberson	José Kléberson Pereira	19.06.1979
Lenon	Lenon Fernandes Ribeiro	02.05.1990
Léo Medeiros	Leandro Ferreira Medeiros „Léo Medeiros"	14.05.1981
	Claudio Andrés del Tránsito Maldonado Rivera (CHI)	03.01.1980
Marquinhos	Marcos Antônio da Silva Gonçalves „Marquinhos"	19.10.1989
Muralha	Luiz Philipe Lima de Oliveira „Muralha"	21.01.1993
	Dejan Petković (SRB)	10.09.1972
Renato	Carlos Renato de Abreu	09.06.1978
Rômulo	Rômulo Noronha	04.02.1987
Toró	Rafael Ferreira Francisco „Toró"	13.04.1986
Vinícius Pacheco	Vinícius Pacheco dos Santos	27.09.1985
Willians	Willians Domingos Fernandes	29.01.1986
Forwards:		
Deivid	Deivid de Souza	22.10.1979
Drogbinha	Diego Maurício Machado de Brito „Drogbinha"	26.06.1991
Michael	Michael Anderson Pereira da Silva	16.02.1983
Negueba	Guilherme Ferreira Pinto „Negueba"	07.04.1992
Romário	Romário Reginaldo Alves	30.07.1994
Val Baiano	Osvaldo Félix Souza „Val Baiano"	07.04.1981
Trainer:		
Rogério Lourenço	Rogério Moraes Lourenço [Round 1-16; Sacked]	20.03.1971
Silas	Paulo Silas do Prado Pereira [Round 17-27]	27.08.1965
Vanderlei Luxemburgo	Vanderlei Luxemburgo da Silva [Round 28-38]	10.05.1982

FLUMINENSE FOOTBALL CLUB RIO DE JANEIRO

Foundation date: July 21, 1902
Address: Rua Álvaro Chaves, 41, Laranjeiras, Rio de janeiro, CEP 22231-220
Stadium: Estádio „Jornalista Mário Filho" (Maracanã), Rio de Janeiro – Capacity: 82,238 /
Estádio Olímpico „João Havelange" (Engenhão) – Capacity: 46,931

THE SQUAD

		DOB
Goalkeepers:		
Fernando Henrique	Fernando Henrique dos Anjos	25.11.1983
Kléver	Kléver Rodrigo Gomes Ruffino	20.06.1989
Rafael	Alberto Rafael da Silva	24.03.1984
Ricardo Berna	Ricardo Ferreira Berna	11.06.1979
Defenders:		
Carlinhos	Carlos Andrade Souza „Carlinhos"	23.01.1987
Cássio	Cássio Alessandro de Souza	08.07.1986
Dieguinho	Diego Evangelista dos Santos „Dieguinho"	29.09.1989
Digão	Rodrigo Junior Paula Silva „Digão"	07.05.1988
Gum	Wellington Pereira Rodrigues „Gum"	04.01.1986
João Paulo	João Paulo Purcino de Almeida	20.07.1990
Júlio César	Júlio César Coelho Moraes Júnior	15.06.1982
Leandro Euzebio	Leandro da Fonseca Euzebio	18.08.1981
Mariano	Mariano Ferreira Filho	23.06.1986
Marquinhos	Marcus Vinicius da Cruz Alves Nóbrega „Marquinhos"	22.03.1983
Thiago Sales	Thiago Guimarães Sales	07.05.1987
Midfielders:		
	Darío Leonardo Conca (ARG)	11.05.1983
Deco	Anderson Luís de Souza „Deco" (POR)	27.08.1977
Diguinho	Rodrigo Oliveira de Bittencourt „Diguinho"	20.03.1983
Diogo	Diogo Antunes de Oliveira	20.10.1986
Equi González	Ezequiel González „Equi González" (ARG)	10.07.1980
Felipe Canavan	Felipe Canavan Freire	03.06.1988
Fernando Silva	Fernando Paixão da Silva „Fernando Silva"	07.01.1988
Marquinho	Marco Antônio de Mattos Filho „Marquinho"	03.07.1986
Neves	Bruno Neves Ramos Rangel	26.01.1990
Raphael Augusto	Raphael Augusto Santos Da Silva	06.03.1991
Tartá	Vinícius Silva Soares „Tartá"	13.04.1989
Thiaguinho	Thiago Rocha da Cunha „Thiaguinho"	22.11.1984
	Edwin Armando Valencia Rodríguez (COL)	29.03.1985
Wellington	Wellington Monteiro	07.09.1978
William Rocha	William Pereira da Rocha	01.04.1989
Willians	Willians dos Santos Santana	22.05.1988
Forwards:		
Adriano	Carlos Adriano de Sousa Cruz	28.09.1987
Bruno Veiga	Bruno Veiga Mattos	09.01.1990
Dori	Dorielton Gomes Nascimento „Dori"	07.03.1990
Émerson	Márcio Passos de Albuquerque „Émerson" (QAT)	06.12.1978
Fred	Frederico Chaves Guedes „Fred"	03.10.1983
Matheus Carvalho	Matheus Thiago de Carvalho	11.03.1992
Rodriguinho	Rodrigo Batista da Cruz „Rodriguinho"	02.02.1983
Washington	Washington Stecanela Cerqueira	01.04.1975
Wellington Silva	Wellington Alves da Silva	06.01.1993
Trainer:		
Muricy Ramalho	Muricy Ramalho [Round 1-38]	30.11.1955

GOIÁS ESPORTE CLUB GOIÂNIA

Foundation date: April 6, 1943
Address: Av. Edmundo Pinheiro de Abreu, 721, Setor Bela Vista, Goiânia, CEP 74823-03046
Stadium: Estádio Serra Dourada, Goiânia – Capacity: 45,000

THE SQUAD

		DOB
Goalkeepers:		
Harlei	Hélio César Pinto dos Anjos „Harlei"	30.03.1972
Pedro Henrique	Pedro Henrique Carvalho Freitas	12.10.1985
Rodrigo Calaça	Rodrigo Pereira Calaça	25.01.1981
Fábio	Fábio Gonçalves dos Santos	19.09.1978
Defenders:		
Bernardo	Bernardo Vieira de Souza	20.05.1990
Camacho	Guilherme de Aguiar Camacho	02.03.1990
Douglas	Douglas Pereira dos Santos	06.08.1990
Ernando	Ernando Rodrigues Lopes	14.07.1988
Jadílson	José Jadílson dos Santos Silva	04.12.1977
Jones	Jones da Silva Lopes	14.10.1988
Júnior	Jenílson Ângelo de Souza „Júnior"	20.06.1973
Lenon	Lenon Fernandes Ribeiro	02.05.1990
Marcão	Marcos Alberto Skavinski „Marcão"	28.03.1975
Matheus Menezes	Matheus Menezes Jácomo	12.01.1991
Rafael Tolói	Rafael Tolói	10.10.1990
Valmir Lucas	Valmir Lucas de Oliveira	12.01.1989
Wellington Saci	Wellington Aleixo dos Santos „Wellington Saci"	05.01.1985
Wendel	Wendel Santana Pereira Santos	08.10.1981
Midfielders:		
Amaral	William José de Souza „Amaral"	07.10.1986
Carlos Alberto	Carlos Alberto de Oliveira Júnior	24.01.1978
Éverton Santos	Éverton Leandro dos Santos Pinto	14.10.1986
Felipe Amorim	Felipe da Silva Amorim	04.01.1991
Jonílson	Jonílson Clovis Nascimento Breves	28.11.1978
Marcelo Costa	Marcelo Pereira da Costa	24.07.1980
Otacilio Neto	Otacílio Mariano Neto	17.11.1982
Rafael Medeiros	Rafael Medeiros da Silva	22.05.1991
Rithelly	Francisco Rithelly da Silva Sousa	27.01.1991
Wellington Monteiro	Wellington de Oliveira Monteiro	07.09.1978
Forwards:		
Assuério	Assuério Barbosa de Sousa Júnior	24.02.1993
Diogo Galvão	Diogo Galvão de Macedo	09.03.1982
Felipe	Felipe Reinaldo da Silva	17.04.1978
Rafael Moura	Rafael Martiniano de Miranda Moura	23.05.1983
Tardelly	Tardelly Chrystian de Oliveira	19.10.1991
Wendell	Wendell Silva Lira	07.01.1989
Trainer:		
Émerson Leão	Émerson Leão [Round 1-16; Sacked]	11.07.1949
Jorginho	Jorge de Amorim Campos Oliveira „Jorginho" [Round 17-34; Sacked]	17.08.1964
Artur Neto	Artur Neto [Round 35-38]	

GRÊMIO FOOT-BALL PORTO ALEGRENSE

Foundation date: September 15, 1903
Address: Rua Largo dos Campeões, 1, Porto Alegre (RS), CEP 9088 – 0440
Stadium: Estádio Olímpico Monumental, Porto Alegre – Capacity: 45,000

THE SQUAD

		DOB
Goalkeepers:		
Busatto	Gustavo Busatto	23.10.1990
Marcelo Grohe	Marcelo Grohe	13.01.1987
Matheus	Matheus Silva de Oliveira	05.05.1989
Victor	Victor Leandro Bagy	21.01.1983
Defenders:		
Bruno Collaço	Bruno Bairros Collaço	08.03.1990
Edílson	Edílson Mendes Guimarães	27.07.1986
Fábio Santos	Fábio Santos Romeu	16.09.1985
Gabriel	Gabriel Rodrigues dos Santos	05.06.1981
Gílson	Gílson Gomes do Nascimento	15.05.1986
Joílson	Joílson Rodrigues Macedo	07.07.1979
Lúcio	Lúcio Carlos Cajueiro Souza	20.06.1979
Mário Fernandes	Mário Figueira Fernandes	19.09.1990
Maurício	Maurício dos Santos Nascimento	20.09.1988
Neuton	Neuton Sergio Piccoli	14.03.1990
Ozéia	Ozéia de Paul Maciel	03.08.1982
Paulão	Paulo Marcos de Jesús Ribeiro „Paulão"	25.02.1986
Rafael Marques	Rafael Marques Pinto	21.09.1983
Réver	Réver Humberto Alves Araújo	04.01.1985
Rodrigo	Rodrigo Baldasso da Costa	27.08.1980
Saimon	Saimon Pains Tormen	03.03.1991
Uendel	Uendel Pereira Gonçalves	08.10.1988
Vilson	Vilson Xavier de Menezes Júnior	03.04.1988
Midfielders:		
Adílson	Adílson Warken	16.01.1987
Douglas	Douglas dos Santos	18.02.1982
Douglas Costa	Douglas Costa de Souza	14.09.1990
Fábio Rochemback	Fábio Rochemback	10.12.1981
Ferdinando	Ferdinando Pereira Leda	22.04.1980
Fernando	Fernando Lucas Martins	03.04.1992
Henrique	Carlos Henrique Barbosa Augusto	29.05.1989
Hugo	Hugo Henrique Assis do Nascimento	27.10.1980
Maylson	Maylson Barbosa Teixeira	06.03.1989
Mithyuê	Mithyuê de Linhares	16.10.1989
Souza	Willamis de Souza Silva	04.02.1979
Túlio	Túlio Lustosa Seixas Pinheiro	25.04.1976
Willian Magrão	Willian Henrique Antunes „Willian Magrão"	11.02.1987
Forwards:		
André Lima	André Luiz Barretto Silva Lima	03.05.1985
Bérgson	Bérgson Gustavo Silveira da Silva	09.02.1991
Borges	Humberlito Borges Teixeira	05.10.1980
Diego	Diego José Clementino	18.03.1984
Jonas	Jonas Gonçalves Oliveira	01.04.1984
Júnior Viçosa	Luiz Severo Júnior „Júnior Viçosa"	24.07.1989
Leandro	Leandro Lessa Azevedo	13.08.1980
Roberson	Roberson de Arruda Alves	29.06.1989
William	William Sales de Lima Souza Júnior	14.05.1983
Trainer:		
Silas	Paulo Silas de Prado Pereira [Round 1-13; Sacked]	27.08.1965
Renato Gaúcho	Renato Portaluppi „Renato Gaúcho" [Round 14-38]	09.09.1962

GRÊMIO PRUDENTE FUTEBOL LTDA

Foundation date: March 26, 1989
Address: Av. 14 de Setembro, n° 442A – Vila Industrial – Presidente Prudente – SP, CEP: 19013-380
Stadium: Estádio „Eduardo José Farah", Presidente Prudente – Capacity: 44,414

THE SQUAD

		DOB
Goalkeepers:		
Everton	Everton Ferreira Fernandes	05.04.1989
Giovanni	Giovani Aparecido Adriano dos Santos	05.02.1987
Márcio	Márcio Augusto Aguiar dos Santos	20.12.1981
Sidney	Sidney Aparecido Ramos da Silva	24.12.1982
Defenders:		
Anderson Bill	Anderson Pedro „Anderson Bill"	04.05.1981
Ânderson Luis	Anderson Luis de Azevedo Rodrigues Marques	10.03.1987
Arthur Henrique	Arthur Henrique Ricciardi Oyama	14.01.1987
Bruno Ribeiro	Bruno de Paula Ribeiro Ingrácia	01.04.1983
Cristiano	Cristiano Henrique Matías	24.01.1988
Diego	Diego da Silva Giaretta	27.11.1983
Diogo	Diogo Douglas Santos Andrade Barbosa	18.12.1984
Douglas Silva	Douglas Camilo da Silva	15.11.1990
Flávio Boaventura	Flávio de Souza Boaventura	12.07.1987
Leonardo	Leonardo José Aparecido Moura	09.03.1986
Midfielders:		
Adriano Pimenta	Adriano Faria Pimenta	14.11.1982
Anderson	Anderson Carvalho Trindade	13.06.1983
Carlos Eduardo	Carlos Eduardo de Oliveira Alves	17.10.1989
Deyvid Sacconi	Deyvid Franck Silva Sacconi	10.04.1987
Eduardo Ramos	Eduardo Ramos Martins	25.03.1986
Fabiano Gadelha	Fabiano Ferreira Gadelha	09.01.1979
João Vitor	João Vitor Lima Gomes	01.06.1988
Marcelo Oliveira	Marcelo Oliveira Ferreira	29.03.1987
Roberto	Roberto Andrade Silva	24.04.1988
Rodrigo Mancha	Rodrigo Marcos dos Santos „Rodrigo Mancha"	16.06.1986
Sasha	Lucas Pacheco Affini „Sasha"	01.03.1990
Wesley	Wesley Barbosa de Morais	10.11.1981
Forwards:		
Araújo	Adolpho Araújo Netto	02.03.1984
Gilmar	Gilmar Silva Santos	09.03.1984
Hugo	Hugo Guimarães Silva Santos Almeida	06.01.1986
Rafael Martins	Clecildo Rafael Martins de Souza Ladislau	17.03.1989
Wanderley	Wanderley dos Santos Monteiro Júnior	11.10.1988
Willian José	Willian José da Silva	23.11.1991
Trainer:		
Toninho Cecílio	Antônio Jorge Cecílio Sobrinho „Toninho Cecílio" [Round 1-13]	27.05.1967
Antônio Carlos	Antônio Carlos Zago [Round 14-20; Sacked]	14.03.1969
Marcelo Rospide	Marcelo Rospide [Round 21-25; Resigned]	20.03.1971
Fábio Giuntini	Fábio Giuntini Santiago [Round 26-38]	16.12.1972

GUARANI FUTEBOL CLUBE

Foundation date: April 2, 1911
Address: Av. Imperatriz Dona Tereza Cristina 11, CEP 13100-200, Campinas
Stadium: Estádio Brinco de Ouro da Princesa, Campinas – Capacity: 32,453

THE SQUAD

		DOB
Goalkeepers:		
Douglas	Douglas Gonzaga Leite	27.03.1980
Emerson	Emerson José da Conceição	03.08.1982
Juliano	Juliano Aparecido dos Santos	07.03.1989
Léo	Leonardo Rodrigues Sales da Silva „Léo"	30.03.1987
Defenders:		
Ailson	Ailson Alves Carreiro	21.12.1979
Aislan	Aislan Paulo Lotici Back	11.01.1988
Apodi	Luiz Diallisson de Souza Alves „Apodi"	13.12.1986
Da Silva	Renildo Martins da Silva	20.08.1989
Fabão	José Fabio Alves Azevedo „Fabão"	15.06.1976
Fabiano	Fabiano Lima Rodrigues	27.06.1979
Guilherme Mattis	Guilherme Cruz de Mattis	12.09.1990
Héverton	Héverton Cardoso da Silva	14.01.1988
Marcio Careca	Márcio Ferreira „Marcio Careca"	28.07.1978
Moreno	Moreno Aoas Vidal	23.02.1983
Rodrigão	Rodrigo Aparecido Miguel „Rodrigão"	01.01.1982
Rodrigo Heffner	Rodrigo Vieira Heffner	08.09.1982
Midfielders:		
Baiano	Dermival de Almeida Lima „Baiano"	28.06.1978
Diego Barboza	Diego Henrique Barboza dos Santos	27.07.1989
Diogo	Diogo Junior Pereira	27.03.1990
Geovane	José Thomaz Geovane de Oliveira	05.08.1985
Mário Lúcio	Mário Lúcio da Silva Junior	11.12.1989
Maycon	Maycon Vieira de Freitas	14.02.1985
Paulinho	Paulo Sérgio de Oliveira „Paulinho"	10.05.1989
Paulo Roberto	Paulo Roberto da Silva	06.03.1987
Preto	João Luiz Ferreira da Silva „Preto"	12.06.1981
Renan	Renan Teixeira da Silva	29.03.1985
Rodrigo César	Rodrigo César de Oliveira	08.07.1988
Ronaldo	Ronaldo Tres	13.04.1987
Vítor Júnior	Vítor Gaspar de Almeida Rodrigues Júnior	02.02.1985
Forwards:		
Mazola	Marcelino Júnior Lopes Arruda „Mazola"	08.05.1989
Reinaldo	Reinaldo de Souza	08.06.1980
Ricardo Xavier	Ricardo Gomes Xavier	22.07.1978
Rômulo	Rômulo Marques Antoneli	25.02.1982
Trainer:		
Vágner Mancini	Vágner do Carmo Mancini	24.10.1966

SPORT CLUB INTERNACIONAL PORTO ALEGRE
Foundation date: April 4, 1909
Address: Av. Padre Cacique, 891, Menino Deus, Porto Alegre, CEP 90810-240
Stadium: Estádio „José Pinheiro Borda" (Beira-Rio), Porto Alegre – Capacity: 58,306

THE SQUAD

		DOB
Goalkeepers:		
	Roberto Carlos Abbondanzieri (ARG)	19.08.1972
Agenor	Agenor Detofol	11.12.1989
Lauro	Lauro Júnior Batista da Cruz	03.09.1980
Muriel	Muriel Gustavo Becker	14.02.1987
Renan	Renan Brito Soares	24.01.1985
Defenders:		
Bolívar	Fabian Guedes „Bolívar"	16.08.1980
Daniel	Daniel Souza de Jesus	14.09.1990
Índio	Marcos Antônio de Lima „Índio"	14.02.1975
Juan	Juan Guilherme Nunes Jesus	10.06.1991
Kléber	Kléber de Carvalho Correia	15.05.1980
Massari	William Dias Massari	25.07.1990
Nei	Claudinei Cardoso Félix da Silva „Nei"	06.12.1985
Rodrigo	Rodrigo Baldasso da Costa	27.08.1980
Rodrigo Moledo	Rodrigo Modesto da Silva Moledo	27.10.1987
Ronaldo Alves	Ronaldo Luiz Alves	09.07.1989
	Bruno Ramón Silva Barone (URU)	29.03.1980
	Gonzalo Sorondo Amaro (URU)	09.10.1979
Midfielders:		
Andrezinho	André Luiz Tavares „Andrezinho"	30.07.1983
Augusto	Augusto César dos Santos	06.08.1992
	Andrés Nicolás D'Alessandro (ARG)	15.04.1981
Dalton	Dalton Moreira Neto	05.02.1990
Derley	Wanderley de Jesus Sousa „Derley"	02.08.1986
Giuliano	Giuliano Victor de Paula	31.05.1990
Glaydson	Glaydson Marcelino Freire	20.06.1979
	Pablo Horacio Guiñazú (ARG)	26.08.1978
Milton Júnior	Milton Batista Vieira Júnior	27.03.1991
Oscar	Oscar dos Santos Emboaba Júnior	09.09.1991
Ricardo Goulart	Ricardo Goulart Pereira	05.05.1991
Tinga	Paulo César Fonseca do Nascimento „Tinga"	13.01.1978
Wilson Mathías	Wilson Tiago Mathías	14.09.1983
Forwards:		
Alecsandro	Alecsandro Barbosa Felisbino	04.02.1981
Edu	Luís Eduardo Schmidt „Edu"	10.01.1979
Eduardo Sasha	Eduardo Colcenti Antines „Eduardo Sasha"	24.02.1992
Ilan	Ilan Araújo Dall'Igna	18.09.1980
Leandro Damião	Leandro Damião da Silva dos Santos	22.07.1989
Rafael Sobis	Rafael Augusto Sobis do Nascimento	17.06.1985
Trainer:		
	Jorge Daniel Fossati Lurachi (URU) [Round 1-4; Sacked]	22.11.1952
Enderson Moreira	Enderson Alves Moreira [Round 5-7; Caretaker]	28.09.1971
Celso Roth	Celso Juarez Roth [Round 8-38]	30.11.1957

SOCIEDADE ESPORTIVA PALMEIRAS SÃO PAULO

Foundation date: August 26, 1914
Address: Rua Turiaçu, 1840, Água Branca, São Paulo, CEP 050005-000
Stadium: Estádio Palestra Itália, São Paulo – Capacity: 27,650
Arena Barueri, Barueri – Capacity: 16,414

THE SQUAD

		DOB
Goalkeepers:		
Bruno	Bruno Cortez Cardoso	27.06.1984
Deola	Eliton Deola	19.04.1983
Fabio	Fabio Szymonek	11.05.1990
Marcos	Marcos Roberto Silveira Reis	04.08.1973
Defenders:		
Andrade	Edelvany de Andrade dos Santos	15.08.1991
Danilo	Danilo Larangeira	10.05.1984
Edinho	Edimo Ferreira Campos „Edinho"	15.01.1983
Fabrício Carioca	Fabrício Silva Dornellas „Fabrício Carioca"	20.02.1990
Gabriel Silva	Gabriel Moisés Antunes da Silva	13.05.1991
Leandro Amaro	Leandro Amaro dos Santos Ferreira	19.06.1986
Luis Felipe	Luis Felipe Dias do Nascimento	08.04.1991
Maurício Ramos	Maurício Donizete Ramos Júnior	10.04.1985
Vítor	Cícero Vítor dos Santos Júnior	29.07.1982
Midfielders:		
Lincoln	Cássio de Souza Soares „Lincoln"	22.01.1979
Márcio Araújo	Márcio Rodrigues Araújo	11.06.1984
Marcos Assunção	Marcos dos Santos Assunção	25.07.1976
Patrik	Patrik Camilo Cornélio da Silva	19.07.1990
Pierre	Lucas Pierre Santos Oliveira	19.01.1982
Rivaldo	Rivaldo Barbosa dos Santos	25.08.1985
Tinga	Luiz Otávio Santos de Araújo „Tinga"	12.10.1990
	Jorge Luís Valdivia Toro (VEN)	19.10.1983
Forwards:		
Bruno Oliveira	Bruno Oliveira de Matos	05.06.1990
Ewerthon	Ewerthon Henrique de Souza	10.06.1981
Dinei	Telmário de Araújo Sacramento „Dinei"	11.11.1983
Júlio Cesar	Júlio Cesar da Silva	23.01.1990
Kléber	Kléber Giacomance de Souza Freitas	12.08.1983
Lenny	Lenny Fernandes Coelho	23.03.1988
Luan	Luan Michel Louza	21.09.1988
Max	Max Brendon Costa Pinheiro	10.07.1983
Miguel	Miguel Antônio Bianconi Kohl	14.05.1992
Tadeu	José Tadeu Mouro Júnior	01.04.1986
Vinícius	Vinícius Santos Silva	03.08.1993
Trainer:		
Antônio Carlos	Antônio Carlos Zago [Round 1-2; Sacked]	14.03.1969
Parraga	Jorge Porto Iparraguirre „Parraga" [Round 3-7]	15.07.1950
Felipão	Luiz Felipe Scolari „Felipão" [Round 8-38]	09.11.1948

SANTOS FUTEBOL CLUBE

Foundation date: April 14, 1912
Address: Rua Princesa Isabel, 77, Vila Belmiro, Santos, CEP 11075-501
Stadium: Estádio „Urbano Caldeira" (Vila Belmiro), Santos – Capacity: 20,120

THE SQUAD

		DOB
Goalkeepers:		
André	André Lucas Ferlini	06.02.1992
Felipe	Felipe Garcia dos Prazeres	10.01.1988
Rafael	Rafael Cabral Barbosa	20.05.1990
Samuel	Samuel de Oliveira Pires	17.01.1989
Vladmir	Vladmir Orlando Cardoso de Araújo Filho	16.07.1989
Defenders:		
Alex Sandro	Alex Sandro Lobo Silva	26.01.1991
Bruno Aguiar	Bruno Henrique Fortunato Aguiar	25.03.1986
Bruno Rodrigo	Bruno Rodrigo Fenelon Palomo	12.04.1985
Crystian	Crystian Souza Carvalho	10.06.1992
Damião	Marcos Vinicius Lambert Damião	17.07.1991
Danilo	Danilo Luiz da Silva	15.07.1991
Durval	Severino dos Ramos Durval da Silva	11.09.1980
Edu Dracena	Eduardo Luiz Abonízio de Souza „Edu Dracena"	18.05.1981
Helton	Helton Ricardo Alves da Silva	08.04.1991
Léo	Leonardo Lourenço Bastos „Léo"	06.07.1975
Maranhão	Manoel Messias Barbosa da Silva „Maranhão"	25.12.1985
Pará	Marcos Rogério Ricci Lopes „Pará"	14.02.1986
Rafael Caldeira	Rafael Caldeira Pires	11.02.1991
Vinícius Simon	Vinícius Simon	17.11.1986
Wesley Santos	Wesley Tavares dos Santos	21.01.1991
Midfielders:		
Adriano	Adriano Bispo dos Santos	29.05.1987
Alan Patrick	Alan Patrick Lourenço	13.05.1991
Alan Santos	Alan Santos da Silva	18.04.1994
Arouca	Marcos Arouca da Silva	11.08.1986
	Overath Breitner da Silva Medina (VEN)	09.11.1989
Elivelton	Elivelton José da Silva	21.01.1992
Felipe Anderson	Felipe Anderson Pereira Gomes	15.04.1993
Jefferson	Jefferson Luiz do Nascimento de Souza	27.05.1989
Mádson	Mádson Formagini Caridade	21.05.1985
Marquinhos	Marcos Vicente dos Santos „Marquinhos"	29.09.1981
Paulo Ganso	Paulo Henrique Chagas de Lima „Paulo Ganso"	12.10.1989
Roberto Brum	Roberto Brum Vallado	07.07.1978
Rodrigo Possebon	Rodrigo Pereira Possebon	13.02.1986
Rodriguinho	Rodrigo César Castro Cabral „Rodriguinho"	05.02.1982
Serginho	Sérgio Ricardo dos Santos Júnior „Serginho"	03.12.1990
Zezinho	José Luis dos Santos Pinho „Zezinho"	14.03.1992
Forwards:		
Dimba	Marcos Vinícius Gomes de Lima „Dimba"	22.12.1992
Keirrison	Keirrison de Souza Carneiro	03.12.1988
Marcel	Marcel Augusto Ortolan	12.11.1981
Moisés	Moisés Ferreira Gomes	15.05.1989
Neymar	Neymar da Silva Santos Júnior	05.02.1992
Renan Mota	Renan Carvalho Mota	01.10.1991
Tiago Alves	Tiago Alves Sales	20.01.1993
Tiago Luís	Tiago Luís Martins	13.03.1989
Zé Eduardo	José Eduardo Bischofe de Almeida „Zé Eduardo"	29.10.1987
Trainer:		
Dorival Júnior	Dorival Silvestre Júnior [Round 1-23]	25.04.1962
Marcelo Martelotte	Marcelo Martelotte [Round 24-38]	10.12.1968

SÃO PAULO FUTEBOL CLUBE

Foundation date: January 25, 1930
Address: Praça Roberto Gomes Pedrosa, 1, São Paulo, CEP 05653-070
Stadium: Estádio „Cícero Pompeu de Toledo" (Morumbi), São Paulo – Capacity: 80,000

THE SQUAD

		DOB
Goalkeepers:		
Bosco	João Bosco de Freitas Chaves	14.11.1974
Denis	Denis César de Matos	14.04.1987
Fabiano	Fabiano Ribeiro de Freitas	29.02.1988
Leonardo	Leonardo da Silva Vieira	22.09.1990
Richard	Richard de Oliveira Costa	01.03.1991
Rogério Ceni	Rogério Ceni	22.01.1973
Defenders:		
Alex Silva	Alex Sandro da Silva	10.03.1985
Bruno Uvini	Bruno Uvini Bortolança	03.06.1991
Diogo	Diogo Silvestre Bittencourt	30.12.1989
Henrique Miranda	Henrique Miranda Ribeiro	10.05.1993
Júnior César	Júnior César Eduardo Machado	09.04.1982
Lucas Mendes	Lucas Michel Mendes	03.07.1990
Luiz Eduardo	Luiz Eduardo Felix da Costa	28.04.1993
Miranda	João Miranda de Souza Filho	07.09.1984
Renato Silva	Renato Assis da Silva	26.07.1983
Samuel	Samuel Firmino de Jesus	07.04.1986
Thiago Carleto	Thiago Carleto Alves	24.03.1989
Xandão	Alexandre Luiz Reame „Xandão"	23.02.1988
Midfielders:		
Carlinhos Paraíba	Carlos Pereira Berto Junior „Carlinhos Paraíba"	03.04.1983
Casemiro	Carlos Henrique Casimiro	23.02.1992
Cléber Santana	Cléber Santana Loureiro	27.06.1981
Ilsinho	Ilson Pereira Dias Júnior „Ilsinho"	12.10.1985
Jean	Jean Raphael Vanderlei Moreira	24.06.1986
Jorge Wagner	Jorge Wagner Góes Conceição	17.11.1978
Lucas	Lucas Rodrigues Moura da Silva	13.08.1992
Marcelinho Paraíba	Marcelo dos Santos „Marcelinho Paraíba"	17.05.1975
Marlos	Marlos Romero Bonfim	07.06.1988
Richarlyson	Richarlyson Barbosa Felisbino	27.12.1982
Rodrigo Caio	Rodrigo Caio Coquete Russo	17.08.1993
Rodrigo Souto	Rodrigo Ribeiro Souto	09.09.1983
Sérgio Mota	Sérgio Mota Mello	16.11.1989
Wellington	Wellington Aparecido Martins	28.01.1991
Zé Vítor	José Vitor Rodrigues Ribeiro da Silva „Zé Vítor"	23.09.1991
Forwards:		
Dagoberto	Dagoberto Pelentier	22.03.1983
Fernandão	Fernando Lúcio da Costa „Fernandão"	18.03.1978
Fernandinho	Luiz Fernando Pereira da Silva „Fernandinho"	25.11.1985
Mazola	Marcelino Júnior Lopes Arruda „Mazola"	08.05.1989
Ricardo Oliveira	Ricardo Oliveira	06.05.1980
Lucas Gaúcho	Lucas de Souza Gonçalves „Lucas Gaúcho"	13.06.1991
Trainer:		
Ricardo Gomes	Ricardo Gomes Raimundo [Round 1-12; Contract expired!]	13.12.1964
Sérgio Baresi	Sérgio Felipe Baresi [Round 13-27]	02.01.1972
Carpegiani	Paulo César Carpegiani [Round 28-38]	07.02.1949

CLUB DE REGATAS VASCO DA GAMA RIO DE JANEIRO

Foundation date: August 21, 1898
Address: Rua General Almério de Moura, 131, Bairro Vasco da Gama, Rio de Janeiro, CEP 20921-060
Stadium: Estádio São Januário, Rio de Janeiro - Capacity: 25,000

THE SQUAD

		DOB
Goalkeepers:		
Alessandro	Alessandro Felipe Oltramari	30.03.1988
Cestaro	José Cestaro Saiago	23.01.1990
Fernando Prass	Fernando Büttenbender Prass	09.07.1978
Tiago	Tiago Antônio Campagnaro	02.07.1983
Defenders:		
Carlinhos	Carlos Alberto Rogger Dias „Carlinhos"	01.04.1990
Cesinha	Cesar Augusto Pereira Marques „Cesinha"	08.10.1986
Dedé	Anderson Vital da Silva „Dedé"	01.07.1988
Diogo	Diogo Barbosa Medonha	17.08.1992
Douglas Bacelar	Douglas Silva Bacelar	04.04.1990
Ernani	Ernani Nascimento Germano	16.07.1982
Fagner	Fagner Conserva Lemos	11.06.1989
Fernando Santos	Fernando Santos	25.02.1980
	Julio César Irrazábal León (PAR)	25.11.1980
Jádson Viera	Jádson Viera Castro Gonçalves	04.08.1981
Max	Marcil Elias da Silva „Max"	28.04.1990
Ramon	Ramon de Moraes Motta	06.05.1988
Titi	Cristian Chagas Tarouco „Titi"	12.03.1988
Midfielders:		
Allan	Allan Marques Loureiro	08.01.1991
Bruno Paulo	Bruno Paulo Machado Barbosa	14.02.1990
Caíque	Caíque Silva Rocha	10.01.1988
Carlos Alberto	Carlos Alberto Gomes de Jesus	11.12.1984
Elivelton	Elivelton de Moraes de Andrade	26.04.1992
Felipe	Felipe Jorge Loureiro	02.09.1977
Fellipe Bastos	Fellipe Ramos Ignez Bastos	01.02.1990
Fumagalli	José Fernando Fumagalli	05.10.1977
Jumar	Jumar José da Costa Júnior	28.04.1986
Magno	Magno Damasceno Santos da Cruz	20.05.1988
Nílton	Nílton Ferreira Júnior	21.04.1987
Rafael Carioca	Rafael de Souza Pereira „Rafael Carioca"	18.06.1989
Renato Augusto	Renato Augusto de Assis Pinto	17.07.1990
Rômulo	Rômulo Borges Monteiro	19.09.1990
Zé Roberto	José Roberto de Oliveira „Zé Roberto"	09.12.1980
Forwards:		
Éder Luís	Éder Luís de Oliveira	19.04.1985
Jeferson Silva	Jeferson da Costa Silva	03.05.1990
Jonathan	Jonathan Oliveira Guimarães	11.05.1991
Lipe	Eriscline Jose dos Santos „Lipe"	10.03.1990
Nilson	José Nilson dos Santos Silva	06.04.1991
Nunes	Anderson Francisco Nunes	21.01.1982
Rafael Coelho	Rafael Coelho Luiz	20.05.1988
Trainer:		
Gaúcho	Carlos Roberto Orrigo da Cunha „Gaúcho" [Round 1-2]	03.03.1953
Celso Roth	Celso Juarez Roth [Round 3-7]	30.11.1957
PC Gusmão	Paulo César Lopes de Gusmão [Round 8-38]	19.05.1962

ESPORTE CLUBE VITÓRIA SALVADOR DE BAHIA

Foundation date: May 13, 1899
Address: Rua Artêmio Castro Valente, Nossa Senhora da Vitória, Salvador CEP: 41750-240
Stadium: Estádio „Manoel Barradas" (Barradão), Salvador – Capacity: 32,000

THE SQUAD

		DOB
Goalkeepers:		
Gustavo	Luis Gustavo de Almeida Pinto	10.03.1993
Lee	Lee Winston Leandro da Silva Oliveira	09.03.1988
Renan Rocha	Renan Nelson Rocha	25.03.1987
	Julián Ramiro Viáfara Mesa (COL)	19.05.1978
Defenders:		
Anderson Martins	Anderson Vieira Martins	21.08.1987
Eduardo	Eduardo José Diniz Costa	18.04.1989
Egídio	Egídio de Araújo Pereira Junior	16.06.1986
Gabriel	Gabriel Armando de Abreu	26.11.1990
Jonas	Jonas Jessue da Silva Júnior	10.02.1987
Léo	Leonardo Moreira Morais „Léo"	03.10.1991
Nino Paraíba	Severino do Ramos Clementino da Silva „Nino Paraíba"	10.01.1986
Reniê	Reniê Almeida da Silva	10.04.1989
Thiago Martinelli	Thiago Martinelli da Silva	14.01.1980
Wallace	Wallace Reis da Silva	26.12.1987
Midfielders:		
Arthur Maia	Arthur Brasiliano Maia	13.10.1992
Bida	Valmir Roseno Santos „Bida"	02.08.1984
César Santiago	César Santiago Pereira	23.08.1984
Elkeson	Elkeson de Oliveira Cardoso	13.06.1989
Fernando	Fernando Almeida de Oliveira	18.06.1978
Kleiton Domingues	Kleiton Domingues Barbosa	02.04.1988
Marconi	Marconi Ribeiro Souza	22.06.1988
Neto	Ismael Soares Bastos Neto	07.02.1987
Rafael Cruz	Rafael Menezes da Cruz	07.01.1984
Ramón	Ramon Menezes Hubner	30.06.1972
Renato	Renato Eduardo de Oliveira Ribeiro	28.04.1985
Ricardo Conceição	Ricardo Renato de Conceição	16.07.1984
Thiago Humberto	Thiago Humberto Gomes	06.07.1985
Uelliton	Uelliton da Silva Vieira	28.08.1987
Vanderson	Carlos Vanderson Aguiar da Silva	22.10.1979
Forwards:		
Adaílton	Adaílton dos Santos da Silva	06.12.1990
Edson	Edson dos Santos Reis	26.02.1990
Henrique	Henrique Almeida Caixeta Nascentes	27.05.1991
Jacson	Jacson da Paixao Neponuceno	16.12.1989
Júnior	José Luiz Guimarães Sanabio Júnior	15.06.1976
Kléber Pereira	Kléber João Boas Pereira	13.08.1975
Marcos Bambam	Marcos Antonio Simão Pereira „Marcos Bambam"	19.03.1991
Schwenck	Cléber Schwenck Tiene	08.02.1979
Soares	Hiziel de Souza Soares	16.05.1985
Trainer:		
Ricardo Silva	Ricardo Neto da Silva [Round 1-13; Sacked]	18.12.1959
Toninho Cecílio	Antônio Jorge Cecílio Sobrinho „Toninho Cecílio" [Round 14-20; Sacked]	27.05.1967
Ricardo Silva	Ricardo Neto da Silva [Round 21-28; Sacked]	18.12.1959
Antônio Lopes	Antônio Lopes dos Santos [Round 29-38]	12.06.1941

Campeonato Brasileiro Série B 2010							
1. Coritiba Foot Ball Club (*Promoted*)	38	21	8	9	69 - 49	71
2. Figueirense FC Florianópolis (*Promoted*)	38	19	10	9	68 - 37	67
3. Esporte Clube Bahia Salvador (*Promoted*)	38	19	8	11	63 - 44	65
4. América FC Mineiro Belo Horizonte (*Promoted*)	38	19	6	13	56 - 42	63
5. Associação Portuguesa de Desportos São Paulo	38	19	5	14	69 - 52	62
6. Sport Club do Recife	38	15	11	12	54 - 42	56
7. Paraná Clube Curitiba	38	15	8	15	47 - 44	53
8. Clube Atlético Bragantino Bragança Paulista	38	13	14	11	52 - 37	53
9. Agremiação Sportiva Arapiraquense	38	16	4	18	52 - 56	52
10. Associação Desportiva São Caetano	38	14	10	14	50 - 52	52
11. Duque de Caxias Futebol Clube	38	15	5	18	46 - 56	50
12. AD Recreativa Cultural Icasa	38	13	10	15	53 - 51	49
13. Clube Náutico Capibaribe Recife	38	14	6	18	41 - 60	48
14. Associação Atlética Ponte Preta Campinas	38	12	12	14	49 - 48	48
15. Guaratinguetá Futebol Ltda.	38	11	14	13	47 - 59	47
16. Vila Nova Futebol Clube Goiânia	38	13	7	18	50 - 69	46
17. Brasiliense Futebol Clube Distrito Federal (*Relegated*)	38	12	10	16	41 - 59	46
18. Esporte Clube Santo André (*Relegated*)	38	11	10	17	53 - 61	43
19. Ipatinga Futebol Clube (*Relegated*)	38	11	8	19	47 - 62	41
20. América Futebol Clube de Natal (*Relegated*)	38	11	8	19	40 - 68	41

Campeonato Brasileiro Série C 2010							
Group Stage							
Group A							
1. **Paysandu Sport Club Belém**	8	4	2	2	15 - 9	14
2. **Águia de Marabá Futebol Clube**	8	3	3	2	11 - 7	12
3. Fortaleza Esporte Clube	8	2	6	0	9 - 7	12
4. Rio Branco Football Club	8	2	4	2	12 - 17	10
5. São Raimundo Esporte Clube Santarém (*Relegated*)	8	0	3	5	8 - 15	3
Group B							
1. **ABC Futebol Clube Natal**	8	3	3	2	11 - 6	12
2. **Salgueiro Atlético Clube**	8	3	2	3	11 - 12	11
3. Clube de Regatas Brasil Maceió	8	3	2	3	8 - 11	11
4. Campinense Clube Campina Grande	8	3	1	4	7 - 7	10
5. Alecrim Futebol Clube Natal (*Relegated*)	8	2	4	2	9 - 10	10
Group C							
1. **Ituiutaba Esporte Clube**	8	4	3	1	9 - 4	15
2. **Macaé Esporte Futebol Clube**	8	4	2	2	12 - 8	14
3. Luverdense EC Lucas do Rio Verde	8	3	3	2	12 - 10	12
4. Marília Atlético Clube	8	1	3	4	7 - 12	6
5. Sociedade Esportiva do Gama (*Relegated*)	8	0	5	3	5 - 11	5

Group D

1. **Criciúma Esporte Clube**	8	3	3	2	9	-	4	12
2. **Associação Chapecoense de Futebol**	8	3	2	3	9	-	9	11
3. Esporte Clube Juventude Caxias do Sul	8	2	4	2	6	-	6	10
4. Grêmio Esportivo Brasil Pelotas	8	2	4	2	4	-	5	10
5. Esporte Clube Juventude Caxias do Sul (*Relegated*)	8	1	5	2	6	-	8	8

Quarter-Finals

Salgueiro Atlético Clube - Paysandu Sport Club Belém	1-1(1-0)	3-2(1-1)
Águia de Marabá Futebol Clube - **ABC Futebol Clube Natal**	0-1(0-0)	1-3(0-0)
Associação Chapecoense de Futebol - **Ituiutaba Esporte Clube**	1-1(1-1)	0-0
Macaé Esporte Futebol Clube - **Criciúma Esporte Clube**	3-2(0-2)	0-2(0-1)

Teams qualified for the semi-finals will play 2011 in the Campeonato Brasileiro Série B.

Semi-Finals

Criciúma Esporte Clube - **Ituiutaba Esporte Clube**	1-1(0-0)	1-1(0-0) 2-4 pen
Salgueiro Atlético Clube - **ABC Futebol Clube Natal**	1-1(1-1)	0-2(0-1)

Final

Ituiutaba Esporte Clube - **ABC Futebol Clube Natal**	0-1(0-0)	0-0

Campeonato Brasileiro Série C 2010 Winners: **ABC Futebol Clube Natal**

THE STATE CHAMPIONSHIPS 2010

Acre

Acre State Championship winners:
1921: Rio Branco FC; 1922: Rio Branco FC; 1923-1934: Not known; 1935: Rio Branco FC; 1936: Rio Branco FC; 1937: Rio Branco FC; 1938: Rio Branco FC; 1939: Rio Branco FC; 1940: Rio Branco FC; 1941: Rio Branco FC; 1942: Rio Branco FC; 1943: Rio Branco FC; 1944: Rio Branco FC; 1945: Rio Branco FC; 1946: Rio Branco FC; 1947: Rio Branco FC; 1948: América FC Rio Branco; 1949: América FC Rio Branco; 1950: Rio Branco FC; 1951: Rio Branco FC; 1952: Atlético Acreano Rio Branco; 1953: Atlético Acreano Rio Branco; 1954: Independência FC Rio Branco; 1955: Rio Branco FC; 1956: Rio Branco FC; 1957: Rio Branco FC; 1958: Independência FC Rio Branco; 1959: Independência FC Rio Branco; 1960: Independência FC Rio Branco; 1961: Rio Branco FC; 1962: Rio Branco FC & Atlético Acreano Rio Branco; 1963: Independência FC Rio Branco; 1964: Rio Branco FC; 1965: AD Vasco da Gama Rio Branco; 1966: AC Juventus Rio Branco; 1967: Grêmio Atlético Sampaio Rio Branco; 1968: Atlético Acreano Rio Branco; 1969: AC Juventus Rio Branco; 1970: Independência FC Rio Branco; 1971: Rio Branco FC; 1972: Independência FC Rio Branco; 1973: Rio Branco FC; 1974: Independência FC Rio Branco; 1975: AC Juventus Rio Branco; 1976: AC Juventus Rio Branco; 1977: AC Juventus Rio Branco; 1978: Rio Branco FC; 1979: Rio Branco FC; 1980: AC Juventus Rio Branco; 1981: AC Juventus Rio Branco; 1982: AC Juventus Rio Branco; 1983: Rio Branco FC; 1984: AC Juventus Rio Branco; 1985: Independência FC Rio Branco; 1986: Rio Branco FC; 1987: Atlético Acreano Rio Branco; 1988: Independência FC Rio Branco; 1989: AC Juventus Rio Branco; 1990: AC Juventus Rio Branco; 1991: Atlético Acreano Rio Branco; 1992: Rio Branco FC; 1993: Independência FC Rio Branco; 1994: Rio Branco FC; 1995: AC Juventus Rio Branco; 1996: AC Juventus Rio Branco; 1997: Rio Branco FC; 1998: Independência FC Rio Branco; 1999: AD Vasco da Gama Rio Branco; 2000: Rio Branco FC; 2001: AD Vasco da Gama Rio Branco; 2002: Rio Branco FC; 2003: Rio Branco FC; 2004: Rio Branco FC; 2005: Rio Branco FC; 2006: AD Senador Guiomard; 2007: Rio Branco FC; 2008: Rio Branco FC; 2009: AC Juventus Rio Branco; 2010: Rio Branco Football Club.

Acre State League (Campeonato Acriano) 2010

First Stage

1. Rio Branco Football Club	9	8	0	1	28	-	10	24
2. Náuas Esporte Clube Cruzeiro do Sul	9	7	1	1	17	-	4	22
3. Atlético Acreano Rio Branco	9	5	2	2	24	-	14	17
4. Atlético Clube Juventus Rio Branco	9	5	0	4	20	-	12	15
5. Alto Acre Futebol Club	9	4	1	4	12	-	12	13
6. Plácido de Castro Futebol Clube	9	5	2	2	15	-	11	11
7. Independência Futebol Clube Rio Branco	9	2	2	5	17	-	29	8
8. Associação Desportiva Senador Guiomard	9	2	1	6	16	-	25	7
9. Associação Desportiva Vasco da Gama Rio Branco (*Relegated*)	9	2	0	7	11	-	24	6
10. Andirá Esporte Clube Rio Branco (*Relegated*)	9	0	1	8	10	-	29	1

Semi-Finals (16-23.05.2010)
Atlético Acreano Rio Branco - Náuas Esporte Clube Cruzeiro do Sul 1-2 0-0
Atlético Clube Juventus Rio Branco - Rio Branco Football Club 1-2 2-4

Final (30.05. – 06.06.2010)
Náuas Esporte Clube Cruzeiro do Sul - Rio Branco Football Club 3-5 1-1

Acre State Championship Winners 2010: **Rio Branco Football Club**

Alagoas

Alagoas State Championship winners:
1927: Clube de Regatas Maceió; 1928: Centro Sportivo Alagoano Maceió; 1929: Centro Sportivo Alagoano Maceió; 1930: Clube de Regatas Maceió; 1931: *No competition*; 1932: *No competition*; 1933: Centro Sportivo Alagoano Maceió; 1934: No competition; 1935: Centro Sportivo Alagoano Maceió; 1936: Centro Sportivo Alagoano Maceió; 1937: Clube de Regatas Maceió; 1938: Clube de Regatas Maceió; 1939: Clube de Regatas Maceió; 1940: Clube de Regatas Maceió; 1941: Centro Sportivo Alagoano Maceió; 1942: Centro Sportivo Alagoano Maceió; 1943: *No competition*; 1944: Centro Sportivo Alagoano Maceió; 1945: Santa Cruz FC Maceió; 1946: EC Barroso Maceió; 1947: EC Alexandria Maceió; 1948: Santa Cruz FC Maceió; 1949: Centro Sportivo Alagoano Maceió; 1950: Clube de Regatas Maceió; 1951: Clube de Regatas Maceió; 1952: Centro Sportivo Alagoano Maceió; 1953: Agremiação Sportiva Arapiraquense; 1954: Ferroviário AC Maceió; 1955: Centro Sportivo Alagoano Maceió; 1956: Centro Sportivo Alagoano Maceió; 1957: Centro Sportivo Alagoano Maceió; 1958: Centro Sportivo Alagoano Maceió; 1959: CS Capelense; 1960: Centro Sportivo Alagoano Maceió; 1961: Clube de Regatas Maceió; 1962: CS Capelense; 1963: Centro Sportivo Alagoano Maceió; 1964: Clube de Regatas Maceió; 1965: Centro Sportivo Alagoano Maceió; 1966: Centro Sportivo Alagoano Maceió; 1967: Centro Sportivo Alagoano Maceió; 1968: Centro Sportivo Alagoano Maceió; 1969: Clube de Regatas Maceió; 1970: Clube de Regatas Maceió; 1971: Centro Sportivo Alagoano Maceió; 1972: Clube de Regatas Maceió; 1973: Clube de Regatas Maceió; 1974: Centro Sportivo Alagoano Maceió; 1975: Centro Sportivo Alagoano Maceió; 1976: Clube de Regatas Maceió; 1977: Clube de Regatas Maceió; 1978: Clube de Regatas Maceió; 1979: Clube de Regatas Maceió; 1980: Centro Sportivo Alagoano Maceió; 1981: Centro Sportivo Alagoano Maceió; 1982: Centro Sportivo Alagoano Maceió; 1983: Clube de Regatas Maceió; 1984: Centro Sportivo Alagoano Maceió; 1985: Centro Sportivo Alagoano Maceió; 1986: Clube de Regatas Maceió; 1987: Clube de Regatas Maceió; 1988: Centro Sportivo Alagoano Maceió; 1989: CS Capelense; 1990: Centro Sportivo Alagoano Maceió; 1991: Centro Sportivo Alagoano Maceió; 1992: Clube de Regatas Maceió; 1993: Clube de Regatas Maceió; 1994: Centro Sportivo Alagoano Maceió; 1995: Clube de Regatas Maceió; 1996: Centro Sportivo Alagoano Maceió; 1997: Centro Sportivo Alagoano Maceió; 1998: Centro Sportivo Alagoano Maceió; 1999: Centro Sportivo Alagoano Maceió; 2000: Agremiação Sportiva Arapiraquense; 2001: Agremiação Sportiva Arapiraquense; 2002: Clube de Regatas Maceió; 2003: Agremiação Sportiva Arapiraquense; 2004: SC Corinthians Alagoano Maceió; 2005: Agremiação Sportiva Arapiraquense; 2006: AA Coruripe; 2007: AA Coruripe; 2008: Centro Sportivo Alagoano Maceió; 2009: Agremiação Sportiva Arapiraquense; 2010: Murici Futebol Clube.

Alagoas State League (Campeonato Alagoano) 2010

First Stage

1. Murici Futebol Clube	18	11	4	3	30	-	14	37
2. Agremiação Sportiva Arapiraquense	18	10	5	3	38	-	22	35
3. Associação Atlética Coruripe	18	10	3	5	41	-	33	33
4. Sport Clube Corinthians Alagoano	18	9	3	6	35	-	24	30
5. Clube de Regatas Brasil Maceió	18	8	5	5	27	-	20	29
6. Ipanema Atlético Clube	18	6	2	10	23	-	39	20
7. Clube Sociedade Esportiva Palmeira dos Índios	18	4	7	7	19	-	31	19
8. Associação Atlética Santa Rita	18	4	6	8	20	-	25	18
9. União Futebol Clube (*Relegated*)	18	4	3	11	26	-	39	15
10. Sport Club Penedense (*Relegated*)	18	4	2	12	19	-	31	14

Murici Futebol Clube, as winners of the first stage, always qualified for the State League finals.

Semi-Finals (14-17.04.2010)
Sport Clube Corinthians Alagoano - Murici Futebol Clube   1-2   1-2
Associação Atlética Coruripe - Agremiação Sportiva Arapiraquense   0-3   3-2

Final (21-25.04.2010)
Agremiação Sportiva Arapiraquense - Murici Futebol Clube   3-2   1-0
Agremiação Sportiva Arapiraquense qualified for the State League Final.

State League Final (28.04.-01.05.2010)
Murici Futebol Clube - Agremiação Sportiva Arapiraquense   2-0   2-1

Alagoas State Championship Winners 2010: **Murici Futebol Clube**

Amapá

Amapá State Championship winners:
1944: Esporte Clube Macapá; 1945: Amapá Clube Macapá; 1946: Esporte Clube Macapá; 1947: Esporte Clube Macapá; 1948: Esporte Clube Macapá; 1949: *No competition*; 1950: Amapá Clube Macapá; 1951: Amapá Clube Macapá; 1952: Trem Desportivo Clube; 1953: Amapá Clube Macapá; 1954: Esporte Clube Macapá; 1955: Esporte Clube Macapá; 1956: Esporte Clube Macapá; 1957: Esporte Clube Macapá; 1958: Esporte Clube Macapá; 1959: Esporte Clube Macapá; 1960: Santana Esporte Clube; 1961: Santana Esporte Clube; 1962: Santana Esporte Clube; 1963: CEA Clube; 1964: Juventus; 1965: Santana Esporte Clube; 1966: Juventus; 1967: Juventus; 1968: Santana Esporte Clube; 1969: Esporte Clube Macapá; 1970: SER São José Macapá; 1971: SER São José Macapá; 1972: Santana Esporte Clube; 1973: Amapá Clube Macapá; 1974: Esporte Clube Macapá; 1975: Amapá Clube Macapá; 1976: Ypiranga Clube Macapá; 1977: Guarany; 1978: Esporte Clube Macapá; 1979: Amapá Clube Macapá; 1980: Esporte Clube Macapá; 1981: Esporte Clube Macapá; 1982: Independente Esporte Clube Santana; 1983: Independente Esporte Clube Santana; 1984: Trem Desportivo Clube; 1985: Santana Esporte Clube; 1986: Esporte Clube Macapá; 1987: Amapá Clube Macapá; 1988: Amapá Clube Macapá; 1989: Independente Esporte Clube Santana; 1990: Amapá Clube Macapá; 1991: Esporte Clube Macapá; 1992: Ypiranga Clube Macapá; 1993: SER São José Macapá; 1994: Ypiranga Clube Macapá; 1995: Independente Esporte Clube Santana; 1996: *No competition*; 1997: Ypiranga Clube Macapá; 1998: Aliança; 1999: Ypiranga Clube Macapá; 2000: Santos FC Macapá; 2001: Independente Esporte Clube Santana; 2002: Ypiranga Clube Macapá; 2003: Ypiranga Clube Macapá; 2004: Ypiranga Clube Macapá; 2005: SER São José Macapá; 2006: SER São José Macapá; 2007: Trem Desportivo Clube; 2008: Cristal Atlético Clube Macapá; 2009: SER São José Macapá; 2010: Trem Desportivo Clube.

Unfortunately, no data available about the 2010 Championship!

Amazonas

Amazonas State Championship winners:
1914: Manaus Athletic Club Manaus; 1915: Manaus Athletic Club Manaus; 1916: Nacional Futebol Clube Manaus; 1917: Nacional Futebol Clube Manaus; 1918: Nacional Futebol Clube Manaus; 1919: Nacional Futebol Clube Manaus; 1920: Nacional Futebol Clube Manaus; 1921: Atlético Rio Negro Clube Manaus; 1922: Nacional Futebol Clube Manaus; 1923: Nacional Futebol Clube Manaus; 1924: *No competition*; 1925: *No competition*; 1926: *No competition*; 1927: Atlético Rio Negro Clube Manaus; 1928: Cruzeiro do Sul Futebol Clube Manaus; 1929: Manaus Sporting Club Manaus; 1930: Cruzeiro do Sul Futebol Clube Manaus; 1931: Atlético Rio Negro Clube Manaus; 1932: Atlético Rio Negro Clube Manaus; 1933: Nacional Futebol Clube Manaus; 1934: União Esportiva Portuguesa Manaus; 1935: União Esportiva Portuguesa Manaus; 1936: Nacional Futebol Clube Manaus; 1937: Nacional Futebol

Clube Manaus; 1938: Atlético Rio Negro Clube Manaus; 1939: Nacional Futebol Clube Manaus; 1940: Atlético Rio Negro Clube Manaus; 1941: Nacional Futebol Clube Manaus; 1942: Nacional Futebol Clube Manaus; 1943: Atlético Rio Negro Clube Manaus; 1944: Olímpico Clube Manaus; 1945: Nacional Futebol Clube Manaus; 1946: Nacional Futebol Clube Manaus; 1947: Olímpico Clube Manaus; 1948: Nacional Fast Club Manaus; 1949: Nacional Fast Club Manaus; 1950: Nacional Futebol Clube Manaus; 1951: América Futebol Clube Manaus; 1952: América Futebol Clube Manaus; 1953: América Futebol Clube Manaus; 1954: América Futebol Clube Manaus; 1955: Nacional Fast Club Manaus; 1956: Auto Esporte Clube Manaus; 1957: Nacional Futebol Clube Manaus; 1958: Santos Futebol Clube Manaus; 1959: Auto Esporte Clube Manaus; 1960: Nacional Fast Club Manaus; 1961: São Raimundo Esporte Clube Manaus; 1962: Atlético Rio Negro Clube Manaus; 1963: Nacional Futebol Clube Manaus; 1964: Nacional Futebol Clube Manaus; 1965: Atlético Rio Negro Clube Manaus; 1966: São Raimundo Esporte Clube Manaus; 1967: Olímpico Clube Manaus; 1968: Nacional Futebol Clube Manaus; 1969: Nacional Futebol Clube Manaus; 1970: Nacional Fast Club Manaus; 1971: Nacional Fast Club Manaus; 1972: Nacional Futebol Clube Manaus; 1973: Associação Atlética Rodoviária Manaus; 1974: Nacional Futebol Clube Manaus; 1975: Atlético Rio Negro Clube Manaus; 1976: Nacional Futebol Clube Manaus; 1977: Nacional Futebol Clube Manaus; 1978: Nacional Futebol Clube Manaus; 1979: Nacional Futebol Clube Manaus; 1980: Nacional Futebol Clube Manaus; 1981: Nacional Futebol Clube Manaus; 1982: Atlético Rio Negro Clube Manaus; 1983: Nacional Futebol Clube Manaus; 1984: Nacional Futebol Clube Manaus; 1985: Nacional Futebol Clube Manaus; 1986: Nacional Futebol Clube Manaus; 1987: Atlético Rio Negro Clube Manaus; 1988: Atlético Rio Negro Clube Manaus; 1989: Atlético Rio Negro Clube Manaus; 1990: Atlético Rio Negro Clube Manaus; 1991: Nacional Futebol Clube Manaus; 1992: Sul América Esporte Clube Manaus; 1993: Sul América Esporte Clube Manaus; 1994: América Futebol Clube Manaus; 1995: Nacional Futebol Clube Manaus; 1996: Nacional Futebol Clube Manaus; 1997: São Raimundo Esporte Clube Manaus; 1998: São Raimundo Esporte Clube Manaus; 1999: São Raimundo Esporte Clube Manaus; 2000: Nacional Futebol Clube Manaus; 2001: Atlético Rio Negro Clube Manaus; 2002: Nacional Futebol Clube Manaus; 2003: Nacional Futebol Clube Manaus; 2004: São Raimundo Esporte Clube Manaus; 2005: Grêmio Atlético Coariense Coari; 2006: São Raimundo Esporte Clube Manaus; 2007: Nacional Futebol Clube Manaus; 2008: Holanda Esporte Clube Manaus; 2009: América Futebol Clube Manaus; 2010: Peñarol Atlético Clube Itacoatiara.

Amazonas State Championship (Campeonato Amazonense) 2010

First Stage – Taça Amazonas

1. Nacional Fast Clube	9	6	1	2	20	-	7	19
2. Princesa do Solimões Esporte Clube Manacapuru	9	6	1	2	21	-	10	19
3. Peñarol Atlético Clube Itacoatiara	9	6	1	2	18	-	10	19
4. Nacional Futebol Clube Manaus	9	5	3	1	14	-	9	18
5. Sul América Esporte Clube	9	4	1	4	17	-	14	13
6. Manaus Compensão Esporte Clube	9	3	2	4	12	-	11	11
7. América Futebol Clube Manaus	9	3	1	5	13	-	12	10
8. CDC Manicoré Futebol Clube	9	3	1	5	13	-	19	10
9. São Raimundo Esporte Clube	9	3	1	5	10	-	19	10
10. Esporte Clube ASA da Amazônia	9	0	0	9	6	-	33	0

Nacional Fast Clube qualified for the State Championship Final.

Second Stage – Taça Cidade de Manaus

Group 1
1. São Raimundo Esporte Clube	4	2	2	0	12	-	4	8
2. Nacional Futebol Clube Manaus	4	2	2	0	10	-	5	8
3. Nacional Fast Clube	4	1	2	1	8	-	4	5
4. CDC Manicoré Futebol Clube	4	1	0	3	5	-	13	3
5. Sul América Esporte Clube	4	1	0	3	4	-	13	3

Group 2
1. Peñarol Atlético Clube Itacoatiara	4	3	0	1	7	-	6	9
2. Princesa do Solimões Esporte Clube Manacapuru	4	2	1	1	10	-	3	7
3. América Futebol Clube Manaus	4	2	1	1	9	-	5	7
4. Manaus Compensão Esporte Clube	4	1	2	1	9	-	3	6
5. Esporte Clube ASA da Amazônia	4	0	0	4	2	-	20	0

Semi-Finals (25.04.2010)
São Raimundo Esporte Clube - Princesa do Solimões Esporte Clube Manacapuru 2-2(1-2)
Peñarol Atlético Clube Itacoatiara - Nacional Futebol Clube Manaus 1-1(0-0)
São Raimundo Esporte Clube and Peñarol Atlético Clube Itacoatiara qualified having better results in the group stage.

Final (02.05.2010)
Peñarol Atlético Clube Itacoatiara - São Raimundo Esporte Clube 1-1; 5-4 on pen
Peñarol Atlético Clube Itacoatiara qualified for the State Championship Final.

Amazonas Championship Finals (05-09.05.2010)
Peñarol Atlético Clube Itacoatiara - Nacional Fast Clube 1-0(0-0)
Nacional Fast Clube - Peñarol Atlético Clube Itacoatiara 0-1(0-0)

Amazonas State Championship Winners 2010: **Peñarol Atlético Clube Itacoatiara**

Bahia

Bahia State Championship winners:
1905: Clube Internacional de Cricket Salvador; 1906: Clube de Natação e Regatas São Salvador Salvador; 1907: Clube de Natação e Regatas São Salvador Salvador; 1908: Esporte Clube Vitória Salvador; 1909: Esporte Clube Vitória Salvador; 1910: Sport Club Santos Dumont Salvador; 1911: Sport Club Bahia Salvador; 1912: Atlético Futebol Clube Salvador; 1913: Fluminense Futebol Clube Salvador; 1914: Sport Club Internacional Salvador; 1915: Fluminense Futebol Clube Salvador; 1916: Sport Club República Salvador; 1917: Sport Club Ypiranga Salvador; 1918: Sport Club Ypiranga Salvador; 1919: Sport Club Botafogo Salvador; 1920: Sport Club Ypiranga Salvador; 1921: Sport Club Ypiranga Salvador; 1922: Sport Club Botafogo Salvador; 1923: Sport Club Botafogo Salvador; 1924: Associação Atlética da Bahia Salvador; 1925: Sport Club Ypiranga Salvador; 1926: Sport Club Botafogo Salvador; 1927: Clube Bahiano de Tênis Salvador; 1928: Sport Club Ypiranga Salvador; 1929: Sport Club Ypiranga Salvador; 1930: Sport Club Botafogo Salvador; 1931: Esporte Clube Bahia Salvador; 1932: Sport Club Ypiranga Salvador; 1933: Esporte Clube Bahia Salvador; 1934: Esporte Clube Bahia Salvador; 1935: Sport Club Botafogo Salvador; 1936: Esporte Clube Bahia Salvador; 1937: Galícia Esporte Clube Salvador; 1938/1: Esporte Clube Bahia Salvador; 1938/2: Sport Club Botafogo Salvador; 1939: Sport Club Ypiranga Salvador; 1940: Esporte Clube Bahia Salvador; 1941: Galícia Esporte Clube Salvador; 1942: Galícia Esporte Clube Salvador; 1943: Galícia Esporte Clube Salvador; 1944: Esporte Clube Bahia Salvador; 1945: Esporte Clube Bahia Salvador; 1946: Associação

Desportiva Guarany Salvador; 1947: Esporte Clube Bahia Salvador; 1948: Esporte Clube Bahia Salvador; 1949: Esporte Clube Bahia Salvador; 1950: Esporte Clube Bahia Salvador; 1951: Sport Club Ypiranga Salvador; 1952: Esporte Clube Bahia Salvador; 1953: Esporte Clube Vitória Salvador; 1954: Esporte Clube Bahia Salvador; 1955: Esporte Clube Vitória Salvador; 1956: Esporte Clube Bahia Salvador; 1957: Esporte Clube Vitória Salvador; 1958: Esporte Clube Bahia Salvador; 1959: Esporte Clube Bahia Salvador; 1960: Esporte Clube Bahia Salvador; 1961: Esporte Clube Bahia Salvador; 1962: Esporte Clube Bahia Salvador; 1963: Fluminense Futebol Clube Feira de Santana; 1964: Esporte Clube Vitória Salvador; 1965: Esporte Clube Vitória Salvador; 1966: Associação Desportiva Leônico Salvador; 1967: Esporte Clube Bahia Salvador; 1968: Galícia Esporte Clube Salvador; 1969: Fluminense Futebol Clube Feira de Santana; 1970: Esporte Clube Bahia Salvador; 1971: Esporte Clube Bahia Salvador; 1972: Esporte Clube Vitória Salvador; 1973: Esporte Clube Bahia Salvador; 1974: Esporte Clube Bahia Salvador; 1975: Esporte Clube Bahia Salvador; 1976: Esporte Clube Bahia Salvador; 1977: Esporte Clube Bahia Salvador; 1978: Esporte Clube Bahia Salvador; 1979: Esporte Clube Bahia Salvador; 1980: Esporte Clube Vitória Salvador; 1981: Esporte Clube Bahia Salvador; 1982: Esporte Clube Bahia Salvador; 1983: Esporte Clube Bahia Salvador; 1984: Esporte Clube Bahia Salvador; 1985: Esporte Clube Vitória Salvador; 1986: Esporte Clube Bahia Salvador; 1987: Esporte Clube Bahia Salvador; 1988: Esporte Clube Bahia Salvador; 1989: Esporte Clube Vitória Salvador; 1990: Esporte Clube Vitória Salvador; 1991: Esporte Clube Bahia Salvador; 1992: Esporte Clube Vitória Salvador; 1993: Esporte Clube Bahia Salvador; 1994: Esporte Clube Bahia Salvador; 1995: Esporte Clube Vitória Salvador; 1996: Esporte Clube Vitória Salvador; 1997: Esporte Clube Vitória Salvador; 1998: Esporte Clube Bahia Salvador; 1999: Esporte Clube Bahia Salvador & Esporte Clube Vitória Salvador (shared); 2000: Esporte Clube Vitória Salvador; 2001: Esporte Clube Bahia Salvador; 2002: Palmeiras do Nordeste Feira de Santana; 2002: Esporte Clube Vitória Salvador; 2003: Esporte Clube Vitória Salvador; 2004: Esporte Clube Vitória Salvador; 2005: Esporte Clube Vitória Salvador; 2006: Colo-Colo de Futebol e Regatas Ilhéus; 2007: Esporte Clube Vitória Salvador; 2008: Esporte Clube Vitória Salvador; 2009: Esporte Clube Vitória Salvador; 2010: Esporte Clube Vitória Salvador.

Bahia State Championship (Campeonato Baiano) 2010

First Stage
Top-4 of each group qualified for the Second Stage, places 5-6 will play the requalifying.

Group A							
1. Esporte Clube Vitória	12	9	1	2	26 - 9	28
2. Esporte Clube Primeiro Passo Vitória da Conquista	12	7	3	2	22 - 14	24
3. Atlético de Alagoinhas	12	6	2	4	14 - 11	20
4. Associação Desportiva Bahia de Feira	12	4	4	4	13 - 10	16
5. Madre de Deus Sport Clube	12	2	7	3	19 - 19	13
6. Colo Colo de Futebol e Regatas Ilhéus	12	3	1	8	15 - 28	10

Group B							
1. Esporte Clube Bahia	12	7	3	2	23 - 13	24
2. Camaçari Futebol Clube	12	4	5	3	19 - 18	17
3. Fluminense de Feira Futebol Clube	12	4	4	4	16 - 16	16
4. Clube Desportivo Feirense Santa Maria da Feira	12	3	3	6	11 - 15	12
5. EC Ipitanga da Bahia Senhor do Bonfim	12	3	2	7	15 - 29	11
6. Itabuna Esporte Clube	12	2	1	9	7 - 18	7

Requalifying

1. EC Ipitanga da Bahia Senhor do Bonfim	6	3	1	2	12	-	11	10
2. Colo Colo de Futebol e Regatas Ilhéus	6	3	0	3	7	-	11	9
3. Madre de Deus Sport Clube (*Relegated*)	6	2	2	2	9	-	8	8
4. Itabuna Esporte Clube (*Relegated*)	6	2	1	3	8	-	6	7

Second Stage

Group A

1. Esporte Clube Vitória	6	4	1	1	12	-	4	13
2. Associação Desportiva Bahia de Feira	6	3	1	2	7	-	5	10
3. EC Primeiro Passo Vitória da Conquista	6	2	1	3	6	-	7	7
4. Atlético de Alagoinhas	6	0	3	3	4	-	12	3

Group B

1. Esporte Clube Bahia	6	5	1	0	18	-	7	16
2. Camaçari Futebol Clube	6	2	2	2	9	-	12	8
3. CD Feirense Santa Maria da Feira	6	1	2	3	4	-	10	5
4. Fluminense de Feira Futebol Clube	6	1	1	4	11	-	13	4

Top-2 teams qualified for the semi-finals.

Semi-Finals

Camaçari Futebol Clube - Esporte Clube Vitória	2-2	1-1
Associação Desportiva Bahia de Feira - Esporte Clube Bahia	0-0	1-1

Finals

Esporte Clube Bahia - Esporte Clube Vitória	0-1	2-1

Bahia State Championship Winners 2010: **Esporte Clube Vitória Salvador**

Ceará

Ceará State Championship winners:
1914: Rio Branco Foot-ball Club Fortaleza; 1915: Ceará Sporting Club Fortaleza; 1916: Ceará Sporting Club Fortaleza; 1917: Ceará Sporting Club Fortaleza; 1918: Ceará Sporting Club Fortaleza; 1919: Ceará Sporting Club Fortaleza; 1920: Fortaleza Esporte Clube; 1921: Fortaleza Esporte Clube; 1922: Ceará Sporting Club Fortaleza; 1923: Fortaleza Esporte Clube; 1924: Fortaleza Esporte Clube; 1925: Ceará Sporting Club Fortaleza; 1926: Fortaleza Esporte Clube; 1927: Fortaleza Esporte Clube; 1928: Fortaleza Esporte Clube; 1929: Maguari Esporte Clube Fortaleza; 1930: Orion Futebol Clube Fortaleza; 1931: Ceará Sporting Club Fortaleza; 1932: Ceará Sporting Club Fortaleza; 1933: Fortaleza Esporte Clube; 1934: Fortaleza Esporte Clube; 1935: América Futebol Clube Fortaleza; 1936: Maguari Esporte Clube Fortaleza; 1937: Fortaleza Esporte Clube; 1938: Fortaleza Esporte Clube; 1939: Ceará Sporting Club Fortaleza; 1940: Tramways Sport Club Fortaleza; 1941: Ceará Sporting Club Fortaleza; 1942: Ceará Sporting Club Fortaleza; 1943: Maguari Esporte Clube Fortaleza; 1944: Maguari Esporte Clube Fortaleza; 1945: Ferroviário Atlético Clube Fortaleza; 1946: Fortaleza Esporte Clube; 1947: Fortaleza Esporte Clube; 1948: Ceará Sporting Club Fortaleza; 1949: Fortaleza Esporte Clube; 1950: Ferroviário Atlético Clube Fortaleza; 1951: Ceará Sporting Club Fortaleza; 1952: Ferroviário Atlético Clube Fortaleza; 1953: Fortaleza Esporte Clube; 1954: Fortaleza Esporte Clube; 1955: Calouros do Ar Futebol Clube Fortaleza; 1956: Gentilândia Atlético Clube Fortaleza; 1957: Ceará Sporting Club Fortaleza; 1958: Ceará Sporting Club Fortaleza; 1959: Fortaleza Esporte Clube; 1960: Fortaleza Esporte Clube; 1961: Ceará Sporting Club Fortaleza; 1962: Ceará Sporting Club Fortaleza; 1963: Ceará Sporting Club Fortaleza; 1964: Fortaleza Esporte Clube Fortaleza; 1965: Fortaleza Esporte Clube; 1966: América Futebol Clube Fortaleza; 1967: Fortaleza Esporte Clube; 1968: Ferroviário Atlético Clube Fortaleza;

1969: Fortaleza Esporte Clube; 1970: Ferroviário Atlético Clube Fortaleza; 1971: Ceará Sporting Club Fortaleza; 1972: Ceará Sporting Club Fortaleza; 1973: Fortaleza Esporte Clube; 1974: Fortaleza Esporte Clube; 1975: Ceará Sporting Club Fortaleza; 1976: Ceará Sporting Club Fortaleza; 1977: Ceará Sporting Club Fortaleza; 1978: Ceará Sporting Club Fortaleza; 1979: Ferroviário Atlético Clube Fortaleza; 1980: Ceará Sporting Club Fortaleza; 1981: Ceará Sporting Club Fortaleza; 1982: Fortaleza Esporte Clube; 1983: Fortaleza Esporte Clube; 1984: Ceará Sporting Club Fortaleza; 1985: Fortaleza Esporte Clube; 1986: Ceará Sporting Club Fortaleza; 1987: Fortaleza Esporte Clube; 1988: Ferroviário Atlético Clube Fortaleza; 1989: Ceará Sporting Club Fortaleza; 1990: Ceará Sporting Club Fortaleza; 1991: Fortaleza Esporte Clube; 1992: Fortaleza Esporte Clube - Ceará Sporting Club Fortaleza - Associação Esportiva Tiradentes Fortaleza - Icasa Esporte Clube Juazeiro do Norte (shared); 1993: Ceará Sporting Club Fortaleza; 1994: Ferroviário Atlético Clube Fortaleza; 1995: Ferroviário Atlético Clube Fortaleza; 1996: Ceará Sporting Club Fortaleza; 1997: Ceará Sporting Club Fortaleza; 1998: Ceará Sporting Club Fortaleza; 1999: Ceará Sporting Club Fortaleza; 2000: Fortaleza Esporte Clube; 2001: Fortaleza Esporte Clube; 2002: Ceará Sporting Club Fortaleza; 2003: Fortaleza Esporte Clube; 2004: Fortaleza Esporte Clube; 2005: Fortaleza Esporte Clube; 2006: Ceará Sporting Club Fortaleza; 2007: Fortaleza Esporte Clube; 2008: Fortaleza Esporte Clube; 2009: Fortaleza Esporte Clube; 2010: Fortaleza Esporte Clube.

Ceará State Championship (Campeonato Cearense) 2010

First Stage

First Phase

1. Ferroviário Atlético Clube Fortaleza	11	6	3	2	15 - 8	21
2. Guarany Sporting Club Sobral	11	5	6	0	16 - 11	21
3. Horizonte Futebol Clube	11	6	2	3	25 - 16	20
4. Fortaleza Esporte Clube	11	6	2	3	22 - 15	20
5. Guarani Esporte Clube	11	6	1	4	17 - 17	19
6. Crato Esporte Clube	11	5	0	6	16 - 12	15
7. Ceará Sporting Club Fortaleza	11	4	1	6	18 - 14	13
8. Quixadá Futebol Clube	11	4	1	6	19 - 29	13
9. Itapipoca Esporte Clube	11	3	4	4	16 - 21	13
10. Maranguape Futebol Clube	11	3	1	7	13 - 18	10
11. Associação Desportiva Limoeiro Futebol Clube	11	2	4	5	17 - 26	10
12. Bio Viagem Esporte Clube	11	2	3	6	13 - 20	9

Top-4 qualified for the semi-finals.

Semi-Finals (20-21.02.2010)

Guarany Sporting Club Sobral - Horizonte Futebol Clube	2-2; 5-4 on pen
Ferroviário Atlético Clube Fortaleza - Fortaleza Esporte Clube	1-2

First Stage Final (28.02.2010)

Fortaleza Esporte Clube - Guarany Sporting Club Sobral	4-4; 5-4 on pen

Fortaleza Esporte Clube qualified for the State Championship final.

Second Stage

First Phase

1. Ceará Sporting Club Fortaleza	11	7	4	0	23	-	4	25
2. Guarany Sporting Club Sobral	11	6	3	2	23	-	12	21
3. Horizonte Futebol Clube	11	6	3	2	19	-	12	21
4. Crato Esporte Clube	11	6	0	5	13	-	16	18
5. Ferroviário Atlético Clube Fortaleza	11	5	3	3	16	-	15	18
6. Fortaleza Esporte Clube	11	5	2	4	17	-	13	17
7. Associação Desportiva Limoeiro Futebol Clube	11	4	0	7	17	-	17	12
8. Maranguape Futebol Clube	11	3	3	5	11	-	15	12
9. Itapipoca Esporte Clube	11	3	3	5	13	-	18	12
10. Quixadá Futebol Clube	11	3	2	6	8	-	23	11
11. Guarani Esporte Clube	11	1	6	4	12	-	16	9
12. Bio Viagem Esporte Clube	11	2	1	8	12	-	23	7

Top-4 qualified for the semi-finals.

Semi-Finals (10-11.04.2010)
Guarany Sporting Club Sobral - Horizonte Futebol Clube   2-1
Ceará Sporting Club Fortaleza - Crato Esporte Clube   4-0

Second Stage Final (18.04.2010)
Ceará Sporting Club Fortaleza - Guarany Sporting Club Sobral   1-0
Ceará Sporting Club Fortaleza qualified for the State Championship final.

Ceará Championship Finals (25.04.-02.05.2010)
Fortaleza Esporte Clube - Ceará Sporting Club Fortaleza   1-0(0-0)
Ceará Sporting Club Fortaleza - Fortaleza Esporte Clube   2-1(1-0)
    1-3 on penalties

Ceará State Championship Winners 2010: **Fortaleza Esporte Clube**

Distrito Federal

Distrito Federal State Championship winners:
1959: Grêmio Esportivo Brasiliense Núcleo Bandeirante; 1960: Defelê Futebol Clube Brasília; 1961: Defelê Futebol Clube Brasília; 1962: Defelê Futebol Clube Brasília; 1963: Associação Esportiva Cruzeiro do Sul Brasília; 1964: Associação Atlética Guanabara Brasília (Amateurs); Rabello Futebol Clube Brasília (Professionals); 1965: Pederneiras Futebol Clube Brasília (Amateurs); Rabello Futebol Clube Brasília (Professionals); 1966: Associação Atlética Guanabara Brasília (Amateurs); Rabello Futebol Clube Brasília (Professionals); 1967: Rabello Futebol Clube Brasília; 1968: Defelê Futebol Clube Brasília; 1969: Coenge Futebol Clube Brasília; 1970: Gremio Esportivo Brasiliense Núcleo Bandeirante; 1971: Clube Atlético Colombo Núcleo Bandeirante; 1972: Associação Atlética Serviço Gráfico Brasília; 1973: CEUB Esporte Clube Brasília; 1974: Pioneira Futebol Clube Taguatinga; 1975: Campineira Brasília; 1976: Brasília Esporte Clube; 1977: Brasília Esporte Clube; 1978: Brasília Esporte Clube; 1979: Sociedade Esportiva Gama; 1980: Brasília Esporte Clube; 1981: Taguatinga Esporte Clube; 1982: Brasília Esporte Clube; 1983: Brasília Esporte Clube; 1984: Brasília Esporte Clube; 1985: Sobradinho Esporte Clube; 1986: Sobradinho Esporte Clube; 1987: Brasília Esporte Clube; 1988: Grêmio Esportivo Tiradentes Brasília; 1989: Taguatinga Esporte Clube; 1990: Sociedade Esportiva Gama; 1991: Taguatinga Esporte Clube; 1992: Taguatinga Esporte Clube; 1993: Taguatinga Esporte Clube; 1994: Sociedade Esportiva Gama; 1995: Sociedade Esportiva Gama; 1996: Clube de Regatas Guará; 1997: Sociedade Esportiva Gama; 1998: Sociedade Esportiva Gama; 1999: Sociedade Esportiva

Gama; 2000: Sociedade Esportiva Gama; 2001: Sociedade Esportiva Gama; 2002: Centro de Futebol do Zico/BSB Brasília; 2003: Sociedade Esportiva Gama; 2004: Brasiliense Futebol Clube Taguatinga; 2005: Brasiliense Futebol Clube Taguatinga; 2006: Brasiliense Futebol Clube Taguatinga; 2007: Brasiliense Futebol Clube Taguatinga; 2008: Brasiliense Futebol Clube Taguatinga; 2009: Brasiliense Futebol Clube Taguatinga; 2010: Ceilândia Esporte Clube.

Distrito Federal State Championship (Campeonato Brasiliense) 2010

First Stage

1. Brasiliense Futebol Clube Taguatinga	14	7	3	4	25 - 14	24
2. Sociedade Atlético Ceilandense	14	7	3	4	17 - 16	24
3. Ceilândia Esporte Clube	14	6	4	4	16 - 15	22
4. Associação Botafogo Futebol Clube Guará	14	5	6	3	18 - 15	21
5. Sociedade Esportiva do Gama	14	4	8	2	24 - 16	20
6. Brasília Futebol Clube	14	4	3	7	18 - 24	15
7. Esporte Clube Dom Pedro Bandeirante (*Relegated*)	14	3	5	6	15 - 19	14
8. Associação Atlética Luziânia (*Relegated*)	14	2	4	8	10 - 24	10

Top-4 qualified for the Second Stage.

Second Stage

1. Brasiliense Futebol Clube Taguatinga	6	4	1	1	14 - 7	13
2. Ceilândia Esporte Clube	6	2	2	2	7 - 7	8
3. Associação Botafogo Futebol Clube Guará	6	2	2	2	7 - 12	8
4. Sociedade Atlético Ceilandense	6	1	1	4	9 - 11	4

Distrito Federal Championship Finals (24.04.-01.05.2010)
Ceilândia Esporte Clube - Brasiliense Futebol Clube Taguatinga   3-1(2-1)
Brasiliense Futebol Clube Taguatinga - Ceilândia Esporte Clube   2-2(1-0)

Distrito Federal State Championship Winners 2010: **Ceilândia Esporte Clube**

Espirito Santo

Espirito Santo State Championship winners:
1930: Rio Branco Atlético Clube Vitória; 1931: Santo Antônio Futebol Clube Vitória; 1932: Vitória Futebol Clube Vitória; 1933: Vitória Futebol Clube Vitória; 1934: Rio Branco Atlético Clube Vitória; 1935: Rio Branco Atlético Clube Vitória; 1936: Rio Branco Atlético Clube Vitória; 1937: Rio Branco Atlético Clube Vitória; 1938: Rio Branco Atlético Clube Vitória; 1939: Rio Branco Atlético Clube Vitória; 1940: Americano Futebol Clube Vitória; 1941: Rio Branco Atlético Clube Vitória; 1942: Rio Branco Atlético Clube Vitória; 1943: Vitória Futebol Clube Vitória; 1944: Caxias Futebol Clube Vitória; 1945: Rio Branco Atlético Clube Vitória; 1946: Rio Branco Atlético Clube Vitória; 1947: Rio Branco Atlético Clube Vitória; 1948: Cachoeiro Futebol Clube Cachoeiro do Itapemirim; 1949: Rio Branco Atlético Clube Vitória; 1950: Vitória Futebol Clube Vitória; 1951: Rio Branco Atlético Clube Vitória; 1952: Vitória Futebol Clube Vitória; 1953: Santo Antônio Futebol Clube Vitória; 1954: Santo Antônio Futebol Clube Vitória; 1955: Santo Antônio Futebol Clube Vitória; 1956: Vitória Futebol Clube Vitória; 1957: Rio Branco Atlético Clube Vitória; 1958: Rio Branco Atlético Clube Vitória; 1959: Rio Branco Atlético Clube Vitória; 1960: Santo Antônio Futebol Clube Vitória; 1961: Santo Antônio Futebol Clube Vitória; 1962: Rio Branco Atlético Clube Vitória; 1963: Rio Branco Atlético Clube Vitória; 1964: Associação Desportiva Ferroviária Cariacica; 1965: Associação Desportiva Ferroviária Cariacica; 1966: Rio Branco Atlético Clube Vitória; 1967: Associação Desportiva Ferroviária Cariacica; 1968: Rio Branco Atlético Clube Vitória; 1969: Rio Branco Atlético Clube Vitória; 1970: Rio Branco Atlético Clube Vitória; 1971: Rio Branco Atlético Clube Vitória; 1972:

Associação Desportiva Ferroviária Cariacica; 1973: Rio Branco Atlético Clube Vitória; 1974: Associação Desportiva Ferroviária Cariacica; 1975: Rio Branco Atlético Clube Vitória; 1976: Vitória Futebol Clube Vitória; 1977: Associação Desportiva Ferroviária Cariacica; 1978: Rio Branco Atlético Clube Vitória; 1979: Associação Desportiva Ferroviária Cariacica; 1980: Associação Desportiva Ferroviária Cariacica; 1981: Associação Desportiva Ferroviária Cariacica; 1982: Rio Branco Atlético Clube Vitória; 1983: Rio Branco Atlético Clube Vitória; 1984: Associação Desportiva Ferroviária Cariacica; 1985: Rio Branco Atlético Clube Cariacica; 1986: Associação Desportiva Ferroviária Cariacica; 1987: Guarapari Esporte Clube Guarapari; 1988: Ibiraçu Esporte Clube Ibiraçu; 1989: Associação Desportiva Ferroviária Cariacica; 1990: Associação Atlética Colatina Colatina; 1991: Muniz Freire Futebol Clube Muniz Freire; 1992: Associação Desportiva Ferroviária Cariacica; 1993: Linhares Esporte Clube Linhares; 1994: Associação Desportiva Ferroviária Cariacica; 1995: Linhares Esporte Clube Linhares; 1996: Associação Desportiva Ferroviária Cariacica; 1997: Linhares Esporte Clube Linhares; 1998: Linhares Esporte Clube Linhares; 1999: Sociedade Desportiva Serra Futebol Clube Serra; 2000: Associação Desportiva Ferroviária Cariacica; 2001: Alegrense Futebol Clube Alegre; 2002: Alegrense Futebol Clube Alegre; 2003: Sociedade Desportiva Serra Futebol Clube Serra; 2004: Sociedade Desportiva Serra Futebol Clube Serra; 2005: Sociedade Desportiva Serra Futebol Clube Serra; 2006: Vitória Futebol Clube Vitória; 2007: Linhares Futebol Clube Linhares; 2008: Sociedade Desportiva Serra Futebol Clube Serra; 2009: Associação Atlética São Mateus; 2010: Rio Branco Atlético Clube.

Espirito Santo State Championship (Campeonato Capixaba) 2010

1. Vitória Futebol Clube	18	9	6	3	31	-	17	33
2. Rio Branco Atlético Clube	18	9	4	5	49	-	24	31
3. Rio Bananal Futebol Clube	18	9	4	5	26	-	23	31
4. Associação Jaguaré Esporte Clube	18	9	5	4	26	-	21	29
5. Sociedade Desportiva Serra Futebol Clube	18	9	2	7	37	-	33	29
6. Linhares Futebol Clube	18	8	5	5	34	-	23	29
7. Vilavelhense Futebol Clube	18	5	7	6	31	-	33	22
8. CER Associação Atlética São Mateus	18	4	3	11	20	-	29	15
9. Desportiva Capixaba Cariacica	18	4	2	12	20	-	56	14
10. Espírito Santo Futebol Clube (*Relegated*)	18	3	4	11	21	-	36	13

Top-4 qualified for the semi-finals.

Semi-Finals (15-23.05.2010)
Associação Jaguaré Esporte Clube - Vitória Futebol Clube   1-1(1-1)   2-2(0-1)
Rio Bananal Futebol Clube - Rio Branco Atlético Clube   1-2(1-1)   2-1(1-1)

Espirito Santo Championship Finals (29.05.-05.06.2010)
Rio Branco Atlético Clube - Vitória Futebol Clube   1-0(0-0)
Vitória Futebol Clube - Rio Branco Atlético Clube   0-0

Espirito Santo State Championship Winners 2010: **Rio Branco Atlético Clube**

Goias

Goias State Championship winners:
Amateur Era
1944: Atlético Clube Goianiense Goiânia; 1945: Goiânia Esporte Clube Goiânia; 1946: Goiânia Esporte Clube Goiânia; 1947: Atlético Clube Goianiense Goiânia; 1948: Goiânia Esporte Clube Goiânia; 1949: Atlético Clube Goianiense Goiânia; 1950: Goiânia Esporte Clube Goiânia; 1951: Goiânia Esporte Clube Goiânia; 1952: Goiânia Esporte Clube Goiânia; 1953: Goiânia Esporte Clube Goiânia; 1954: Goiânia Esporte Clube Goiânia; 1955: Atlético Clube Goianiense Goiânia; 1956: Goiânia Esporte Clube

Goiânia; 1957: Atlético Clube Goianiense Goiânia; 1958: Goiânia Esporte Clube Goiânia; 1959: Goiânia Esporte Clube Goiânia; 1960: Goiânia Esporte Clube Goiânia; 1961: Vila Nova Futebol Clube Goiânia; 1962: Vila Nova Futebol Clube Goiânia.

Professional Era
1963: Vila Nova Futebol Clube Goiânia; 1964: Atlético Clube Goianiense Goiânia; 1965: Anápolis Futebol Clube Anápolis; 1966: Goiás Esporte Clube Goiânia; 1967: Clube Recreativo Atlético Catalano (CRAC) Catalão; 1968: Goiânia Esporte Clube Goiânia; 1969: Vila Nova Futebol Clube Goiânia; 1970: Atlético Clube Goianiense Goiânia; 1971: Goiás Esporte Clube Goiânia; 1972: Goiás Esporte Clube Goiânia; 1973: Vila Nova Futebol Clube Goiânia; 1974: Goiânia Esporte Clube Goiânia; 1975: Goiás Esporte Clube Goiânia; 1976: Goiás Esporte Clube Goiânia; 1977: Vila Nova Futebol Clube Goiânia; 1978: Vila Nova Futebol Clube Goiânia; 1979: Vila Nova Futebol Clube Goiânia; 1980: Vila Nova Futebol Clube Goiânia; 1981: Goiás Esporte Clube Goiânia; 1982: Vila Nova Futebol Clube Goiânia; 1983: Goiás Esporte Clube Goiânia; 1984: Vila Nova Futebol Clube Goiânia; 1985: Atlético Clube Goianiense Goiânia; 1986: Goiás Esporte Clube Goiânia; 1987: Goiás Esporte Clube Goiânia; 1988: Atlético Clube Goianiense Goiânia; 1989: Goiás Esporte Clube Goiânia; 1990: Goiás Esporte Clube Goiânia; 1991: Goiás Esporte Clube Goiânia; 1992: Goiatuba Esporte Clube Goiatuba; 1993: Vila Nova Futebol Clube Goiânia; 1994: Goiás Esporte Clube Goiânia; 1995: Vila Nova Futebol Clube Goiânia; 1996: Goiás Esporte Clube Goiânia; 1997: Goiás Esporte Clube Goiânia; 1998: Goiás Esporte Clube Goiânia; 1999: Goiás Esporte Clube Goiânia; 2000: Goiás Esporte Clube Goiânia; 2001: Vila Nova Futebol Clube Goiânia; 2002: Goiás Esporte Clube Goiânia; 2003: Goiás Esporte Clube Goiânia; 2004: Clube Recreativo Atlético Catalano (CRAC) Catalão; 2005: Vila Nova Futebol Clube Goiânia; 2006: Goiás Esporte Clube Goiânia; 2007: Atlético Clube Goianiense Goiânia; 2008: Itumbiara Esporte Clube Itumbiara; 2009: Goiás Esporte Clube Goiânia; 2010: Atlético Clube Goianiense Goiânia.

Goias State Championship (Campeonato Goiano) 2010

First Stage

1. Atlético Clube Goianiense	18	9	4	5	46	-	30	31
2. Santa Helena Esporte Clube	18	8	6	4	30	-	22	30
3. Vila Nova Futebol Clube Goiânia	18	9	2	7	30	-	24	29
4. Goiás Esporte Clube Goiânia	18	8	4	6	31	-	25	28
5. Associação Atlética Anapolina	18	7	6	5	32	-	29	27
6. Clube Recreativo Atlético Catalano (CRAC) Catalão	18	7	5	6	25	-	30	26
7. Morrinhos Futebol Clube	18	4	7	4	27	-	31	19
8. Trindade Atlético Clube	18	4	7	7	24	-	30	19
9. Itumbiara Esporte Clube (*Relegated*)	18	3	9	6	22	-	25	18
10. Agremiação Esportiva Canedense Senador Canedo (*Relegated*)	18	4	4	10	25	-	46	16

Top-4 qualified for the semi-finals.

Semi-Finals (10-18.04.2010)

Vila Nova Futebol Clube Goiânia - Santa Helena Esporte Clube	1-3	2-4
Goiás Esporte Clube Goiânia - Atlético Clube Goianiense	0-0	2-4

Goias Championship Finals (25.04.-02.05.2010)

Atlético Clube Goianiense - Santa Helena Esporte Clube	4-0
Santa Helena Esporte Clube - Atlético Clube Goianiense	1-3

Goias State Championship Winners 2010: **Atlético Clube Goianiense Goiânia**

Maranhão

Maranhão State Championship winners:
1918: Sport Club Luso Brasileiro São Luís; 1919: Sport Club Luso Brasileiro São Luís; 1920: Football Athletic Club São Luís; 1921: Fênix Futebol Clube São Luís; 1922: Sport Club Luso Brasileiro São Luís; 1923: Sport Club Luso Brasileiro São Luís; 1924: Sport Club Luso Brasileiro São Luís; 1925: Sport Club Luso Brasileiro São Luís; 1926: Sport Club Luso Brasileiro São Luís; 1927: Sport Club Luso Brasileiro São Luís; 1928: Vasco da Gama Futebol Clube São Luís; 1929: *No competition*; 1930: Sport Club Sírio São Luís; 1931: *No competition*; 1932: Tupan Esporte Clube São Luís; 1933: Sampaio Corrêa Futebol Clube São Luís; 1934: Sampaio Corrêa Futebol Clube São Luís; 1935: Tupan Esporte Clube São Luís; 1936: *No competition*; 1937: Maranhão Atlético Clube São Luís; 1938: Tupan Esporte Clube São Luís; 1939: *No competition*; 1940: Sampaio Corrêa Futebol Clube São Luís; 1941: Maranhão Atlético Clube São Luís; 1942: Sampaio Corrêa Futebol Clube São Luís; 1943: Maranhão Atlético Clube São Luís; 1944: Moto Clube São Luís; 1945: Moto Clube São Luís; 1946: Moto Clube São Luís; 1947: Moto Clube São Luís; 1948: Moto Clube São Luís; 1949: Moto Clube São Luís; 1950: Moto Clube São Luís; 1951: Maranhão Atlético Clube São; 1952: Vitória do Mar Futebol Clube São Luís; 1953: Sampaio Corrêa Futebol Clube São Luís; 1954: Sampaio Corrêa Futebol Clube São Luís; 1955: Moto Clube São Luís; 1956: Sampaio Corrêa Futebol Clube São Luís; 1957: Ferroviário Esporte Clube São Luís; 1958: Ferroviário Esporte Clube São Luís; 1959: Moto Clube São Luís; 1960: Moto Clube São Luís; 1961: Sampaio Corrêa Futebol Clube São Luís; 1962: Sampaio Corrêa Futebol Clube São Luís; 1963: Maranhão Atlético Clube São Luís; 1964: Sampaio Corrêa Futebol Clube São Luís; 1965: Sampaio Corrêa Futebol Clube São Luís; 1966: Moto Clube São Luís; 1967: Moto Clube São Luís; 1968: Moto Clube São Luís; 1969: Maranhão Atlético Clube São Luís; 1970: Maranhão Atlético Clube São Luís; 1971: Ferroviário Esporte Clube São Luís; 1972: Sampaio Corrêa Futebol Clube São Luís; 1973: Ferroviário Esporte Clube São Luís; 1974: Moto Clube São Luís; 1975: Sampaio Corrêa Futebol Clube São Luís; 1976: Sampaio Corrêa Futebol Clube São Luís; 1977: Moto Clube São Luís; 1978: Sampaio Corrêa Futebol Clube São Luís; 1979: Maranhão Atlético Clube São Luís; 1980: Sampaio Corrêa Futebol Clube São Luís; 1981: Moto Clube São Luís; 1982: Moto Clube São Luís; 1983: Moto Clube São Luís; 1984: Sampaio Corrêa Futebol Clube São Luís; 1985: Sampaio Corrêa Futebol Clube São Luís; 1986: Sampaio Corrêa Futebol Clube São Luís; 1987: Sampaio Corrêa Futebol Clube São Luís; 1988: Sampaio Corrêa Futebol Clube São Luís; 1989: Moto Clube São Luís; 1990: Sampaio Corrêa Futebol Clube São Luís; 1991: Sampaio Corrêa Futebol Clube São Luís; 1992: Sampaio Corrêa Futebol Clube São Luís; 1993: Maranhão Atlético Clube São Luís; 1994: Maranhão Atlético Clube São Luís; 1995: Maranhão Atlético Clube São Luís; 1996: Bacabal Esporte Clube Bacabal; 1997: Sampaio Corrêa Futebol Clube São Luís; 1998: Sampaio Corrêa Futebol Clube São Luís; 1999: Maranhão Atlético Clube São Luís; 2000: Moto Clube São Luís; 2001: Moto Clube São Luís; 2002: Sampaio Corrêa Futebol Clube São Luís; 2003: Sampaio Corrêa Futebol Clube São Luís; 2004: Moto Clube São Luís; 2005: Sociedade Imperatriz de Desportos Imperatriz; 2006: Moto Clube São Luís; 2007: Maranhão Atlético Clube São Luís; 2008: Moto Clube São Luís; 2009: JV Lideral Esporte Clube Imperatriz; 2010: Sampaio Corrêa Futebol Clube São Luís.

Maranhão State Championship (Campeonato Maranhense) 2010

1.	**Sampaio Corrêa Futebol Clube São Luís**	16	11	2	3	33	-	14	35
2.	Santa Quitéria Futebol Clube	16	11	1	4	31	-	15	34
3.	Instituto de Administração de Projetos Educacionais (IAPE) Futebol Clube São Luís	16	9	2	5	28	-	16	29
4.	Maranhão Atlético Clube São Luís	16	9	2	5	27	-	16	29
5.	Sociedade Imperatriz de Desportos	16	8	3	5	22	-	18	27
6.	São José de Ribamar Esporte Clube	16	5	4	7	22	-	25	19
7.	Sociedade Esportiva Nacional Santa Inês	16	3	4	9	18	-	36	13
8.	Bacabal Esporte Clube	16	3	1	12	18	-	37	10
9.	Esporte Clube Viana	16	1	5	10	7	-	29	8

Maranhão State Championship Winners 2010: **Sampaio Corrêa Futebol Clube São Luís**

Mato Grosso

Mato Grosso State Championship winners:
1943: Mixto Esporte Clube; 1944: Americano Futebol Clube Cuiabá; 1945: Mixto Esporte Clube Cuiabá; 1946: Clube Atlético Matogrossense Cuiabá; 1947: Mixto Esporte Clube Cuiabá; 1948: Mixto Esporte Clube Cuiabá; 1949: Mixto Esporte Clube Cuiabá; 1950: Clube Atlético Matogrossense Cuiabá; 1951: Mixto Esporte Clube Cuiabá; 1952: Mixto Esporte Clube Cuiabá; 1953: Mixto Esporte Clube Cuiabá; 1954: Mixto Esporte Clube Cuiabá; 1955: Clube Atlético Matogrossense Cuiabá; 1956: Clube Atlético Matogrossense Cuiabá; 1957: Clube Atlético Matogrossense Cuiabá; 1958: Clube Esportivo Dom Bosco Cuiabá; 1959: Mixto Esporte Clube Cuiabá; 1960: Clube Esportivo Dom Bosco Cuiabá; 1961: Mixto Esporte Clube Cuiabá; 1962: Mixto Esporte Clube Cuiabá; 1963: Clube Esportivo Dom Bosco Cuiabá; 1964: Clube Esportivo Operário Várzea Grande; 1965: Mixto Esporte Clube Cuiabá; 1966: Clube Esportivo Dom Bosco Cuiabá; 1967: Clube Esportivo Operário Várzea Grande; 1968: Clube Esportivo Operário Várzea Grande; 1969: Mixto Esporte Clube Cuiabá; 1970: Mixto Esporte Clube Cuiabá; 1971: Clube Esportivo Dom Bosco Cuiabá; 1972: Clube Esportivo Operário Várzea Grande; 1973: Clube Esportivo Operário Várzea Grande; 1974: Operário Futebol Clube Campo Grande; 1975: Esporte Clube Comercial Campo Grande; 1976: Operário Futebol Clube Campo Grande; 1977: Operário Futebol Clube Campo Grande; 1978: Operário Futebol Clube Campo Grande; 1979: Mixto Esporte Clube Cuiabá; 1980: Mixto Esporte Clube Cuiabá; 1981: Mixto Esporte Clube Cuiabá; 1982: Mixto Esporte Clube Cuiabá; 1983: Clube Esportivo Operário Várzea Grande; 1984: Mixto Esporte Clube Cuiabá; 1985: Clube Esportivo Operário Várzea Grande; 1986: Clube Esportivo Operário Várzea Grande; 1987: Clube Esportivo Operário Várzea Grande; 1988: Mixto Esporte Clube Cuiabá; 1989: Mixto Esporte Clube Cuiabá; 1990: Sinop Futebol Clube Sinop; 1991: Clube Esportivo Dom Bosco Cuiabá; 1992: Sorriso Esporte Clube Sorriso; 1993: Sorriso Esporte Clube Sorriso; 1994: Clube Esportivo Operário Várzea Grande; 1995: Clube Esportivo Operário Várzea Grande; 1996: Mixto Esporte Clube Cuiabá; 1997: Clube Esportivo Operário Várzea Grande; 1998: Sinop Futebol Clube Sinop; 1999: Sinop Futebol Clube Sinop; 2000: Sociedade Esportiva e Recreativa Juventude Primavera do Leste; 2001: Sociedade Esportiva e Recreativa Juventude Primavera do Leste; 2002: Esporte Clube Operário Várzea Grande; 2003: Cuiabá Esporte Clube Cuiabá; 2004: Cuiabá Esporte Clube Cuiabá; 2005: Sociedade Esportiva Vila Aurora Rondonópolis; 2006: Esporte Clube Operário Várzea Grande; 2007: Cacerense Esporte Clube Cáceres; 2008: Mixto Esporte Clube Cuiabá; 2009: Luverdense Esporte Clube Lucas do Rio Verde; 2010: União Esporte Clube Rondonópolis.

Mato Grosso State Championship (Campeonato Mato-Grossense) 2010

First Stage
Top-4 from each group qualified for the quarter-finals.

Grupo A

1. Sorriso Esporte Clube	13	8	3	2	29 - 12	27
2. Luverdense Esporte Clube Lucas do Rio Verde	13	7	5	1	25 - 11	26
3. Clube Recreativo Atlético Campoverdense	13	7	1	5	26 - 14	22
4. Operário Futebol Clube Várzea Grande	13	6	4	3	23 - 10	22
5. Cuiabá Esporte Clube	13	6	3	4	27 - 15	21
6. Sinop Futebol Clube	13	5	4	4	21 - 12	19
7. Cacerense Esporte Clube (*Relegated*)	13	2	2	9	14 - 35	8
8. Cáceres Esporte Clube (*Relegated*)	13	0	0	13	9 - 65	0

Grupo B

1.	Sociedade Esportiva Vila Aurora Rondonópolis	12	6	5	1	23	- 12	23
2.	Barra do Garças Futebol Clube	12	6	3	3	24	- 15	21
3.	União Esporte Clube Rondonópolis	12	4	6	2	21	- 17	18
4.	Araguaia Atlético Clube	12	5	2	4	14	- 15	17
5.	Mixto Esporte Clube Cuiabá	12	2	5	4	15	- 21	11
6.	Palmeiras Esporte Clube Cuiabá (*Relegated*)	12	3	1	7	14	- 25	10
7.	Rondonópolis Esporte Clube (*Relegated*)	12	2	2	7	14	- 20	8

Quarter-Finals (04-11.04.2010)

Araguaia Atlético Clube - Sorriso Esporte Clube	5-1(3-1)	1-2(0-0)
Operário Futebol Clube Várzea Grande - Barra do Garças Futebol Clube	1-0(0-0)	2-1(0-0)
União Esporte Clube Rondonópolis - Luverdense EC Lucas do Rio Verde	3-2(2-1)	1-1(1-0)
Clube Recreativo Atlético Campoverdense - SE Vila Aurora Rondonópolis	0-1(0-1)	1-1(0-0)

Semi-Finals (14-21.04.2010)

Araguaia Atlético Clube - Operário Futebol Clube Várzea Grande	2-0(1-0)	0-5(0-4)
SE Vila Aurora Rondonópolis - União Esporte Clube Rondonópolis	0-1(0-0)	1-1(0-1)

Mato Grosso Championship Finals (13.-16.05.2010)

Operário Futebol Clube Várzea Grande - União Esporte Clube Rondonópolis	3-3(2-0)
União Esporte Clube Rondonópolis - Operário Futebol Clube Várzea Grande	3-2(3-0)

Mato Grosso State Championship Winners 2010: **União Esporte Clube Rondonópolis**

Mato Grosso do Sul

Mato Grosso do Sul State Championship winners:
1979: Operário Campo Grande; 1980: Operário Campo Grande; 1981: Operário Campo Grande; 1982: Comercial Campo Grande; 1983: Operário Campo Grande; 1984: Corumbaense Corumbá; 1985: Comercial Campo Grande; 1986: Operário Campo Grande; 1987: Comercial Campo Grande; 1988: Operário Campo Grande; 1989: Operário Campo Grande; 1990: Ubiratan Dourados; 1991: Operário Campo Grand; 1992: Nova Andradina Nova Andradina; 1993: Comercial Campo Grande; 1994: Comercial Campo Grande; 1995: Sociedade Esportiva e Recreativa Chapadão; 1996: Operário Campo Grande; 1997: Operário Campo Grande; 1998: Ubiratan Dourados; 1999: Ubiratan Dourados; 2000: Comercial Campo Grande; 2001: Comercial Campo Grande; 2002: CENE Campo Grande; 2003: Sociedade Esportiva e Recreativa Chapadão; 2004: CENE Campo Grande; 2005: CENE Campo Grande; 2006: Clube Atlético Coxim; 2007: Águia Negra Rio Brilhante; 2008: Ivinhema Futebol Clube; 2009: Clube Esportivo Naviraiense; 2010: Esporte Clube Comercial Campo Grande.

Mato Grosso do Sul State Championship (Campeonato Sul-Mato-Grossense) 2010

First Stage

Grupo A

1.	Clube Esportivo Naviraiense	16	11	5	0	36	- 12	38
2.	Esporte Clube Águia Negra Rio Brilhante	16	10	4	2	39	- 12	34
3.	Corumbaense Futebol Clube	16	9	2	5	38	- 28	29
4.	Itaporã Futebol Clube	16	8	3	5	28	- 17	27
5.	Ivinhema Futebol Clube	16	6	4	6	20	- 16	22
6.	Clube Recreativo Desportivo 7 de Setembro Dourados	16	4	5	7	21	- 32	17

7. Clube Atlético Mundo Novo	16	3	3	10	21	-	39	12
8. Pantanal Futebol Clube Corumbá (*Relegated*)	16	2	6	8	15	-	36	12
9. Clube Esportivo Guaicurus Campo Grande (*Relegated*)	16	2	2	12	10	-	36	8

Grupo B

1. Clube Esportivo Nova Esperança Jardim	16	10	2	4	34	-	16	32
2. Sociedade Esportiva e Recreativa Chapadão	16	10	2	4	27	-	14	32
3. Esporte Clube Comercial Campo Grande	16	8	4	4	31	-	17	28
4. Rio Verde Esporte Clube	16	7	5	4	21	-	20	26
5. Costa Rica Esporte Clube	16	7	4	5	25	-	22	25
6. MS/Saad Esporte Clube Campo Grande	16	7	2	7	24	-	27	23
7. Escolinha de Futebol Aquidauanense	16	3	6	7	23	-	29	15
8. Misto Esporte Clube Três Lagoas (*Relegated*)	16	3	3	10	26	-	39	12
9. Clube de Esportes União Campo Grande (*Relegated*)	16	2	2	12	14	-	41	8

Top-4 from each group qualified for the quarter-finals.

Quarter-Finals (01-13.05.2010)
Esporte Clube Comercial Campo Grande - EC Águia Negra Rio Brilhante   2-1   0-1
Corumbaense Futebol Clube - Sociedade Esportiva e Recreativa Chapadão   4-2   0-2
Rio Verde Esporte Clube - Clube Esportivo Naviraiense   2-1   0-1
Itaporã Futebol Clube - Clube Esportivo Nova Esperança Jardim   2-1   1-1

Semi-Finals (15-23.05.2010)
Esporte Clube Comercial Campo Grande - Itaporã Futebol Clube   1-0   0-0
Clube Esportivo Naviraiense - Sociedade Esportiva e Recreativa Chapadão 4-0   0-1

Mato Grosso do Sul Championship Finals (30.05.-05.06.2010)
Clube Esportivo Naviraiense - Esporte Clube Comercial Campo Grande   1-2(1-0)
Esporte Clube Comercial Campo Grande - Clube Esportivo Naviraiense   1-0(0-0)

Mato Grosso do Sul State Championship Winners 2010: **Esporte Clube Comercial Campo Grande**

Minas Gerais

Minas Gerais State Championship winners:

1915: Clube Atlético Mineiro Belo Horizonte; 1916: América Futebol Clube Belo Horizonte; 1917: América Futebol Clube Belo Horizonte; 1918: América Futebol Clube Belo Horizonte; 1919: América Futebol Clube Belo Horizonte; 1920: América Futebol Clube Belo Horizonte; 1921: América Futebol Clube Belo Horizonte; 1922: América Futebol Clube Belo Horizonte; 1923: América Futebol Clube Belo Horizonte; 1924: América Futebol Clube Belo Horizonte; 1925: América Futebol Clube Belo Horizonte; 1926: Clube Atlético Mineiro Belo Horizonte   [LMDT=Liga Mineira de Desportes Terrestres] / Sociedade Esportiva Palestra Itália Belo Horizonte [AMET=Associação Mineira de Esportes Terrestres]; 1927: Clube Atlético Mineiro Belo Horizonte; 1928: Sociedade Esportiva Palestra Itália Belo Horizonte; 1929: Sociedade Esportiva Palestra Itália Belo Horizonte; 1930: Sociedade Esportiva Palestra Itália Belo Horizonte; 1931: Clube Atlético Mineiro Belo Horizonte; 1932: Clube Atlético Mineiro Belo Horizonte [LMDT] / Villa Nova Atlético Clube Nova Lima [AMEG=Associação Mineira de Esportes Geraes]; 1933: Villa Nova Atlético Clube Nova Lima; 1934: Villa Nova Atlético Clube Nova Lima; 1935: Villa Nova Atlético Clube Nova Lima; 1936: Clube Atlético Mineiro Belo Horizonte; 1937: Esporte Clube Siderúrgica Sabará; 1938: Clube Atlético Mineiro Belo Horizonte; 1939: Clube Atlético Mineiro Belo Horizonte; 1940: Sociedade Esportiva Palestra Itália Belo

Horizonte; 1941: Clube Atlético Mineiro Belo Horizonte; 1942: Clube Atlético Mineiro Belo Horizonte; 1943: Cruzeiro Esporte Clube Belo Horizonte; 1944: Cruzeiro Esporte Clube Belo Horizonte; 1945: Cruzeiro Esporte Clube Belo Horizonte; 1946: Clube Atlético Mineiro Belo Horizonte; 1947: Clube Atlético Mineiro Belo Horizonte; 1948: América Futebol Clube Belo Horizonte; 1949: Clube Atlético Mineiro Belo Horizonte; 1950: Clube Atlético Mineiro Belo Horizonte; 1951: Villa Nova Atlético Clube Nova Lima; 1952: Clube Atlético Mineiro Belo Horizonte; 1953: Clube Atlético Mineiro Belo Horizonte; 1954: Clube Atlético Mineiro Belo Horizonte; 1955: Clube Atlético Mineiro Belo Horizonte; 1956: Clube Atlético Mineiro Belo Horizonte & Cruzeiro Esporte Clube Belo Horizonte (shared); 1957: América Futebol Clube Belo Horizonte; 1958: Clube Atlético Mineiro Belo Horizonte; 1959: Cruzeiro Esporte Clube Belo Horizonte; 1960: Cruzeiro Esporte Clube Belo Horizonte; 1961: Cruzeiro Esporte Clube Belo Horizonte; 1962: Clube Atlético Mineiro Belo Horizonte; 1963: Clube Atlético Mineiro Belo Horizonte; 1964: Esporte Clube Siderúrgica Sabará; 1965: Cruzeiro Esporte Clube Belo Horizonte; 1966: Cruzeiro Esporte Clube Belo Horizonte; 1967: Cruzeiro Esporte Clube Belo Horizonte; 1968: Cruzeiro Esporte Clube Belo Horizonte; 1969: Cruzeiro Esporte Clube Belo Horizonte; 1970: Clube Atlético Mineiro Belo Horizonte; 1971: América Futebol Clube Belo Horizonte; 1972: Cruzeiro Esporte Clube Belo Horizonte; 1973: Cruzeiro Esporte Clube Belo Horizonte; 1974: Cruzeiro Esporte Clube Belo Horizonte; 1975: Cruzeiro Esporte Clube Belo Horizonte; 1976: Clube Atlético Mineiro Belo Horizonte; 1977: Cruzeiro Esporte Clube Belo Horizonte; 1978: Clube Atlético Mineiro Belo Horizonte; 1979: Clube Atlético Mineiro Belo Horizonte; 1980: Clube Atlético Mineiro Belo Horizonte; 1981: Clube Atlético Mineiro Belo Horizonte; 1982: Clube Atlético Mineiro Belo Horizonte; 1983: Clube Atlético Mineiro Belo Horizonte; 1984: Cruzeiro Esporte Clube Belo Horizonte; 1985: Clube Atlético Mineiro Belo Horizonte; 1986: Clube Atlético Mineiro Belo Horizonte; 1987: Cruzeiro Esporte Clube Belo Horizonte; 1988: Clube Atlético Mineiro Belo Horizonte; 1989: Clube Atlético Mineiro Belo Horizonte; 1990: Cruzeiro Esporte Clube Belo Horizonte; 1991: Clube Atlético Mineiro Belo Horizonte; 1992: Cruzeiro Esporte Clube Belo Horizonte; 1993: América Futebol Clube Belo Horizonte; 1994: Cruzeiro Esporte Clube Belo Horizonte; 1995: Clube Atlético Mineiro Belo Horizonte; 1996: Cruzeiro Esporte Clube Belo Horizonte; 1997: Cruzeiro Esporte Clube Belo Horizonte; 1998: Cruzeiro Esporte Clube Belo Horizonte; 1999: Clube Atlético Mineiro Belo Horizonte; 2000: Cruzeiro Esporte Clube Belo Horizonte; 2001: América Futebol Clube Belo Horizonte; 2002: Associação Atlética Caldense Poços de Caldas; 2002: Cruzeiro Esporte Clube Belo Horizonte; 2003: Cruzeiro Esporte Clube Belo Horizonte; 2004: Cruzeiro Esporte Clube Belo Horizonte; 2005: Ipatinga Futebol Clube Ipatinga; 2006: Cruzeiro Esporte Clube Belo Horizonte; 2007: Clube Atlético Mineiro Belo Horizonte; 2008: Cruzeiro Esporte Clube Belo Horizonte; 2009: Cruzeiro Esporte Clube Belo Horizonte; 2010: Clube Atlético Mineiro Belo Horizonte.

Minas Gerais State Championship (Campeonato Mineiro) 2010

First Stage

1. Cruzeiro Esporte Clube Belo Horizonte	11	8	0	3	29	-	15	24
2. Esporte Clube Democrata Governador Valadares	11	7	2	2	22	-	13	23
3. Clube Atlético Mineiro Belo Horizonte	11	6	4	1	29	-	14	22
4. Tupi Football Club Juiz de Fora	11	7	0	4	21	-	14	21
5. Ipatinga Futebol Clube	11	6	3	2	21	-	11	21
6. América Futebol Clube Belo Horizonte	11	4	3	4	19	-	14	15
7. Villa Nova Atlético Clube Nova Lima	11	4	3	4	10	-	15	15
8. Uberaba Sport Club	11	4	3	4	14	-	21	15
9. Associação Atlética Caldense Poços de Caldas	11	2	4	5	12	-	22	10
10. América Futebol Clube Teófilo Otoni	11	1	4	6	12	-	16	7
11. Uberlândia Esporte Clube (*Relegated*)	11	1	2	8	13	-	27	5
12. Ituiutaba Esporte Clube (*Relegated*)	11	1	2	8	4	-	24	5

Top-8 qualified for the quarter-finals.

	Quarter-Finals (03-08.04. 2010)		
Ipatinga Futebol Clube - Tupi Football Club Juiz de Fora		2-1(0-1)	1-1(0-0)
Cruzeiro Esporte Clube Belo Horizonte - Uberaba Sport Club		2-2(1-1)	3-0(2-0)
América Futebol Clube Belo Horizonte - Clube Atlético Mineiro Belo Horizonte		3-3(2-3)	2-2(0-0)
Villa Nova Atlético Clube Nova Lima - EC Democrata Governador Valadares		2-4(2-2)	0-0

	Semi-Finals (10-18.04. 2010)		
Clube Atlético Mineiro Belo Horizonte - EC Democrata Governador Valadares		2-1(2-0)	0-0
Ipatinga Futebol Clube - Cruzeiro Esporte Clube Belo Horizonte		0-0	3-1(0-0)

	Minas Gerais Championship Finals (25.04.-02.05.2010)	
Ipatinga Futebol Clube - Clube Atlético Mineiro Belo Horizonte		2-3(1-1)
Clube Atlético Mineiro Belo Horizonte - Ipatinga Futebol Clube		2-0(0-0)

<u>Minas Gerais State Championship Winners 2010</u>: **Clube Atlético Mineiro Belo Horizonte**

Pará

Para State Championship winners:
1908: Sociedade Athlética União Sportiva Belém; 1909: *No competition*; 1910: Sociedade Athlética União Sportiva Belém; 1911: *No competition*; 1912: *No competition*; 1913: Clube do Remo Belém; 1914: Clube do Remo Belém; 1915: Clube do Remo Belém; 1916:Clube do Remo Belém; 1917:Clube do Remo Belém; 1918:Clube do Remo Belém; 1919: Clube do Remo Belém; 1920: Paysandu Sport Club Belém; 1921: Paysandu Sport Club Belém; 1922: Paysandu Sport Club Belém; 1923: Paysandu Sport Club Belém; 1924: Clube do Remo Belém; 1925: Clube do Remo Belém; 1926: Clube do Remo Belém; 1927: Paysandu Sport Club Belém; 1928: Paysandu Sport Club Belém; 1929: Paysandu Sport Club Belém; 1930: Clube do Remo Belém; 1931: Paysandu Sport Club Belém; 1932: Paysandu Sport Club Belém; 1933: Clube do Remo Belém; 1934: Paysandu Sport Club Belém; 1935: *No competition*; 1936: Clube do Remo Belém; 1937: Tuna Luso Brasileira Belém; 1938: Tuna Luso Brasileira Belém; 1939: Paysandu Sport Club Belém; 1940: Clube do Remo Belém; 1941: Tuna Luso Brasileira Belém; 1942: Paysandu Sport Club Belém; 1943: Paysandu Sport Club Belém; 1944: Paysandu Sport Club Belém; 1945: Paysandu Sport Club Belém; 1946: *No competition*; 1947: Paysandu Sport Club Belém; 1948: Tuna Luso Brasileira Belém; 1949: Clube do Remo Belém; 1950: Clube do Remo Belém; 1951: Tuna Luso Brasileira Belém; 1952: Clube do Remo Belém; 1953: Clube do Remo Belém; 1954: Clube do Remo Belém; 1955: Tuna Luso Brasileira Belém; 1956: Paysandu Sport Club Belém; 1957: Paysandu Sport Club Belém; 1958: Tuna Luso Brasileira Belém; 1959: Paysandu Sport Club Belém; 1960: Clube do Remo Belém; 1961: Paysandu Sport Club Belém; 1962: Paysandu Sport Club Belém; 1963: Paysandu Sport Club Belém; 1964: Clube do Remo Belém; 1965: Paysandu Sport Club Belém; 1966: Paysandu Sport Club Belém; 1967: Paysandu Sport Club Belém; 1968: Clube do Remo Belém; 1969: Paysandu Sport Club Belém; 1970: Tuna Luso Brasileira Belém; 1971: Paysandu Sport Club Belém; 1972: Paysandu Sport Club Belém; 1973: Clube do Remo Belém; 1974: Clube do Remo Belém; 1975: Clube do Remo Belém; 1976: Paysandu Sport Club Belém; 1977: Clube do Remo Belém; 1978: Clube do Remo Belém; 1979: Clube do Remo Belém; 1980: Paysandu Sport Club Belém; 1981: Paysandu Sport Club Belém; 1982: Paysandu Sport Club Belém; 1983: Tuna Luso Brasileira Belém; 1984: Paysandu Sport Club Belém; 1985: Paysandu Sport Club Belém; 1986: Clube do Remo Belém; 1987: Paysandu Sport Club Belém; 1988: Tuna Luso Brasileira Belém; 1989: Clube do Remo Belém; 1990: Clube do Remo Belém; 1991: Clube do Remo Belém; 1992: Paysandu Sport Club Belém; 1993: Clube do Remo Belém; 1994: Clube do Remo Belém; 1995: Clube do Remo Belém; 1996: Clube do Remo Belém; 1997: Clube do Remo Belém; 1998: Paysandu Sport Club Belém; 1999: Clube do Remo Belém; 2000: Paysandu Sport Club Belém; 2001: Paysandu Sport Club Belém; 2002: Paysandu Sport Club Belém; 2003: Clube do Remo Belém; 2004: Clube do Remo Belém; 2005: Paysandu Sport Club

Belém; 2006: Paysandu Sport Club Belém; 2007: Clube do Remo Belém; 2008: Clube do Remo Belém; 2009: Paysandu Sport Club Belém; 2010: Paysandu Sport Club Belém.

Pará State Championship (Campeonato Paraense) 2010

First Stage

First Phase

1. Cametá Sport Club	9	6	3	0	21 - 5	21
2. Clube Municipal Ananindeua	9	5	1	3	15 - 14	16
3. Santa Rosa Esporte Clube	9	4	4	1	14 - 9	16
4. Independente Atlético Clube Tucuruí	9	4	3	2	12 - 9	15
5. Tuna Luso Brasileira Belém	9	4	2	3	11 - 6	14
6. Castanhal Esporte Clube	9	4	1	4	13 - 7	13
7. Sport Club Belém	9	3	1	5	10 - 12	10
8. Time Negra Carajás Clube Belém	9	3	1	5	5 - 11	10
9. Clube Atlétivo Vila Rica Belém (*Relegated*)	9	3	0	6	9 - 19	9
10. Bragantino Club do Pará Bragança (*Relegated*)	9	0	2	7	5 - 23	2

Top-4 qualified for the second stage.

Second Phase

1. Clube do Remo Belém	7	5	2	0	21 - 9	17
2. Independente Atlético Clube Tucuruí	7	4	1	2	15 - 11	13
3. Paysandu Sport Club Belém	7	4	1	2	10 - 9	10
4. São Raimundo Esporte Clube Santarém	7	2	2	4	8 - 9	8
5. Santa Rosa Esporte Clube	7	2	2	3	5 - 9	8
6. Cametá Sport Club	7	1	4	2	6 - 7	7
7. Clube Municipal Ananindeua	7	2	0	5	10 - 20	6
8. Águia de Marabá Futebol Clube	7	1	3	3	15 - 16	6

Top-4 qualified for the semi-finals.

First Stage Semi-Finals (06-07.03.2010)

Independente Atlético Clube Tucuruí - Paysandu Sport Club Belém   1-2
Clube do Remo Belém - São Raimundo Esporte Clube Santarém   2-2

First Stage Final (14-21.03.2010)

Paysandu Sport Club Belém - Clube do Remo Belém   4-2(3-1)
Clube do Remo Belém - Paysandu Sport Club Belém   3-3(2-2)
Paysandu Sport Club Belém qualified for the State Championship Final.

Second Stage

1. Águia de Marabá Futebol Clube	7	5	1	1	10 - 9	16
2. Clube do Remo Belém	7	4	2	1	14 - 11	14
3. Paysandu Sport Club Belém	7	4	1	2	20 - 11	13
4. Cametá Sport Club	7	4	1	2	15 - 10	13
5. São Raimundo Esporte Clube Santarém	7	2	2	3	10 - 13	8
6. Independente Atlético Clube Tucuruí	7	1	4	2	13 - 15	7
7. Clube Municipal Ananindeua	7	2	0	5	12 - 17	6
8. Santa Rosa Esporte Clube	7	0	1	6	8 - 16	1

Top-4 qualified for the semi-finals.

Second Stage Semi-Finals (08-09.05.2010)
Clube do Remo Belém - Paysandu Sport Club Belém 2-2
Águia de Marabá Futebol Clube - Cametá Sport Club 2-0

Second Stage Final (16-23.05.2010)
Clube do Remo Belém - Águia de Marabá Futebol Clube 2-1(0-0)
Águia de Marabá Futebol Clube - Clube do Remo Belém 2-0(1-0)
Águia de Marabá Futebol Clube qualified for the State Championship Final.

Pará Championship Finals (30.05.-06.06.2010)
Águia de Marabá Futebol Clube - Paysandu Sport Club Belém 1-0(0-0)
Paysandu Sport Club Belém - Águia de Marabá Futebol Clube 3-1(1-1)

Pará State Championship Winners 2010: **Paysandu Sport Club Belém**

Paraíba

Paraíba State Championship winners:
[*Liga Desportiva Parahybana*] 1919: Palmeiras Sport Club João Pessoa; 1920: Esporte Clube Cabo Branco João Pessoa; 1921: Palmeiras Sport Club João Pessoa; 1922: Pytaguares Futebol Clube João Pessoa; 1923: América Football Club João Pessoa; 1924: Esporte Clube Cabo Branco João Pessoa; 1925: América Football Club João Pessoa; 1926: Esporte Clube Cabo Branco João Pessoa; 1927: Esporte Clube Cabo Branco João Pessoa; 1928: Palmeiras Sport Club João Pessoa; 1929: Esporte Clube Cabo Branco João Pessoa; 1930: *No competition*; 1931: Esporte Clube Cabo Branco João Pessoa; 1932: Esporte Clube Cabo Branco João Pessoa; 1933: Palmeiras Sport Club João Pessoa; 1934: Esporte Clube Cabo Branco João Pessoa; 1935: Palmeiras Sport Club João Pessoa; 1936: Botafogo Futebol Clube João Pessoa; 1937: Botafogo Futebol Clube João Pessoa; 1938: Botafogo Futebol Clube João Pessoa; 1939: Auto Esporte Clube João Pessoa; 1940: Treze Futebol Clube Campina Grande.
[*Federação Desportiva de Football*] 1941: Treze Futebol Clube Campina Grande; 1942: Clube Ástrea João Pessoa; 1943: Clube Ástrea João Pessoa; 1944: Botafogo Futebol Clube João Pessoa; 1945: Botafogo Futebol Clube João Pessoa; 1946: Felipéia Esporte Clube João Pessoa.
[*Federação Paraíbana de Futebol*] 1947: Botafogo Futebol Clube João Pessoa; 1948: Botafogo Futebol Clube João Pessoa; 1949: Botafogo Futebol Clube João Pessoa; 1950: Treze Futebol Clube Campina Grande; 1951: *No competition*; 1952: Red Cross Football Club João Pessoa; 1953: Botafogo Futebol Clube João Pessoa; 1954: Botafogo Futebol Clube João Pessoa; 1955: Botafogo Futebol Clube João Pessoa; 1956: Auto Esporte Clube João Pessoa; 1957: Botafogo Futebol Clube João Pessoa; 1958: Auto Esporte Clube João Pessoa; 1959: Estrela do Mar Esporte Clube João Pessoa; 1960: Campinense Clube Campina Grande; 1961: Campinense Clube Campina Grande; 1962: Campinense Clube Campina Grande; 1963: Campinense Clube Campina Grande; 1964: Campinense Clube Campina Grande; 1965: Campinense Clube Campina Grande; 1966: Treze Futebol Clube Campina Grande; 1967: Campinense Clube Campina Grande; 1968: Botafogo Futebol Clube João Pessoa; 1969: Botafogo Futebol Clube João Pessoa; 1970: Botafogo Futebol Clube João Pessoa; 1971: Campinense Clube Campina Grande; 1972: Campinense Clube Campina Grande; 1973: Campinense Clube Campina Grande; 1974: Campinense Clube Campina Grande; 1975: Treze Futebol Clube Campina Grande / Botafogo Futebol Clube João Pessoa; 1976: Botafogo Futebol Clube João Pessoa; 1977: Botafogo Futebol Clube João Pessoa; 1978: Botafogo Futebol Clube João Pessoa; 1979: Campinense Clube Campina Grande; 1980: Campinense Clube Campina Grande; 1981: Treze Futebol Clube Campina Grande; 1982: Treze Futebol Clube Campina Grande; 1983: Treze Futebol Clube Campina Grande; 1984: Botafogo Futebol Clube João Pessoa; 1985: *No competition*; 1986: Botafogo Futebol Clube João Pessoa; 1987: Auto Esporte Clube João Pessoa; 1988: Botafogo Futebol Clube João Pessoa; 1989: Treze Futebol Clube Campina Grande; 1990: Auto Esporte Clube João Pessoa; 1991: Campinense Clube Campina Grande; 1992: Auto Esporte Clube João Pessoa; 1993: Campinense Clube Campina Grande; 1994: Sousa Esporte Clube; 1995: Santa Cruz Recreativo Esporte Clube Santa Rita; 1996: Santa Cruz Recreativo Esporte Clube

Santa Rita; 1997: Confiança Esporte Clube Sapé; 1998: Botafogo Futebol Clube João Pessoa; 1999: Botafogo Futebol Clube João Pessoa; 2000: Treze Futebol Clube Campina Grande; 2001: Treze Futebol Clube Campina Grande; 2002: Atlético Cajazeirense de Desportos Cajazeiras; 2003: Botafogo Futebol Clube João Pessoa; 2004: Campinense Clube Campina Grande; 2005: Treze Futebol Clube Campina Grande; 2006: Treze Futebol Clube Campina Grande; 2007: Nacional Atlético Clube Patos; 2008: Campinense Clube Campina Grande; 2009: Sousa Esporte Clube; 2010: Treze Futebol Clube Campina Grande.

Paraíba State Championship (Campeonato Paraibano) 2010

First Stage

1. Treze Futebol Clube Campina Grande	18	12	5	1	35 - 13	41
2. Campinense Clube Campina Grande	18	9	7	2	28 - 18	34
3. Botafogo Futebol Clube João Pessoa	18	8	5	5	34 - 15	29
4. Sousa Esporte Clube	18	8	5	5	31 - 22	29
5. Nacional Atlético Clube Patos	18	7	6	5	29 - 23	27
6. Esporte Clube de Patos	18	6	3	9	28 - 32	21
7. Associação Desportiva Guarabira	18	5	5	8	17 - 22	20
8. Auto Esporte Clube João Pessoa	18	5	3	10	25 - 33	18
9. Atlético Cajazeirense de Futebol (*Relegated*)	18	3	6	9	20 - 33	15
10. Sociedade Esportiva Queimadense (*Relegated*)	18	4	1	13	13 - 49	13

Top-4 qualified for the second stage.

Second Stage

1. Treze Futebol Clube Campina Grande	6	4	1	1	12 - 4	13
2. Botafogo Futebol Clube João Pessoa	6	3	2	1	10 - 6	11
3. Campinense Clube Campina Grande	6	2	1	3	6 - 10	7
4. Sousa Esporte Clube	6	1	0	5	6 - 14	3

Paraíba State Championship Winners 2010: **Treze Futebol Clube Campina Grande**

Paraná

Paraná State Championship winners:
1915: Internacional Futebol Clube Curitiba; 1916: Coritiba Foot Ball Club; 1917: América Futebol Clube Curitiba; 1918: Britânia Sport Club Curitiba; 1919: Britânia Sport Club Curitiba; 1920: Britânia Sport Club Curitiba; 1921: Britânia Sport Club Curitiba; 1922: Britânia Sport Club Curitiba; 1923: Britânia Sport Club Curitiba; 1924: Palestra Itália Futebol Clube Curitiba; 1925: Clube Atlético Paranaense Curitiba; 1926: Palestra Itália Futebol Clube Curitiba; 1927: Coritiba Foot Ball Club; 1928: Britânia Sport Club Curitiba; 1929: Clube Atlético Paranaense Curitiba; 1930: Clube Atlético Paranaense Curitiba; 1931: Coritiba Foot Ball Club; 1932: Palestra Itália Futebol Clube Curitiba; 1933: Coritiba Foot Ball Club; 1934: Clube Atlético Paranaense Curitiba; 1935: Coritiba Foot Ball Club; 1936: Clube Atlético Paranaense Curitiba; 1937: Clube Atlético Ferroviário Curitiba; 1938: Clube Atlético Ferroviário Curitiba; 1939: Coritiba Foot Ball Club; 1940: Clube Atlético Paranaense Curitiba; 1941: Coritiba Foot Ball Club; 1942: Coritiba Foot Ball Club; 1943: Clube Atlético Paranaense Curitiba; 1944: Clube Atlético Ferroviário Curitiba; 1945: Clube Atlético Paranaense Curitiba; 1946: Coritiba Foot Ball Club; 1947: Coritiba Foot Ball Club; 1948: Clube Atlético Ferroviário Curitiba; 1949: Clube Atlético Paranaense Curitiba; 1950: Clube Atlético Ferroviário Curitiba; 1951: Coritiba Foot Ball Club; 1952: Coritiba Foot Ball Club; 1953: Clube Atlético Ferroviário Curitiba; 1954: Coritiba Foot Ball Club; 1955: Clube Atlético Monte Alegre Telêmaco Borba; 1956: Coritiba Foot Ball

Club; 1957: Coritiba Foot Ball Club; 1958: Clube Atlético Paranaense Curitiba; 1959: Coritiba Foot Ball Club; 1960: Coritiba Foot Ball Club; 1961: Esporte Clube Comercial Cornélio Procópio; 1962: Londrina de Futebol e Regatas Londrina; 1963: Grêmio de Esportes Maringá; 1964: Grêmio de Esportes Maringá; 1965: Clube Atlético Ferroviário Curitiba; 1966: Clube Atlético Ferroviário Curitiba; 1967: Esporte Clube Água Verde Curitiba; 1968: Coritiba Foot Ball Club; 1969: Coritiba Foot Ball Club; 1970: Clube Atlético Paranaense Curitiba; 1971: Coritiba Foot Ball Club; 1972: Coritiba Foot Ball Club; 1973: Coritiba Foot Ball Club; 1974: Coritiba Foot Ball Club; 1975: Coritiba Foot Ball Club; 1976: Coritiba Foot Ball Club; 1977: Grêmio de Esportes Maringá; 1978: Coritiba Foot Ball Club; 1979: Coritiba Foot Ball Club; 1980: Colorado Esporte Clube Curitiba / Cascavel Esporte Clube Cascavel; 1981: Londrina Esporte Clube Londrina; 1982: Clube Atlético Paranaense Curitiba; 1983: Clube Atlético Paranaense Curitiba; 1984: Esporte Clube Pinheiros Curitiba; 1985: Clube Atlético Paranaense Curitiba; 1986: Coritiba Foot Ball Club; 1987: Esporte Clube Pinheiros Curitiba; 1988: Clube Atlético Paranaense Curitiba; 1989: Coritiba Foot Ball Club; 1990: Clube Atlético Paranaense Curitiba; 1991: Paraná Clube Curitiba; 1992: Londrina Esporte Clube Londrina; 1993: Paraná Clube Curitiba; 1994: Paraná Clube Curitiba; 1995: Paraná Clube Curitiba; 1996: Paraná Clube Curitiba; 1997: Paraná Clube Curitiba; 1998: Clube Atlético Paranaense Curitiba; 1999: Coritiba Foot Ball Club; 2000: Clube Atlético Paranaense Curitiba; 2001: Clube Atlético Paranaense Curitiba; 2002: Iraty Sport Club Irati; 2002: Clube Atlético Paranaense Curitiba; 2003: Coritiba Foot Ball Club; 2004: Coritiba Foot Ball Club; 2005: Clube Atlético Paranaense Curitiba; 2006: Paraná Clube Curitiba; 2007: Atlético Clube Paranavaí; 2008: Coritiba Foot Ball Club; 2009: Clube Atlético Paranaense Curitiba; 2010: Coritiba Foot Ball Club.

Paraná State Championship (Campeonato Paranaense) 2010

First Stage

1. Coritiba Foot Ball Club	13	8	4	1	26	-	10	28
2. Clube Atlético Paranaense Curitiba	13	7	4	2	28	-	8	25
3. Iraty Sport Club	13	7	3	3	22	-	13	24
4. Paraná Clube Curitiba	13	6	5	2	16	-	8	23
5. Operário Ferroviário Esporte Clube Ponta Grossa	13	6	2	5	16	-	13	20
6. Atlético Clube Paranavaí	13	6	2	5	21	-	23	20
7. Cascavel Clube Recreativo	13	5	5	3	19	-	14	20
8. Sport Club Corinthians Paranaense	13	5	4	4	16	-	18	19
9. Cianorte Futebol Clube	13	5	2	6	16	-	17	17
10. Rio Branco Sport Club Paranaguá	13	4	3	6	16	-	25	15
11. Toledo Colônia Work (*Relegated*)	13	3	6	4	18	-	17	15
12. Serrano Centro-Sul Esporte Clube Prudentópolis (*Relegated*)	13	3	2	8	10	-	23	11
13. Nacional Atlético Clube Rolândia (*Relegated*)	13	1	4	8	9	-	23	7
14. Associação Esportiva Recreativa Engenheiro Beltrão (*Relegated*)	13	1	2	10	11	-	32	5

Top-8 qualified for the second stage.

Second Stage

1. Coritiba Foot Ball Club	7	7	0	0	16 - 4	23
2. Clube Atlético Paranaense Curitiba	7	5	1	1	14 - 5	17
3. Iraty Sport Club	7	3	3	1	11 - 7	12
4. Paraná Clube Curitiba	7	3	2	2	10 - 6	11
5. Operário Ferroviário Esporte Clube Ponta Grossa	7	1	3	3	8 - 12	6
6. Atlético Clube Paranavaí	7	1	2	4	6 - 13	5
7. Cascavel Clube Recreativo	7	1	1	5	10 - 18	4
8. Sport Club Corinthians Paranaense	7	0	2	5	7 - 17	2

Paraná State Championship Winners 2010: **Coritiba Foot Ball Club**

Pernambuco

Pernambuco State Championship winners:
1915: Esporte Clube Flamengo Recife; 1916: Sport Club do Recife; 1917: Sport Club do Recife; 1918: América Futebol Clube Recife; 1919: América Futebol Clube Recife; 1920: Sport Club do Recife; 1921: América Futebol Clube Recife; 1922: América Futebol Clube Recife; 1923: Sport Club do Recife; 1924: Sport Club do Recife; 1925: Sport Club do Recife; 1926: Torre Sport Club Recife; 1927: América Futebol Clube Recife; 1928: Sport Club do Recife; 1929: Torre Sport Club Recife; 1930: Torre Sport Club Recife; 1931: Santa Cruz Futebol Clube Recife; 1932: Santa Cruz Futebol Clube Recife; 1933: Santa Cruz Futebol Clube Recife; 1934: Clube Náutico Capibaribe Recife; 1935: Santa Cruz Futebol Clube Recife; 1936: Tramways Sport Club Recife; 1937: Tramways Sport Club Recife; 1938: Sport Club do Recife; 1939: Clube Náutico Capibaribe Recife; 1940: Santa Cruz Futebol Clube Recife; 1941: Sport Club do Recife; 1942: Sport Club do Recife; 1943: Sport Club do Recife; 1944: América Futebol Clube Recife; 1945: Clube Náutico Capibaribe Recife; 1946: Santa Cruz Futebol Clube Recife; 1947: Santa Cruz Futebol Clube Recife; 1948: Sport Club do Recife; 1949: Sport Club do Recife; 1950: Clube Náutico Capibaribe Recife; 1951: Clube Náutico Capibaribe Recife; 1952: Clube Náutico Capibaribe Recife; 1953: Sport Club do Recife; 1954: Clube Náutico Capibaribe Recife; 1955: Sport Club do Recife; 1956: Sport Club do Recife; 1957: Santa Cruz Futebol Clube Recife; 1958: Sport Club do Recife; 1959: Santa Cruz Futebol Clube Recife; 1960: Clube Náutico Capibaribe Recife; 1961: Sport Club do Recife; 1962: Sport Club do Recife; 1963: Clube Náutico Capibaribe Recife; 1964: Clube Náutico Capibaribe Recife; 1965: Clube Náutico Capibaribe Recife; 1966: Clube Náutico Capibaribe Recife; 1967: Clube Náutico Capibaribe Recife; 1968: Clube Náutico Capibaribe Recife; 1969: Santa Cruz Futebol Clube Recife; 1970: Santa Cruz Futebol Clube Recife; 1971: Santa Cruz Futebol Clube Recife; 1972: Santa Cruz Futebol Clube Recife; 1973: Santa Cruz Futebol Clube Recife; 1974: Clube Náutico Capibaribe Recife; 1975: Sport Club do Recife; 1976: Santa Cruz Futebol Clube Recife; 1977: Sport Club do Recife; 1978: Santa Cruz Futebol Clube Recife; 1979: Santa Cruz Futebol Clube Recife; 1980: Sport Club do Recife; 1981: Sport Club do Recife; 1982: Sport Club do Recife; 1983: Santa Cruz Futebol Clube Recife; 1984: Clube Náutico Capibaribe Recife; 1985: Clube Náutico Capibaribe Recife; 1986: Santa Cruz Futebol Clube Recife; 1987: Santa Cruz Futebol Clube Recife; 1988: Sport Club do Recife; 1989: Clube Náutico Capibaribe Recife; 1990: Santa Cruz Futebol Clube Recife; 1991: Sport Club do Recife; 1992: Sport Club do Recife; 1993: Santa Cruz Futebol Clube Recife; 1994: Sport Club do Recife; 1995: Santa Cruz Futebol Clube Recife; 1996: Sport Club do Recife; 1997: Sport Club do Recife; 1998: Sport Club do Recife; 1999: Sport Club do Recife; 2000: Sport Club do Recife; 2001: Clube Náutico Capibaribe Recife; 2002: Clube Náutico Capibaribe Recife; 2003: Sport Club do Recife; 2004: Clube Náutico Capibaribe Recife; 2005: Santa Cruz Futebol Clube Recife; 2006: Sport Club do Recife; 2007: Sport Club do Recife; 2008: Sport Club do Recife; 2009: Sport Club do Recife; 2010: Sport Club do Recife.

Pernambuco State Championship (Campeonato Pernambucano) 2010

1. Sport Club do Recife	22	15	6	1	47	-	18	51
2. Clube Náutico Capibaribe Recife	22	13	4	5	43	-	27	43
3. Santa Cruz Futebol Clube Recife	22	12	4	6	42	-	29	40
4. Central Sport Club Caruaru	22	10	4	8	23	-	28	34
5. Associação Desportiva Cabense	22	10	2	10	26	-	27	32
6. Clube Atlético do Porto Caruaru	22	9	2	11	31	-	40	29
7. Sociedade Esportiva Ypiranga Futebol Clube	22	7	7	8	34	-	30	28
8. Salgueiro Atlético Clube	22	8	2	12	32	-	33	26
9. Associação Acadêmica e Desportiva Vitória das Tabocas	22	6	6	10	31	-	42	24
10. Araripina Futebol Clube	22	7	4	11	28	-	35	22
11. Vera Cruz Futebol Clube Vitória de Santo Antão (*Relegated*)	22	4	8	10	27	-	34	20
12. Sete de Setembro Esporte Clube Garahuns (*Relegated*)	22	3	7	12	22	-	43	16

Top-4 qualified for the semi-finals.

Semi-Finals (25-28.04.2010)
Central Sport Club Caruaru - Sport Club do Recife   0-3(0-1)   0-1(0-0)
Santa Cruz Futebol Clube Recife - Clube Náutico Capibaribe Recife   0-0   0-1(0-0)

Final (02-05.05.2010)
Clube Náutico Capibaribe Recife - Sport Club do Recife   3-2(2-0)
Sport Club do Recife - Clube Náutico Capibaribe Recife   1-0(1-0)

<u>Pernambuco State Championship Winners 2010</u>: **Sport Club do Recife**

Piauí

Piauí State Championship winners:
1941: Botafogo Esporte Clube Teresina; 1942: Esporte Clube Flamengo Teresina; 1943: Esporte Clube Flamengo Teresina; 1944: Esporte Clube Flamengo Teresina; 1945: Botafogo Esporte Clube Teresina; 1946: Botafogo Esporte Clube Teresina; 1947: Esporte Clube Flamengo Teresina; 1948: River Atlético Clube Teresina; 1949: Botafogo Esporte Clube Teresina; 1950: River Atlético Clube Teresina; 1951: River Atlético Clube Teresina; 1952: River Atlético Clube Teresina; 1953: River Atlético Clube Teresina; 1954: River Atlético Clube Teresina; 1955: River Atlético Clube Teresina; 1956: River Atlético Clube Teresina; 1957: Botafogo Esporte Clube Teresina; 1958: River Atlético Clube Teresina; 1959: River Atlético Clube Teresina; 1960: River Atlético Clube Teresina; 1961: River Atlético Clube Teresina; 1962: River Atlético Clube Teresina; 1963: River Atlético Clube Teresina; 1964: Esporte Clube Flamengo Teresina; 1965: Esporte Clube Flamengo Teresina; 1966: Piauí Esporte Clube Teresina; 1967: Piauí Esporte Clube Teresina; 1968: Piauí Esporte Clube Teresina; 1969: Piauí Esporte Clube Teresina; 1970: Esporte Clube Flamengo Teresina; 1971: Esporte Clube Flamengo Teresina; 1972: Tiradentes; 1973: River Atlético Clube Teresina; 1974: Tiradentes; 1975: River Atlético Clube Teresina & Tiradentes [shared]; 1976: Esporte Clube Flamengo Teresina; 1977: River Atlético Clube Teresina; 1978: River Atlético Clube Teresina; 1979: Esporte Clube Flamengo Teresina; 1980: River Atlético Clube Teresina; 1981: River Atlético Clube Teresina; 1982: Tiradentes; 1983: Auto Esporte Clube Teresina; 1984: Esporte Clube Flamengo Teresina; 1985: Piauí Esporte Clube Teresina; 1986: Esporte Clube Flamengo Teresina; 1987: Esporte Clube Flamengo Teresina; 1988: Esporte Clube Flamengo Teresina; 1989: River Atlético Clube Teresina; 1990: Tiradentes; 1991: Sociedade Esportiva de Picos; 1992: 4 de Julho Esporte Clube Piripiri; 1993: 4 de Julho Esporte Clube Piripiri; 1994: Sociedade Esportiva de Picos; 1995: Associação Atlética Cori-Sabbá Floriano; 1996: River Atlético

Clube Teresina; 1997: Sociedade Esportiva de Picos; 1998: Sociedade Esportiva de Picos; 1999: River Atlético Clube Teresina; 2000: River Atlético Clube Teresina; 2001: River Atlético Clube Teresina; 2002: River Atlético Clube Teresina; 2003: Esporte Clube Flamengo Teresina; 2004: Parnahyba Sport Club; 2005: Parnahyba Sport Club; 2006: Parnahyba Sport Club; 2007: River Atlético Clube Teresina; 2008: Barras Futebol Clube; 2009: Esporte Clube Flamengo Teresina; 2010: Comercial Atlético Clube Campo Maior.

Piauí State Championship (Campeonato Piauiense) 2010

First Stage

1. Barras Futebol Clube	8	5	3	0	12	-	3	18
2. Comercial Atlético Clube Campo Maior	8	4	2	2	14	-	8	14
3. 4 de Julho Esporte Clube Piripiri	8	3	4	1	9	-	7	13
4. Parnahyba Sport Club	8	3	3	2	13	-	12	12
5. River Atlético Clube Teresina	8	3	3	2	12	-	11	12
6. Piauí Esporte Clube Teresina	8	3	0	5	13	-	17	9
7. Sociedade Esportiva de Picos	8	2	3	3	10	-	12	9
8. Esporte Clube Flamengo Teresina	8	1	4	3	8	-	10	7
9. Associação Atlética Cori-Sabbá Floriano	8	0	2	6	4	-	15	2

Top-4 qualified for the semi-finals.

Semi-Finals (07-12.04.2010)

Parnahyba Sport Club - Barras Futebol Clube	0-1(0-0)	2-1 aet
4 de Julho Esporte Clube Piripiri - Comercial Atlético Clube Campo Maior	1-1(1-0)	0-1(0-1)

First Stage Final (15-17.04.2010)

Comercial Atlético Clube Campo Maior - Barras Futebol Clube   2-0(1-0)   3-2(0-2)
Comercial Atlético Clube Campo Maior qualified for the State Championship Final.

Second Stage

1. Esporte Clube Flamengo Teresina	8	4	3	1	16	-	8	15
2. Comercial Atlético Clube Campo Maior	8	4	3	1	14	-	9	15
3. Barras Futebol Clube	8	4	2	2	9	-	6	14
4. Sociedade Esportiva de Picos	8	4	2	2	10	-	10	14
5. Parnahyba Sport Club	8	2	4	2	11	-	8	10
6. Piauí Esporte Clube Teresina	8	2	4	2	7	-	6	10
7. River Atlético Clube Teresina	8	3	0	5	8	-	15	9
8. 4 de Julho Esporte Clube Piripiri	8	2	1	5	9	-	10	7
9. Associação Atlética Cori-Sabbá Floriano	8	1	1	6	7	-	19	4

Top-4 qualified for the semi-finals.

Semi-Finals (26-30.05.2010)

Comercial Atlético Clube Campo Maior - Barras Futebol Clube	2-2(0-0)	2-3(1-1)
Sociedade Esportiva de Picos - Esporte Clube Flamengo Teresina	3-0(3-0)	1-2 aet

First Stage Final (03-06.06.2010)

Esporte Clube Flamengo Teresina - Comercial Atlético Clube Campo Maior   2-2(1-1)   1-2(1-0)
Comercial Atlético Clube Campo Maior won both stages, no final game needed.

Piauí State Championship Winners 2010: **Comercial Atlético Clube Campo Maior**

Rio de Janeiro

Rio de Janeiro State Championship winners:
1906: Fluminense Football Club Rio de Janeiro; 1907: Fluminense Football Club Rio de Janeiro / Botafogo Football Club Rio de Janeiro [shared]; 1908: Fluminense Football Club Rio de Janeiro; 1909: Fluminense Football Club Rio de Janeiro; 1910: Botafogo Football Club Rio de Janeiro; 1911: Fluminense Football Club Rio de Janeiro; 1912: Paysandu Cricket Club Rio de Janeiro [LMSA=Liga Metropolitana de Sports Athleticos] / Botafogo Football Club Rio de Janeiro [AFRJ=Associação de Football do Rio de Janeiro]; 1913: América Football Club Rio de Janeiro; 1914: Clube de Regatas do Flamengo Rio de Janeiro; 1915: Clube de Regatas do Flamengo Rio de Janeiro; 1916: América Football Club Rio de Janeiro; 1917: Fluminense Football Club Rio de Janeiro; 1918: Fluminense Football Club Rio de Janeiro; 1919: Fluminense Football Club Rio de Janeiro; 1920: Clube de Regatas do Flamengo Rio de Janeiro; 1921: Clube de Regatas do Flamengo Rio de Janeiro; 1922: América Football Club Rio de Janeiro; 1923: Clube de Regatas Vasco da Gama Rio de Janeiro [LMDT=Liga Metropolitana de Desportos Terrestres] / Fluminense Football Club Rio de Janeiro [AMEA=Associação Metropolitana de Esportes Athleticos]; 1925: Clube de Regatas do Flamengo Rio de Janeiro; 1926: São Cristóvão Athletico Clube Rio de Janeiro; 1927: Clube de Regatas do Flamengo Rio de Janeiro; 1928: América Football Club Rio de Janeiro; 1929: Club de Regatas Vasco da Gama Rio de Janeiro; 1930: Botafogo Football Club Rio de Janeiro; 1931: América Football Club Rio de Janeiro; 1932: Botafogo Football Club Rio de Janeiro; 1933: Botafogo Football Club Rio de Janeiro [AMEA] / Bangu Atlético Clube Rio de Janeiro [LCF=Liga Carioca de Futebol]; 1934: Botafogo Football Club Rio de Janeiro [AMEA] / Club de Regatas Vasco da Gama Rio de Janeiro [LCF]; 1935: Botafogo Football Club Rio de Janeiro [FMD=Federação Metropolitana de Desportos] / América Football Club Rio de Janeiro [LCF]; 1936: Club de Regatas Vasco da Gama Rio de Janeiro [FMD] / Fluminense Football Club Rio de Janeiro [LCF]; 1937: Fluminense Football Club Rio de Janeiro [LCF]; 1938: Fluminense Football Club Rio de Janeiro; 1939: Clube de Regatas do Flamengo Rio de Janeiro; 1940: Fluminense Football Club Rio de Janeiro; 1941: Fluminense Football Club Rio de Janeiro; 1942: Clube de Regatas do Flamengo Rio de Janeiro; 1943: Clube de Regatas do Flamengo Rio de Janeiro; 1944: Clube de Regatas do Flamengo Rio de Janeiro; 1945: Club de Regatas Vasco da Gama Rio de Janeiro; 1946: Fluminense Football Club Rio de Janeiro; 1947: Club de Regatas Vasco da Gama Rio de Janeiro; 1948: Botafogo de Futebol e Regatas Rio de Janeiro; 1949: Club de Regatas Vasco da Gama Rio de Janeiro; 1950: Club de Regatas Vasco da Gama Rio de Janeiro; 1951: Fluminense Football Club Rio de Janeiro; 1952: Club de Regatas Vasco da Gama Rio de Janeiro; 1953: Clube de Regatas do Flamengo Rio de Janeiro; 1954: Clube de Regatas do Flamengo Rio de Janeiro; 1955: Clube de Regatas do Flamengo Rio de Janeiro; 1956: Club de Regatas Vasco da Gama Rio de Janeiro; 1957: Botafogo de Futebol e Regatas Rio de Janeiro; 1958: Club de Regatas Vasco da Gama Rio de Janeiro; 1959: Fluminense Football Club Rio de Janeiro; 1960: América Football Club Rio de Janeiro; 1961: Botafogo de Futebol e Regatas Rio de Janeiro; 1962: Botafogo de Futebol e Regatas Rio de Janeiro; 1963: Clube de Regatas do Flamengo Rio de Janeiro; 1964: Fluminense Football Club Rio de Janeiro; 1965: Clube de Regatas do Flamengo Rio de Janeiro; 1966: Bangu Atlético Clube Rio de Janeiro; 1967: Botafogo de Futebol e Regatas Rio de Janeiro; 1968: Botafogo de Futebol e Regatas Rio de Janeiro; 1969: Fluminense Football Club Rio de Janeiro; 1970: Club de Regatas Vasco da Gama Rio de Janeiro; 1971: Fluminense Football Club Rio de Janeiro; 1972: Clube de Regatas do Flamengo Rio de Janeiro; 1973: Fluminense Football Club Rio de Janeiro; 1974: Clube de Regatas do Flamengo Rio de Janeiro; 1975: Fluminense Football Club Rio de Janeiro; 1976: Fluminense Football Club Rio de Janeiro; 1977: Club de Regatas Vasco da Gama Rio de Janeiro; 1978: Clube de Regatas do Flamengo Rio de Janeiro; 1979: Clube de Regatas do Flamengo Rio de Janeiro; 1979: Clube de Regatas do Flamengo Rio de Janeiro; 1980: Fluminense Football Club Rio de Janeiro; 1981: Clube de Regatas do Flamengo Rio de Janeiro; 1982: Club de Regatas Vasco da Gama Rio de Janeiro; 1983: Fluminense Football Club Rio de Janeiro; 1984: Fluminense Football Club Rio de Janeiro; 1985: Fluminense Football Club Rio de Janeiro; 1986: Clube de Regatas do Flamengo Rio de Janeiro; 1987: Club de Regatas Vasco da Gama Rio de Janeiro; 1988: Club de Regatas Vasco da Gama Rio de Janeiro; 1989: Botafogo de Futebol e Regatas Rio de Janeiro; 1990: Botafogo de Futebol e Regatas Rio de Janeiro;

1991: Clube de Regatas do Flamengo Rio de Janeiro; 1992: Club de Regatas Vasco da Gama Rio de Janeiro; 1993: Club de Regatas Vasco da Gama Rio de Janeiro; 1994: Club de Regatas Vasco da Gama Rio de Janeiro; 1995: Fluminense Football Club Rio de Janeiro; 1996: Clube de Regatas do Flamengo Rio de Janeiro; 1997: Botafogo de Futebol e Regatas Rio de Janeiro; 1998: Club de Regatas Vasco da Gama Rio de Janeiro; 1999: Clube de Regatas do Flamengo Rio de Janeiro; 2000: Clube de Regatas do Flamengo Rio de Janeiro; 2001: Clube de Regatas do Flamengo Rio de Janeiro; 2002: Fluminense Football Club Rio de Janeiro; 2003: Club de Regatas Vasco da Gama Rio de Janeiro; 2004: Clube de Regatas do Flamengo Rio de Janeiro; 2005: Fluminense Football Club Rio de Janeiro; 2006: Botafogo de Futebol e Regatas Rio de Janeiro; 2007: Clube de Regatas do Flamengo Rio de Janeiro; 2008: Clube de Regatas do Flamengo Rio de Janeiro; 2009: Clube de Regatas do Flamengo Rio de Janeiro; 2010: Botafogo de Futebol e Regatas Rio de Janeiro.

Rio de Janeiro State Championship (Campeonato Carioca) 2010

First Stage – Taça Guanabara

Grupo A

1. Clube de Regatas do Flamengo Rio de Janeiro	7	6	1	0	21	-	13	19
2. Fluminense Football Club Rio de Janeiro	7	5	1	1	17	-	5	16
3. Olaria Atlético Clube	7	3	3	1	14	-	10	12
4. Boavista Sport Club Saquarema	7	3	1	3	9	-	8	10
5. Bangu Atlético Clube Rio de Janeiro	7	3	0	4	8	-	11	9
6. Volta Redonda Futebol Clube	7	2	2	3	11	-	10	8
7. Americano Futebol Clube Campos dos Goytacazes	7	1	0	6	7	-	20	3
8. Duque de Caxias Futebol Clube	7	0	2	5	6	-	16	2

Grupo B

1. Club de Regatas Vasco da Gama Rio de Janeiro	7	6	1	0	19	-	3	19
2. Botafogo de Futebol e Regatas Rio de Janeiro	7	6	0	1	18	-	13	18
3. Madureira Esporte Clube Rio de Janeiro	7	4	1	2	12	-	12	13
4. America Football Club Rio de Janeiro	7	3	1	3	13	-	11	10
5. Friburguense Atlético Clube Nova Friburgo	7	2	1	4	6	-	10	7
6. Resende Futebol Clube	7	1	3	3	12	-	15	6
7. Macaé Esporte Futebol Clube	7	1	1	5	10	-	17	4
8. Esporte Clube Tigres do Brasil Duque de Caxias	7	1	0	6	7	-	16	3

Troféu „Moisés Mathias de Andrade" (13-21.02.2010)

Olaria Atlético Clube - America Football Club Rio de Janeiro   2-1
Madureira Esporte Clube Rio de Janeiro - Boavista Sport Club Saquarema   1-3

Olaria Atlético Clube - Boavista Sport Club Saquarema   4-1

Semi-Finals (13-17.02.2010)
CR Vasco da Gama Rio de Janeiro - Fluminense Football Club Rio de Janeiro   0-0; 6-5 pen
CR do Flamengo Rio de Janeiro - Botafogo de Futebol e Regatas Rio de Janeiro   1-2

First Stage Final – Taça Guanabara (21.02.2010)
CR Vasco da Gama Rio de Janeiro - Botafogo de Futebol e Regatas Rio de Janeiro   0-2
Botafogo de Futebol e Regatas Rio de Janeiro qualified for the State Championship Final.

Second Stage – Taça Rio

Grupo A

1.	Clube de Regatas do Flamengo Rio de Janeiro	8	7	1	0	21	-	5	22
2.	Fluminense Football Club Rio de Janeiro	8	6	1	1	19	-	9	19
3.	Bangu Atlético Clube Rio de Janeiro	8	4	2	2	14	-	11	14
4.	Boavista Sport Club Saquarema	8	4	0	4	14	-	13	12
5.	Americano Futebol Clube Campos dos Goytacazes	8	3	2	3	11	-	12	11
6.	Duque de Caxias Futebol Clube	8	3	1	4	10	-	11	10
7.	Olaria Atlético Clube	8	3	0	5	6	-	11	9
8.	Volta Redonda Futebol Clube	8	2	1	5	8	-	11	7

Grupo B

1.	Botafogo de Futebol e Regatas Rio de Janeiro	8	5	2	1	17	-	9	17
2.	Club de Regatas Vasco da Gama Rio de Janeiro	8	5	0	3	14	-	9	15
3.	America Football Club Rio de Janeiro	8	4	2	2	12	-	8	14
4.	Macaé Esporte Futebol Clube	8	3	1	4	13	-	15	10
5.	Madureira Esporte Clube Rio de Janeiro	8	2	1	5	6	-	12	7
6.	Esporte Clube Tigres do Brasil Duque de Caxias	8	2	0	6	9	-	15	6
7.	Resende Futebol Clube	8	2	0	6	5	-	19	6
8.	Friburguense Atlético Clube Nova Friburgo	8	1	2	5	7	-	16	5

Troféu „João Ellis Filho" (10-18.04.2010)

America Football Club Rio de Janeiro - Boavista Sport Club Saquarema 3-1
Bangu Atlético Clube Rio de Janeiro - Macaé Esporte Futebol Clube 0-1

America Football Club Rio de Janeiro - Macaé Esporte Futebol Clube 4-2

Semi-Finals (10-18.04.2010)

Botafogo de FR Rio de Janeiro - Fluminense Football Club Rio de Janeiro 3-2
CR do Flamengo Rio de Janeiro - Club de Regatas Vasco da Gama Rio de Janeiro 2-1

Second Stage Final – Taça Rio (18.04.2010)

Botafogo de Futebol e Regatas Rio de Janeiro - CR do Flamengo Rio de Janeiro 2-1
Botafogo de Futebol e Regatas Rio de Janeiro won both stages, no championship final needed.

Rio de Janeiro State Championship Winners 2010: **Botafogo de Futebol e Regatas Rio de Janeiro**

Aggregate Table 2010

1.	**Botafogo de FR Rio de Janeiro**	15	11	2	2	35	-	22	35
2.	Clube de Regatas do Flamengo Rio de Janeiro	15	13	2	0	42	-	18	41
3.	Fluminense Football Club Rio de Janeiro	15	11	2	2	36	-	14	35
4.	Club de Regatas Vasco da Gama Rio de Janeiro	15	11	1	3	33	-	12	34
5.	America Football Club Rio de Janeiro	15	7	3	5	25	-	19	24
6.	Bangu Atlético Clube Rio de Janeiro	15	7	2	6	22	-	22	23
7.	Boavista Sport Club Saquarema	15	7	1	7	23	-	21	22
8.	Olaria Atlético Clube	15	6	3	6	20	-	21	21
9.	Madureira Esporte Clube Rio de Janeiro	15	6	2	7	18	-	24	20

10. Volta Redonda Futebol Clube	15	4	3	8	19	-	21	15
11. Macaé Esporte Futebol Clube	15	4	2	9	23	-	32	14
12. Americano Futebol Clube Campos dos Goytacazes	15	4	2	9	18	-	32	14
13. Duque de Caxias Futebol Clube	15	3	3	9	16	-	27	12
14. Resende Futebol Clube	15	3	3	9	17	-	34	12
15. Friburguense Atlético Clube Nova Friburgo (*Relegated*)	15	3	3	9	13	-	26	12
16. Esporte Clube Tigres do Brasil Duque de Caxias (*Relegated*)	15	3	0	12	16	-	31	9

Rio Grande Do Norte

Rio Grande do Norte State Championship winners:
1918: Championship not finished; 1919: América Futebol Clube Natal; 1920: América Futebol Clube Natal; 1921: Centro Esportivo Natalense Natal; 1922: América Futebol Clube Natal; 1923: ABC Futebol Clube Natal; 1924: Alecrim Futebol Clube Natal; 1925: Alecrim Futebol Clube Natal & ABC Futebol Clube Natal [shared]; 1926: América Futebol Clube Natal; 1927: América Futebol Clube Natal; 1928: ABC Futebol Clube Natal; 1929: ABC Futebol Clube Natal; 1930: América Futebol Clube Natal; 1931: América Futebol Clube Natal; 1932: ABC Futebol Clube Natal; 1933: ABC Futebol Clube Natal; 1934: ABC Futebol Clube Natal; 1935: ABC Futebol Clube Natal; 1936: ABC Futebol Clube Natal ;1937: ABC Futebol Clube Natal; 1938: ABC Futebol Clube Natal; 1939: ABC Futebol Clube Natal; 1940: ABC Futebol Clube Natal; 1941: ABC Futebol Clube Natal; 1942: América Futebol Clube Natal; 1943: Santa Cruz Esporte e Cultura Natal; 1944: ABC Futebol Clube Natal; 1945: ABC Futebol Clube Natal; 1946: América Futebol Clube Natal; 1947: América Futebol Clube Natal; 1948: América Futebol Clube Natal; 1949: América Futebol Clube Natal; 1950: ABC Futebol Clube Natal; 1951: América Futebol Clube Natal; 1952: América Futebol Clube Natal; 1953: ABC Futebol Clube Natal; 1954: ABC Futebol Clube Natal; 1955: ABC Futebol Clube Natal; 1956: América Futebol Clube Natal; 1957: América Futebol Clube Natal; 1958: ABC Futebol Clube Natal; 1959: ABC Futebol Clube Natal; 1960: ABC Futebol Clube Natal; 1961: ABC Futebol Clube Natal; 1962: ABC Futebol Clube Natal; 1963: Alecrim Futebol Clube Natal; 1964: Alecrim Futebol Clube Natal; 1965: ABC Futebol Clube Natal; 1966: ABC Futebol Clube Natal; 1967: América Futebol Clube Natal; 1968: Alecrim Futebol Clube Natal; 1969: América Futebol Clube Natal; 1970: ABC Futebol Clube Natal; 1971: ABC Futebol Clube Natal; 1972: ABC Futebol Clube Natal; 1973: ABC Futebol Clube Natal; 1974: América Futebol Clube Natal; 1975: América Futebol Clube Natal; 1976: ABC Futebol Clube Natal; 1977: América Futebol Clube Natal; 1978: ABC Futebol Clube Natal; 1979: América Futebol Clube Natal; 1980: América Futebol Clube Natal; 1981: América Futebol Clube Natal; 1982: América Futebol Clube Natal; 1983: ABC Futebol Clube Natal; 1984: ABC Futebol Clube Natal; 1985: Alecrim Futebol Clube Natal; 1986: Alecrim Futebol Clube Natal; 1987: América Futebol Clube Natal; 1988: América Futebol Clube Natal; 1989: América Futebol Clube Natal; 1990: ABC Futebol Clube Natal; 1991: América Futebol Clube Natal; 1992: América Futebol Clube Natal; 1993: ABC Futebol Clube Natal; 1994: ABC Futebol Clube Natal; 1995: ABC Futebol Clube Natal; 1996: ABC Futebol Clube Natal; 1997: ABC Futebol Clube Natal; 1998: ABC Futebol Clube Natal; 1999: ABC Futebol Clube Natal; 2000: ABC Futebol Clube Natal; 2001: Atlético Clube Coríntians Caicó; 2002: América Futebol Clube Natal; 2003: América Futebol Clube Natal; 2004: Associação Cultural e Desportiva Potiguar Mossoró; 2005: ABC Futebol Clube Natal; 2006: Associação Cultural Esporte Clube Baraúnas Mossoró; 2007: ABC Futebol Clube Natal; 2008: ABC Futebol Clube Natal; 2009: Associação Sportiva Sociedade Unida Açu; 2010: ABC Futebol Clube Natal.

Rio Grande do Norte State Championship (Campeonato Potiguar) 2010

First Stage

1. Atlético Clube Corinthians Caicó	9	5	3	1	15	-	11	18
2. América Futebol Clube de Natal	9	4	3	2	16	-	9	15
3. ABC Futebol Clube Natal	9	4	3	2	17	-	13	15
4. Alecrim Futebol Clube Natal	9	3	6	0	12	-	8	15
5. Associação Cultural Esporte Clube Baraúnas Mossoró	9	3	3	3	12	-	10	12
6. Associação Cultural e Desportiva Potiguar de Mossoró	9	2	4	3	14	-	15	10
7. Sport Club Santa Cruz	9	2	3	4	11	-	13	9
8. Associação Cultural e Desportiva Potyguar Seridoense Currais Novos	9	2	3	4	10	-	13	9
9. Associação Sportiva Sociedade Unida Açu	9	2	2	5	8	-	12	8
10. Clube Centenário Pauferrense Pau dos Ferros	9	2	2	5	5	-	16	8

First Stage Final (03-07.03.2010)
América Futebol Clube de Natal - Atlético Clube Corinthians Caicó   3-1(0-1)   0-2(0-2)
Atlético Clube Corinthians Caicó qualified for the State Championship Final.

Second Stage

1. ABC Futebol Clube Natal	9	7	2	0	27	-	8	23
2. América Futebol Clube de Natal	9	5	2	2	15	-	9	17
3. Sport Club Santa Cruz	9	5	1	3	16	-	10	16
4. Clube Centenário Pauferrense Pau dos Ferros	9	5	0	4	15	-	12	15
5. Associação Cultural e Desportiva Potiguar de Mossoró	9	4	2	3	12	-	7	14
6. Atlético Clube Corinthians Caicó	9	4	0	5	15	-	18	12
7. Associação Sportiva Sociedade Unida Açu	9	3	2	4	11	-	15	11
8. Associação Cultural Esporte Clube Baraúnas Mossoró	9	3	2	4	8	-	18	11
9. Alecrim Futebol Clube Natal	9	2	1	6	14	-	18	7
10. Associação Cultural e Desportiva Potyguar Seridoense Currais Novos	9	1	0	8	8	-	26	3

ABC Futebol Clube Natal qualified for the State Championship Final.

Rio Grande do Norte Championship Finals (25.04.-01.05.2010)
Atlético Clube Corinthians Caicó - ABC Futebol Clube Natal   1-5(0-2)
ABC Futebol Clube Natal - Atlético Clube Corinthians Caicó   1-2(0-1)

Rio Grande do Norte State Championship Winners 2010: **ABC Futebol Clube Natal**

Aggregate Table 2010							
1. ABC Futebol Clube Natal	20	12	5	3	50 - 24	41
2. Atlético Clube Corinthians Caicó	22	11	3	8	36 - 38	36
3. América Futebol Clube de Natal	20	10	5	5	34 - 21	35
4. Sport Club Santa Cruz	18	7	4	7	27 - 23	25
5. ACD Potiguar de Mossoró	18	6	6	6	26 - 22	24
6. Clube Centenário Pauferrense Pau dos Ferros	18	7	2	9	20 - 28	23
7. ACE Clube Baraúnas Mossoró	18	6	5	7	20 - 28	23
8. Alecrim Futebol Clube Natal	18	5	7	6	26 - 26	22
9. Associação Sportiva Sociedade Unida Açu	18	5	4	9	19 - 27	19
10. ACD Potyguar Seridoense Currais Novos (*Relegated*)	18	3	3	12	18 - 39	12

Rio Grande do Sul

Rio Grande do Sul State Championship winners:
1919: Grêmio Esportivo Brasil Pelotas; 1920: Guarany Futebol Clube Bagé; 1921: Grêmio Foot-ball Porto Alegrense; 1922: Grêmio Foot-ball Porto Alegrense; 1923: *No competition*; 1924: *No competition*; 1925: Grêmio Esportivo Bagé; 1926: Grêmio Foot-ball Porto Alegrense; 1927: Sport Club Internacional Porto Alegre; 1928: Sport Club Americano Porto Alegre; 1929: Esporte Clube Cruzeiro Porto Alegre; 1930: Esporte Clube Pelotas Pelotas; 1931: Grêmio Foot-ball Porto Alegrense; 1932: Grêmio Foot-ball Porto Alegrense; 1933: Sport Club São Paulo Rio Grande; 1934: Sport Club Internacional Porto Alegre; 1935: Grêmio Atlético Farroupilha Pelotas; 1936: Sport Club Rio Grande Rio Grande; 1937: Grêmio Foot-ball Santanense Santana do Livramento; 1938: Guarany Futebol Clube Bagé; 1939: Football Club Riograndense Rio Grande; 1940: Sport Club Internacional Porto Alegre; 1941: Sport Club Internacional Porto Alegre; 1942: Sport Club Internacional Porto Alegre; 1943: Sport Club Internacional Porto Alegre; 1944: Sport Club Internacional Porto Alegre; 1945: Sport Club Internacional Porto Alegre; 1946: Grêmio Foot-ball Porto Alegrense; 1947: Sport Club Internacional Porto Alegre; 1948: Sport Club Internacional Porto Alegre; 1949: Grêmio Foot-ball Porto Alegrense; 1950: Sport Club Internacional Porto Alegre; 1951: Sport Club Internacional Porto Alegre; 1952: Sport Club Internacional Porto Alegre; 1953: Sport Club Internacional Porto Alegre; 1954: Sport Club Renner Porto Alegre; 1955: Sport Club Internacional Porto Alegre; 1956: Grêmio Foot-ball Porto Alegrense; 1957: Grêmio Foot-ball Porto Alegrense; 1958: Grêmio Foot-ball Porto Alegrense; 1959: Grêmio Foot-ball Porto Alegrense; 1960: Grêmio Foot-ball Porto Alegrense; 1961: Sport Club Internacional Porto Alegre; 1962: Grêmio Foot-ball Porto Alegrense; 1963: Grêmio Foot-ball Porto Alegrense; 1964: Grêmio Foot-ball Porto Alegrense; 1965: Grêmio Foot-ball Porto Alegrense; 1966: Grêmio Foot-ball Porto Alegrense; 1967: Grêmio Foot-ball Porto Alegrense; 1968: Grêmio Foot-ball Porto Alegrense; 1969: Sport Club Internacional Porto Alegre; 1970: Sport Club Internacional Porto Alegre; 1971: Sport Club Internacional Porto Alegre; 1972: Sport Club Internacional Porto Alegre; 1973: Sport Club Internacional Porto Alegre; 1974: Sport Club Internacional Porto Alegre; 1975: Sport Club Internacional Porto Alegre; 1976: Sport Club Internacional Porto Alegre; 1977: Grêmio Foot-ball Porto Alegrense; 1978: Sport Club Internacional Porto Alegre; 1979: Grêmio Foot-ball Porto Alegrense; 1980: Grêmio Foot-ball Porto Alegrense; 1981: Sport Club Internacional Porto Alegre; 1982: Sport Club Internacional Porto Alegre; 1983: Sport Club Internacional Porto Alegre; 1984: Sport Club Internacional Porto Alegre; 1985: Grêmio Foot-ball Porto Alegrense; 1986: Grêmio Foot-ball Porto Alegrense; 1987: Grêmio Foot-ball Porto Alegrense; 1988: Grêmio Foot-ball Porto Alegrense; 1989: Grêmio Foot-ball Porto Alegrense; 1990: Grêmio Foot-ball Porto Alegrense; 1991: Sport Club Internacional Porto Alegre; 1992: Sport Club Internacional Porto Alegre; 1993: Grêmio Foot-ball Porto Alegrense; 1994: Sport Club Internacional Porto Alegre; 1995: Grêmio Foot-ball Porto Alegrense; 1996: Grêmio Foot-ball Porto Alegrense; 1997: Sport Club Internacional Porto Alegre; 1998: Esporte Clube Juventude Caxias do Sul; 1999: Grêmio Foot-ball Porto Alegrense; 2000: Sociedade Esportiva e

Recreativa Caxias do Sul; 2001: Grêmio Foot-ball Porto Alegrense; 2002: Sport Club Internacional Porto Alegre; 2003: Sport Club Internacional Porto Alegre; 2004: Sport Club Internacional Porto Alegre; 2005: Sport Club Internacional Porto Alegre; 2006: Grêmio Foot-ball Porto Alegrense; 2007: Grêmio Foot-ball Porto Alegrense; 2008: Sport Club Internacional Porto Alegre; 2009: Sport Club Internacional Porto Alegre; 2010: Grêmio Foot-ball Porto Alegrense.

Rio Grande do Sul State Championship (Campeonato Gaúcho) 2010

First Stage

Grupo 1

1. Grêmio Foot-ball Porto Alegrense	8	5	2	1	17	-	10	17
2. Esporte Clube Novo Hamburgo	8	2	2	4	10	-	14	8
3. Esporte Clube Internacional Santa Maria	8	2	2	4	10	-	18	8
4. Esporte Clube Juventude Caxias do Sul	8	1	3	4	10	-	18	6
5. Ypiranga Futebol Clube de Erechim	8	1	2	5	9	-	17	5
6. Porto Alegre Futebol Clube	8	1	1	6	10	-	21	4
7. Clube Esportivo Bento Gonçalves	8	1	0	7	7	-	22	3
8. Esporte Clube Avenida Santa Cruz	8	0	1	7	8	-	16	1

Grupo 2

1. Sport Club Internacional Porto Alegre	8	7	1	0	19	-	6	22
2. Esporte Clube São José	8	6	1	1	18	-	10	19
3. Esporte Clube São Luiz	8	5	3	0	20	-	7	18
4. Veranópolis Esporte Clube Recreativo e Cultural	8	5	2	1	20	-	11	17
5. Esporte Clube Pelotas	8	5	0	3	18	-	10	15
6. Sociedade Esportiva e Recreativa Caxias do Sul	8	4	3	1	16	-	11	15
7. Futebol Clube Santa Cruz	8	4	2	2	12	-	8	14
8. Universidade Sport Club Canoas	8	2	1	5	13	-	18	7

Quarter-Finals (17-18.02.2010)

Grêmio Foot-ball Porto Alegrense - Veranópolis EC Recreativo e Cultural   4-2
Esporte Clube São José - Esporte Clube Internacional Santa Maria   0-2
Sport Club Internacional Porto Alegre - Esporte Clube Juventude Caxias do Sul   2-0
Esporte Clube Novo Hamburgo - Esporte Clube São Luiz   2-0

Semi-Finals (20-21.02.2010)

Grêmio Foot-ball Porto Alegrense - Esporte Clube Internacional Santa Maria   4-1
Sport Club Internacional Porto Alegre - Esporte Clube Novo Hamburgo   1-2

First Stage Final – Taça „Fernando Carvalho" (28.02.2010)

Grêmio Foot-ball Porto Alegrense - Esporte Clube Novo Hamburgo   1-0
Grêmio Foot-ball Porto Alegrense qualified for the State Championship Final.

Second Stage

Grupo 1

1. Grêmio Foot-ball Porto Alegrense	7	7	0	0	16	-	4	21
2. Esporte Clube Novo Hamburgo	7	4	1	2	13	-	8	13
3. Esporte Clube Internacional Santa Maria	7	3	1	3	11	-	14	10
4. Ypiranga Futebol Clube de Erechim	7	2	3	2	10	-	13	9
5. Porto Alegre Futebol Clube	7	2	1	4	13	-	14	7
6. Clube Esportivo Bento Gonçalves	7	2	1	4	10	-	15	7
7. Esporte Clube Avenida Santa Cruz	7	2	0	5	12	-	15	6
8. Esporte Clube Juventude Caxias do Sul	7	1	3	3	9	-	11	6

Grupo 2

1. Sociedade Esportiva e Recreativa Caxias do Sul	7	6	1	0	13	-	5	19
2. Esporte Clube São José	7	3	3	1	16	-	10	12
3. Sport Club Internacional Porto Alegre	7	3	2	2	12	-	9	11
4. Esporte Clube Pelotas	7	2	3	2	11	-	11	9
5. Veranópolis Esporte Clube Recreativo e Cultural	7	2	2	3	14	-	13	8
6. Universidade Sport Club Canoas	7	2	2	3	10	-	15	8
7. Esporte Clube São Luiz	7	1	2	4	9	-	13	5
8. Futebol Clube Santa Cruz	7	0	3	4	8	-	17	3

Quarter-Finals (07-08.04.2010)

Grêmio Foot-ball Porto Alegrense - Esporte Clube Pelotas	1-2
Esporte Clube São José - Esporte Clube Internacional Santa Maria	0-0; 3-1 pen
SE e Recreativa Caxias do Sul - Ypiranga Futebol Clube de Erechim	2-2; 1-3 pen
Esporte Clube Novo Hamburgo - Sport Club Internacional Porto Alegre	3-3; 4-5 pen

Semi-Finals (11.04.2010)

Esporte Clube São José - Esporte Clube Pelotas	1-1; 2-4 pen
Sport Club Internacional Porto Alegre - Ypiranga Futebol Clube de Erechim	2-0

Second Stage Final – Taça „Fábio Koff" (18.04.2010)

Sport Club Internacional Porto Alegre - Esporte Clube Pelotas   3-2
Sport Club Internacional Porto Alegre qualified for the State Championship Final.

Rio Grande do Sul Championship Finals (25.04.-02.05.2010)

Sport Club Internacional Porto Alegre - Grêmio Foot-ball Porto Alegrense	0-2(0-0)
Grêmio Foot-ball Porto Alegrense - Sport Club Internacional Porto Alegre	0-1(0-1)

Rio Grande do Sul State Championship Winners 2010: **Grêmio Foot-ball Porto Alegrense**

Aggregate Table 2010

1. Grêmio Foot-ball Porto Alegrense	15	12	2	1	33	-	14	38
2. Sociedade Esportiva e Recreativa Caxias do Sul	15	10	4	1	29	-	16	34
3. Sport Club Internacional Porto Alegre	15	10	3	2	31	-	15	33
4. Esporte Clube São José	15	9	4	2	34	-	20	31
5. Veranópolis Esporte Clube Recreativo e Cultural	15	7	4	4	34	-	24	25
6. Esporte Clube Pelotas	15	7	3	5	29	-	21	24
7. Esporte Clube São Luiz	15	6	5	4	29	-	20	23
8. Esporte Clube Novo Hamburgo	15	6	3	6	23	-	22	21
9. Esporte Clube Internacional Santa Maria	15	5	3	7	21	-	32	18
10. Futebol Clube Santa Cruz	15	4	5	6	20	-	26	17
11. Universidade Sport Club Canoas	15	4	3	8	23	-	33	15
12. Ypiranga Futebol Clube de Erechim	15	3	5	8	19	-	30	14
13. Esporte Clube Juventude Caxias do Sul	15	2	6	7	19	-	29	12
14. Porto Alegre Futebol Clube	15	3	2	10	23	-	35	11
15. Clube Esportivo Bento Gonçalves (*Relegated*)	15	3	1	11	17	-	37	10
16. Esporte Clube Avenida Santa Cruz (*Relegated*)	15	2	1	12	20	-	31	7

Rondônia

Rondonia State Championship winners:
1945: Ypiranga Esporte Clube Porto Velho; 1946: Ferroviário Atlético Clube Porto Velho; 1947: Ferroviário Atlético Clube Porto Velho; 1948: Ferroviário Atlético Clube Porto Velho; 1949: Ferroviário Atlético Clube Porto Velho; 1950: Ferroviário Atlético Clube Porto Velho; 1951: Ferroviário Atlético Clube Porto Velho; 1952: Ferroviário Atlético Clube Porto Velho; 1953: Ypiranga Esporte Clube Porto Velho; 1954: Moto Clube Porto Velho; 1955: Ferroviário Atlético Clube Porto Velho; 1956: Clube de Regatas Flamengo Porto Velho; 1957: Ferroviário Atlético Clube Porto Velho; 1958: Ferroviário Atlético Clube Porto Velho; 1959: Ypiranga Esporte Clube Porto Velho; 1960: Clube de Regatas Flamengo Porto Velho; 1961: Clube de Regatas Flamengo Porto Velho; 1962: Clube de Regatas Flamengo Porto Velho; 1963: Ferroviário Atlético Clube Porto Velho; 1964: Ypiranga Esporte Clube Porto Velho; 1965: Clube de Regatas Flamengo Porto Velho; 1966: Clube de Regatas Flamengo Porto Velho; 1967: Clube de Regatas Flamengo Porto Velho; 1968: Moto Clube Porto Velho; 1969: Moto Clube Porto Velho; 1970: Ferroviário Atlético Clube Porto Velho; 1971: Moto Clube Porto Velho; 1972: Moto Clube Porto Velho; 1973: São Domingos Esporte Clube Porto Velho; 1974: Botafogo Futebol Clube Porto Velho; 1975: Moto Clube Porto Velho; 1976: Moto Clube Porto Velho; 1977: Moto Clube Porto Velho; 1978: Ferroviário Atlético Clube Porto Velho; 1979: Ferroviário Atlético Clube Porto Velho; 1980: Moto Clube Porto Velho; 1981: Moto Clube Porto Velho; 1982: Clube de Regatas Flamengo Porto Velho; 1983: Clube de Regatas Flamengo Porto Velho; 1984: Ypiranga Esporte Clube Porto Velho; 1985: Clube de Regatas Flamengo Porto Velho; 1986: Ferroviário Atlético Clube Porto Velho; 1987: Ferroviário Atlético Clube Porto Velho; 1988: *No competition*; 1989: Ferroviário Atlético Clube Porto Velho; 1990: *No competition*; 1991: Ji-Paraná Futebol Clube; 1992: Ji-Paraná Futebol Clube; 1993: Sociedade Esportiva Ariquemes; 1994: Sociedade Esportiva Ariquemes; 1995: Ji-Paraná Futebol Clube; 1996: Ji-Paraná Futebol Clube; 1997: Ji-Paraná Futebol Clube; 1998: Ji-Paraná Futebol Clube; 1999: Ji-Paraná Futebol Clube; 2000: Guajará Esporte Clube Guajará-Mirim; 2001: Ji-Paraná Futebol Clube; 2002: Centro de Futebol Amazônia Porto Velho; 2003: Sociedade Esportiva União Cacoalense; 2004: Sociedade Esportiva União Cacoalense; 2005: Vilhena Esporte Clube; 2006: Sport Clube Ulbra Ji-Paraná; 2007: Sport Clube Ulbra Ji-Paraná; 2008: Sport Clube Ulbra Ji-Paraná; 2009: Vilhena Esporte Clube; 2010: Vilhena Esporte Clube.

Rondônia State Championship (Campeonato Rondoniense) 2010

1. Rolim de Moura Esporte Clube	14	10	3	1	40	-	10	33
2. Vilhena Esporte Clube	14	9	5	0	39	-	8	32
3. Esporte Clube Espigão	14	8	3	3	34	-	19	27
4. Ariquemes Futebol Clube	14	7	3	4	22	-	19	24
5. Moto Esporte Clube Porto Velho	14	7	1	6	31	-	21	22
6. Sport Clube Shallon	14	3	2	9	20	-	27	11
7. Sport Club Genus de Porto Velho	14	3	1	10	16	-	36	10
8. Cruzeiro Esporte Clube Porto Velho (*Relegated*)	14	0	0	14	9	-	69	0

Semi-Finals (16-23.05.2010)

Ariquemes Futebol Clube - Rolim de Moura Esporte Clube	1-1	2-2; 3-4 pen
Esporte Clube Espigão - Vilhena Esporte Clube	1-0	0-2

Final (30.05.-06.06.2010)

Ariquemes Futebol Clube - Vilhena Esporte Clube	1-2(1-1)
Vilhena Esporte Clube - Ariquemes Futebol Clube	3-3(2-1)

Rondônia State Championship Winners 2010: **Vilhena Esporte Clube**

Roraima

Roraima State Championship winners:
Amateur Era:
1974: São Francisco Futebol Clube Boa Vista; 1975: Atlético Roraima Clube Boa Vista; 1976: Atlético Roraima Clube Boa Vista; 1977: São Raimundo Esporte Clube Boa Vista; 1978: Atlético Roraima Clube Boa Vista; 1979: Ríver Esporte Clube Boa Vista; 1980: Atlético Roraima Clube Boa Vista; 1981: Atlético Roraima Clube Boa Vista; 1982: Baré Esporte Clube Boa Vista; 1983: Atlético Roraima Clube Boa Vista; 1984: Baré Esporte Clube Boa Vista; 1985: Atlético Roraima Clube Boa Vista; 1986: Baré Esporte Clube Boa Vista; 1987: Atlético Roraima Clube Boa Vista; 1988: Baré Esporte Clube Boa Vista; 1989: Ríver Esporte Clube Boa Vista; 1990: Atlético Roraima Clube Boa Vista; 1991: Atlético Rio Negro Clube Boa Vista; 1992: São Raimundo Esporte Clube Boa Vista; 1993: Atlético Roraima Clube Boa Vista; 1994: Ríver Esporte Clube Boa Vista.

Professional Era:
1995: Atlético Roraima Clube Boa Vista; 1996: Baré Esporte Clube Boa Vista; 1997: Baré Esporte Clube Boa Vista; 1998: Atlético Roraima Clube Boa Vista; 1999: Baré Esporte Clube Boa Vista; 2000: Atlético Rio Negro Clube Boa Vista; 2001: Atlético Roraima Clube Boa Vista; 2002: Atlético Roraima Clube Boa Vista; 2003: Atlético Roraima Clube Boa Vista; 2004: São Raimundo Esporte Clube Boa Vista; 2005: São Raimundo Esporte Clube Boa Vista; 2006: Baré Esporte Clube Boa Vista; 2007: Atlético Roraima Clube Boa Vista; 2008: Atlético Roraima Clube Boa Vista; 2009: Atlético Roraima Clube Boa Vista; 2010: Baré Esporte Clube Boa Vista.

Roraima State Championship (Campeonato Roraimense) 2010

First Stage

Grupo A
1. Náutico Futebol Clube Boa Vista	2	2	0	0	7 - 0	6
2. São Raimundo Esporte Clube Boa Vista	2	1	0	1	3 - 1	3
3. Grêmio Atlético Sampaio (GAS) Boa Vista	2	0	0	2	0 - 9	0

Grupo B
1. Baré Esporte Clube Boa Vista	2	1	1	0	4 - 0	4
2. Atlético Roraima Clube Boa Vista	2	1	1	0	3 - 2	4
3. Atlético Rio Negro Clube Boa Vista	2	0	0	2	2 - 7	0

First Stage Final (27.03.2010)
Náutico Futebol Clube Boa Vista - Baré Esporte Clube Boa Vista   1-2
Baré Esporte Clube Boa Vista qualified for the State Championship Final.

Second Stage

Grupo A
1. Grêmio Atlético Sampaio (GAS) Boa Vista	2	1	1	0	5 - 2	4
2. Atlético Rio Negro Clube Boa Vista	2	1	0	1	6 - 6	3
3. São Raimundo Esporte Clube Boa Vista	2	0	1	1	3 - 6	1

Grupo B
1. Baré Esporte Clube Boa Vista	2	2	0	0	8 - 3	6
2. Náutico Futebol Clube Boa Vista	2	1	0	1	7 - 7	3
3. Atlético Roraima Clube Boa Vista	2	0	0	2	2 - 7	0

Second Stage Final (30.05.2010)
Grêmio Atlético Sampaio (GAS) Boa Vista - Baré Esporte Clube Boa Vista   1-4(1-3)
Baré Esporte Clube Boa Vista won both stages, no championship final needed.

Roraima State Championship Winners 2010: **Baré Esporte Clube Boa Vista**

Santa Catarina

Santa Catarina State Championship winners:
1924: Avaí Futebol Clube Florianópolis; 1925: Externato Futebol Clube Florianópolis; 1926: Avaí Futebol Clube Florianópolis; 1927: Avaí Futebol Clube Florianópolis; 1928: Avaí Futebol Clube Florianópolis; 1929: Caxias Futebol Clube Joinville; 1930: Avaí Futebol Clube Florianópolis; 1931: Lauro Müller Futebol Clube Itajaí; 1932: Figueirense Futebol Clube Florianópolis; 1933: *Not finished*; 1934: Clube Atlético Catarinense Florianópolis; 1935: Figueirense Futebol Clube Florianópolis; 1936: Figueirense Futebol Clube Florianópolis; 1937: Figueirense Futebol Clube Florianópolis; 1938: CIP Futebol Clube Itajaí; 1939: Figueirense Futebol Clube Florianópolis; 1940: Ypiranga Futebol Clube São Francisco do Sul; 1941: Figueirense Futebol Clube Florianópolis; 1942: Avaí Futebol Clube Florianópolis; 1943: Avaí Futebol Clube Florianópolis; 1944: Avaí Futebol Clube Florianópolis; 1945: Avaí Futebol Clube Florianópolis; 1946: *No competition*; 1947: América Futebol Clube Joinville; 1948: América Futebol Clube Joinville; 1949: Grêmio Esportivo Olímpico Blumenau; 1950: Clube Atlético Carlos Renaux Brusque; 1951: América Futebol Clube Joinville; 1952: América Futebol Clube Joinville; 1953: Clube Atlético Carlos Renaux Brusque; 1954: Caxias Futebol Clube Joinville; 1955: Caxias Futebol Clube Joinville; 1956: Clube Atlético Operário Joinville; 1957: Hercílio Luz Futebol

Clube Tubarão; 1958: Hercílio Luz Futebol Clube Tubarão; 1959: Paula Ramos Esporte Clube Florianópolis; 1960: Esporte Clube Metropol Criciúma; 1961: Esporte Clube Metropol Criciúma; 1962: Esporte Clube Metropol Criciúma; 1963: Clube Náutico Marcílio Dias Itajaí; 1964: Grêmio Esportivo Olímpico Blumenau; 1965: Esporte Clube Internacional Lages; 1966: Sociedade Esportiva Recreativa Perdigão Concórdia; 1967: Esporte Clube Metropol Criciúma; 1968: Comerciário Esporte Clube Criciúma; 1969: Esporte Clube Metropol Criciúma; 1970: Esporte Clube Ferroviário Tubarão; 1971: América Futebol Clube Joinville; 1972: Figueirense Futebol Clube Florianópolis; 1973: Avaí Futebol Clube Florianópolis; 1974: Figueirense Futebol Clube Florianópolis; 1975: Avaí Futebol Clube Florianópolis; 1976: Joinville Esporte Clube; 1977: Associação Chapecoense de Futebol Chapecó; 1978: Joinville Esporte Clube; 1979: Joinville Esporte Clube; 1980: Joinville Esporte Clube; 1981: Joinville Esporte Clube; 1982: Joinville Esporte Clube; 1983: Joinville Esporte Clube; 1984: Joinville Esporte Clube; 1985: Joinville Esporte Clube; 1986: Criciúma Esporte Clube; 1987: Joinville Esporte Clube; 1988: Avaí Futebol Clube Florianópolis; 1989: Criciúma Esporte Clube; 1990: Criciúma Esporte Clube; 1991: Criciúma Esporte Clube; 1992: Brusque Futebol Clube; 1993: Criciúma Esporte Clube; 1994: Figueirense Futebol Clube Florianópolis; 1995: Criciúma Esporte Clube; 1996: Associação Chapecoense de Futebol; 1997: Avaí Futebol Clube Florianópolis; 1998: Criciúma Esporte Clube; 1999: Figueirense Futebol Clube Florianópolis; 2000: Joinville Esporte Clube; 2001: Joinville Esporte Clube; 2002: Figueirense Futebol Clube Florianópolis; 2003: Figueirense Futebol Clube Florianópolis; 2004: Figueirense Futebol Clube Florianópolis; 2005: Criciúma Esporte Clube; 2006: Figueirense Futebol Clube Florianópolis; 2007: Associação Chapecoense de Futebol Chapecó; 2008: Figueirense Futebol Clube Florianópolis; 2009: Avaí Futebol Clube Florianópolis; 2010: Avaí Futebol Clube Florianópolis.

Santa Catarina State Championship (Campeonato Catarinense) 2010

First Stage

1. Joinville Esporte Clube	9	6	1	2	18	-	12	19
2. Avaí Futebol Clube Florianópolis	9	5	3	1	20	-	11	18
3. Clube Atlético Hermann Aichinger Ibirama	9	5	2	2	15	-	10	17
4. Clube Atlético Metropolitano Blumenau	9	5	0	4	10	-	8	15
5. Imbituba Futebol Clube	9	5	0	4	16	-	15	15
6. Figueirense Futebol Clube Florianópolis	9	4	2	3	18	-	14	14
7. Criciúma Esporte Clube	9	3	2	4	13	-	16	11
8. Brusque Futebol Clube	9	3	0	6	12	-	17	9
9. Associação Chapecoense de Futebol	9	2	2	5	14	-	16	8
10. Grêmio Esportivo Juventus Jaraguá do Sul	9	0	2	7	6	-	23	2

Semi-Finals (17-18.02.2010)

Joinville Esporte Clube* - Clube Atlético Metropolitano Blumenau   2-2(2-0)
Avaí Futebol Clube Florianópolis - Clube Atlético Hermann Aichinger Ibirama   2-0(1-0)

First Stage Final (21.02.2010)

Joinville Esporte Clube* - Avaí Futebol Clube Florianópolis   1-1(0-0)
Joinville Esporte Clube (*win due to better league campaign) qualified for the State Championship Final.

Second Stage

1. Avaí Futebol Clube Florianópolis	9	6	1	2	19	-	8	19
2. Figueirense Futebol Clube Florianópolis	9	5	3	1	24	-	8	18
3. Joinville Esporte Clube	9	4	3	2	16	-	16	15
4. Brusque Futebol Clube	9	4	2	3	17	-	13	14
5. Imbituba Futebol Clube	9	3	3	3	13	-	15	12
6. Criciúma Esporte Clube	9	3	3	3	9	-	14	12
7. Clube Atlético Metropolitano Blumenau	9	3	1	5	14	-	18	10
8. Clube Atlético Hermann Aichinger Ibirama	9	2	4	3	9	-	13	10
9. Associação Chapecoense de Futebol	9	1	4	4	9	-	15	7
10. Grêmio Esportivo Juventus Jaraguá do Sul	9	2	0	7	14	-	24	6

Semi-Finals (10-11.04.2010)
Avaí Futebol Clube Florianópolis - Brusque Futebol Clube   4-3(2-0)
Figueirense Futebol Clube Florianópolis* - Joinville Esporte Clube   0-0

Second Stage Final (28.02.2010)
Avaí Futebol Clube Florianópolis* - Joinville Esporte Clube   1-1(0-1)
Avaí Futebol Clube Florianópolis (*win due to better league campaign) qualified for the State Championship Final.

Santa Catarina Championship Finals (26.04.-03.05.2010)
Joinville Esporte Clube - Avaí Futebol Clube Florianópolis   1-3(0-1)
Avaí Futebol Clube Florianópolis - Joinville Esporte Clube   2-0(2-0)

Santa Catarina State Championship Winners 2010: **Avaí Futebol Clube Florianópolis**

Aggregate Table								
1. Avaí Futebol Clube Florianópolis	18	11	4	3	39	-	19	37
2. Joinville Esporte Clube	18	10	4	4	34	-	28	34
3. Figueirense Futebol Clube Florianópolis	18	9	5	4	42	-	22	32
4. Imbituba Futebol Clube	18	8	3	7	29	-	30	27
5. Clube Atlético Hermann Aichinger Ibirama	18	7	6	5	24	-	23	27
6. Clube Atlético Metropolitano Blumenau	18	8	1	9	24	-	26	25
7. Brusque Futebol Clube	18	7	2	9	29	-	30	23
8. Criciúma Esporte Clube	18	6	5	7	22	-	30	23
9. Associação Chapecoense de Futebol (*Relegated*)	18	3	6	9	23	-	31	15
10. Grêmio Esportivo Juventus Jaraguá do Sul (*Relegated*)	18	2	2	14	20	-	47	8

São Paulo

São Paulo State Championship winners:
1902: São Paulo Athletic Club; 1903: São Paulo Athletic Club; 1904: São Paulo Athletic Club; 1905: Clube Atlético Paulistano São Paulo; 1906: Sport Club Germânia São Paulo; 1907: Sport Club Internacional São Paulo; 1908: Clube Atlético Paulistano São Paulo; 1909: Associação Atlética das Palmeiras São Paulo; 1910: Associação Atlética das Palmeiras São Paulo; 1911: São Paulo Athletic Club; 1912: Sport Club Americano São Paulo; 1913: Sport Club Americano São Paulo [LPF=Liga Paulista de Foot-Ball] / Clube Atlético Paulistano São Paulo [APEA=Associação Paulista de Esportes Atléticos]; 1914: Sport Club Corinthians Paulista São Paulo [LPF] / Associação Atlética São Bento São Paulo [APEA]; 1915: Sport Club Germânia São Paulo [LPF] / Associação Atlética das Palmeiras São Paulo [APEA]; 1916: Sport Club Corinthians Paulista São Paulo [LPF] / Clube Atlético Paulistano São Paulo [APEA]; 1917: Clube Atlético Paulistano São Paulo; 1918: Clube Atlético Paulistano São Paulo; 1919: Clube Atlético Paulistano São Paulo; 1920: Palestra Itália São Paulo; 1921: Clube Atlético Paulistano São Paulo; 1922: Sport Club Corinthians Paulista São Paulo; 1923: Sport Club Corinthians Paulista São Paulo; 1924: Sport Club Corinthians Paulista São Paulo; 1925: Associação Atlética São Bento São Paulo; 1926: Palestra Itália São Paulo [APEA] / Clube Atlético Paulistano São Paulo [LAF=Liga dos Amadores de Futebol]; 1927: Palestra Itália São Paulo [APEA] / Clube Atlético Paulistano São Paulo [LAF]; 1928: Sport Club Corinthians Paulista São Paulo [APEA] / Sport Club Internacional São Paulo [LAF]; 1929: Sport Club Corinthians Paulista São Paulo [APEA] / Clube Atlético Paulistano São Paulo [LAF]; 1930: Sport Club Corinthians Paulista São Paulo; 1931: São Paulo Futebol Clube; 1932: Palestra Itália São Paulo; 1933: Palestra Itália São Paulo; 1934: Palestra Itália São Paulo; 1935: Associação Portuguesa de Desportos São Paulo [APEA] / Santos Futebol Clube [LPF]; 1936: Associação Portuguesa de Desportos São Paulo [APEA] / Palestra Itália São Paulo [LPF]; 1937: Sport Club Corinthians Paulista São Paulo; 1938: Sport Club Corinthians Paulista São Paulo; 1939: Sport Club Corinthians Paulista São Paulo; 1940: Palestra Itália São Paulo; 1941: Sport Club Corinthians Paulista São Paulo; 1942: Sociedade Esportiva Palmeiras São Paulo; 1943: São Paulo Futebol Clube; 1944: Sociedade Esportiva Palmeiras São Paulo; 1945: São Paulo Futebol Clube; 1946: São Paulo Futebol Clube; 1947: Sociedade Esportiva Palmeiras São Paulo; 1948: São Paulo Futebol Clube; 1949: São Paulo Futebol Clube; 1950: Sociedade Esportiva Palmeiras São Paulo; 1951: Sport Club Corinthians Paulista São Paulo; 1952: Sport Club Corinthians Paulista São Paulo; 1953: São Paulo Futebol Clube; 1954: Sport Club Corinthians Paulista São Paulo; 1955: Santos Futebol Clube; 1956: Santos Futebol Clube; 1957: São Paulo Futebol Clube; 1958: Santos Futebol Clube; 1959: Sociedade Esportiva Palmeiras São Paulo; 1960: Santos Futebol Clube; 1961: Santos Futebol Clube; 1962: Santos Futebol Clube; 1963: Sociedade Esportiva Palmeiras São Paulo; 1964: Santos Futebol Clube; 1965: Santos Futebol Clube; 1966: Sociedade Esportiva Palmeiras São Paulo; 1967: Santos Futebol Clube; 1968: Santos Futebol Clube; 1969: Santos Futebol Clube; 1970: São Paulo Futebol Clube; 1971: São Paulo Futebol Clube; 1972: Sociedade Esportiva Palmeiras São Paulo; 1973: Santos Futebol Clube & Associação Portuguesa de Desportos São Paulo [shared]; 1974: Sociedade Esportiva Palmeiras São Paulo; 1975: São Paulo Futebol Clube; 1976: Sociedade Esportiva Palmeiras São Paulo; 1977: Sport Club Corinthians Paulista São Paulo; 1978: Santos Futebol Clube; 1979: Sport Club Corinthians Paulista São Paulo; 1980: São Paulo Futebol Clube; 1981: São Paulo Futebol Clube; 1982: Sport Club Corinthians Paulista São Paulo; 1983: Sport Club Corinthians Paulista São Paulo; 1984: Santos Futebol Clube; 1985: São Paulo Futebol Clube; 1986: Associação Atlética Internacional Limeira; 1987: São Paulo Futebol Clube; 1988: Sport Club Corinthians Paulista São Paulo; 1989: São Paulo Futebol Clube; 1990: Clube Atlético Bragantino Bragança Paulista; 1991: São Paulo Futebol Clube; 1992: São Paulo Futebol Clube; 1993: Sociedade Esportiva Palmeiras São Paulo; 1994: Sociedade Esportiva Palmeiras São Paulo; 1995: Sport Club Corinthians Paulista São Paulo; 1996: Sociedade Esportiva Palmeiras São Paulo; 1997: Sport Club Corinthians Paulista São Paulo; 1998: São Paulo Futebol Clube; 1999: Sport Club Corinthians Paulista São Paulo; 2000: São Paulo Futebol Clube; 2001: Sport Club Corinthians Paulista São Paulo; 2002: Ituano Futebol Clube Itu; 2002: São Paulo Futebol Clube; 2003: Sport Club Corinthians Paulista São Paulo; 2004: São Caetano Futebol Limitada; 2005: São Paulo Futebol Clube; 2006: Santos Futebol Clube; 2007: Santos Futebol Clube; 2008: Sociedade Esportiva Palmeiras São

Paulo; 2009: Sport Club Corinthians Paulista São Paulo; 2010: Santos Futebol Clube.

São Paulo State Championship (Campeonato Paulista) 2010

1. Santos Futebol Clube	19	15	2	2	61	-	24	47
2. Esporte Clube Santo André	19	11	4	4	45	-	27	37
3. Grêmio Prudente Futebol Ltda. Barueri	19	11	4	4	34	-	28	37
4. São Paulo Futebol Clube	19	11	3	5	41	-	19	36
5. Sport Club Corinthians Paulista São Paulo	19	10	5	4	32	-	18	35
6. Associação Portuguesa de Desportos São Paulo	19	9	4	6	29	-	20	31
7. Botafogo Futebol Clube Ribeirão Preto	19	9	4	6	27	-	25	31
8. Associação Desportiva São Caetano	19	8	3	8	29	-	25	27
9. Oeste Futebol Clube Itápolis	19	6	8	5	27	-	26	26
10. Associação Atlética Ponte Preta	19	7	4	8	25	-	30	25
11. Sociedade Esportiva Palmeiras São Paulo	19	6	7	6	31	-	32	25
12. Mogi Mirim Esporte Clube	19	7	3	9	22	-	35	24
13. Ituano Futebol Clube São Paulo	19	6	4	9	23	-	37	22
14. Mirassol Futebol Clube	19	5	7	7	24	-	27	22
15. Paulista Futebol Clube Jundiaí	19	6	2	11	23	-	32	20
16. Clube Atlético Bragantino Bragança Paulista	19	5	5	9	37	-	42	20
17. Rio Claro Futebol Clube (*Relegated*)	19	5	4	10	24	-	33	19
18. Atlético Monte Azul (*Relegated*)	19	3	6	10	23	-	41	15
19. Sertãozinho Futebol Clube (*Relegated*)	19	3	5	11	24	-	41	14
20. Rio Branco Esporte Clube (*Relegated*)	19	2	6	11	17	-	36	12

Semi-Finals (11-18.04.2010)
São Paulo Futebol Clube - Santos Futebol Clube   2-3(0-2)   0-3(0-0)
Grêmio Prudente Futebol Ltda. Barueri - Esporte Clube Santo André*   1-2(1-0)   2-1(2-1)
*win due to better league campaign

São Paulo Championship Finals (25.04.-02.05.2010)
Esporte Clube Santo André - Santos Futebol Clube   2-3(1-0)
Santos Futebol Clube* - Esporte Clube Santo André   2-3(2-3)
*win due to better league campaign

São Paulo State Championship Winners 2010: **Santos Futebol Clube**

Sergipe

Sergipe State Championship winners:
1918: Cotinguiba Sport Club Aracaju; 1919: *No competition*; 1920: Cotinguiba Sport Club Aracaju; 1921: Industrial Futebol Clube Aracaju; 1922: Club Sportivo Sergipe Aracaju; 1923: Cotinguiba Sport Club Aracaju; 1924: Club Sportivo Sergipe Aracaju; 1925: *No competition*; 1926: *No competition*; 1927: Club Sportivo Sergipe Aracaju; 1928: Club Sportivo Sergipe Aracaju; 1929: Club Sportivo Sergipe Aracaju; 1930: *No competition*; 1931: *No competition*; 1932: Club Sportivo Sergipe Aracaju; 1933: Club Sportivo Sergipe Aracaju; 1934: Palestra Futebol Clube Aracaju; 1935: Palestra Futebol Clube Aracaju; 1936: Cotinguiba Sport Club Aracaju; 1937: Club Sportivo Sergipe Aracaju; 1938: *No competition*; 1939: Ipiranga Futebol Clube Maruim; 1940: Club Sportivo Sergipe Aracaju; 1941: Riachuelo Futebol Clube Aracaju; 1942: Cotinguiba Sport Club Aracaju; 1943: Club Sportivo Sergipe Aracaju; 1944: Vasco Esporte Clube Aracaju; 1945: Ipiranga Futebol Clube Maruim; 1946: Olímpico Futebol Clube Aracaju; 1947: Olímpico Futebol Clube Aracaju; 1948: Vasco Esporte Clube Aracaju; 1949: Palestra Futebol Clube Aracaju; 1950: Passagem Futebol Clube Aracaju; 1951: Associação

Desportiva Confiança Aracaju; 1952: Cotinguiba Sport Club Aracaju; 1953: Vasco Esporte Clube Aracaju; 1954: Associação Desportiva Confiança Aracaju; 1955: Club Sportivo Sergipe Aracaju; 1956: Esporte Clube Santa Cruz Estância; 1957: Esporte Clube Santa Cruz Estância; 1958: Esporte Clube Santa Cruz Estância; 1959: Esporte Clube Santa Cruz Estância; 1960: Esporte Clube Santa Cruz Estância; 1961: Club Sportivo Sergipe Aracaju; 1962: Associação Desportiva Confiança Aracaju; 1963: Associação Desportiva Confiança Aracaju; 1964: Club Sportivo Sergipe Aracaju; 1965: Associação Desportiva Confiança Aracaju; 1966: América Futebol Clube Propriá; 1967: Club Sportivo Sergipe Aracaju; 1968: Associação Desportiva Confiança Aracaju; 1969: Associação Olímpica Itabaiana; 1970: Club Sportivo Sergipe Aracaju; 1971: Club Sportivo Sergipe Aracaju; 1972: Club Sportivo Sergipe Aracaju; 1973: Associação Olímpica Itabaiana; 1974: Club Sportivo Sergipe Aracaju; 1975: Club Sportivo Sergipe Aracaju; 1976: Associação Desportiva Confiança Aracaju; 1977: Associação Desportiva Confiança Aracaju; 1978: Associação Olímpica Itabaiana; 1979: Associação Olímpica Itabaiana; 1980: Associação Olímpica Itabaiana; 1981: Associação Olímpica Itabaiana; 1982: Associação Olímpica Itabaiana & Club Sportivo Sergipe Aracaju [shared]; 1983: Associação Desportiva Confiança Aracaju; 1984: Club Sportivo Sergipe Aracaju; 1985: Club Sportivo Sergipe Aracaju; 1986: Associação Desportiva Confiança Aracaju; 1987: Vasco Esporte Clube Aracaju; 1988: Associação Desportiva Confiança Aracaju; 1989: Club Sportivo Sergipe Aracaju; 1990: Associação Desportiva Confiança Aracaju; 1991: Club Sportivo Sergipe Aracaju; 1992: Club Sportivo Sergipe Aracaju; 1993: Club Sportivo Sergipe Aracaju; 1994: Club Sportivo Sergipe Aracaju; 1995: Club Sportivo Sergipe Aracaju; 1996: Club Sportivo Sergipe Aracaju; 1997: Associação Olímpica Itabaiana; 1998: Olimpico Lagartense Lagarto; 1999: Club Sportivo Sergipe Aracaju; 2000: Club Sportivo Sergipe Aracaju; 2001: Associação Desportiva Confiança Aracaju; 2002: Associação Desportiva Confiança Aracaju; 2003: Club Sportivo Sergipe Aracaju; 2004: Associação Desportiva Confiança Aracaju; 2005: Associação Olímpica Itabaiana; 2006: Olímpico Pirambu Futebol Clube Pirambu; 2007: América Futebol Clube Propriá; 2008: Associação Desportiva Confiança Aracaju; 2009: Associação Desportiva Confiança Aracaju; 2010: Sociedade Esportiva River Plate Carmópolis.

Sergipe State Championship (Campeonato Sergipano) 2010

First Stage

1. Sociedade Esportiva River Plate Carmópolis	18	10	3	5	26 - 16	33
2. Associação Olímpica de Itabaiana	18	9	3	6	27 - 18	30
3. Associação Desportiva Confiança Aracaju	18	8	5	5	34 - 26	29
4. Olímpico Esporte Clube Itabaianinha	18	8	5	5	29 - 22	29
5. América Futebol Clube Propriá	18	8	4	6	28 - 27	28
6. São Domingos Futebol Clube	18	7	4	7	25 - 23	25
7. Associação Atlética Guarany Porto da Folha	18	4	8	6	21 - 28	20
8. Club Sportivo Sergipe Aracaju*	18	5	7	6	25 - 28	19
9. Sete de Junho Esporte Clube Tobias Barreto (*Relegated*)	18	4	5	9	21 - 31	17
10. Riachuelo Futebol Clube** (*Relegated*)	18	2	6	10	11 - 28	6

Top-4 qualified for the second stage
*3 points deducted for using an irregular player
**6 points deducted for using an irregular player

Second Stage

1. Sociedade Esportiva River Plate Carmópolis	6	3	3	0	8 - 5	12
2. Associação Desportiva Confiança Aracaju	6	3	1	2	10 - 8	10
3. Olímpico Esporte Clube Itabaianinha	6	1	3	2	6 - 7	6
4. Associação Olímpica de Itabaiana	6	0	3	3	4 - 8	3

Sociedade Esportiva River Plate Carmópolis won both stages, no final game needed.

<u>Sergipe State Championship Winners 2010</u>: **Sociedade Esportiva River Plate Carmópolis**

Tocatins

Tocatins State Championship winners:
1993: Tocantinópolis Esporte Clube; 1994: União Atlética Araguainense; 1995: Intercap Esporte Clube Paraíso; 1996: Gurupi Esporte Clube; 1997: Gurupi Esporte Clube; 1998: Associação Atlética Alvorada; 1999: Interporto Futebol Clube Porto Nacional; 2000: Palmas Futebol e Regatas; 2001: Palmas Futebol e Regatas; 2002: Tocantinópolis Esporte Clube; 2003: Palmas Futebol e Regatas; 2004: Palmas Futebol e Regatas; 2005: Colinas Esporte Clube; 2006: Araguaína Futebol e Regatas; 2007: Palmas Futebol e Regatas; 2008: Tocantins Futebol Clube Palmas; 2009: Araguaína Futebol e Regatas; 2010: Gurupi Esporte Clube Tocantinópolis.

Tocatins State Championship (Campeonato Tocantinense) 2010

First Stage

1. Interporto Futebol Clube Porto Nacional	7	4	2	1	18 - 12	14
2. Gurupi Esporte Clube Tocantinópolis	7	4	1	2	17 - 9	13
3. Tocantinópolis Esporte Clube	7	3	2	2	10 - 8	11
4. Araguaína Futebol e Regatas	7	3	2	2	10 - 12	11
5. Intercap Esporte Clube Paraíso do Tocantins	7	2	3	2	10 - 9	9
6. Associação Desportiva e Recreativa São José Palmas	7	2	1	4	9 - 13	7
7. Tubarão Esporte Clube Palmas (*Relegated*)	7	1	3	3	11 - 15	6
8. Palmas Futebol e Regatas* (*Relegated*)	7	1	2	4	11 - 18	2

Top-4 qualified for the second stage.
*3 points deducted

Second Stage

1. Gurupi Esporte Clube Tocantinópolis	6	3	3	0	12 - 7	12
2. Araguaína Futebol e Regatas	6	3	3	3	8 - 4	12
3. Tocantinópolis Esporte Clube	6	1	1	4	5 - 11	4
4. Interporto Futebol Clube Porto Nacional	6	0	3	3	5 - 8	3

Top-2 qualified for the finals.

Tocatins Championship Finals (08-15.05.2010)
Araguaína Futebol e Regatas - Gurupi Esporte Clube Tocantinópolis   1-0(1-0)
Gurupi Esporte Clube Tocantinópolis - Araguaína Futebol e Regatas   3-1

<u>Tocatins State Championship Winners 2010</u>: **Gurupi Esporte Clube Tocantinópolis**

NATIONAL TEAM
INTERNATIONAL MATCHES
(01.06.2010 – 31.05.2011)

02.06.2010	Harare	Zimbabwe - Brazil	0-3(0-2)	(F)
07.06.2010	Dar-es-Salaam	Tanzania - Brazil	1-5(0-2)	(F)
15.06.2010	Johannesburg	Brazil – Korea D.P.R.	2-1(1-0)	(WCF)
20.06.2010	Johannesburg	Brazil – Ivory Coast	3-1(1-0)	(WCF)
25.06.2010	Durban	Portugal - Brazil	0-0	(WCF)
28.06.2010	Johannesburg	Brazil - Chile	3-0(2-0)	(WCF)
02.07.2010	Port Elizabeth	Holland - Brazil	2-1(0-1)	(WCF)
10.08.2010	New Jersey	United States - Brazil	0-2(0-1)	(F)
07.10.2010	Abu Dhabi	Brazil - Iran	3-0(1-0)	(F)
11.10.2010	Derby	Brazil - Ukraine	2-0(1-0)	(F)
17.11.2010	Doha	Argentina - Brazil	1-0(0-0)	(F)
09.02.2011	Paris	France - Brazil	1-0(0-0)	(F)
27.03.2011	London	Brazil - Scotland	2-0(1-0)	(F)

02.06.2010, Friendly International
National Sports Stadium, Harare; Attendance: 30,000
Referee: Abdul Basit Ebrahim (South Africa)
ZIMBABWE - BRAZIL   **0-3(0-2)**
BRA: Júlio César (25.Gomes), Maicon (46.Daniel Alves), Lúcio (46.Luisão), Thiago Silva, Michel Bastos, Felipe Melo, Gilberto Silva, Elano, Kaká (46.Júlio Baptista), Robinho (65.Nilmar), Luís Fabiano (59.Grafite). Trainer: Carlos Caetano Bledorn Verri „Dunga".
Goals: Michel Bastos (41), Robinho (44), Elano (57).

07.06.2010, Friendly International
National Stadium, Dar-es-Salaam; Attendance: 35,000
Referee: Mohamed Ssegonga (Tanzania)
TANZANIA - BRAZIL   **1-5(0-2)**
BRA: Gomes, Juan, Lúcio (46.Luisão), Maicon, Michel Bastos (46.Gilberto), Felipe Melo (46.Josué), Gilberto Silva (46.Ramires), Elano (60.Daniel Alves), Kaká, Robinho, Luís Fabiano (76.Nilmar). Trainer: Carlos Caetano Bledorn Verri „Dunga".
Goals: Robinho (10, 33), Ramires (53), Kaká (75), Ramires (90+2).

15.06.2010, 19th World Cup, Final Tournament, 1st Round
Ellis Park Stadium, Johannesburg (South Africa); Attendance: 54,331
Referee: Viktor Kassai (Hungary)
BRAZIL – KOREA D.P.R.   **2-1(1-0)**
BRA: Júlio César, Maicon, Lúcio (Cap), Juan, Michel Bastos, Gilberto Silva, Elano (73.Daniel Alves), Felipe Melo (84.Ramires), Kaká (78.Nilmar), Robinho, Luís Fabiano. Trainer: Carlos Caetano Bledorn Verri „Dunga".
Goals: Maicon (55), Elano (72).

20.06.2010, 19th World Cup, Final Tournament, 1st Round
Soccer City, Johannesburg (South Africa); Attendance: 84,455
Referee: Stéphane Lannoy (France)
BRAZIL – IVORY COAST   **3-1(1-0)**
BRA: Júlio César, Maicon, Lúcio (Cap), Juan, Michel Bastos, Gilberto Silva, Elano (67.Daniel Alves), Felipe Melo, Kaká, Robinho (90+3.Ramires), Luís Fabiano. Trainer: Carlos Caetano Bledorn Verri „Dunga".

Goals: Luís Fabiano (25, 50), Elano (62).
Sent off: Kaká (88).

25.06.2010, 19th World Cup, Final Tournament, 1st Round
„Moses Mabhida" Stadium, Durban (South Africa); Attendance: 62,712
Referee: Benito Armando Archundia Téllez (Mexico)
PORTUGAL - BRAZIL 0-0
BRA: Júlio César, Maicon, Lúcio (Cap), Juan, Michel Bastos, Gilberto Silva, Daniel Alves, Felipe Melo (44.Josué), Nilmar, Júlio Baptista (82.Ramires), Luís Fabiano (85.Grafite). Trainer: Carlos Caetano Bledorn Verri „Dunga".

28.06.2010, 19th World Cup, Final Tournament, 2nd Round
Ellis Park Stadium, Johannesburg (South Africa); Attendance: 54,096
Referee: Howard Melton Webb (England)
BRAZIL - CHILE 3-0(2-0)
BRA: Júlio César, Maicon, Lúcio (Cap), Juan, Michel Bastos, Gilberto Silva, Daniel Alves, Ramires, Kaká (81.Kléberson), Robinho (85.Gilberto), Luís Fabiano (76.Nilmar). Trainer: Carlos Caetano Bledorn Verri „Dunga".
Goals: Juan (35), Luís Fabiano (38), Robinho (59).

02.07.2010, 19th World Cup, Final Tournament, Quarter-Finals
„Nelson Mandela" Bay Stadium, Port Elizabeth (South Africa); Attendance: 40,186
Referee: Yuichi Nishimura (Japan)
HOLLAND - BRAZIL 2-1(0-1)
BRA: Júlio César, Maicon, Lúcio (Cap), Juan, Michel Bastos (62.Gilberto), Felipe Melo, Daniel Alves, Gilberto Silva, Kaká, Robinho, Luís Fabiano (77.Nilmar). Trainer: Carlos Caetano Bledorn Verri „Dunga".
Goal: Robinho (10).
Sent off: Felipe Melo (73).

10.08.2010, Friendly International
New Meadowlands Stadium, New Jersey; Attendance: 77,223
Referee: Silviu Petrescu (Canada)
UNITED STATES - BRAZIL 0-2(0-1)
BRA: Victor, Daniel Alves, Thiago Silva, David Luiz, André Santos, Lucas Leiva, Ramires (70.Hernanes), Paulo Ganso (89.Jucilei), Neymar (72.Ederson; 75.Carlos Eduardo), Robinho (Cap) (81.Diego Tardelli), Alexandre Pato (68.André III). Trainer: Luiz Antonio Venker de Menezes.
Goals: Neymar (28), Alexandre Pato (46).

07.10.2010, Friendly International
Zayed Sports City, Abu Dhabi (United Arab Emirates); Attendance: n/a
Referee: Fareed Ali Mohamed Al Marzouqi (United Arab Emirates)
BRAZIL - IRAN 3-0(1-0)
BRA: Victor, Daniel Alves, Thiago Silva (78.Réver), David Luiz, André Santos, Lucas Leiva (81.Wesley), Ramires (67.Sandro), Carlos Eduardo (61.Giuliano), Robinho (Cap) (67.Nilmar), Philippe Coutinho (Elias), Alexandre Pato. Trainer: Luiz Antonio Venker de Menezes.
Goals: Daniel Alves (14), Alexandre Pato (69), Nilmar (90).

11.10.2010, Friendly International
Pride Park, Derby (England); Attendance: n/a
Referee: Martin Atkinson (England)
BRAZIL - UKRAINE **2-0(1-0)**
BRA: Victor, Daniel Alves, Thiago Silva, David Luiz, André Santos (46.Adriano Correia), Lucas Leiva, Ramires (65.Sandro), Elias (86.Wesley), Carlos Eduardo (65.Giuliano), Robinho (Cap) (83.André III), Alexandre Pato (77.Nilmar). Trainer: Luiz Antonio Venker de Menezes.
Goals: Daniel Alves (25), Alexandre Pato (64).

17.11.2010, Friendly International
Khalifa International Stadium, Doha (Qatar); Attendance: 50,000
Referee: Abdullah Dor Mohammed Balideh (Qatar)
ARGENTINA - BRAZIL **1-0(0-0)**
BRA: Victor, Daniel Alves, Thiago Silva, David Luiz, André Santos, Lucas Leiva, Ramires (86.Jucilei), Elias, Ronaldinho (73.Douglas II), Robinho (Cap), Neymar (77.André III). Trainer: Luiz Antonio Venker de Menezes.

09.02.2011, Friendly International
Stade de France, Saint-Dénis, Paris; Attendance: 79,712
Referee: Wolfgang Stark (Germany)
FRANCE - BRAZIL **1-0(0-0)**
BRA: Júlio César, Daniel Alves, Thiago Silva, David Luiz, André Santos, Lucas Leiva, Elias (89.André III), Renato Augusto (58.Jádson), Hernanes, Robinho (Cap) (70.Sandro), Alexandre Pato (85.Hulk). Trainer: Luiz Antonio Venker de Menezes.
Sent off: Hernanes (40).

27.03.2011, Friendly International
Emirates Stadium, London (England); Attendance: 53,087
Referee: Howard Melton Webb (England)
BRAZIL - SCOTLAND **2-0(1-0)**
BRA: Júlio César, Daniel Alves, Lúcio (Cap), Thiago Silva, André Santos, Lucas Leiva (87.Sandro), Ramires, Elano (83.Elias), Jádson (72.Lucas II), Leandro Damião (79.Jonas), Neymar (90.Renato Augusto). Trainer: Luiz Antonio Venker de Menezes.
Goals: Neymar (42, 77 penalty).

NATIONAL TEAM PLAYERS 2010/2011

Name	DOB	Club	Cp	Gls
Goalkeepers				
Heurelho da Silva GOMES	15.02.1981	Tottenham Hotspur FC London (ENG)	11	0
JÚLIO CÉSAR Soares de Espíndola	03.09.1979	Internazionale FC Milano (ITA)	55	0
VICTOR Leandro Bagy	21.01.1983	Grêmio Porto-Alegrense	4	0
Defenders				
ANDRÉ Clarindo dos SANTOS	08.03.1983	Fenerbahçe SK Istanbul (TUR)	15	0
Daniel Alves da Silva „DANIEL ALVES"	06.05.1983	FC Barcelona (ESP)	46	5
DAVID LUIZ Moreira Marinho	22.04.1987	Sport Lisboa e Benfica (POR)	5	0
GILBERTO da Silva Melo	25.04.1976	Cruzeiro EC Belo Horizonte	35	1
JUAN Silveira dos Santos	01.02.1979	AS Roma (ITA)	79	7
Lucimar Ferreira da Silva „LÚCIO"	08.05.1978	Internazionale FC Milano (ITA)	97	4
Ânderson Luís da Silva „LUISÃO"	13.02.1981	Sport Lisboa e Benfica (POR)	42	3
MAICON Douglas Sisenando	26.07.1981	Internazionale FC Milano (ITA)	63	6
MICHEL Fernandes BASTOS	02.08.1983	Olympique Lyonnais (FRA)	10	1
RÉVER Humberto Alves Araújo	04.01.1985	CA Mineiro Belo Horizonte	1	0
THIAGO Emiliano da SILVA	22.09.1984	Milan AC (ITA)	13	0
Midfielders				
ADRIANO CORREIA Claro	26.10.1984	FC Barcelona (ESP)	9	0
CARLOS EDUARDO Marques	18.07.1987	FK Rubin Kazan (RUS)	6	0
Douglas dos Santos „DOUGLAS II"	18.02.1982	Grêmio Porto-Alegrense	1	0
EDERSON Honorato Campos	13.01.1986	Olympique Lyonnais (FRA)	1	0
ELANO Ralph Blumer	14.06.1981	Galatasaray SK Istanbul (TUR); 01.2011-> Santos FC	46	9
ELIAS Mendes Trindade	16.05.1985	SC Corinthians São Paulo; 01.2011-> Club Atlético de Madrid (ESP)	5	0
FELIPE MELO de Carvalho	26.06.1983	FC Juventus Torino (ITA)	22	2
GILBERTO Aparecido da SILVA	07.10.1976	PAE Panathinaïkos Athína (GRE)	93	3
GIULIANO Victor de Paula	31.05.1990	SC International Porto Alegre	2	0
Anderson HERNANES de Carvalho Andrade Lima	29.05.1985	SS Lazio Roma (ITA)	3	0
JÁDSON Rodrigues da Silva	22.10.1983	FK Shaktar Donetsk (UKR)	2	0
JOSUÉ Anunciado de Oliveira	19.07.1979	VfL Wolfsburg (GER)	28	1
JUCILEI da Silva	06.04.1988	SC Corinthians São Paulo	2	0
JÚLIO César BAPTISTA	01.10.1981	AS Roma (ITA)	47	5
Ricardo Izecson dos Santos Leite „KAKÁ"	22.04.1982	Real Madrid CF (ESP)	82	27
José KLÉBERSON Pereira	19.06.1979	CR Flamengo Rio de Janeiro	32	2
Lucas Rodrigues Moura da Silva „LUCAS II"	13.08.1992	São Paulo FC	1	0
LUCAS Pezzini LEIVA	09.01.1987	Liverpool FC (ENG)	10	0
Paulo Henrique Chagas de Lima „PAULO GANSO"	12.10.1989	Santos FC	1	0
PHILIPPE COUTINHO Correia	12.06.1992	Internazionale FC Milano (ITA)	1	0
RAMIRES Santos do Nascimento	24.03.1987	Sport Lisboa e Benfica (POR); 08.2010-> Chelsea FC London (ENG)	21	2

RENATO Soares de Oliveira AUGUSTO	08.02.1988	TSV Bayer 04 Leverkusen (GER)	2	0
Ronaldo de Assis Moreira „RONALDINHO"	21.03.1980	Milan AC (ITA)	88	32
SANDRO Ranieri Guimarães Cordeiro	15.03.1989	Tottenham Hotspur FC London (ENG)	5	0
WESLEY Lopes Beltrame	24.01.1987	SV Werder Bremen (GER)	2	0
Forwards				
Alexandre Rodrigues da Silva „ALEXANDRE PATO"	02.09.1989	Milan AC (ITA)	12	4
André Felipe Ribeiro de Souza „ANDRÉ III"	27.09.1990	FK Dinamo Kyiv (UKR); 01.2011-> Girondins de Bordeaux (FRA)	4	0
DIEGO TARDELLI Martins	10.05.1985	CA Mineiro Belo Horizonte	5	0
Edinaldo Batista Libânio „GRAFITE"	02.04.1979	VfL Wolfsburg (GER)	4	1
Givanildo Vieira de Souza „HULK"	25.07.1986	FC do Porto (POR)	3	0
JONAS Gonçalves Oliveira	01.04.1984	Valencia CF (ESP)	1	0
LEANDRO DAMIÃO da Silva dos Santos	22.07.1989	SC International Porto Alegre	1	0
LUÍS FABIANO Clemente	08.11.1980	Sevilla CF (ESP)	43	28
NEYMAR da Silva Santos Júnior	05.02.1992	Santos FC	3	3
NILMAR Honorato da Silva	14.07.1984	Villarreal CF (ESP)	23	9
Róbson de Souza „ROBINHO"	25.01.1984	Santos FC; 08.2010-> Milan AC (ITA)	84	25
Trainer				
Carlos Caetano Bledorn Verri „DUNGA"	31.10.1963			
Luiz Antonio Venker de Menezes „MANO MENEZES"	11.06.1962			

(Caps and goals at 31.05.2011)

CHILE

The Country:	The FA:
República de Chile (Republic of Chile) Capital: Santiago Surface: 756,950 km² Inhabitants: 17,094,270 Time: UTC-4	Federación de Fútbol de Chile Avenida Quilín No. 5635 - Comuna Peñalolén, Casilla No. 3733 Central de Casillas, Santiago Year of Formation: 1895 Member of FIFA since: 1913 Member of CONMEBOL since: 1916

NATIONAL TEAM RECORDS

COPA AMÉRICA		WORLD CUP	
1916	4th Place	1930	Final Tournament (1st Round)
1917	4th Place	1934	Withdrew
1919	4th Place	1938	Withdrew
1920	4th Place	1950	Final Tournament (1st Round)
1921	Withdrew	1954	Qualifiers
1922	5th Place	1958	Qualifiers
1923	Withdrew	1962	Final Tournament (3rd Place)
1924	4th Place	1966	Final Tournament (1st Round)
1925	Withdrew	1970	Qualifiers
1926	3rd Place	1974	Final Tournament (1st Round)
1927	Withdrew	1978	Qualifiers
1929	Withdrew	1982	Final Tournament (1st Round)
1935	4th Place	1986	Qualifiers
1937	5th Place	1990	Disqualified by the FIFA
1939	4th Place	1994	Banned by the FIFA
1941	3rd Place	1998	Final Tournament (2nd Round)
1942	6th Place	2002	Qualifiers
1945	3rd Place	2006	Qualifiers
1946	5th Place	2010	Final Tournament (2nd Round)
1947	4th Place	PANAMERICAN GAMES	
1949	5th Place	1951	3rd Place
1953	4th Place	1955	Did not enter
1955	Runners-up	1959	Did not enter
1956	Runners-up	1963	3rd Place
1957	6th Place	1967	Did not enter
1959	5th Place	1971	Did not enter
1959E	Withdrew	1975	Did not enter
1963	Withdrew	1979	Did not enter
1967	3rd Place	1983	Round 1
1975	Round 1	1987	Runners-up
1979	Runners-up	1991	Did not enter
1983	Round 1	1995	Quarter-Finals
1987	Runners-up	1999	Did not enter
1989	Round 1	2003	Did not enter
1991	3rd Place	2007	Did not enter
1993	Round 1	PANAMERICAN CHAMPIONSHIP	
1995	Round 1	1952	Runners-up
1997	Round 1	1956	6th Place
1999	4th Place	1960	Did not enter
2001	Quarter-Finals		
2004	Round 1		
2007	Quarter-Finals		
2011	*To be played*		

OLYMPIC GAMES 1896-2008
1952, 1984, 2000 (3rd Place)
PLAYER WITH MOST INTERNATIONAL CAPS
Leonel Guillermo Sánchez Lineros - 84 caps (1955-1968)
PLAYER WITH MOST INTERNATIONAL GOALS
José Marcelo Salas Melinao - 37 goals / 71 caps (1994-2007)

CHILEAN CLUB HONOURS IN SOUTH AMERICAN CLUB COMPETITIONS:

COPA LIBERTADORES 1960-2010
Club Social y Deportivo Colo-Colo Santiago (1991)
COPA SUDAMERICANA 2002-2010
None
COPA CONMEBOL 1992-1999
None
SUPERCUP „JOÃO HAVELANGE" 1988-1997*
None
COPA MERCOSUR 1998-2001**
None

*Contested betwenn winners of all previous editions of the Copa Libertadores
**Contested between teams belonging countries from the southern part of South America (Argentina, Brazil, Chile, Paraguay and Uruguay).

NATIONAL COMPETITIONS
TABLE OF HONOURS

	CHAMPIONS	CUP WINNERS
1933	CD Magallanes Santiago	-
1934	CD Magallanes Santiago	-
1935	CD Magallanes Santiago	-
1936	Audax CS Italiano Santiago*	-
1937	CSD Colo-Colo Santiago	-
1938	CD Magallanes Santiago	-
1939	CSD Colo-Colo Santiago	-
1940	CFP de la Universidad de Chile	-
1941	CSD Colo-Colo Santiago	-
1942	CD Santiago Morning	-
1943	Unión Española Santiago	-
1944	CSD Colo-Colo Santiago	-
1945	CD Green Cross Santiago	-
1946	Audax CS Italiano Santiago	-
1947	CSD Colo-Colo Santiago	-
1948	Audax CS Italiano Santiago	-
1949	CD Universidad Católica Santiago	-
1950	Everton de Viña del Mar	-
1951	Unión Española Santiago	-
1952	Everton de Viña del Mar	-
1953	CSD Colo-Colo Santiago	-
1954	CD Universidad Católica Santiago	-

1955	CD Palestino Santiago	-
1956	CSD Colo-Colo Santiago	-
1957	Audax CS Italiano Santiago	-
1958	CD Santiago Wanderers Valparaíso	CSD Colo-Colo Santiago
1959	CFP de la Universidad de Chile	CD Santiago Wanderers Valparaíso
1960	CSD Colo-Colo Santiago	Club de Deportes La Serena
1961	CD Universidad Católica Santiago	CD Santiago Wanderers Valparaíso
1962	CFP de la Universidad de Chile	CD Luis Cruz Martínez Curicó
1963	CSD Colo-Colo Santiago	*No competition*
1964	CFP de la Universidad de Chile	*No competition*
1965	CFP de la Universidad de Chile	*No competition*
1966	CD Universidad Católica Santiago	*No competition*
1967	CFP de la Universidad de Chile	*No competition*
1968	CD Santiago Wanderers Valparaíso	*No competition*
1969	CFP de la Universidad de Chile	*No competition*
1970	CSD Colo-Colo Santiago	*No competition*
1971	CD Unión San Felipe	*No competition*
1972	CSD Colo-Colo Santiago	*No competition*
1973	Unión Española Santiago	*No competition*
1974	CD Huachipato Talcahuano	CSD Colo-Colo Santiago
1975	Unión Española Santiago	CD Palestino Santiago
1976	Everton de Viña del Mar	*No competition*
1977	Unión Española Santiago	*No competition*
1978	CD Palestino Santiago	CD Palestino Santiago
1979	CSD Colo-Colo Santiago	CFP de la Universidad de Chile
1980	CD Cobreloa Calama	CD Municipal Iquique
1981	CSD Colo-Colo Santiago	CSD Colo-Colo Santiago
1982	CD Cobreloa Calama	CSD Colo-Colo Santiago
1983	CSD Colo-Colo Santiago	CD Universidad Católica Santiago
1984	CD Universidad Católica Santiago	Everton de Viña del Mar
1985	CD Cobreloa Calama	CSD Colo-Colo Santiago
1986	CSD Colo-Colo Santiago	CD Cobreloa Calama
1987	CD Universidad Católica Santiago	CD Cobresal El Salvador
1988	CD Cobreloa Calama	CSD Colo-Colo Santiago
1989	CSD Colo-Colo Santiago	CSD Colo-Colo Santiago
1990	CSD Colo-Colo Santiago	CSD Colo-Colo Santiago
1991	CSD Colo-Colo Santiago	CD Universidad Católica Santiago
1992	CD Cobreloa Calama	Unión Española Santiago
1993	CSD Colo-Colo Santiago	Unión Española Santiago
1994	CFP de la Universidad de Chile	CSD Colo-Colo Santiago
1995	CFP de la Universidad de Chile	CD Universidad Católica Santiago
1996	CSD Colo-Colo Santiago	CSD Colo-Colo Santiago
1997	Ape: CD Universidad Católica Santiago Cla: CSD Colo-Colo Santiago	*No competition*
1998	CSD Colo-Colo Santiago	CFP de la Universidad de Chile
1999	CFP de la Universidad de Chile	*No competition*
2000	CFP de la Universidad de Chile	CFP de la Universidad de Chile
2001	CD Santiago Wanderers Valparaíso	*No competition*
2002	Ape: CD Universidad Católica Santiago Cla: CSD Colo-Colo Santiago	*No competition*
2003	Ape: CD Cobreloa Calama Cla: CD Cobreloa Calama	*No competition*

2004	Ape:	CFP de la Universidad de Chile	No competition
	Cla:	CD Cobreloa Calama	
2005	Ape:	Unión Española Santiago	No competition
	Cla:	CD Universidad Católica Santiago	
2006	Ape:	CSD Colo-Colo Santiago	No competition
	Cla:	CSD Colo-Colo Santiago	
2007	Ape:	CSD Colo-Colo Santiago	No competition
	Cla:	CSD Colo-Colo Santiago	
2008	Ape:	Everton de Viña del Mar	Universidad de Concepción
	Cla:	CSD Colo-Colo Santiago	
2009	Ape:	CFP de la Universidad de Chile	CD Unión San Felipe
	Cla:	CSD Colo-Colo Santiago	
2010		CD Universidad Católica Santiago	CD Municipal Iquique

*became in January 2007 Audax Italiano La Florida.

	BEST GOALSCORERS	
1933	Luis Carvallo (CSD Colo-Colo Santiago)	9
1934	Carlos Giudice (Audax CS Italiano Santiago)	19
1935	Aurelio Domínguez (CSD Colo-Colo Santiago)	
	Guillermo Ogaz (CD Magallanes Santiago)	12
1936	Hernán Bolaños (CRC, Audax CS Italiano Santiago)	14
1937	Hernán Bolaños (CRC, Audax CS Italiano Santiago)	16
1938	Gustavo Pizarro (Badminton FC Santiago)	17
1939	Alfonso Domínguez (CSD Colo-Colo Santiago)	32
1940	Victor Alonso (CFP de la Universidad de Chile Santiago)	
	Pedro Valenzuela (CD Magallanes Santiago)	20
1941	José Profetta (ARG, Santiago National FC)	19
1942	Domingo Romo (CD Santiago Morning)	16
1943	Luis Machuca (Unión Española Santiago)	
	Victor Mancilla (CD Universidad Católica Santiago)	17
1944	Juan Alcantara (CSD Colo-Colo Santiago)	
	Alfonso Domínguez (Audax CS Italiano Santiago)	19
1945	Ubaldo Cruche (URU, CFP de la Universidad de Chile Santiago)	
	Hugo Giorgi (Audax CS Italiano Santiago)	
	Juan Zárate (ARG, CD Green Cross Santiago)	17
1946	Ubaldo Cruche (URU, CFP de la Universidad de Chile Santiago)	25
1947	Apolonides Vera (Santiago National FC)	17
1948	Juan Zárate (ARG, Audax CS Italiano Santiago)	22
1949	Mario Lorca (Unión Española Santiago)	20
1950	Félix Díaz (ARG, CD Green Cross Santiago)	21
1951	Rubén Aguilera (CD Santiago Morning)	
	Carlos Tello (Audax CS Italiano Santiago)	21
1952	René Meléndez (Everton de Viña del Mar)	30
1953	Jorge Robledo Oliver (CSD Colo-Colo Santiago)	26
1954	Jorge Robledo Oliver (CSD Colo-Colo Santiago)	25
1955	Nicolas Moreno (ARG, CD Green Cross Santiago)	27
1956	Guillermo Villarroel (CD O'Higgins Rancagua)	19
1957	Gustavo Albella (ARG, CD Green Cross Santiago)	27
1958	Gustavo Albella (ARG, CD Green Cross Santiago)	
	Carlos Verdejo (Club de Deportes La Serena)	23
1959	José Benito Rios (CD O'Higgins Rancagua)	
1960	Juan Falcón (ARG, CD Palestino Santiago)	21

Year	Player	Goals
1961	Carlos Campos Sánchez (CFP de la Universidad de Chile Santiago)	
	Honorino Landa Vera (Unión Española Santiago)	24
1962	Carlos Campos Sánchez (CFP de la Universidad de Chile Santiago)	34
1963	Luis Hernán Álvarez (CSD Colo-Colo Santiago)	37
1964	Daniel Escudero (Everton de Viña del Mar)	25
1965	Héctor Scandolli (CSD Rangers Talca)	25
1966	Felipe Bracamonte (ARG, CD Unión San Felipe)	
	Carlos Campos Sánchez (CFP de la Universidad de Chile Santiago)	21
1967	Eladio Zarate (PAR, Unión Española Santiago)	28
1968	Carlos Enzo Reinoso Valdenegro (Audax CS Italiano Santiago)	21
1969	Eladio Zarate (PAR, Unión Española Santiago)	22
1970	Osvaldo Castro Pelayo (Universidad de Concepción)	36
1971	Eladio Zarate (PAR, CFP de la Universidad de Chile Santiago)	25
1972	Fernando Espinoza (CD Magallanes Santiago)	25
1973	Guillermo Yávar (Unión Española Santiago)	21
1974	Julio Crisosto (CSD Colo-Colo Santiago)	28
1975	Víctor Pizarro (CD Santiago Morning)	27
1976	Oscar Fabbiani (ARG, CD Palestino Santiago)	23
1977	Oscar Fabbiani (ARG, CD Palestino Santiago)	34
1978	Oscar Fabbiani (ARG, CD Palestino Santiago)	35
1979	Carlos Humberto Caszely Garrido (CSD Colo-Colo Santiago)	20
1980	Carlos Humberto Caszely Garrido (CSD Colo-Colo Santiago)	26
1981	Víctor Cabrera (CD San Luis de Quillota)	
	Carlos Humberto Caszely Garrido (CSD Colo-Colo Santiago)	
	Luis Marcoleta (CD Magallanes Santiago)	20
1982	Jorge Luis Siviero (URU, CD Cobreloa Calama)	18
1983	Washington Oliveira (URU, CD Cobreloa Calama)	29
1984	Víctor Cabrera (CD Regional Atacama Copiapó)	18
1985	Ivo Alexis Basay Hatibovic (CD Magallanes Santiago)	19
1986	Sergio Salgado (CD Cobresal El Salvador)	18
1987	Osvaldo Heriberto Hurtado Galeguillo (CD Universidad Católica Santiago)	21
1988	Gustavo De Luca (ARG, Club de Deportes La Serena)	
	Juan José Oré (PER, CD Municipal Iquique)	18
1989	Rubén Martínez (CD Cobresal El Salvador)	25
1990	Rubén Martínez (CSD Colo-Colo Santiago)	22
1991	Rubén Martínez (CSD Colo-Colo Santiago)	23
1992	Aníbal Segundo González Espinoza (CSD Colo-Colo Santiago)	24
1993	Marco Antonio Figueroa Montero (CD Cobreloa Calama)	18
1994	Alberto Federico Acosta (ARG, CD Universidad Católica Santiago)	33
1995	Gabriel Esteban Caballero Schiker (ARG, Club Deportes Antofagasta)	
	Aníbal Segundo González Espinoza (CD Palestino Santiago)	18
1996	Mario Véner (CD Santiago Wanderers Valparaíso)	30
1997	Ape: David Bisconti (ARG, CD Universidad Católica Santiago)	15
	Cla: Richard Martín Báez Fernández (PAR, Universidad de Chile Santiago)	
	Rubén Vallejos (Club de Deportes Puerto Montt)	10
1998	Pedro Alejandro González Vera (CFP de la Universidad de Chile Santiago)	23
1999	Mario Núñez (CD O'Higgins Rancagua)	34
2000	Pedro Alejandro González Vera (CFP de la Universidad de Chile Santiago)	26
2001	Héctor Santiago Tapia Urdile (CSD Colo-Colo Santiago)	24
2002	Ape: Sebastián Ignacio González Valdés (CSD Colo-Colo Santiago)	18
	Cla: Manuel Alejandro Neira Díaz (CSD Colo-Colo Santiago)	14
2003	Ape: Salvador Cabañas Ortega (PAR, Audax CS Italiano Santiago)	18

	Cla:	Gustavo Javier Biscayzacú Perea (URU, Unión Española Santiago)	21
2004	Ape:	Patricio Sebastián Galaz Sepúlveda (CD Cobreloa Calama)	23
	Cla:	Patricio Sebastián Galaz Sepúlveda (CD Cobreloa Calama)	19
2005	Ape:	Joel Estay Silva (Everton de Viña del Mar) Álvaro Gustavo Sarabia Navarro (CD Huachipato Talcahuano) Héctor Raúl Mancilla (CD Cobresal El Salvador)	13
	Cla:	Cristian Antonio Montecinos González (CD Concepción) Gonzalo Antonio Fierro Caniullán (CSD Colo-Colo Santiago) César Díaz (CD Cobresal El Salvador)	13
2006	Ape:	Humberto Andrés Suazo Pontivo (CSD Colo-Colo Santiago)	19
	Cla:	Leonardo Esteban Monje Valenzuela (Universidad de Concepción)	17
2007	Ape:	Humberto Andrés Suazo Pontivo (CSD Colo-Colo Santiago)	18
	Cla:	Carlos Andrés Villanueva Roland (Audax Italiano La Florida)	20
2008	Ape:	Lucas Ramón Barrios Arioli (ARG, CSD Colo-Colo Santiago)	19
	Cla:	Lucas Ramón Barrios Arioli (ARG, CSD Colo-Colo Santiago)	18
2009	Ape:	Esteban Efraín Paredes Quintanilla (CD Santiago Morning)	17
	Cla:	Diego Gabriel Rivarola Popón (ARG, CD Santiago Morning)	13
2010		Milovan Petar Mirošević Albornoz (CD Universidad Católica Santiago)	19

NATIONAL CHAMPIONSHIP
Primera División del Fútbol Profesional Chileno 2010 - Campeonato Nacional Petrobras

1.	CD Universidad Católica Santiago	34	23	5	6	77 - 39	74
2.	CSD Colo-Colo Santiago	34	22	5	7	67 - 34	71
3.	Audax Italiano La Florida	34	20	5	9	75 - 58	65
4.	CFP de la Universidad de Chile Santiago	34	20	4	10	75 - 48	64
5.	Unión Española Santiago	34	14	10	10	58 - 50	52
6.	CD Huachipato Talcahuano	34	12	12	10	44 - 40	48
7.	CD Santiago Wanderers Valparaíso	34	12	9	13	48 - 52	45
8.	Club de Deportes La Serena	34	13	6	15	45 - 59	45
9.	CD Unión San Felipe	34	12	7	15	38 - 47	43
10.	CD Cobresal El Salvador	34	12	6	16	47 - 52	42
11.	CD Palestino Santiago	34	11	9	14	35 - 41	42
12.	CD O'Higgins Rancagua	34	10	11	13	46 - 44	41
13.	Deportivo Ñublense Chillán	34	9	13	12	54 - 66	40
14.	CD Cobreloa Calama	34	10	9	15	45 - 47	39
15.	Universidad de Concepción	34	9	11	14	39 - 50	38
	(Relegation Play-Offs)						
16.	CD Santiago Morning *(Relegation Play-Offs)*	34	9	9	16	34 - 45	36
17.	Everton de Viña del Mar *(Relegated)*	34	8	10	16	38 - 58	34
18.	CD San Luis de Quillota *(Relegated)*	34	5	9	20	36 - 71	24

Places 3-6 qualified for the Liguilla Pre-Libertadores.

Please note: due to the earthquake in February 2010, the Apertura/Clausura system was abandoned for 2010 and only one championship was played.

Liguilla Pre-Libertadores
(08-19.12.2010)

Semi-finals

CD Huachipato Talcahuano - Audax Italiano La Florida	2-1(1-1)	0-2(0-1)
Unión Española Santiago - CFP de la Universidad de Chile Santiago	0-0	4-1(2-0)

Final

Unión Española Santiago - Audax Italiano La Florida	2-1(1-0)
Audax Italiano La Florida - Unión Española Santiago	1-1(1-1)

Unión Española Santiago qualified for the Copa Libertadores 2011.

Promotion/Relegation Play-Off
(12-18.12.2010)

Club Deportes Antofagasta - CD Santiago Morning	2-1(0-0)	1-3 aet
CDP Curicó Unido - Universidad de Concepción	0-2(0-0)	2-3(2-1)

CD Santiago Morning and Universidad de Concepción both remain at first level.

Copa Sudamericana Play-Off
(12-18.08.2010)

CD Municipal Iquique - CFP de la Universidad de Chile Santiago	0-2(0-1)
CFP de la Universidad de Chile Santiago - CD Municipal Iquique	4-1(1-1)

CFP de la Universidad de Chile Santiago qualified for the Copa Sudamericana 2010.

NATIONAL CUP
Copa Chile Final 2010

08.12.2010, Estadio „Francisco Sánchez Rumoroso", Coquimbo; Attendance: 2,124
Referee: Jorge Luis Osorio Reyes
CD Municipal Iquique - Club Deportes Concepción   **1-1(1-1,1-1,1-1)**
   4-3 on penalties
Municipal Iquique: Rodrigo Felipe Naranjo López (46.Cristián Limenza Estigarribia), Frank Patricio Carilao Pinto, Luis Alberto Fuentes Rodríguez, Miguel Ángel Ayala Valladares, Rodrigo Antonio Pérez Albornoz (66.Leonardo Óscar Mas), Marcos Andrés Millape Arizmendi, Néstor Ruben Contreras (74.Sebastián Andrés Marchant Araya), Rodrigo Fabián Núñez Ortiz, Fernando Patricio Martel Helo, Marco Andrés Olea Hueche, Álvaro Sebastián Ramos Sepúlveda. Trainer: José Miguel Cantillana Galea.
Deportes Concepción: Luis Alejandro Rubén de Agustini Varela, Alexis Alejandro Salazar Villarroel, César Antonio Vergara Mena, Héctor Berríos Ibarra (84.Manuel Rodrigo Simpertegui Flores), Patricio Antonio Almendra Cifuentes, Cristóbal Alejandro González Urzúa, Mauricio Eduardo Lagos González, Alejandro Andrés Figueroa Irribarra, Marcos Antonio García Nascimento „Nasa", Hamilton Ricard Cuesta, David Antonio Llanos Almonacid. Trainer: Oscar Jorge Del Solar Villaroel
Goals: 0-1 Hamilton Ricard Cuesta (33), 1-1 Álvaro Sebastián Ramos Sepúlveda (36).
Penalties: Miguel Ángel Ayala Valladares 1-0; Hamilton Ricard Cuesta 1-1; Leonardo Óscar Mas 2-1; Patricio Antonio Almendra Cifuentes (miss); Marcos Andrés Millape Arizmendi 3-1; Marcos Antonio García Nascimento „Nasa" 3-2; Rodrigo Fabián Núñez Ortiz 4-2; Alejandro Andrés Figueroa Irribarra 4-3; Fernando Patricio Martel Helo (miss); Alexis Alejandro Salazar Villarroel (miss).

THE CLUBS 2010

AUDAX ITALIANO LA FLORIDA

Foundation date: November 30, 1910
Address: Enrique Olivares 1003, La Florida, Santiago
Stadium: Estadio Bicentenario Municipal de La Florida– **Capacity:** 12,000

THE SQUAD

	DOB
Goalkeepers:	
Jhonny Cristián Herrera Muñoz	09.05.1981
Boris Iván Pérez Ulloa	11.08.1988
Pablo César Reinoso Ojeda	18.12.1985
Defenders:	
Cristián Andrés Basaure Urzúa	18.03.1981
Cristian Ezequiel Canuhé (ARG)	25.08.1987
Bryan Paul Carrasco Santos	31.01.1991
Lucas Domínguez Irrazábal	13.01.1986
Fernando Antonio Gutiérrez Fernández	04.12.1980
Javier Pérez	25.06.1991
Cristian Eduardo Reynero Cerda	25.08.1979
Boris Alexis Rieloff Venegas	08.01.1984
Sebastián Ignacio Silva Pérez	16.07.1991
Cristián Vilches González	13.07.1983
Midfielders:	
Fabián Saúl Benítez Gómez (PAR)	10.01.1983
Enzo Carlo Cabrera Borlando	01.04.1986
Matías Daniel Campos Toro	22.06.1989
Giovanni Arthur Fornerón Pedrozo (PAR)	18.10.1988
Carlos Alberto Garrido Opazo	06.10.1977
Juan Antonio Herrera Méndez	15.07.1992
Christian André Jelves Palacios	22.01.1991
Christian Jorge Martínez Muñoz	18.06.1983
Marco Antonio Medel de la Fuente	30.06.1989
Pablo Martín Monsalvo (ARG)	17.01.1983
Christopher Antonio Ojeda Leal	14.01.1992
Miguel Ángel Orellana Arcos	29.12.1989
Forwards:	
Matías Campos López	15.06.1987
Felipe Mora	03.08.1983
Mauro Andrés Olivi (ARG)	18.03.1983
Sebastián Andrés Pinto Perurena	15.02.1986
Patricio Andres Retamal Rojas	15.07.1990
Carlos Esteban Ross Cotal	10.05.1987
Oliver Adrián Toledo Morande	17.09.1987
Domingo Omar Zalazar (ARG)	10.08.1986
Trainer:	
Pablo Marini (ARG)	31.01.1967
Marcelo Pablo Barticciotto Cicaré	01.01.1967
Omar Raúl Labruna (ARG)	03.04.1957

CLUB DE DEPORTES COBRELOA CALAMA

Foundation date: January 7, 1977
Address: Calel Atacama 1482, Calama
Stadium: Estadio Municipal de Calama– Capacity: 20,180

THE SQUAD

	DOB
Goalkeepers:	
Fernando Javier Hurtado Pérez	05.08.1983
Víctor Jesús Alfredo Loyola Pando	22.06.1981
Gonzalo Ravanal Contreras	18.10.1990
Defenders:	
Patricio Sebastián Castañeda Muñoz	02.02.1986
Boris Igor González Garrido	22.05.1980
Rodolfo Antonio González Aránguiz	28.02.1989
Alejandro Matías Kruchowski (ARG)	20.01.1983
Sebastián Alejandro Rocco Melgarejo	26.06.1983
Felipe Alejandro Salinas Gatica	12.05.1982
Miguel Sanhueza Mora	30.08.1991
Midfielders:	
Bryan Alfonso Cortés Carvajal	19.08.1991
Johan Patricio Fuentes Muñoz	02.02.1984
Daniel Felipe González Calvo	30.01.1984
José Luis Jerez Cerna	26.06.1978
Nicolás Andrés Leiva Contreras	16.02.1991
Víctor Alexis Osorio Alfaro	27.07.1984
Jonathan Albert Retamal Vásquez	13.10.1990
Cristián Manuel Rojas Sanhueza	19.12.1985
Francisco Rolando Silva Fernández (URU)	26.04.1983
Sebastián Zúñiga Fuenzalida	22.05.1990
Forwards:	
Éver Militón Cantero Benítez (PAR)	03.12.1985
Eduardo Aníbal Domeneghini (ARG)	15.03.1985
Patricio Sebastián Galaz Sepúlveda	31.12.1976
José Alejandro Guerrero del Solar	30.12.1992
Marco Antonio Lazaga Dávalos (PAR)	26.02.1984
Álvaro Fabián López Ojeda	24.09.1992
Gustavo Andrés Ponce Parada	25.06.1991
Liber Daniel Quiñones (URU)	11.06.1985
Trainer:	
Raúl Daniel Toro Fuenzalida	
Germán Jacobo Cornejo Córdova	13.03.1944
Mario Soto Benavides	10.07.1950

CLUB DE DEPORTES COBRESAL EL SALVADOR

Foundation date: may 5, 1979
Address: Arqueros 2500, El Salvador, Atacama
Stadium: Estadio El Cobre, El Salvador– Capacity: 20,752

THE SQUAD

	DOB
Goalkeepers:	
Fernando Mario Burgos Gallardo	19.08.1989
David Sebastián Pacheco Silva	19.07.1990
Luis Alberto Rogel García	02.04.1985
Carlos Andrés Vega García	22.06.1987
Defenders:	
Daniel Andrés Aguilera Godoy	30.07.1988
Matías Ignacio Arriagada Maraboli	12.07.1991
Baltazar del Carmen Astorga Quezada	16.06.1982
Eduardo Ignacio Farías Díaz	01.01.1989
Rodrigo Horacio Jara Santana	09.04.1985
Javier Ignacio León Mira	23.05.1982
Claudio Muñoz Uribe	21.11.1981
Esteban Andrés Sáez Moncada	06.01.1989
Midfielders:	
José Luis Cabión Dianta	14.11.1983
José Ernesto Galván (ARG)	26.03.1981
Juan Carlos Lueiza Muñoz	13.08.1991
Matías Manzano (ARG)	17.06.1986
Diego Andrés Muñoz Tapia	25.09.1989
Hans Francisco Salinas Flores	23.04.1990
Juan Silva Cardenas	11.03.1989
Carlos Andrés Soza Quezada	03.01.1990
Rodrigo Andrés Viligrón Barrientos	14.05.1976
Jorge Francisco Villaroel Aguilera	31.10.1986
Ricardo Patricio Yáñez Godoy	31.05.1991
Forwards:	
Felipe Matías Araya Urrutia	03.01.1991
Denis Federico Caputo (ARG)	21.09.1989
Román Marcelo Cuello Arizmendi (URU)	04.04.1977
Adrián Alonso Faúndez Cabrera	05.08.1989
Lino Waldemar Maldonado Gárnica	27.07.1990
Claudio Ignacio Pérez Maldonado	12.09.1986
Jean Paul Jesús Pineda	24.02.1989
Álvaro Gabriel Pintos Fraga	24.10.1977
Trainer:	
Luis Eduardo Musrri Saravia	24.12.1969

CLUB SOCIAL Y DEPORTIVO COLO-COLO SANTIAGO

Foundation date: April 19, 1925
Address: Av. Marathon 5300, Macul, Santiago
Stadium: Estadio Monumental „David Arellano", Santiago – Capacity: 47,017

THE SQUAD

	DOB
Goalkeepers:	
José Ignacio González Catalán	02.12.1989
Raúl Alejandro Olivares Gálvez	17.04.1988
Francisco Javier Prieto Caroca	01.07.1983
Nery Alexis Veloso Espinoza	02.03.1987
Defenders:	
Rafael Antonio Caroca Cordero	19.07.1989
Jorge Antonio Carrasco Chirino	01.02.1982
Roberto Andrés Cereceda Guajardo	10.10.1984
Paulo Cezar Magalhaes Lobos	14.12.1989
Luis Arturo Mena Irarrázabal	28.08.1979
Miguel Augusto Riffo Garay	21.06.1981
Andrés Scotti Ponce de León (URU)	14.12.1975
Mauro Armando Silva Urrutia	21.01.1989
Sebastián Patricio Toro Hormazábal	02.02.1990
Midfielders:	
Nelson Alejandro Cereceda Cabello	08.08.1991
José Pedro Fuenzalida Gana	22.02.1985
Cristóbal Andrés Jorquera Torres	04.08.1988
Rodrigo David Meléndez Araya	03.10.1977
Rodrigo Javier Millar Carvajal	03.11.1981
Luis Antonio Pavez Contreras	23.01.1988
Bryan Martin Rabello Mella	16.05.1994
Héctor Arturo Sanhueza Medel	11.03.1978
Matías Leonel Quiroga (ARG)	25.01.1986
Macnelly Torres (COL)	01.11.1984
Lucas Antonio Wilchez (ARG)	31.08.1983
Forwards:	
Javier Edgardo Cámpora (ARG)	07.01.1980
Cristián Eduardo Canío Manosalva	31.05.1981
Gino Agustín Clara (ARG)	26.05.1988
Nicolás Ignacio Millan Carrasco	17.11.1991
Ezequiel Rodrigo Miralles Sabugo (ARG)	14.06.1983
Esteban Efraín Paredes Quintanilla	01.08.1980
Claudio Villaneuva	16.02.1993
Trainer:	
Hugo Daniel Tocalli (ARG) [2009-04.2010]	21.01.1948
Diego Sebastián Cagna (ARG)	19.04.1970

EVERTON DE VIÑA DEL MAR

Foundation date: June 24, 1909
Address: Av. Valparaíso 585, oficina 32, Edificio Pleno Centro, Viña del Mar
Stadium: Estadio Sausalito, Viña del Mar – Capacity: 18,037

THE SQUAD

	DOB
Goalkeepers:	
Gustavo Tulio Dalsasso Coletti (ARG)	25.09.1976
Carlos Alberto Lemus Figueroa	03.02.1989
Sebastián Andrés Pérez Kirby	02.12.1990
Defenders:	
Mauricio Antonio Arias González	27.10.1984
Matías Javier Blásquez Lavin	08.05.1991
Juan Eduardo Bottaro (ARG)	20.07.1988
Hugo Andrés Díaz Fernández	23.02.1987
Sebastián Francisco Javier Montesinos Pezoa	12.03.1986
Cristian Gonzalo Oviedo Molina	22.04.1980
Camilo Elías Rencoret Lecaros	23.09.1990
Adrián Alejandro Rojas Contreras	23.05.1977
Fernando Antonio Saavedra Valencia	10.03.1986
Alex Christian von Schwedler	17.02.1980
Midfielders:	
Felipe Gonzalo Barrientos Vilugrón	28.03.1991
Gabriel Cárcamo Riveros	27.07.1987
Douglas Fabián Estay Hermosilla	25.04.1992
Nicolás Andrés Freitas Silva (URU)	08.06.1987
César Daniel Garipe (ARG)	07.05.1981
Lizandro Alexis Henríquez	03.09.1982
Lucas Sebastián Nanía Machaín (ARG)	14.01.1984
Diego Felipe Andrés Orellana Medina	22.07.1993
Nicolás Ignacio Peñailillo Acuña	03.08.1991
Christian Pizarro	23.07.1992
Rodrigo Andres Ramirez Miranda	15.02.1982
Forwards:	
Phillip Michael Araos Maita	10.04.1988
Maximiliano Iván Ceratto (ARG)	21.04.1988
César Alexis Cortés Pinto	09.01.1984
Mauro Crespo Guevgeozián (URU)	10.05.1986
Franco Marcelo Ragusa Nappe	11.01.1993
Trainer:	
Nelson Bonifacio Acosta López (URU)	12.06.1944
Diego Osella (ARG)	17.01.1968

CLUB DEPORTIVO HUACHIPATO TALCAHUANO

Foundation date: June 7, 1947
Address: Av. Desiderio García 909, Las Higueras, Talcahuano
Stadium: Estadio CAP, Talcahuano – **Capacity**: 10,500

THE SQUAD

	DOB
Goalkeepers:	
Héctor Hernán Caputto Gómez (ARG)	06.10.1974
Cristián Fernando Muñoz Hoffman (ARG)	01.07.1977
Álvaro Sáenz-Laguna	04.09.1991
Defenders:	
Elvis Eduardo Acuña Medina	04.02.1991
Juan Carlos Espinoza Reyes	05.07.1991
Carlos Alfredo Labrín Candia	02.12.1990
Nicolás Francisco Larrondo Ossandón	04.10.1987
Pablo César Otárola Torres	13.01.1987
Rodrigo Osvaldo Rivera Godoy	03.12.1983
Jonathan Alfonso Suazo Cuevas	17.11.1989
José Luis Zelaye (ARG)	17.12.1978
Midfielders:	
Carlos Antonio Aguiar Burgos	19.12.1978
Edgardo Smith Abdala Montero (PAL)	01.07.1978
Dagoberto Alexis Currimilla Gómez	26.12.1987
Ronald de la Fuente	25.01.1991
Felipe Elgueta	13.04.1992
Fernando Espinoza	16.05.1991
Gamadiel Adrián García Sánchez	20.07.1979
Matías Alejandro García (ARG)	11.11.1980
Patricio Andrés Jerez Díaz	26.06.1987
Leonardo Martínez	10.07.1985
Luis Patricio Ormazábal Mozó	12.02.1979
José Eduardo Pérez Ferrada	28.07.1985
Nelson Arnoldo Rebolledo Tapia	14.11.1985
Lorenzo Enrique Reyes Vicencio	13.06.1991
Gabriel Eduardo Sandoval Alarcón	13.03.1984
Forwards:	
Isaac Díaz	24.03.1990
Javier Aníbal Elizondo (ARG)	31.10.1982
Daúd Jared Gazale Álvarez	10.08.1984
Ignacio José Herrera Fernández	30.10.1987
Andrés Alejandro Vílchez Araneda	14.01.1992
Manuel Arturo Villalobos Salvo	15.10.1980
Trainer:	
Arturo Salah Cassani	04.12.1949

CLUB DE DEPORTES LA SERENA

Foundation date: December 9, 1955
Address: Matta 250, La Serena
Stadium: Estadio La Portada, La Serena – Capacity: 18,000

THE SQUAD

	DOB
Goalkeepers:	
Cristobal Alonso Díaz Lagos	26.06.1990
Ezequiel Luis Medrán (ARG)	28.12.1980
Claudio Marcel Villalobos Bertolino	11.05.1981
Defenders:	
Félix Gonzalo Cortés Jiménez	15.03.1991
Felipe Enrique Delgado Palma	23.09.1983
Marcelo Alfonso Díaz Rojas	30.12.1986
Byron Héctor Guajardo Barreira	13.07.1992
Diego Martín Guidi Pierani (ARG)	17.04.1981
Mario Esteban Pardo Acuña	13.05.1988
Francisco Ulises Rojas Rojas	22.07.1974
Ricardo Francisco Rojas Trujillo	07.05.1974
Mauricio Alejandro Zenteno Morales	21.04.1984
Midfielders:	
Ángel Rodrigo Carreño Ballesteros	20.12.1981
Claudio Andrés Jopia Arias	13.04.1991
Claudio Andrés Meneses Cordero	05.02.1988
Óscar Rojas Lara	04.06.1989
Carlos Leal	03.04.1992
Patricio Alejandro Rubina Muñoz	22.06.1981
Juan Ignacio Silva	12.08.1986
Carlos Mauricio Tapia Pavez	18.09.1977
Sergio Álex Vargas Pino	24.07.1980
Héctor Javier Vatter (ARG)	14.12.1990
Forwards:	
Alexis Blanco (ARG)	06.06.1988
Jaime Andrés Grondona Bobadilla	15.04.1987
Sebastián Óscar Jaime (ARG)	30.01.1987
Mauricio Javier Salazar Durán	21.09.1979
Trainer:	
Víctor Hugo Castañeda Vargas	21.06.1962

DEPORTIVO ÑUBLENSE CHILLÁN

Foundation date: August 20, 1916
Address: Constitución 664, oficina 116, Chillán
Stadium: Estadio Municipal de Chillán „Nelson Oyarzún Arenas", Chillán – Capacity: 12,000

THE SQUAD

	DOB
Goalkeepers:	
Jorge Luis Deschamps Méndez	13.05.1984
Diego Matías Fuentes Faúndez	03.03.1991
Richard Andrés Leyton Abrigo	25.01.1987
Washington Alexis Viera (URU)	18.10.1978
Defenders:	
Luis Anthony Alegría Quijón	21.11.1980
Julio Alberto Barroso (ARG)	16.01.1985
José Ezequiel Herrera Cabeza	02.06.1987
Alí Manuel Manouchehri Moghadam Kashan Lobos	02.08.1986
Marcelo Nicolas Medina Zamora	11.02.1980
Andrés Patricio Oroz Peñaloza	02.08.1980
Alfonso Cristián Parot Rojas	15.10.1989
Mauricio Ponce	31.01.1990
Benjamín Ignacio Ruiz Herrera	01.02.1982
Andrés Sepúlveda	19.03.1993
Juan Carlos Troncoso Solís	13.04.1991
Midfielders:	
Mariano Román Berriex (ARG)	29.04.1989
Jonathan Josué Cisternas Fernández	16.06.1980
Martín Cortés	07.01.1983
Matías Gastón Díaz Zárate (ARG)	22.06.1987
Pablo Ignacio González Reyes	19.11.1986
Pablo Alejandro Parra Rubilar	23.07.1994
Diego Ortíz	12.12.1989
Joel Antonio Reyes Zúñiga	08.04.1973
Christian Marcelo Sepúlveda Morris	23.05.1987
Forwards:	
Joel Antonio Estay Silva	12.03.1978
Luis Reinaldo Flores Abarca	03.05.1982
Gonzalo Gil (ARG)	08.09.1989
Marcelo Enrique Ibáñez Hernández	16.01.1991
José Luis Muñoz Muñoz	24.07.1987
Yashir Armando Pinto Islame	06.02.1991
Gabriel Nicolás Rodríguez (ARG)	05.01.1989
Trainer:	
Óscar Jorge Del Solar Villaroel	02.06.1958
Ricardo Toro	
Luis Antonio Marcoleta Yáñez	02.02.1959

CLUB DEPORTIVO O'HIGGINS RANCAGUA

Foundation date: April 7, 1955
Address: Cuevas 051, Rancagua
Stadium: Estadio El Teniente, Rancagua – Capacity: 14,450

THE SQUAD

	DOB
Goalkeepers:	
Federico Martín Elduayén Saldaña (URU)	25.06.1977
Rodrigo Alexis Flores Echeverria	18.02.1990
Roberto Andrés González Beltran	19.05.1976
Raúl Muñoz	21.06.1991
Defenders:	
Cristián Felipe Abarca Foncea	20.05.1989
Albert Alejandro Acevedo Vergara	06.05.1983
Luis Ignacio Casanova Sandoval	01.07.1992
Juan Gómez Medina	09.02.1992
Diego Alejandro Olate Jeria	11.01.1987
Yerson Flavio Opazo Riquelme	24.12.1984
Felipe Reinaldo Rojas Pávez	02.03.1986
Benjamin Fernando Vidal Allendes	18.03.1991
Sebastián Felipe Villegas Jara	31.10.1990
Midfielders:	
Mauricio Fernando Aros Bahamonde	09.03.1976
Braulio Esteban Baeza Figueroa	01.07.1990
Piero Campos Moreno	28.01.1992
Diego González	16.01.1991
Juan Luis González Calderón	16.06.1974
Enzo Hernán Gutiérrez Lencinas (ARG)	28.05.1986
Gonzalo Emmanuel Raúl Ludueña (ARG)	12.03.1986
Joan Manuel Muñoz Melgarejo	20.04.1989
Leonardo Andrés Saavedra Salazar	03.01.1989
Iván Gonzalo Vásquez Quilodrán	13.08.1985
Marco Antonio Villaseca Cabezas	15.03.1975
Forwards:	
Milton Tobías Oscar Alegre López (ARG)	14.10.1991
Juan Pablo Carrasco	11.08.1992
Roberto Carlos Gamarra Acosta (PAR)	11.05.1981
Lucas Ramón Ojeda Villanueva (ARG)	01.02.1986
José Samuel Teuber Coser	13.02.1987
Trainer:	
Roberto Hernández	
Marco Antonio Figueroa Montero	21.02.1962

CLUB DEPORTIVO PALESTINO SANTIAGO

Foundation date: August 20, 1920
Address: Av. El Parrón 0999, La Cisterna, Santiago
Stadium: Estadio Municipal de La Cisterna, Santiago – Capacity: 12,000

THE SQUAD

	DOB
Goalkeepers:	
José Luis Aguilera Mejías	12.10.1988
Felipe Alejandro Núñez Becerra	24.02.1979
José Antonio Quezada Salazar	
Defenders:	
Roberto Fabián Bishara Adauy	18.08.1981
Sebastián Ignacio Díaz Escobar	16.02.1989
Miguel Andrés Escalona Armijo	23.03.1990
Carlos Felipe Herrera Contreras	06.08.1983
Germán Antonio Navea Torres	10.02.1980
Luis Esteban Oyarzún Rebolledo	24.04.1982
Jossymar Quiñónez Sánchez	26.03.1987
Rodrigo Fabián Riquelme Cabrera (PAR)	01.06.1984
Bruno Sebastián Romo Rojas	20.05.1989
Francisco Ugarte	
Midfielders:	
Alfredo Rojas Acuña	12.11.1990
Juan José Albornoz Figueroa	12.02.1982
Roberto Carlos Ávalos Pino	16.06.1980
Alejandro Ulises Carrasco Orellana	23.03.1978
Gerardo Elías Cortés Hermosilla	17.05.1988
Diego Alonso Díaz García	13.10.1988
César Antonio Henríquez Iturra	02.11.1981
Joan Alexander Henríquez Contreras	24.04.1986
Jaime Eduardo Riveros Valenzuela	27.11.1970
César Valenzuela Martínez	04.09.1992
Forwards:	
Nicolás Sebastián Canales Calas	27.06.1985
Julio Cesar Laffatigue Halub (ARG)	23.02.1980
Rodolfo Antonio Moya Spuler	27.07.1979
Pablo Daniel Pereira Coitiño	13.06.1987
Carlos Alberto Pérez Pérez	26.08.1990
Trainer:	
Jorge Orlando Aravena Plaza	22.04.1958
Gustavo Adolfo Benítez Bento (PAR)	05.02.1953

CLUB DEPORTIVO SAN LUIS DE QUILLOTA

Foundation date: December 8, 1919
Address: San Martín 687, Quillota, CP: 2260991
Stadium: Estadio Municipal „Lucio Fariña Fernández", Quillota - Capacity: 7,500

THE SQUAD

	DOB
Goalkeepers:	
Osvaldo Andrés Cataldo Cataldo	13.09.1982
Luciano Ramón Palos Ongaro	29.11.1979
Andrés Antonio Parada Barrera	20.03.1984
Defenders:	
Eusebio Ignacio Díaz Zabala	12.10.1986
Alejandro Adrián Escalona Martínez	14.08.1979
Carlos Andrés Escobar Casarin	13.09.1991
Alexis Omar Flores Cucoch-Petraello	11.01.1992
Guillermo Pacheco Tudela	15.12.1989
Francisco Javier Sánchez Silva	06.02.1985
Hernán Silva (ARG)	26.05.1986
John Cristofer Valladares Contreras	24.03.1980
Jorge Francisco Vargas Palacios	08.02.1976
Midfielders:	
Fernando Alves Machado (BRA)	25.12.1981
Franco Manuel Asencio (ARG)	29.08.1981
Patricio Alejandro Pérez Díaz	14.03.1980
Mauricio Javier Rojas Toro	30.03.1978
Eduardo Sebastian Sepúlveda	21.02.1987
Cristián Roberto Uribe Lara	01.03.1976
Sebastián Esteban Varas Moreno	01.08.1988
Leonardo Iván Zarosa (ARG)	15.02.1983
Forwards:	
Felipe Arancibia	02.10.1991
Mario Antonio Cáceres Gómez	17.03.1981
Gerson Sebastián Martínez Arredondo	10.01.1989
Hernán Gastón Peirone (ARG)	28.05.1986
Mario Daniel Pierani Verstraete (ARG)	30.07.1978
Joel Antonio Soto Torres	09.04.1982
Mathías Leonardo Vidangossy Rebolledo	25.05.1987
Trainer:	
Diego Osella (ARG)	17.01.1968
Roberto Mariani (ARG)	
Cristián Ochoa	

CLUB DE DEPORTES SANTIAGO MORNING

Foundation date: October 16, 1903
Address: Avenida Recoleta 415, Santiago
Stadium: Estadio Municipal „Roberto Bravo Santibáñez", Melpilla – Capacity: 6,500

THE SQUAD

	DOB
Goalkeepers:	
Héctor Alejandro Barra Zúñiga	24.04.1978
Rodolfo Martín Ferrando Arias (URU)	12.01.1979
Elias Victor Hartard Ojeda	17.05.1987
Defenders:	
Bastián Alexis Arce Ramirez	17.08.1989
Fernando Agustín López Flores	29.01.1980
Damián Pablo Nieto (ARG)	02.04.1985
Nicolás Mathías Paiva Paiva	10.03.1992
Bruno Nicolas Piano Rosewarne (URU)	04.04.1977
Pedro Rubén Rivera Porra	27.09.1976
César Andrés Rodríguez Silva	03.05.1990
Diego Alejandro Silva	11.03.1983
Washington Leandro Torres Trujillo	23.05.1984
Midfielders:	
José Hernán Barrera Escobar	09.02.1988
Rodolfo Antonio Beltrán Sepúlveda	01.06.1985
Felipe Andrés Díaz Henríquez	09.08.1983
Leonardo Antonio Espinoza Nova	01.07.1986
Emanuel González	06.05.1986
Francisco Anderson Huaiquipán Castillo	10.10.1978
Fernando Alejandro Manríquez Hernández	01.02.1984
Fidencio Oviedo Domínguez (PAR)	30.05.1987
Juan José Ribera	11.10.1980
Michael Fabián Ríos Ripoll	24.04.1985
Daniel Salinas	14.07.1992
Carlos Alberto Santibáñez (ARG)	30.08.1986
Patricio André Vidal López	07.03.1990
Forwards:	
Sandro Estefano Berríos San Martín	21.11.1989
Pablo Ignacio Calandria (ARG)	15.03.1982
Sergio Héctor Comba (ARG)	15.10.1978
Miguel Ángel Hernández Ortiz	18.07.1984
Matías Héctor Sebastián Urbano (ARG)	16.02.1981
Trainer:	
Juan Antonio Pizzi Torroja (ARG)	07.06.1968
Justo Farrán Veas	01.08.1963
Fernando Maximiliano Díaz Seguel	27.12.1961

CLUB DE DEPORTES SANTIAGO WANDERERS S.A.D.P.

Foundation date: August 15, 1892
Address: Independencia 2053/2061, Valparaíso
Stadium: Estadio Regional Chiledeportes, Valparaíso – Capacity: 18,500

THE SQUAD

	DOB
Goalkeepers:	
Diego Carlos Figueroa Cobo	21.02.1990
David Andrés Reyes Ferrada	17.01.1985
Mauricio Alejandro Viana Caamaño (BRA)	14.06.1989
Alexis Vianey Yañez Durán	07.02.1991
Defenders:	
Rodrigo Alejandro Barra Carrasco	24.09.1975
Héctor Martín Desvaux (ARG)	04.02.1980
Eric Orlando Godoy Zepeda	26.03.1987
Óscar Mauricio Opazo Lara	18.10.1990
Agustín Hernán Felipe Parra Repetto	10.06.1989
Franz Schulz Ramírez	20.07.1991
César Antonio Talma Díaz	28.10.1980
Nelson Antonio Vera Contreras	19.06.1991
Midfielders:	
Jefferson Alexis Castillo Marin	10.06.1990
Giakumis Yaya Kodogiannis Valencia	13.04.1992
Pablo Darío López (ARG)	04.06.1982
Sebastián Antonio Méndez Plaza	06.06.1986
Franco Tomás Quiroga (ARG)	23.12.1986
Andrés Robles Fuentes	07.05.1994
Michael Andrés Silva Torres	12.03.1988
Sebastián Andrés Ubilla Cambon	09.08.1990
Moisés Fermín Villarroel Ayala	12.02.1976
Forwards:	
Alejandro Damián Da Silva Mercado (PAR)	18.05.1983
Ronnie Alan Fernández Sáez	30.01.1991
Rubén Darío Gigena (ARG)	02.10.1980
José Luis Jiménez Marín	08.08.1983
Carlos Andrés Muñoz Rojas	21.04.1989
Héctor Núñez Segovia (PAR)	15.04.1992
Trainer:	
Humberto Zuccarelli (ARG)	17.08.1955
Jorge Luis Garcés Rojas	13.05.1957

UNIÓN ESPAÑOLA SANTIAGO
Foundation date: May 18, 1897
Address: Santa Laura 1291, Independencia, Santiago
Stadium: Estadio Santa Laura, Santiago – Capacity: 22,000

THE SQUAD

	DOB
Goalkeepers:	
Luis Antonio Marín Barahona	18.05.1983
Gregory Saavedra Morales	11.02.1989
Rainer Klaus Wirth Castro	25.10.1982
Defenders:	
Miguel Ángel Aceval Muñoz	08.01.1983
Francisco Alarcón	05.02.1990
Jorge Enrique Ampuero Cabello	17.04.1987
Hugo Cáceres	15.09.1994
Leandro Javier Delgado Plenkovich	15.07.1982
Giovanny Patricio Espinoza Pabón (ECU)	12.04.1977
Marco Hidalgo Zúñiga	06.07.1990
Sebastián Miguel Miranda Córdova	26.06.1980
Alvaro Francisco Najera Gil (COL)	25.07.1983
Matías Navarrete	20.01.1992
Midfielders:	
Fernando Patricio Cordero Fonseca	26.08.1987
Luis Pedro Figueroa Sepúlveda	14.05.1983
Esteban Eduardo González Herrera	22.05.1982
Kevin Andrew Harbottle Carrasco	08.06.1990
Braulio Antonio Leal Salvo	22.11.1981
Martín Ricardo Ligüera López (URU)	09.11.1980
Rodolfo Alejandro Madrid González	14.05.1980
Matías Nicolás Masiero Balas (URU)	15.01.1988
Nicolás Arnaldo Núñez Rojas	12.09.1984
Roberto Daniel Ordenes	05.01.1981
Jorge Orellana Riffo	09.11.1994
Juan Carlos Sepúlveda Carvallo	09.11.1989
Gonzalo Andrés Villagra Lira	17.09.1981
Forwards:	
Nikolás Maximiliano Altamirano Acuña	01.04.1990
Mario Antonio Aravena Bonilla	31.01.1985
Ramsés Maximiliano Bustos Guerrero	13.10.1991
Gustavo Javier Canales (ARG)	30.03.1982
Raúl Enrique Estévez (ARG)	21.01.1978
Rodrigo Pablo Gattas	02.12.1989
Alexander Jesús Medina Reobasco (URU)	08.08.1978
Leonardo Esteban Monje Valenzuela	16.03.1981
Eduardo Javier Rubio Kostner	07.11.1983
Fabián Saavedra Muñoz	27.01.1992
Trainer:	
Rubén Israel (URU)	
José Luis Sierra Pando	05.12.1968

CLUB DE DEPORTES UNIÓN SAN FELIPE

Foundation date: October 16, 1956
Address: Traslaviña 321, San Felipe
Stadium: Estadio Municipal de San Felipe, San Felipe – Capacity: 12,000

THE SQUAD

	DOB
Goalkeepers:	
Jaime Alejandro Bravo Jeffery	04.04.1982
Luis Corvalán Corvalán	06.02.1972
Cristian Vicente Torralbo Muñoz	20.04.1984
Defenders:	
Juan Pablo Andrade	29.11.1988
Ceferino Hugo Raúl Denis (ARG)	09.11.1978
David Daniel Fernández Flores	05.06.1986
Felipe Andrés Miranda Reyes	02.08.1981
Luis Robert Quijanes Rozas	17.10.1986
Eduardo Sebastián Quiñones Lobos	28.04.1983
Pablo Andrés Silva Ibaceta	04.07.1991
Cristian Fernando Suárez Figueroa	06.02.1987
Marcelo Alejandro Teuber Coser	15.08.1984
Marcos Antonio Velásquez Ahumada	23.06.1988
Midfielders:	
Esteban Andrés Carvajal Tapia	17.11.1988
Miguel Ángel Coronado Contreras	06.02.1987
David Andrés Distéfano (ARG)	13.09.1987
Miguel Ángel González (ARG)	10.08.1983
Jonathan Ezequiel Guerazar (ARG)	01.04.1990
Álvaro López	08.08.1990
Cristian Javier Magaña Leyton	26.03.1991
Sebastián Eduardo Páez Aravena	13.08.1986
Eros Roque Pérez Salas	03.06.1976
Juan Andrés Toloza Cortés	04.05.1985
Forwards:	
Carlos Sebastián Alzamora Esquivel	27.09.1986
Diego Jesus Alvarado Rodríguez	03.01.1993
Jonathan Domínguez (ARG)	19.10.1987
Juan Pablo Estay Molina	05.06.1990
Víctor Damián Meza (ARG)	28.01.1987
Luis Ángel Vildozo Godoy (ARG)	09.12.1981
Jimmy Orlando Quiroz Plaza	27.05.1983
Trainer:	
Gustavo Cisneros (ARG)	
Ivo Alexis Basay Hatibovic	13.04.1966

CLUB DEPORTIVO UNIVERSIDAD CATÓLICA SANTIAGO

Foundation date: April 21, 1937
Address: Andrés Bello 2782, Las Condes, Santiago
Stadium: Estadio San Carlos de Apoquindo, Santiago – Capacity: 18,000

THE SQUAD

	DOB
Goalkeepers:	
Fabián Alfredo Cerda Valdes	07.02.1989
Paulo Andrés Garcés Contreras	02.08.1984
Claudio Patricio Santis Torrejón	16.10.1992
Cristopher Benjamín Toselli Ríos	15.06.1988
Defenders:	
Enzo Pablo Andía Roco	16.08.1992
Rodolfo Martín Arruabarrena (ARG)	20.07.1975
Marcos António González Salazar	09.06.1980
David Andrés Henríquez Espinoza	12.07.1977
José Víctor Martínez Díaz	18.03.1991
Hans Alexis Martínez Cabrera	04.01.1987
Diego Rosende Lagos	11.02.1986
Adán Jonathan Vergara Villagra	09.05.1981
Eduardo Ignacio Villagra Cabezas	11.06.1990
Midfielders:	
Gerardo Patricio Basaes Bórquez	26.07.1989
Darío Bottinelli (ARG)	26.12.1986
Bernardo Andrés Campos Araniba	23.04.1991
Leandro Javier Díaz (ARG)	26.06.1986
Juan Eduardo Eluchans (ARG)	14.04.1980
Felipe Alejandro Gutiérrez Leiva	08.10.1990
Fernando Andrés Meneses Cornejo	27.09.1985
Milovan Petar Mirosevic Albornoz	20.06.1980
Jorge Andrés Ormeño Guerra	14.06.1977
Gonzalo Alfredo Sepúlveda Domínguez	10.11.1988
Francisco Andrés Silva Gajardo	11.02.1986
Rodrigo Alejandro Toloza Vilches	03.05.1984
Rodrigo Ignacio Valenzuela Avilés	29.11.1975
Gustavo David Zamudio Veloso	11.04.1985
Forwards:	
Roberto Carlos Gutiérrez Gamboa	18.04.1983
Matías Nicolás Jadue González	16.05.1992
Francisco Javier Pizarro Cartés	10.05.1989
Lucas David Pratto (ARG)	04.06.1988
Matías Martín Rubio Kostner	08.08.1988
Pablo Andrés Vranjicán Storani (ARG)	11.12.1985
Trainer:	
Marco Antonio Figueroa Montero	21.02.1962
Juan Antonio Pizzi Torroija (ESP) [from 09.07.2010]	07.06.1968

CLUB DE FÚTBOL PROFESIONAL DE LA UNIVERSIDAD DE CHILE
Foundation date: May 24, 1927
Address: Av. Campo de Deportes 565, Ñuñoa, Santiago
Stadium: Estadio Nacional „Julio Martínez Prádanos", Santiago – Capacity: 77,000

THE SQUAD

	DOB
Goalkeepers:	
Christopher Nicolás Casaretto	24.07.1988
Esteban Néstor Condé Quintana (URU)	04.03.1983
Juan José Halty Sarobe	07.06.1989
Miguel Angel Pinto Jérez	04.07.1983
Carlos Salas	30.11.1984
Defenders:	
Juan René Abarca	07.12.1988
Matías Jesus Celís Contreras	09.01.1989
José Raúl Contreras Arrau	23.03.1982
Yamil Patricio Cortés Cortés	21.07.1990
Juan Claudio González Calderón	06.12.1975
Cristóbal Giovanni López Jara	13.05.1988
Eugenio Esteban Mena Reveco	18.07.1988
Rafael Andrés Olarra Guerrero	26.05.1978
José Manuel Rojas Bahamondes	23.06.1983
Mauricio Bernardo Victorino Dansilio (URU)	11.10.1982
Midfielders:	
Emanuel Adrián Centurión (ARG)	25.08.1982
Luis Felipe Gallegos Leiva	03.12.1991
Manuel Rolando Iturra Urrutia	23.06.1984
Guillermo Andrés Marino (ARG)	02.02.1981
Gonzalo Ignacio Novoa Contreras	14.05.1986
Nelson Alejandro Pinto Martínez	01.02.1981
Edson Raúl Puch Cortéz	04.09.1986
Matías Nicolás Rodríguez	14.04.1986
Ángel Orlando Rojas Ortega	10.04.1985
Felipe Ignacio Seymour Dobud	23.07.1987
José Luis Silva Araya	07.01.1991
Forwards:	
Carlos Éber Bueno Suárez (URU)	10.05.1980
Francisco Fernando Castro Gamboa	04.09.1990
Diego Alfredo Inostroza Mellado	25.04.1992
Diego Gabriel Rivarola Popón (ARG)	14.07.1976
Eduardo Jesús Vargas Rojas	20.11.1989
Gabriel Alejandro Vargas Venegas	08.12.1983
Trainer:	
Gerardo Cono Pelusso Boyrie (URU)	25.02.1954

CLUB DEPORTIVO UNIVERSIDAD DE CONCEPCIÓN

Foundation date: August 8, 1994
Address: Rengo 451, Piso 2 y 3, Concepción
Stadium: Estadio Municipal de Concepción – Capacity: 35,000

THE SQUAD

	DOB
Goalkeepers:	
Cristhian David Brítez Sánchez (PAR)	25.09.1984
Franco Angelo Cabrera Torres	01.05.1983
Leonardo Figueroa	17.03.1992
Defenders:	
Diego Armando Díaz Ahumada	12.07.1986
Alejandro Humberto Gaete Duarte	25.01.1986
Michael Osmar Godoy	17.07.1983
Claudio Muñoz Carrillo	02.12.1984
Felipe Andrés Muñoz Flores	04.04.1985
Federico Paulucci (ARG)	11.01.1990
Jorge Osvaldo Schwager Navarrete	04.07.1983
Fernando Esteban Solís Núñez	26.06.1976
Midfielders:	
Patricio Andrés Aguilera Cuadro	11.02.1987
Francisco Esteban Arrué Pardo	07.08.1977
Michael Antonio Lepe Labraña	13.08.1990
Gustavo Rubén Lorenzetti Espinoza (ARG)	10.05.1985
Leonel Jonathan Mena Gutiérrez	23.09.1982
Sergio Antonio Moreno Suárez	19.02.1982
Gerardo Navarrete Barrientos	14.07.1994
Richard Javier Pellejero Ferreira (URU)	30.05.1976
Claudio Francisco Sandoval Zapata	12.02.1992
Diego Alonso Sepúlveda Guajardo	15.08.1988
Forwards:	
Juan José Arraya (ARG)	20.04.1986
Juan Antonio Cabral (PAR)	19.06.1984
Mauricio Alejandro Gómez Ríos	05.03.1989
Renato Andrés Ramos Madariaga	02.02.1979
Pedro Muñoz Zúñiga	09.06.1986
Trainer:	
Jorge Alberto Pellicer Barceló	07.02.1966
Yuri Fernández	

SECOND LEVEL
Primera División B del Fútbol Profesional Chileno

Regional Stage
Top-4 from each Zone qualified for the Final Stage.

North Zone
1.	CD Antofagasta	24	13	6	5	37	-	22	45
2.	CD Unión La Calera	24	12	9	3	39	-	24	45
3.	CD Municipal Iquique	24	9	7	8	30	-	25	34
4.	CD Provincial Curicó Unido	24	9	6	9	34	-	29	33
5.	CD San Marcos de Arica	24	7	6	11	41	-	55	27
6.	CD Coquimbo Unido	24	6	8	10	24	-	34	26
7.	CD Copiapó (*Relegation Play-Offs*)	24	4	6	14	28	-	44	18

South Zone
1.	CD Puerto Montt	24	12	9	3	34	-	22	45
2.	CD Unión Temuco	24	12	5	7	35	-	27	41
3.	CS Deportes Concepción	24	9	9	6	31	-	24	36
4.	CD Lota Schwager Coronel	24	9	7	8	31	-	29	34
5.	CD Naval Talcahuano	24	8	5	11	27	-	26	29
6.	CD Provincial Osorno	24	8	4	12	26	-	33	28
7.	CSD Rangers Talca (*Relegation Play-Offs*)	24	5	3	16	17	-	40	18

Final Stage
1.	CD Municipal Iquique (*Promoted*)	14	9	3	2	22	-	9	31 [1]
2.	CD Unión La Calera (*Promoted*)	14	6	6	2	19	-	11	26 [2]
3.	CD Antofagasta (*Promotion Play-Off*)	14	6	3	5	17	-	15	24 [3]
4.	CD Provincial Curicó Unido	14	6	4	4	19	-	12	22
5.	CD Unión Temuco	14	6	2	6	19	-	22	22 [2]
6.	CS Deportes Concepción	14	4	3	7	14	-	18	16 [1]
7.	CD Puerto Montt	14	3	3	8	13	-	22	15 [3]
8.	CD Lota Schwager Coronel	14	3	2	9	13	-	27	11

Note: the bonus points from the regional stage are indicated between square brackets.
Places 4-5 played a „Fourth place match" to determine the second team to play the Promotion/Relegation Play-Offs:
CD Provincial Curicó Unido - CD Unión Temuco 0-0; 3-2 on penalties

Relegation Play-Offs
CD Copiapó - CD Provincial Osorno   2-0(0-0) 0-1(0-0)
CD Copiapó keep its places in the Primera División B.

THIRD LEVEL
Tercera División A („Copa Diario La Cuarta")

Regional Stage
Top-4 from each Zone advanced to the Final Stage. Places 5-8 qualified to the Relegation Stage.

North Group
1.	CD Trasandino de Los Andes	12	7	3	2	21	-	11	24
2.	CD Municipal Mejillones	12	6	4	2	26	-	17	22
3.	CD Barnechea	12	6	3	3	22	-	11	21

4. CD Provincial Talagante	12	4	2	6	10	-	18	14
5. Deportes Quilicura	12	3	5	4	12	-	18	14
6. Deportes Ovalle SA	12	2	4	6	16	-	23	10
7. CSD San Antonio Unido	12	1	5	6	7	-	16	8
8. CD Provincial-AGC Cabildo (*withdrew*)								
9. CD Unión Quilpué (*withdrew*)								

South Group

1. CD Magallanes Santiago	14	11	2	1	36	-	12	35
2. CDSC Iberia Los Ángeles	14	10	3	1	24	-	9	33
3. Deportes Melipilla	14	5	3	6	19	-	21	18
4. CD Colchagua San Fernando	14	4	6	4	16	-	18	18
5. CD Temuco	14	5	1	8	17	-	20	16
6. CD Linares Unido	14	4	3	7	20	-	26	15
7. CDFA Arturo Fernández Vial Concepción	14	3	3	8	18	-	28	12
8. CD Municipal La Pintana Santaigo	14	2	3	9	11	-	27	9

Final Stage

1. CD Magallanes Santiago (*Promoted*)	14	10	1	3	39	-	16	34 [3]
2. CD Trasandino de Los Andes	14	9	2	3	27	-	20	32 [3]
3. CD Barnechea	14	7	5	2	24	-	13	27 [1]
4. CDSC Iberia Los Ángeles	14	6	3	5	20	-	18	23 [2]
5. CD Municipal Mejillones	14	5	3	6	18	-	25	20 [2]
6. Deportes Melipilla	14	6	0	8	24	-	28	19 [1]
7. CD Colchagua San Fernando	14	4	2	8	18	-	26	14
8. CD Provincial Talagante	14	0	2	12	14	-	38	2

Note: the bonus points from the regional stage are indicated between square brackets.

Relegation Stage

North Group

1. Deportes Quilicura (*Relegation Play-Off*)	16	4	6	6	15	-	23	18
2. Deportes Ovalle SA (*Relegated*)	16	4	5	7	22	-	28	17
3. CSD San Antonio Unido (*Relegated*)	16	2	7	7	12	-	20	13

South Group

1. CD Temuco	20	8	2	10	26	-	30	26
2. CD Linares Unido (*Relegation Play-Off*)	20	6	4	10	25	-	39	22
3. CDFA Arturo Fernández Vial Concepción (*Relegated*)	20	5	5	10	25	-	33	20
4. CD Municipal La Pintana Santaigo (*Relegated*)	20	5	3	12	27	-	36	18

Relegation Play-Offs

CD Linares Unido - Deportes Quilicura   1-3   2-2
Deportes Quilicura qualified to the Promotion/Relegation Play-Offs against the winner of Tercera División B.

Promotion/Relegation Play-Offs

Deportes Rengo - Deportes Quilicura   0-0   5-6
Deportes Quilicura keep its places in the Tercera División A.

NATIONAL TEAM
INTERNATIONAL MATCHES
(01.06.2010 – 31.05.2011)

16.06.2010	Nelspruit	Honduras - Chile	0-1(0-1)	(WCF)
21.06.2010	Port Elizabeth	Chile - Switzerland	1-0(0-0)	(WCF)
25.06.2010	Pretoria	Chile - Spain	1-2(0-2)	(WCF)
28.06.2010	Johannesburg	Brazil - Chile	3-0(2-0)	(WCF)
07.09.2010	Kyiv	Ukraine - Chile	2-1(1-0)	(F)
09.10.2010	Abu Dhabi	United Arab Emirates - Chile	0-2(0-2)	(F)
12.10.2010	Muscat	Oman - Chile	0-1(0-1)	(F)
17.11.2010	Santiago	Chile - Uruguay	2-0(1-0)	(F)
22.01.2011	Carson	United States - Chile	1-1(0-0)	(F)
26.03.2011	Leiria	Portugal - Chile	1-1(1-1)	(F)
29.03.2011	Den Haag	Chile - Colombia	2-0(2-0)	(F)

16.06.2010, 19th World Cup, Final Tournament, 1st Round
Mbombela Stadium, Nelspruit (South Africa); Attendance: 32,664
Referee: Eddy Allen Maillet Guyto (Seychelles)
HONDURAS - CHILE   **0-1(0-1)**
CHI: Claudio Andrés Bravo Muñoz (Cap), Mauricio Aníbal Isla Isla, Gary Alexis Medel Soto, Waldo Alonso Ponce Carrizo, Arturo Erasmo Vidal Pardo (81.Pablo Andrés Contreras Fica), Rodrigo Javier Millar Carvajal (52.Gonzalo Alejandro Jara Reyes), Carlos Emilio Carmona Tello, Matías Ariel Fernández Fernández, Jorge Luis Valdivia Toro (87.Mark Dennis González Hoffman), Alexis Alejandro Sánchez Sánchez, Jean André Emanuel Beausejour Coliqueo. Trainer: Marcelo Alberto Bielsa Caldera (Argentina).
Goal: Jean André Emanuel Beausejour Coliqueo (34).

21.06.2010, 19th World Cup, Final Tournament, 1st Round
„Nelson Mandela" Bay Stadium, Port Elizabeth (South Africa); Attendance: 34,872
Referee: Khalil Ibrahim Al Ghamdi (Saudi Arabia)
CHILE - SWITZERLAND   **1-0(0-0)**
CHI: Claudio Andrés Bravo Muñoz (Cap), Mauricio Aníbal Isla Isla, Gary Alexis Medel Soto, Waldo Alonso Ponce Carrizo, Gonzalo Alejandro Jara Reyes, Arturo Erasmo Vidal Pardo (46.Jorge Luis Valdivia Toro), Carlos Emilio Carmona Tello, Matías Ariel Fernández Fernández (65.Esteban Efraín Paredes Quintanilla), Alexis Alejandro Sánchez Sánchez, Humberto Andrés Suazo Pontivo (46.Mark Dennis González Hoffman), Jean André Emanuel Beausejour Coliqueo. Trainer: Marcelo Alberto Bielsa Caldera (Argentina).
Goal: Mark Dennis González Hoffman (75).

25.06.2010, 19th World Cup, Final Tournament, 1st Round
Loftus Versfeld Stadium, Pretoria (South Africa); Attendance: 41,958
Referee: Marco Antonio Rodríguez Moreno (Mexico)
CHILE - SPAIN   **1-2(0-2)**
CHI: Claudio Andrés Bravo Muñoz (Cap), Mauricio Aníbal Isla Isla, Gary Alexis Medel Soto, Waldo Alonso Ponce Carrizo, Gonzalo Alejandro Jara Reyes, Arturo Erasmo Vidal Pardo, Marco Andrés Estrada Quinteros, Mark Dennis González Hoffman (46.Rodrigo Javier Millar Carvajal), Jorge Luis Valdivia Toro (46.Esteban Efraín Paredes Quintanilla), Alexis Alejandro Sánchez Sánchez (65.Fabián Ariel Orellana Valenzuela), Jean André Emanuel Beausejour Coliqueo. Trainer: Marcelo Alberto Bielsa Caldera (Argentina).
Goal: Rodrigo Javier Millar Carvajal (47).
Sent off: Marco Andrés Estrada Quinteros (37).

28.06.2010, 19th World Cup, Final Tournament, 2nd Round
Ellis Park Stadium, Johannesburg (South Africa); Attendance: 54,096
Referee: Howard Melton Webb (England)
BRAZIL - CHILE **3-0(2-0)**
CHI: Claudio Andrés Bravo Muñoz (Cap), Mauricio Aníbal Isla Isla (62.Rodrigo Javier Millar Carvajal), Pablo Andrés Contreras Fica (46.Jorge Luis Valdivia Toro), Gonzalo Alejandro Jara Reyes, Ismael Ignacio Fuentes Castro, Arturo Erasmo Vidal Pardo, Carlos Emilio Carmona Tello, Jean André Emanuel Beausejour Coliqueo, Alexis Alejandro Sánchez Sánchez, Humberto Andrés Suazo Pontivo, Mark Dennis González Hoffman (46.Rodrigo Álvaro Tello Valenzuela). Trainer: Marcelo Alberto Bielsa Caldera (Argentina).

07.09.2010, Friendly International
„Valeriy Lobanovskiy" Stadium, Kyiv; Attendance: 10,000
Referee: Vital Sevastsyanik (Belarus)
UKRAINE - CHILE **2-1(1-0)**
CHI: Luis Antonio Marín Barahona, Carlos Alfredo Labrín Candia, Osvaldo Alexis González Sepúlveda, Mauricio Aníbal Isla Isla, Rodrigo Álvaro Tello Valenzuela (46.Eugenio Esteban Mena Reveco), Marco Andrés Estrada Quinteros (73.Charles Mariano Aránguiz Sandoval), Rodrigo Javier Millar Carvajal, Fernando Andrés Meneses Cornejo (57.José Pedro Fuenzalida Gana), Pedro Andrés Morales Flores, Emilio Exequiel Hernández Hernández, Héctor Raúl Mancilla Garcés. Trainer: Marcelo Alberto Bielsa Caldera (Argentina).
Goal: Mauricio Aníbal Isla Isla (86).

09.10.2010, Friendly International
Zayed Sport City, Abu Dhabi; Attendance: 600
Referee: Khalil Ibrahim Al Ghamdi (Saudi Arabia)
UNITED ARAB EMIRATES - CHILE **0-2(0-2)**
CHI: Luis Antonio Marín Barahona, Hans Alexis Martínez Cabrera, Roberto Andrés Cereceda Guajardo, Osvaldo Alexis González Sepúlveda, José Pedro Fuenzalida Gana, Claudio Andrés del Tránsito Maldonado Rivera (73.Sebastián Patricio Toro Hormazábal), Rodrigo Javier Millar Carvajal, Mark Dennis González Hoffman (58.Carlos Andrés Villanueva Roland), Pedro Andrés Morales Flores (46.Esteban Efraín Paredes Quintanilla), Emilio Exequiel Hernández Hernández (46.Fernando Andrés Meneses Cornejo), Héctor Raúl Mancilla Garcés (68.Paulo Cezar Magalhaes Lobos). Trainer: Marcelo Alberto Bielsa Caldera (Argentina).
Goals: Roberto Andrés Cereceda Guajardo (6), Pedro Andrés Morales Flores (37).

12.10.2010, Friendly International
„Sultan Qaboos" Sports Complex, Muscat; Attendance: 8,000
Referee: Abdullah Al Bloushi (Qatar)
OMAN - CHILE **0-1(0-1)**
CHI: Luis Antonio Marín Barahona, Hans Alexis Martínez Cabrera, Roberto Andrés Cereceda Guajardo, Osvaldo Alexis González Sepúlveda, Claudio Andrés del Tránsito Maldonado Rivera, Rodrigo Javier Millar Carvajal, Fernando Andrés Meneses Cornejo, Pedro Andrés Morales Flores (46.Esteban Efraín Paredes Quintanilla), Mark Dennis González Hoffman, Emilio Exequiel Hernández Hernández (88.Paulo Cezar Magalhaes Lobos), Héctor Raúl Mancilla Garcés (66.José Pedro Fuenzalida Gana). Trainer: Marcelo Alberto Bielsa Caldera (Argentina).
Goal: Pedro Andrés Morales Flores (21).

17.11.2010, Friendly International
Estadio Monumental „David Arellano", Santiago; Attendance: 45,017
Referee: Carlos Manuel Torres (Paraguay)
CHILE - URUGUAY   **2-0(1-0)**
CHI: Claudio Andrés Bravo Muñoz, Gonzalo Alejandro Jara Reyes, Waldo Alonso Ponce Carrizo, Gary Alexis Medel Soto (90.Claudio Andrés del Tránsito Maldonado Rivera), Mauricio Aníbal Isla Isla (77.Rodrigo Javier Millar Carvajal), Arturo Erasmo Vidal Pardo, Marco Andrés Estrada Quinteros (65.Carlos Emilio Carmona Tello), Mark Dennis González Hoffman (76.Jean André Emanuel Beausejour Coliqueo), Fabián Ariel Orellana Valenzuela (71.Pedro Andrés Morales Flores), Alexis Alejandro Sánchez Sánchez, Humberto Andrés Suazo Pontivo (61.Esteban Efraín Paredes Quintanilla). Trainer: Marcelo Alberto Bielsa Caldera (Argentina).
Goals: Alexis Alejandro Sánchez Sánchez (38), Arturo Erasmo Vidal Pardo (75).

22.01.2011, Friendly International
The Home Depot Center, Carson; Attendance: 18,580
Referee: Francisco Chacón Gutiérrez (Mexico)
UNITED STATES - CHILE   **1-1(0-0)**
CHI: Paulo Andrés Garcés Contreras, Juan René Abarca Fuentes, Eugenio Esteban Mena Reveco, Sebastián Patricio Toro Hormazábal, Luis Pedro Figueroa Sepúlveda (46.Felipe Ignacio Seymour Dobud), Paulo Cezar Magalhaes Lobos, Francisco Andrés Silva Gajardo, Fernando Andrés Meneses Cornejo, Esteban Efraín Paredes Quintanilla, Daúd Jared Gazale Álvarez (71.Lucas Domínguez Irarrázabal), Edson Raúl Puch Cortés. Trainer: Marcelo Alberto Bielsa Caldera (Argentina).
Goal: Esteban Efraín Paredes Quintanilla (53).

26.03.2011, Friendly International
Estádio „Dr. Magalhães Pessoa", Leiria; Attendance: 10,694
Referee: Kevin Blom (Holland)
PORTUGAL - CHILE   **1-1(1-1)**
CHI: Claudio Andrés Bravo Muñoz, Pablo Andrés Contreras Fica, Waldo Alonso Ponce Carrizo, Gonzalo Alejandro Jara Reyes, Gary Alexis Medel Soto, Mauricio Aníbal Isla Isla (83.Fabián Ariel Orellana Valenzuela), Arturo Erasmo Vidal Pardo, Carlos Emilio Carmona Tello, Matías Ariel Fernández Fernández, Jean André Emanuel Beausejour Coliqueo (67.Gonzalo Antonio Fierro Caniullán), Alexis Alejandro Sánchez Sánchez. Trainer: Claudio Daniel Borghi Bidos (Argentina).
Goal: Matías Ariel Fernández Fernández (42).

29.03.2011, Friendly International
Kyocera Stadion, Den Haag (Holland); Attendance: 4,000
Referee: Pieter Vink (Holland)
CHILE - COLOMBIA   **2-0(2-0)**
CHI: Claudio Andrés Bravo Muñoz, Pablo Andrés Contreras Fica (87.Osvaldo Alexis González Sepúlveda), Waldo Alonso Ponce Carrizo, Gonzalo Alejandro Jara Reyes, Gary Alexis Medel Soto, Mauricio Aníbal Isla Isla, Arturo Erasmo Vidal Pardo (81.Marco Andrés Estrada Quinteros), Matías Ariel Fernández Fernández, Jean André Emanuel Beausejour Coliqueo (76.Cristóbal Andrés Jorquera Torres), Héctor Raúl Mancilla Garcés (63.Carlos Andrés Muñoz Rojas), Alexis Alejandro Sánchez Sánchez. Trainer: Claudio Daniel Borghi Bidos (Argentina).
Goals: Matías Ariel Fernández Fernández (6), Jean André Emanuel Beausejour Coliqueo (30).

NATIONAL TEAM PLAYERS 2010/2011

Name	DOB	Club	Cp	Gls
Goalkeepers				
Claudio Andrés BRAVO Muñoz	13.04.1983	Real Sociedad de Fútbol San Sebastián (ESP)	50	0
Paulo Andrés GARCÉS Contreras	02.08.1984	Universidad Católica Santiago	1	0
Defenders				
Juan René ABARCA Fuentes	07.12.1988	CFP de la Universidad de Chile	2	0
Charles Mariano ARÁNGUIZ Sandoval	17.04.1989	Quilmes AC (ARG)	4	0
Carlos Emilio CARMONA Tello	21.02.1987	Reggina Calcio Reggio Emilia (ITA); 07.2010-> Atalanta Bergamasco Calcio (ITA)	25	0
Roberto Andrés CERECEDA Guajardo	10.10.1984	CSD Colo-Colo Santiago	32	1
Pablo Andrés CONTRERAS Fica	11.09.1978	PAOK Thessaloníki (GRE)	55	1
Lucas DOMÍNGUEZ Irarrázabal	27.10.1989	Audax Italiano La Florida	1	0
Ismael Ignacio FUENTES Castro	04.08.1981	Universidad Católica Santiago	29	1
Osvaldo Alexis GONZÁLEZ Sepúlveda	10.08.1984	Deportivo Toluca FC (MEX)	7	0
Gonzalo Alejandro JARA Reyes	29.08.1985	West Bromwich Albion FC (ENG)	41	3
Hans Alexis MARTÍNEZ Cabrera	04.01.1987	Universidad Católica Santiago	11	0
Gary Alexis MEDEL Soto	03.08.1987	CA Boca Juniors Buenos Aires (ARG); 01.2011-> Sevilla CF (ESP)	30	3
Eugenio Esteban MENA Reveco	18.07.1988	CFP de la Universidad de Chile	2	0
Waldo Alonso PONCE Carrizo	04.12.1982	CD Universidad Católica Santiago; 08.2010-> Real Racing Club de Santander (ESP); 01.2011-> CDSC Cruz Azul Ciudad de México (MEX)	31	2
Midfielders				
Jean André Emanuel BEAUSEJOUR Coliqueo	01.06.1984	Club América Ciudad de México (MEX); 08.2010-> Birmingham City FC (ENG)	33	3
Marco Andrés ESTRADA Quinteros	28.05.1983	CFP de la Universidad de Chile; 08.2010-> SC Montpellier-Hérault (FRA)	26	1
Matías Ariel FERNÁNDEZ Fernández	15.05.1986	Sporting Clube de Portugal Lisboa (POR)	41	9
Gonzalo Antonio FIERRO Caniullán	21.03.1983	CR do Flamengo Rio de Janeiro (BRA)	19	1
Luis Pedro FIGUEROA Sepúlveda	14.05.1983	Unión Española Santiago	12	1
José Pedro FUENZALIDA Gana	22.02.1985	CSD Colo-Colo Santiago	15	0
Mauricio Aníbal ISLA Isla	12.06.1988	Udinese Calcio (ITA)	20	1
Cristóbal Andrés JORQUERA Torres	04.08.1988	CSD Colo-Colo Santiago	2	0
Carlos Alfredo LABRÍN Candia	02.09.1990	CD Huachipato	2	0
Paulo Cezar MAGALHAES Lobos	14.12.1989	CSD Colo-Colo Santiago	4	0
Claudio Andrés del Tránsito MALDONADO Rivera	03.01.1980	CR do Flamengo Rio de Janeiro (BRA)	44	1
Luis Antonio MARÍN Barahona	18.05.1983	Unión Española Santiago	6	0
Fernando Andrés MENESES Cornejo	27.09.1985	Universidad Católica Santiago	9	0
Rodrigo Javier MILLAR Carvajal	03.11.1981	CSD Colo-Colo Santiago	28	2
Pedro Andrés MORALES Flores	25.05.1985	NK Dinamo Zagreb (CRO)	14	3
Felipe Ignacio SEYMOUR Dobud	23.07.1988	CFP de la Universidad de Chile	2	0

Name	DOB	Club	Caps	Goals
Rodrigo Álvaro TELLO Valenzuela	14.10.1979	Beşiktaş JK Istanbul (TUR); 07.2010-> Eskişehirspor Kulübü (TUR)	36	3
Sebastián Patricio TORO Hormazábal	02.02.1990	CSD Colo-Colo Santiago	3	1
Francisco Andrés SILVA Gajardo	11.02.1986	Universidad Católica Santiago	2	0
Jorge Luis VALDIVIA Toro	19.10.1983	Al-Ain Sports and Cultural Club (UAE)	43	0
Arturo Erasmo VIDAL Pardo	22.05.1987	TSV Bayer 04 Leverkusen (GER)	30	2
Carlos Andrés VILLANUEVA Roland	05.02.1986	Al-Shabab Al-Arabi Club Dubai (UAE)	13	1
Forwards				
Daúd Jared GAZALE Álvarez	10.08.1984	CSD Colo-Colo Santiago	8	0
Mark Dennis GONZÁLEZ Hoffman	10.07.1984	FK CSKA Moskva (RUS)	46	4
Emilio Exequiel HERNÁNDEZ Hernández	14.09.1984	AA Argentinos Juniors (ARG)	9	0
Héctor Raúl MANCILLA Garcés	12.11.1980	Deportivo Toluca FC (MEX) 01.2011-> Universidad Autónoma de Nuevo León	10	0
Carlos Andrés MUÑOZ Rojas	21.04.1989	CD Santiago Wanderers	1	0
Fabián Ariel ORELLANA Valenzuela	27.01.1986	CD Xerez (ESP); 08.2010-> Granada CF (ESP)	19	2
Esteban Efraín PAREDES Quintanilla	01.08.1980	CSD Colo-Colo Santiago	20	7
Edson Raúl PUCH Cortéz	04.09.1986	CFP de la Universidad de Chile	5	0
Alexis Alejandro SÁNCHEZ Sánchez	19.12.1988	Udinese Calcio (ITA)	36	12
Humberto Andrés SUAZO Pontivo	10.05.1981	CF Monterrey (MEX)	45	18
Trainer				
Marcelo Alberto BIELSA Caldera	21.07.1955	(Argentina)		
Claudio Daniel BORGHI Bidos	28.09.1964	(Argentina)		

(Caps and goals at 31.05.2011)

COLOMBIA

The Country:	The FA:
República de Colombia (Republic of Colombia) Capital: Bogotá Surface: 1,141,748 km² Inhabitants: 45,273,925 Time: UTC-5	Federación Colombiana de Fútbol Avenida 32 No. 16-22 Piso 4°, Apdo Aéreo, 17602 Santa Fé de Bogotá D.C. Year of Formation: 1924 Member of FIFA since: 1936 Member of CONMEBOL since: 1936

NATIONAL TEAM RECORDS

COPA AMÉRICA		WORLD CUP	
1916	Did not enter	1930	Did not enter
1917	Did not enter	1934	Did not enter
1919	Did not enter	1938	Withdrew
1920	Did not enter	1950	Did not enter
1921	Did not enter	1954	Did not enter
1922	Did not enter	1958	Qualifiers
1923	Did not enter	1962	Final Tournament (1st Round)
1924	Did not enter	1966	Qualifiers
1925	Did not enter	1970	Qualifiers
1926	Did not enter	1974	Qualifiers
1927	Did not enter	1978	Qualifiers
1929	Did not enter	1982	Qualifiers
1935	Did not enter	1986	Qualifiers
1937	Did not enter	1990	Final Tournament (2nd Round)
1939	Did not enter	1994	Final Tournament (1st Round)
1941	Did not enter	1998	Final Tournament (1st Round)
1942	Did not enter	2002	Qualifiers
1945	5th Place	2006	Qualifiers
1946	Withdrew	2010	Qualifiers
1947	8th Place	**PANAMERICAN GAMES**	
1949	8th Place	1951	Did not enter
1953	Withdrew	1955	Did not enter
1955	Withdrew	1959	Did not enter
1956	Withdrew	1963	Did not enter
1957	5th Place	1967	Round 1
1959	Withdrew	1971	Runners-up
1959E	Withdrew	1975	Did not enter
1963	7th Place	1979	Did not enter
1967	Qualifying Round	1983	Did not enter
1975	Runners-up	1987	Round 1
1979	Round 1	1991	Did not enter
1983	Round 1	1995	3rd Place
1987	3rd Place	1999	Did not enter
1989	Round 1	2003	4th Place
1991	4th Place	2007	Round 1
1993	3rd Place	**PANAMERICAN CHAMPIONSHIP**	
1995	3rd Place	1952	Did not enter
1997	Quarter-Finals	1956	Did not enter
1999	Quarter-Finals	1960	Did not enter
2001	**Winners**		
2004	4th Place		
2007	Round 1		
2011	*To be played*		

OLYMPIC GAMES 1896-2008	
1968, 1972, 1980, 1992	
FIFA CONFEDERATIONS CUP 1992-2009	
2003	
PLAYER WITH MOST INTERNATIONAL CAPS	
Carlos Alberto Valderrama Palacio – 111 caps (1985-1998)	
PLAYER WITH MOST INTERNATIONAL GOALS	
Arnoldo Alberto Iguarán Zúñiga – 25 goals / 68 caps (1979-1993)	

COLOMBIAN CLUB HONOURS IN SOUTH AMERICAN CLUB COMPETITIONS:

COPA LIBERTADORES 1960-2010
Corporación Deportiva Atlético Nacional Medellín (1989)
Corporación Deportiva Once Caldas Manizales (2004)
COPA SUDAMERICANA 2002-2010
None
COPA CONMEBOL 1992-1999
None
SUPERCUP „JOÃO HAVELANGE" 1988-1997*
None
COPA MERCONORTE 1998-2001**
Corporación Deportiva Atlético Nacional Medellín (1998, 2000)
Corporación Deportiva América de Cali (1999)
Club Deportivo Los Millonarios Bogotá (2001)

*Contested betwenn winners of all previous editions of the Copa Libertadores
**Contested between teams belonging countries from the northern part of South America (Bolivia, Colombia, Ecuador, Peru and Venezuela);

NATIONAL COMPETITIONS
TABLE OF HONOURS

NATIONAL CHAMPIONS 1948-2010	
1948	Independiente Santa Fé Bogotá[1]
1949	CD Los Millonarios Bogotá
1950	CD Once Caldas Manizales
1951	CD Los Millonarios Bogotá
1952	CD Los Millonarios Bogotá
1953	CD Los Millonarios Bogotá
1954	CD Atlético Nacional Medellín
1955	CD Independiente Medellín
1956	Deportes Quindio Armenia
1957	CD Independiente Medellín
1958	Independiente Santa Fé Bogotá
1959	CD Los Millonarios Bogotá
1960	Independiente Santa Fé Bogotá
1961	CD Los Millonarios Bogotá
1962	CD Los Millonarios Bogotá
1963	CD Los Millonarios Bogotá
1964	CD Los Millonarios Bogotá
1965	Asociación Deportivo Cali

1966	Independiente Santa Fé Bogotá	
1967	Asociación Deportivo Cali	
1968	AD Unión Magdalena Santa Marta	
1969	Asociación Deportivo Cali	
1970	Asociación Deportivo Cali	
1971	Independiente Santa Fé Bogotá	
1972	CD Los Millonarios Bogotá	
1973	CD Atlético Nacional Medellín	
1974	Asociación Deportivo Cali	
1975	Independiente Santa Fé Bogotá	
1976	CD Atlético Nacional Medellín	
1977	CDPJ Atlético Junior Barranquilla	
1978	CD Los Millonarios Bogotá	
1979	CD América de Cali	
1980	CDPJ Atlético Junior Barranquilla	
1981	CD Atlético Nacional Medellín	
1982	CD América de Cali	
1983	CD América de Cali	
1984	CD América de Cali	
1985	CD América de Cali	
1986	CD América de Cali	
1987	CD Los Millonarios Bogotá	
1988	CD Los Millonarios Bogotá	
1989	*Championship cancelled*	
1990	CD América de Cali	
1991	CD Atlético Nacional Medellín	
1992	CD América de Cali	
1993	CDPJ Atlético Junior Barranquilla	
1994	CD Atlético Nacional Medellín	
1995	CDPJ Atlético Junior Barranquilla[2]	
1995/1996	Asociación Deportivo Cali	
1996/1997	CD América de Cali	
1998	Asociación Deportivo Cali	
1999	CD Atlético Nacional Medellín	
2000	CD América de Cali	
2001	CD América de Cali	
2002	Ape:	CD América de Cali
	Fin:	CD Independiente Medellín
2003	Ape:	CD Once Caldas Manizales
	Fin:	CC Deportes Tolima
2004	Ape:	CD Independiente Medellín
	Fin:	CDPJ Atlético Junior Barranquilla
2005	Ape:	CD Atlético Nacional Medellín
	Fin:	Asociación Deportivo Cali
2006	Ape:	Asociación Deportivo Pasto
	Fin:	CN Cúcuta Deportivo
2007	Ape:	CD Atlético Nacional Medellín
	Fin:	CD Atlético Nacional Medellín
2008	Ape:	Boyacá Chicó FC Tunja
	Fin:	CD América de Cali
2009	Ape:	CD Once Caldas Manizales
	Fin:	CD Independiente Medellín

2010	Ape:	CDP Junior Barranquilla
	Fin:	CD Once Caldas Manizales

[1]became Santa Fé CD Bogotá.
[2]became CDP Junior Barranquilla.

	BEST GOALSCORERS	
1948	Alfredo Castillo (ARG, CD Los Millonarios Bogotá)	31
1949	Pedro Cabillón (ARG, CD Los Millonarios Bogotá)	42
1950	Casimiro Ávalos (PAR, CSDC de Pereira)	27
1951	Alfredo Stéfano Di Stéfano Laulhé (ARG, CD Los Millonarios Bogotá)	31
1952	Alfredo Stéfano Di Stéfano Laulhé (ARG, CD Los Millonarios Bogotá)	19
1953	Mario Garelli (ARG, Deportes Quindio Armenia)	20
1954	Carlos Alberto Gambina (ARG, CD Atlético Nacional Medellín)	21
1955	Felipe Marino (ARG, CD Independiente Medellín)	22
1956	Jaime Gutiérrez (Deportes Quindio Armenia)	21
1957	José Vicente Grecco (ARG, CD Independiente Medellín)	30
1958	José Americo Montanini (ARG, Club Atlético Bucaramanga CD)	36
1959	Felipe Marino (ARG, CN Cúcuta Deportivo)	35
1960	Walter Marcolini (ARG, Asociación Deportivo Cali)	30
1961	Alberto Perazzo (ARG, Independiente Santa Fé Bogotá)	32
1962	José Omar Verdún (URU, CN Cúcuta Deportivo)	36
1963	Omar Lorenzo Devanni (ARG, Club Atlético Bucaramanga CD)	
	José Omar Verdún (URU, CN Cúcuta Deportivo)	36
1964	Omar Lorenzo Devanni	
	(ARG, AD Unión Magdalena Santa Marta / Club Atlético Bucaramanga CD)	28
1965	Perfecto Rodríguez (ARG, CD Independiente Medellín)	38
1966	Omar Lorenzo Devanni (ARG, Independiente Santa Fé Bogotá)	31
1967	José María Ferrero (ARG, CD Los Millonarios Bogotá)	38
1968	José María Ferrero (ARG, CD Los Millonarios Bogotá)	32
1969	Hugo Horacio Londero (ARG, CD América de Cali)	25
1970	José María Ferrero (ARG, CN Cúcuta Deportivo)	
	Walter Sosa (URU, Independiente Santa Fé Bogotá)	27
1971	Hugo Horacio Londero (ARG, CN Cúcuta Deportivo)	
	Apolinar Paniagua (PAR, CSDC de Pereira)	30
1972	Hugo Horacio Londero (ARG, CN Cúcuta Deportivo)	27
1973	Nelson Silva Pacheco (URU, CN Cúcuta Deportivo)	36
1974	Víctor Ephanor (BRA, CDPJ Atlético Junior Barranquilla)	33
1975	Jorge Ramón Cáceres (ARG, CSDC de Pereira)	35
1976	Miguel Ángel Converti (ARG, CD Los Millonarios Bogotá)	33
1977	Oswaldo Marcial Palavecino (ARG, CD Atlético Nacional Medellín)	33
1978	Oswaldo Marcial Palavecino (ARG, CD Atlético Nacional Medellín)	36
1979	Juan José Irigiyon (ARG, CD Los Millonarios Bogotá)	36
1980	Sergio Cierra (ARG, CSDC de Pereira)	26
1981	Víctor Hugo Del Río (ARG, CC Deportes Tolima)	29
1982	Miguel Oswaldo González (ARG, Club Atlético Bucaramanga CD)	27
1983	Hugo Ernesto Gottardi (ARG, Independiente Santa Fé Bogotá)	29
1984	Hugo Ernesto Gottardi (ARG, Independiente Santa Fé Bogotá)	23
1985	Miguel Oswaldo González (ARG, Club Atlético Bucaramanga CD)	34
1986	Hugo Ramón Sosa (ARG, CD Independiente Medellín)	23
1987	Jorge Orlando Aravena Plaza (CHI, Asociación Deportivo Cali)	23
1988	Sergio Angulo Bolaños (Independiente Santa Fé Bogotá)	29
1989	Héctor Gerardo Móndez (URU, CSDC de Pereira)	17

Year		Player	Goals
1990		Antony William de Ávila Charris (CD América de Cali)	25
1991		Sergio Angulo Bolaños (CDPJ Atlético Junior Barranquilla)	30
1992		John Jairo Tréllez (CD Atlético Nacional Medellín)	25
1993		Miguel Guerrero (CDPJ Atlético Junior Barranquilla)	34
1994		Rubén Darío Hernández (CD Atlético Nacional Medellín / CSDC de Pereira / CD América de Cali)	32
1995		Iván René Valenciano Pérez (CDPJ Atlético Junior Barranquilla)	24
1995/1996		Iván René Valenciano Pérez (CDPJ Atlético Junior Barranquilla)	36
1996/1997		Hamilton Ricard Cuesta (Asociación Deportivo Cali)	36
1998		Víctor Manuel Bonilla Hinestroza (Asociación Deportivo Cali)	37
1999		Sergio Galván Rey (ARG, CD Once Caldas Manizales)	26
2000		Carlos Alberto Castro (CD Los Millonarios Bogotá)	24
2001		Carlos Alberto Castro (CD Los Millonarios Bogotá) Jorge Horacio Serna Castañeda (CD Independiente Medellín)	29
2002	Ape:	Luis Fernando Zuleta (AD Unión Magdalena Santa Marta)	13
	Fin:	Orlando Enrique Ballesteros Santos (Club Atlético Bucaramanga CD) Milton Fabián Rodríguez Suárez (CSDC de Pereira)	13
2003	Ape:	Arnulfo Valentierra Cuero (CD Once Caldas Manizales)	13
	Fin:	Léider Calimenio Preciado Guerrero (Asociación Deportivo Cali)	17
2004	Ape:	Sergio Darío Herrera Month (CD América de Cali)	13
	Fin:	Leonardo Fabio Moreno Cortés (CD América de Cali) Léider Calimenio Preciado Guerrero (Independiente Santa Fé Bogotá)	15
2005	Ape:	Víctor Hugo Aristizábal Posada (CD Atlético Nacional Medellín)	16
	Fin:	Jémerson Rentería (Independiente Santa Fé Bogotá) Hugo Rodallega Martínez (Asociación Deportivo Cali)	12
2006	Ape:	Jorge Moreno (CN Cúcuta Deportivo)	15
	Fin:	Diego Álvarez (CD Independiente Medellín) John Jairo Charria Escobar (CC Deportes Tolima)	11
2007	Ape:	Fredy Henkyer Montero Muñoz Jr. (CD Atlético Huila Neiva) Sergio Galván Rey (CD Atlético Nacional Medellín)	13
	Fin:	Dayro Mauricio Moreno Galindo (CD Once Caldas Manizales)	16
2008	Ape:	Iván Velásquez (Deportes Quindio Armenia) Miguel Eduardo Caneo (ARG, Boyacá Chicó FC Tunja)	13
	Fin:	Fredy Henkyer Montero Muñoz Jr. (Asociación Deportivo Cali)	16
2009	Ape:	Teófilo Antonio Gutiérrez Rocancio (CDP Junior Barranquilla)	16
	Fin:	Jackson Arley Martínez Valencia (CD Independiente Medellín)	18
2010	Ape:	Carlos Arturo Bacca Ahumada (CDP Junior Barranquilla) Carlos Alveiro Rentería Cuesta (CD La Equidad Seguros Bogotá)	12
	Fin:	Wilder Andrés Medina Tamayo (CC Deportes Tolima)	17

	NATIONAL CHAMPIONSHIP PRIMERA A Liga Postobón I – Campeonato Apertura 2010	

First Stage

1.	CC Deportes Tolima	18	10	4	4	36 - 22	34
2.	CD Independiente Medellín	18	9	6	3	29 - 17	33
3.	CDP Junior Barranquilla	18	9	5	4	28 - 17	32
4.	CD La Equidad Seguros Bogotá	18	9	4	5	29 - 25	31
5.	Asociación Deportivo Cali	18	9	3	6	27 - 20	30
6.	Santa Fé CD Bogotá	18	9	3	6	25 - 23	30
7.	Boyacá Chicó FC Tunja	18	8	5	5	25 - 24	29
8.	CD Atlético Nacional Medellín	18	9	1	8	28 - 24	28
9.	CD Real Cartagena	18	8	4	6	24 - 26	28
10.	CD Once Caldas Manizales	18	7	4	7	32 - 28	25
11.	CD Atlético Huila Neiva	18	6	6	6	30 - 26	24
12.	Envigado FC	18	6	5	7	23 - 30	23
13.	CN Cúcuta Deportivo	18	5	5	8	14 - 21	20
14.	CD Los Millonarios Bogotá	18	5	4	9	22 - 29	19
15.	CSDC de Pereira	18	4	6	8	23 - 27	18
16.	CD América de Cali	18	4	4	10	18 - 28	16
17.	CC Deportivo Tuluá	18	4	3	11	19 - 32	15
18.	Deportes Quindio Armenia	18	4	2	12	9 - 22	14

Top-4 qualified for the semi-finals.

Semi-Finals

CD La Equidad Seguros Bogotá - CC Deportes Tolima   2-2(1-0)   1-1(1-1)
                                                                                                             3-1 pen
CDP Junior Barranquilla - CD Independiente Medellín   3-1(2-1)   0-1(0-1)

Final

26.05.2010, Estadio „Nemesio Camacho" ‚El Campín', Bogotá; Attendance: 30,000
Referee: Imer Lemuel Machado Becerra
CD La Equidad Seguros Bogotá - CDP Junior Barranquilla   **1-0(1-0)**
La Equidad: Nelson Fernando Ramos Betancourt, Edwin Gabriel Rivas Ibarguen, Jhon Alexander Cano Angulo (79.Ariel Sebastián Carreño), Dahwling Leudo Cossio, Renzo Santiago Sheput Rodríguez (88.Oscar Darío Martínez Pantoja), John Eduis Viáfara Mina, Marco Antonio Canchila Vásquez, Dager Yair Palacios Palacios, Sherman Andrés Cárdenas Estupiñan, Carlos Alveiro Rentería Cuesta, David Leonardo Castro Cortes (59.Hugo Emilio Soto Miranda). Trainer: Alexis Enrique García Vega.
Junior: Carlos Andrés Rodríguez Ibarra, John Alexander Valencia Hinestroza, César Augusto Fawcett Lebolo, Haider Guillermo Palacio Álvarez, Román Torres Morcillo, Jorge Daniel Casanova Curbelo, Vladimir Javier Hernández Rivero (46.Ariel Sebastián Carreño), Giovanni Hernández Soto, John Alexander Jaramillo Gómez, Martín Enrique Arzuaga Coronel (45.Carlos Arturo Bacca Ahumada), Luis Carlos Ruiz Morales. Trainer: Diego Edison Umaña Peñaranda.
Goal: 1-0 Renzo Santiago Sheput Rodríguez (12).

02.06.2010, Estadio Metropolitano „Roberto Meléndez", Barranquilla; Attendance: 49,600
Referee: Wilmar Roldán Pérez
CDP Junior Barranquilla - CD La Equidad Seguros Bogotá   **3-1(2-0)**
Junior: Carlos Andrés Rodríguez Ibarra, Román Torres Morcillo, John Alexander Valencia

Hinestroza, César Augusto Fawcett Lebolo, Haider Guillermo Palacio Álvarez, Giovanni Hernández Soto (85.Vladimír Javier Hernández Rivero), Jorge Daniel Casanova Curbelo, Jossymar Andrés Gómez Pereira, Carlos Arturo Bacca Ahumada (89.Braynner Yezid García Leal), Víctor Javier Cortés (86.Martín Enrique Arzuaga Coronel), Luis Carlos Ruiz Morales. Trainer: Diego Edison Umaña Peñaranda.
La Equidad: Nelson Fernando Ramos Betancourt, Edwin Gabriel Rivas Ibarguen, Hugo Emilio Soto Miranda (70.Renzo Santiago Sheput Rodríguez), Dager Yair Palacios Palacios, Marco Antonio Canchila Vásquez, Dahwling Leudo Cossio, Jhersson Enrique Córdoba Ospina (77.Jhon Alexander Cano Angulo), John Eduis Viáfara Mina, Sherman Andrés Cárdenas Estupiñan, Carlos Alveiro Rentería Cuesta (85.Herly Enrique Alcázar Vélez), David Leonardo Castro Cortes. Trainer: Alexis Enrique García Vega.
Goals: 1-0 Carlos Arturo Bacca Ahumada (11), 2-0 Víctor Javier Cortés (17), 2-1 David Leonardo Castro Cortes (47), 3-1 Carlos Arturo Bacca Ahumada (87).

Campeonato Apertura 2010 Champions: **CDP Junior Barranquilla**

Liga Postobón II – Campeonato Finalización 2010

First Stage

1.	CC Deportes Tolima	18	11	3	4	35 - 15	36
2.	CD Once Caldas Manizales	18	11	3	4	34 - 26	36
3.	Santa Fé CD Bogotá	18	10	5	3	26 - 13	35
4.	CD Atlético Nacional Medellín	18	10	3	5	25 - 23	33
5.	Deportes Quindio Armenia	18	9	4	5	25 - 20	31
6.	CD Atlético Huila Neiva	18	8	6	4	28 - 24	30
7.	CN Cúcuta Deportivo	18	8	4	6	24 - 18	28
8.	CD La Equidad Seguros Bogotá	18	8	4	6	23 - 23	28
9.	Asociación Deportivo Cali	18	6	8	4	31 - 23	26
10.	CD América de Cali	18	7	4	7	25 - 23	25
11.	CD Independiente Medellín	18	5	9	4	22 - 22	24
12.	CD Los Millonarios Bogotá	18	6	4	8	25 - 25	22
13.	Boyacá Chicó FC Tunja	18	5	6	7	16 - 26	21
14.	CDP Junior Barranquilla	18	2	10	6	21 - 28	16
15.	CD Real Cartagena	18	3	6	9	17 - 29	15
16.	CC Deportivo Tuluá	18	3	4	11	14 - 30	13
17.	CSDC de Pereira	18	0	9	9	12 - 22	9
18.	Envigado FC	18	1	6	11	19 - 32	9

Top-8 qualified for the Cuadrangulares.

Cuadrangulares (20.11.-12.12.2010)

Grupo A

1.	CC Deportes Tolima	6	3	2	1	11 - 9	11
2.	Santa Fé CD Bogotá	6	3	1	2	8 - 6	10
3.	CD Atlético Huila Neiva	6	2	1	3	9 - 10	7
4.	CD La Equidad Seguros Bogotá	6	1	2	3	4 - 7	5

Grupo B

1.	CD Once Caldas Manizales	6	4	1	1	14 - 7	13
2.	CN Cúcuta Deportivo	6	2	3	1	7 - 6	9
3.	Deportes Quindio Armenia	6	2	0	4	7 - 12	6
4.	CD Atlético Nacional Medellín	6	1	2	3	9 - 12	5

Finalisima

15.12.2010, Estadio „Manuel Murillo Toro", Ibagué; Attendance: 30,000
Referee: Óscar Julián Ruiz Acosta
CC Deportes Tolima - CD Once Caldas Manizales   2-1(1-1)
Deportes Tolima: Antony Domingo Silva Cano, Danny Leandro Aguilar Mancilla, Gerardo Enrique Vallejo Metaute, Amu Yair Arrechea, Alegría Yesid Martínez, Diego Ferney Chará Zamora, Rodrigo Daniel Marangoni, Christian Camilo Marrugo Rodríguez (83.Cardenas Arredondo Fernando Antonio), Gustavo Adolfo Bolivar Zapata, Wilder Andrés Medina Tamayo, Jorge Isaacs Perlaza Aguiño. Trainer: Hernán Torres Oliveros.
Once Caldas: Luis Enrique Martínez Rodríguez, Alexis Hector Henriquez Charales, Luís Alberto Nuñez Charales, José Iván Vélez Castillo, Oswaldo Augusto Vizcarrondo, John Jairo Valencia Ortíz (69.Wilson Antonio Mena Asprilla), Arias Hincapié Diego Alejandro [*sent off 73*], Jaime Alberto Castrillón Vásquez, Harrison Henao (61.Félix Andrés Micolta Micolta), Fernando Uribe Himcapie (76.Diego Alejandro Arango Arcieri), Dayro Mauricio Moreno Galindo. Trainer: Juan Carlos Osorio Arbeláez.
Goals: 0-1 Dayro Mauricio Moreno Galindo (6 penalty), 1-1 Wilder Andrés Medina Tamayo (34), 2-1 Rodrigo Daniel Marangoni (48 penalty).

19.12.2010, Estadio Palogrande, Manizales; Attendance: 43,553
Referee: Wilmar Roldán Pérez
CD Once Caldas Manizales - CC Deportes Tolima   3-1(1-0)
Once Caldas: Luis Enrique Martínez Rodríguez, Oswaldo Augusto Vizcarrondo, Luís Alberto Nuñez Charales, José Iván Vélez Castillo, Félix Andrés Micolta Micolta (74.Wilson Antonio Mena Asprilla), Alexis Héctor Henriquez Charales, Jaime Alberto Castrillón Vásquez, John Jairo Valencia Ortiz, Harrison Henao, Dayro Mauricio Moreno Galindo, Fernando Uribe Himcapie (86.Diego Alejandro Arango Arcieri). Trainer: Juan Carlos Osorio Arbeláez.
Deportes Tolima: Antony Domingo Silva Cano, Yesid Martínez Alegría, Gerardo Enrique Vallejo Metaute [*sent off 90+1*], Amu Yair Arrechea, Danny Leandro Aguilar Mancilla, Christian Camilo Marrugo Rodríguez (72.Hugo Pablo Centurión), Rodrigo Daniel Marangoni, Mike Campaz (58.Fernando Antonio Cardenas Arredondo), Gustavo Adolfo Bolivar Zapata, Wilder Andres Medina Tamayo, Jorge Isaacs Perlaza Aguiño. Trainer: Hernán Torres Oliveros.
Goals: 1-0 Jaime Alberto Castrillón Vásquez (45), 2-0 Fernando Uribe Himcapie (53), 3-0 Wilson Antonio Mena Asprilla (76), 3-1 Danny Leandro Aguilar Mancilla (87).

Campeonato Finalización 2010 Winners: **CD Once Caldas Manizales**

Relegation was determined by an average of the points obtained in the First Stages of the past six championships (three seasons).

Relegation Table 2010			
Team	Matches	Points	Average
1. CC Deportes Tolima	108	179	1.657
2. Santa Fé CD Bogotá	108	173	1.602
3. CD La Equidad Seguros Bogotá	108	169	1.565
4. CD Independiente Medellín	108	164	1.519
5. Asociación Deportivo Cali	108	162	1.500
6. CDP Junior Barranquilla	108	161	1.491
7. Boyacá Chicó FC Tunja	108	156	1.444
8. CD Atlético Nacional Medellín	108	156	1.444
9. CD Once Caldas Manizales	108	152	1.407
10. CD Atlético Huila Neiva	108	146	1.352
11. Deportes Quindio Armenia	108	137	1.269

12. CD Los Millonarios Bogotá	108	136	1.259	
13. CN Cúcuta Deportivo	108	134	1.241	
14. CD América de Cali	108	133	1.231	
15. CD Real Cartagena	108	133	1.231	
16. CSDC de Pereira	108	128	1.185	
17. Envigado FC (*Relegation Play-Off*)	108	123	1.139	
18. CC Deportivo Tuluá (*Relegated*)	108	118	1.093	

Promotion/Relegation Play-Off
Asociación Deportivo Pasto - Envigado FC   0-1   0-2
Envigado FC retain its place at „Primera A"

COPA COLOMBIA
Copa Postobón FINAL 2010

27.10.2010, Estadio Metropolitano Ciudad de Itagüí, Itagüí
Referee: Imer Lemuel Machado Becerra
CD Itagüí-Ditaires - Asociación Deportivo Cali   **0-1(0-0)**
Itagüí: Roberto Mosquera Zuñiga, Juan Sergio Guzmán Zapata, Anderson Zapata (66.Gustavo Dávila), Andrés Felipe Correa (Cap), Fernando Monroy Rozo, Cleider Alzate, Elkin Barrera, Carlos Mario Arboleda, Andrés Mauricio Restrepo (76.Mauricio Gómez Restrepo), Jorge Aguirre (80.Jhon Jairo Castillo), Luis Alfonso Páez Restrepo. Trainer: Álvaro de Jesús Gómez.
Deportivo Cali: Juan Guillermo Castillo (Cap), Camilo Andrés Ceballos Zapata, Edgar Alonso Zapata Pérez, Elkin Darío Calle Grajales, Gustavo Cuéllar, Andrés Eduardo Pérez Gutiérrez, Diego Fernando Valdés Parra (51.Luis Felipe Chará Zamora), Martín Gerardo Morel (66.Jonathan Esteban Álvarez Isaza), Jarol Enrique Martínez González, Andrés Ramiro Escobar Díaz, Fabián Andrés Castillo Sánchez (51.Diego Andrés Álvarez Sánchez). Trainer: Jaime de la Pava Márquez.
Goal: 0-1 Andrés Ramiro Escobar Díaz (59).

03.11.2010, Estadio Deportivo Cali, Palmira
Referee: Albert Duarte
Asociación Deportivo Cali - CD Itagüí-Ditaires   **2-0(1-0)**
Deportivo Cali: Juan Guillermo Castillo, Camilo Andrés Ceballos Zapata, Edgar Alonso Zapata Pérez, Elkin Darío Calle Grajales, Jarol Enrique Martínez González, Andrés Eduardo Pérez Gutiérrez (Cap), César Amaya (75.Fabián Andrés Castillo Sánchez), Diego Fernando Valdés Parra [*sent off 82*], Jonathan Esteban Álvarez Isaza (66.Martín Gerardo Morel), Andrés Ramiro Escobar Díaz (83.Gustavo Cuéllar), Diego Andrés Álvarez Sánchez. Trainer: Jaime de la Pava Márquez.
Itagüí: Roberto Mosquera Zuñiga, Juan Sergio Guzmán Zapata (Cap), John Freddy Zea (64.Andrés Felipe Correa), Anderson Zapata, Álvaro de Jesus Manga López, Emerson Chamorro Caldera (58.Carlos Mario Arboleda, Andrés Mauricio Restrepo, Cleider Alzate, Carlos Alberto Ortíz Blandón, Jorge Aguirre (78.Jhon Jairo Castillo), Luis Alfonso Páez Restrepo. Trainer: Álvaro de Jesús Gómez.
Goals: 1-0 César Amaya (12), 2-0 Andrés Ramiro Escobar Díaz (55).

THE CLUBS 2010

CORPORACIÓN DEPORTIVA AMÉRICA DE CALI
Foundation date: December 21, 1918
Address: Carrera 56 No. 2-70, Cali
Stadium: Estadio Olímpico „Pascual Guerrero", Cali – Capacity: 45,195

THE SQUAD

	DOB
Goalkeepers:	
Nelson Fernando Ramos Betancourt	23.11.1981
Washington Alexis Viera Barreto (URU)	18.10.1978
Defenders:	
Bélmer Aguilar López	12.11.1973
Juan Camilo Angulo Villegas	26.09.1988
Julián Andrés Carabalí Peña	19.04.1988
Edwin Alberto del Castillo Contreras	08.02.1984
Oscar Nadín Díaz (PAR)	29.01.1984
Andrés Felipe Gallego Guerrero	18.03.1991
Mario Llanos Méndez	05.04.1989
Jhon Jairo Lozano Castaño	31.07.1984
César Fabián Morales Morales	24.10.1978
Julio César Murillo Asprilla	03.01.1991
Jairo Andrés Suárez Carvajal	24.03.1985
Argemiro Vacca Cortés	25.02.1989
Midfielders:	
Jonathan Esteban Álvarez Isaza	27.06.1987
Andrés Felipe Andrade Torres	23.02.1989
Jorge Eliécer Banguero Viafara	04.10.1974
Germán Andrés Caicedo Aguirre	25.08.1977
Luis Miguel Carabalí Guacales	19.08.1989
Jaime Miguel Córdoba Taborda	07.05.1988
Gabriel Héctor Fernández (ARG)	22.09.1977
Aviles Hurtado Herrera	20.04.1987
Julio Javier Marchant (ARG)	11.01.1980
Jean Alberto McLean (PAN)	16.01.1984
Gerardo Estefan Mesa Sánchez	09.09.1987
Hamlet Mina	19.06.1978
Rafael Enrique Navarro Cujía	28.03.1989
Victor Javier Quiñonez Salazar	03.04.1988
Ivan Yesid Vargas Rivera	12.07.1987
William Román Zapata	11.09.1975
Forwards:	
Edwin Enrique Aguilar Samaniego (PAN)	07.08.1985
Herly Enrique Alcázar Vélez	30.10.1976
Wilberto Cosme Mosquera	22.07.1984
Sérgio Alejandro Galván Rey	09.06.1973
David Holguín Sepúlveda	27.11.1984
Wilson David Morelo López	21.05.1987
Léider Calimenio Preciado Guerrero	26.02.1977
Jean Carlos de Alançar Batista (BRA)	03.06.1987
Edison Toloza Colorado	15.06.1984
Duvan Esteban Zapata Banguera	01.04.1991
Trainer:	
Juan Carlos Grueso [01-03.2010]	31.03.1970
Jorge Hernán Bermúdez Morales [04.2010-21.08.2010]	18.06.1971
Álvaro Orlando Aponte Rojas [from 28.08.2010]	17.12.1965

CLUB DEPORTIVO ATLÉTICO HUILA NEIVA

Foundation date: November 29, 1990
Address: Coliseo Cubierto la Libertad, Carrera 18 No 18 – 25, Neiva
Stadium: Estadio „Guillermo Plazas Alcid", Neiva – Capacity: 23,000

THE SQUAD

	DOB
Goalkeepers:	
Carlos Andrés Abella Parra	25.01.1986
Luis Alberto Estacio Valverde	19.04.1980
Luis Fernando Fernández López	01.07.1978
Defenders:	
Néstor Alberto Asprilla Murillo	28.01.1986
Nicolás Nahuel Ayr (ARG)	11.10.1982
Daniel Eduardo Bocanegra Ortíz	23.04.1987
Ormedis Madera Blanco	14.07.1980
Gonzálo Martínez Caicedo	30.11.1975
Ervin Antonio Maturana Ortíz	10.05.1979
Gustavo Andrés Rojas Calderón	06.02.1988
Nóndier Humberto Romero	22.01.1979
Nectalí Vizcaíno Nieto	08.07.1987
Midfielders:	
Diego Alejandro Arango Montoya	02.07.1980
Javier Araújo Peñaloza	26.12.1984
Javier Araújo Peñaloza	26.12.1984
Bréiner Steven Belalcázar Ulabarri	23.08.1984
Rafael Arlex Castillo Galvis	06.06.1980
Amílcar Henríquez Espinosa	02.08.1983
Carlos Andrés Mosquera	12.06.1991
Juan Fernando Rebolledo Olaya	22.02.1974
Óscar Fabián Rueda Muñoz	06.10.1982
Jorge Hernando Vidal Buesaquillo	28.04.1974
Forwards:	
Jean Carlos Blanco	06.04.1992
Carlos Mario Carbonero Mancilla	25.07.1990
Ayron Del Valle Rodríguez	27.01.1989
Víctor Alfonso Guazá Lucumí	16.08.1985
Ricardo Alexis Laborde León	16.02.1988
Carlos Mauricio Mosquera	06.10.1984
Jeison Arley Quiñónes Angulo	17.09.1986
Gabriel Arturo Torres Tejada (PAN)	31.10.1988
Iván José Velázquez Wilches	27.08.1986
Carlos Wilson Villagra Medina	22.08.1976
Trainer:	
Luis Guillermo Berrío Gómez	11.04.1967

CORPORACIÓN DEPORTIVA ATLÉTICO NACIONAL MEDELLÍN
Foundation date: March 7, 1947
Address: Calle 62 No 44-103, Itagüí
Stadium: Estadio „Atanasio Girardot", Medellín – Capacity: 52,872

THE SQUAD

	DOB
Goalkeepers:	
Franco Armani (ARG)	16.10.1986
Eduardo De Jesús Blandón Morales	12.11.1985
Gastón Fernando Pezzuti (ARG)	02.09.1976
Christian Vargas Cortés	16.11.1989
Defenders:	
Stephen Barrientos Medina	16.09.1990
Edgar Francisco Delgado Zúñiga	14.08.1980
Víctor Hugo Giraldo López	30.09.1985
Jair Enrique Iglesias Jiménez	27.03.1988
John Stefan Medina Ramírez	14.06.1992
Humberto Antonio Mendoza Quiñonez	02.10.1984
Walter José Moreno Arco	18.05.1978
Andrés Mosquera Alvarado	09.07.1978
Juan Carlos Mosquera Gómez	10.12.1982
Jossimar Mosquera Angulo	12.10.1982
Andrés Felipe Orozco Vásquez	18.03.1979
Juan Camilo Pérez Saldarriaga	26.10.1985
Marlon Javier Piedrahita Londoño	13.06.1985
Sergio Damián Santín Francia (URU)	22.09.1980
Midfielders:	
José Antonio Amaya Pardo	16.07.1980
Daniel Arango Gómez	15.05.1990
Edwin Andrés Cardona Bedoya	08.12.1992
David Camilo Córdoba	09.12.1980
Jaime Miguel Córdoba Taborda	07.05.1988
Cristian Camilo Correa Valenzuela	27.08.1985
Juan Camilo García Morales	15.06.1988
Segundo Víctor Ibarbo Guerrero	19.05.1990
Giovanni Andrés Moreno Cardona	01.06.1986
Stalin Motta Vaquiro	28.03.1984
Jairo Fabián Palomino Sierra	02.08.1988
Jairo Leonard Patiño Rosero	05.04.1978
Daniel Santa Moreno	07.06.1992
Estivenson Jhovanny Santana Gómez	06.02.1990
Forwards:	
Orlando Enrique Berrío Meléndez	14.02.1991
Yeison Javier Devoz Anaya	04.04.1989
Javier Andrés Estupiñán Romero	08.02.1984
John Stiwar García Mena	06.09.1990
Ezequiel Carlos Maggiolo (ARG)	15.06.1977
Marcos Mondaini (ARG)	14.02.1985
Dorlan Mauricio Pabón Ríos	24.01.1988
Juan Camilo Piedrahita Hernández	15.12.1988
Trainer:	
Ramón Armando Cabrero (ARG/ESP) [05.2009-04.2010]	11.11.1947
José Fernando Santa [04.2010-12.2010]	12.09.1970

BOYACÁ CHICÓ FÚTBOL CLUB TUNJA

Foundation date: March 26, 2002
Address: Carrera 7 No. 156 - 80 - Torre I - Oficina 1301, Tunja
Stadium: Estadio de La Independencia, Tunja – Capacity: 20,000

THE SQUAD

	DOB
Goalkeepers:	
Alejandro Botero López	08.10.1980
Christian Harson Bonilla Garzón	02.06.1993
Defenders:	
Jhojan Caicedo Sinisterra	30.09.1992
Luis Plutarco Calvo Mosquera	01.03.1992
Octavio Cortés Mosquera	13.06.1984
Juan Gabriel Galicia Moreno	04.04.1986
Mario Humberto García Caboara (MEX)	14.09.1980
Anuar Duván Hurtado Viera	28.08.1989
Luis Hernando Mena Sepúlveda	20.05.1994
Éver Antonio Palacios Palacios	18.01.1969
Grenddy Adrián Perozo Rincón	28.02.1986
Pedro Macario Pino Moreno	30.06.1978
Rodrigo Ariel Sevillano Cabezas	17.04.1985
Sebastián Zapata Bustamante	07.02.1988
Angel Agustín Watt Pérez	18.01.1993
Midfielders:	
Gerardo Alberto Bedoya Múnera	26.11.1975
Miguel Eduardo Caneo (ARG)	17.03.1983
Diego Armando Causado Rivero	17.06.1989
Diego Fernando Chica López	11.02.1981
Junior Jurandir Da Silva Rodrigues (BRA)	18.06.1984
Yeison Stiven Gordillo Vargas	25.06.1992
Leonardo Favio López Méndez	18.05.1987
Jeison Alexis Moreno Mosquera	09.04.1991
Edwin Dayan Móvil Cabrera	07.05.1986
Henry Samir Palacios Pino	05.12.1990
Yhonny Albeiro Ramírez Lozano	23.05.1983
Anthony David Tapia Gil	16.01.1987
Alexander Viveros Sánchez	08.10.1977
Jesús David Zapata Salazar	11.08.1989
Forwards:	
Raúl Alexander Asprilla Moreno	12.12.1991
Edilio Jean Cardoso de Oliveira (BRA)	16.05.1983
José Erik Correa Villero	20.07.1992
Wiston Manuel Girón Amaya	24.04.1988
Charles Junior Monsalvo Peralta	06.05.1990
Juan Gilberto Núñez Castillo	25.03.1986
Cristian Reinaldo Romero Vallejo (PAR)	06.01.1989
Luis Alfredo Yánes Padilla	29.10.1982
Trainer:	
Alberto Miguel Gamero Morillo	03.02.1964

CORPORACIÓN CLUB DEPORTIVO TULUÁ
Foundation date: October 16, 1967
Address: Carrera 26 No 32 – 70, Tulúa
Stadium: Estadio Doce de Octubre, Tulúa – Capacity: 16,000

THE SQUAD

	DOB
Goalkeepers:	
Carlos Alberto Barahona Angulo	20.01.1980
Léider Barandica García	08.02.1982
Mauricio Mafla Urrutia	09.01.1984
Defenders:	
Javier Eduardo Arizala Caicedo	21.04.1983
Alonso Alirio Asprilla Cáceres	19.01.1992
Oscar Alexis Caicedo	28.08.1981
Hilário Cuenú Bonilla	31.08.1975
Anier Alfonso Figueroa Mosquera	27.07.1987
Yonni Fernando Hinestroza Lozano	20.08.1984
Anuar Duván Hurtado Viera	28.08.1989
John Jairo Montaño Victoria	17.04.1984
Jhonathan Muñóz Posso	01.08.1988
Roberto Ezequiel Palacio (ARG)	10.04.1983
Carlos Alberto Terranoba Álvarez	18.08.1982
Leonard Vásquez Zamora	25.10.1985
Layneker Evelio Zafra Martínez	23.05.1986
Jorge Arturo Zapata Velásquez	23.11.1978
Midfielders:	
Andrés Felipe Arboleda Hurtado	13.04.1987
Luis Felipe Arce Alvarez	10.09.1978
Robinson Aponzá Carabalí	11.04.1989
John Edison Bonilla Cardona	22.05.1988
Luis Fernando Caldas	12.02.1984
Oscar Díaz Asprilla	06.06.1972
Camilo Andrés Giraldo Gil	24.03.1979
Amardi Duvan Henao Marín	03.09.1987
Alexis Hinestroza Estacio	28.08.1988
César Augusto Hinestroza Lozano	20.11.1989
Gerardo Estefan Mesa Sánchez	09.09.1987
Donald Diego Millán Rodríguez	21.03.1986
Luis Fernando Pérez Charris	24.11.1982
Baldomero Perlaza Perlaza	05.06.1992
Deivi Rodríguez Ávila	02.06.1981
Léiner Concepción Rolong Torres	01.09.1981
Yorman Wilfredo Rueda Muñóz	06.05.1987
Alejandro Vélez (PAN)	03.03.1988
Forwards:	
Julián David Balanta Mestizo	16.11.1988
Santiago Daniel Benítez (PAR)	08.09.1991
Juan Fernando Caicedo Benítez	13.07.1989
John Jairo Castillo Angulo	22.03.1984
Carlos Mario Ceballos Agualimpia	13.09.1981
Yuberney Franco Gaviria	20.01.1985
Oscar Guerrero Alvarado	01.03.1985
Brunet Francisco Hay Pino (PAN)	07.09.1984
Pablo Andrés Jaramillo Rico	22.03.1976
Danny Jair Quendambú Cortés	19.03.1983
Luis Robinson Rentería Cuesta	04.07.1980
Luis Angel Valencia Córdoba	24.09.1991
William Zapata Brand	28.04.1988
Trainer:	
Fernando Velasco Gutiérrez [07.2008-05.2010]	20.10.1964
Harold Morales	

CORPORACIÓN NUEVO CÚCUTA DEPORTIVO

Foundation date: September 10, 1924
Address: Avenida 0A 3-56 Barrio Lleras Restrepo, San José de Cúcuta
Stadium: Estadio „General Santander", San José de Cúcuta – Capacity: 42,000

THE SQUAD

	DOB
Goalkeepers:	
Sérgio Andrés Avellaneda Morales	26.02.1990
Williams Ivann Buenaños Mosquera	17.10.1983
Andrés Leandro Castellanos Serrano	09.03.1984
Defenders:	
Eimer Gustavo Arévalo Arévalo	26.04.1984
Carlos Alberto Báez (PAR)	12.06.1982
Óscar Alexis Caicedo Camilo	28.08.1981
Edwar Andrés Cuéllar Bejarano	15.06.1990
Juan Geovanni García Holguín	04.08.1977
Elvis Javier González Herrera	20.02.1982
Orlando De Jesús Niebles Samper	04.08.1985
Diego Arturo Peralta González	02.01.1985
Pedro Paulo Portocarrero Angulo	13.05.1977
Joe Luis Raguá Ortega	23.02.1981
Jamell Orlando Ramos Hernández	12.10.1981
Leyson Rosero Moreno	30.11.1989
Midfielders:	
Danovis Banguero Lerma	27.10.1989
Federico Barrionuevo (ARG)	30.06.1981
Jorge Eladio Bolaño Correa	28.04.1977
Juan David Cabezas Núñez	27.02.1991
Germán Andrés Caicedo Aguirre	25.08.1977
José Rodrigo Castillo Angulo	20.02.1986
Diego Emilio Cochas (ARG)	14.08.1979
Diego Armando Espinel Malpica	07.12.1987
Jarol Herrera Martínez	26.05.1984
Jarol Enrique Martínez González	22.03.1987
Hernando Patiño Álvarez	02.04.1974
Édinson Pinzón Pérez	14.03.1981
Sebastián Ramírez Estrada	12.10.1983
Luis Hernando Vélez Celada	12.03.1990
Forwards:	
César Augusto Arias Moros	02.04.1988
José Luis Bueno Corredor	30.08.1986
Diego Aroldo Cabrera Flores	13.08.1982
Wilson Alberto Carpintero Mendoza	15.09.1977
Humberto Segundo Osorio Botello	24.06.1988
Roberto Polo Gueté	21.12.1980
Yamilson Alexis Rivera Hurtado	18.06.1989
Trainer:	
Néstor William Otero Carvajal [11.2009-05.04.2010]	18.09.1955
Juan Carlos Díaz [from 06.04.2010]	10.09.1957

CORPORACIÓN DEPORTES QUINDÍO ARMENIA

Foundation date: January 8, 1951
Address: Estadio Centenario, Km 1 vía al Edén, Primer piso, Armenia
Stadium: Estadio Centenario de Armenia – Capacity: 29,000

THE SQUAD

	DOB
Goalkeepers:	
Cristian Andrés Pinzón Rivera	29.11.1984
Antonio Alejandro Otero Orejuela	10.02.1984
Defenders:	
Yovanny Campo González	16.03.1989
Fabío Enrique Castillo Choco	18.03.1990
Diego Martínez Ferreira	20.12.1980
Hányer Luis Mosquera Córdoba	15.01.1987
Harrison Morales Ruíz	20.06.1986
Jarrison Morales Ruíz	20.06.1986
Óscar Fabián Murillo Murillo	18.04.1988
James Eliécer Quiñónez Tenorio	17.09.1985
Fábio Darío Rodríguez Mejía	03.10.1985
William José Tesillo Gutiérrez	02.02.1990
Fáiner Torijano Cano	31.08.1988
Sebastián Viáfara Carabalí	02.04.1991
Cristian Harlem Velasco Figueroa	01.03.1991
Edward Estivenson Zea Chávez	19.01.1990
Midfielders:	
Adan Bravo (ARG)	15.09.1984
Jairo Roy Castillo Espinosa	09.02.1991
Nílson Armel Cortés Quiñónes	29.03.1977
Luís Alfredo González	16.01.1983
Alejandro Nicolás Martínez Ramos	15.02.1989
Alexander Mejía Sabalsa	11.07.1988
Elkin Antonio Murillo Amor	20.09.1977
Hilton Murillo Sanmartín	31.01.1988
Luis Alejandro Paz Mulato	08.09.1988
Elieser Evangelista Quiñónes Tenorio	07.11.1988
Wigberth Alfredo Quiñonez Hurtado	18.04.1988
Carlos Julio Robles Rocha	16.05.1992
Mauricio Romero Sellares	01.08.1979
Jhon Edwar Valoy Riascos	26.07.1991
Juan Camilo Vela Ospina	18.02.1993
Eduar Alexis Viveros Caicedo	03.01.1986
Forwards:	
Juan Ricardo Bazán Riascos	04.03.1986
Aldair Murillo Sanmartín	12.06.1990
Léider Calimenio Preciado Guerrero	26.02.1977
Carlos Andrés Rodas Montoya	04.02.1975
Jair Olivier Rambal Galindo	20.05.1981
Pablo Antonio Salinas Menacho	07.08.1979
José Luis Tancredi Malatez (URU)	14.02.1983
Iván Rodrigo Trujillo Vanegas	28.06.1982
Carlos Wilson Villagra Medina (PAR)	22.08.1976
Trainer:	
Fernando Castro Lozada	11.02.1951

CORPORACION CLUB DEPORTES TOLIMA IBAGUÉ

Foundation date: December 18, 1954
Address: Carrera 4 Bis No 34-60,. Ibagué
Stadium: Estadio „Manuel Murillo Toro", Ibagué – Capacity: 31,000

THE SQUAD

	DOB
Goalkeepers:	
Bréiner Clemente Castillo Caicedo	05.05.1978
Jáner Alberto Serpa Pacheco	12.02.1981
Antony Domingo Silva Cano (PAR)	27.02.1984
Defenders:	
Danny Leandro Aguilar Mancilla	25.02.1986
Jair Arrechea Amú	08.11.1990
Darío Alberto Bustos Torres	09.03.1985
William Jesús Carrascal Serpa	22.06.1990
Hugo Pablo Centurión (ARG)	02.09.1976
Wílmer Díaz Lucumí	23.06.1978
Julián Hurtado Izquierdo	24.11.1979
Yesid Martínez Alegría	02.01.1980
Dávinson Álex Monsalve Jiménez	09.06.1984
Diego Andrés Vacca	10.05.1986
Gerardo Enrique Vallejo Metaute	03.12.1976
Midfielders:	
Hamilton Alexander Acuña Rubiano	23.07.1990
Gustavo Adolfo Bolívar Zapata	16.04.1985
Mike Campaz	16.11.1987
Fernando Antonio Cárdenas Arredondo	30.04.1988
Diego Ferney Chará Zamora	05.04.1986
Jhon Fredy Hurtado	23.03.1985
Rodrigo Daniel Marangoni (ARG)	21.02.1978
Christian Camilo Marrugo Rodríguez	18.07.1985
Jesús Javier Valencia Quiróz	08.05.1987
Forwards:	
Franco Faustino Arizala Hurtado	04.06.1986
Armando José Carrillo Dangond	03.11.1985
Yimmi Javier Chará Zamora	02.04.1991
Marlon Francisco Díaz Chacón	01.11.1990
Wílder Andrés Medina Tamayo	21.02.1981
Julio César Ortellado Melgarejo (PAR)	24.05.1978
Jorge Isaacs Perlaza Aguiño	11.10.1984
Onel Cristóbal Vidal Campaz	26.05.1990
Efraín Viáfara Molina	08.04.1981
Trainer:	
Hernán Torres Oliveros	18.08.1961

ASOCIACIÓN DEPORTIVO CALI

Foundation date: November 23, 1912
Address: Calle 34 Norte N°2 BN 75, Cali
Stadium: Estadio Deportivo „Cali Palma Seca" – Capacity: 53,347

THE SQUAD

	DOB
Goalkeepers:	
Juan Guillermo Castillo Iriart (URU)	17.04.1978
José Fernando Cuadrado Romero	01.06.1985
Defenders:	
César Andrés Amaya Solano	12.10.1990
Daniel Oswaldo Briceño Bueno	06.09.1985
Elkin Darío Calle Grajales	26.05.1980
Camilo Andrés Ceballos Zapata	15.07.1984
Harold Andrés Gómez Muñóz	21.04.1992
Efraín Cortés Gruesso	10.06.1984
Juan Guillermo Domínguez Cabezas	17.12.1986
Héctor Andrés Quiñónes Cortés	17.03.1992
Edgar Alonso Zapata Pérez	01.09.1979
Midfielders:	
Jonathan Esteban Álvarez Isaza	27.06.1987
Camilo Andrés Ayala Quintero	23.06.1986
Yerson Candelo Miranda	14.02.1992
Luis Felipe Chará Zamora	06.01.1981
John Jairo Charria Escobar	14.05.1978
Gustavo Leonardo Cuéllar Gallego	14.10.1992
Juan Carlos Escobar Rodríguez	30.10.1982
Gilberto García Olarte	27.01.1987
Cristian Yesid Lasso Lucumí	18.02.1991
Carlos David Lizarazo Landázury	26.04.1991
Jarol Enrique Martínez González	22.03.1987
Martín Gerardo Morel (ARG)	05.11.1980
Michael Javier Ortega	06.04.1991
Andrés Eduardo Pérez Gutiérrez	05.09.1980
Diego Fernando Valdés Parra	13.08.1981
Forwards:	
Diego Andrés Álvarez Sánchez	23.09.1981
Armando José Carrillo Dangond	03.11.1985
Fabián Andrés Castillo Sánchez	17.06.1992
Andrés Ramiro Escobar Díaz	14.05.1991
Mario Edison Giménez (PAR)	05.04.1981
Luis Fernando Muriel Fruto	16.04.1991
Lionard Fernando Pajoy Ortíz	07.06.1981
Wílmer Parra Cadena	08.10.1983
Harold Fernando Reina Figueroa	18.07.1990
Trainer:	
Jorge Cruz [01.2010-08.2010]	
Jaime de la Pava Márquez [08.2010-12.2010]	14.04.1967

CORPORACIÓN SOCIAL DEPORTIVA Y CULTURAL DE PEREIRA
Foundation date: Februar 12, 1944
Address: Carrera 12 Bis N° 11B – 27, Pereira
Stadium: Estadio „Hernán Ramírez Villegas", Pereira – Capacity: 30,313

THE SQUAD

	DOB
Goalkeepers:	
José Aléxis Márquez Restrepo	27.06.1976
Edigson De Jesús Velásquez Cano	05.02.1972
Defenders:	
Danny Cano Sánchez	12.02.1986
Víctor Alfonso Castillo Ocoró	10.07.1987
Farid Alfonso Díaz Rhenals	20.07.1983
Oscar Nadín Díaz (PAR)	29.01.1984
Yonni Fernando Hinestroza Lozano	20.08.1984
César Augusto Mena Mosquera	15.10.1988
Mario Llanos Méndez	05.04.1989
Jhon Jairo Lozano Castaño	31.07.1984
Harnol Palacios Palomeque	10.05.1975
Hernán Darío Pulgarín Hincapié	26.01.1989
Ronald Quintero Jaramillo	09.03.1987
José Andrés Ramírez Jaramillo	20.10.1987
Jong Harold Viáfara Ramos	20.07.1976
Midfielders:	
Julio César Arcila Franco	04.01.1990
Andrés Felipe Arroyave Cartagena	09.06.1990
Jhony Alejandro Acosta Villada	31.03.1983
Julián Barahona Angulo	08.03.1978
Déiner Andrés Córdoba Escarpeta	21.04.1992
Francisco Antonio Córdoba Escarpeta	08.09.1988
Fabián Andrés Cuéllar Trujillo	21.06.1985
Alexander del Castillo Molina	14.03.1977
Gilmar Adolfo Girón Marulanda	12.03.1984
Mario Fernando Jaramillo Zapata	30.11.1988
Juan Martín Parodi González (ARG)	22.09.1974
Julián David Parra	06.01.1985
Dayron Alexánder Pérez Calle	24.12.1978
Edwin Eduardo Posada Serna	27.03.1990
Nicolás Andrés Torres Córdova	01.01.1982
Gustavo Andrés Victoria Rave	14.05.1980
Forwards:	
Luis Carlos Cabezas	03.03.1986
Edison Hipólito Chará Lucumi	02.10.1980
Miguel Ángel Cuéllar (PAR)	25.01.1982
Yuberney Franco Gavíria	20.01.1985
José Heriberto Izquierdo Mena	07.07.1992
Wílson Antonio Mena Asprilla	02.07.1987
Arlinton Murillo Hinestroza	27.02.1988
León Darío Muñóz Hernández	21.02.1977
Daniel Alberto Néculman (ARG)	25.05.1985
César Augusto Rivas Chará	28.06.1979
Francisco Alonso Villalba Rivera	25.12.1984
Trainer:	
Éinar Teodoro Angulo Calzada	02.09.1967

ENVIGADO FÚTBOL CLUB

Foundation date: Ocotober 14, 1989
Address: Polideportivo Sur Carrera 48 - 46 Sur 150, Envigado
Stadium: Estadio Polideportivo Sur, Envigado – Capacity: 6,000

THE SQUAD

	DOB
Goalkeepers:	
Levid Martínez Caicedo	26.12.1989
Andrés David Saldarriaga Cardona	18.09.1978
Víctor Hugo Soto Azcarate	12.11.1989
Andrés Mauricio Vargas Ortiz	13.07.1986
Defenders:	
Rubén Darío Bedoya Durango	17.08.1963
Jimmy Bermúdez Valencia	16.12.1987
Carlos Alberto Díaz	28.11.1982
Frank Yusty Fabra Palacios	22.02.1991
Andrés Felipe Gallego Londoño	26.11.1988
Carlos Andrés Gallego Castañeda	09.03.1989
Benson Jair Garrido Sierra	05.02.1991
Freddy Andrés Hurtado Abadía	27.05.1976
Andrés Felipe Orozco Vásquez	18.03.1979
Luis Miguel Pérez Meza	03.04.1987
Juan Camilo Saiz Ortegón	01.03.1992
Kilian Edwin Virviescas Rojas	02.08.1980
Jhonnifer Waldo Mosquera	07.06.1991
Midfielders:	
Gabriel Jaime Álvarez Herrera	17.04.1990
Gerardo Alberto Bedoya Múnera	26.11.1975
Nelson Eduardo Lemus Hurtado	15.02.1989
John Stiveen Mendoza Valencia	27.06.1992
Néider Yesid Morantes Londoño	03.08.1975
Jonny Ferney Mosquera Mena	17.02.1991
Eder Daniel Muniver Royero	17.09.1989
Juan Fernando Quintero Paniagua	18.01.1993
Weimar Franck Olivares	08.08.1975
Juan Carlos Ramírez Ayala	22.03.1972
Diego Mauricio Toro Arcila	29.01.1982
Forwards:	
Carlos Andrés Álvarez Echeverry	02.12.1981
Fáider Favio Burbano Castillo	12.06.1992
Jhon Andrés Córdoba Copete	10.05.1993
Jhon Alexander Escobar Parra	04.03.1990
Fernando Oliveira de Avila (BRA)	11.05.1984
Yessy Ferley Mena Palacios	05.07.1989
Dorlan Mauricio Pabón Ríos	24.01.1988
Carlos Andrés Peralta Barrios	14.02.1990
Jorge Horacio Serna Castañeda	27.10.1979
Juan Esteban Suescún Castrillón	22.01.1991
Daniel Velásquez Álvarez	03.10.1990
Trainer:	
Pedro Enrique Sarmiento	26.10.1956

CORPORACIÓN DEPORTIVA INDEPENDIENTE MEDELLÍN

Foundation date: April 15, 1914
Address: Carrera 74 No 48-37 C.E. Obelisco Oficina 1037, Medellín
Stadium: Estadio „Atanasio Girardot", City – Capacity: 52,872

THE SQUAD

	DOB
Goalkeepers:	
Aldo Antonio Bobadilla Ávalos (PAR)	20.04.1976
Bréiner Clemente Castillo Caicedo	05.05.1978
Jhon Bayron García Duque	12.06.1985
Brayan Styven López Yepes	25.07.1987
Defenders:	
Anselmo De Almeida Machado (BRA)	18.08.1980
Ricardo Calle Estrada	18.02.1980
Roberto Carlos Cortés Restrepo	20.06.1977
Marino García González	28.06.1982
Leyton Jiménez Romero	26.04.1989
Javier López Rodríguez	30.10.1988
Juan David Muriel Cruz	07.05.1989
Lewis Alexander Ochoa Cassiani	04.09.1984
Hernán Enrique Pertúz Ortega	31.03.1989
Juan David Valencia Hinestroza	15.01.1986
Midfielders:	
Nelson Alberto Barahona Collins (PAN)	22.11.1987
Javier Calle Estrada	29.04.1991
John Edward Hernández García	11.01.1991
Juan Fernando Leal Arango	02.08.1980
Giovanni Alexander López Yepes	15.04.1989
Juan Esteban López Mosquera	06.04.1990
Malher Tressor Moreno Baldrich	11.01.1979
Luis Fernando Mosquera Alomía	17.08.1986
Yhon Géiler Mosquera Martínez	15.04.1989
Juan Esteban Ortiz Blandón	29.08.1987
Jhon Javier Restrepo Pérez	22.08.1977
Héctor Alejandro Vasco Osorio	03.05.1982
Forwards:	
Luis Carlos Arias Cardona	13.01.1985
Justin Arboleda Buenaños	18.09.1991
Martín Enrique Arzuaga Coronel	23.07.1981
Mario Edison Giménez (PAR)	05.04.1981
Jorge Pablo Maz Rosano (URU)	28.09.1989
Yorleys Mena Palacios	20.07.1991
Edgar Felipe Pardo Castro	17.08.1990
Yeisson Alexander Rentería Largacha	18.07.1989
César Augusto Rivas Chará	28.06.1979
César Augusto Valoyes Córdoba	05.01.1984
Trainer:	
Édgar Carvajal Villa	29.09.1969

CORPORACIÓN POPULAR DEPORTIVA JUNIOR BARRANQUILLA
Foundation date: August 7, 1924
Address: Carrera 57 No 72-56, Barranquilla
Stadium: Estadio „Metropolitano Roberto Meléndez", Barranquilla – Capacity: 60,000

THE SQUAD

	DOB
Goalkeepers:	
Luis Alberto Estacio Valverde	19.04.1980
Adrián Berbia Pose (URU)	12.10.1977
Didier Gregorio Muñoz Arbeláez	01.07.1979
Carlos Andrés Rodríguez Ibarra	07.05.1983
Defenders:	
Felipe Javier Benalcázar Barreiro	15.01.1977
Roller Cambindo Ibarra	29.10.1978
César Augusto Fawcett Lebolo	12.08.1984
Háider Guillermo Palacio Álvaro	22.07.1979
Jáider José Romero Romero	22.05.1982
Pedro Pablo Tavima Alba	16.11.1985
Román Aureliano Torres Morcillo (PAN)	20.03.1986
Jhon Alexander Valencia Hinestroza	04.01.1982
Midfielders:	
Emerson de Jesús Acuña Fluviano	16.06.1979
Paulo César Arango Ambuila	27.08.1984
Julián Barahona Angulo	08.03.1978
Jorge Daniel Casanova Curbelo	26.07.1976
Brayner Yesid García Leal	06.09.1986
Jossymar Andrés Gómez Pereira	13.08.1987
Giovanni Hernández Soto	16.06.1976
Vladimir Javier Hernández Rivero	08.02.1989
Jhon Alexander Jaramillo Gómez	11.06.1980
Fram Enrique Pacheco Cárdenas	08.11.1980
Francisco Javier Rodríguez Ibarra	24.06.1987
Henry Andrés Rojas Delgado	27.07.1987
Jairo Enrique Umaña Herazo	13.06.1991
Forwards:	
Martín Enrique Arzuaga Coronel	23.07.1981
Carlos Arturo Bacca Ahumada	08.09.1986
Víctor Javier Cortés	26.02.1976
Léiner de Jesús Escalante Escorcia	18.12.1991
Norvey Orozco Anchila	25.04.1991
Alfredo Antonio Padilla Gutiérrez	29.07.1989
Wílmer Parra Cadena	08.10.1983
Luis Carlos Ruiz Morales	08.01.1987
Trainer:	
Diego Edison Umaña [12.2009-11.2010]	23.07.1956
Oscar Héctor Quintabani Faggionali (ARG) [from 11.2010]	04.06.1950

CLUB DEPORTIVO LA EQUIDAD SEGUROS

Foundation date: Ocotober 12, 1990
Address: Calle 193 N° 38-20, Bogotá
Stadium: Estadio Metropolitano de Techo, Bogotá – Capacity: 12,000

THE SQUAD

	DOB
Goalkeepers:	
Carlos Andrés Bejarono Palacios	29.01.1985
Germán Martín Caffa (ARG)	14.07.1980
Nelson Fernando Ramos Betancourt	23.11.1981
Álvaro José Solís Lozano	26.08.1981
Defenders:	
Darwin Zamir Andrade Marmolejo	11.02.1991
Santiago Arias Naranjo	13.01.1992
Jhon Alexander Cano Angulo	20.12.1982
David Guillermo Díaz Torres	30.03.1990
Juan Diego González	22.09.1980
Alvaro de Jesús Manga López	26.01.1982
Hanyer Luis Mosquera Córdoba	15.01.1987
Edwin Gabriel Rivas Ibargüen	16.10.1978
Elkin Orlando Serrano Valero	17.03.1984
Hugo Emilio Soto Miranda	28.09.1983
Midfielders:	
Camilo Andrés Ayala Quintero	23.06.1986
Marco Antonio Canchila Vásquez	06.01.1981
Jhony Moisés Cano Barrios	14.07.1989
Sherman Andrés Cárdenas Estupiñán	07.08.1989
Jherson Enrique Córdoba Ospina	09.02.1988
Iván Arturo Corredor Hurtado	25.06.1983
Dahwling Leudo Cossio	24.07.1989
Dager Yair Palacios Palacios	04.04.1985
Renzo Santiago Sheput (PER)	08.11.1980
John Eduis Viáfara Mina	27.10.1978
Forwards:	
Herly Enrique Alcázar Velez	30.10.1976
Óscar Darío Arce Valenzuela	15.02.1990
Ariel Sebastián Carreño (ARG)	04.03.1979
David Leonardo Castro Cortés	12.05.1989
Fabián Eduardo Hernández Acosta	27.08.1984
Óscar Darío Martínez Pantoja	19.10.1980
Andrés Javier Mosquera Murillo	18.09.1989
Carlos Alveiro Rentería Cuesta	04.03.1986
Jamerson Rentería Mena	29.09.1980
Trainer:	
Alexis Enrique García Vega	21.07.1960

CLUB DEPORTIVO LOS MILLONARIOS BOGOTÁ

Foundation date: June 18, 1946
Address: Carrera 50 No 59-54, Bogotá
Stadium: Estadio Nemesio Camacho „El Campín", Bogotá – Capacity: 48,310

THE SQUAD

	DOB
Goalkeepers:	
Luis Enrique Delgado Mantilla	26.10.1980
Juan Ángel Obelar Gutiérrez	12.08.1979
Defenders:	
Mauricio Ferney Casierra	12.08.1985
Alejandro Enrique Cichero Konarek (VEN)	20.04.1977
José Adalberto Cuero García	30.03.1990
Luis Miguel del Risco Torres	07.09.1989
Álex Díaz Díaz	13.01.1989
Yoiver González Mosquera	22.11.1989
Pedro Camilo Franco Ulloa	23.04.1991
Oswaldo José Henríquez Bocanegra	10.03.1989
José Hermes Mera Vergara	11.03.1979
John Jairo Montaño Victoria	17.04.1984
Elvis Yohan Perlaza Lara	07.03.1989
Omar Andrés Rodríguez Martínez	04.03.1981
Carlos Alfredo Saa Posso	12.04.1983
Leonard Vásquez Zamora	25.10.1985
Midfielders:	
José Antonio Amaya Pardo	16.07.1980
Elkin Blanco Rivas	05.09.1989
Alexander del Castillo Molina	14.03.1977
Johnatan Estrada Campillo	27.01.1983
Ervin Alberto González Milián	25.08.1985
Luis Enrique Mena	16.07.1992
Luis Hernán Mosquera Chamorro	25.05.1989
David Jonathan Pérez	04.06.1990
Michael Andrés Rada Gutiérrez	10.10.1987
Esteban José Ramírez (PAR)	17.05.1985
Frey David Ramos Marrugo	25.04.1989
Rafael Fernando Robayo Marroquín	24.04.1984
Christian Camilo Subero Mier	26.05.1991
Jhon Jairo Ulloque Pérez	11.05.1986
Edson Omar Vásquez Ortega	15.08.1989
Forwards:	
Yovanny Arrechea Amú	23.01.1983
Yuber Alberto Asprilla Viera	12.11.1992
Hernán Eduardo Boyero (ARG)	30.12.1979
Erik Andrés Moreno Serna	24.11.1991
Lionard Fernando Pajoy Ortíz	07.06.1981
Víctor Alberto Salazar Cuesta	14.02.1991
Edier Tello Mosquera	02.03.1990
Trainer:	
Luis Augusto García Barragán [02.06.2009-25.03.2010]	15.07.1050
Diego Nilton Bernal [26.03.2010-01.06.2010]	
Richard Alfred Mayela Páez Monzón (VEN) [from 02.06.2010]	31.12.1952

CORPORACIÓN DEPORTIVA ONCE CALDAS MANIZALES

Foundation date: April 16, 1947
Address: Carrera 23 N° 55-81, Puerta 18, Manizales
Stadium: Estadio Palogrande, Manizales – Capacity: 42,553

THE SQUAD

	DOB
Goalkeepers:	
Juan Carlos Henao Valencia	30.12.1971
Héctor Fabio Landázuri	20.08.1983
Luis Enrique Martínez Rodríguez	11.07.1982
Defenders:	
Diego Armando Amaya Solano	10.11.1985
Alexis Héctor Henríquez Charales	02.01.1983
Carlos Johnson Carpio (CRC)	10.07.1984
Luis Alberto Núñez Charales	10.12.1983
Carlos Andrés Ramírez Aguirre	01.05.1988
José Iván Vélez Castillo	16.08.1984
Oswaldo Augusto Vizcarrondo Araújo (VEN)	31.05.1984
Midfielders:	
Emerson de Jesús Acuña Fluviano	16.06.1979
Diego Alejandro Arango Montoya	02.07.1980
Diego Alejandro Arias Hincapié	15.06.1985
Juan Guillermo Baena	07.11.1983
Fernando Antonio Cárdenas Arredondo	30.04.1988
Jaime Alberto Castrillón Vásquez	05.04.1983
Hárrison Steve Henao Hurtado	19.12.1987
Sebastián Hernández Mejía	02.10.1986
Johan Andrés Marín Giraldo	08.10.1989
Felix Andrés Micolta Micolta	30.11.1989
Luis Carlos Murillo	16.10.1990
Cristian Fernando Osorio Jaramillo	23.02.1989
Dayron Aléxander Pérez Calle	24.12.1978
Facundo Nicolás Piacenza (ARG)	15.12.1985
Sebastián Ramírez Estrada	12.10.1983
Henry Andrés Rojas Delgado	27.07.1987
John Jairo Valencia Ortíz	27.03.1982
Forwards:	
Jefferson Cuero Castro	15.05.1988
Yésinguer Jiménez Bustamante	13.01.1991
Wilson Antonio Mena Asprilla	02.07.1987
Dayro Mauricio Moreno Galindo	16.09.1985
Danny Manuel Santoya Otero	24.04.1988
Sebastián Lucas Tagliabúe	22.02.1985
Fernando Uribe Hincapié	01.01.1988
Trainer:	
Juan Carlos Osorio Arbelaez	08.06.1961

CORPORACIÓN DEPORTIVA REAL CARTAGENA

Foundation date: March 21, 1971
Address: Centro Barrio San Diego Urbanización Portón del pilar, Casa N° 2, Cartagena
Stadium: Estadio Olímpico „Jaime Morón León", Cartagena – Capacity: 25,000

THE SQUAD

	DOB
Goalkeepers:	
Jorge Luis Barón Torres	22.04.1986
Juan Carlos Henao Valencia	30.12.1971
Alvaro José Solís	26.08.1981
Defenders:	
Emmanuel Acosta Brito	23.05.1982
Leoncio Reinaldo Alegría Viáfara	05.01.1981
Alexander Anaya Guerrero	29.01.1980
Marlon Rafael Barrios Pérez	12.12.1986
Lidio Benítez Domínguez (PAR)	18.07.1978
Juan Geovanni García Holguín	04.08.1977
Harold Macías Cabrera	12.06.1980
Fredy Machado Mosquera	12.04.1990
Jhonatan Arley Mosquera Zapata	14.01.1988
Orlando Enrique Osorio Mondúl	28.01.1990
Roberto Antonio Peñaloza Cerquera	04.07.1979
Rafael Enrique Pérez Almeida	09.01.1990
Midfielders:	
William Francisco Arboleda Perea	08.06.1990
Mauricio Alfonso Árquez Arango	19.06.1981
Mauricio José Arroyo Bertel	12.01.1989
Óscar Miguel Castillo Campo	13.01.1987
Émerson Chamorro Caldera	06.05.1976
Luis Fernando Iriarte Gómez	31.12.1982
José Manuel Nájera Ríos	03.09.1988
Edinson Pinzón Pérez	14.03.1981
Gustavo Adolfo Rúa Londoño	26.08.1981
Oswaldo José Salgado Benítez	07.03.1994
Luis Alfredo Sierra Pérez	26.06.1988
Mario Rafael Tapias Padilla	03.06.1986
Nicolás Andrés Torres Córdova	01.01.1982
Forwards:	
Edilio Jean Cardoso de Oliveira (BRA)	16.05.1983
Edwards Yesid Jiménez Gómez	14.07.1981
Carlos José Palomino Vásquez	27.11.1990
Édinson Manuel Palomino Marrugo	30.01.1986
Jorge Luis Ramos Sánchez	02.10.1992
Mílton Fabián Rodríguez Suárez	28.04.1976
Néstor Fabián Salazar Díaz	19.12.1973
Trainer:	
Hubert Antonio Bodhert Barrios	17.01.1972

SANTA FÉ CORPORACIÓN DEPORTIVA BOGOTÁ

Foundation date: February 28, 1941
Address: Calle 64 a N° 50 b – 08 (Nueva Nomenclatura), Bogotá
Stadium: Estadio „Nemesio Camacho - El Campín", Bogotá – Capacity: 46,018

THE SQUAD

	DOB
Goalkeepers:	
Augustín Julio Castro	25.10.1974
Camilo Andrés Vargas Gil	09.01.1989
Daniel Antonio Vélez Maya	08.10.1973
Defenders:	
Germán Martín Centurión Marecos (PAR)	05.05.1980
Maximiliano Rubén Flotta Retamosa (ARG)	28.12.1978
Andrés Felipe González Ramírez	08.01.1984
Jhonnier González Córdoba	06.02.1982
Elvis David Mosquera Valdés	22.01.1991
Félix Enrique Noguera Collante	31.03.1987
Sergio Andrés Otálvaro Botero	10.12.1986
Carlos Enrique Valdés	22.05.1985
Ricardo José Villarraga Marchena	23.04.1990
Midfielders:	
Osneider Álvarez Orozco	08.09.1990
José Yulián Anchico Patiño	28.05.1984
Alejandro Bernal Ríos	03.06.1988
Mario Alejandro González Castro	25.08.1983
Omar Sebastián Pérez (ARG)	29.03.1981
Emmanuel Prisco Jaramillo	25.04.1991
Juan Carlos Quintero Pérez	20.02.1978
Juan Daniel Roa Reyes	20.08.1991
Norbey Salazar Giraldo	10.11.1987
Luis Manuel Seijas Gunther	23.06.1986
Daniel Alejandro Torres Rojas	15.11.1989
Forwards:	
Mário Efraín Gómez Espejero	06.03.1986
Julio Brian Gutiérrez González (CHI)	14.09.1979
Carlos Daniel Hidalgo Cadenas	25.04.1986
José Largacha Rivas	03.01.1987
Cristian Nazarith Truque	13.08.1990
Óscar Eduardo Rodas Vargas	04.06.1987
Néstor Fabián Salazar Díaz	19.12.1973
José Adolfo Valencia Arrechea	18.12.1991
Efraín Viáfara Molina	08.04.1981
Luis Alfredo Yánes Padilla	29.10.1982
Trainer:	
Germán González García [01.07.2009-05.2010]	26.01.1952
Néstor William Otero Carvajal [from 05.2010]	18.09.1955

SECOND LEVEL
Primera B 2010 - Torneo Postobón

Regular Stage

1. CD Itagüí Ditaires	36	21	8	7	61 - 33	71
2. Asociación Deportivo Pasto	36	21	5	10	45 - 30	68
3. CF Deportivo Rionegro	36	17	11	8	59 - 37	62
4. Patriotas FC Tunja	36	17	10	9	58 - 37	61
5. AD Unión Magdalena Santa Marta	36	18	5	13	46 - 38	59
6. Bogotá FC	36	15	10	11	48 - 30	55
7. CD Real Santander Floridablanca	36	13	14	9	50 - 41	53
8. Club Atlético Bucaramanga CD	36	14	11	11	44 - 40	53
9. Pacifico FC Buenaventura*	36	11	14	11	39 - 36	47
10. CD Expreso Rojo Zipaquirá	36	11	12	13	35 - 39	45
11. CD Atlético de la Sabana Sincelejo	36	10	14	12	33 - 45	44
12. CD Centauros Villavicencio	36	10	13	13	46 - 50	43
13. Academia FC Bogotá	36	13	4	19	43 - 54	43
14. CD Alianza Petrolera Barrancabermeja	36	8	13	15	36 - 51	37
15. Valledupar FC	36	9	10	17	31 - 51	37
16. Depor FC Aguablanca Cali	36	9	8	19	45 - 58	35
17. Atlético Juventud Girardot	36	9	8	19	43 - 71	35
18. Barranquilla FC	36	7	12	17	24 - 45	33

Top-8 qualified for the Cuadrangulares.
* Pacifico FC Buenaventura was called before this season Deportes Palmira Buenaventura.

Cuadrangulares (06-27.11.2010)

Grupo A

1. CD Itagüí Ditaires	6	5	0	1	13 - 3	15
2. AD Unión Magdalena Santa Marta	6	3	1	2	7 - 7	10
3. CD Real Santander Floridablanca	6	2	1	3	7 - 8	7
4. CF Deportivo Rionegro	6	1	0	5	3 - 12	3

Grupo B

1. Asociación Deportivo Pasto	6	4	1	1	12 - 9	13
2. Bogotá FC	6	3	2	1	12 - 9	11
3. Patriotas FC Tunja	6	3	1	2	9 - 8	10
4. Club Atlético Bucaramanga CD	6	0	0	6	6 - 13	0

Finalisima (05-08.12.2010)

Asociación Deportivo Pasto - CD Itagüí Ditaires 1-1
CD Itagüí Ditaires - Asociación Deportivo Pasto 2-1
Primera B 2010 Winners: **CD Itagüí Ditaires** (promoted to the Campeonato Primera A 2011)
Asociación Deportivo Pasto qualified for the Promotion/Relegation Play-offs.

NATIONAL TEAM
INTERNATIONAL MATCHES
(01.06.2010 – 31.05.2011)

11.08.2010	La Paz	Bolivia - Colombia	1-1(0-1)	(F)
03.09.2010	Puerto La Cruz	Venezuela - Colombia	0-2(0-1)	(F)
07.09.2010	Monterrey	Mexico - Colombia	1-0(0-0)	(F)
08.10.2010	New Jersey	Colombia - Ecuador	1-0(0-0)	(F)
12.10.2010	Chester	United States - Colombia	0-0	(F)
17.11.2010	Bogotá	Colombia - Peru	1-1(0-1)	(F)
09.02.2011	Madrid	Spain - Colombia	1-0(0-0)	(F)
26.03.2011	Madrid	Colombia - Ecuador	2-0(1-0)	(F)
29.03.2011	Den Haag	Chile - Colombia	2-0(2-0)	(F)

11.08.2010, Friendly International
Estadio „Hernando Siles Zuazo", La Paz; Attendance: 6,310
Referee: Gabriel Norberto Favale (Argentina)
BOLIVIA - COLOMBIA   **1-1(0-1)**
COL: Bréiner Clemente Castillo Caicedo, Alexis Héctor Henríquez Charales, Carlos Enrique Valdés Parra, Juan David Valencia, José Iván Vélez Castillo, John Javier Pérez Restrepo, Cristian Camilo Marrugo Rodríguez (76.César Augusto Arias Moros), Jhon Eduis Viáfara Mina, Dayro Mauricio Moreno Galindo (66.Dorlan Mauricio Pabón Ríos), Luis Carlos Arias Cardona (60.José Yulián Anchico Patiño), Carlos Arturo Bacca Ahumada (56.Fernando Uribe Himcapie). Trainer: Hernán Darío Gómez Jaramillo.
Goals: Carlos Arturo Bacca Ahumada (38).

03.09.2010, Friendly International
Estadio „José Antonio Anzoategui", Puerto La Cruz; Attendance: 30,000
Referee: Roberto Moreno (Panama)
VENEZUELA - COLOMBIA   **0-2(0-1)**
COL: David Ospina Ramírez, Iván Ramiro Córdoba Sepúlveda, Mario Alberto Yepes Díaz, Pablo Stifer Armero, Juan Guillermo Cuadrado Bello (60.José Yulián Anchico Patiño), Juan Camilo Zúñiga Mosquera, John Javier Pérez Restrepo, Jhon Eduis Viáfara Mina, Giovanni Andrés Moreno Cardona (55.Dayro Mauricio Moreno Galindo), Radamel Falcao García Zárate (77.Rafael Fernando Robayo Marroquín), Hugo Rodallega Martínez (77.Gustavo Adrián Ramos Vásquez; 90.Jhon Jairo Valencia Ortíz). Trainer: Hernán Darío Gómez Jaramillo.
Goals: Juan Guillermo Cuadrado Bello (17), Dayro Mauricio Moreno Galindo (66).

07.09.2010, Friendly International
Estadio Universitario de Nuevo León, Monterrey; Attendance: 43,000
Referee: Jose Benigno Pineda (Honduras)
MEXICO - COLOMBIA   **1-0(0-0)**
COL: David Ospina Ramírez, Juan Camilo Zúñiga Mosquera, Iván Ramiro Córdoba Sepúlveda, Mario Alberto Yepes Díaz, Juan David Valencia, José Yulián Anchico Patiño (51.Dayro Mauricio Moreno Galindo), Jhon Eduis Viáfara Mina, John Javier Pérez Restrepo, Radamel Falcao García Zárate (58.Hugo Rodallega Martínez), Giovanni Andrés Moreno Cardona, Gustavo Adrián Ramos Vásquez (65.Juan Guillermo Cuadrado Bello). Trainer: Hernán Darío Gómez Jaramillo.

08.10.2010, Friendly International
Red Bull Arena, New Jersey (United States); Attendance: 25,000
Referee: Andrew Chapin (United States)
COLOMBIA - ECUADOR   **1-0(0-0)**
COL: David Ospina Ramírez, Luis Amaranto Perea Mosquera, Mario Alberto Yepes Díaz, Pablo Stifer Armero, Juan Camilo Zúñiga Mosquera, John Javier Pérez Restrepo, Jhon Eduis Viáfara Mina, Segundo Víctor Ibarbo Guerrero (59.Carlos Darwin Quintero Villalba), Giovanni Andrés Moreno Cardona (88.Jhon Jairo Valencia Ortíz), Teófilo Antonio Gutiérrez Rocancio (68.Juan Guillermo Cuadrado Bello), Gustavo Adrián Ramos Vásquez (76.Radamel Falcao García Zárate). Trainer: Hernán Darío Gómez Jaramillo.
Goal: Radamel Falcao García Zárate (87).

12.10.2010, Friendly International
PPL Park, Chester; Attendance: 8,823
Referee: Roberto García Orozco (Mexico)
UNITED STATES - COLOMBIA   **0-0**
COL: Faryd Camilo Mondragón Alí, Aquivaldo Mosquera Romaña, Mario Alberto Yepes Díaz, Juan David Valencia, Juan Camilo Zúñiga Mosquera, John Javier Pérez Restrepo, Jhon Eduis Viáfara Mina (63.Juan Guillermo Cuadrado Bello), Segundo Víctor Ibarbo Guerrero (63.Jhon Jairo Valencia Ortíz), Giovanni Andrés Moreno Cardona (81.Pablo Stifer Armero), Radamel Falcao García Zárate (56.Carlos Darwin Quintero Villalba), Gustavo Adrián Ramos Vásquez (73.Teófilo Antonio Gutiérrez Rocancio). Trainer: Hernán Darío Gómez Jaramillo.

17.11.2010, Friendly International
Estadio „Nemesio Camacho" „El Campín", Bogotá; Attendance: 6,900
Referee: Saúl Esteban Laverni (Argentina)
COLOMBIA - PERU   **1-1(0-1)**
COL: Bréiner Clemente Castillo Caicedo, Jhonnier González Córdoba, Carlos Enrique Valdés Parra, Luis Alberto Nuñez, Sergio Andrés Otálvaro Botero (70.José Yulián Anchico Patiño), Diego Ferney Chará Zamora, Cristian Camilo Marrugo Rodríguez (46.Segundo Víctor Ibarbo Guerrero), Jhon Eduis Viáfara Mina (46.Jhon Jairo Valencia Ortíz), Giovanni Hernández Soto (68.Fernando Uribe Himcapie), Giovanni Andrés Moreno Cardona (66.Dorlan Mauricio Pabón Ríos), Jackson Arley Martínez Valencia (46.Dayro Mauricio Moreno Galindo). Trainer: Hernán Darío Gómez Jaramillo.
Goal: Luis Alberto Nuñez (73).

09.02.2011, Friendly International
Estadio „Santiago Bernabéu", Madrid; Attendance: 70,000
Referee: Richard Trutz (Slovakia)
SPAIN - COLOMBIA   **1-0(0-0)**
COL: David Ospina Ramírez, Juan Camilo Zúñiga Mosquera, Mario Alberto Yepes Díaz, Luis Amaranto Perea Mosquera, Pablo Stifer Armero, José Yulián Anchico Patiño (46.Carlos Alberto Sánchez Moreno), Abel Enrique Aguilar Tapias, Freddy Alejandro Guarín Vásquez, Giovanni Andrés Moreno Cardona (61.Hugo Rodallega Martínez), Gustavo Adrián Ramos Vásquez (57.Juan Guillermo Cuadrado Bello), Dayro Mauricio Moreno Galindo. Trainer: Hernán Darío Gómez Jaramillo.

26.03.2011, Friendly International
Estadio „Vicente Calderón", Madrid (Spain); Attendance: 15,000
Referee: Antonio Miguel Mateu Lahoz (Spain)
COLOMBIA - ECUADOR   **2-0(1-0)**
COL: David Ospina Ramírez, Luis Amaranto Perea Mosquera, Mario Alberto Yepes Díaz, Pablo Stifer Armero, Juan Camilo Zúñiga Mosquera, Carlos Alberto Sánchez Moreno, Abel Enrique Aguilar Tapias, Freddy Alejandro Guarín Vásquez, Elkin Soto Jaramillo (43.Gustavo Adrián Ramos Vásquez), Radamel Falcao García Zárate (86.Hugo Rodallega Martínez), Victor Hugo Montaño Caicedo

(63.Carlos Mario Carbonero Mancilla). Trainer: Hernán Darío Gómez Jaramillo.
Goals: Freddy Alejandro Guarín Vásquez (25), Radamel Falcao García Zárate (74).

29.03.2011, Friendly International
Kyocera Stadion, Den Haag (Holland); Attendance: 4,000
Referee: Pieter Vink (Holland)
CHILE - COLOMBIA   **2-0(2-0)**
COL: David Ospina Ramírez, Mario Alberto Yepes Díaz, Cristián Eduardo Zapata Valencia, Juan Camilo Zúñiga Mosquera (19.Luis Amaranto Perea Mosquera), Pablo Stifer Armero, Carlos Alberto Sánchez Moreno (53.Juan Guillermo Cuadrado Bello), Abel Enrique Aguilar Tapias (65.Jhon Jairo Valencia Ortíz), Freddy Alejandro Guarín Vásquez, Dayro Mauricio Moreno Galindo, Gustavo Adrián Ramos Vásquez (63.Radamel Falcao García Zárate), Hugo Rodallega Martínez. Trainer: Hernán Darío Gómez Jaramillo.

NATIONAL TEAM PLAYERS 2010/2011				
Name	DOB	Club	Cp	Gls
Goalkeepers				
Bréiner Clemente CASTILLO Caicedo	05.05.1978	CD Independiente Medellín	4	0
David OSPINA Ramírez	31.08.1988	OGC Nice (FRA)	18	0
Faryd Camilo MONDRAGÓN Alí	21.06.1971	1.FC Köln (GER)	45	0
Defenders				
José Yulián ANCHICO Patiño	28.05.1984	Santa Fé CD Bogotá; 01.2011-> Pachuca CF (MEX)	30	1
Pablo Stifer ARMERO	02.11.1986	Udinese Calcio (ITA)	22	0
Iván Ramiro CÓRDOBA Sepúlveda	11.08.1976	Internazionale FC Milano (ITA)	73	5
Jhonnier GONZÁLEZ Córdoba	06.07.1982	Santa Fé CD Bogotá	1	0
Alexis Héctor HENRÍQUEZ Charales	02.01.1983	CD Once Caldas Manizales	5	0
Cristian Camilo MARRUGO Rodríguez	18.07.1985	CC Deportes Tolima	7	0
Aquivaldo MOSQUERA Romaña	22.06.1981	CF América Ciudad de México (MEX)	18	1
Luis Alberto NUÑEZ	10.12.1983	CD Once Caldas Manizales	5	1
Sergio Andrés OTÁLVARO Botero	02.07.1988	Santa Fé CD Bogotá	1	0
Luis Amaranto PEREA Mosquera	30.01.1979	Club Atlético de Madrid (ESP)	53	0
Carlos Enrique VALDÉS Parra	22.05.1985	Philadelphia Union (USA)	16	0
Juan David VALENCIA	15.01.1986	CD Independiente Medellín	3	0
José Iván VÉLEZ Castillo	16.08.1984	CD Once Caldas Manizales	3	0
Mario Alberto YEPES Díaz	13.01.1976	Milan AC (ITA)	77	4
Cristián Eduardo ZAPATA Valencia	30.09.1986	Udinese Calcio (ITA)	16	0
Juan Camilo ZÚÑIGA Mosquera	14.12.1985	SSC Napoli (ITA)	29	0
Midfielders				
Abel Enrique AGUILAR Tapias	06.01.1985	Hércules CF Alicante (ESP)	25	4
Luis Carlos ARIAS Cardona	13.01.1985	CD Independiente Medellín	1	0
Diego Ferney CHARÁ Zamora	05.04.1986	CC Deportes Tolima	1	0
Juan Guillermo CUADRADO Bello	26.05.1988	Udinese Calcio (ITA)	6	1
Freddy Alejandro GUARÍN Vásquez	30.06.1986	FC do Porto (POR)	28	1
Giovanni HERNÁNDEZ Soto	17.06.1976	CDP Junior Barranquilla	46	5
Segundo Víctor IBARBO Guerrero	19.05.1990	CD Atlético Nacional Medellín	4	0
Giovanni Andrés MORENO Cardona	01.06.1986	Racing Club Avellaneda (ARG)	14	3
Dorlan Mauricio PABÓN Ríos	24.01.1988	CD Atlético Nacional Medellín	8	0
John Javier PÉREZ Restrepo	22.08.1977	CD Independiente Medellín	38	2
Rafael Fernando ROBAYO Marroquín	24.04.1984	CD Los Millonarios Bogotá	1	0
Carlos Alberto SÁNCHEZ Moreno	06.02.1986	Valenciennes FC (FRA)	18	0
Elkin SOTO Jaramillo	04.07.1980	1.FSV Mainz 05 (GER)	18	6

Name	Date	Club	Caps	Goals
Jhon Jairo VALENCIA Ortíz	27.03.1982	CD Once Caldas Manizales; 01.2011-> CD Atlético Nacional Medellín	7	0
Jhon Eduis VIÁFARA Mina	27.10.1978	CD La Equidad Seguros Bogotá	43	1
Forwards				
César Augusto ARIAS Moros	02.04.1988	CN Cúcuta Deportivo	1	0
Carlos Arturo BACCA Ahumada	31.12.1984	CDP Junior Barranquilla	1	1
Carlos Mario CARBONERO Mancilla	25.07.1990	CD Once Caldas Manizales	1	0
Radamel Falcao GARCÍA Zárate	10.02.1986	FC do Porto (POR)	28	7
Teófilo Antonio GUTIÉRREZ Rocancio	17.05.1985	Trabzonspor AŞ (TUR)	8	2
Jackson Arley MARTÍNEZ Valencia	03.10.1986	CF Jaguares de Chiapas Tuxtla Gutiérrez (MEX)	8	3
Victor Hugo MONTAÑO Caicedo	01.05.1984	Stade Rennais FC (FRA)	1	0
Dayro Mauricio MORENO Galindo	16.09.1985	CD Once Caldas Manizales	17	2
Carlos Darwin QUINTERO Villalba	18.09.1987	Club Santos Laguna (MEX)	11	1
Gustavo Adrián RAMOS Vásquez	22.01.1986	Hertha BSC Berlin (GER)	16	1
Hugo RODALLEGA Martínez	25.07.1985	Wigan Athletic FC (ENG)	38	8
Fernando URIBE Himcapie	01.01.1988	CD Once Caldas Manizales	2	0
Trainer				
Hernán Darío GÓMEZ Jaramillo	03.02.1956			

(Caps and goals at 31.05.2011)

ECUADOR

The Country:	The FA:
República del Ecuador (Republic of Ecuador) Capital: Quito Surface: 256,370 km² Inhabitants: 14,790,608 Time: UTC-5 to -6	Federación Ecuatoriana de Fútbol Avenida Las Aguas y Calle Alianza, P.O. Box 09-01-7447, Guayaquíl Year of Formation: 1925 Member of FIFA since: 1926 Member of CONMEBOL since: 1927

NATIONAL TEAM RECORDS

COPA AMÉRICA		WORLD CUP	
1916	Did not enter	1930	Did not enter
1917	Did not enter	1934	Did not enter
1919	Did not enter	1938	Did not enter
1920	Did not enter	1950	Withdrew
1921	Did not enter	1954	Did not enter
1922	Did not enter	1958	Did not enter
1923	Did not enter	1962	Qualifiers
1924	Did not enter	1966	Qualifiers
1925	Did not enter	1970	Qualifiers
1926	Did not enter	1974	Qualifiers
1927	Did not enter	1978	Qualifiers
1929	Did not enter	1982	Qualifiers
1935	Did not enter	1986	Qualifiers
1937	Did not enter	1990	Qualifiers
1939	5th Place	1994	Qualifiers
1941	5th Place	1998	Qualifiers
1942	7th Place	2002	Final Tournament (1st Round)
1945	7th Place	2006	Final Tournament (2nd Round)
1946	Withdrew	2010	Qualifiers
1947	6th Place	PANAMERICAN GAMES	
1949	7th Place	1951	Did not enter
1953	6th Place	1955	Did not enter
1955	7th Place	1959	Did not enter
1956	Withdrew	1963	Did not enter
1957	7th Place	1967	Did not enter
1959	Withdrew	1971	Did not enter
1959E	4th Place	1975	Did not enter
1963	6th Place	1979	Did not enter
1967	Qualifying Round	1983	Did not enter
1975	Round 1	1987	Did not enter
1979	Round 1	1991	Did not enter
1983	Round 1	1995	Round 1
1987	Round 1	1999	Did not enter
1989	Round 1	2003	Did not enter
1991	Round 1	2007	**Winners**
1993	4th Place	PANAMERICAN CHAMPIONSHIP	
1995	Round 1	1952	Did not enter
1997	Quarter-Finals	1956	Did not enter
1999	Round 1	1960	Did not enter
2001	Round 1		
2004	Round 1		
2007	Round 1		
2011	*To be played*		

OLYMPIC GAMES 1896-2008
None
PLAYER WITH MOST INTERNATIONAL CAPS
Iván Jacinto Hurtado Angulo – 167 caps (1992-2010)
PLAYER WITH MOST INTERNATIONAL GOALS
Agustín Javier Delgado Chalá – 31 goals / 71 caps (1994-2006)

ECUADORIAN CLUB HONOURS IN SOUTH AMERICAN CLUB COMPETITIONS:

COPA LIBERTADORES 1960-2010
Liga Deportiva Universitaria de Quito (2008)
COPA SUDAMERICANA 2002-2010
Liga Deportiva Universitaria de Quito (2009)
COPA CONMEBOL 1992-1999
None
SUPERCUP „JOÃO HAVELANGE" 1988-1997*
None
COPA MERCONORTE 1998-2001**
None

*Contested betwenn winners of all previous editions of the Copa Libertadores
**Contested between teams belonging countries from the northern part of South America (Bolivia, Colombia, Ecuador, Peru and Venezuela)

NATIONAL COMPETITIONS
TABLE OF HONOURS

NATIONAL CHAMPIONS 1957-2010	
1957	CS Emelec Guayaquil
1958	*No competition*
1959	*No competition*
1960	Barcelona SC Guayaquil
1961	CS Emelec Guayaquil
1962	CD Everest Guayaquil
1963	Barcelona SC Guayaquil
1964	Sociedad Deportivo Quito
1965	CS Emelec Guayaquil
1966	Barcelona SC Guayaquil
1967	CD El Nacional Quito
1968	Sociedad Deportivo Quito
1969	LDU de Quito
1970	Barcelona SC Guayaquil
1971	Barcelona SC Guayaquil
1972	CS Emelec Guayaquil
1973	CD El Nacional Quito
1974	LDU de Quito
1975	LDU de Quito
1976	CD El Nacional Quito
1977	CD El Nacional Quito
1978	CD El Nacional Quito
1979	CS Emelec Guayaquil

1980	Barcelona SC Guayaquil
1981	Barcelona SC Guayaquil
1982	CD El Nacional Quito
1983	CD El Nacional Quito
1984	CD El Nacional Quito
1985	Barcelona SC Guayaquil
1986	CD El Nacional Quito
1987	Barcelona SC Guayaquil
1988	CS Emelec Guayaquil
1989	Barcelona SC Guayaquil
1990	LDU de Quito
1991	Barcelona SC Guayaquil
1992	CD El Nacional Quito
1993	CS Emelec Guayaquil
1994	CS Emelec Guayaquil
1995	Barcelona SC Guayaquil
1996	CD El Nacional Quito
1997	Barcelona SC Guayaquil
1998	LDU de Quito
1999	LDU de Quito
2000	CD Olmedo Riobamba
2001	CS Emelec Guayaquil
2002	CS Emelec Guayaquil
2003	LDU de Quito
2004	Club Deportivo Cuenca
2005	Ape: LDU de Quito / Fin: CD El Nacional Quito
2006	CD El Nacional Quito
2007	LDU de Quito
2008	Sociedad Deportivo Quito
2009	Sociedad Deportivo Quito
2010	LDU de Quito

	BEST GOALSCORERS	
1957	Simón Cañarte (Barcelona SC Guayaquil)	4
1960	Enrique Cantos (Barcelona SC Guayaquil)	8
1961	Galo Pinto (CD Everest Guayaquil)	12
1962	Iris López (BRA, Barcelona SC Guayaquil)	9
1963	Carlos Alberto Raffo Vallaco (ARG, CS Emelec Guayaquil)	4
1964	Jorge Valencia (CD América de Manta)	8
1965	Hélio Cruz (BRA, Barcelona SC Guayaquil)	8
1966	Pio Coutinho (BRA, LDU de Quito)	13
1967	Tomás Rodríguez (CD El Nacional Quito)	16
1968	Víctor Manuel Battaini Treglia (URU, Sociedad Deportivo Quito)	19
1969	Francisco Bertocchi (URU, LDU de Quito)	26
1970	Rómulo Dudar Mina (CSD Macará)	19
1971	Alfonso Obregón (PAR, LDU de Portoviejo)	18
1972	Nelson Miranda „Nelsinho" (BRA, Barcelona SC Guayaquil)	15
1973	Ángel Marín (URU, CD América de Quito)	18
1974	Ángel Luis Liciardi Pasculi (ARG, Club Deportivo Cuenca)	19
1975	Ángel Luis Liciardi Pasculi (ARG, Club Deportivo Cuenca)	36

Year	Player	Goals
1976	Ángel Luis Liciardi Pasculi (ARG, Club Deportivo Cuenca)	35
1977	Fabián Paz y Miño (CD El Nacional Quito)	
	Ángel Marín (URU, Sociedad Deportivo Quito)	27
1978	Juan José Pérez (ARG, LDU de Portoviejo)	24
1979	Carlos Horacio Miori (ARG, CS Emelec Guayaquil)	26
1980	Miguel Ángel Gutiérrez (ARG, CD América de Quito)	26
1981	Paulo César Evangelista (BRA, LDU de Quito)	25
1982	José Villafuerte (CD El Nacional Quito)	25
1983	Paulo César Evangelista (BRA, Barcelona SC Guayaquil)	28
1984	Sergio Antonio Saucedo (ARG, Sociedad Deportivo Quito)	25
1985	Juan Carlos de Lima (URU, CD Universidad Católica Quito)	
	Alexander Da Silva „Guga" (BRA, CSD Esmeraldas Petrolero)	24
1986	Juan Carlos de Lima (URU, Sociedad Deportivo Quito)	23
1987	Ermen Benítez (CD El Nacional Quito)	
	Hamilton Cuvi (CD Filanbanco Guayaquil)	
	Waldemar Barreto Victorino (URU, LDU de Portoviejo)	23
1988	Janio Pinto (BRA, LDU de Quito)	18
1989	Ermen Benítez (CD El Nacional Quito)	23
1990	Ermen Benítez (CD El Nacional Quito)	28
1991	Pedro Emir Varela (URU, Delfin SC Manta)	24
1992	Carlos Antonio Muñoz Martínez (Barcelona SC Guayaquil)	19
1993	Diego Rodrigo Herrera (LDU de Quito)	18
1994	Manuel Antonio Uquillas (CD Espoli)	
1995	Manuel Antonio Uquillas (Barcelona SC Guayaquil)	24
1996	Ariel José Graziani Lentini (ARG, CS Emelec Guayaquil)	29
1997	Ariel José Graziani Lentini (ARG, CS Emelec Guayaquil)	24
1998	Jaime Iván Kaviedes Llorenty (CS Emelec Guayaquil)	43
1999	Christian José Botero (ARG, CSD Macará)	25
2000	Alejandro Martín Kenig (ARG, CS Emelec Guayaquil)	25
2001	Carlos Alberto Juárez Devico (ARG, CS Emelec Guayaquil)	17
2002	Christian Gabriel Carnero (ARG, Sociedad Deportivo Quito)	26
2003	Ariel José Graziani Lentini (ARG, Barcelona SC Guayaquil)	23
2004	Ebelio Agustín Ordóñez Martínez (CD El Nacional Quito)	28
2005	Ape: Wilson Segura (LDU de Quito)	21
	Fin: Omar Alfredo Guerra Castilla (SD Aucas Quito)	
2006	Luis Miguel Escalada (ARG, CS Emelec Guayaquil)	29
2007	Juan Carlos Ferreyra (ARG, Club Deportivo Cuenca)	17
2008	Pablo David Palacios Herrería (Barcelona SC Guayaquil)	20
2009	Claudio Daniel Bieler (ARG, LDU de Quito)	22
2010	Jaime Javier Ayoví Corozo (CS Emelec Guayaquil)	23

NATIONAL CHAMPIONSHIP
Campeonato Ecuatoriano de Fútbol 2010
Serie A - Copa Credife

Primera Etapa

1. CS Emelec Guayaquil	22	14	4	4	37 - 22	46
2. LDU de Quito	22	12	8	2	36 - 10	44
3. Barcelona SC Guayaquil	22	12	7	3	26 - 12	43
4. Sociedad Deportivo Quito	22	10	4	8	27 - 23	34
5. Club Deportivo Cuenca	22	6	9	7	21 - 24	27
6. CD El Nacional Quito	22	5	10	7	34 - 27	25
7. CSD Independiente José Terán Sangolquí	22	5	10	7	26 - 31	25
8. Manta FC	22	5	9	8	23 - 30	24
9. CD Olmedo Riobamba	22	5	8	9	18 - 27	23
10. CD Espoli	22	6	4	12	22 - 41	22
11. CD Universidad Católica Quito	22	4	8	10	21 - 32	20
12. CSD Macará	22	3	9	10	22 - 34	18

CS Emelec Guayaquil qualified for the Championship finals and also the Copa Sudamericana 2010 and the Copa Libertadores 2011.

Segunda Etapa

1. LDU de Quito	22	14	5	3	42 - 17	47
2. CS Emelec Guayaquil	22	13	7	2	29 - 12	46
3. Club Deportivo Cuenca	22	12	5	5	32 - 25	41
4. Sociedad Deportivo Quito	22	11	4	7	35 - 22	37
5. Barcelona SC Guayaquil	22	8	6	8	25 - 24	30
6. CD El Nacional Quito	22	8	5	9	23 - 23	29
7. Manta FC	22	7	6	9	23 - 33	27
8. CD Espoli	22	5	8	9	22 - 28	23
9. CD Olmedo Riobamba	22	6	5	11	20 - 33	23
10. CSD Macará	22	5	6	11	21 - 32	21
11. CD Universidad Católica Quito	22	5	5	12	27 - 37	20
12. CSD Independiente José Terán Sangolquí	22	5	4	13	23 - 36	19

LDU de Quito qualified for the Championship finals and also the Copa Sudamericana 2011 and the Copa Libertadores 2011.

Aggregate Table 2010

1. CS Emelec Guayaquil	44	27	11	6	66 - 34	92
2. LDU de Quito	44	26	13	5	78 - 27	91
3. Barcelona SC Guayaquil	44	20	13	11	51 - 36	73
4. Sociedad Deportivo Quito	44	21	8	15	62 - 45	71
5. Club Deportivo Cuenca	44	18	14	12	53 - 49	68
6. CD El Nacional Quito	44	13	15	16	57 - 50	54
7. Manta FC	44	12	15	17	46 - 63	51
8. CD Olmedo Riobamba	44	11	13	20	38 - 60	46
9. CD Espoli	44	11	12	21	44 - 69	45
10. CSD Independiente José Terán Sangolquí	44	10	14	20	49 - 67	44
11. CD Universidad Católica Quito (*Relegated*)	44	9	13	22	48 - 69	40
12. CSD Macará (*Relegated*)	44	8	15	21	43 - 66	39

3rd Place Play-Off

Sociedad Deportivo Quito - Barcelona SC Guayaquil   2-0(1-0)   1-3(1-1)
Barcelona SC Guayaquil qualified for the Copa Libertadores 2011.

Final

05.12.2010, Estadio Casa Blanca, Quito, Attendance: 27,506
Referee: Tomás Alarcón
LDU de Quito - CS Emelec Guayaquil   **2-0(0-0)**
LDU: José Francisco Cevallos Villavicencio, Diego Armando Calderón Ezpinoza, Norberto Carlos Araujo López, Jorge Daniel Guagua Tamayo, Néicer Reasco Yano (Cap), Marlon Javier Ganchozo Santana (52.Ángel Lizardo Cheme Ortiz), Ulises Hernán de la Cruz Bernardo, William Francisco Araujo Ogonaga, Miler Alejandro Bolaños Reasco, Carlos Ariel Luna (68.Walter Richard Calderón Carcelén), Juan Manuel Salgueiro Silva (77.José Luis Valencia Murillo). Trainer: Edgardo Bauza (Argentina).
CS Emelec: Javier Hernán Klimowicz Laganá, Gabriel Eduardo Achilier Zurita, Eduardo Javier Morante Rosas, Carlos Andrés Quiñónez Valencia, José Luis Quiñonez Quiñonez, Fernando Vicente Gaibor Orellana (46.Enner Remberto Valencia Lastra), Fernando Augusto Giménez Solis, Pedro Ángel Quiñónez Rodríguez, Joao Robin Rojas Mendoza (58.Leandro Torres), Mario David Quiroz Villón (Cap), Jaime Javier Ayoví Corozo. Trainer: Jorge Luis Sampaoli Moya (Argentina).
Goals: 1-0 Miler Alejandro Bolaños Reasco (50), 2-0 Miler Alejandro Bolaños Reasco (90+2).

12.12.2010, Estadio „George Capwell", Guayaquil, Attendance: 23,112
Referee: Carlos Vera
CS Emelec Guayaquil - LDU de Quito   **1-0(0-0)**
CS Emelec: Javier Hernán Klimowicz Laganá, Gabriel Eduardo Achilier Zurita (46.Leandro Torres), Eduardo Javier Morante Rosas, Julio Marcelo Fleitas Silveira (Cap), Fernando Vicente Gaibor Orellana (46.Carlos Andrés Quiñónez Valencia), Fernando Augusto Giménez Solis, Pedro Ángel Quiñónez Rodríguez, Mario David Quiroz Villón, Joao Robin Rojas Mendoza (46.Santiago Biglieri), Jaime Javier Ayoví Corozo, Cristian Menéndez. Trainer: Jorge Luis Sampaoli Moya (Argentina).
LDU: José Francisco Cevallos Villavicencio [*sent off 90+4*], Diego Armando Calderón Ezpinoza, Norberto Carlos Araujo López, Jorge Daniel Guagua Tamayo, Néicer Reasco Yano (Cap), William Francisco Araujo Ogonaga, Ulises Hernán de la Cruz Bernardo, Marlon Javier Ganchozo Santana (55.José Luis Valencia Murillo), Patricio Javier Urrutia Espinoza, Carlos Ariel Luna (84.Walter Richard Calderón Carcelén), Juan Manuel Salgueiro Silva (64.Miler Alejandro Bolaños Reasco [*sent off 90+1*]). Trainer: Edgardo Bauza (Argentina).
Goal: 1-0 Mario David Quiroz Villón (50).

<u>Campeonato Ecuatoriano de Fútbol 2010 / Copa Credife Winners</u>: **LDU de Quito**

THE CLUBS 2010

BARCELONA SPORTING CLUB GUAYAQUIL
Foundation date: May 1, 1925
Address: Cdla. Bellavista, Estadio Monumental, Guayaquil
Stadium: Estadio Monumental „Isidro Romero Carbo", Guayaquil – Capacity: 90,283

THE SQUAD

	DOB
Goalkeepers:	
Máximo Orlando Banguera Valdivieso	16.12.1985
Jorge Bladimir Pinos Haiman	08.10.1989
Daniel Jimmy Viteri Vinces	12.12.1981
Defenders:	
Ridder Voltaire Alcivar Cedeño	13.03.1994
Jorge Luis Cevallos Castillo	23.01.1988
Omar Andrés de Jesús Borja	29.02.1976
Brayan José De la Torre Martínez	11.01.1991
Pablo Ramiro Espinoza Gómez	25.01.1991
Jefferson Javier Hurtado Orovio	02.04.1987
Lucas León Landa (ARG)	03.04.1986
Jonathan Javier Montenegro Castillo	13.05.1990
Geovanny Enrique Nazareno Simisterra	17.01.1988
José Luis Perlaza Napa	06.10.1981
Cristian Nicolás Sánchez Prette (ARG)	18.07.1985
Cristofer Carlos Suárez Lino	17.09.1994
Frixon Paul Vega Oyola	19.04.1991
Midfielders:	
Julio Eduardo Angulo Medina	28.05.1990
Carlos Emir Barahona Nazareno	13.07.1990
Carlos Cesar Cedeño Garces	27.03.1991
Dario Javier Cedeño Ibarra	20.08.1991
Christian Geovanny Cruz Tapia	01.08.1992
Gregory Gerardo Gonzáles Vanegas	16.08.1987
Fernando Roberto Hidalgo Maldonado	20.05.1985
Henry Geovanny León León	20.04.1983
Luis Miguel Macias Espinoza	01.08.1988
Marco Roberto Mosquera Borja	03.12.1984
Matías Damián Oyola (ARG)	15.10.1982
Dennys Andres Quiñonez Espinoza	12.03.1992
Darwin David Rivas Ferrin	12.01.1990
Mike Davis Rodríguez Sornoza	20.04.1989
Edison Gutember Valdivieso De Lucca	10.08.1989
Galo Andrés Vásquez Quiñónez	12.01.1988
Forwards:	
Juan Carlos Anangonó Campos	29.03.1989
Vinicio Cesar Angulo Pata	26.07.1988
Luis Alberto Bolaños León	27.03.1985
Luis Miguel Garcés Prado	12.08.1982
Ricardo Daniel Noir (ARG)	26.02.1987
Pablo David Palacios Hereria	05.02.1982
Juan Eduardo Samudio Serna (PAR)	14.10.1978
Trainer:	
Juan Manuel Llop (ARG) [2009-27.09.2010; Resigned]	01.06.1963
Carlos Grueso - Walter Guerrero [27.09.2010-02.10.2010; Interim]	
Rubén Darío Insúa (ARG) [from 02.10.2010]	17.04.1961

CLUB DEPORTIVO CUENCA

Foundation date: March 4, 1971
Address: Avenida del Estadio y José Peralta, Cuenca
Stadium: Estadio „Alejandro Serrano Aguilar", Cuenca – Capacity: 22,000

THE SQUAD

	DOB
Goalkeepers:	
Cristopher Israel Álvarez Vargas	24.02.1984
Esteban Javier Dreer (ARG)	11.11.1981
Carlos Antonio Morán Jalón (MEX)	29.08.1976
Ángel Eduardo Mosquera Gaspar	02.10.1988
Defenders:	
Arlin Segundo Ayoví Ayoví	06.05.1979
Marcelo Cristian Bohórquez Valencia	09.12.1973
Bernardo Javier Chila Ayoví	14.07.1984
Juan Kely Guerrón Vásquez	21.10.1983
Diego Adrián Ianiero (ARG)	29.06.1986
John William Narváez Arroyo	12.06.1991
Marco Antonio Quiñónez Angulo	28.09.1977
Midfielders:	
Pablo Xavier Arévalo Jiménez	09.03.1978
Edgar Santiago Beltrán Pintado	16.07.1993
Henry Junior Cangá Ortíz	20.06.1987
Bruno Oscar Casanova (ARG)	18.08.1984
Michael Leonardo Endara Leones	13.08.1977
Oswaldo William España España	01.02.1987
Jhon Antonio García Figueroa	17.10.1976
José Eduardo Granda Vicuña	18.03.1984
Juan José Govea Tenorio	27.01.1991
Mauricio Bladimir Hurtado Alvarado	22.10.1985
Marcos Andres López Cabrera	04.02.1993
Eduardo Geovanny Mogrovejo Quizhpi	21.10.1993
Hólger Eduardo Matamoros Chunga	04.01.1985
Gabriel Antonio Méndez (ARG)	05.08.1988
Luis Israel Puluchi Mogrovejo	09.02.1991
Israel Eduardo Ramón Roque	23.01.1992
Giancarlos Pablo Ramos Barrios	02.04.1978
Roberto Patricio Valarezo Romero	17.09.1991
José Alberto Valdiviezo Ordóñez	22.02.1989
Adrián Esteban Vásquez Cordero	26.04.1991
Steward Fernando Vásquez Romero	22.03.1992
Forwards:	
Darwin Deivis Caicedo Wila	25.05.1983
Walter Leodán Chalá Vázquez	24.02.1992
Christian Santiago Cordero Rodríguez	20.10.1987
Jorge Luis Cuesta Valdiviezo	25.02.1992
Luis Miguel Escalada (ARG)	27.02.1976
Fernando Rafael Fajardo Ávila	02.03.1987
Leonardo Enrique García Lombeida	05.03.1977
Jorge Washington Ladines Garcés	21.09.1986
Ángel Israel Mena Delgado	21.01.1988
Jefferson Alexander Nájera Recalde	01.11.1988
Trainer:	

Paúl Vélez [17.09.2009-22.06.2010; Resigned]
Juan Carlos Benítez [23.06.2010-08.07.2010; Interim]
Luis Soler [from 08.07.2010]

SOCIEDAD DEPORTIVO QUITO

Foundation date: February 25, 1955
Address: Avenida Diego de Vásquez y Clemente Yeroví, Complejo Ney Mancheno Carcelén, Quito
Stadium: Estadio Olímpico Atahualpa, Quito – Capacity: 40,948

THE SQUAD

	DOB
Goalkeepers:	
Ricardo José Barahona Ibarra	25.05.1989
Bonard Patricio García Zambrano	25.06.1980
Oswaldo Geovanny Ibarra Carabalí	08.09.1969
Diego Armando Salas Borja	21.10.1987
Dimas David Vera Navarrete	01.04.1992
Defenders:	
José Ramón Aguirre Icaza	05.01.1983
Geovanny Banner Caicedo Quiñónez	28.03.1981
Pavel Cipriano Caicedo Rentería	15.06.1977
Roberto Michael Castro Cadena	15.07.1989
Luis Armando Checa Villamar	21.12.1983
Pedro Luis Esterilla Delgado	28.10.1984
Iván Jacinto Hurtado Angulo	16.08.1974
Isaac Bryan Mina Arboleda	17.10.1980
Luis Alexis Tenorio Rivas	23.05.1975
Midfielders:	
José Miguel Andrade de la Torre	14.01.1993
Dixon Jair Arroyo Espinoza	01.06.1992
Michael Antonio Arroyo Mina	23.04.1987
Segundo Alejandro Castillo Nazareno	15.05.1982
Mauricio Alejandro Donoso Pérez (CHI)	30.04.1976
Ángel Gabriel Escobar Arce	30.03.1981
Ernesto Paul Luzuriaga Aulla	06.02.1992
Fidel Francisco Martínez Tenorio	15.02.1990
Tilson Oswaldo Minda Suscal	26.07.1983
Francisco Efrén Nazareno Mercado	13.12.1993
Esteban Ignacio Novoa Erazo	12.06.1989
Juan Carlos Paredes Reasco	08.07.1987
Luis Fernando Saritama Padilla	20.10.1983
Daniel Alejandro Solano Valerazo	14.02.1989
Edwin Rolando Tenorio Montaño	16.06.1976
Pedro Pablo Velasco Arboleda	29.06.1993
José Jacobo Viscaino Rosales	05.03.1983
Forwards:	
Néstor Ayala Villagra (PAR)	18.02.1983
Iván Emilio Borghello (ARG)	21.01.1983
José Carlos Fernández Pedra (PER)	14.05.1983
Carlos Alberto García Charcopa	24.09.1978
Juan Diego González Vigil (PER)	18.02.1985
José Reinaldo Lugo Quiñónez	31.03.1991
Marco Antonio Nazareno	19.03.1993
Franco Niell (ARG)	22.05.1983
William Danilo Ortíz García	12.03.1991
Marcos Emiliano Pirchio (ARG)	25.01.1986
Trainer:	
Rubén Dario Insúa (ARG) [2009-12.08.2010]	17.04.1961
Carlos Edmundo Sevilla Dalgo [from 13.08.2010]	26.08.1950

CLUB DEPORTIVO EL NACIONAL QUITO

Foundation date: June 1, 1964
Address: Yasuni e Isla San Cristóbal, Ciudadela Jipijapa, Quito
Stadium: Estadio Olímpico Atahualpa, Quito – Capacity: 40,948

THE SQUAD

	DOB
Goalkeepers:	
Rorys Andrés Aragón Espinoza	28.06.1982
Danny Cruzelio Cabezas Vera	04.03.1985
Rixon Javier Corozo Hurtado	08.08.1981
Mario Cristobal Ortíz Olvera	27.05.1989
Defenders:	
Juan Carlos Anangonó Campos	29.03.1989
Carlos Ernesto Castro Cadena	24.09.1978
Bernardo Javier Chila Ayoví	14.07.1984
Erick Orlando de Jesús Delgado	08.11.1982
Fricson Rafael Erazo	05.05.1988
Johan Roberto Gómez Marcos	10.03.1983
Alex Renato Ibarra Mina	20.01.1991
José Enrique Madrid Orobio	21.04.1988
Cristian Marcelo Minda Méndez	09.04.1988
Steven Fernando Soto Medina	25.11.1992
Midfielders:	
Flavio David Caicedo Gracia	28.02.1988
Edder Fabián Fuertes Bravo	27.03.1992
Jesi Alexander Godoy Quiñones	15.09.1992
Franklin Joshua Guerra Cedeño	12.04.1992
Fabricio Jonathan Guevara Cangá	16.02.1989
Ricardo Iván López Mendoza	08.11.1981
Miguel Ángel Mesias Lucin	17.08.1989
Erik Paul Minda García	20.01.1991
John Stalin Minda García	21.07.1986
Edson Eli Montaño Angulo	15.03.1991
Elvis Adán Patta Quintero	17.11.1990
Marvin Jonathan Pita Mora	17.04.1985
Michael Jackson Quiñónez Cabeza	21.06.1984
Wéllington Eduardo Sánchez Luzuriaga	19.06.1975
Jefferson Stalin Villacis López	03.09.1988
Forwards:	
Ronald Fernando Campos León	31.03.1986
Marlon Jonathan de Jesús Pavón	09.04.1991
Armando Aquiles Paredes Duarte	18.06.1984
Edison Andrés Preciado Bravo	18.04.1986
Christian Andrés Suárez Valencia	02.11.1985
Nilo Cristian Valencia Caicedo	07.12.1992
Edmundo Salomón Zura de Jesús	01.12.1983
Trainer:	
Jorge Luis Pinto Afanador (COL) [04.12.2009-09.06.2010; Sacked]	16.12.1952
Perdomo Véliz Jare [09.06.2010-23.08.2010; Sacked]	
Mario Daniel Saralegui Iriarte (URU) [from 23..08.2010]	24.04.1959

CLUB SPORT EMELEC GUAYAQUIL

Foundation date: April 29, 1929
Address: General Gómez 1312 y Av. Quito, Guayaquil
Stadium: Estadio „George Capwell", Guayaquil – Capacity: 23,461

THE SQUAD

	DOB
Goalkeepers:	
José David Ayoví Camacho	17.05.1989
Marcelo Ramón Elizaga Ferrero	19.04.1972
Javier Hernán Klimowicz Laganá	10.03.1977
Defenders:	
Gabriel Eduardo Achilier Zurita	24.03.1985
Paul Alex Cetre Segura	07.01.1991
Julio Marcelo Fleitas Silveira	01.09.1973
Deison Adolfo Méndez Rosero	27.10.1990
Mariano Florencio Mina Orobio	03.03.1979
Wilson Antonio Morante Arzube	20.02.1991
Fernando Darío Pinillo Mina	27.03.1991
Carlos Andrés Quiñónez Valencia	18.08.1980
Polo Raúl Wila Canga	09.02.1987
Luis Alberto Zambrano Santa Cruz	16.06.1982
Midfielders:	
Marco Jackson Caicedo Caicedo	10.11.1991
Jean Pierre De La Rosa Chipe	30.07.1992
Fernando Vicente Gaibor Orellana	08.10.1991
Fernando Augusto Giménez Solís (PAR)	10.07.1984
Elvis Luis Guaman Méndez	28.05.1992
Byron Andrés Mina Cuero	01.08.1991
Eduardo Javier Morante Rosas	01.06.1987
Pablo Javier Pérez (ARG)	10.09.1985
José Luis Quiñónez Quiñónez	29.05.1984
Pedro Angel Quiñónez Rodríguez	04.03.1986
Mario David Quiroz Villón	08.09.1982
Francisco Hiroito Rendon Ordoñez	19.02.1991
Roger Ivan Renteria Quiñónez	22.06.1992
Bryan Javier Rodríguez Estrella	18.01.1990
Luis Antonio Seminario Coello	23.07.1991
Kevin Teófilo Tello Alava	02.03.1992
Leandro Gabriel Torres (ARG)	04.11.1988
Washington Vélez Picado	26.06.1992
Forwards:	
Jaime Javier Ayoví Corozo	21.02.1988
Santiago Biglieri (ARG)	11.02.1986
Marcos Jackson Caicedo Caicedo	10.11.1991
Bryan Pedro Carranza Contreras	23.04.1992
Silvano de los Santos Estacio Montaño	16.12.1981
Angel Israel Mena Delgado	21.01.1988
Cristian Menéndez (ARG)	02.04.1988
Joao Robin Rojas Mendoza	14.06.1989
Hernán Gastón Peirone (ARG)	28.05.1986
Enner Remberto Valencia Lastra	04.09.1989
Jasson Felix Zambrano Mendoza	16.08.1982
Trainer:	
Jorge Luis Sampaoli (ARG) [since 18.12.2009]	13.03.1960

CLUB DEPORTIVO ESPOLI

Foundation date: February 5, 1986
Address: Avenida 10 de Agosto y Villalengua, Edif. Inteca 2do Piso
Stadium: Estadio Olímpico Municipal Etho Vega, Santo Domingo – Capacity: 12,000

THE SQUAD

	DOB
Goalkeepers:	
Adrián Javier Bone Sánchez	08.09.1988
Héctor Rolando Carabalí Pabón	18.04.1977
Alexi Ever Lemos Castillo	15.12.1989
Edwin Alberto Villafuerte Posligua	12.03.1979
Defenders:	
Gustavo Adalberto Cañete Aguilera (ESP/PAR)	04.04.1977
Kener Luis Arce Caicedo	17.06.1988
Lenín Geovanny Cedeño Montes	07.04.1981
Jonathan Germán Cobo Carrera	24.07.1987
Fulton Bienvenido Francis Angulo	22.03.1985
Edison Gallardo Avilés	12.06.1987
Luis Enrique Lastra Castro	21.01.1990
Alfonso Valentin Loor Calderón	04.02.1991
Freddy Fabricio Nazareno Ayoví	18.11.1981
Cristian Ojeda	01.08.1988
Javier Alejandro Quiñónez Castillo	27.07.1989
Jonnathan Isidro Quiñónez Bolaños	12.05.1990
Simon Ali Quiñónez Arroyo	29.06.1979
Midfielders:	
Diego Daniel Agüero Noguera (PAR)	10.02.1984
Diego Andrés Armas Benavides	02.07.1990
Edison Iván Bayas Romero	02.11.1983
Darío Darwin Boné Lastre	27.03.1990
Javier Geovanny Cabezas Espinoza	07.08.1977
Roberto Wellington Cabezas Quiñónes	20.11.1991
Marvin Fernando Cortéz Mera	16.01.1990
Eduardo Luis Espinoza Mina	01.10.1990
Carlos Ricardo Lara Mina	27.05.1991
Mario Roberto Lastra Mina	30.04.1979
Javier Benito Lezcano Obregón (PAR)	24.09.1989
Henry Patricio Medina Alarcón	22.08.1992
Danner Jesús Pachi Bozo (BOL)	01.08.1988
Carlos Luis Quillupangui Venegas	15.09.1989
Francisco Xavier Quilumba Borja	14.01.1991
José Wladimir Santana Flores	26.07.1989
Eddy Patricio Suárez Morales	02.12.1992
Rommel Alejandro Tapia Lucero	02.10.1992
Segundo Oswaldo Torres Espinoza	13.06.1991
Raúl Alejandro Vargas Molineros	15.01.1985
Richard Andrés Zambrano Bustillos	30.08.1993
Forwards:	
Orlindo Ayoví Caicedo	15.09.1984
Manuel Antonio Cotera Quiñónez	13.12.1978
Lenin Fernando De Jesus Borja	25.06.1979
Iván Víctor Macias Garcia	01.07.1984
Christian Gabriel Márquez Mina	16.11.1980
Cristian Anderson Penilla Caicedo	06.03.1992
Martín Troncoso (ARG)	31.01.1986
Paulo André Velastegui Silva	21.10.1983
Trainer:	
Carlos Calderón [since 23.11.2009]	

CLUB SOCIAL Y DEPORTIVO INDEPENDIENTE JOSÉ TERÁN SANGOLQUÍ

Foundation date: March 1, 1958
Address: Isla Santa Clara y Gral. Enriquez, Sangolquí
Stadium: Estadio Municipal „General Rumiñahui Sangolquí" – Capacity: 8,000

THE SQUAD

	DOB
Goalkeepers:	
Librado Rodrigo Azcona (PAR)	18.01.1984
Johan David Padilla Quiñónez	14.08.1992
Washington Francisco Reyes Caicedo	25.01.1987
Defenders:	
Andrés Bressan (ARG)	12.01.1977
Andi Didier Caicedo Corozo	16.01.1993
Luis Alberto Caicedo Medina	11.05.1992
Victor Javier Chinga Solis	25.08.1983
Yason Beder Corozo Guisamano	22.10.1987
Walter Vinicio Durazno Montalván	18.09.1979
David Koob Hurtado Arboleda	19.07.1985
Mario Alberto Pineida Martínez	06.07.1992
Reinaldo Román (PAR)	23.05.1984
Paul Andrés Santamaría Pozo	26.01.1991
Iván Alfredo Suárez	11.07.1985
Aurelio Mauricio Nazareno Mercado	27.07.1988
Midfielders:	
Freddy Ubeiman Araujo Araujo	10.09.1993
José Manuel Ayoví Plata	06.12.1991
Edwin Enrique Caicedo Lugo	20.10.1990
Jaime Ramiro Caicedo Estupiñan	12.11.1981
Richard Anderson Caicedo Rodríguez	23.12.1993
Lisandro Alvaro Carcelén Insuasti	06.05.1982
Sergio Geovanny Cedeño Torres	17.01.1981
Jonatan Isdrael Conrado	30.05.1991
Fernando Alexander Guerrero Vásquez	30.09.1989
Diego David Lara Lastra	16.04.1986
Luiz Carlos De Jesus Santos (BRA)	30.04.1984
Domingo Gabriel Martínez (PAR)	04.08.1982
Wilson Abel Morales Silva	04.03.1993
Cristian Andrés Oña Tituaña	30.10.1992
Yeison Paul Ordóñez Cantos	15.03.1992
Eddy Stalin Ramírez Arce	03.03.1990
Francisco Elías Rojas Mendoza	13.01.1991
Henry Geovanny Rua Quiñónez	08.01.1994
Daniel Esteban Samaniego Dávila	27.04.1986
Edder Javier Vaca Quinde	25.12.1985
Luis Eder Valencia Mosquera	04.04.1982
Yilmen Steven Zamora	20.08.1989
Forwards:	
Gustavo Adolfo Asprilla Caicedo	14.09.1993
Johnny Alejandro Baldeón Parreño	15.06.1981
Richard Maria Estigarribia (PAR)	15.08.1982
Richard Luis Mercado	20.12.1986
Alexis Palacios	02.06.1983
Jorge Arnaldo Torales (PAR)	01.06.1984
Armando Lenin Wila Canga	12.05.1985
Trainer:	
Janio Pinto [2009-27.04.2010; Resigned]	
Guillermo Duró (ARG) [12.05.2010-21.09.2010; became sports director]	
Julio Daniel Asad (ARG) [from 21.09.2010]	07.06.1953

LIGA DEPORTIVA UNIVERSITARIA DE QUITO

Foundation date: January 11, 1930
Address: Robles No. 653 y Amazonas, Edif. Proinco, Quito
Stadium: Estadio Casa Blanca, Quito – Capacity: 55,400

THE SQUAD

	DOB
Goalkeepers:	
José Francisco Cevallos Villavicencio	17.04.1971
Alexander Domínguez Carabalí	05.06.1987
John Sebastián Jaramillo Arboleda	15.09.1991
Manuel Alberto Mendoza Rezabala	19.01.1989
Manuel Alejandro Parraga Conforme	19.06.1991
Defenders:	
Vicente Paúl Ambrosi Zambrano	14.10.1980
Norberto Carlos Araujo (ARG)	13.10.1978
Diego Armando Calderón Espinoza	26.10.1986
Renán Calle Camacho	09.09.1976
Galo Ricardo Corozo Junco	20.08.1990
Carlos Arberto Espínola Oviedo (PAR)	25.12.1975
Jorge Daniel Guagua Tamayo	28.09.1981
Néicer Reasco Yano	23.07.1977
José Luis Valencia Murillo	19.03.1982
Midfielders:	
Willian Francisco Araujo Ogonaga	05.06.1979
Miler Alejandro Bolaños Reasco	01.06.1990
José Francisco Cevallos Enríquez	18.01.1995
Ángel Lizardo Cheme Ortíz [=Gonzalo Javier Chila Palma]	19.11.1981
Ulises Hernán de la Cruz Bernardo	08.02.1974
Alejandro Gabriel Espinosa Borja	13.08.1985
Enrique Roberto Gamez Quintero	13.07.1981
Marlon Javier Ganchozo Santana	21.02.1991
Christian Rolando Lara Anangonó	27.04.1980
Nelson Alberto Martínez Sevilla	25.10.1991
Édison Vicente Méndez Méndez	16.03.1979
José Alexander Pabón de la Cruz	08.08.1991
Diego Mauricio Quintanilla Ribadeneira	02.02.1991
Pedro Alejandro Romo Dávalos	06.05.1985
Patricio Javier Urrutia Espinoza	15.10.1978
Enrique Daniel Vera Torres (PAR)	10.03.1979
Forwards:	
Hernán Barcos (ARG)	11.04.1984
Walter Richard Calderón Carcelén	17.10.1977
Víctor Manuel Estupiñán Mairongo	05.03.1988
Carlos Ariel Luna (ARG)	17.01.1982
João Jimmy Plata Cotera	01.03.1992
Franklin Agustín Salas Narváez	30.08.1981
Juan Manuel Salgueiro Silva (URU)	03.04.1983
Tito Johan Valencia Gómez	05.01.1991
Trainer:	
Edgardo Bauza (ARG) [since 08.12.2009]	26.01.1958

CLUB SOCIAL Y DEPORTIVO MACARÁ

Foundation date: August 25, 1939
Address: Centro Comercial Ambato, Bloque #1 Mera y 13 de Abril, Ambato
Stadium: Estadio Bellavista, Ambato – Capacity: 22,000

THE SQUAD

	DOB
Goalkeepers:	
Juan Gabriel Molina Guevara	10.09.1982
Wilmer Fabián Zumba Ramírez	18.12.1978
Defenders:	
Rodolfo César Albornoz Voss (ARG)	25.05.1982
Danny Fabián Álvarez	14.01.1984
Edison Armando Caicedo Castro	13.03.1990
Christian César Castro Garzón	16.02.1978
José María Paz (ARG)	03.07.1978
Augusto Jesús Poroso Caicedo	13.04.1974
Midfielders:	
Jesse Javier Biojo Vivas	22.05.1986
Ruddy Javier Briceño Ordóñez	09.03.1991
Germán Pablo Castillo (ARG)	19.10.1977
Edwin Alberto Castillo Belalcazar	14.06.1991
Walter Rodrigo Castro Santana	02.10.1989
Jhon Kael Corozo Guisamano	20.11.1992
Santiago Daniel Freire Amaya	17.07.1990
Rusbel Edmundo Guerrero Aviles	01.10.1990
Cristhian Oliver Hurtado Valencia	20.06.1990
Jorge Patricio Jara Lara	09.10.1988
Carlos Andrés Manzano Nuñez	28.04.1989
Luis Ángel Mina Hernández	15.04.1991
Abel Wagner Napa Mina	24.03.1991
Edilberto David Riascos Renteria	17.04.1984
Bryan Javier Silva Miranda	05.04.1992
Arnaldo Andrés Valverde Morante	03.05.1991
Charles Ariel Vélez Plaza	26.12.1992
Forwards:	
Moisés Alberto Cuero Ortíz	01.07.1988
Cristhian David Cuero Valencia	22.12.1989
Willians David Gómez Angulo	27.09.1989
Iván Jaime Kaviedes Llorentty	24.10.1977
Ismael Oscar Villalba (ARG)	04.10.1983
Oswaldo Patricio Zurita Moreno	31.03.1991
Trainer:	
Víctor Hugo Marchesini (ARG) [07.04.2009-15.03.2010; Sacked]	1960
Carlos Edmundo Sevilla Dalgo [16.03.2010-29.06.2010; Sacked]	26.08.1950
Boris Santiago Fiallos [30.06.2010-07.07.2010; Interim]	
Alfredo Víctor Riggio (ARG) [07.07.2010-13.09.2010; Sacked]	
Janio Pinto (BRA) [from 14.09.2010]	

MANTA FÚTBOL CLUB

Foundation date: July 27, 1998
Address: Calle 9 y Av. 3 Edif. Mutualista Pichincha 3er. Piso, Manta
Stadium: Estadio Municipal Jocay, Manta – **Capacity**: 20,000

THE SQUAD

	DOB
Goalkeepers:	
Francisco Manuel Caicedo Bravo	04.10.1979
Auro José Fernández Parraga	07.05.1993
Rolando Ramírez Estupiñán	16.03.1978
Carlos Javier Saltos Zambrano	08.04.1986
Defenders:	
Harry Gerson Cherrez Casanova	17.08.1991
Carlos Banderly Garcés	28.03.1977
Bolivar Efren Gómez Valencia	31.07.1977
Diego César Ledesma (ARG)	04.09.1979
Jairo Elecier Montano Quiñónez	09.07.1979
Víctor Manuel Montoya Molina	26.04.1985
Marlon Patricio Moreno Vargas	02.11.1978
Luis Manuel Romero Véliz	15.05.1984
Pablo Andrés Saucedo (ARG)	06.03.1982
José Gonzalo Tenorio Arroyo	29.06.1978
Midfielders:	
Klever Andrés Andrade Friend	30.12.1983
John Jairo Angulo Angulo	20.07.1989
Tito Leonardo Bravo Rivera	19.04.1991
Yennery Bagner Bravo Moreira	26.11.1991
Janny Santiago Bueno Toro	03.04.1991
Jesús Di Filippe (ARG)	19.03.1982
Christian Adrián Gómez Ledesma	29.10.1975
Agustín Goñi (ARG)	01.08.1988
Carlos Ramón Hidalgo Ortega	09.02.1979
Elio Roberto Lastra García	10.08.1983
Diego Armando Macías Gorozabel	21.04.1985
Víctor Emiliano Macias Mendoza	20.03.1984
Efrén Alexander Mera Moreira	23.06.1985
Ricardo Ernesto Mesías Mercado	24.10.1972
Leorvelis Salomón Mina Corozo	16.12.1980
Eder Vicente Palacios Mera	26.02.1985
Jorge Luis Palacios Bravo	10.04.1992
César David Paredes Simisterra	11.06.1985
Murillo Alexis Raigosa	01.01.1991
Jefferson Alexander Sierra Flores	13.05.1993
Carlos Luis Vásquez Jaramillo	06.03.1991
José Marcelo Zambrano Moncayo	07.08.1984
Forwards:	
Carlos Elvis Alava Moreira	26.08.1992
Kevin Anders Alava Lagos	07.11.1992
Jesús Cristóbal Alcivar Salgado	14.10.1989
Julio Maximiliano Bevacqua (ARG)	09.06.1980
Nicolás Andrés Gianni (ARG)	27.09.1982
Deny Antonio Giler Cedeño	01.12.1984
Diego Orlando Holguin Mendoza	16.02.1991
Martín Mandra (ARG)	20.12.1975
José Roberto Mera Cerezo	18.02.1990
Arrinton Narciso Mina Villalba	26.04.1982
Wilfrido Antonio Vinces Mendoza	05.12.1983
Trainer:	
Fabián Andrés Bustos (ARG)	

CENTRO DEPORTIVO OLMEDO RIOBAMBA
Foundation date: November 11, 1919
Address: Veloz y García Moreno, Edif. Esmeraldas 3er Piso, Riobamba
Stadium: Primer Estadio Olímpico, Riobamba – Capacity: 18,000

THE SQUAD

	DOB
Goalkeepers:	
Dennis Wilber Corozo Villalba	05.04.1988
Damián Enrique Lanza Moyano	10.04.1982
Róbinson Geovanny Sánchez Suquillo	25.03.1978
Luiggi Alexis Sornoza Jaramillo	21.04.1991
Defenders:	
Carlos Javier Caicedo Tenorio	25.06.1975
Romario Javier Caicedo Ante	23.05.1990
Hernán Santiago Calle Tenezca	25.01.1984
Pedro Gualberto Gamez Quintero	27.04.1979
Eduardo Omar Ledesma Moyón	04.11.1977
Gustavo Nazareno Cortez	01.04.1985
Hernán Silva (ARG)	26.05.1986
Midfielders:	
Robert Abel Arboleda Escobar	22.10.1991
Jaime Rodolfo Araujo Boné	07.10.1987
Alejandro Rodrigo Banegas (ARG)	19.03.1978
Juan Manuel Barrientos (ARG)	04.03.1982
Elvis Elber Bone Sánchez	07.04.1983
Jimmy Alfredo Bran Orozco	15.07.1979
Miguel Angel Bravo Prado	29.10.1986
Andres Stiven Campas Monroy	05.08.1992
Martín Fabbro (ARG)	19.04.1985
Fausto Fabián Gavilánez Mayorga	02.01.1990
Juan Carlos Godoy Cuero	28.12.1981
José Manuel Lavanda Serrano	06.09.1992
Jairo Antonio Madrid León	15.03.1991
Eldis Narcilo Medina Porozo	11.03.1992
Roger Ivan Renteria Quiñónez	22.06.1992
Esteban Hernán Rivas (ARG)	01.08.1988
Pablo Alejandro Vásquez Benalcazar	05.02.1992
Andrés Alejandro Vinueza Robalino	30.10.1989
Forwards:	
Omar Andrade (PER)	19.03.1990
Lucio Darío Cerezetto (ARG)	14.10.1983
Julian Jose Miña Salvatierra	29.09.1985
Jacob Israel Murillo Moncada	31.03.1993
Gonzalo Pizzichillo Quintana (URU)	20.06.1984
Ángel Enrique Pután Sandoval	20.06.1987
Cristian Estuardo Quiñónez Montano	14.04.1981
Carlos Gregorio Quiñónez Salvatierra	04.11.1975
Marcos Vinicio Romero Nazareno	10.05.1987
Danny Alejandro Vera Carpio	08.08.1980
Luis Ángel Vildozo (ARG)	09.12.1981
Trainer:	
Claudio Otermín [16.12.2009-13.03.2010; Sacked]	
Héctor Manuel González [16.03.2010-28.04.2010; Interim]	05.04.1972
Ariel José Graziani Lentini (ARG) [29.04.2010-13.11.2010; Resigned]	07.06.1971

CLUB DEPORTIVO UNIVERSIDAD CATÓLICA DEL ECUADOR QUITO
Foundation date: June 26, 1963
Address: Pasaje Manuela Sáenz 827 y Hénández Girón, Quito
Stadium: Estadio Olímpico Atahualpa, Quito – Capacity: 40,948

THE SQUAD

	DOB
Goalkeepers:	
Cristian Rafael Mora Medrano	26.08.1979
Luis Humberto Preti Maldonado	02.01.1983
Giovanny Alfredo Velásquez Tascón	12.10.1983
Defenders:	
José Luis Cortez Arroyo	21.11.1979
Carlos Alfredo Delgado Preciado	03.02.1990
Ider Alfredo García Ortíz	08.05.1977
Ricardo Alberto Giler Giler	07.02.1991
Jacinto David Hernández Macías	17.02.1991
Emilio Damián Martínez Martínez (PAR)	04.10.1981
Peter Taylor Mercado Nazareno	01.12.1981
Miguel Ángel Segura Ordóñez	05.06.1990
Midfielders:	
Juan Francisco Aguinaga Garzón	04.01.1978
Jhon Byron Cangá Ramírez	07.04.1982
Jonathan Oswaldo De la Cruz Valverde	18.07.1992
Leandro Carlos Lemos Cortéz	02.09.1991
Facundo Martín Martínez Montagnoli (ARG)	02.04.1985
Marco Roberto Mosquera Borja	03.12.1984
Carlos Luis Moyano Morán	28.06.1989
Elvis Adan Patta Quintero	17.11.1990
Henry Leonel Patta Quintero	14.01.1987
Emerson Manuel Perea Pretel	20.11.1990
Albeiro Estefano Rodríguez Fuentes	03.01.1993
Leonardo Javier Soledispa Cortés	15.01.1983
Mario Andrés Vanegas Piños	16.05.1990
Richard Javier Villegas Méndez	10.06.1991
Forwards:	
Diego Mauricio Betancourt Betancourt	16.04.1990
Luis Hernán Celi Vélez	13.01.1992
Jimmy Michael Delgado Arroyo	09.05.1990
Luis Carlos Espínola Ruíz (PAR)	15.04.1986
Christian Daniel Hermosilla (PAR)	27.10.1984
Pablo Andrés Ochoa Vera	01.09.1991
Trainer:	
Renato Salas [2009-01.03.2010; Sacked]	
Hans Ortega [01.03.2010-03.03.2010; Interim]	
Fernando Díaz Seguel (CHI) [03.03.2010-07.06.2010]	27.12.1961
Patricio Lara [07.06.2010-19.09.2010; Resigned]	
Hans Ortega [20.09.2010-21.09.2010; Interim]	
Jorge César Fortunato Celico (ARG) [from 21.09.2010]	13.09.1964

SECOND LEVEL - Copa Credife Serie B 2010

1.	Liga Deportiva Universitaria de Loja (*Promoted*)	44	24	10	10	72 - 42		82
2.	Imbabura SC Ibarra (*Promoted*)	44	22	12	10	68 - 41		78
3.	CD River Plate Ecuador Guayaquil	44	22	8	14	55 - 44		74
4.	Rocafuerte FC Guayaquil	44	21	8	15	67 - 46		71
5.	CD Técnico Universitario Ambato	44	20	11	13	77 - 57		71
6.	CD Universidad Técnica de Cotopaxi Latacunga	44	18	5	21	57 - 74		59
7.	CSD Grecia Chone	44	14	11	19	61 - 73		53
8.	LDU de Portoviejo	44	14	11	19	36 - 52		53
9.	Deportivo Azogues	44	13	10	21	49 - 62		49
10.	CD Atlético Audaz Machala	44	12	13	19	54 - 84		49
11.	Universidad Técnica Equinoccial Quito (*Relegated*)	44	13	8	23	55 - 65		47
12.	CD Municipal de Cañar (*Relegated*)	44	12	11	21	57 - 68		47

THIRD LEVEL - Copa Credife Segunda Categoría 2010

First Phase
The winner of each zone group will qualify for the championship final (Hexagonal final).

North Zone (Zona Norte)

Grupo 1		Grupo 2	
1. CCD Águilas Santo Domingo de los Colorados	22	1. Club Valle del Chota Ibarra	25
2. Rocafuerte SC Esmeraldas	22	2. Sociedad Deportiva Aucas	23
3. Teodoro Gómez de la Torre FC Ibarra	13	3. CSD Ciudad de Pedernales	12
4. Cuniburo FC Cayambé	12	4. CSD Los Dragones	9
5. Club Politécnico Manabí	10	5. CD Caribe Junior Nueva Loja	6
6. CSCD Racing Junior	3	6. Centro Juvenil Deportivo Esmeraldas	3

Central Zone (Zona Centro)

Grupo 1		Grupo 2	
1. Club Deportivo Quevedo	24	1. Mushuc Runa SC Ambato	28
2. CD Juventud Minera	20	2. CD Venecia	19
3. Star Club Riobamba	18	3. CD Gremio Echeandia	18
4. Pelileo SC	12	4. CD Cooperativa Amazonas	10
5. CD New Star	5	5. CSCD Malta Shungo	4
6. CD Puyo	2	6. CD Chimborazo	2

South Zone (Zona Sur)

Grupo 1		Grupo 2	
1. Gualaceo Sporting Club	27	1. Liga Deportiva Universitaria de Cuenca	21
2. CSD Paladín „S" Durán	25	2. Calvi FC Guayaquil	15
3. JVC FC	12	3. CD Juvenil „Carlos Borbor Reyes" Salinas	14
4. CD Abuelos FC	12	4. Santa Rosa FC	13
5. CAD Audaz Octubrino Machala	4	5. CD Estrellas de Orellana	8
6. CD Sport Bilbao SV	4	6. CD de la Universidad Técnica Particular de Loja	4

Hexagonal Final

1.	Club Valle del Chota Ibarra (*Promoted*)	10	7	1	2	17 - 6	22
2.	Club Deportivo Quevedo (*Promoted*)	10	6	2	2	17 - 10	20
3.	CCD Águilas Santo Domingo de los Colorados	10	6	2	2	14 - 7	20
4.	Gualaceo Sporting Club	10	3	3	4	13 - 15	12
5.	Mushuc Runa SC Ambato	9	2	1	6	9 - 17	7
6.	Liga Deportiva Universitaria de Cuenca	9	0	1	8	4 - 19	1

NATIONAL TEAM INTERNATIONAL MATCHES (01.06.2010 – 31.05.2011)

Date	Venue	Match	Result	
04.09.2010	Guadalajara	Mexico - Ecuador	1-2(1-1)	(F)
07.09.2010	Barquisimeto	Venezuela - Ecuador	1-0(0-0)	(F)
08.10.2010	New Jersey	Colombia - Ecuador	1-0(0-0)	(F)
12.10.2010	Montréal	Ecuador - Poland	2-2(1-0)	(F)
17.11.2010	Quito	Ecuador - Venezuela	4-1(3-1)	(F)
09.02.2011	La Ceiba	Honduras - Ecuador	1-1, 4-5p	(F)
26.03.2011	Madrid	Colombia - Ecuador	2-0(1-0)	(F)
29.03.2011	Den Haag	Ecuador - Peru	0-0	(F)
20.04.2011	Mar del Plata	Argentina - Ecuador	2-2(2-1)	(F)
28.05.2011	Seattle	Mexico - Ecuador	1-1(1-1)	(F)

04.09.2010, Friendly International
Estadio Omnilife, Guadalajara; Attendance: 43,800
Referee: Walter Quesada Cordero (Costa Rica)
MEXICO - ECUADOR **1-2(1-1)**
ECU: Máximo Orlando Banguera Valdivieso, Luis Armando Checa Villamar, Mario David Quiroz Villón, Geovanny Banner Caicedo Quiñónez, Walter Orlando Ayoví Corozo, Michael Antonio Arroyo Mina (79.Geovanny Enrique Nazareno Simisterra), Christian Fernando Noboa Tello (90.Tilson Oswaldo Minda Suscal), Juan Carlos Paredes Reasco, Luis Antonio Valencia Mosquera, Christian Rogelio Benítez Betancourt (70.Marlon Jonathan de Jesús Pavón), Jaime Javier Ayoví Corozo (72.Joao Robin Rojas Mendoza). Trainer: Reinaldo Rueda Rivera (Colombia).
Goals: Christian Rogelio Benítez Betancourt (1), Jaime Javier Ayoví Corozo (58).

07.09.2010, Friendly International
Estadio Metropolitano, Barquisimeto; Attendance: 37,262
Referee: Juan Torres (Panama)
VENEZUELA - ECUADOR **1-0(0-0)**
ECU: Máximo Orlando Banguera Valdivieso (51.Rorys Andrés Aragón Espinoza), Geovanny Banner Caicedo Quiñónez, Luis Armando Checa Villamar, Mario David Quiroz Villón, Walter Orlando Ayoví Corozo, Christian Fernando Noboa Tello, Michael Antonio Arroyo Mina (60.Joao Robin Rojas Mendoza), Luis Antonio Valencia Mosquera, Jefferson Antonio Montero Vite (78.Geovanny Enrique Nazareno Simisterra), Jaime Javier Ayoví Corozo, Juan Carlos Paredes Reasco. Trainer: Reinaldo Rueda Rivera (Colombia).

08.10.2010, Friendly International
Red Bull Arena, New Jersey (United States); Attendance: 25,000
Referee: Andrew Chapin (United States)
COLOMBIA - ECUADOR 1-0(0-0)
ECU: Máximo Orlando Banguera Valdivieso, Jorge Daniel Guagua Tamayo, Isaac Bryan Mina Arboleda, Néicer Reasco Yano, Mario David Quiroz Villón, Walter Orlando Ayoví Corozo, Christian Fernando Noboa Tello, Michael Antonio Arroyo Mina (84.Cristian Andrés Suárez Valencia; 90+1.Juan Carlos Paredes Reasco), Jaime Javier Ayoví Corozo, Christian Rogelio Benítez Betancourt (74.Luis Fernando Saritama Padilla), Joffre David Guerrón Méndez (64.Joao Robin Rojas Mendoza). Trainer: Reinaldo Rueda Rivera (Colombia).

12.10.2010, Friendly International
Stade Saputo, Montréal (Canada); Attendance: 1,000
Referee: Mauricio Navarro (Canada)
ECUADOR - POLAND 2-2(1-0)
ECU: Máximo Orlando Banguera Valdivieso, Juan Carlos Paredes Reasco, Jairo Rolando Campos León, Luis Armando Checa Villamar, Walter Orlando Ayoví Corozo, Tilson Oswaldo Minda Suscal, Luis Fernando Saritama Padilla, Christian Fernando Noboa Tello, Joffre David Guerrón Méndez (85.Isaac Bryan Mina Arboleda), Michael Antonio Arroyo Mina, Christian Rogelio Benítez Betancourt. Trainer: Reinaldo Rueda Rivera (Colombia).
Goals: Christian Rogelio Benítez Betancourt (31, 78).

17.11.2010, Friendly International
Estadio Olimpico "Atahualpa", Quito; Attendance: 9,000
Referee: Ibrahim Chaibou (Niger)
ECUADOR - VENEZUELA 4-1(3-1)
ECU: Máximo Orlando Banguera Valdivieso, Juan Carlos Paredes Reasco (71.Luis Armando Checa Villamar), Jairo Rolando Campos León, Isaac Bryan Mina Arboleda, Walter Orlando Ayoví Corozo (88.Geovanny Banner Caicedo Quiñónez), Segundo Alejandro Castillo Nazareno, Mario David Quiroz Villón, Luis Fernando Saritama Padilla, Michael Antonio Arroyo Mina (68.Jaime Javier Ayoví Corozo), Joao Robin Rojas Mendoza (54.Jefferson Antonio Montero Vite), Christian Rogelio Benítez Betancourt (79.Fernando Alexander Guerrero Vásquez). Trainer: Reinaldo Rueda Rivera (Colombia).
Goals: Christian Rogelio Benítez Betancourt (2, 4), Walter Orlando Ayoví Corozo (45, 46).

09.02.2011, Friendly International [Copa Municipal de La Ceiba]
Estadio "Nilmo Edwards", La Ceiba; Attendance: 15,000
Referee: Walter Alexander López Castellanos (Honduras)
HONDURAS - ECUADOR 1-1(1-1,1-1,1-1);
4-5 on penalties
ECU: Marcelo Ramón Elizaga Ferrero, Juan Carlos Paredes Reasco, Geovanny Banner Caicedo Quiñónez (52.Isaac Bryan Mina Arboleda), Jorge Daniel Guagua Tamayo, Segundo Alejandro Castillo Nazareno (60.Michael Jackson Quiñónez Cabeza), Walter Orlando Ayoví Corozo, Christian Fernando Noboa Tello, Luis Fernando Saritama Padilla (67.Geovanny Enrique Nazareno Simisterra), Michael Antonio Arroyo Mina (81.Tilson Oswaldo Minda Suscal), Pablo David Palacios Herreria (64.Joao Robin Rojas Mendoza), Jaime Javier Ayoví Corozo. Trainer: Reinaldo Rueda Rivera (Colombia).
Goal: Pablo David Palacios Herreria (12).
Penalties: Jorge Daniel Guagua Tamayo, Christian Fernando Noboa Tello, Jaime Javier Ayoví Corozo, Michael Jackson Quiñónez Cabeza (miss), Walter Orlando Ayoví Corozo, Tilson Oswaldo Minda Suscal.

26.03.2011, Friendly International
Estadio „Vicente Calderón", Madrid (Spain); Attendance: 15,000
Referee: Antonio Miguel Mateu Lahoz (Spain)
COLOMBIA - ECUADOR   **2-0(1-0)**
ECU: Alexander Domínguez Carabalí, Juan Carlos Paredes Reasco, Jairo Rolando Campos León, Isaac Bryan Mina Arboleda, Geovanny Enrique Nazareno Simisterra, Segundo Alejandro Castillo Nazareno (76.Edson Eli Montaño Angulo), Walter Orlando Ayoví Corozo (66.Jefferson Antonio Montero Vite), Christian Fernando Noboa Tello, Luis Fernando Saritama Padilla, Luis Antonio Valencia Mosquera (76.Pablo David Palacios Herreria), Jaime Javier Ayoví Corozo. Trainer: Reinaldo Rueda Rivera (Colombia).

29.03.2011, Friendly International
Kyocera Stadion, Den Haag (Holland); Attendance: n/a
Referee: Oscar Eric Braamhaar (Holland)
ECUADOR - PERU   **0-0**
ECU: Máximo Orlando Banguera Valdivieso, Jorge Daniel Guagua Tamayo, Isaac Bryan Mina Arboleda, Christian Fernando Noboa Tello (69.Juan Carlos Paredes Reasco), Tilson Oswaldo Minda Suscal, Mario David Quiroz Villón, Luis Fernando Saritama Padilla, Walter Orlando Ayoví Corozo (69.Geovanny Enrique Nazareno Simisterra), Jefferson Antonio Montero Vite (84.Pablo David Palacios Herreria), Edson Eli Montaño Angulo, Jaime Javier Ayoví Corozo. Trainer: Reinaldo Rueda Rivera (Colombia).

20.04.2011, Friendly International
Estadio "José María Minella", Mar del Plata; Attendance: n/a
Referee: Roberto Carlos Silvera (Uruguay)
ARGENTINA - ECUADOR   **2-2(2-1)**
ECU: Marcelo Ramón Elizaga Ferrero, Juan Carlos Paredes Reasco, Luis Armando Checa Villamar, Isaac Bryan Mina Arboleda, Geovanny Enrique Nazareno Simisterra (90.José Enrique Madrid), Segundo Alejandro Castillo Nazareno, Tilson Oswaldo Minda Suscal (72.Flavio David Caicedo Gracia), Michael Jackson Quiñónez Cabeza (74.Marlon Jonathan de Jesús Pavón), Alex Renato Ibarra Mina (83.Dennys Andrés Quiñónez Espinoza), Arrinton Narciso Mina Villalba (65.Juan José Govea Tenorio), Franklin Agustín Salas Narváez (65.Fricson Rafael Erazo). Trainer: Reinaldo Rueda Rivera (Colombia).
Goals: Michael Jackson Quiñónez Cabeza (26), Segundo Alejandro Castillo Nazareno (68 penalty).

28.05.2011, Friendly International
Qwest Field, Seattle (United States); Attendance: 50,305
Referee: Edvin Jurisevic (United States)
MEXICO - ECUADOR   **1-1(1-1)**
ECU: Máximo Orlando Banguera Valdivieso, Néicer Reasco Yano, Geovanny Banner Caicedo Quiñónez, Fricson Rafael Erazo, Walter Orlando Ayoví Corozo (80.Diego Armando Calderón Espinoza), Luis Fernando Saritama Padilla, Segundo Alejandro Castillo Nazareno, Michael Antonio Arroyo Mina (81.Isaac Bryan Mina Arboleda), Édison Vicente Méndez Méndez (70.Tilson Oswaldo Minda Suscal), Christian Rogelio Benítez Betancourt (88.Flavio David Caicedo Gracia), Jaime Javier Ayoví Corozo. Trainer: Reinaldo Rueda Rivera (Colombia).
Goal: Michael Antonio Arroyo Mina (37).

NATIONAL TEAM PLAYERS 2010/2011				
Name	DOB	Club	Cp	Gls
Goalkeepers				
Rorys Andrés ARAGÓN Espinoza	28.06.1982	CD El Nacional Quito	3	0
Máximo Orlando BANGUERA Valdivieso	16.12.1985	Barcelona SC Guayaquil	10	0
Alexander DOMÍNGUEZ Carabalí	05.06.1987	LDU de Quito	1	0
Marcelo Ramón ELIZAGA Ferrero	19.04.1972	CS Emelec Guayaquil; 01.2011 -> Sociedad Deportivo Quito	19	0
Defenders				
Geovanny Banner CAICEDO Quiñónez	28.03.1981	Sociedad Deportivo Quito	7	0
Diego Armando CALEDERÓN Espinoza	26.10.1986	LDU de Quito	1	0
Jairo Rolando CAMPOS León	18.07.1984	Clube Atlético Mineiro Belo Horizonte (BRA); 01.2011-> Sociedad Deportivo Quito	11	0
Luis Armando CHECA Villamar	21.12.1983	Sociedad Deportivo Quito	7	0
Fricson Rafael ERAZO	05.05.1988	CD El Nacional Quito	2	0
Jorge Daniel GUAGUA Tamayo	28.09.1981	LDU de Quito	41	2
Alex Renato IBARRA Mina	20.01.1991	CD El Nacional Quito	1	0
Isaac Bryan MINA Arboleda	17.10.1980	Sociedad Deportivo Quito	20	2
Geovanny Enrique NAZARENO Simisterra	17.01.1988	Barcelona SC Guayaquil	9	0
Néicer REASCO Yano	23.07.1977	LDU de Quito	51	0
Midfielders				
Michael Antonio ARROYO Mina	23.04.1987	San Luis FC (MEX)	9	1
Walter Orlando AYOVÍ Corozo	11.08.1979	CF Monterrey (MEX)	57	7
Flavio David CAICEDO Gracia	28.02.1988	CD El Nacional Quito	2	0
Segundo Alejandro CASTILLO Nazareno	15.05.1982	Sociedad Deportivo Quito	51	3
Fernando Alexander GUERRERO Vásquez	30.09.1989	CSD Independiente José Terán Sangolquí	3	0
Édison Vicente MÉNDEZ Méndez	16.03.1979	CS Emelec Guayaquil	93	15
Tilson Oswaldo MINDA Suscal	26.07.1983	Sociedad Deportivo Quito	10	0
Jefferson Antonio MONTERO Vite	01.09.1989	Villarreal CF (ESP); 01.2011-> Levante UD Valencia (ESP)	15	2
Christian Fernando NOBOA Tello	09.04.1985	FK Rubin Kazan (RUS)	15	2
Dennys Andrés QUIÑÓNEZ Espinoza	12.03.1992	Barcelona SC Guayaquil	1	0
Michael Jackson QUIÑÓNEZ Cabeza	21.06.1984	Sociedad Deportivo Quito	5	1
Mario David QUIROZ Villón	08.09.1982	CS Emelec Guayaquil	25	0
Juan Carlos PAREDES Reasco	08.07.1987	Sociedad Deportivo Quito	9	0
Luis Fernando SARITAMA Padilla	20.10.1983	Sociedad Deportivo Quito	26	0
Luis Antonio VALENCIA Mosquera	04.08.1985	Manchester United FC (ENG)	44	6
Forwards				
Jaime Javier AYOVÍ Corozo	21.02.1988	CS Emelec Guayaquil; 01.2011 -> Deportivo Toluca FC (MEX)	8	1
Christian Rogelio BENÍTEZ Betancourt	01.05.1986	Club Santos Laguna Torreón (MEX); 01.2011-> Club América Ciudad de México (MEX)	37	15
Marlon Jonathan DE JESÚS Pavón	09.04.1991	Sociedad Deportivo Quito	2	0
Juan José GOVEA Tenorio	27.01.1990	Club Deportivo Cuenca	1	0
Joffre David GUERRÓN Méndez	28.04.1985	CA Paranaense Curitiba (BRA)	17	0
José Enrique MADRID	21.04.1988	CD El Nacional Quito	1	0

Arrinton Narciso MINA Villalba	25.11.1982	CSD Independiente José Terán Sangolquí	4	0
Edson Eli MONTAÑO Angulo	15.03.1991	KAA Gent (BEL)	2	0
Pablo David PALACIOS Herreria	05.02.1982	Barcelona SC Guayaquil	16	2
Joao Robin ROJAS Mendoza	14.07.1989	CS Emelec Guayaquil; 01.2011-> CA Monarcas Morelia (MEX)	11	0
Franklin Agustín SALAS Narváez	30.08.1981	Imbabura SC Ibarra	26	2
Cristian Andrés SUÁREZ Valencia	02.11.1985	CD El Nacional Quito	1	0
	Trainer			
Reinaldo RUEDA Rivera	16.04.1957	(Colombia).		

(Caps and goals at 31.05.2011)

PARAGUAY

The Country:	The FA:
República del Paraguay (Republic of Paraguay)	Asociación Paraguaya de Futbol
Capital: Asunción	Estadio de los Defensores del Chaco,
	Calle Mayor Martínez, 1393 Asunción
Surface: 406,752 km²	Year of Formation: 1906
Inhabitants: 6,400,000	Member of FIFA since: 1925
Time: UTC-4	Member of CONMEBOL since: 1921

NATIONAL TEAM RECORDS

COPA AMÉRICA		WORLD CUP	
1916	Did not enter	1930	Final Tournament (1st Round)
1917	Did not enter	1934	Did not enter
1919	Did not enter	1938	Did not enter
1920	Did not enter	1950	Final Tournament (1st Round)
1921	4th Place	1954	Qualifiers
1922	Runners-up	1958	Final Tournament (1st Round)
1923	3rd Place	1962	Qualifiers
1924	3rd Place	1966	Qualifiers
1925	3rd Place	1970	Qualifiers
1926	4th Place	1974	Qualifiers
1927	Withdrew	1978	Qualifiers
1929	Runners-up	1982	Qualifiers
1935	Withdrew	1986	Final Tournament (2nd Round)
1937	4th Place	1990	Qualifiers
1939	3rd Place	1994	Qualifiers
1941	Withdrew	1998	Final Tournament (2nd Round)
1942	4th Place	2002	Final Tournament (2nd Round)
1945	Withdrew	2006	Final Tournament (1st Round)
1946	3rd Place	2010	Final Tournament (Quarter-Finals)
1947	Runners-up	**PANAMERICAN GAMES**	
1949	Runners-up	1951	5th Place
1953	**Winners**	1955	Did not enter
1955	5th Place	1959	Did not enter
1956	5th Place	1963	Did not enter
1957	Withdrew	1967	Did not enter
1959	3rd Place	1971	Did not enter
1959E	5th Place	1975	Did not enter
1963	Runners-up	1979	Did not enter
1967	4th Place	1983	Did not enter
1975	Round 1	1987	Round 1
1979	**Winners**	1991	Did not enter
1983	Semi-Finals	1995	Quarter-Finals
1987	Round 1	1999	Did not enter
1989	4th Place	2003	Round 1
1991	Round 1	2007	Did not enter
1993	Quarter-Finals	**PANAMERICAN CHAMPIONSHIP**	
1995	Quarter-Finals	1952	Did not enter
1997	Quarter-Finals	1956	Did not enter
1999	Quarter-Finals	1960	Did not enter
2001	Round 1		
2004	Quarter-Finals		
2007	Quarter-Finals		
2011	*To be played*		

OLYMPIC GAMES 1896-2008
1992, 2004 (Runners-up)
PLAYER WITH MOST INTERNATIONAL CAPS
Carlos Alberto Gamarra Pavón – 110 caps (1993-2006)
PLAYER WITH MOST INTERNATIONAL GOALS
José Saturnino Cardozo Otazú – 25 goals / 82 caps (1991-2006)

PARAGUAYAN CLUB HONOURS IN SOUTH AMERICAN CLUB COMPETITIONS:

COPA LIBERTADORES 1960-2010
Club Olimpia Asunción (1979, 1990, 2002)
COPA SUDAMERICANA 2002-2010
None
COPA CONMEBOL 1992-1999
None
SUPERCUP „JOÃO HAVELANGE" 1988-1997*
Club Olimpia Asunción (1990)
COPA MERCONORTE 1998-2001**
None

*Contested betwenn winners of all previous editions of the Copa Libertadores
**Contested between teams belonging countries from the southern part of South America (Argentina, Brazil, Chile, Paraguay and Uruguay).

NATIONAL COMPETITIONS
TABLE OF HONOURS

	NATIONAL CHAMPIONS 1906-2010
	Amateur Era Championship
1906	Club Guaraní Asunción
1907	Club Guaraní Asunción
1908	*No championship*
1909	Club Nacional Asunción
1910	Club Libertad Asunción
1911	Club Nacional Asunción
1912	Club Olimpia Asunción
1913	Club Cerro Porteño Asunción
1914	Club Olimpia Asunción
1915	Club Cerro Porteño Asunción
1916	Club Olimpia Asunción
1917	Club Libertad Asunción
1918	Club Cerro Porteño Asunción
1919	Club Cerro Porteño Asunción
1920	Club Libertad Asunción
1921	Club Guaraní Asunción
1922	*No championship*
1923	Club Guaraní Asunción
1924	Club Nacional Asunción
1925	Club Olimpia Asunción
1926	Club Nacional Asunción
1927	Club Olimpia Asunción

1928	Club Olimpia Asunción
1929	Club Olimpia Asunción
1930	Club Libertad Asunción
1931	Club Olimpia Asunción
1932	*No championship*
1933	*No championship*
1934	*No championship*
Professional Era Championship	
1935	Club Cerro Porteño Asunción
1936	Club Olimpia Asunción
1937	Club Olimpia Asunción
1938	Club Olimpia Asunción
1939	Club Cerro Porteño Asunción
1940	Club Cerro Porteño Asunción
1941	Club Cerro Porteño Asunción
1942	Club Nacional Asunción
1943	Club Libertad Asunción
1944	Club Cerro Porteño Asunción
1945	Club Libertad Asunción
1946	Club Nacional Asunción
1947	Club Olimpia Asunción
1948	Club Olimpia Asunción
1949	Club Guaraní Asunción
1950	Club Cerro Porteño Asunción
1951	Club Sportivo Luqueño
1952	Club Presidente Hayes Asunción
1953	Club Sportivo Luqueño
1954	Club Cerro Porteño Asunción
1955	Club Libertad Asunción
1956	Club Olimpia Asunción
1957	Club Olimpia Asunción
1958	Club Olimpia Asunción
1959	Club Olimpia Asunción
1960	Club Olimpia Asunción
1961	Club Cerro Porteño Asunción
1962	Club Olimpia Asunción
1963	Club Cerro Porteño Asunción
1964	Club Guaraní Asunción
1965	Club Olimpia Asunción
1966	Club Cerro Porteño Asunción
1967	Club Guaraní Asunción
1968	Club Olimpia Asunción
1969	Club Guaraní Asunción
1970	Club Cerro Porteño Asunción
1971	Club Olimpia Asunción
1972	Club Cerro Porteño Asunción
1973	Club Cerro Porteño Asunción
1974	Club Cerro Porteño Asunción
1975	Club Olimpia Asunción
1976	Club Libertad Asunción
1977	Club Cerro Porteño Asunción
1978	Club Olimpia Asunción

1979	Club Olimpia Asunción	
1980	Club Olimpia Asunción	
1981	Club Olimpia Asunción	
1982	Club Olimpia Asunción	
1983	Club Olimpia Asunción	
1984	Club Guaraní Asunción	
1985	Club Olimpia Asunción	
1986	Club Sol de América Asunción	
1987	Club Cerro Porteño Asunción	
1988	Club Olimpia Asunción	
1989	Club Olimpia Asunción	
1990	Club Cerro Porteño Asunción	
1991	Club Sol de América Asunción	
1992	Club Cerro Porteño Asunción	
1993	Club Olimpia Asunción	
1994	Club Cerro Porteño Asunción	
1995	Club Olimpia Asunción	
1996	Club Cerro Porteño Asunción	
1997	Club Olimpia Asunción	
1998	Club Olimpia Asunción	
1999	Club Olimpia Asunción	
2000	Club Olimpia Asunción	
2001	Club Cerro Porteño Asunción	
2002	Club Libertad Asunción	
2003	Club Libertad Asunción	
2004	Club Cerro Porteño Asunción	
2005	Club Cerro Porteño Asunción	
2006	Club Libertad Asunción	
2007	Club Libertad Asunción	
2008	Ape:	Club Libertad Asunción
	Cla:	Club Libertad Asunción
2009	Ape:	Club Cerro Porteño Asunción
	Cla:	Club Nacional Asunción
2010	Ape:	Club Guaraní Asunción
	Cla:	Club Libertad Asunción

	BEST GOALSCORERS		
1935	Pedro Osorio (Club Cerro Porteño Asunción)		18
1936	Flaminio Silva (Club Olimpia Asunción)		36
1937	Francisco Sosa (Club Cerro Porteño Asunción)		21
1938	Martín Flor (Club Cerro Porteño Asunción)		
	Amado Salinas (Club Libertad Asunción)		17
1939	Teófilo Salinas (Club Libertad Asunción)		28
1940	José Vinsac (Club Cerro Porteño Asunción)		30
1941	Benjamín Laterza (Club Cerro Porteño Asunción)		
	Fabio Franco (Club Nacional Asunción)		18
1942	Francisco Sosa (Club Cerro Porteño Asunción)		23
1943	Atilio Mellone (Club Guaraní Asunción)		27
1944	Porfirio Rolón (Club Libertad Asunción)		
	Sixto Noceda (Club Presidente Hayes Asunción)		18
1945	Porfirio Rolón (Club Libertad Asunción)		18

Año	Jugador (Club)	Goles
1946	Leocadio Marín (Club Olimpia Asunción)	26
1947	Leocadio Marín (Club Olimpia Asunción)	27
1948	Fabio Franco (Club Nacional Asunción)	24
1949	Darío Jara Saguier (Club Cerro Porteño Asunción)	18
1950	Darío Jara Saguier (Club Cerro Porteño Asunción)	18
1951	Antonio Ramón Gómez (Club Libertad Asunción)	19
1952	Antonio Ramón Gómez (Club Libertad Asunción) Rubén Fernández Real (Club Libertad Asunción)	16
1953	Antonio Acosta (Club Presidente Hayes Asunción)	15
1954	Máximo Rolón (Club Libertad Asunción)	24
1955	Máximo Rolón (Club Libertad Asunción)	25
1956	Máximo Rolón (Club Libertad Asunción)	26
1957	Juan Bautista Agüero (Club Olimpia Asunción)	14
1958	Juan Bautista Agüero (Club Olimpia Asunción)	16
1959	Ramón Rodríguez (Club River Plate Asunción)	17
1960	Benigno Gilberto Penayo (Club Cerro Porteño Asunción)	18
1961	Justo Pastor Leiva (Club Guaraní Asunción)	17
1962	Cecilio Martínez (Club Nacional Asunción)	19
1963	Juan Cabañas (Club Libertad Asunción)	17
1964	Genaro García (Club Guaraní Asunción) A. Jara (Club Sol de América Asunción) Antonio González (Club Rubio Ñu Asunción)	8
1965	Genaro García (Club Guaraní Asunción)	15
1966	Celino Mora (Club Cerro Porteño Asunción)	14
1967	Sebastián Fleitas Miranda (Club Libertad Asunción)	18
1968	Pedro Antonio Cibils (Club Libertad Asunción)	13
1969	Benicio Ferreira (Club Olimpia Asunción)	13
1970	Saturnino Arrúa (Club Cerro Porteño Asunción)	19
1971	Cristóbal Maldonado (Club Libertad Asunción)	11
1972	Saturnino Arrúa (Club Cerro Porteño Asunción)	17
1973	Mario Beron (Club Cerro Porteño Asunción) Clemente Rolón (Club River Plate Asunción)	15
1974	Mario Beron (Club Cerro Porteño Asunción) Fermín Cabrera (Club Sportivo Luqueño)	10
1975	Hugo Enrique Kiesse (Club Olimpia Asunción)	12
1976	Arsenio Meza (Club River Plate Asunción)	11
1977	Gustavo Fanego (Club Guaraní Asunción)	12
1978	Enrique Villalba (Club Olimpia Asunción)	10
1979	Edgar Ozuna (Club Capitán Figari Lambaré)	10
1980	Miguel Michelagnoli (Club Olimpia Asunción)	11
1981	Eulalio Mora (Club Guaraní Asunción)	9
1982	Pedro Fernánez (Club River Plate Asunción)	13
1983	Rafael Bobadilla (Club Olimpia Asunción)	14
1984	Amancio Mereles (Club River Plate Asunción) Milciades Morel (Club Cerro Porteño Asunción)	12
1985	Adriano Samaniego Giménez (Club Olimpia Asunción)	19
1986	Félix Ricardo Torres (Club Sol de América Asunción)	13
1987	Félix Brítez Román (Club Cerro Porteño Asunción)	11
1988	Raúl Vicente Amarilla (Club Olimpia Asunción)	17
1989	Jorge López (Club Sportivo San Lorenzo)	16

Year	Player (Club)	Goals
1990	Buenaventura Ferreira Gómez (Club Libertad Asunción / Club Cerro Porteño Asunción) Julio César Romero (Club Sportivo Luqueño)	17
1991	Carlos Luis Torres (Club Olimpia Asunción) Lilio Torales (Club Atlético Colegiales)	12
1992	Felipe Nery Franco (Club Libertad Asunción)	13
1993	Francisco Flaminio Ferreira Romero (Club Sportivo Luqueño)	13
1994	Héctor Núñez Bello (URU, Club Cerro Porteño Asunción)	27
1995	Héctor Núñez Bello (URU, Club Cerro Porteño Asunción)	17
1996	Arístides Miguel Rojas Aranda (Club Guaraní Asunción)	22
1997	Luis Molinas (Club Nacional Asunción / Club Atlético Tembetary Yparé)	13
1998	Mauro Antonio Caballero (Club Olimpia Asunción)	21
1999	Paulo Roberto Junges „Gauchinho" (BRA, Club Cerro Porteño Asunción)	22
2000	Francisco Flaminio Ferreira Romero (Club Cerro Porteño Asunción)	23
2001	Mauro Antonio Caballero López (Club Cerro Porteño Asunción / Club Libertad Asunción)	13
2002	Juan Eduardo Samudio Serna (Club Libertad Asunción)	23
2003	Erwin Lorenzo Ávalos (Club Cerro Porteño Asunción)	17
2004	Juan Eduardo Samudio Serna (Club Libertad Asunción)	22
2005	Dante Rafael López Fariña (Club Nacional Asunción / Club Olimpia Asunción)	21
2006	Hernán Rodrigo López Mora (URU, Club Libertad Asunción)	27
2007	Fabio Ramón Ramos Mereles (Club Nacional Asunción) Pablo Daniel Zeballos Ocampos (Club Sol de América Asunción)	15
2008 Ape:	Fabio Escobar Benítez (Club Nacional Asunción)	13
Cla:	Edgar Benítez Santander (Club Sol de América Asunción)	14
2009 Ape:	Pablo César Leonardo Velázquez Centurión (Club Rubio Ñu Asunción)	16
Cla:	César Cáceres Cañete (Club Guaraní Asunción)	11
2010 Ape:	Rodrigo Teixeira Pereira (BRA, Club Guaraní Asunción) Pablo Daniel Zeballos Ocampos (Club Cerro Porteño Asunción)	16
Cla:	Juan Carlos Ferreyra (ARG, Club Olimpia Asunción) Roberto Antonio Nanni (ARG, Club Cerro Porteño Asunción)	12

NATIONAL CHAMPIONSHIP
Torneo Apertura 2010

1. Club Guaraní Asunción	22	15	4	3	43	-	20	49
2. Club Cerro Porteño Asunción	22	14	3	5	37	-	23	45
3. Club Olimpia Asunción	22	11	6	5	32	-	18	39
4. Club Libertad Asunción	22	11	5	6	33	-	15	38
5. Club Rubio Ñu Asunción	22	10	8	4	36	-	25	38
6. Club Nacional Asunción	22	10	5	7	31	-	22	35
7. Club Sportivo Luqueño	22	5	10	7	26	-	30	25
8. Club Sol de América Asunción	22	7	4	11	27	-	39	25
9. Club Sportivo Trinidense	22	4	7	11	19	-	34	19
10. Club Atlético 3 de Febrero Ciudad del Este	22	5	4	13	17	-	32	19
11. Sport Colombia Fernando de la Mora	22	4	5	13	21	-	40	17
12. Tacuary Football Club Asunción	22	3	5	14	20	-	44	14

NATIONAL CHAMPIONSHIP
Torneo Clausura 2010

1. Club Libertad Asunción	22	16	1	5	46	-	15	49
2. Club Cerro Porteño Asunción	22	13	7	2	37	-	18	46
3. Club Nacional Asunción	22	12	6	4	29	-	18	42
4. Club Guaraní Asunción	22	10	6	6	29	-	22	36
5. Club Olimpia Asunción	22	7	11	4	31	-	23	32
6. Club Rubio Ñu Asunción	22	7	7	8	25	-	31	28
7. Sport Colombia Fernando de la Mora	22	5	9	8	23	-	30	24
8. Tacuary Football Club Asunción	22	6	5	11	20	-	29	23
9. Club Sol de América Asunción	22	5	5	12	20	-	28	20
10. Club Atlético 3 de Febrero Ciudad del Este	22	4	7	11	19	-	34	19
11. Club Sportivo Trinidense	22	3	9	10	25	-	46	18
12. Club Sportivo Luqueño	22	2	11	9	21	-	30	17

Aggregate Table 2010

1. Club Cerro Porteño Asunción	44	27	10	7	74	-	41	91
2. Club Libertad Asunción	44	27	6	11	79	-	30	87
3. Club Guaraní Asunción	44	25	10	9	72	-	42	85
4. Club Nacional Asunción	44	22	11	11	60	-	40	77
5. Club Olimpia Asunción	44	18	17	9	63	-	41	71
6. Club Rubio Ñu Asunción	44	17	15	12	61	-	57	66
7. Club Sol de América Asunción	44	12	9	23	47	-	67	45
8. Club Sportivo Luqueño	44	7	21	16	47	-	60	42
9. Sport Colombia Fernando de la Mora	44	9	14	21	44	-	70	41
10. Club Atlético 3 de Febrero Ciudad del Este	44	9	12	23	36	-	66	38
11. Tacuary Football Club Asunción	44	9	11	24	40	-	73	37
12. Club Sportivo Trinidense	44	6	17	21	44	-	80	37

Club Cerro Porteño Asunción and Club Guaraní Asunción qualified for the Copa Libertadores 2011.
Club Libertad Asunción qualified for both Copa Libertadores 2011 & Copa Sudamericana 2011.
Club Nacional Asunción and Club Olimpia Asunción qualified for the Copa Sudamericana 2011.

Relegation Table

The team which will be relegated is determined on average points taking into account results of the last six seasons (Apertura & Clausura 2008, Apertura & Clausura 2009, Apertura & Clausura 2010).

Pos	Team	2008 M	2008 P	2009 M	2009 P	2010 M	2010 P	Total M	Total P	Aver
1.	Club Libertad Asunción	44	101	44	82	44	87	132	270	2.045
2.	Club Cerro Porteño Asunción	44	75	44	81	44	91	132	247	1.871
3.	Club Guaraní Asunción	44	79	44	67	44	85	132	231	1.750
4.	Club Nacional Asunción	44	77	44	77	44	77	132	231	1.750
5.	Club Olimpia Asunción	44	54	44	70	44	71	132	195	1.477
6.	Club Rubio Ñu Asunción	-	-	44	63	44	66	88	129	1.466
7.	Club Sol de América Asunción	44	63	44	50	44	45	132	158	1.197
8.	Tacuary Football Club Asunción	44	54	44	64	44	37	132	155	1.174
9.	Club Sportivo Luqueño	44	49	44	51	44	42	132	142	1.076
10.	Club Atlético 3 de Febrero Ciudad del Este	44	51	44	43	44	38	132	132	1.000
11.	Sport Colombia Fernando de la Mora (*Relegated*)	-	-	-	-	44	41	132	41	0.932
12.	Club Sportivo Trinidense (*Relegated*)	-	-	-	-	44	37	132	37	0.841

THE CLUBS 2010

CLUB ATLÉTICO 3 DE FEBRERO CIUDAD DEL ESTE

Foundation date: November 20, 1970
Address: Bernardino Caballero y A, Garay, Ciudad del Este
Stadium: Estadio „Teniente Coronel Antonio Oddone Sarubbi", Ciudad del Este – Capacity: 28,000

THE SQUAD

	DOB
Goalkeepers:	
Jorge Javier Chena	31.10.1988
Alexander David Meza	14.12.1982
Henry Willians Lapczyk Vera	17.04.1978
Defenders:	
Marcos Antonio Acosta Vera	08.11.1984
Miguel Caballero	08.03.1987
Juan Carlos Gamarra	01.06.1988
Felipe Ariel Giménez	26.05.1981
Celso Pablo González	18.06.1980
Ever Hugo González	11.10.1986
José Martínez	
Rody Martínez	22.02.1988
Dionisio Mereles	23.02.1986
Joel Rodrigo Villalba	20.04.1985
Midfielders:	
Cristian Álvarez	23.02.1987
Elvio Adrián Amarilla	20.03.1986
Milton Rodrigo Benítez Lidio	30.03.1986
José Carlos Burgos Aquino	16.06.1983
José María De Filippi (ARG)	26.03.1982
Gustavo Adrián Espínola	26.12.1985
Roberto Adrian Giménez	22.01.1985
Fernando González	
Renato González	
Juan Angel Hermosilla	26.07.1984
César Llamas Cantero	13.07.1985
Rafael Alexandrinos Dos Santos „Makanaki" (BRA)	08.10.1983
Carlos Antonio Mereles	09.07.1979
Rafael de Assis (BRA)	16.10.1986
Isaias Olarriaga (ARG)	
William Dorneles Da Silva Schuster (BRA)	31.05.1987
Thiago Araújo Da Silva (BRA)	22.06.1983
Felipe Santiago Villalba	14.03.1985
Forwards:	
Raúl Vicente Amarilla	12.06.1988
Miguel Ángel Cuéllar	25.01.1982
Arnaldo Duarte	
Aníbal Estigarribia	
Nelson Darío Figueredo Genes	17.12.1984
Cristian David González	05.07.1976
Eder Ricardo Godoy	07.02.1980
Ernesto Romero	03.10.1985
Sergio Cirilo Samudio	08.01.1987
Hugo Santacruz	
Luciano Ursino	31.10.1988
Orlando Zayas	
Trainer:	
Carlos Jara Saguier [01.2010-21.03.2010]	25.08.1956
Raúl Vicente Amarilla Vera [22.03.2010-18.09.2010]	19.07.1960
Eduardo Rivera (URU) [from 20.09.2010]	

CLUB CERRO PORTEÑO ASUNCIÓN

Foundation date: October 1, 1912
Address: Avenida 5ta, N° 828 c/ Tacuary, Asunción
Stadium: Estadio „General Pablo Rojas", Asunción – Capacity: 32,000

THE SQUAD

	DOB
Goalkeepers:	
Diego Daniel Barreto Cáceres	16.07.1981
Ezequiel Luis Medrán (ARG)	28.12.1980
Sergio Esteban Valinotti	01.04.1983
Defenders:	
César Iván Benítez León	28.05.1990
Pedro Juan Benítez Domínguez	23.03.1981
Luís Carlos Cardozo	10.10.1988
Ernesto Rubén Cristaldo Santa Cruz	16.03.1984
Diego Armando Herner (ARG)	31.07.1983
Julio César Irrazábal León	25.11.1980
David Bernardo Mendoza Ayala	10.05.1985
Fidel Amado Pérez	19.10.1980
Iván Rodrigo Piris	10.03.1989
Miguel Ángel Torrén (ARG)	12.08.1988
Diego Viera	30.04.1991
Midfielders:	
Jorge Orlando Brítez Larramendi	08.02.1981
Rodrigo Ramón Burgos Oviedo	21.06.1989
Luis Enrique Cáceres Centurión	16.04.1988
Julio Daniel Dos Santos Rodríguez	07.05.1983
Oscar Moisés Gamarra	09.09.1986
Diego Godoy	01.04.1992
Iván Emmanuel González Ferreira	28.01.1987
Juan Darío Iturbe	08.02.1983
Carlos Manuel Martínez Guillén	14.03.1990
Jorge Daniel Núñez Espínola	22.09.1984
César Augusto Ramírez	24.03.1977
Carlos Ariel Recalde	14.12.1983
José Domingo Salcedo González	11.09.1983
Iván Arturo Torres Riveros	27.02.1991
Javier Alejandro Villarreal (ARG)	01.03.1979
Forwards:	
Ramón Idalecio Cardozo	21.04.1986
Sebastián Adolfo Ereros (ARG)	14.04.1985
Víctor Ramón Ferreira Barrios	09.05.1986
Francisco Javier García	25.11.1988
Digno Javier González	05.02.1990
Juan Gabriel Maldonado	18.05.1990
Roberto Antonio Nanni (ARG)	20.08.1981
Pablo Daniel Zeballos Ocampos	04.03.1986
Trainer:	
Pedro Antonio Troglio (ARG) [Apertura]	28.07.1965
Javier Luis Torrente (ARG) [Clausura]	08.06.1979

CLUB GUARANÍ ASUNCIÓN

Foundation date: October 12, 1903
Address: Avenida Eusebio Ayala N° 770, Asunción
Stadium: Estadio „Rogelio Livieres", Asunción – Capacity: 6,000

THE SQUAD

	DOB
Goalkeepers:	
Pablo Fernando Aurrecochea Medina (URU)	08.03.1981
Joel Alberto Silva Estigarribia	13.01.1989
Defenders:	
Nelson Avelino Amarilla Bogado	20.07.1987
Tomás Javier Bartomeús	27.10.1982
Francisco Joel Benítez	26.02.1984
Fernando Andrés Cafasso (ARG)	09.02.1983
Héctor Federico Carballo (ARG)	14.03.1980
Paulo Centurión (ARG)	08.12.1982
Eduardo Filippini (ARG)	05.06.1983
Bernanrdo Rubén Limenza	20.08.1983
Elvis Israel Marecos	15.02.1980
Micael Jordane Modinger (BRA)	06.06.1986
Juan Gabriel Patiño	20.05.1990
Jorge Luis Romero	19.01.1987
Benigno Ruiz Díaz	16.04.1988
Oscar Basilio Velázquez	19.04.1990
Midfielders:	
Juan José Aguilar Orzusa	24.06.1989
Wilson Arellano	
José Manuel Babak Wlosek	19.03.1986
Jorge Benítez	02.09.1992
José Carlos Burgos Aquino	16.06.1983
César Daniel Cáceres Cañete	10.06.1977
Pedro Julián Chávez Ruiz	20.06.1985
Jonathan Fabbro	10.01.1982
Diego Marcelo Fretes	06.06.1988
Jorge Darío Mendoza Torres	15.05.1989
Angel Antonio Ortíz	27.12.1987
Miguel Paniagua Rivarola	14.05.1987
Robert William Santacruz	23.01.1990
Christian Gustavo Sosa	08.08.1985
Fabián Stark	30.10.1988
Hermes Manuel Valdez Fernández	28.12.1985
Nildo Viera	
Gerardo Sebastián Vonder Putten (URU)	28.02.1988
Forwards:	
Julián Alfonso Benítez	06.06.1987
Víctor Ramón Ferreira	09.05.1986
Walter Fernando Guglielmone Gómez (URU)	11.04.1978
Hugo César Notario (ARG)	15.03.1980
Federico Javier Santander Mereles	04.06.1991
Rodrigo Teixeira (BRA)	16.06.1978
Trainer:	
Félix Darío León	05.05.1961

CLUB LIBERTAD ASUNCIÓN

Foundation date: July 30, 1905
Address: Avenida Artigas N° 1030, casi Cusmanich, Asunción
Stadium: Estadio „Dr. Nicolás Leoz", Asunción– Capacity: 10,000

THE SQUAD

	DOB
Goalkeepers:	
Bernardo David Medina	14.01.1988
Tobías Antonio Vargas Insfrán	21.08.1989
Defenders:	
Ismael Benegas	01.08.1987
Carlos Bonet Cacéres	02.10.1977
Gustavo Ramón Mencia Ávalos	05.07.1988
Aldo David Olmedo Román	25.09.1989
Adalberto Román Benítez	11.04.1987
Pedro Alcides Sarabia Achucarro	05.07.1975
Francisco Silva	18.10.1990
Arnaldo Andrés Vera Chamorro	22.01.1980
Midfielders:	
Rodrigo Alborno	12.08.1993
Sergio Daniel Aquino (ARG)	21.09.1979
Víctor Hugo Ayala Núñez	01.01.1988
Jorge Luis Caballero	10.03.1990
Víctor Javier Cáceres Centurión	25.03.1985
Freddy Javier Coronel	22.07.1989
Gustavo Alberto Cristaldo Brítez	03.05.1989
Jorge Daniel González Marquet	25.03.1988
Vladimir Marín (COL)	26.09.1979
William Gabriel Mendieta Pintos	09.01.1989
Jorge Luís Moreira Ferreira	01.02.1990
Omar Héber Pouso Osores (URU)	28.02.1980
Wilson Osmar Pittoni Rodríguez	14.08.1985
Edgar Arnulfo Robles	22.11.1977
Miguel Ángel Ramón Samudio	24.08.1986
Forwards:	
Roberto Carlos Gamarra Acosta	11.05.1981
Rodolfo Vicente Gamarra Varela	10.12.1988
Javier Mercedes González González	24.09.1979
Manuel José Maciel Fernández	12.02.1984
José Ariel Núñez Portelli	12.09.1988
Angel Reinaldo Orué Echeverría	05.01.1989
Pablo César Velázquez	12.03.1987
Trainer:	
Gregorio Elso Pérez Perdigón (URU)	16.01.1948

CLUB NACIONAL ASUNCIÓN

Foundation date: June 5, 1904
Address: Cerro León e/ Caballero y Paraguari, Asunción
Stadium: Estadio „Arsenio Erico", Asunción – Capacity: 4,000

THE SQUAD

	DOB
Goalkeepers:	
Ever Alexis Caballero	27.04.1982
Germán Martín Caffa (ARG)	14.07.1980
Ignacio Oscar Don (ARG)	28.02.1982
Defenders:	
Arturo David Aquino	14.02.1982
Héctor Darío Benítez Hoppe	05.01.1980
Celso Pablo González	18.06.1980
Ricardo Mazacotte (ARG)	09.01.1985
Marcos David Miers	24.03.1990
Herminio Antonio Miranda	07.05.1985
Aldo Rubén Paniagua Riveros	12.07.1989
Raúl Eduardo Piris	09.12.1980
Alfredo David Rojas	30.12.1987
Midfielders:	
Orlando Rubén Bordón	07.08.1986
Ignacio Ramón Cáceres Cabañas	27.07.1979
Blas Bernardo Irala	30.11.1983
Cristian Omar Martínez	28.12.1978
Marcos Benjamín Melgarejo	03.10.1986
Gustavo Eliseo Morínigo Vázquez	23.01.1977
William Enrique Pereira Fragueda	26.02.1990
Fabio Ramón Ramos Mereles	14.06.1980
Marcos Antonio Riveros Krayacich	04.09.1988
Carlos Gabriel Ruiz Peralta	17.07.1984
Rodrigo Abel Torres Armoa	31.10.1989
Silvio Gabriel Torales	23.09.1991
Forwards:	
Víctor Marcelino Aquino Romero	26.11.1985
Guillermo Alexis Beltrán	26.04.1984
Ariel Gregorio Bogado Llanos	24.12.1983
Nestor Fabián Caballero (ARG)	31.01.1978
César Florenciañez	
Sergio Reinaldo Gómez Duarte	18.12.1990
Trainer:	
Juan Manuel Battaglia	11.06.1957

CLUB OLIMPIA ASUNCIÓN

Foundation date: July 25, 1902
Address: Avenida Mariscal López 1499, casi Gral. Santos, Asunción
Stadium: Estadio „Manuel Ferreira", Asunción – Capacity: 15,000

THE SQUAD

	DOB
Goalkeepers:	
Sebastián Alberto Blázquez Tosso (ARG)	27.11.1979
Blas Andrés Hermosilla	03.02.1987
Nicolás Miroslav Peric Villarreal	19.10.1979
Defenders:	
Blas Cáceres	01.07.1989
Carlos Bonet Cáceres	02.10.1977
Raúl Cáceres	18.09.1991
Diego Ciz (URU)	31.05.1981
Hugo Rafael Fleytas	23.06.1988
Oscar Esteban Jiménez	26.12.1985
Rubén Darío Maldonado Brizuela	29.04.1979
Julio César Manzur Caffarena	21.01.1981
Enrique Gabriel Meza Brítez	28.02.1985
Mariano Esteban Uglessich (ARG)	06.11.1981
Santiago Vergini (ARG)	03.08.1988
Midfielders:	
Diego Benítez	18.02.1991
Roberto Bonet Cáceres	17.06.1980
Alberto Contrera	14.02.1992
Diego Antonio Figueredo Matiauda	28.04.1982
Diego Antonio Gavilán Zárate	01.03.1980
Hugo Américo Luzardi	17.08.1982
Rafael Alexandrinos Dos Santos „Makanaki" (BRA)	08.10.1983
Víctor Matta	
Lorenzo Melgarejo	10.08.1990
Osmar de la Cruz Molinas González	03.05.1987
Richard Ortíz	22.05.1990
Derlis Ricardo Orué Acevedo	02.01.1989
Hugo Ismael Vera	1988
Pedro Vera	20.04.1984
Forwards:	
Julio Ramón Aguilar Franco	01.07.1986
Cristian Venancio Bogado Moringo	07.01.1987
Luis Nery Caballero	22.04.1990
Arnaldo Castorino	31.01.1987
Nelson Rafael Cuevas Amarilla	10.01.1980
Rodrigo Del Puerto	
Juan Carlos Ferreyra (ARG)	12.09.1983
Cristian Rolando Ledesma Núñez	11.02.1987
Danilo Javier Peinado Lerena (URU)	04.04.1985
Nelson David Romero Cárdenas	18.11.1984
Trainer:	
José Saturnino Cardozo [Apertura]	19.03.1971
Luis Alberto Cubilla Almeida (URU) [Clausura]	28.03.1940

CLUB RUBIO ÑU ASUNCIÓN

Foundation date: August 24, 1913
Address: Espiritu Santo y Juana P. Carillo, Santísima Trinidad, Asunción
Stadium: Estadio La Arboleda, Asunción – **Capacity**: 5,500

THE SQUAD

	DOB
Goalkeepers:	
Gerardo Amílcar Ortíz	25.03.1989
Osvaldo Andrés Cabral (ARG)	04.06.1985
Eduardo Ramón Cáceres Cabodevila	12.08.1981
Mauro Rubén Cardozo	08.03.1982
Ignacio Oscar Don (ARG)	28.02.1982
Antony Domingo Silva Cano	27.02.1984
Defenders:	
Oscar Omar Ayala	14.03.1980
Tomás Javier Bartomeús	27.10.1982
Wilfrido Guzmán Bazán Arrúa	04.08.1984
Rolando Marciano Bogado	22.04.1984
Juan Daniel Cáceres Rivas	06.10.1973
Blas Ariel Coronel	10.12.1987
Guido Núñez	
Jorge Martín Nuñez Mendoza	22.01.1978
Arnaldo Andrés Rodríguez	10.10.1985
Derlis Riveros	
Nelson Ruiz Giménez	27.12.1991
Midfielders:	
Roberto Miguel Acuña Cabello	25.03.1972
Fernando Alfonzo	
Eduardo Ramón Aveiro	13.10.1984
Jorge Orlando Brítez Larramendi	08.02.1981
Jorge Luis Caballero	10.03.1990
Néstor Abraham Camacho Ledesma	15.10.1987
Ricardo Nicolás Cantero	05.06.1988
Jhonny Marcelo Castillo Florentín	17.03.1989
Luis Francisco Closa	10.03.1984
Walter Milciades Fretes Bogar	18.05.1982
Víctor Manuel Gómez	05.09.1978
Gustavo Guerreño	
Osvaldo Hobecker García	23.03.1984
Alejandro Nicolás Martínez Ramos	15.02.1989
Bladimiro Ojeda Dávalos	03.02.1994
Robert Ayrton Piris Da Mota	26.07.1994
Eric Fabián Ramos Jara	12.05.1987
Juan Rodolfo Romero	13.07.1987
Robert William Santacruz	23.01.1990
Willian Ramón Santander Alderete	29.12.1989
Aldo Aníbal Vera Grance	15.09.1987
Forwards:	
Julio Ramón Aguilar Franco	01.07.1986
David Alejandro Alcaraz	21.11.1981
Nery Antonio Cardozo Escobar	26.05.1989
Francisco Javier García Brítez	25.11.1988
Derlis Alberto González Galeano	23.03.1994
Carlos Ariel Neumann	03.01.1986
Robin Ariel Ramírez González	11.11.1989
Francisco Miguel Vera González	21.05.1994
Trainer:	
Francisco Javier Arce Rolón	02.04.1971

CLUB SOL DE AMÉRICA ASUNCIÓN

Foundation date: February 22, 1909
Address: Avenida 5ta c/ Antequera, Villa Elisa, Asunción
Stadium: Estadio „Luis Alfonso Giagni", Asunción – Capacity: 5,000

THE SQUAD

	DOB
Goalkeepers:	
Henry William Lapzick Vera	17.04.1978
Orlando Ramón Rojas	14.12.1983
Defenders:	
Jorge Daniel Aquino Guerrero	14.12.1987
Diego Raúl Arévalos	28.07.1980
Diego Arrua	25.07.1988
Luis Alberto Cabral Vázquez	23.09.1983
Adalberto Goiris	
Richard Osmar Matto	06.09.1986
Ángel Damián Mendoza Benegas	05.05.1986
Gustavo David Noguera	07.11.1987
Arnaldo Javier Pereira Vera	11.01.1986
Edgar Damián Segovia	25.02.1986
Félix Román Vargas	02.09.1988
César Rubén Zayas	23.06.1987
Midfielders:	
Luis Alberto Acosta	25.08.1985
Blas Cañete	
Diego De Jesús Chamorro	23.03.1988
Freddy Javier Coronel	22.07.1989
Gustavo Alberto Cristaldo	31.05.1989
Robert Gustavo Franco	22.09.1986
Arnaldo Antonio Gauna	29.04.1989
Emilio Antonio Garcete	08.11.1983
Alexander González	17.07.1986
Glaucineis Martins da Silva „Inca" (BRA)	19.09.1973
Josias Paulo Cardoso Júnior „Josias Cardoso" (BRA)	07.11.1981
Sabino Augusto Leiva	30.01.1986
Francisco Ramón López	30.05.1987
Ángel Mareco	
Leonardo Fabián Marecos Cabrera	03.09.1989
Marcos Gustavo Pereira	25.04.1985
Esteban Javier Ramírez Samaniego	17.05.1985
Daniel Eduardo Raschle	15.08.1990
José María Riquelme	16.07.1988
Edgar Arnulfo Robles	22.11.1977
Alvaro Alfredo Vargas	22.11.1990
Forwards:	
Alfredo Virginio Cano (ARG)	30.08.1982
Osvaldo Duarte	08.07.1984
Lorenzo Rodrigo Frutos	04.06.1989
Luis Moreno	
Cristhian Gilberto Ovelar	18.01.1986
Trainer:	
Daniel Sosa [31.08.2009-31.01.2010]	
Alicio Solalinde [01.02.2010-20.10.2010]	01.02.1952
Dalcio Giovagnoli (ARG) [from 21.10.2010]	05.06.1963

CLUB SPORT COLOMBIA FERNANDO DE LA MORA

Foundation date: November 1, 1924
Address: República Colombia y 3a, Fernando de la Mora
Stadium: Estadio „Alfonso Colmán", Fernando de la Mora – Capacity: 7,000

THE SQUAD

	DOB
Goalkeepers:	
Jorge Luis González	
Wilson Daniel Quiñónez	04.09.1988
Defenders:	
Edison Caballero	14.06.1986
Miguel Caballero	08.03.1987
César Abel Espínola	26.03.1988
Derlis David Galeano	22.11.1988
Junior Nardelli	11.01.1990
Bruno Silva	
Maulio Viera	
Midfielders:	
Ricardo Acosta	29.05.1988
José Luis Avalos	10.11.1987
Justo Balbuena	
Fulvio Duarte	
Juan Pablo Favano (ARG)	03.10.1986
Julio Andrés Larrea	01.07.1982
Cristian Martínez	
Diego Armando Martínez	31.01.1987
Julio César Merlo	31.12.1986
Forwards:	
Lorenzo Aquino	
Juan Manuel Caballero	06.05.1988
Amilcar Javier Franco	06.01.1987
Víctor González	
José Alfredo Leguizamón	24.04.1984
Alvaro Maidana	
Elio Alberto Mora	14.01.1977
Juan Andrés Morinigo	
José Feliciano Verdún Duarte (ARG)	
Trainer:	
Humberto Jesús Ovelar	24.12.1969

CLUB SPORTIVO LUQUEÑO

Foundation date: May 1, 1921
Address: Sportivo Luqueño y Gaspar R. de Francia, Luque
Stadium: Estadio „Feliciano Cáceres", Luque – Capacity: 25,000

THE SQUAD

	DOB
Goalkeepers:	
Arístides Ramón Florentín Ocampos	10.05.1982
Hideaki Ozawa (JPN)	17.03.1974
Mario Eduardo Villasanti Adorno	02.07.1982
Defenders:	
Federico Acuña Cabrera	23.03.1985
Jorge Ayala	04.07.1984
Yimmi Adan Cano	02.06.1986
Derlis Aníbal Cardozo	16.06.1981
Javier Antonio Cohene Mereles	03.05.1987
Bladimiro Duarte	04.11.1986
Gustavo David Noguera	07.11.1987
Carlos Alberto Ortíz Alonzo	19.01.1983
Marcos Gustavo Pereira	25.04.1985
Rober Antonio Servín	18.07.1984
Carlos Alberto Valencia Paredes (COL)	28.04.1989
Sergio Vergara	
Midfielders:	
Elvio Adrián Amarilla	20.03.1986
Milton Rodrigo Benítez Lidio	30.03.1986
Ángel Daniel Enciso Castillo	10.09.1987
Sergio Gustavo Escalante (ARG)	09.03.1986
Francisco Javier Esteche Sosa	12.11.1973
Carlos Augusto Junior Florenciañez Vera	09.05.1994
Jonathan Germano (ARG)	19.10.1989
Hugo Américo Luzardi Moríngo	17.08.1982
Cristian Martínez	19.05.1983
Luis Alejandro Núñez	03.05.1980
Héctor Daniel Olmedo	17.09.1981
Derlis Fabián Ortíz	12.12.1986
Carlos Humberto Paredes Monges	16.07.1976
Edgar Eugenio Rodríguez	21.12.1982
César Soto	10.01.1990
José Spaíni	
Forwards:	
Néstor Fabián Bareiro	11.12.1983
Alfredo Virginio Cano (ARG)	30.08.1982
Federico Cataruozzolo	08.09.1987
Claudio Correa	03.05.1991
Daniel Ferreira	25.09.1982
Tomas Alberto González	21.12.1977
Jaison David Ibarrola Silva	07.03.1985
Luis Armando Ovelar	08.06.1983
Gilberto Ramón Palacios Acosta	08.01.1980
Raúl Basilio Román Garay	25.10.1977
Jorge Alexandro Sanabria	22.04.1990
Trainer:	
Rolando Chilavert [Apertura]	
Roberto Aníbal Pasucci (ARG) [07.2010-27.09.2010]	
Carlos Jara Saguier [from 27.09.2010]	25.08.1956

CLUB SPORTIVO TRINIDENSE ASUNCIÓN

Foundation date: August 11, 1935
Address: John Witerhal c/ Molas López, Asunción
Stadium: Estadio „Martín Torres", Asunción – Capacity: 3,000

THE SQUAD

	DOB
Goalkeepers:	
Horacio Javier González	02.07.1973
Rodrigo Romero Aranda	08.11.1982
Nicolás Rubén Yegros Enciso	
Defenders:	
Sergio Daniel Bareiro	28.10.1985
Nelson David Benítez	08.09.1981
Óscar Benítez	23.08.1986
César Bonet	16.05.1982
José Leonardo Cáceres	28.04.1985
Cristian Roberto Cardozo (ARG)	06.01.1979
Osvaldo Joel Ortíz	16.04.1985
Angel Ramos	01.10.1983
Willian Riveros	
Carlos Rodríguez	08.03.1986
Midfielders:	
Miguel Álvarez	29.09.1984
Walter David Avalos	08.02.1986
Armando Damián Brítez	12.10.1984
Diosnel Burgos	08.09.1977
Kevin Ramón Díaz	03.08.1979
Robert Gustavo Franco	22.09.1986
Oscar García	
Juan Esteban Godoy	05.01.1982
Eduardo Alexis González	05.03.1984
Sinecio León Gavilán	20.05.1983
Jesús Ariel Martínez	25.07.1984
Juan Martínez	
Silvio Monzón	31.10.1983
Matias Javier Ortíz	08.11.1978
Jeyson Joel Vega	12.06.1983
Forwards:	
Edgar Añazco	
Gerardo Domingo Arevalos	03.08.1987
Antonio Bareiro	
Ruben Darío Benítez	22.07.1985
Carlos Machuca	
Osvaldo Martín Mendoza	23.03.1981
Diego Armando Miranda	20.01.1986
Alcides Ramón Rodas Pscherer	28.02.1981
Blas Salas	
José Sebastián Sasiain	24.03.1987
Yuki Tamura (JPN)	31.12.1985
Trainer:	
Raúl Vicente Amarilla [01.2010-28.02.1970]	19.07.1970
Roberto Aníbal Pasucci (ARG) [03.2010-07.2010]	
Félix Díaz [07.2010-24.08.2010]	
Miguel Zahzú (ARG) [from 24.08.2010]	

TACUARY FOOTBALL CLUB ASUNCIÓN

Foundation date: December 10, 1923
Address: Libertad y Pitiantuta, Barrio Jara, Asunción
Stadium: Estadio „Roberto Bettega", Asunción – Capacity: 7,000

THE SQUAD

	DOB
Goalkeepers:	
Roberto Carlos Acosta Coronel	12.07.1984
Victor Hugo Centurión Miranda	24.02.1986
Carlos María Servín Caballero	24.03.1987
Defenders:	
Marcos Antonio Acosta Vera	08.11.1984
Gregor Alcides Aguayo Resquín	06.02.1986
Nery Rubén Bareiro Zorrilla	03.03.1988
Pablo Espinoza	21.06.1988
Gustavo Giménez	
Ronald Huth Manzur	30.10.1989
Ricky Kitawaki (JPN)	22.11.1985
Ignacio Ramón Paniagua Benítez	20.09.1979
Franco Quiroga (ARG)	
Patrocinio Samudio Núñez	17.03.1977
Luciano Vera	13.12.1981
Midfielders:	
Marco Antonio Acosta Rojas	07.12.1991
Walter David Avalos	08.02.1976
Edgar Fernández	
César García	
Rafael González	
Carlos Damián Martínez Arce	28.05.1987
Alfredo Carlos Alberto Mazacotte	17.11.1987
Albert Melgarejo	1990
Cirilo Antonio Mora	15.11.1988
Juan Isidro Núñez	22.08.1989
Luis Alejandro Núñez	03.05.1980
Reinaldo David Ocampo	06.01.1987
Gustavo Alberto Sanabria	16.03.1983
Lorenzo Raúl Silva	10.08.1982
Forwards:	
Diego Ruben Alfonso	05.09.1985
Julio Miguel Benítez	
Juvenal Cardozo	26.09.1987
Ricardo Daniel Domínguez	07.09.1986
Elvis Alfredo Duré	10.04.1987
Daniel Ferreira	25.09.1982
Rogerio Luis Leichtweis	28.06.1988
Antonio Fabián Miño	20.02.1988
Brian Montenegro	10.06.1993
Jorge Miguel Ortega Salinas	16.04.1991
Julio César Ortellado Melgarejo	24.05.1978
Luis Fernando Páez González	19.12.1989
Pablo Javier Palacios	23.06.1988
Ronald Daniel Villalba Argüello	13.07.1983
Trainer:	
Oscar Raúl Paulín (ARG) [2009-11.09.2010]	
Carlos Alberto Kiese [from 11.09.2010]	01.06.1957

SECOND LEVEL
División Intermedia 2010
„Vicentino Amarilla"

1.	General Caballero Sport Club Zeballos Cué (*Promoted*)	26	14	8	4	38	-	22	50
2.	Independiente FBC Asunción (*Promoted*)	26	12	10	4	33	-	26	46
3.	Club Sportivo San Lorenzo	26	11	9	6	31	-	24	42
4.	Club Fernando de la Mora Asunción	26	9	10	7	34	-	25	37
5.	Club Atlético Colegiales Asunción	26	10	7	9	29	-	31	37
6.	Club Deportivo Caaguazú	26	9	8	9	32	-	36	35
7.	Club Cerro Porteño Presidente Franco	26	8	8	10	31	-	31	32
8.	Club General Díaz Luque	26	7	10	9	36	-	36	31
9.	12 de Octubre Football Club Itauguá	26	9	4	13	34	-	39	31
10.	Club Deportivo Santaní	26	7	9	10	25	-	28	30
11.	Club Sportivo Iteño	26	6	11	9	21	-	25	29
12.	Club Deportivo Capiatá	26	6	11	9	27	-	36	29
13.	Club 2 de Mayo Pedro Juan Caballero (*Relegated*)	26	6	10	10	27	-	35	28
14.	Club Cerro Corá Asunción (*Relegated*)	26	6	9	11	27	-	31	27

THIRD LEVEL
Primera División B 2010

1.	Club River Plate Asunción (*Promoted*)	18	11	4	3	41	-	17	37
2.	General Martin Ledesma Capiatá	18	9	5	4	26	-	18	32
3.	Club 29 de Setiembre Luque	18	8	5	5	37	-	28	29
4.	Club Cristóbal Colón Ñemby	18	8	5	5	24	-	21	29
5.	Club Silvio Pettirossi Asunción	18	6	9	3	23	-	16	27
6.	Club Resistencia FC Barrio Ricardo Brugada	18	7	3	8	21	-	22	24
7.	Club Presidente Hayes Asunción	18	4	7	7	25	-	32	19
8.	Club 1° de Marzo Barrio Santa Maria	18	4	5	9	17	-	29	17
9.	Club 3 de Noviembre Asunción	18	4	5	9	25	-	42	17
10.	Club Pilcomayo Mariano Roqué Alonso (*Relegated*)	18	3	4	11	14	-	28	13

**NATIONAL TEAM
INTERNATIONAL MATCHES
(01.06.2010 – 31.05.2011)**

02.06.2010	St. Gallen	Paraguay - Greece	2-0(2-0)	(F)
14.06.2010	Cape Town	Italy - Paraguay	1-1(0-1)	(WCF)
20.06.2010	Bloemfontein	Slovakia - Paraguay	0-2(0-1)	(WCF)
24.06.2010	Polokwane	Paraguay – New Zealand	0-0	(WCF)
29.06.2010	Pretoria	Paraguay - Japan	0-0; 5-3p	(WCF)
03.07.2010	Johannesburg	Paraguay - Spain	0-1(0-0)	(WCF)
11.08.2010	Asunción	Paraguay – Costa Rica	2-0(1-0)	(F)
04.09.2010	Kanagawa	Japan - Paraguay	1-0(0-0)	(F)
07.09.2010	Nanjing	China P.R. - Paraguay	1-1(1-1)	(F)
09.10.2010	Sydney	Australia - Paraguay	1-0(0-0)	(F)
12.10.2010	Wellington	New Zealand - Paraguay	0-2(0-2)	(F)
17.11.2010	Hong Kong	Hong Kong - Paraguay	0-7(0-3)	(F)
26.03.2011	Oakland	Mexico - Paraguay	3-1(3-0)	(F)
29.03.2011	Nashville	United States - Paraguay	0-1(0-1)	(F)
25.05.2011	Resistencia	Argentina - Paraguay	4-2(3-1)	(F)

02.06.2010, Friendly International
AFG-Arena, St. Gallen (Switzerland); Attendance: 5,200
Referee: Cyril Zimmermann (Switzerland)
PARAGUAY - GREECE   **2-0(2-0)**
PAR: Justo Wilmar Villar Viveros, Carlos Bonet Cáceres (60.Antolín Alcaraz Viveros), Darío Anastacio Verón Maldonado (74.Jonathan Santana Ghere), Paulo César da Silva Barrios, Claudio Marcelo Morel Rodríguez (66.Denis Ramón Caniza Acuña), Enrique Daniel Vera Torres (60.Édgar Osvaldo Barreto Cáceres), Cristian Miguel Riveros Núñez (80.Néstor Ezequiel Ortigoza), Víctor Javier Cáceres Centurión, Aureliano Torres Román, Lucas Ramón Barrios Cáceres (64.Édgar Milciades Benítez Santander), Roque Luis Santa Cruz Cantero. Trainer: Gerardo Daniel Martino (Argentina).
Goals: Enrique Daniel Vera Torres (9), Lucas Ramón Barrios Cáceres (25).

14.06.2010, 19th World Cup, Final Tournament, 1st Round
Cape Town Stadium, Cape Town (South Africa); Attendance: 62,869
Referee: Benito Armando Archundia Téllez (Mexico)
ITALY - PARAGUAY   **1-1(0-1)**
PAR: Justo Wilmar Villar Viveros (Cap), Carlos Bonet Cáceres, Antolín Alcaraz Viveros, Paulo César da Silva Barrios, Claudio Marcelo Morel Rodríguez, Víctor Javier Cáceres Centurión, Enrique Daniel Vera Torres, Cristian Miguel Riveros Núñez, Aureliano Torres Román (60.Jonathan Santana Ghere), Nelson Antonio Haedo Valdéz (68.Roque Luis Santa Cruz Cantero), Lucas Ramón Barrios Cáceres (76.Óscar René Cardozo Marín). Trainer: Gerardo Daniel Martino (Argentina).
Goal: Antolín Alcaraz Viveros (39).

20.06.2010, 19th World Cup, Final Tournament, 1st Round
Free State Stadium, Bloemfontein (South Africa); Attendance: 26,643
Referee: Eddy Allen Maillet Guyto (Seychelles)
SLOVAKIA - PARAGUAY   **0-2(0-1)**
PAR: Justo Wilmar Villar Viveros (Cap), Carlos Bonet Cáceres, Paulo César da Silva Barrios, Antolín Alcaraz Viveros, Claudio Marcelo Morel Rodríguez, Víctor Javier Cáceres Centurión, Enrique Daniel Vera Torres (88.Édgar Osvaldo Barreto Cáceres), Cristian Miguel Riveros Núñez, Nelson Antonio Haedo Valdéz (68.Aureliano Torres Román), Roque Luis Santa Cruz Cantero, Lucas Ramón Barrios Cáceres (82.Óscar René Cardozo Marín). Trainer: Gerardo Daniel Martino (Argentina).

Goals: Enrique Daniel Vera Torres (27), Cristian Miguel Riveros Núñez (86).

24.06.2010, 19th World Cup, Final Tournament, 1st Round
„Peter Mokaba" Stadium, Polokwane (South Africa); Attendance: 34,450
Referee: Yuichi Nishimura (Japan)
PARAGUAY – NEW ZEALAND   **0-0**
PAR: Justo Wilmar Villar Viveros, Denis Ramón Caniza Acuña (Cap), Julio César Cáceres López, Paulo César da Silva Barrios, Claudio Marcelo Morel Rodríguez, Víctor Javier Cáceres Centurión, Cristian Miguel Riveros Núñez, Enrique Daniel Vera Torres, Roque Luis Santa Cruz Cantero, Nelson Antonio Haedo Valdéz (67.Édgar Milciades Benítez Santander), Óscar René Cardozo Marín (66.Lucas Ramón Barrios Cáceres). Trainer: Gerardo Daniel Martino (Argentina).

29.06.2010, 19th World Cup, Final Tournament, 2nd Round
Loftus Versfeld Stadium, Pretoria (South Africa); Attendance: 36,742
Referee: Frank De Bleeckere (Belgium)
PARAGUAY - JAPAN   **0-0; 5-3 on penalties**
PAR: Justo Wilmar Villar Viveros (Cap), Carlos Bonet Cáceres, Paulo César da Silva Barrios, Antolín Alcaraz Viveros, Claudio Marcelo Morel Rodríguez, Néstor Ezequiel Ortigoza (75.Édgar Osvaldo Barreto Cáceres), Enrique Daniel Vera Torres, Cristian Miguel Riveros Núñez, Roque Luis Santa Cruz Cantero (94.Óscar René Cardozo Marín), Édgar Milciades Benítez Santander (60.Nelson Antonio Haedo Valdéz), Lucas Ramón Barrios Cáceres. Trainer: Gerardo Daniel Martino (Argentina).
Penalties: Édgar Osvaldo Barreto Cáceres, Lucas Ramón Barrios Cáceres, Cristian Miguel Riveros Núñez, Nelson Antonio Haedo Valdéz, Óscar René Cardozo Marín.

03.07.2010, 19th World Cup, Final Tournament, Quarter-Finals
Ellis Park Stadium, Johannesburg (South Africa); Attendance: 55,359
Referee: Carlos Alberto Batres González (Guatemala)
PARAGUAY - SPAIN   **0-1(0-0)**
PAR: Justo Wilmar Villar Viveros (Cap), Darío Anastacio Verón Maldonado, Paulo César da Silva Barrios, Antolín Alcaraz Viveros, Claudio Marcelo Morel Rodríguez, Víctor Javier Cáceres Centurión (84.Lucas Ramón Barrios Cáceres), Jonathan Santana Ghere, Édgar Osvaldo Barreto Cáceres (64.Enrique Daniel Vera Torres), Cristian Miguel Riveros Núñez, Nelson Antonio Haedo Valdéz (72.Roque Luis Santa Cruz Cantero), Óscar René Cardozo Marín. Trainer: Gerardo Daniel Martino (Argentina).

11.08.2010, Friendly International
Estadio Defensores del Chaco, Asunción; Attendance: 18,000
Referee: Federico José Beligoy (Argentina)
PARAGUAY – COSTA RICA   **2-0(1-0)**
PAR: Justo Wilmar Villar Viveros, Antolín Alcaraz Viveros (46.Julio César Cáceres López), Paulo César da Silva Barrios, Carlos Bonet Cáceres (60.Cristian Miguel Riveros Núñez), Denis Ramón Caniza Acuña, Néstor Ezequiel Ortigoza, Aureliano Torres Román, Enrique Daniel Vera Torres, Óscar René Cardozo Marín (46.Osvaldo David Martínez Arce), Roque Luis Santa Cruz Cantero (46.Édgar Milciades Benítez Santander), Nelson Antonio Haedo Valdéz (46.Lucas Ramón Barrios Cáceres). Trainer: Gerardo Daniel Martino (Argentina).
Goals: Enrique Daniel Vera Torres (8), Cristian Miguel Riveros Núñez (73).

04.09.2010, Friendly International
Nissan Stadium, Kanagawa; Attendance: 65,157
Referee: Marco Antonio Rodríguez Moreno (Mexico)
JAPAN - PARAGUAY   **1-0(0-0)**
PAR: Justo Wilmar Villar Viveros, Antolín Alcaraz Viveros, Marcos Antonio Cáceres Centurión (60.Adalberto Román Benítez), Paulo César da Silva Barrios, Néstor Ezequiel Ortigoza, Aureliano Torres Román, Néstor Abraham Camacho Ledesma (60.Sergio Daniel Aquino), Jonathan Santana Ghere (72.Hernán Arsenio Pérez González), Enrique Daniel Vera Torres (81.José María Ortigoza Ortíz), Lucas Ramón Barrios Cáceres (86.Marcelo Alejandro Estigarribia Balmori), Roque Luis Santa Cruz Cantero (81.Celso Fabián Ortíz Gamarra). Trainer: Gerardo Daniel Martino (Argentina).

07.09.2010, Friendly International
Nanjing Olympic Sports Center, Nanjing; Attendance: 30,000
Referee: Di Wang (China P.R.)
CHINA P.R. - PARAGUAY   **1-1(1-1)**
PAR: Justo Wilmar Villar Viveros, Paulo César da Silva Barrios, Adalberto Román Benítez, Denis Ramón Caniza Acuña (46.Antolín Alcaraz Viveros), Aureliano Torres Román, Sergio Daniel Aquino (46.Enrique Daniel Vera Torres), Néstor Abraham Camacho Ledesma (63.Marcelo Alejandro Estigarribia Balmori), Osmar de la Cruz Molinas González, Jonathan Santana Ghere (46.Celso Fabián Ortíz Gamarra), Lucas Ramón Barrios Cáceres (80.José María Ortigoza Ortíz), Roque Luis Santa Cruz Cantero (84.Hernán Arsenio Pérez González). Trainer: Gerardo Daniel Martino (Argentina).
Goal: Lucas Ramón Barrios Cáceres (8).

09.10.2010, Friendly International
Sydney Football Stadium, Sydney; Attendance: 25,000
Referee: Yuichi Nishimura (Japan)
AUSTRALIA - PARAGUAY   **1-0(0-0)**
PAR: Diego Daniel Barreto Cáceres, Paulo César da Silva Barrios, Claudio Marcelo Morel Rodríguez (80.César Iván Benítez León), Darío Anastacio Verón Maldonado, Carlos Bonet Cáceres, Víctor Javier Cáceres Centurión, Néstor Abraham Camacho Ledesma (54.Osvaldo David Martínez Arce), Derlis Ricardo Orué Acevedo (51.Marcos Antonio Riveros Krayacich), Hernán Arsenio Pérez González (64.Édgar Milciades Benítez Santander), Cristian Miguel Riveros Núñez (77.Enrique Daniel Vera Torres), Nelson Antonio Haedo Valdéz (75.Federico Javier Santander Mereles). Trainer: Gerardo Daniel Martino (Argentina).

12.10.2010, Friendly International
Westpac Stadium, Wellington; Attendance: 16,477
Referee: Jamie Cross (New Zealand)
NEW ZEALAND - PARAGUAY   **0-2(0-2)**
PAR: Justo Wilmar Villar Viveros, Paulo César da Silva Barrios, Claudio Marcelo Morel Rodríguez, Darío Anastacio Verón Maldonado, Carlos Bonet Cáceres (58.César Iván Benítez León), Osmar de la Cruz Molinas González (82.Víctor Javier Cáceres Centurión), Cristian Miguel Riveros Núñez, Enrique Daniel Vera Torres (83.Marcos Antonio Riveros Krayacich), Osvaldo David Martínez Arce (78.Hernán Arsenio Pérez González), Édgar Milciades Benítez Santander (57.Néstor Abraham Camacho Ledesma), Nelson Antonio Haedo Valdéz (59.Federico Javier Santander Mereles). Trainer: Gerardo Daniel Martino (Argentina).
Goals: Nelson Antonio Haedo Valdéz (22), Osvaldo David Martínez Arce (27).

17.11.2010, Friendly International
Siu Sai Wan Sports Ground, Hong Kong; Attendance: 6,250
Referee: Subkhiddin Mohd Salleh (Malaysia)
HONG KONG - PARAGUAY   **0-7(0-3)**
PAR: Justo Wilmar Villar Viveros, Antolín Alcaraz Viveros (69.Federico Javier Santander Mereles), Paulo César da Silva Barrios, Aureliano Torres Román, Édgar Osvaldo Barreto Cáceres (58.Tomás Javier Bartoméus), Néstor Abraham Camacho Ledesma (46.José María Ortigoza Ortíz), Osmar de la Cruz Molinas González (60.Celso Fabián Ortíz Gamarra), Hernán Arsenio Pérez González (69.Luis Alberto Cabral Vázquez), Cristian Miguel Riveros Núñez, Enrique Daniel Vera Torres (58.Marcos Antonio Riveros Krayacich), Roque Luis Santa Cruz Cantero. Trainer: Gerardo Daniel Martino (Argentina).
Goals: Roque Luis Santa Cruz Cantero (4), Édgar Osvaldo Barreto Cáceres (31), Roque Luis Santa Cruz Cantero (33), José María Ortigoza Ortíz (47, 54), Marcos Antonio Riveros Krayacich (75), Cristian Miguel Riveros Núñez (90).

26.03.2011, Friendly International
Oakland-Alameda County Coliseum, Oakland (United States); Attendance: 48,110
Referee: Paul Ward (Canada)
MEXICO - PARAGUAY   **3-1(3-0)**
PAR: Justo Wilmar Villar Viveros, Antolín Alcaraz Viveros, Paulo César da Silva Barrios, Darío Anastacio Verón Maldonado (71.Marcos Antonio Cáceres Centurión), Néstor Ezequiel Ortigoza (60.Hernán Arsenio Pérez González), Aureliano Torres Román, Cristian Miguel Riveros Núñez, Enrique Daniel Vera Torres (77.Marcos Antonio Riveros Krayacich), Osvaldo David Martínez Arce (60.Marcelo Alejandro Estigarribia Balmori), Édgar Milciades Benítez Santander (60.Óscar René Cardozo Marín), Lucas Ramón Barrios Cáceres. Trainer: Gerardo Daniel Martino (Argentina).
Goal: Marcos Antonio Riveros Krayacich (86).

29.03.2011, Friendly International
LP Field, Nashville; Attendance: 29,059
Referee: José Benigno Pineda Fernández (Honduras)
UNITED STATES - PARAGUAY   **0-1(0-1)**
PAR: Justo Wilmar Villar Viveros, Marcos Antonio Cáceres Centurión, Paulo César da Silva Barrios, Miguel Ángel Ramón Samudio, Víctor Hugo Mareco, Osmar de la Cruz Molinas González (63.Marcos Antonio Riveros Krayacich), Hernán Arsenio Pérez González (68.Osvaldo David Martínez Arce), Cristian Miguel Riveros Núñez, Enrique Daniel Vera Torres (78.Darío Anastacio Verón Maldonado), Marcelo Alejandro Estigarribia Balmori (90 +1.Aureliano Torres Román), Óscar René Cardozo Marín (79.Lucas Ramón Barrios Cáceres). Trainer: Gerardo Daniel Martino (Argentina).
Goal: Óscar René Cardozo Marín (18).

25.05.2011, Friendly International
Estadio Centenario del Club Atlético Sarmiento, Resistencia; Attendance: n/a
Referee: Roberto Carlos Silvera (Uruguay)
ARGENTINA - PARAGUAY   **4-2(3-1)**
PAR: Joel Alberto Silva Estigarribia, Óscar Darío Ayala Ojeda (71.Ronald Huth Manzur), Ismael Benegas, Elvis Israel Marecos, Richar Adrián Salinas Benítez (59.Tomás Javier Bartoméus), Milton Rodrigo Benítez Lidio (46.Silvio Gabriel Torales), Osmar de la Cruz Molinas González, Marcos Antonio Riveros Krayacich (46.Gustavo Alberto Cristaldo), Julián Alfonso Benítez (71.Robin Ariel Ramírez González), Orlando Gabriel Gaona Lugo, Pablo Daniel Zeballos Ocampos (77.Ramón Idalecio Cardozo). Trainer: Gerardo Daniel Martino (Argentina).
Goals:

NATIONAL TEAM PLAYERS 2010/2011

Name	DOB	Club	Cp	Gls
Goalkeepers				
Diego Daniel BARRETO Cáceres	16.07.1981	Club Cerro Porteño Asunción	4	0
Joel Alberto SILVA Estigarribia	13.01.1989	Club Guaraní Asunción	1	0
Justo Wilmar VILLAR Viveros	30.06.1977	Real Valladolid CF (ESP)	85	0
Defenders				
Antolín ALCARAZ Viveros	30.07.1982	Club Brügge KV (BEL); 07.2010-> Wigan Athletic FC (ENG)	15	1
Óscar Darío AYALA Ojeda	03.04.1985	Club Rubio Ñu Asunción	1	0
Tomás Javier BARTOMÉUS	27.10.1982	Club Guaraní Asunción	2	0
Ismael BENEGAS	01.08.1987	Club Rubio Ñu Asunción	1	0
César Iván BENÍTEZ León	22.05.1990	Club Cerro Porteño Asunción	4	0
Carlos BONET Cáceres	02.10.1977	Club Olimpia Asunción; 07.2010-> Club Libertad Asunción	70	1
Luis Alberto CABRAL Vázquez	23.09.1983	Club Sol de América Asunción	2	1
Julio César CÁCERES López	05.10.1979	Clube Atlético Mineiro Belo Horizonte (BRA)	64	2
Marcos Antonio CÁCERES Centurión	05.05.1986	Racing Club de Avellaneda (ARG)	9	0
Denis Ramón CANIZA Acuña	29.08.1974	Club León (MEX)	101	1
Paulo César DA SILVA Barrios	01.02.1980	Sunderland AFC (ENG); 01.2011-> Real Zaragoza (ESP)	84	2
Ronald HUTH Manzur	30.10.1989	Tacuary FBC Asunción	1	0
Víctor Hugo MARECO	26.02.1984	Brescia Calcio (ITA)	1	0
Elvis Israel MARECOS	15.02.1980	Club Guaraní Asunción	2	1
Claudio Marcelo MOREL Rodríguez	02.02.1978	RC Deportivo La Coruña (ESP)	35	0
Adalberto ROMÁN Benítez	11.04.1987	CA River Plate Buenos Aires (ARG)	3	0
Richard Adrián SALINAS Benítez	06.02.1988	Independiente FBC Asunción	1	0
Darío Anastacio VERÓN Maldonado	26.06.1979	Club UNAM Ciudad de México (MEX)	34	0
Midfielders				
Sergio Daniel AQUINO	21.09.1979	Club Libertad Asunción	11	0
Édgar Osvaldo BARRETO Cáceres	15.07.1984	Atalanta Bergamasca Calcio (ITA)	52	2
Milton Rodrigo BENÍTEZ Lidio	30.03.1986	Club Sportivo Luqueño	1	0
Víctor Javier CÁCERES Centurión	25.03.1985	Club Libertad Asunción	33	0
Néstor Abraham CAMACHO Ledesma	15.10.1987	Club Rubio Ñu Asunción	5	0
Gustavo Alberto CRISTALDO	31.05.1989	Club Rubio Ñu Asunción	1	0
Marcelo Alejandro ESTIGARRIBIA Balmori	21.09.1987	CA Newell's Old Boys Rosario (ARG)	13	1
Osvaldo David MARTÍNEZ Arce	08.04.1986	CF Monterrey (MEX)	19	1
Osmar de la Cruz MOLINAS González	03.05.1985	Club Olimpia Asunción	6	0
Néstor Ezequiel ORTIGOZA	07.10.1984	AA Argentinos Juniors Buenos Aires (ARG); 01.2011-> CA San Lorenzo de Almagro	10	0
Celso Fabián ORTÍZ Gamarra	26.01.1989	AZ'67 Alkmaar (NED)	3	0
Derlis Ricardo ORUÉ Acevedo	02.01.1989	Club Olimpia Asunción	1	0
Hernán Arsenio PÉREZ González	25.02.1989	CF Villarreal „B" (ESP)	8	0
Cristian Miguel RIVEROS Núñez	16.10.1982	Sunderland AFC (ENG)	60	11

Marcos Antonio RIVEROS Krayacich	04.09.1988	Club Nacional Asunción	8	2
Miguel Ángel Ramón SAMUDIO	24.08.1986	Club Libertad Asunción	2	0
Jonathan SANTANA Ghere	19.10.1981	VfL Wolfsburg (GER); 08.2010-> Kayserispor (TUR)	28	0
Silvio Gabriel TORALES	23.09.1991	Club Nacional Asunción	1	0
Aureliano TORRES Román	16.06.1982	CA San Lorenzo de Almagro (ARG)	37	2
Enrique Daniel VERA Torres	10.03.1979	LDU de Quito (ECU); 07.2010 -> CSD Atlas de Guadalajara (MEX); 01.2011-> LDU de Quito (ECU)	42	4
	Forwards			
Lucas Ramón BARRIOS Cáceres	13.11.1984	BVB Borussia Dortmund (GER)	13	4
Édgar Milciades BENÍTEZ Santander	08.11.1987	Club de Fútbol Pachuca (MEX)	19	1
Julián Alfonso BENÍTEZ	06.06.1987	Club Guaraní Asunción	1	0
Óscar René CARDOZO Marín	20.05.1983	Sport Lisboa e Benfica (POR)	37	5
Ramón Idalecio CARDOZO	21.04.1986	Tacuary FBC Asunción	1	0
Orlando Gabriel GAONA Lugo	25.07.1990	CA Boca Juniors Buenos Aires (ARG)	1	0
José María ORTIGOZA Ortíz	01.04.1987	Ulsan Hyundai FC (KOR)	3	2
Robin Ariel RAMÍREZ González	11.11.1989	Club Rubio Ñu Asunción	1	0
Roque Luis SANTA CRUZ Cantero	16.08.1981	Manchester City FC (ENG)	79	23
Federico Javier SANTANDER Mereles	04.06.1991	Toulouse FC (FRA)	3	0
Nelson Antonio Haedo VALDÉZ	28.11.1983	Hércules CF Alicante (ESP)	46	10
Pablo Daniel ZEBALLOS Ocampos	04.03.1986	Club Olimpia Asunción	3	1
	Trainer			
Gerardo Daniel MARTINO	20.11.1962	(Argentina)		

(Caps and goals at 31.05.2011)

PERU

The Country:	The FA:
República del Perú (Republic of Peru)	Federación Peruana de Fútbol
Capital: Lima	Avenida Aviación 2085 San Luis, Lima 30
Surface: 1,285,216 km²	Year of Formation: 1922
Inhabitants: 29,200,000	Member of FIFA since: 1924
Time: UTC-5	Member of CONMEBOL since: 1925

NATIONAL TEAM RECORDS

COPA AMÉRICA		WORLD CUP	
1916	Did not enter	1930	Final Tournament (1st Round)
1917	Did not enter	1934	Withdrew
1919	Did not enter	1938	Qualifiers
1920	Did not enter	1950	Withdrew
1921	Did not enter	1954	Withdrew
1922	Did not enter	1958	Qualifiers
1923	Did not enter	1962	Qualifiers
1924	Did not enter	1966	Qualifiers
1925	Did not enter	1970	Final Tournament (Quarter-Finals)
1926	Did not enter	1974	Qualifiers
1927	3rd Place	1978	Final Tournament (2nd Round)
1929	4th Place	1982	Final Tournament (1st Round)
1935	3rd Place	1986	Qualifiers
1937	6th Place	1990	Qualifiers
1939	**Winners**	1994	Qualifiers
1941	4th Place	1998	Qualifiers
1942	5th Place	2002	Qualifiers
1945	Withdrew	2006	Qualifiers
1946	Withdrew	2010	Qualifiers
1947	5th Place	**PANAMERICAN GAMES**	
1949	3rd Place	1951	Did not enter
1953	5th Place	1955	Did not enter
1955	3rd Place	1959	Did not enter
1956	6th Place	1963	Did not enter
1957	4th Place	1967	Did not enter
1959	4th Place	1971	Did not enter
1959E	Did not enter	1975	Did not enter
1963	5th Place	1979	Did not enter
1967	Withdrew	1983	Did not enter
1975	**Winners**	1987	Did not enter
1979	Semi-Finals	1991	Did not enter
1983	Semi-Finals	1995	Did not enter
1987	Round 1	1999	Did not enter
1989	Round 1	2003	Did not enter
1991	Round 1	2007	Did not enter
1993	Quarter-Finals	**PANAMERICAN CHAMPIONSHIP**	
1995	Round 1	1952	4th Place
1997	4th Place	1956	4th Place
1999	Quarter-Finals	1960	Did not enter
2001	Quarter-Finals		
2004	Quarter-Finals		
2007	Quarter-Finals		
2011	*To be played*		

OLYMPIC GAMES 1896-2008	
1936, 1960	
PLAYER WITH MOST INTERNATIONAL CAPS	
Roberto Carlos Palacios Mestas – 127 caps (1992-2009)	
PLAYER WITH MOST INTERNATIONAL GOALS	
Teófilo Juan Cubillas Arizaga – 26 goals / 81 caps (1968-1982)	

PERUVIAN CLUB HONOURS IN SOUTH AMERICAN CLUB COMPETITIONS:

COPA LIBERTADORES 1960-2010
None
COPA SUDAMERICANA 2002-2010
Club Cienciano Cuzco (2003)
COPA CONMEBOL 1992-1999
None
SUPERCUP „JOÃO HAVELANGE" 1988-1997*
None
COPA MERCONORTE 1998-2001**
None

*Contested betwenn winners of all previous editions of the Copa Libertadores
**Contested between teams belonging countries from the northern part of South America (Bolivia, Colombia, Ecuador, Peru and Venezuela);

NATIONAL COMPETITIONS
TABLE OF HONOURS

NATIONAL CHAMPIONS 1906-2010	
Liga Peruana	
1912	Lima Cricket and Football Club
1913	Jorge Chávez Nr. 1 Lima
1914	Lima Cricket and Football Club
1915	Sport José Galvez Lima
1916	Sport José Galvez Lima
1917	Sport Juan Bielovucic Lima
1918	Sport Alianza Lima[1]
1919	Sport Alianza Lima
1920	Sport Inca Lima
1921	Sport Progreso Lima
1922	*No competition*
1923	*No competition*
1924	*No competition*
1925	*No competition*
Amateur Era Championship	
1926	Sport Progreso Lima
1927	Club Alianza Lima
1928	Club Alianza Lima
1929	Federación Universitaria Lima[2]
1930	Club Atlético Chalaco Callao
1931	Club Alianza Lima
1932	Club Alianza Lima

1933	Club Alianza Lima
1934	Club Universitario de Deportes Lima
1935	Sport Boys Association Callao
1936	*No competition*
1937	Sport Boys Association Callao
1938	Club Centro Deportivo Municipal Lima
1939	Club Universitario de Deportes Lima
1940	Club Centro Deportivo Municipal Lima
1941	Club Universitario de Deportes Lima
1942	Sport Boys Association Callao
1943	Club Centro Deportivo Municipal Lima
1944	Mariscal Sucre FC Lima
1945	Club Universitario de Deportes Lima
1946	Club Universitario de Deportes Lima
1947	Club Atlético Chalaco Callao
1948	Club Alianza Lima
1949	Club Universitario de Deportes Lima
1950	Club Centro Deportivo Municipal Lima
Lima & Callao League	
1951	Sport Boys Association Callao
1952	Club Alianza Lima
1953	Mariscal Sucre FC Lima
1954	Club Alianza Lima
1955	Club Alianza Lima
1956	Club Sporting Cristal Lima
1957	Club Centro Iqueño Lima
1958	Sport Boys Association Callao
1959	Club Universitario de Deportes Lima
1960	Club Universitario de Deportes Lima
1961	Club Sporting Cristal Lima
1962	Club Alianza Lima
1963	Club Alianza Lima
1964	Club Universitario de Deportes Lima
1965	Club Alianza Lima
Professional (Descentralizado) Era Championship	
1966	Club Universitario de Deportes Lima
1967	Club Universitario de Deportes Lima
1968	Club Sporting Cristal Lima
1969	Club Universitario de Deportes Lima
1970	Club Sporting Cristal Lima
1971	Club Universitario de Deportes Lima
1972	Club Sporting Cristal Lima
1973	Club Atlético Defensor Lima
1974	Club Universitario de Deportes Lima
1975	Club Alianza Lima
1976	Club Sport Unión Huaral
1977	Club Alianza Lima
1978	Club Alianza Lima
1979	Club Sporting Cristal Lima
1980	Club Sporting Cristal Lima
1981	Foot Ball Club Melgar Arequipa
1982	Club Universitario de Deportes Lima

1983	Club Sporting Cristal Lima
1984	Sport Boys Association Callao
1985	Club Universitario de Deportes Lima
1986	Club Deportivo Colegio San Agustín Lima
1987	Club Universitario de Deportes Lima
1988	Club Sporting Cristal Lima
1989	Club Sport Unión Huaral
1990	Club Universitario de Deportes Lima
1991	Club Sporting Cristal Lima
1992	Club Universitario de Deportes Lima
1993	Club Universitario de Deportes Lima
1994	Club Sporting Cristal Lima
1995	Club Sporting Cristal Lima
1996	Club Sporting Cristal Lima
1997	Club Alianza Lima
1998	Club Universitario de Deportes Lima
1999	Club Universitario de Deportes Lima
2000	Club Universitario de Deportes Lima
2001	Club Alianza Lima
2002	Club Sporting Cristal Lima
2003	Club Alianza Lima
2004	Club Alianza Lima
2005	Club Sporting Cristal Lima
2006	Club Alianza Lima
2007	Club Deportivo Universidad San Martín de Porres
2008	Club Deportivo Universidad San Martín de Porres
2009	Club Universitario de Deportes Lima
2010	Club Deportivo Universidad San Martín de Porres

[1]became 1927 Club Alianza Lima
[2]became 1931 Club Universitario de Deportes Lima

	BEST GOALSCORERS	
1928	Carlos Alejandro Villanueva Martinez (Club Alianza Lima)	3
1929	Carlos Cilloniz (Federación Universitaria Lima)	8
1930	Manuel Puente (Club Atlético Chalaco Callao)	3
1931	Carlos Alejandro Villanueva Martinez (Club Alianza Lima)	16
1932	Teodoro Fernández Meyzán (Club Universitario de Deportes Lima)	11
1933	Teodoro Fernández Meyzán (Club Universitario de Deportes Lima)	9
1934	Teodoro Fernández Meyzán (Club Universitario de Deportes Lima)	9
1935	Jorge Alcalde (Sport Boys Association Callao)	5
1936	*No competition*	
1937	Juan Flores (Sport Boys Association Callao)	10
1938	Jorge Alcalde (Sport Boys Association Callao)	8
1939	Teodoro Fernández Meyzán (Club Universitario de Deportes Lima)	15
1940	Teodoro Fernández Meyzán (Club Universitario de Deportes Lima)	15
1941	Jorge Cabrejos (Club Centro Deportivo Municipal Lima)	13
1942	Teodoro Fernández Meyzán (Club Universitario de Deportes Lima)	11
1943	German Cerro (Club Universitario de Deportes Lima)	9
1944	Victor Espinoza (Club Universitario de Deportes Lima)	16
1945	Teodoro Fernández Meyzán (Club Universitario de Deportes Lima)	16
1946	Valeriano López (Sport Boys Association Callao)	22

1947	Valeriano López (Sport Boys Association Callao)	20
1948	Valeriano López (Sport Boys Association Callao)	20
1949	Emilio Salinas (Club Alianza Lima)	18
1950	Alberto Terry Arias-Schreiber (Club Universitario de Deportes Lima)	16
1951	Valeriano López (Sport Boys Association Callao)	31
1952	Emilio Salinas (Club Alianza Lima)	22
1953	Gualberto Blanco (Club Atlético Chalaco Callao)	17
1954	Vicente Villanueva (Club Sporting Tabaco Lima)	
1955	Maximo Mosquera (Club Alianza Lima)	11
1956	Daniel Ruiz (Club Universitario de Deportes Lima)	16
1957	Daniel Ruiz (Club Universitario de Deportes Lima)	20
1958	Juan Joya (Club Alianza Lima)	17
1959	Daniel Ruiz (Club Universitario de Deportes Lima)	28
1960	Fernando Olaechea (Club Centro Iqueño Lima)	18
1961	Alberto Gallardo (Club Sporting Cristal Lima)	18
1962	Alberto Gallardo (Club Sporting Cristal Lima)	22
1963	Pedro Pablo León García (Club Alianza Lima)	13
1964	Ángel Uribe Sánchez (Club Universitario de Deportes Lima)	15
1965	Carlos Urranaga (Club Atlético Defensor Lima)	16
1966	Teófilo Juan Cubillas Arizaga (Club Alianza Lima)	19
1967	Pedro Pablo León García (Club Alianza Lima)	14
1968	Oswaldo Felipe Ramírez Salcedo (Sport Boys Association Callao)	26
1969	Jaime Moreno (Club Centro Deportivo Municipal Lima)	15
1970	Teófilo Juan Cubillas Arizaga (Club Alianza Lima)	22
1971	Manuel Mellan (Club Centro Deportivo Municipal Lima)	25
1972	Francisco González (Club Atlético Defensor Lima)	20
1973	Francisco González (Club Atlético Defensor Lima)	25
1974	Pablo Muchotrigo (Club Cienciano Cuzco)	32
1975	José Leyva (Club Alfonso Ugarte Puno)	28
1976	Alejandro Luces (Club Sport Unión Huaral)	17
1977	Freddy Ravello (Club Alianza Lima)	21
1978	Juan José Oré Herrera (Club Universitario de Deportes Lima)	19
1979	José Leyva (Club Alfonso Ugarte Puno)	28
1980	Oswaldo Felipe Ramírez Salcedo (Club Sporting Cristal Lima)	18
1981	José Carranza (Club Alianza Lima)	15
1982	Percy Rojas Montero (Club Universitario de Deportes Lima)	19
1983	Juan Caballero (Club Sporting Cristal Lima)	29
1984	Jaime Drago (Club Universitario de Deportes Lima) Francisco Montero (Club Atlético Torino de Talara)	13
1985	Genaro Neyra (Foot Ball Club Melgar Arequipa)	22
1986	Juvenal Briceño (Foot Ball Club Melgar Arequipa)	16
1987	Fidel Suárez (Club Universitario de Deportes Lima)	20
1988	Alberto Mora (Club Social Deportivo Octavio Espinoza Ica)	15
1989	Carlos Delgado (Club Carlos Mannucci de Trujillo)	14
1990	Cláudio Adalberto Adão (BRA, Sport Boys Association Callao)	31
1991	Horacio Raúl Baldessari Guntero (ARG, Club Sporting Cristal Lima)	25
1992	Marco dos Santos „Marquinho" (BRA, Sport Boys Association Callao)	18
1993	Waldir Alejandro Sáenz Pérez (Club Alianza Lima)	31
1994	Flavio Francisco Maestri Andrade (Club Sporting Cristal Lima)	25
1995	Julio César de Andrade Moura „Julinho" (BRA, Club Sporting Cristal Lima)	23
1996	Waldir Alejandro Sáenz Pérez (Club Alianza Lima)	19
1997	Ricardo Zegarra (Club Alianza Atlético Sullana)	17

1998	Nílson Esídio Mora (BRA, Club Sporting Cristal Lima)	25
1999	Herlyn Ysrael Zuñiga Yañez (Foot Ball Club Melgar Arequipa)	32
2000	José Eduardo Esidio (BRA, Club Universitario de Deportes Lima)	37
2001	Jorge Ramírez (Club Deportivo Wanka Huancayo)	21
2002	Luis Fabián Artime (ARG, Foot Ball Club Melgar Arequipa)	24
2003	Luis Alberto Bonnet (ARG, Club Sporting Cristal Lima)	20
2004	Gabriel García (URU, Foot Ball Club Melgar Arequipa)	35
2005	Miguel Ángel Mostto Fernández-Prada (Club Cienciano Cuzco)	18
2006	Miguel Ángel Mostto Fernández-Prada (Club Cienciano Cuzco)	22
2007	Johan Javier Fano Espinoza (Club Universitario de Deportes Lima)	19
2008	Miguel Alejandro Ximénez Acosta (URU, Club Sporting Cristal Lima)	32
2009	Richard María Estigarribia (PAR, Total Chalaco FBC Callao)	23
2010	Héber Alberto Arriola (ARG, CD Universidad San Martín de Porres)	24

NATIONAL CHAMPIONSHIP
Primera División del Perú / Torneo Descentralizado de Fútbol Profesional 2010
(Copa Cable Mágico)

Primera etapa (First Stage)

```
 1. CD Universidad San Martín de Porres    30  19   5   6    61 -  30    62
 2. CSD León de Huánuco                    30  17   5   8    55 -  31    56
 3. Club Alianza Lima                      30  17   5   8    50 -  31    56
 4. CSCD Universidad César Vallejo Trujillo 30  16   5   9    48 -  30    53
 5. Club Universitario de Deportes Lima*   30  16   5   9    43 -  22    51
 6. Club Juan Aurich de Chiclayo           30  13   9   8    42 -  31    48
 7. Club Sporting Cristal Lima             30  12   8  10    43 -  42    44
 8. Deportivo Sport Huancayo               30  11   5  14    44 -  48    38
 9. Club Inti Gas Deportes Ayacucho        30  12   2  16    36 -  43    38
10. Foot Ball Club Melgar Arequipa         30   9   9  12    38 -  49    36
11. AD Colegio Nacional de Iquitos**       30  10   7  13    39 -  51    33
12. Club Cienciano Cuzco*                  30   9   6  15    35 -  50    31
13. Total Chalaco FBC Callao*              30   8   8  14    31 -  43    30
14. Sport Boys Association Callao          30   8   6  16    34 -  55    30
15. José Gálvez FBC Chimbote               30   6  10  14    19 -  39    28
16. Club Alianza Atlético Sullana          30   5   9  16    24 -  47    24
```
*2 points deducted due to financial reasons
**4 points deducted due to financial reasons

Segunda etapa - Liguilla (Second Stage)

Liguilla A (Serie impar)
```
 1. CD Universidad San Martín de Porres*   44  28   7   9    87 -  39    92
 2. Club Alianza Lima                      44  22  12  10    70 -  48    78
 3. Club Universitario de Deportes Lima    44  21  11  12    55 -  31    72
 4. Club Sporting Cristal Lima             44  18  10  16    58 -  54    64
 5. Club Inti Gas Deportes Ayacucho        44  17   5  22    63 -  69    56
 6. AD Colegio Nacional de Iquitos         44  16   8  20    58 -  71    56
 7. José Gálvez FBC Chimbote (Relegated)   44  10  13  21    31 -  67    43
 8. Total Chalaco FBC Callao (Relegated)   44  10  12  22    41 -  63    40
```
*1 bonus point received for finishing runners-up in the reserve league.

Liguilla B (Serie par)

1. CSD León de Huánuco	44	24	9	11	77	-	44	81
2. CSCD Universidad César Vallejo Trujillo*	44	19	11	14	64	-	48	70
3. Club Juan Aurich de Chiclayo	44	19	11	14	62	-	48	68
4. Deportivo Sport Huancayo	44	17	8	19	64	-	60	59
5. Sport Boys Association Callao	44	15	8	21	54	-	78	53
6. Foot Ball Club Melgar Arequipa	44	13	11	20	53	-	72	50
7. Club Cienciano Cuzco	44	13	10	21	50	-	69	47
8. Club Alianza Atlético Sullana	44	10	14	20	45	-	71	44

*2 bonus points received for winning the reserve league.

Championship final

08.12.2010, Estadio „Heraclio Tapia", Huánuco; Attendance: 18,090
Referee: Manuel Alejandro Garay Evia
CSD León de Huánuco - CD Universidad San Martín de Porres   1-1(0-0)
León de Huánuco: Juan Ángel Flores, Luis Alberto Guadalupe Rivadeneyra (Cap), Luis Felipe Cardoza, Gianfranco Roberto Espinoza, Gustavo Ariel Rodas [*sent off 35*], Jean Franco Ferrari Chiabra, Carlos Alberto Zegarra Zamora (90+2.Daniel Alexander Hidalgo Guevara), Víctor Peña, Éver Gustavo Chávez Hernández (87.Giuliano Santiago Portilla Castillo), Ronaille Calheira Seará [*sent off 34*], Luis Alberto Perea Pérez. Trainer: Franco Enrique Navarro Monteiro.
Universidad San Martín: Ricardo Daniel Farro, Aldo Sebastián Corzo Chávez, Orlando Contreras Collantes, Carlos Alberto Fernández, Christian Guillermo Ramos Garagay [*sent off 34*], Ronald Quinteros Sánchez (65.Christian Alberto Cueva Bravo), Adan Adolfo Balbín Silva (46.Atilio Muente Gionti), John Christopher Hinostroza (Cap), Pablo Ernesto Vitti (74.Pedro Alexandro García de la Cruz), Germán Alemanno, Héber Alberto Arriola [*sent off 35*]. Trainer: Aníbal Ruiz Leites (Uruguay).
Goals: 1-0 Carlos Alberto Zegarra Zamora (52), 1-1 Germán Alemanno (90+3).

12.12.2010, Estadio Monumental, Lima; Attendance: 35,768
Referee: Victor Hugo Rivera
CD Universidad San Martín de Porres - CSD León de Huánuco   2-1(2-1)
Universidad San Martín: Ricardo Daniel Farro, Guillermo Alejandro Guizasola, Orlando Contreras Collantes, Atilio Muente Gionti, Adan Adolfo Balbín Silva, Aldo Sebastián Corzo Chávez, Pedro Alexandro García De La Cruz (68.Braian Damián Rodríguez Carballo), Ronald Quinteros Sánchez, John Christopher Hinostroza (Cap), Pablo Ernesto Vitti, Germán Alemanno. Trainer: Aníbal Ruiz Leites (Uruguay).
León de Huánuco: Juan Ángel Flores, Luis Alberto Guadalupe Rivadeneyra (Cap), Luis Felipe Cardoza, Guillermo Sandro Salas Suárez (59.Fernando Rafael García López), Gianfranco Roberto Espinoza, Giuliano Santiago Portilla Castillo (86.Daniel Alexander Hidalgo Guevara), Jean Franco Ferrari Chiabra, Carlos Alberto Zegarra Zamora (78.Christian César Sánchez Valenzuela), Éver Gustavo Chávez Hernández, Luis Alberto Perea Pérez. Trainer: Franco Enrique Navarro Monteiro.
Goals: 1-0 Pedro Alexandro García de la Cruz (15), 2-0 Pablo Ernesto Vitti (25), 2-1 Luis Alberto Perea Pérez (28 penalty).

Torneo Descentralizado de Fútbol Profesional Winners 2010: **CD Universidad San Martín de Porres**

| Aggregate Table 2010 |

1. CD Universidad San Martín de Porres*	44	28	7	9	87	-	39	92
2. CSD León de Huánuco	44	24	9	11	77	-	44	81
3. Club Alianza Lima	44	22	12	10	70	-	48	78
4. Club Universitario de Deportes Lima	44	21	11	12	55	-	31	72
5. CSCD Universidad César Vallejo Trujillo*	44	19	11	14	64	-	48	70
6. Club Juan Aurich de Chiclayo	44	19	11	14	62	-	48	68
7. Club Sporting Cristal Lima	44	18	10	16	58	-	54	64
8. Deportivo Sport Huancayo	44	17	8	19	64	-	60	59
9. Club Inti Gas Deportes Ayacucho	44	17	5	22	63	-	69	56
10. AD Colegio Nacional de Iquitos	44	16	8	20	58	-	71	56
11. Sport Boys Association Callao	44	15	8	21	54	-	78	53
12. Foot Ball Club Melgar Arequipa	44	13	11	20	53	-	72	50
13. Club Cienciano Cuzco	44	13	10	21	50	-	69	47
14. Club Alianza Atlético Sullana	44	10	14	20	45	-	71	44
15. José Gálvez FBC Chimbote (*Relegated*)	44	10	13	21	31	-	67	43
16. Total Chalaco FBC Callao (*Relegated*)	44	10	12	22	41	-	63	40

| Copa Perú FINAL 2010 |

12.12.2010, Estadio Carlos Vidaurre García, Tarapoto
CD Unión Comercio Moyobamba - CD Alianza Porvenir Unicachi Puno   2-0(2-0)

19.12.2010, Estadio „Enrique Torres Bellón", Puno
**CD Alianza Porvenir Unicachi Puno - CD UNIÓN COMERCIO   4-2(2-2)
MOYOBAMBA**

CD Unión Comercio Moyobamba promovated for the next seasons Primera División.
CD Alianza Porvenir Unicachi Puno promovated for the next season Segunda División.

THE CLUBS 2010

CLUB ALIANZA ATLÉTICO SULLANA

Foundation date: January 18, 1920
Address: Sucre 555, Sullana, Piura
Stadium: Estadio Municipal Campeones del 36, Sullana / Estadio Municipal de La Unión, La Unión –
Capacity: 8,000 / 5,000

THE SQUAD

	DOB
Goalkeepers:	
Bruno Enríquez Gómez	13.05.1988
Daniel Alexander Reyes Buenaño	12.12.1987
Johnny Martín Vegas	02.09.1976
Defenders:	
Luis Alberto Asprilla Mosquera (COL)	06.12.1977
Luis Oswaldo Caycho Mendoza	11.05.1990
Victor Jasmany Labrín Cornejo	29.01.1993
Ismael Martín Márquez	12.12.1983
Javier Adolfo Martínez Corrales (COL)	21.08.1973
Paolo Patricio Philips Arévalo	11.06.1986
Pedro Manuel Plaza Silva	21.03.1981
Minzún Quina Asín	11.05.1987
Nelinho Quina Asín	11.05.1987
Jersi Jair Socola Romero	07.07.1990
Mauro César Vilca Rodríguez	05.08.1987
Omar Alberto Zegarra	06.08.1980
Midfielders:	
Deyby Agurto Serrano	08.11.1989
Paulo Luis Arrunátegui López	24.11.1989
Josimar Jair Atoche Bances	29.09.1989
Luis Enrique Bernal Vargas	25.02.1990
César Camilo Ccahuantico	16.07.1980
Carlos Alberto García Mezones	25.06.1982
Eduardo Gómez	17.02.1992
Christian John Guevara	23.10.1984
Eduardo Israel Kahn Gómez	01.12.1988
Alan Rigoberto Rodríguez	30.03.1981
Israel Jhonatan Tordoya Isidro	21.02.1980
Antonio Augusto Valdiviezo Mogollón	13.06.1989
Rubén Alexander Valladares Lama	09.04.1990
Anghello Sebastián Vera Ramírez	10.03.1987
Forwards:	
Oscar Alberto Briceño Bueno	06.09.1985
Julio César Caicedo Saad (COL)	30.06.1985
José Maria Cordova	02.07.1986
Roberto Carlos Jiménez Jiménez	17.04.1983
Daniel Maldonado Bravo	11.06.1980
Jonathan Rodríguez Cuenu (COL)	07.11.1986
Julio César Talaviña Quispe	27.05.1989
Trainer:	
Teddy Armando Cardama Sinti	15.08.1966

CLUB ALIANZA LIMA

Foundation date: February 15, 1901
Address: Avenida Isabel La Católica 821, La Victoria, Lima
Stadium: Estadio „Alejandro Villanueva", Lima – Capacity: 36,966

THE SQUAD

	DOB
Goalkeepers:	
Jesús Eduardo Cisneros Rios	18.03.1978
George Patrick Forsyth Sommer	20.06.1982
Salomón Alexis Libman Pastor	25.02.1984
Antonio Mamani del Carpio	13.02.1991
Defenders:	
Pedro Antonio Kohji Aparicio Mori	11.06.1982
Carlos Antonio Ascues Ávila	19.06.1992
Diego Ricardo Donayre Blondet	06.04.1991
Leandro Roberto Fleitas Ovejero (ARG)	29.12.1983
Donny Renzo Neyra Ferrada	12.01.1984
Kerwin Junior Peixoto Chiclayo	21.02.1988
Amiltón Fair Prado Barrón	06.05.1979
Carlos Javier Solís Alvarado	22.10.1981
Héctor Vidal Sosa (PAR)	02.05.1979
Eduardo Alberto Uribe Oshiro	02.09.1985
Walter Ricardo Vílchez Soto	20.02.1982
Midfielders:	
Saúl Andree Anicama Prilla	08.04.1991
Marko Gustavo Ciurlizza Rodriguez	22.02.1978
Paolo Giancarlo De La Haza Urquiza	30.11.1983
Edgar Daniel González Brítez (PAR)	10.04.1979
Christopher Paolo Hurtado	27.07.1990
Juan José Jayo Legario	20.01.1973
Jorge Alfredo Leiva Urbano	29.01.1981
Jorge Luis Molina Cabrera	05.06.1990
Johnnier Esteiner Montaño Caicedo (COL)	14.01.1983
Diago André Salomón Portugal Miranda	23.02.1991
Henry Edson Quinteros Sánchez	19.10.1977
Alexander Gustavo Sánchez Reyes	06.06.1984
Joel Melchor Sánchez	11.06.1989
Jean Carlo Tragodara Gálvez	16.12.1985
Luiz Enrique Trujillo Ortiz	27.12.1990
Óscar Christopher Vílchez Soto	21.01.1986
Edgar Villamarín Arguedas	01.04.1982
Forwards:	
Wilmer Alexander Aguirre Vázquez	10.05.1983
André Martín Carrillo Díaz	14.06.1991
Miguel Angel Curiel Arteaga	23.03.1988
Jack Kevin Durán Abán	08.12.1991
José Carlos Fernández Piedra	14.05.1983
Roberto Ovelar Maldonado	12.01.1985
Carlos Dante Olascuaga	22.07.1992
Cristofer Augusto Jesús Soto	06.01.1990
Robert Hans Tarrillo Tonder	25.04.1990
Claudio Matías Velázquez (ARG)	18.02.1986
Trainer:	
Gustavo Adolfo Costas (ARG)	28.02.1963

CLUB CIENCIANO CUZCO

Foundation date: July 8, 1901
Address: Oswaldo Baca N° 307, Urbanización Magisterial, Cuzco
Stadium: Estadio Garcilaso de la Vega, Cuzco – Capacity: 42,056

THE SQUAD

	DOB
Goalkeepers:	
Fernando Franco Farfán Gamarra	14.02.1988
Walter Henry Noriega Correa (COL)	22.03.1979
Exar Javier Rosales Sánchez	20.05.1984
Defenders:	
Jair Butrón Gotuzzo	30.10.1975
Javier Cáceres Méndez	03.02.1983
Roberto Carlos Duffó Villerán	04.01.1982
Cristian Antonio García González	02.03.1981
Emilio Martín Hidalgo Condé	15.06.1976
Miguel Angel Llanos Albán	01.09.1978
Diego Alejandro Minaya	01.05.1990
Raúl Penalillo Cotito	29.09.1982
Héctor Quintanilla Béjar	05.05.1986
Renzo Rodrigo Reaños Mina	17.05.1986
Ricardo Antonio Ronceros Ramos	20.07.1977
Tardelis Peña González	31.10.1988
Midfielders:	
Diego Enrique Bustamante	21.02.1983
Víctor Wilmer Carrillo	12.04.1979
Claudio Augusto Colcca Huamánv	07.06.1980
Julio César García Mezones	16.06.1981
Jaime Jesús Linares Lázaro	07.05.1983
Juan Carlos Mariño Márquez	02.01.1982
Luis Román Ojeda	10.05.1980
Hilden Salas Castillo	19.07.1980
Mario Alfonso Velarde Pinto	03.07.1990
Nayler Hugo Vitorino Ramos	23.11.1989
Forwards:	
Renzo Emerson Benavides	12.07.1981
Marco Andre Caballero Palomino	15.01.1992
Heiner Jesús Chávez Salazar	05.03.1986
Sergio Ramón Ibarra	11.01.1973
Leonardo Andrés Medina Gutiérrez (URU)	30.05.1977
Mauricio Alejandro Montés	22.06.1982
Franco Navarro Mandayo	24.10.1990
Edwin Retamoso Palomino	23.02.1982
Abraham Quispe Condori	09.01.1991
Guillermo Tomasevich Castañeda	20.03.1987
William Zapata Brand (COL)	28.04.1988
Trainer:	
Marcelo Antonio Trobbiani Ughetto (ARG)	17.02.1955

ASOCIACIÓN DEPORTIVA COLEGIO NACIONAL DE IQUITOS
Foundation date: May 20, 1926
Address: Avenida del Ejercito N°1100, Loreto, Iquitos
Stadium: Estadio „Max Agustín", Iquitos – Capacity: 25,000

THE SQUAD

	DOB
Goalkeepers:	
Matías Ezequiel Dituro (ARG)	08.05.1987
Héctor Alberto Hernández Bolívar	17.09.1976
Joel Fernando Zayas (PAR)	17.09.1977
Defenders:	
Jair Butrón Gotuzzo	30.10.1975
Manuel Alejandro Contreras Siadén	21.05.1989
Marcos Abner Delgado	17.02.1989
Héctor Luis Gaitán (ARG)	18.01.1987
Michael Pierre Grandez Ferreyra	
Miguel Angel Llanos Albán	01.09.1978
Cristian Andrés Pavón	21.11.1988
Luis Enrique Portilla Castillo	27.10.1980
Enrique Rodríguez Castillo	06.09.1991
Michael Harry Rojas Torres	08.02.1988
Guillermo Sandro Salas Suárez	21.10.1974
Jean Paulo Sibina Vela	01.07.1988
José Carlos Sigueñas Morocho	30.08.1990
Pedro Alan Tello Cornejo	17.10.1989
John Jairo Villalobos Contreras	05.05.1988
Rafael Fabio Villanueva	17.09.1975
Marcelo José Zamora González	24.01.1987
Midfielders:	
Irwin Gerardo Álvarez Soria	22.08.1991
Juan Orlando Álvarez Gómez	02.06.1990
Carlos Alfredo Arteaga Rossel	28.01.1991
Carlos Alberto Barrena Fabián	24.04.1982
Víctor Wilmer Carrillo	12.04.1974
Hugo Segundo Castillo	28.07.1977
Walter Paolo Díaz	06.05.1984
Pedro Flores	28.06.1980
Renzo Yampier Gutiérrez Vildoso	14.06.1989
Nicolás Benito Nieri	24.08.1979
Osnar Noronha Montani	17.12.1991
Mauricio Edmundo Rebaza	07.03.1989
Tom Nolan Tello Coral	29.01.1984
Ricardo Amaro Uribe Oshiro	09.10.1988
Juan Pablo Vergara	24.02.1985
Forwards:	
Sergio Oscar Almirón (ARG)	20.09.1985
Paul Manuel Cominges Mayorca	30.09.1979
Andy Robert Pando	28.07.1983
Alfredo Sebastián Ramúa	04.09.1986
Julius Pierre Rengifo Díaz	22.03.1991
Matías Rodríguez (ARG)	10.08.1987
Sebastián Yraola Roncagliolo	17.09.1987
Trainer:	
César „Chalaca" Gónzales	

FOOT BALL CLUB MELGAR AREQUIPA

Foundation date: March 25, 1915
Address: Calle Consuelo 408, Arequipa
Stadium: Estadio Virgen de Chapi, Arequipa – Capacity: 40,217

THE SQUAD

	DOB
Goalkeepers:	
Juan Pablo Begazo Valvidia	18.05.1988
Julio Andrés Ramos Carbajal	09.03.1990
Jorge Damián Rodríguez Larraura (URU)	24.01.1977
Defenders:	
Raul Hannes Alemán Mostorino	19.07.1979
Carlos Alberto Aspilcueta Effio	06.12.1990
Marlon Gilgamesh García Hernández	31.08.1983
Brayan Márquez Allca	04.02.1991
Jorge Javier Orlando Pereyra Rigoni (ARG)	31.07.1978
Paulo César Ramos	16.02.1990
Ricardo Antonio Ronceros Ramos	20.07.1977
Raúl Vera Loayza	25.01.1982
Victor Raúl Zapata Velasco	11.04.1986
Midfielders:	
Jean Pierre Araníbar Martínez	16.11.1990
Robert Rogelio Ardiles Fernández	20.07.1987
Karlo Edson Calcina	31.03.1984
Edson Diego Aubert Cervantes	14.11.1988
Roberto Carlos Coaguila Manchego	18.10.1981
Gabriel Omar Gárate Zea	03.03.1992
Juan José Iriarte Cardenas	12.09.1979
Enio João Novoa Heredia	04.03.1986
Angel Ojeda Allauca	11.08.1992
Norbil Lizardo Romero Sotelo	18.03.1984
Nicolás Ezequiel Rotundo Ferraro (URU)	06.06.1976
Franco Ariel Sosa Portela (URU)	12.08.1983
Larry Keith Yánez Zúñiga	28.04.1981
Tomás Daniel Zambrano Ramírez	14.05.1989
Walter Hugo Zevallos Franco	15.04.1973
Forwards:	
Javier Jesús Carnero Suárez	13.07.1988
Antonio Meza Cuadra Bisso	12.09.1982
Carlos Alberto Pérez Alcaraz (PAR)	30.07.1983
Leonardo Fabián Rivero Bueno (URU)	12.11.1983
Renzo Valdés	13.11.1990

Trainer:
Not known

CLUB INTI GAS DEPORTES AYACUCHO

Foundation date: December 9, 1974
Address: Avenida Machu Picchu s/n, Barrio de Miraflores, Ayacucho
Stadium: Estadio Ciudad de Cumaná, Ayacucho – Capacity: 15,000

THE SQUAD

	DOB
Goalkeepers:	
Álvaro Antonio Anzola Zamudio Anzola (COL)	15.10.1980
Carlos Geovanni Chávez Ospina (COL)	07.08.1984
Carlos Alberto Laura Juárez	30.09.1974
Johny Luis Soto Lurita	15.05.1975
Defenders:	
Alexander Pedro Fajardo Tipacti	29.06.1984
Duván Hernández Cortés	20.09.1982
Nick Paul Montalva	26.03.1976
Pablo Monterrey	29.03.1991
Waldir Diego Pelezuelos Mendoza	20.10.1992
Giancarlo Anderson Tataje Joya	15.03.1990
Martín Tenemás Gutiérrez	19.07.1985
Carlos Martín Vázquez Blanco	10.08.1974
Duber Alesander Zapata Carillo	08.11.1976
Jean Pierre Zapata Rivas	15.05.1990
Midfielders:	
Iván Christopher Chumpitaz Blas	17.05.1990
Alex Segundo Magallanes Jaimes	01.03.1974
Diego Omar Martínez Roca	24.04.1981
Fernando Octavio Masias Mory	23.01.1978
Franco Geovanny Mendoza	23.01.1977
José Adolfo Mendoza Zambrano	24.07.1982
Marlon José Negrete Martínez (COL)	01.09.1986
Aldo Italo Olcese Vasallo	23.10.1974
Ismael Augusto Pereda Bustinza	18.01.1982
Ysmael Cristian Regalado Algendones	19.05.1979
Dick Marvin Rios Bernales	29.08.1987
Marco Antonio Ruíz Torres	26.08.1979
Anderson Santamaría Bardales	10.01.1992
Mario Alfonso Velarde Pinto	03.07.1990
Forwards:	
Jorge Luis Enrique Aguirre Aguirre (COL)	31.01.1986
Renzo Emerson Benavides Reyna	12.07.1981
David Fernando Cardona Delgado	23.02.1984
Juan Antonio Carrillo Barbadillo	12.05.1977
Atilio Giampiero Francia Raffo	29.05.1985
Leonardo Mina Polo	05.01.1977
Guillermo Tomasevich Castañeda	20.03.1987
Trainer:	
Edgar Ospina Echeverri (COL)	

JOSÉ GÁLVEZ FOOT BALL CLUB CHIMBOTE

Foundation date: October 27, 1951
Address: Jr. Enrique Palacios 411, Chimbote
Stadium: Estadio Centenario „Manuel Rivera Sánchez", Chimbote – Capacity: 25,000

THE SQUAD

	DOB
Goalkeepers:	
Marco Christian Flores	29.05.1977
Héctor Alberto Hernández Bolívar	17.09.1976
Christian Edinson Jave Custodio	12.05.1988
Defenders:	
Junior Arméstar	03.06.1989
Moises Cabada Apreciado	02.11.1985
Carlo Díaz	
Jairo Hernández Moquillaza	02.03.1990
Daniel Peláez Balbuena	23.08.1985
David Ponce de León	
Gianfranco Rodríguez	
Ricardo Antonio Ronceros Ramos	20.07.1977
Javier Bohuzlav Salazar Tejada	10.03.1982
José Adrián Tamariz Lozada	21.02.1990
Wilder Jesús Torres Honores	05.04.1991
Juan José Zevallos	07.07.1990
Midfielders:	
Orlando Antonio Allende Huby	09.01.1988
Luís Enrique Cordero Cuellar	08.04.1981
Renzo Junior Guevara Ávalos	02.09.1983
Alex Segundo Magallanes Jaimes	01.03.1974
Luis Eduardo Mayme Quijandría	29.11.1980
Jhonny Alberto Obeso Panduro	02.06.1991
Victor Ismael Oviedo Molina	21.04.1981
Janio Carlo Posito	10.10.1989
Raúl Robles	12.11.1982
Ricardo Enrique Salcedo Smith	23.03.1990
Erick Omar Torres	10.05.1975
Forwards:	
Javier Jesús Carnero	13.07.1988
Cosme Damián Garcete (PAR)	
Juan Moisés Luna Custodio	08.05.1977
César Manuel Medina	08.05.1991
Sixto Abel Santacruz Báez	06.11.1986

Trainer:
Not known

CLUB JUAN AURICH DE CHICLAYO

Foundation date: September 3, 1922
Address: Avenida Miguel Grau 473 Urb. Santa Victoria, Chiclayo
Stadium: Estadio „Capitán Remigio Elías Aguirre Romero", Chiclayo – Capacity: 24,500

THE SQUAD

	DOB
Goalkeepers:	
Diego Hernán Morales (ARG)	16.04.1983
Paul Aaron Pantoja Solano	04.11.1979
Diego Alonso Penny Valdéz	22.04.1984
Jorge Eddie Rivera Galindo	28.10.1978
Defenders:	
Jesús Martín Álvarez Hurtado	26.08.1981
Jorge Martín Araujo	30.11.1979
Edgar Gabriel Balbuena (PAR)	20.11.1980
Víctor Julio Rodolfo Balta Mori	01.03.1986
Manuel Calderón	28.01.1990
Roberto Carlos Guizasola	31.08.1984
Jhonny Javier Lalopú Mera	25.05.1982
Nelinho Quina Asín	11.05.1987
Willy Alexander Rivas Asin	04.06.1985
Jerson Vásquez Shampiama	05.03.1986
Midfielders:	
Romario Gustavo Aliaga Romero	04.02.1991
Juan Carlos Catacora Mogollón (ESP)	27.02.1991
Miguel Angel Cevasco	27.04.1986
Ricardo Manuel Ciciliano (COL)	23.09.1976
Gary Jeamsen Correa Gogín	23.05.1990
Paulo Rinaldo Cruzado Durand	21.09.1984
Gianfranco Renato Espejo Reyes	04.03.1988
José Luis Guevara Tinoco	16.10.1972
Juan Carlos La Rosa Llontop	03.03.1980
Franco Giovanni Mendoza Breña	23.01.1977
Mario Sergio Ramírez Pérez	02.01.1991
César Alberto Sánchez Aurich	21.05.1974
Forwards:	
Pedro Luis Ascoy Cortez	10.08.1980
Manuel Francisco Barreto Sayan	12.09.1982
William Medardo Chiroque	10.05.1980
Fernando Rafael García López	21.06.1987
Reimond Orangel Manco Albarracín	23.08.1990
Mauricio Alejandro Montes	22.06.1982
Julio César Talaviña Quispe	27.05.1989
Luis Carlos Tejada Hansell (PAN)	28.03.1982
Herlyn Ysrael Zúñiga Yanez	27.08.1976
Trainer:	
Not known	

CLUB DEPORTIVO LEÓN DE HUÁNUCO

Foundation date: June 29, 1946
Address: Jr. Dos de Mayo 769, Huánuco
Stadium: Estadio „Heraclio Tapia", Huánuco – Capacity: 20,000

THE SQUAD

	DOB
Goalkeepers:	
Juan Ángel Flores Ascencio	25.02.1976
Haruki Junior Kanashiro Culquimboz	11.09.1977
Víctor Jaime Muro Solis	10.10.1977
Defenders:	
Luis Felipe Cardoza (COL)	19.12.1984
Gianfranco Roberto Espinoza	28.08.1986
Juan Pablo Farfán Bravo	02.02.1985
Luis Alberto Guadalupe Rivadeneyra	06.04.1976
Giuliano Santiago Portilla Castillo	25.05.1973
Juan Manuel de la Haza Fuentes	05.02.1983
Guillermo Sandro Salas Suárez	21.10.1974
Midfielders:	
Juan Carlos Alayo	18.11.1985
Robert Rogelio Ardiles Fernández	20.07.1987
Éver Gustavo Chávez Hernández	28.12.1984
José Do Prado Dionisio (BRA)	12.08.1976
Jean Franco Ferrari Chiabra	29.07.1975
Luis Gabriel García Uribe	05.06.1988
Leoncio Augustin Guevara Flores	10.02.1991
Daniel Alexander Hidalgo Guevara	30.08.1982
Víctor Manuel Peña Espinoza	14.10.1987
Gustavo Ariel Rodas (ARG)	16.01.1986
André Aristóteles Skiadas Wohigemuth (ECU)	14.03.1985
Jean Franco Zalón Guio	08.02.1990
Renato André Zapata Portilla	16.02.1992
Carlos Alberto Zegarra Zamora	17.01.1977
Forwards:	
Fernando Rafael García López	21.07.1987
Pedro Marcel Miranda Mendoza	07.11.1981
Luis Alberto Perea Pérez (COL)	09.09.1986
Ronaille Calheira Seará (BRA)	23.03.1984
Christian César Sánchez Valenzuela	19.09.1982
José Junior Sosa	04.05.1986
Trainer:	
Franco Enrique Navarro Monteiro	10.11.1961

SPORT BOYS ASSOCIATION CALLAO

Foundation date: July 28, 1927
Address: Calle Pedro Ruiz 153, Callao
Stadium: Estadio „Miguel Grau", Callao – Capacity: 15,000

THE SQUAD

	DOB
Goalkeepers:	
Luis Alexander Aquino Sani	09.11.1988
José Pablo Burtovoy (ARG)	06.11.1976
Diego Martín Carranza Fernández (ARG)	28.08.1981
Ignacio Drago Espinoza	27.10.1985
Diego Alonso Tito Morante	28.01.1991
Defenders:	
Víctor Raúl Anchante	26.08.1979
Vladimír Ali Araujo Bustinza	19.09.1985
Juan Gilmar Arce Cotrina	09.01.1990
Manuel Arturo Calderón Maraví	28.01.1990
Alexander Martín Callens Asín	04.05.1992
Elso Rivelino Carassa La Rosa	15.06.1974
Manuel Carmelo Marengo	16.07.1973
Joseph Dámaso Muñóz Quintana	06.01.1990
Joao Miguel Pereira Flores	10.11.1983
Nicola Emilio Porcella Solimano	05.02.1988
Pedro Román Corzo	06.09.1984
Werner Luis Schuler Gamarra	27.07.1990
Héctor Anselmo Vázquez Langorta (URU)	16.11.1978
Midfielders:	
Paulo César Albarracín García	30.11.1989
Carlos Roberto Elias Galliani	23.03.1988
Carlos Antonio Flores Murillo	04.08.1974
Ronald Gerardo Gárate Zea	04.04.1984
Mario Augusto Gómez	27.05.1981
Michael Fidel Guevara Legua	10.06.1984
Jonathan Emmanuel Jáuregui Hernández	27.10.1986
Antonio Yosimar Lizarbe	13.02.1988
Juan Carlos Mariño Márquez	02.01.1982
Luiggi Robert Muchotrigo Leandro	25.01.1991
Edson Sócrates Muriches Jiménez	14.01.1985
José Luis Junior Nuñez Julca	28.07.1989
Luis Rodolfo Ojeda	29.09.1982
Ricardo Enrique Pérez Zegarra	14.11.1979
Diego Enrique Pizarro Bossio	14.08.1990
Clifford Matthew Seminario	01.06.1984
Johan Martín Vera Clavijo	24.07.1990
Arnold Eder David Zuluaga Sagástegui	28.12.1983
Forwards:	
Luis Germán Carty Monserrate	16.07.1988
Miguel Ángel Curiel Arteaga	23.03.1988
Víctor Alfonso Rossel Del Mar	05.11.1985
Alberto Vela Bohabot	26.05.1991
Trainer:	
Not known	

DEPORTIVO SPORT HUANCAYO

Foundation date: February 7, 2007
Address: Jr. Loreto N° 839 - 2do. Piso - Huancayo
Stadium: Estadio Huancayo, Huancayo – Capacity: 20,000

THE SQUAD

	DOB
Goalkeepers:	
Luis Alexander Araujo Ludeña	16.01.1981
Marco Christian Flores	29.05.1977
Miguel Angelo Giuria Muñoz	16.05.1972
Defenders:	
André Vladimir Advíncula Ochoa	01.09.1991
Carlos Edgar Alvarenga Alderete (PAR)	23.09.1982
Javier Ángel Chumpitaz	04.01.1984
César Alexander Doy Tello	07.10.1982
Rafael Nicanor Farfán	28.12.1975
Carlos Alberto Flores Asencio	10.08.1978
Luis Daniel Hernández Alfaro	20.12.1978
Miguel Ángel Huertas del Águila	09.06.1977
Juan de La Cruz Matto González (PAR)	14.09.1977
Javier Bohuzlav Salazar Tejada	10.03.1982
Midfielders:	
Adderli James Campos Cabrejo	19.09.1988
Pedro Gerardo Díaz Ruiz	05.12.1980
Troadio Daniel Duarte (PAR)	03.04.1977
Fernando Miguel Echevarría Arévalo	15.03.1990
Carlos Antonio Flores Murillo	04.08.1974
Carlos Luciano Ibarra Farfán	23.06.1975
Blas Ramón López Medez (PAR)	14.03.1984
Fernando Octavio Masías Mory	23.01.1978
Juan José Pérez Muro	17.03.1985
César Andrés Ortiz Castillo	21.12.1983
Charles Arley Quinto Hurtado (COL)	02.12.1990
Hilden Salas Castillo	19.07.1980
Julio César Tovar	30.06.1978
Forwards:	
Irvin Beybe Ávila Acero	02.07.1990
Elías Huayanay	17.04.1992
Miguel Ángel Mostto Fernández-Prada	11.11.1977
Héctor Fabián Ramírez Pinillo (COL)	26.06.1982
Jesús Alex Reyes Guadalupe	21.03.1982
Sixto Abel Santacruz Báez	06.11.1986
Johan Joussep Sotil Elche	29.08.1982
Trainer:	
Roberto Orlando Mosquera Vera	21.06.1956

CLUB SPORTING CRISTAL LIMA

Foundation date: December 13, 1955
Address: Calle 18 s/n, La Florida, Rimac, Lima
Stadium: Estadio San Martín de Porres, Lima – Capacity: 18,000

THE SQUAD

	DOB
Goalkeepers:	
Julio Americo Aliaga Wong	26.07.1989
José Aurelio Carvallo Alonso	01.03.1986
Erick Guillermo Delgado	30.06.1982
Defenders:	
Breyner Bonilla Montaño (COL)	21.07.1986
Jean Pierre Cáncar Maccari	08.07.1987
Ernesto Wenceslao Fernández Donayre	14.08.1979
José Luis Granda Bravo	13.04.1992
Juan Diego Lojas Solano	23.04.1989
Ricardo Julian Martínez Pavón (PAR)	18.02.1984
Giancarlo Antonio Peña Herrera	21.08.1992
Jeickson Gustavo Reyes Aparcana	09.10.1987
Miguel Angel Villalta Hurtado	16.06.1981
José Juan Zamora González	24.01.1987
Midfielders:	
Luis Jan Piers Advíncula Castrillón	02.03.1990
Yancarlo Victorio Casas Acosta	15.07.1981
Tarek Brahan Carranza Terry	13.02.1992
Diego Iván Chávarri Rodríguez	18.02.1989
Anderson Denyro Cueto Sánchez	24.05.1989
Damián Ísmodes Saravia	10.03.1989
Jorge Alfredo Leiva Urbano	29.01.1981
Carlos Augusto Lobatón Espejo	06.02.1980
Roberto Carlos Palacios Mestas	28.12.1972
Edwin Alberto Pérez León	28.09.1974
Bryan Raphael Salazar	01.06.1990
Daniel Alonso Sánchez Albújar	02.05.1990
Israel Tordoya Isidro	21.02.1980
Marcio Andre Valverde	23.10.1987
Víctor Yoshimar Yotún Flores	07.04.1990
Forwards:	
Carlos Luis Félix La Torre Ruiz	14.03.1991
Franco Navarro Mandayo	24.10.1990
Daniel Alberto Néculman (ARG)	25.05.1985
Andy Robert Pando García	28.07.1983
Jaime Vásquez Ramírez	21.02.1991
Oscar Eduardo Villarreal Rivera (COL)	27.03.1981
Miguel Alejandro Ximénez (URU)	26.08.1977
Trainer:	
Victor Hugo Rivera Coronado	10.11.1968

TOTAL CHALACO FOOT BALL CLUB CALLAO

Foundation date: December 21, 2004
Address: Urbanización Campiña Dorada E-21, Cercado, Arequipa
Stadium: Estadio Segundo Aranda Torres, Huacho – Capacity: 8,000

THE SQUAD

	DOB
Goalkeepers:	
Manuel Alexander Heredia Rojas	09.01.1986
Eder Alberto Hermoza Guevara	04.04.1990
Defenders:	
Renato Bernales Baquerizo	22.12.1990
Wilder Edison Galliquio Castro	25.06.1981
Juan Fernando Grabowski (ARG)	09.01.1982
Jhoel Alexander Herrera Zegarra	09.07.1980
César Augusto Mena Mosquera (COL)	15.10.1988
Édgar Juvencio Miranda (PAR)	27.07.1982
José Alberto Moisela Huapaya	25.06.1980
Alexander Salas Saldaña	24.04.1990
Sergio Hernán Ubillús Segura	01.01.1980
Midfielders:	
Gregorio Abel Bernales Francia	08.11.1976
Henry Jorge Colán Díaz	13.03.1982
José Alberto Corcuera Valdiviezo	06.08.1981
Carlos Enrique Ísmodes Saravia	09.02.1983
Luis Alexanders Galliquio Castro	22.08.1988
Lin Carlos Henry Costa (COL)	07.12.1977
Julio César Landauri Ventura	17.04.1986
Rubén Enrique Mori Flores	18.06.1986
Noams Oyola Díaz	28.02.1991
Pedro Paulo Requena Csineros	24.04.1991
David Soria Yoshinari	18.09.1977
Julio Edson Uribe Elera	09.05.1982
Forwards:	
Alfredo José Guzman Pacheco	05.12.1990
Franco Daniel Mendoza (ARG)	18.08.1981
Isaac Abel Ponte Tovar	17.11.1984
Jesús Eduardo Alberto Rey Estupiñán	09.02.1988
Aurelio Saco-Vértiz Figari	30.05.1989
Antonio Carlos Serrano Dávila	14.04.1980
Trainer:	
Wilmar Valencia	

CLUB SOCIAL CULTURAL DEPORTIVO UNIVERSIDAD CÉSAR VALLEJO TRUJILLO

Foundation date: January 6, 1996
Address: Avenida Víctor Larco 1700, Trujillo
Stadium: Estadio Mansiche, Trujillo – Capacity: 25,036

THE SQUAD

	DOB
Goalkeepers:	
Fischer Guevara Urbina	24.07.1979
Miguel Angel Pajares Rojas	06.02.1989
Joel Ademir Pinto Herrera	05.06.1980
Defenders:	
Ismael Enrique Alvarado	22.10.1980
Lee Alexander Andonaire Delfín	05.10.1980
Víctor Johan Carbajal Callirgos	23.06.1988
Manuel Alejandro Corrales González	03.09.1982
Juan Francisco Hernández Díaz	24.06.1978
Andrés Alejandro López Díaz	28.10.1988
Diego Otoya Grández	07.05.1991
Jhon Wilmer Peña Muñóz	15.08.1990
Jorge Jair Yglesias Cárdenas	10.02.1981
Midfielders:	
Wadid Jesús Arismendi Lazo	25.03.1987
Carlos Alonso Bazalar Aróstegui	19.03.1990
Mayer Andrés Candelo García	20.02.1977
Marco Antonio Casas Fernández	26.05.1979
Jorge Luis Cazulo (URU)	14.02.1982
Jair Edson Céspedes Zegarra	22.05.1984
Luis Enrique Cordero Cuellar	08.04.1981
Juan Gustavo Morales Coronado	06.03.1989
Juan Carlos Nakaya Taira	31.12.1983
Francesco Do Santos Aldair Recalde Sánchez	12.01.1991
Erick Omar Torres Arias	16.05.1975
Manuel Eduardo Ugaz Nemotto	21.06.1981
Óscar Diego Vega Guerrero	25.03.1989
Alhan Christian Zúñiga Yánez	27.06.1975
Forwards:	
Saulo Aponte Córdova	13.09.1985
Luis Ricardo Caldas Morales	17.04.1981
Cristhian Eduardo Carranza Alvites	04.11.1991
Roberto Emanuel Demus Metz (ARG)	24.06.1979
Sidney Enrique Faiffer Ames	12.05.1980
Héctor Hugo Hurtado (COL)	21.09.1975
Alejandro Junior Ramírez Zárate	28.12.1991
Trainer:	
Mario Viera (URU)	

CLUB DEPORTIVO UNIVERSIDAD SAN MARTÍN DE PORRES

Foundation date: January 21, 2004
Address: Las Calandrias, s/n, Santa Anita, Lima
Stadium: Estadio San Martín de Porres, Lima – Capacity: 18,000

THE SQUAD

	DOB
Goalkeepers:	
Leao Butrón Gotuzzo	06.03.1977
Ricardo Daniel Farro Caballero	06.03.1989
Pedro David Gallese	23.02.1990
Defenders:	
Adán Adolfo Balbín Silva	13.10.1986
Orlando Contreras Collantes	11.06.1982
Aldo Sebastián Corzo Chávez	20.05.1989
Guillermo Alejandro York Guizasola La Rosa	08.02.1982
Jorge Raúl Huamán Salinas	11.04.1977
Anthony Belkier Molina Rubio	17.02.1989
Atilio Muente Gionti	15.03.1980
Christian Guillermo Martín Ramos Garagay	04.11.1988
Jorge Enrique Reyes Condori	28.05.1981
Juan Enrique Tuesta Macedo	25.09.1993
Midfielders:	
Orlando Antonio Allende Huby	09.01.1988
Luis Enrique Álvarez Valdivia	17.05.1990
Marco Fernando Andreini (BRA)	14.06.1983
Josepmir Aaron Ballón Villacorta	21.03.1988
Christian Alberto Cueva Bravo	23.11.1991
Fernando Daniel Del Solar Álvarez Calderón	27.04.1977
Carlos Oswaldo Fernández Maldonado	01.11.1984
Walter Milciades Fretes Bogar (PAR)	18.05.1982
Pedro Alexandro García De la Cruz	14.03.1974
Jhon Cristopher Hinostroza Guzmán	22.02.1980
Ronald Jhonatan Quinteros Sánchez	28.06.1985
Josué Rodríguez	
Benjamín Ubierna Barandiarán	22.11.1991
Forwards:	
Germán Ariel Alemanno (ARG)	27.09.1983
Heber Alberto Arriola (ARG)	14.08.1980
Braian Damián Rodríguez Carballo (URU)	14.08.1986
Roberto Enrique Silva Pró	01.06.1976
Christian Nicolás Strobach Moreno	06.04.1993
Manuel Angel Tejada Medina	12.01.1989
Pablo Ernesto Vitti (ARG)	09.07.1985
Trainer:	
Aníbal Ruiz (URU)	30.12.1942

CLUB UNIVERSITARIO DE DEPORTES LIMA

Foundation date: August 7, 1924
Address: Avenida Javier Prado Este, 77 Ate, Lima
Stadium: Estadio Monumental del Perú, Lima – Capacity: 80,093

THE SQUAD

	DOB
Goalkeepers:	
Raúl Omar Fernández Valverde	06.10.1985
Renzo David Lobrano Junco	01.05.1990
Luis Ricardo Llontop Godeau	02.10.1985
Defenders:	
Juan José Barros Araujo	24.06.1989
Giancarlo Carmona Maldonado	12.10.1985
Néstor Alonso Duarte Carassa	08.09.1990
John Christian Galliquio Castro	12.01.1979
Carlos Alberto Galván Méndez (ARG)	18.10.1973
Angel Elías Romero Iparraguirre	09.08.1990
Werner Luis Schuler Gamarra	27.07.1990
Adrián Zela Terry	20.03.1989
Midfielders:	
Armando André Alfageme Palacios	03.11.1990
José Alberto Arnillas	22.10.1992
Rodolfo Espinoza Díaz (MEX)	14.06.1981
Antonio Emiliano Gonzáles Canchari	16.05.1986
Luis Alberto Hernández Díaz	15.02.1981
Junior William Mimbela Cáceres	15.05.1992
Jesús Giancarlos Rabanal Dávila	25.12.1984
Luís Alberto Ramírez Lucay	10.11.1984
Renzo Revoredo Zuazo	11.05.1986
Carlos Andree Robalino Gutiérrez	27.01.1991
Yersinnio Saldaña León	07.07.1987
Mario Jorge Soto	19.04.1987
Miguel Ángel Torres Quintana	17.01.1982
Rainer Torres Salas	12.01.1980
Jorge Johann Vásquez Rosales	08.10.1984
Forwards:	
Piero Fernando Alva Niezen	14.02.1979
Jankarlo Chirinos	30.03.1988
Joyce Leopoldo Condé Chigne	08.09.1991
Darío Alberto Gigena (ARG)	21.03.1978
Gianfranco Alberto Labarthe Tomé	20.09.1984
Carlos Alberto Orejuela Pita	04.04.1980
Pierre Jonathan Orozco Torrelio	18.05.1987
Víctor Enrique Píriz Álvez (URU)	22.06.1980
Raúl Mario Ruidiaz Misitich	25.07.1990
Trainer:	
José Guillermo del Solar Álvarez-Calderón	28.11.1967

SECOND LEVEL
Segunda División 2010

1. Cobresol FBC Moquegua (*Promoted*)	18	12	5	1	36	-	7	41
2. Club Sport Áncash Huáraz	18	12	2	4	33	-	17	38
3. Club Deportivo Hijos Mutuos de Acosvinchos Lima	18	11	3	4	37	-	22	36
4. Club Deportivo Coopsol Lima	18	9	5	4	32	-	14	32
5. Coronel Bolognesi FC Tacna	18	6	6	6	28	-	24	24
6. Club Atlético Minero Matucana	18	5	5	8	36	-	37	20
7. Club Atlético Torino de Talara	18	5	5	8	18	-	30	20
8. Club América Cochahuayco Lima	18	5	3	10	22	-	22	18
9. Club Deportivo Universidad San Marcos Lima	18	5	2	11	20	-	27	17
10. Instituto Superior Tecnológico Suizo Pucallpa (*Relegated*)	18	2	0	16	9	-	71	6

Instituto Superior Tecnológico Suizo Pucallpa were relegated and will play next season's „Copa Perú 2011"

NATIONAL TEAM
INTERNATIONAL MATCHES
(01.06.2010 – 31.05.2011)

04.09.2010	Toronto	Canada - Peru	0-2(0-0)	(F)
07.09.2010	Ft. Lauderdale	Jamaica - Peru	1-2(1-1)	(F)
08.10.2010	Lima	Peru – Costa Rica	2-0(2-0)	(F)
12.10.2010	Cd. de Panamá	Panama - Peru	1-0(0-0)	(F)
17.11.2010	Bogotá	Colombia - Peru	1-1(0-1)	(F)
08.02.2011	Moquegua	Peru - Panama	1-0(1-0)	(F)
29.03.2011	Den Haag	Ecuador - Peru	0-0	(F)

04.09.2010, Friendly International
BMO Field, Toronto; Attendance: 10,619
Referee: Edvin Jurisevic (United States)
CANADA - PERU **0-2(0-0)**
PER: Raúl Omar Fernández Valverde, Wilmer Santiago Acasiete Ariadela, Walter Ricardo Vílchez Soto (82.Jesús Giancarlos Rabanal Dávila), Roberto Carlos Guizasola La Rosa, Carlos Augusto Zambrano Ochandarte, Juan Manuel Vargas Risco (63.Reimond Orángel Manco Albarracín), Josepmir Aarón Ballón Villacorta (89.Rainer Torres Salas), Luis Alberto Ramírez Lucay (84.Antonio Emiliano Gonzáles Canchari), Luis Jan Piers Advíncula Castrillón (46.Jean Carlo Tragodara Gálvez; 73.John Christian Galliquio Castro), Jefferson Agustín Farfán Guadalupe, José Carlos Fernández Piedra.
Trainer: Sergio Apraham Markarián Abrahamian (Uruguay).
Goals: José Carlos Fernández Piedra (67), Jean Carlo Tragodara Gálvez (71).

07.09.2010, Friendly International
Lockhart Stadium, Fort Lauderdale (United States); Attendance: n/a
Referee: Terry Vaughn (United States)
JAMAICA - PERU **1-2(1-1)**
PER: Salomón Alexis Libman Pastor, Wilmer Santiago Acasiete Ariadela (46.Walter Ricardo Vílchez Soto), John Christian Galliquio Castro, Jesús Giancarlos Rabanal Dávila, Carlos Augusto Zambrano Ochandarte (46.Roberto Carlos Guizasola La Rosa), Juan Manuel Vargas Risco, Antonio Emiliano Gonzáles Canchari (65.Josepmir Aarón Ballón Villacorta), Rainer Torres Salas (64.Luis Jan Piers Advíncula Castrillón), Reimond Orángel Manco Albarracín (46.Jean Carlo Tragodara Gálvez), Jefferson Agustín Farfán Guadalupe, Hernán Rengifo Trigoso (84.José Carlos Fernández Piedra). Trainer: Sergio Apraham Markarián Abrahamian (Uruguay).
Goals: Demar Philips (4 own goal), José Carlos Fernández Piedra (85).

08.10.2010, Friendly International
Estadio „Alejandro Villanueva", Lima; Attendance: 15,000
Referee: Omar Ponce (Ecuador)
PERU – COSTA RICA **2-0(2-0)**
PER: Salomón Alexis Libman Pastor, Christian Guillermo Martín Ramos Garagay, Walter Ricardo Vílchez Soto, Roberto Carlos Guizasola La Rosa (57.Willy Alexander Rivas Asin), Carlos Augusto Zambrano Ochandarte (68.John Christian Galliquio Castro), Josepmir Aarón Ballón Villacorta (68.Rainer Torres Salas), Luis Alberto Ramírez Lucay (81.Paolo Giancarlo de la Haza Urquiza), Reimond Orángel Manco Albarracín (57.Jean Carlo Tragodara Gálvez), Daniel Chávez Castillo (57.Luis Jan Piers Advíncula Castrillón), Jefferson Agustín Farfán Guadalupe, Hernán Rengifo Trigoso. Trainer: Sergio Apraham Markarián Abrahamian (Uruguay).
Goals: Luis Alberto Ramírez Lucay (3), Hernán Rengifo Trigoso (5).

12.10.2010, Friendly International
Estadio „Rommel Fernández", Ciudad de Panamá; Attendance: 5,000
Referee: Ricardo Cerdas Sánchez (Costa Rica)
PANAMA - PERU **1-0(0-0)**
PER: Raúl Omar Fernández Valverde, Christian Guillermo Martín Ramos Garagay (46.John Christian Galliquio Castro), Walter Ricardo Vílchez Soto, Jesús Giancarlos Rabanal Dávila, Willy Alexander Rivas Asin, Carlos Augusto Zambrano Ochandarte (*sent off 23*), Josepmir Aarón Ballón Villacorta, Jean Carlo Tragodara Gálvez (68.Rainer Torres Salas), Luis Alberto Ramírez Lucay (81.Luis Jan Piers Advíncula Castrillón), Johan Javier Fano Espinoza (57.Hernán Rengifo Trigoso), Jefferson Agustín Farfán Guadalupe. Trainer: Sergio Apraham Markarián Abrahamian (Uruguay).

17.11.2010, Friendly International
Estadio „Nemesio Camacho" ,El Campín", Bogotá; Attendance: 6,900
Referee: Saúl Esteban Laverni (Argentina)
COLOMBIA - PERU **1-1(0-1)**
PER: Erick Guillermo Delgado Vásquez, Christian Guillermo Martín Ramos Garagay, Walter Ricardo Vílchez Soto, Roberto Carlos Guizasola La Rosa, Jesús Giancarlos Rabanal Dávila, Juan Manuel Vargas Risco (74.Luis Enrique Trujillo Ortiz), Josepmir Aarón Ballón Villacorta (87.Adán Adolfo Balbín Silva), Carlos Augusto Lobatón Espejo (58.Jean Carlo Tragodara Gálvez), Renzo Santiago Sheput Rodríguez (58.Luis Jan Piers Advíncula Castrillón), Luis Alberto Ramírez Lucay (78.Paulo Rinaldo Cruzado Durand), José Carlos Fernández Piedra (66.Juan Diego González-Vigil Bentin). Trainer: Sergio Apraham Markarián Abrahamian (Uruguay).
Goal: Luis Alberto Ramírez Lucay (32).

08.02.2011, Friendly International
Estadio 25 de Noviembre, Moquegua; Attendance: 15,000
Referee: Darío Ubriaco (Uruguay)
PERU - PANAMA   **1-0(1-0)**
PER: Erick Guillermo Delgado Vásquez, Christian Guillermo Martín Ramos Garagay (62.Gianfranco Roberto Espinoza), Orlando Contreras Collantes, Walter Ricardo Vílchez Soto, Renzo Revoredo Zuazo, Paulo Rinaldo Cruzado Durand (46.Antonio Emiliano Gonzáles Canchari), Jean Carlo Tragodara Gálvez (46.Johan Joussep Sotil Eche), Michael Fidel Guevara Legua (46.Víctor Yoshimar Yotún Flores), Luis Jan Piers Advíncula Castrillón (46.Carlos Augusto Lobatón Espejo), Wilmer Alexander Aguirre Vásquez (90.Víctor Alfonso Rossel Del Mar), Johan Javier Fano Espinoza. Trainer: Sergio Apraham Markarián Abrahamian (Uruguay).
Goal: Orlando Contreras Collantes (40).

29.03.2011, Friendly International
Kyocera Stadion, Den Haag (Holland); Attendance: n/a
Referee: Oscar Eric Braamhaar (Holland)
ECUADOR - PERU   **0-0**
PER: Salomón Alexis Libman Pastor, Christian Guillermo Martín Ramos Garagay (*sent off 22*), Wilmer Santiago Acasiete Ariadela, Walter Ricardo Vílchez Soto, Giancarlo Carmona Maldonado (60.Renzo Revoredo Zuazo), Juan Manuel Vargas Risco (60.Antonio Emiliano Gonzáles Canchari), Paulo Rinaldo Cruzado Durand, Jean Carlo Tragodara Gálvez (60.Carlos Augusto Lobatón Espejo), Michael Fidel Guevara Legua (30.Jesús Giancarlos Rabanal Dávila), José Paolo Guerrero Gonzales (75.Luis Jan Piers Advíncula Castrillón), Claudio Miguel Pizarro Bosio. Trainer: Sergio Apraham Markarián Abrahamian (Uruguay).

NATIONAL TEAM PLAYERS 2010/2011				
Name	DOB	Club	Cp	Gls
Goalkeepers				
Erick Guillermo DELGADO Vásquez	30.06.1982	Club Sporting Cristal Lima	14	0
Raúl Omar FERNÁNDEZ Valverde	06.10.1985	OGC Nice (FRA)	6	0
Salomón Alexis LIBMAN Pastor	25.02.1984	Club Alianza Lima	3	0
Defenders				
Wilmer Santiago ACASIETE Ariadela	22.10.1977	UD Almería (ESP)	30	2
Adán Adolfo BALBÍN Silva	13.10.1986	CD Universidad San Martín de Porres	1	0
Orlando CONTRERAS Collantes	06.03.1982	CD Universidad San Martín de Porres	6	1
Gianfranco Roberto ESPINOZA	28.08.1986	CD León de Huanaco	1	0
John Christian GALLIQUIO Castro	01.12.1979	Club Universitario de Deportes Lima	35	0
Roberto Carlos GUIZASOLA La Rosa	21.08.1984	CA Rosario Central (ARG)	5	0
Giancarlo Carmona MALDONADO	08.10.1985	CA San Lorenzo de Almagro (ARG)	1	0
Christian Guillermo Martín RAMOS Garagay	04.11.1988	CD Universidad San Martín de Porres; 01.2011-> Club Alianza Lima	7	0
Renzo REVOREDO Zuazo	11.05.1986	Club Universitario de Deportes Lima	3	0
Willy Alexander RIVAS Asin	04.05.1985	Club Juan Aurich de Chiclayo	2	0
Walter Ricardo VÍLCHEZ Soto	20.02.1982	Club Alianza Lima	53	1
Carlos Augusto ZAMBRANO Ochandarte	10.07.1989	FC St. Pauli Hamburg (GER)	15	1

		Midfielders		
Josepmir Aaron BALLÓN Villacorta	21.03.1988	CA River Plate Buenos Aires (ARG)	12	0
Paulo Rinaldo CRUZADO Durand	21.09.1984	Club Juan Aurich de Chiclayo	15	0
Paolo Giancarlo DE LA HAZA Urquiza	30.11.1983	Club Alianza Lima	23	0
Antonio Emiliano GONZÁLES Canchari	16.05.1986	Club Universitario de Deportes Lima	4	0
Michael Fidel GUEVARA Legua	10.06.1984	Sport Boys Association Callao	2	0
Carlos Augusto LOBATÓN Espejo	06.02.1980	Club Sporting Cristal Lima	14	1
Reimond Orángel MANCO Albarracín	23.08.1990	Club Juan Aurich de Chiclayo	5	0
Jesús Giancarlos RABANAL Dávila	25.12.1984	Club Universitario de Deportes Lima	5	0
Luis Alberto RAMÍREZ Lucay	10.11.1984	Club Universitario de Deportes Lima	7	0
Renzo Santiago SHEPUT Rodríguez	08.11.1980	Equidad CD Bogotá (ECU)	1	0
Johan Joussep SOTIL Eche	29.08.1982	Deportivo Sport Huancayo	1	0
Jean Carlo TRAGODARA Gálvez	16.12.1985	Club Alianza Lima	7	1
Rainer TORRES Salas	12.01.1980	Club Universitario de Deportes Lima	28	0
Luis Enrique TRUJILLO Ortiz	27.12.1990	Club Alianza Lima	3	0
Juan Manuel VARGAS Risco	05.10.1983	AC Firentina Firenze (ITA)	31	3
Víctor Yoshimar YOTÚN Flores	07.04.1990	Club Sporting Cristal Lima	1	0
		Forwards		
Luis Jan Piers ADVÍNCULA Castrillón	02.03.1990	Club Sporting Cristal Lima	7	0
Wilmer Alexander AGUIRRE Vásquez	10.05.1983	San Luís FC (MEX)	5	0
Daniel CHÁVEZ Castillo	08.01.1988	KVC Westerlo (BEL)	10	0
Johan Javier FANO Espinoza	09.08.1978	CF Atlante Cancún (MEX); 01.2011-> Club Universitario de Deportes Lima	17	3
Jefferson Agustín FARFÁN Guadalupe	26.10.1984	FC Schalke 04 Gelsenkirchen (GER)	45	12
José Carlos FERNÁNDEZ Piedra	14.05.1983	Sociedad Deportivo Quito (ECU)	4	2
Juan Diego GONZÁLEZ-VIGIL Bentin	18.02.1985	Sociedad Deportivo Quito (ECU)	4	0
José Paolo GUERRERO Gonzales	01.01.1984	Hamburger SV (GER)	29	9
Claudio Miguel PIZARRO Bosio	03.10.1978	SV Werder Bremen (GER)	56	13
Hernán RENGIFO Trigoso	18.04.1983	Omonia AC Nicosia (CYP)	20	6
Víctor Alfonso ROSSEL Del Mar	05.11.1985	CSCD Universidad César Vallejo Trujillo	1	0
		Trainer		
Sergio Apraham MARKARIÁN Abrahamian	01.11.1944	(Uruguay)		

(Caps and goals at 31.05.2011)

URUGUAY

The Country:	The FA:
República Oriental del Uruguay (Oriental Republic of Uruguay) Capital: Montevideo Surface: 176,215 km² Inhabitants: 3,500,000 Time: UTC-3	Asociación Uruguaya de Fútbol Guayabo 1531, Montevideo 11200 Year of Formation: 1900 Member of FIFA since: 1923 Member of CONMEBOL since: 1916

NATIONAL TEAM RECORDS

COPA AMÉRICA		WORLD CUP	
1916	Winners	1930	Final Tournament (Winners)
1917	Winners	1934	Withdrew
1919	Runners-up	1938	Did not enter
1920	Winners	1950	Final Tournament (Winners)
1921	3rd Place	1954	Final Tournament (Semi-Finals)
1922	3rd Place	1958	Qualifiers
1923	Winners	1962	Final Tournament (1st Round)
1924	Winners	1966	Final Tournament (Quarter-Finals)
1925	Withdrew	1970	Final Tournament (4th Place)
1926	Winners	1974	Final Tournament (1st Round)
1927	Runners-up	1978	Qualifiers
1929	3rd Place	1982	Qualifiers
1935	Winners	1986	Final Tournament (2nd Round)
1937	3rd Place	1990	Final Tournament (2nd Round)
1939	Runners-up	1994	Qualifiers
1941	Runners-up	1998	Qualifiers
1942	Winners	2002	Final Tournament (1st Round)
1945	4th Place	2006	Qualifiers
1946	4th Place	2010	Final Tournament (4th Place)
1947	3rd Place	PANAMERICAN GAMES	
1949	6th Place	1951	Did not enter
1953	3rd Place	1955	Did not enter
1955	4th Place	1959	Did not enter
1956	Winners	1963	4th Place
1957	3rd Place	1967	Did not enter
1959	5th Place	1971	Did not enter
1959E	Winners	1975	Round 1
1963	Withdrew	1979	Did not enter
1967	Winners	1983	Winners
1975	Semi-Finals	1987	Did not enter
1979	Round 1	1991	Did not enter
1983	Winners	1995	Did not enter
1987	Winners	1999	Round 1
1989	Runners-up	2003	Did not enter
1991	Round 1	2007	Did not enter
1993	Quarter-Finals	PANAMERICAN CHAMPIONSHIP	
1995	Winners	1952	3rd Place
1997	Round 1	1956	Did not enter
1999	Runners-up	1960	Did not enter
2001	Semi-Finals		
2004	3rd Place		
2007	Semi-Finals		
2011	*To be played*		

OLYMPIC GAMES 1896-2008	
1924 (Winners), 1928 (Winners)	
FIFA CONFEDERATIONS CUP 1992-2009	
1997	
PLAYER WITH MOST INTERNATIONAL CAPS	
Rodolfo Sergio Rodríguez Rodríguez – 78 caps (1976-1986)	
PLAYER WITH MOST INTERNATIONAL GOALS	
Héctor Pedro Scarone – 31 goals / 52 caps (1917-1930)	

URUGUAYAN CLUB HONOURS IN SOUTH AMERICAN CLUB COMPETITIONS:

COPA LIBERTADORES 1960-2010
Club Atlético Peñarol Montevideo (1960, 1961, 1966, 1982, 1987)
Club Nacional de Football Montevideo (1971, 1980, 1988)
COPA SUDAMERICANA 2002-2010
None
COPA CONMEBOL 1992-1999
None
SUPERCUP "JOÃO HAVELANGE" 1988-1997*
None
COPA MERCOSUR 1998-2001**
None

*Contested betwenn winners of all previous editions of the Copa Libertadores
**Contested between teams belonging countries from the southern part of South America (Argentina, Brazil, Chile, Paraguay and Uruguay).

NATIONAL COMPETITIONS
TABLE OF HONOURS

NATIONAL CHAMPIONS 1900-2011	

	THE AMATEUR ERA
	Uruguay Association Foot-ball League
1900	Central Uruguay Railway Cricket Club Montevideo (CURCC)
1901	Central Uruguay Railway Cricket Club Montevideo
1902	Club Nacional de Football Montevideo
1903	Club Nacional de Football Montevideo
1904	*No competition*
1905	Central Uruguay Railway Cricket Club Montevideo
1906	Montevideo Wanderers FC
1907	Central Uruguay Railway Cricket Club Montevideo
	Liga Uruguaya
1908	River Plate FC Montevideo
1909	Montevideo Wanderers FC
1910	River Plate FC Montevideo
1911	Central Uruguay Railway Cricket Club Montevideo
1912	Club Nacional de Football Montevideo
1913	River Plate FC Montevideo
1914	River Plate FC Montevideo

	Asociación Uruguaya de Foot-ball
1915	Club Nacional de Football Montevideo
1916	Club Nacional de Football Montevideo
1917	Club Nacional de Football Montevideo
1918	CA Peñarol Montevideo
1919	Club Nacional de Football Montevideo
1920	Club Nacional de Football Montevideo
1921	CA Peñarol Montevideo
1922	Club Nacional de Football Montevideo
1923	Club Nacional de Football Montevideo
1924	Club Nacional de Football Montevideo
1925	*Championship not finished*
	Consejo Provisorio
1926	CA Peñarol Montevideo
	Asociación Uruguaya de Foot-ball
1927	Rampla Juniors FC Montevideo
1928	CA Peñarol Montevideo
1929	CA Peñarol Montevideo
1930	*No competition*
1931	Montevideo Wanderers FC
	THE PROFESSIONAL ERA
	Asociación Uruguaya de Fútbol
1932	CA Peñarol Montevideo
1933	Club Nacional de Football Montevideo
1934	Club Nacional de Football Montevideo
1935	CA Peñarol Montevideo
1936	CA Peñarol Montevideo
1937	CA Peñarol Montevideo
1938	CA Peñarol Montevideo
1939	Club Nacional de Football Montevideo
1940	Club Nacional de Football Montevideo
1941	Club Nacional de Football Montevideo
1942	Club Nacional de Football Montevideo
1943	Club Nacional de Football Montevideo
1944	CA Peñarol Montevideo
1945	CA Peñarol Montevideo
1946	Club Nacional de Football Montevideo
1947	Club Nacional de Football Montevideo
1948	*Championship not fiished*
1949	CA Peñarol Montevideo
1950	Club Nacional de Football Montevideo
1951	CA Peñarol Montevideo
1952	Club Nacional de Football Montevideo
1953	CA Peñarol Montevideo
1954	CA Peñarol Montevideo
1955	Club Nacional de Football Montevideo
1956	Club Nacional de Football Montevideo
1957	Club Nacional de Football Montevideo
1958	CA Peñarol Montevideo
1959	CA Peñarol Montevideo
1960	CA Peñarol Montevideo
1961	CA Peñarol Montevideo

1962	CA Peñarol Montevideo
1963	Club Nacional de Football Montevideo
1964	CA Peñarol Montevideo
1965	CA Peñarol Montevideo
1966	Club Nacional de Football Montevideo
1967	CA Peñarol Montevideo
1968	CA Peñarol Montevideo
1969	Club Nacional de Football Montevideo
1970	Club Nacional de Football Montevideo
1971	Club Nacional de Football Montevideo
1972	Club Nacional de Football Montevideo
1973	CA Peñarol Montevideo
1974	CA Peñarol Montevideo
1975	CA Peñarol Montevideo
1976	Defensor SC Montevideo
1977	Club Nacional de Football Montevideo
1978	CA Peñarol Montevideo
1979	CA Peñarol Montevideo
1980	Club Nacional de Football Montevideo
1981	CA Peñarol Montevideo
1982	CA Peñarol Montevideo
1983	Club Nacional de Football Montevideo
1984	Central Español FC Montevideo
1985	CA Peñarol Montevideo
1986	CA Peñarol Montevideo
1987	Defensor SC Montevideo
1988	Danubio FC Montevideo
1989	CA Progreso Montevideo
1990	CA Bella Vista Montevideo
1991	Defensor SC Montevideo
1992	Club Nacional de Football Montevideo
1993	CA Peñarol Montevideo
1994	CA Peñarol Montevideo
1995	CA Peñarol Montevideo
1996	CA Peñarol Montevideo
1997	CA Peñarol Montevideo
1998	Club Nacional de Football Montevideo
1999	CA Peñarol Montevideo
2000	Club Nacional de Football Montevideo
2001	Club Nacional de Football Montevideo
2002	Club Nacional de Football Montevideo
2003	CA Peñarol Montevideo
2004	Danubio FC Montevideo
2005	Club Nacional de Football Montevideo
2005/2006	Club Nacional de Football Montevideo
2006/2007	Danubio FC Montevideo
2007/2008	Defensor SC Montevideo
2008/2009	Club Nacional de Football Montevideo
2009/2010	CA Peñarol Montevideo
2010/2011	*Championship not yet finished*

	BEST GOALSCORERS	
1932	Juan Labraga (Rampla Juniors FC Montevideo)	17
1933	Juan Young (CA Peñarol Montevideo)	33
1934	Aníbal Ciocca (Club Nacional de Football Montevideo)	13
1935	Antonio Cataldo (Defensor SC Montevideo)	12
1936	Aníbal Ciocca (Club Nacional de Football Montevideo)	14
1937	Horacio Tellechea (CA Peñarol Montevideo)	16
1938	Atilio Ceferino García Pérez (ARG, Club Nacional de Football Montevideo)	20
1939	Atilio Ceferino García Pérez (ARG, Club Nacional de Football Montevideo)	21
1940	Atilio Ceferino García Pérez (ARG, Club Nacional de Football Montevideo)	18
1941	Atilio Ceferino García Pérez (ARG, Club Nacional de Football Montevideo)	23
1942	Atilio Ceferino García Pérez (ARG, Club Nacional de Football Montevideo)	19
1943	Atilio Ceferino García Pérez (ARG, Club Nacional de Football Montevideo)	18
1944	Atilio Ceferino García Pérez (ARG, Club Nacional de Football Montevideo)	21
1945	Nicolás Falero (CA Peñarol Montevideo) Juan Alberto Schiaffino Villano (CA Peñarol Montevideo)	21
1946	Atilio Ceferino García Pérez (ARG, Club Nacional de Football Montevideo)	21
1947	Nicolás Falero (CA Peñarol Montevideo)	17
1948	Óscar Omar Míguez (CA Peñarol Montevideo)	8
1949	Óscar Omar Míguez (CA Peñarol Montevideo)	20
1950	Juan Ramón Orlandi (Club Nacional de Football Montevideo)	14
1951	Juan Eduardo Hohberg (CA Peñarol Montevideo)	17
1952	Jorge Enrico (Club Nacional de Football Montevideo)	15
1953	Juan Eduardo Hohberg (CA Peñarol Montevideo)	17
1954	Juan Romay (CA Peñarol Montevideo)	12
1955	Javier Ambrois (Club Nacional de Football Montevideo)	17
1956	Carlos Carranza (CA Cerro Montevideo)	18
1957	Walter Hernández (Defensor SC Montevideo)	16
1958	Manuel Pedersen (Rampla Juniors FC Montevideo)	12
1959	Víctor Guaglianone (Montevideo Wanderers FC)	13
1960	Ángel Cabrera (CA Peñarol Montevideo)	14
1961	Alberto Spencer Herrera (ECU, CA Peñarol Montevideo)	18
1962	Alberto Spencer Herrera (ECU, CA Peñarol Montevideo)	16
1963	Pedro Virgilio Rocha Franchetti (CA Peñarol Montevideo)	18
1964	Héctor Salva (Rampla Juniors FC Montevideo)	12
1965	Pedro Virgilio Rocha Franchetti (CA Peñarol Montevideo)	15
1966	Araquem De Melo (BRA, Danubio FC Montevideo)	12
1967	Alberto Spencer Herrera (ECU, CA Peñarol Montevideo)	11
1968	Alberto Spencer Herrera (ECU, CA Peñarol Montevideo) Pedro Virgilio Rocha Franchetti (CA Peñarol Montevideo) Ruben García (CA Cerro Montevideo) Ruben Bareño (CA Cerro Montevideo)	8
1969	Luis Artime (ARG, Club Nacional de Football Montevideo)	24
1970	Luis Artime (ARG, Club Nacional de Football Montevideo)	21
1971	Luis Artime (ARG, Club Nacional de Football Montevideo)	16
1972	Juan Carlos Mamelli (Club Nacional de Football Montevideo)	20
1973	Fernando Morena Belora (CA Peñarol Montevideo)	23
1974	Fernando Morena Belora (CA Peñarol Montevideo)	27
1975	Fernando Morena Belora (CA Peñarol Montevideo)	34
1976	Fernando Morena Belora (CA Peñarol Montevideo)	18
1977	Fernando Morena Belora (CA Peñarol Montevideo)	19

1978	Fernando Morena Belora (CA Peñarol Montevideo)	36
1979	Waldemar Barreto Victorino (Club Nacional de Football Montevideo)	19
1980	Jorge Luis Siviero Vlahussich (Institución Atlética Sud América Montevideo)	19
1981	Ruben Walter Paz Márquez (CA Peñarol Montevideo)	17
1982	Fernando Morena Belora (CA Peñarol Montevideo)	17
1983	Roberto Arsenio Luzardo Correa (Club Nacional de Football Montevideo)	13
1984	José Villareal (Central Español FC Montevideo)	18
1985	Antonio Valentín Alzamendi Casas (CA Peñarol Montevideo)	13
1986	Juan Ramón Carrasco Torres (Club Nacional de Football Montevideo) Gerardo Miranda (Defensor SC Montevideo)	11
1987	Gerardo Miranda (Defensor SC Montevideo)	13
1988	Rubén Fernando da Silva Echeverrito (Danubio FC Montevideo)	23
1989	Johnny Miqueiro (CA Progreso Montevideo) Diego Vicente Aguirre Camblor (CA Peñarol Montevideo) Oscar Quagliata (CSD Huracán Buceo)	7
1990	Adolfo Barán (CA Peñarol Montevideo)	13
1991	Julio César Dely Valdés (PAN, Club Nacional de Football Montevideo)	16
1992	Julio César Dely Valdés (PAN, Club Nacional de Football Montevideo)	13
1993	Wilmar Rubens Cabrera Sappa (CSD Huracán Buceo)	12
1994	Darío Debray Silva Pereira (CA Peñarol Montevideo)	19
1995	Juan Antonio González Crespo (Club Nacional de Football Montevideo)	16
1996	Juan Antonio González Crespo (Club Nacional de Football Montevideo)	13
1997	Pablo Javier Bengoechea Dutra (CA Peñarol Montevideo)	10
1998	Jorge Martín Rodríguez Alba (CA River Plate Montevideo) Rubén Sosa Ardáiz (Club Nacional de Football Montevideo)	13
1999	Jorge Gabriel Álvez Fernández (Club Nacional de Football Montevideo)	24
2000	Ernesto Javier Chevantón Espinoza (Danubio FC Montevideo)	33
2001	Eliomar Marcón (BRA, Defensor SC Montevideo)	21
2002	Germán Hornos (Centro Atlético Fénix Montevideo)	25
2003	Alexander Jesús Medina Reobasco (Liverpool FC Montevideo)	22
2004	Alexander Jesús Medina Reobasco (Club Nacional de Football Montevideo) Carlos Éber Bueno Suárez (CA Peñarol Montevideo)	26
2005	Pablo Mariano Granoche Louro (Club Sportivo Miramar Misiones)	16
2005/2006	Pedro Cardoso (Rocha Fútbol Club)	17
2006/2007	Aldo Díaz (Tacuarembó FC)	15
2007/2008	Christian Ricardo Stuani (Danubio FC Montevideo) Richard Aníbal Porta Candelaresi (CA River Plate Montevideo)	19
2008/2009	Líber Quiñones (Racing Club de Montevideo) Antonio Pacheco D'Agosti (CA Peñarol Montevideo)	12
2009/2010	Antonio Pacheco D'Agosti (CA Peñarol Montevideo)	23
2010/2011	*Championship not yet finished*	

	NATIONAL CHAMPIONSHIP
	Primera División Profesional 2010/2011

Torneo Apertura "Sudáfrica 2010"

1.	Defensor SC Montevideo	15	9	3	3	31 - 13	30
2.	Club Nacional de Football Montevideo	15	8	5	2	28 - 18	29
3.	CA Bella Vista Montevideo	15	9	2	4	24 - 18	29
4.	CCD El Tanque Sisley Montevideo	15	8	4	3	21 - 18	28
5.	Danubio FC Montevideo	15	7	5	3	24 - 14	26
6.	CA Peñarol Montevideo	15	7	4	4	24 - 17	25
7.	Montevideo Wanderers FC	15	5	6	4	20 - 16	21
8.	Liverpool FC Montevideo	15	5	6	4	18 - 19	19
9.	CA Cerro Montevideo	15	4	7	4	15 - 17	18
10.	CA Fénix Montevideo	15	4	6	5	21 - 20	18
11.	CA River Plate Montevideo	15	5	3	7	16 - 23	17
12.	Central Español FC Montevideo	15	4	5	6	21 - 25	14
13.	Racing Club de Montevideo	15	3	5	7	14 - 20	14
14.	Rampla Juniors FC Montevideo	15	2	6	7	19 - 27	12
15.	CS Miramar Misiones Montevideo	15	2	5	8	14 - 23	11
16.	Tacuarembó FC	15	1	2	12	10 - 32	5

Torneo Clausura 2011

1.	**Club Nacional de Football Montevideo**	14	11	1	2	32 - 11	34
2.	CA Peñarol Montevideo	14	8	3	3	28 - 19	27
3.	Defensor SC Montevideo	14	7	4	3	18 - 12	25
4.	CA Fénix Montevideo	14	6	6	2	22 - 15	24
5.	Central Español FC Montevideo	14	6	3	5	25 - 22	21
6.	Liverpool FC Montevideo	14	5	5	4	25 - 17	20
7.	Tacuarembó FC	14	5	4	5	22 - 18	19
8.	Racing Club de Montevideo	14	5	4	5	17 - 22	19
9.	Rampla Juniors FC Montevideo	14	6	1	7	17 - 25	19
10.	Montevideo Wanderers FC	14	4	5	5	20 - 17	17
11.	Danubio FC Montevideo	14	5	1	8	27 - 32	16
12.	CA Cerro Montevideo	14	4	4	6	16 - 25	16
13.	CA Bella Vista Montevideo	14	4	3	7	17 - 25	15
14.	CA River Plate Montevideo	14	3	5	6	14 - 16	14
15.	CCD El Tanque Sisley Montevideo	14	4	1	9	19 - 29	13
16.	CS Miramar Misiones Montevideo	14	2	3	9	12 - 26	9

(Stand at 31.05.2011)
Club Nacional de Football Montevideo is one days before end of the championship always winner.
The Torneo Clausura 2011 will be finished in June 2011. Final table of Clausura 2011, Aggregate Table 2010/2011 and Relegation Table will be published in the next edition of „South American Football Yearbook"!

Championship final

Defensor SC Montevideo - Club Nacional de Football Montevideo
(will be played in June 2011 – complete statistics will be published in the next edition of „South American Football Yearbook")

THE CLUBS 2010/2011

CLUB ATLÉTICO BELLA VISTA MONTEVIDEO

Foundation date: October 4, 1920
Address: Avenida Agraciada 3100, Montevideo
Stadium: Estadio „José Nasazzi", Montevideo – Capacity: 15,000

THE SQUAD

	DOB
Goalkeepers:	
Sebastián Javier Britos Rodríguez	02.01.1988
Nicolás Gentilio Martínez	13.04.1987
Ángel Nicolás Torreira Irace	27.03.1983
Defenders:	
José Ricardo Asqueta Vera	09.01.1987
Federico Díaz Dusser	25.03.1989
Cristian Antonio Franco Agrelo	11.10.1985
Carlos Eduardo Gutiérrez Silva	25.12.1976
Esteban Fernando Maga Fumero	05.06.1984
Abdoul Fatah Njankouo Nsangou	27.05.1984
Sergio Damián Santín Francia	22.09.1980
Pablo Soares de Lima	19.04.1989
Midfielders:	
Gonzalo Javier Bazallo Strada	29.04.1986
Jesús Sebastián Belase Pereyra	07.01.1984
Jorge Daniel Casanova Curbelo	26.07.1976
Santiago Tabaré López Bruzzese	08.05.1982
Marcelo Andrés Martusciello Carro	22.12.1976
Ignacio Nicolini Díaz	04.02.1987
Paulo Nazareno Ortíz Curti	02.04.1983
Jonathan Alexis Pérez Fernández	11.11.1986
Leandro Rodrigo Silva Iglesias	13.03.1987
Agustín Viana Ache	23.08.1983
Forwards:	
Daniel Eduardo Baldi Alfano	23.11.1981
César Federico Ceballos	28.09.1984
Álvaro Gonzalo Méndez Meneses	03.07.1990
Ignacio Sebastián Palermo Gularte	10.07.1985
Raúl Andrés Tarragona Lemos	06.03.1987
José Pablo Varela Rebollo	29.05.1988
Trainer:	
Pablo Alonso	

CENTRAL ESPAÑOL FÚTBOL CLUB MONTEVIDEO

Foundation date: January 5, 1905
Address: Avenida Ricaldoni 2875, Montevideo
Stadium: Estadio Parque Palermo, Montevideo – Capacity: 6,500

THE SQUAD

	DOB
Goalkeepers:	
Ignacio Leonardo de León Jacue	15.11.1977
Gastón Robert Siboldi	17.10.1987
Defenders:	
Jorge Andrés Ayala Iraola	14.03.1989
Gastón Matías Bueno Sciutto	02.02.1985
Joaquín Burutarán Arrigonni	24.06.1980
Pablo Adrián Castro Duret	18.01.1985
Andrés Pablo Fernández Rizzo	21.08.1986
Edgar Leonardo Martínez Fracchia	26.01.1979
José Luis Montañés	08.01.1990
Pablo Andrés Pereira Errandonea	24.04.1985
Marcelo Fabián Rodríguez Scarfo	19.09.1987
Juan Carlos Silva Suárez	15.01.1989
Midfielders:	
Aníbal Gabriel Alcoba Rebollo	24.01.1980
Alexis Bayón López	07.05.1991
Pablo Damián Castro Guastavino	07.08.1983
Guillermo Esteban Firpo	12.07.1988
Santiago López Otero	16.06.1991
Gastón Machado	19.01.1986
Sergio Alejandro Pérez Quinta	14.02.1983
Bruno Pezzella (ARG)	22.12.1988
Rolando Rubén Renaut Torales (PAR)	05.08.1987
Leonardo Nicolás Sosa Rodríguez	
Forwards:	
Cristian Martín Palacios Ferreira	02.09.1990
Gonzalo Nicolás Da Luz Grana	01.02.1987
Jesús Darwin Ramírez Umpierrez	12.07.1988
Diego Nicolás Riolfo Pérez	08.01.1990
Alexander Maximiliano Silva Garrel	14.11.1990
Sergio Sebastián Souza Pisano	07.05.1985
Matías Vecino Falero	24.08.1991
Trainer:	
Daniel Florencio Sánchez Núñez	03.05.1961

CLUB ATLÉTICO CERRO MONTEVIDEO
Foundation date: December 1, 1922
Address: Grecia 3621, Montevideo
Stadium: Estadio Monumental „Luis Tróccoli", Montevideo – Capacity: 25,000

THE SQUAD

	DOB
Goalkeepers:	
Jonathan Mathías Cubero Rieta	15.01.1994
Mathías Rolero	10.09.1988
Álvaro Villete	
Defenders:	
Guillermo Daniel De Los Santos Viana	06.02.1992
Mitchel Ernesto Duarte Iroldi	14.12.1991
Gastón Filgueira Méndez	08.01.1986
Sebastián Galán Rueda	26.01.1984
Emiliano Martín García Tellechea	14.01.1990
Gastón Nicolás Pagano	08.10.1988
Pablo Antonio Pallante Mieres	14.02.1979
Diego Fabián Pumar Bravo	14.02.1976
Midfielders:	
Pablo Eduardo Caballero	21.11.1987
Darío Ferreira	09.02.1987
Héctor Martín Icart Atahídes	01.12.1984
William Wagner Klingender Ferreyra	02.10.1988
Marcelo Adrián Mansilla Iriarte	10.03.1981
Óscar Javier Morales Albornoz	29.03.1975
Omar Mario Pérez Aguado	20.09.1976
Sergio Maximiliano Pérez Visca	26.05.1988
Ricardo Sebastián Queiro Savio	20.07.1985
Andrés Ravecca Cadenas	01.09.1989
Ángel Matías Rodríguez Brera	09.09.1988
Jorge Fabián Trujillo	06.07.1986
Forwards:	
Matías Alonso Vallejo	16.04.1985
Silvio Bosco Frontán Vega	24.03.1984
Adrián Eloys Leites López	08.02.1991
Álvaro Alejandro Melo Silvera	13.05.1979
Andrés Raúl Molina	03.07.1987
Jonathan Daniel Soto Da Luz	04.10.1988
Trainer:	
Ricardo Alberto Ortiz Saldaña	06.02.1957

DANUBIO FÚTBOL CLUB MONTEVIDEO

Foundation date: March 1, 1932
Address: Avenida 8 de Octubre 4584, Montevideo
Stadium: Estadio Jardines del Hipódromo, Montevideo – Capacity: 18,000

THE SQUAD

	DOB
Goalkeepers:	
Mauro Daniel Goicoechea Furia	26.03.1988
Salvador Ichazo Fernández	26.01.1992
Diego Armando Pérez Quinta	26.11.1979
Defenders:	
Sebastián Roberto Diana Suárez	02.08.1990
Julio César Ferrón Álvez	12.10.1988
Jonathan Andrés Leites Álvarez	22.08.1990
Damián Malrrechaufe Verdún	19.10.1994
José Ignacio Pallas Martínez	05.01.1983
Carlos Rodríguez Rubén	07.04.1990
Gianni Daniel Rodríguez Fernández	07.06.1994
Washington Eduardo Tais Bidegain	21.12.1972
Emiliano Daniel Velázquez Maldonado	30.04.1994
Midfielders:	
Ángel Gabriel Cayetano Pírez	08.01.1991
Guillermo Rafael Chavasco Martínez	09.07.1991
Leando Nicolás Díaz Baffico	24.03.1990
Jorge Omar González Lima	26.06.1992
Mathías Guzmán	12.01.1990
Miguel Márquez	09.07.1991
Camilo Sebastián Mayada Mesa	08.01.1991
Pablo Míguez	19.06.1987
Sebastián Gerardo Píriz Ribas	04.03.1990
Mathías Damian Riquero Beretta	29.08.1982
Sebastián Javier Rodríguez Iriarte	16.08.1992
Paul Matías Zunino Escudero	20.04.1990
Forwards:	
Gastón Giménez	07.12.1989
Anderson Aparecido Gonzaga Martíns (BRA)	29.12.1983
Álvaro Fabián González Pintos	12.09.1973
Matías Martín Jones Mourigian	01.07.1991
Luis Eduardo Martínez Sosa	14.05.1990
Christian Mejía Martínez (COL)	11.10.1990
Leonardo Melazzi	04.02.1991
Daley Yesid Mena Palomeque (COL)	07.02.1985
Diego Rafael Perrone Vienes	19.11.1977
Álvaro Alexander Recoba Rivero	17.03.1976
Mathías Saavedra Perdomo	01.05.1989
Trainer:	
Gustavo Darío Macháin Uhalde [Ape]	19.09.1965
Eduardo Mario Acevedo Cardozo [Cla]	25.09.1989

DEFENSOR SPORTING CLUB MONTEVIDEO
Foundation date: March 15, 1913
Address: 21 de Setiembre N° 2362, Montevideo
Stadium: Estadio „Luis Franzini", Montevideo – Capacity: 18,000

THE SQUAD

	DOB
Goalkeepers:	
Yonatan Irrazábal	12.02.1988
Fernando Rodríguez	02.01.1983
Martín Andrés Silva Leites	25.03.1983
Defenders:	
Adrián Argachá González	21.12.1986
Ramon Ginés Arias Quinteros	27.07.1992
Danilo Asconeguy Ruíz	04.09.1986
Roberto Fabián Herrera Rosas	01.03.1989
Walter Fernando Ibáñez Costa	10.12.1984
Matías Daniel Malvino Gómez	20.01.1992
Néstor Emanuel Moiraghi (ARG)	19.04.1985
Federico Platero Gozzaneo	07.02.1991
Mario Pablo Risso	31.01.1988
Gastón Alexis Silva Perdomo	05.03.1994
Damián Nicolás Suárez	27.04.1988
Midfielders:	
Brahian Alemán Athaydes	23.12.1989
Eduardo Lorenzo Aranda (PAR)	25.01.1985
Diego Ferreira	04.05.1985
Andrés José Fleurquin Rubio	02.08.1975
Ignacio Lores Varela	26.04.1991
Leonardo Javier Pais Corbo	07.07.1994
Christian Pérez	18.05.1990
Diego Martín Rodríguez Berrini	04.09.1989
Diego Manuel Rodríguez Da Luz	08.08.1986
Sebastián Marcelo Suárez López	19.02.1978
Forwards:	
Sasha Alexander Aneff Medrano	26.06.1991
Marcelo Juvenal Fernández García	04.04.1988
Adrián Nicolás Luna Retamar	21.04.1992
Rodrigo Nicanor Mora Núñez	29.10.1987
Jhon Alexander Pírez Araújo	20.02.1993
Ignacio Risso Thomasset	08.10.1977
César David Texeira Torres	27.02.1991
Mauro Adrián Vila Wilkins	25.02.1986
Trainer:	
Pablo Repetto	14.03.1974

CENTRO CULTURAL Y DEPORTIVO EL TANQUE SISLEY
MONTEVIDEO

Foundation date: March 17, 1955
Address: Santa Mónica 2370, Montevideo
Stadium: Estadio „Víctor Della Valle", Montevideo – Capacity: 6,000

THE SQUAD

	DOB
Goalkeepers:	
Martín Andrés Góngora Milán	27.06.1980
Alison Nicola Pérez Barone	05.02.1990
Daniel Andrés Ruíz Robinson	28.04.1986
Defenders:	
Gabriel Corral Ayala	03.10.1976
Antonio Nicolás Fernández Mozzo	07.08.1985
Caue Fernandes Silveira (BRA)	31.07.1988
Selmar Pintos	02.02.1985
Gonzalo Gastón Ramírez Tesoniello	19.02.1984
Rodrigo Marcel Sanguinetti Fernández	01.08.1988
Diego Taramasco Ronco	14.01.1986
Alejandro Pablo Traversa Machad	08.09.1974
Federico Gastón Velázquez Brandon	20.05.1986
Midfielders:	
Ricardo Andrés Aparicio De la Quintana	10.08.1976
Sergio Ramón Cabral Mesa	27.02.1979
Washington Fernando Camacho Martínez	08.04.1986
Walter Fabián Coelho Alves	20.01.1977
Christian Marcelo Latorre Long	17.04.1987
Gastón Martínez Menéndez	01.12.1989
Gonzalo Sebastián Merlo Cristiano	17.12.1986
Juan Manuel Morales González	19.12.1988
Pablo Roberto Munhoz Rodríguez	31.08.1982
Forwards:	
Franco Júnior Aliberti Barreto	16.06.1984
Jorge Gabriel Álvez Fernández	26.12.1974
Jahirsino Julio Baylón Yglesias (PER)	26.02.1989
Maximiliano Callorda Lafont	04.04.1990
Pablo Fabián Difiori Calentano	16.01.1986
Sebastián Rodrigo Gaitán Araújo	21.06.1987
Antoinne Paulin Helha Nouga (CMR)	19.11.1982
Jorge Pablo Maz Rosano	28.09.1989
Miguel Antonio Murillo Rivas (COL)	03.07.1988
Leonardo Novo	13.10.1990
Trainer:	
Rubén Fernando da Silva Echeverrito	11.04.1968

CENTRO ATLÉTICO FÉNIX MONTEVIDEO

Foundation date: July 7, 1916
Address: Capurro 874, Montevideo
Stadium: Estadio Parque Capurro, Montevideo – Capacity: 10,000

THE SQUAD

	DOB
Goalkeepers:	
Damián Bermúdez García	23.04.1988
Óscar Manuel Castro Aristimuño	28.01.1982
Matías Maximiliano Laúz Scandroglio	31.05.1991
Danilo Emanuel Lerda (ARG)	30.03.1987
Juan Ángel Obelar Gutiérrez	12.08.1979
Gabriel Sierra	06.12.1989
Defenders:	
Martín Nicolás Cardozo Medina	26.06.1986
Santiago Fosgt (ARG)	17.03.1986
Carlos Fabián Irigoyen	12.07.1990
Cristian Adrián Machín	05.12.1988
Marco Andrés Marsulino	15.01.1989
Jonathan Piríz Palacio	02.10.1986
Alejandro Silva	04.09.1989
Santiago Tabárez	11.01.1990
Gerardo Claudio Varela Rodríguez	21.04.1979
Midfielders:	
Rafael Aranda Brazia	10.04.1992
Maximiliano Bajter Ugollini	01.03.1986
Álvaro Nicolás Brun	10.04.1987
Federico Martínez	14.01.1988
Danilo Fabián Mederos Ponce de León	11.02.1990
Gonzalo Sebastián Papa Palleiro	08.05.1989
Leonel Eduardo Pilipauskas Rodríguez	18.05.1975
Matías Sebastián Porcari	12.04.1986
Claudio Domingo Rivero Rodríguez	14.04.1985
Fernando Alejandro Ruocco Muñóz	07.07.1989
Forwards:	
Luciano Ariel Cardinali (ARG)	30.06.1986
Román Marcelo Cuello Arizmendi	04.04.1977
Jorge Díaz Morán	
Hernán Novick Rattich	13.12.1988
Juan Manuel Ortíz Prieto	14.04.1982
Maximiliano Daniel Pérez Tambasco	26.10.1986
Miguel Alejandro Puglia	20.01.1988
Maximiliano Russo Imperial	28.09.1989
Fernando Sellanes	24.04.1990
Rodrigo Tassara	30.03.1992
Nicolás Ignacio Vigneri Cetrullo	06.07.1983
Trainer:	
Rosario Martínez	

LIVERPOOL FÚTBOL CLUB MONTEVIDEO

Foundation date: February 15, 1915
Address: Avenida Agraciada 4186, Montevideo
Stadium: Estadio Belvedere, Montevideo – Capacity: 10,000

THE SQUAD

	DOB
Goalkeepers:	
Matías Fidel Castro Fuentes	24.10.1987
Guillermo Rafael De Amores Ravelo	19.10.1994
Sergio Javier Migliaccio Magliano	03.06.1974
Darwin Daniel Nieves Vagnoni	24.06.1990
Defenders:	
Juan Daniel Álvez Ortíz	21.08.1983
Fernando Martín Bonjour	04.09.1985
Mauricio Damián Felipe Herrera	08.10.1990
Leonardo Matías González Martínez	01.01.1979
Maximiliano Felipe Montero Rodríguez	27.08.1988
Martín Cristian Rodríguez Telis	10.02.1985
Cristian Gonzalo Sena Seveso	15.06.1990
Hugo Fernando Souza Días	28.01.1985
Jhonatan Souza Motta	07.03.1989
Midfielders:	
David Michel Acosta	14.02.1988
Nicolás Arbiza Ferreira	14.05.1992
Johnatan Blanes Núñez	10.03.1987
Mauricio Sebastián Díaz Peña	17.09.1985
Hernán Figueredo Alonzo	15.05.1985
Carlos Germán Macchi Vacelaire	18.10.1974
Renzo Daniel Pozzi Palombo	12.10.1984
Murilo Rangel Barbosa (BRA)	01.08.1991
Christian Silvera González	28.02.1989
Forwards:	
Rodrigo Sebastián Aguirre Soto	01.10.1994
Emiliano Alfaro Toscano	28.04.1988
Maximiliano Jonathan Córdoba Borges	17.12.1990
Elías Ricardo Figueroa	26.01.1988
Maureen Javier Franco Alonso	13.12.1983
Alfredo Nicolás Guevara (ARG)	01.02.1982
Carlos Rodrigo Núñez Techera	22.06.1992
Flavio Andrés Scarone Bruno	13.05.1991
Trainer:	
Eduardo Jorge Favaro	26.03.1963

CLUB SPORTIVO MIRAMAR MISIONES MONTEVIDEO

Foundation date: March 26, 1906
Address: Avenida Rivera 3377, Montevideo
Stadium: Estadio Parque „Luis Méndez Piana", Montevideo – Capacity: 6,000

THE SQUAD

	DOB
Goalkeepers:	
Gonzalo Pablo Noguera Delucchi	16.05.1977
Fernando Adrián Pérez Álvarez	13.07.1977
Mario Jesús San Martín Porta	01.04.1990
Defenders:	
Juan José Aguirre Fleitas	17.11.1984
Franco Antonio Bano (ARG)	30.03.1986
Adolfo Nicolás Barán Flangini	09.02.1990
Diego Fernández González	22.05.1980
Víctor Hugo Martínez Ramallo	06.04.1980
Facundo Tealde	15.03.1989
Gonzalo Viera Davyt	08.02.1987
Alain Poher Yomby Taku	23.09.1982
Charles Mijael Zoryez Arbiza	27.01.1988
Midfielders:	
Andoni Damián Álvarez Rodríguez	28.11.1981
Ignacio John Christophersen Ottado	06.04.1989
Ignacio Nicolás Lemmo Gervasio	13.01.1990
Facundo Maximiliano Moreira Burgos	27.02.1989
Jorge Ángelo Paleso Carbajal	24.07.1983
Jonathan Damián Ríos Núñez	14.04.1990
Juan Ignacio Rodríguez Ponce de León	17.01.1989
Juan Ignacio Silva Cerón	15.01.1981
Forwards:	
Federico Fernández Pearce	28.12.1984
Sebastián Mauricio Fernández Presa	15.11.1989
Juan Manuel Gómez Silvera	22.02.1990
Diego Alexander Luz Pizarro	03.07.1990
Juan Cruz Mascia Paysée	03.01.1994
Leonardo Andrés Medina Gutiérrez	30.05.1977
Andrés Walter Rodríguez Ferrando	21.01.1983
Trainer:	
Carlos José Laje Moreno	09.04.1968

MONTEVIDEO WANDERERS FÚTBOL CLUB

Foundation date: August 15, 1902
Address: Avenida Agraciada 2871, Montevideo
Stadium: Estadio Parque „Alfredo Víctor Viera", Montevideo – Capacity: 12,000

THE SQUAD

	DOB
Goalkeepers:	
Mauricio Daniel Nanni Lima	12.07.1979
Rodrigo Odriozola López	31.08.1988
Martín Rodríguez	20.09.1989
Defenders:	
Diogo Malaquías da Silva (BRA)	15.10.1988
Germán Duarte	19.04.1990
Cristian Eduardo Esnal Fernández	18.10.1986
Martín González	09.02.1990
Maximiliano Martín Olivera De Andrea	05.03.1992
Matías Quagliotti	17.08.1985
Nicolás Alejandro Rodríguez Charquero	22.07.1991
Diego Martín Rodríguez Telechea	08.01.1991
Jonathan Alexis Sandoval Rojas	25.07.1987
Gonzalo Miguel Vicente Maillot	22.12.1979
Midfielders:	
Nicolás Gabriel Albarracín Basil	11.06.1993
Juan José Blanco Dili	19.12.1985
Marcelo Lacerda Breijo	05.09.1990
Santiago Martínez	30.07.1991
Santiago Humberto Ostolaza Chimelir	30.09.1987
Ricardo Guzmán Pereira Méndez	16.05.1991
Renzo Adrián Pérez Samandú	12.06.1990
Maximiliano Poggi Coelho	07.01.1994
Ronald Andrés Ramírez Villa	23.11.1976
Maximiliano Rodríguez	02.10.1990
Sebastián Rosano Escobar	25.05.1987
Emiliano Mathias Tellechea	05.07.1987
Forwards:	
Marcelo Javier Cabrera Rivero	18.03.1992
Bruno Martín Correa Araújo	27.07.1991
Gonzalo Raúl Curbelo Blanchet	24.04.1987
Elivelton De Gregori (BRA)	24.01.1982
Sebastián Raúl Gagnebin Díaz	
Rodrigo González	19.08.1989
Walter Fernando Guglielmone Gómez	11.04.1978
Santiago Lamanna Misak	04.02.1992
Danilo Javier Peinado Lerena	04.04.1985
Walisson Silva de Oliveira (BRA)	30.01.1992
Walter Excequiel Vázquez Bernal	11.05.1991
Trainer:	
José Daniel Carreño Izquierdo	01.05.1963

CLUB NACIONAL DE FOOTBALL MONTEVIDEO

Foundation date: May 14, 1899
Address: Avenida 8 de Octubre 2847, Montevideo
Stadium: Estadio Gran Parque Central, Montevideo – Capacity: 22,000

THE SQUAD

	DOB
Goalkeepers:	
Leonardo Fabián Burián Castro	21.01.1984
Kevin Emiliano Dawson Blanco	08.02.1992
Rodrigo Martín Muñoz	22.01.1982
Martín Tejera Vázquez	16.02.1991
Defenders:	
Sebastián Coates Nion	07.10.1990
Flavio Armando Córdoba Rodríguez (COL)	04.10.1984
Carlos Eduardo Dutra de Oliveira „Carlão" (BRA)	19.07.1987
Gonzalo Damián Godoy Silva	17.01.1988
Sebastián Gorga Nogueira	06.04.1994
Daniel Alejandro Lembo Betancor	15.02.1978
Gabriel Marques de Andrade Pinto (BRA)	04.03.1988
Maximiliano Moreira Romero	11.06.1994
Christian Washington Núñez Medina	24.09.1982
Julián Ricardo Perujo Airala	18.04.1985
Germán Alexis Rolín Fernández	07.02.1989
Agustín Tabárez Costas	15.10.1994
Jádson Viera Castro (BRA)	04.08.1981
Midfielders:	
Matías Julio Cabrera Acevedo	16.05.1986
Maximiliano Matías Calzada Fuentes	21.04.1990
Robert Mario Flores Bistolfi	13.05.1986
Marcelo Daniel Gallardo (ARG)	18.01.1976
Guillermo Andrés Méndez Aguilera	26.08.1994
Mauricio Ernesto Pereyra Antonini	15.03.1990
Facundo Julián Píriz González	27.03.1990
Nicolás Santiago Prieto Larrea	05.09.1992
Santiago Ernesto Romero Fernández	15.02.1990
Anderson Silva de França (BRA)	28.08.1982
Forwards:	
Jonathan Sebastián Charquero	21.02.1989
Sergio Cortelezzi	09.09.1994
Bruno Fornaroli Mezza	07.09.1987
Santiago Damián García Correa	14.09.1990
Nicolás Federico López Alonso	01.10.1993
Walter Horacio Peralta Saracho	03.06.1982
Richard Aníbal Porta Candelaresi	01.08.1983
Nicolás Ignacio Vigneri Cetrullo	06.07.1983
Tabaré Viudez Mora	08.09.1989
Trainer:	
Juan Ramón Carrasco Torres	15.09.1956

CLUB ATLÉTICO PEÑAROL MONTEVIDEO

Foundation date: September 28, 1891
Address: Magallanes 1721, Montevideo
Stadium: Estadio Centenario, Montevideo – Capacity: 65,235

THE SQUAD

	DOB
Goalkeepers:	
Héctor Fabián Carini Hernández	26.12.1979
Leandro Gelpi Rodales	27.02.1991
Fernando Jesús González Damiano	26.09.1983
Carlos Sebastián Sosa Silva	19.08.1986
Defenders:	
Matías Aguirregaray	01.04.1989
Emiliano Albín Antognazza	24.01.1989
Gerardo Alcoba Rebollo	25.11.1984
Mathías Corujo	08.05.1986
Alejandro David Furia Cabral	15.03.1994
Alejandro Damián González Hernández	23.03.1988
Washington Emilio MacEachen	04.05.1992
Álvaro Iván Márquez Marrera	03.07.1990
Santiago Nicolás Mastrángelo Ramos	06.08.1990
Yefferson Moreira Scaraffoni	07.03.1991
Johnny Michel Peralta Godoy	04.04.1988
Octavio Darío Rodríguez Peña	17.09.1974
Guillermo Daniel Rodríguez Pérez	21.03.1984
Carlos Adrián Valdéz Suárez	02.05.1983
Midfielders:	
Luis Bernardo Aguiar Burgos	17.11.1985
Elbio Maximiliano Álvarez Wallace	13.06.1994
Rodrigo Alberto Álvez Fonseca	25.01.1991
Egidio Raúl Arévalo Ríos	01.01.1982
Héber Mathías Collazo García	01.11.1989
Nicolás Mario Domingo (ARG)	08.04.1985
Claudio Daniel Etchechury Núñez	04.07.1991
Nicolás Andrés Freitas Silva	08.06.1987
Jhony Moisés Galli García	19.03.1990
Facundo Guichón	08.02.1991
Henry Matías Mier Codina	02.08.1990
Antonio Pacheco D'Agosti	11.04.1976
Santiago Hernán Solari Poggio (ARG)	07.10.1976
Marcelo Fabián Sosa Farías	06.02.1978
Édison Eliazer Torres Martínez (PAR)	04.04.1983
Rodrigo Viega Alves	07.08.1991
Forwards:	
Diego Martín Alonso López	16.04.1975
Fabián Larry Estoyanoff Poggio	27.09.1982
Mauro Guevgeozian Crespo	10.05.1986
Alejandro Martinuccio (ARG)	16.12.1987
Cristian de Jesús Mejía Martínez (COL)	11.10.1990
Juan Manuel Olivera López	14.08.1981
Christian Palacios	02.09.1990
Jonathan Raphael Ramis Persincula	06.11.1989
Juan Manuel San Martín Da Costa	20.01.1994
Jonathan Matías Urretaviscaya da Luz	19.03.1990
Trainer:	
Diego Vicente Aguirre Camblor	13.09.1965

RACING CLUB DE MONTEVIDEO

Foundation date: April 6, 1919
Address: Camino Carlos A. López 7798, Montevideo
Stadium: Estadio Parque „Osvaldo Roberto", Montevideo – Capacity: 0,000

THE SQUAD

	DOB
Goalkeepers:	
Martín Nicolás Campaña Delgado	29.05.1989
Jorge Walter Contreras Rodríguez	21.09.1971
Defenders:	
Mathías Nicolás Abero Villa	09.04.1990
Gonzalo Aguilar Camacho	02.08.1987
Sebastián Díaz Villán	28.06.1983
Andrés Matías Fresenga Cúneo (CAN)	13.10.1992
Ernesto Goñi Ameijenda	13.01.1985
Héctor Roberto Hernández Bauza	13.05.1985
Pablo Martín Lacoste Icardi	15.01.1988
Midfielders:	
Carlos Daniel Acosta Alcántara	19.04.1990
Diego Cardozo Barboza	21.07.1983
Ernesto Simón Dudok Parrilla	14.01.1987
Darío Antonio Flores Bistolfi	06.02.1984
Darío Sebastián Hernández Quiroga	13.02.1990
Carlos Eduardo Keosseián Lagomarsino	18.03.1988
Ramón Darío Larrosa de los Santos	13.12.1971
Marcelo Melián Ávila	12.08.1987
Cristian Jonatan Ortíz (ARG)	20.08.1992
Marcelo Fabián Sosa Farias	02.06.1978
Danny Tejera	14.04.1986
Héctor Federico Vega Ataídes	12.06.1984
Forwards:	
Hector Fabian Acuña Maciel	27.10.1981
Gustavo Javier Alles Vila	09.04.1989
Gustavo Javier Aprile Retta	10.08.1988
Sebastián Andrés Balsas Bruno	05.03.1986
Jean Pierre Agustin Barrientos	16.09.1990
Erardo Danilo Cóccaro Díaz	22.08.1991
Federico Gómez Moreira	06.02.1990
Aníbal Gabriel Hernández De Los Santos	29.06.1986
Leandro Nadal (ARG)	15.02.1991
Juan Ignacio Panzariello	08.07.1990
Líber Daniel Quiñónez Prieto	11.02.1985
Diego Martín Zabala Morales	19.09.1991
Trainer:	
Osvaldo Domingo Streccia de León	

RAMPLA JUNIORS FÚTBOL CLUB MONTEVIDEO

Foundation date: January 7, 1914
Address: Grecia 3504, Montevideo
Stadium: Estadio Olímpico de Montevideo– Capacity: 6,000

THE SQUAD

	DOB
Goalkeepers:	
Lucero Gonzalo Álvarez Martínez	24.02.1985
Mathías Nicolás Da Silveira Casuriaga	12.02.1989
Bernardo Enzo Long Baccino	27.09.1989
Defenders:	
Álvaro Darío Alonso Llanes	25.03.1984
Álvaro Maximiliano Arias Invernizzi	03.10.1988
Javier Manuel Benia	14.06.1974
Gastón Fernando De Los Santos Núñez	19.04.1982
Maximiliano Pereiro Zugarramurdi	17.08.1990
Willinton Federico Techera Acosta	12.10.1985
Midfielders:	
Marcelo Carlo Broli Gorgoroso	13.03.1978
Tabaré Da Cunha	10.03.1990
Carlos Richard Díaz	04.02.1979
Rafael García Casanova	06.01.1989
Mauricio Sebastián Merlo Delgado	27.04.1981
Marcel Novick Rettich	11.10.1983
Richard Darío Núñez Pereyra	16.02.1976
Rodrigo Rojo Piazze	21.07.1989
Óscar Enrique Russo Bonilla	07.05.1990
César Fabián Vargas Cáceres	09.12.1989
Forwards:	
Nicolás Abot (ARG)	28.09.1985
Maximiliano Brito Hernández	19.07.1991
Matías Britos Cardoso	26.11.1988
Matías Cartagena Laxalt	08.09.1988
Paul Michael Dzeruvs Sosa	01.11.1988
Julián Lalinde Rubio	18.12.1985
Danilo Moreno Asprilla (COL)	12.01.1989
Trainer:	
Jorge Antonio Giordano Moreno	27.02.1965

CLUB ATLÉTICO RIVER PLATE MONTEVIDEO

Foundation date: May 11, 1932
Address: Avenida 19 de Abril 1145, Montevideo
Stadium: Estadio Parque „Federico Omar Saroldi", Montevideo – Capacity: 5,165

THE SQUAD

	DOB
Goalkeepers:	
Mauricio Luis Damiano Cores	25.06.1988
Luciano Dos Santos Díaz	24.05.1980
Ernesto Exequiel Hernández Oncina	26.07.1985
Fernando Darío Laforia García	01.09.1987
Defenders:	
Guillermo Álvarez Perdomo (COL)	14.07.1986
Rodrigo Sergio Cabrera Sasía	02.05.1989
Santiago Nicolás Carrera Sanguinetti	05.03.1994
Harold Cummings	01.03.1992
Claudio Herrera	11.02.1988
Bruno Montelongo Gesta	12.09.1987
Paulo Vinícius Souza dos Santos (BRA)	21.02.1990
Mauricio Prieto Garcés	26.09.1987
Jonathan Sandoval	25.06.1987
Federico Pérez Silvera	23.01.1986
Héctor Baltasar Silva Cabrera	19.11.1984
Lucas Emiliano Staudt (BRA)	20.03.1989
Luis Alberto Torrecilla Michelle	18.03.1989
Midfielders:	
Bruno Federico Barreto González	09.05.1983
Andrés Leonel Cabrera Demarco	01.01.1991
Walter Miguel Cardozo Muriera	05.02.1991
Leandro Ezquerra de León	05.06.1986
Pablo Daniel Gaglianone De León	25.04.1976
Brian Lugo Silva	05.01.1991
Janderson Kione Pereira Rodrigues (BRA)	18.02.1989
Matías Nicolás Pereyra Ríos	19.04.1983
Danilo Pires Costa (BRA)	21.03.1992
Gonzalo Fabián Porras Burghi	31.01.1984
Carlos Federico Puppo Gross	06.12.1986
Heber Ignacio Ratti Guardia	05.04.1994
Mario Enrique Rizotto Vázquez	30.08.1984
Jorge Carlos Zambrana Echague	28.03.1986
Forwards:	
Fernando Adgardo Correa Ayala	06.01.1974
José Maria Franco Ramallo	28.09.1978
Felipe Laurino Varela	23.10.1989
Hober Gabriel Leyes Viera	29.05.1990
Alexander Jesús Medina Reobasco	08.08.1978
Pablo Fernando Olivera Fernández	08.12.1987
Jonathan Alexander Ramírez Silva	18.12.1990
Michael Nicolás Santos Rosadilla	13.03.1993
Sergio Sebastián Souza Pisano	07.05.1985
Cristian Rafael Techera Cribelli	31.05.1992
Jhon Edinson Varela Prado (COL)	06.09.1987
Trainer:	
Jorge Guillermo Almada Álves [Ape]	18.06.1969
Carlos María Morales Maeso [Cla]	01.03.1970

TACUAREMBÓ FÚTBOL CLUB

Foundation date: November 11, 1999
Address: General Artigas 206, Tacuarembó
Stadium: Estadio „Ingeniero Raúl Saturnino Goyenola", Tacuarembó – Capacity: 12,000

THE SQUAD

	DOB
Goalkeepers:	
Mauro Asplanato	30.10.1992
Jhony Alexander Da Silva Sosa	21.08.1991
Jonatahn Deniz Machado	23.08.1990
Cono Javier Irazún González	04.12.1986
Defenders:	
Carlos Fabián da Silva Sosa	05.09.1990
José Eliazer Da Silva Sosa	10.05.1988
Carlos Sebastián Dutra	06.04.1989
Franco Fernández	03.03.1989
Víctor Martín Galaín	02.03.1989
Marcos Rony González Ortega	14.06.1990
Héctor Ignacio La Luz Santacruz	19.04.1985
Enzo Pérez	25.11.1990
Héctor Anselmo Vázquez Langorta	16.11.1978
Midfielders:	
Amaranto Daniel Abascal Aquine	14.04.1975
Luciano Ceccato (ARG)	07.06.1986
Guillermo Dutra da Silveira Bentos	01.09.1982
Darwin Joel Fabila Francia	12.02.1989
Juan Manuel Franchi Silva	01.06.1991
Claudio Gastón Innella Alderete	26.11.1990
Róbson Xavier Valim Schuelter (BRA)	19.05.1986
Álvaro Sebastián Sánchez Burgos	04.04.1989
Fernando Martín Serrano	28.02.1988
Luis Mario Tambasco Sanguinet	08.01.1989
Forwards:	
Luis Bayarres Parodi	20.05.1991
Heber Gastón Colmán Leguisamo	04.04.1989
Aldo Fabián Díaz	28.05.1975
Héctor Matías Dos Santos Bueno	03.01.1987
Alberto Sebastián García Menéndez	09.06.1981
Luis Enrique Machado Mora	22.12.1991
Diego Miranda Pereira	21.02.1992
Gonzalo Martín Píriz González	04.10.1988
Trainer:	
Julio Heber Acuña Alegre	11.12.1954

SECOND LEVEL
Segunda División Profesional 2010/2011

1.	CA Rentistas Montevideo (*Promoted*)	22	12	6	4	36	-	18	42
2.	CS Cerrito Montevideo (*Promoted*)	22	11	8	3	39	-	20	41
3.	CA Atenas de San Carlos (*Promotion Play-off*)	22	12	3	7	39	-	27	39
4.	CA Boston River Montevideo (*Promotion Play-off*)	22	10	7	5	37	-	25	37
5.	CD Maldonado (*Promotion Play-off*)	22	9	10	3	24	-	17	37
6.	Cerro Largo FC Melo (*Promotion Play-off*)	22	8	9	5	30	-	24	33
7.	Rocha FC	22	8	6	8	26	-	32	30
8.	IA Sud América Montevideo	22	6	7	9	26	-	35	25
9.	Huracán FC Montevideo	22	5	6	11	25	-	32	21
10.	AA Durazno FC	22	5	5	12	21	-	47	20
11.	Club Plaza Colonia de Deportes	22	6	1	15	28	-	35	19
12.	CA Juventud Las Piedras	22	3	6	13	18	-	37	15

Promotion Play-offs

Semi-Finals (30.04.-07.05.2011)
CD Maldonado - CA Boston River Montevideo 0-1(0-0) 0-0
Cerro Largo FC Melo - CA Atenas de San Carlos 1-0(1-0) 1-0(0-0)

Final
Cerro Largo FC Melo - CA Boston River Montevideo 2-2(0-1) 1-1(0-0)
6-5 pen

Cerro Largo FC Melo promoted to the Primera División 2011/2012.

THIRD LEVEL
Segunda Divisiónal B Amateur de la AUF 2010/2011

Torneo Apertura

1.	Colón FC Montevideo	12	10	1	1	37	-	5	
2.	CA Platense Montevideo	12	9	2	1	32	-	12	
3.	CA Villa Teresa Montevideo	12	8	3	1	28	-	8	
4.	CA Torque Montevideo	12	7	3	2	23	-	8	
5.	CA Basáñez Montevideo	12	6	3	3	31	-	19	
6.	CD Parque del Plata	12	5	3	4	17	-	15	
7.	Uruguay Montevideo FC	12	5	1	6	26	-	24	
8.	Coraceros Polo Club Montevideo	12	4	1	7	13	-	23	
9.	CA Alto Perú Montevideo	12	3	3	6	19	-	24	
10.	IA Potencia Montevideo	12	2	4	6	14	-	31	
11.	Albion FC Montevideo	12	1	1	10	6	-	37	
12.	Mar de Fondo FC Montevideo	12	1	1	10	7	-	44	
13.	Club Oriental de Football La Paz*	12	3	2	7	18	-	21	-1

*12 points deducted

Torneo Clausura
Torneo Clausura not yet finished (stand at 31.05.2011).

**NATIONAL TEAM
INTERNATIONAL MATCHES
(01.06.2010 – 31.05.2011)**

11.06.2010	Cape Town	Uruguay - France	0-0	(WCF)
16.06.2010	Pretoria	South Africa - Uruguay	0-3(0-1)	(WCF)
22.06.2010	Rustenburg	Mexico - Uruguay	0-1(0-1)	(WCF)
26.06.2010	Port Elizabeth	Uruguay – South Korea	2-1(1-0)	(WCF)
02.07.2010	Johannesburg	Uruguay - Ghana	1-1; 4-2p	(WCF)
06.07.2010	Cape Town	Uruguay - Holland	2-3(1-1)	(WCF)
10.07.2010	Port Elizabeth	Uruguay - Germany	2-3(1-1)	(WCF)
11.08.2010	Lisboa	Angola - Uruguay	0-2(0-0)	(F)
08.10.2010	Djakarta	Indonesia - Uruguay	1-7(1-2)	(F)
12.10.2010	Wuhan	China P.R. - Uruguay	0-4(0-0)	(F)
17.11.2010	Santiago	Chile - Uruguay	2-0(1-0)	(F)
25.03.2011	Tallinn	Estonia - Uruguay	2-0(0-0)	(F)
29.03.2011	Dublin	Republic of Ireland - Uruguay	2-3(1-3)	(F)
29.05.2011	Sinsheim	Germany - Uruguay	2-1(2-0)	(F)

11.06.2010, 19th World Cup, Final Tournament, 1st Round
Cape Town Stadium, Cape Town (South Africa); Attendance: 64,100
Referee: Yuichi Nishimura (Japan)
URUGUAY - FRANCE   0-0
URU: Néstor Fernando Muslera Micol, Victorio Maximiliano Pereira Páez, Mauricio Bernardo Victorino Dansilio, Diego Alfredo Moreno Lugano (Cap), Diego Roberto Godín Leal, Álvaro Daniel Pereira Barragán, Diego Fernando Pérez Aguado (87.Sebastián Eguren Ledesma), Egidio Raúl Arévalo Ríos, Ignacio María González Gatti (63.Marcelo Nicolás Lodeiro Benítez), Luis Alberto Suárez Díaz (74.Washington Sebastián Abreu Gallo), Diego Martín Forlán Corazo. Trainer: Óscar Wáshington Tabárez Silva.

16.06.2010, 19th World Cup, Final Tournament, 1st Round
Loftus Versfeld Stadium, Pretoria; Attendance: 42,658
Referee: Massimo Busacca (Switzerland)
SOUTH AFRICA - URUGUAY   0-3(0-1)
URU: Néstor Fernando Muslera Micol, Victorio Maximiliano Pereira Páez, Diego Alfredo Moreno Lugano (Cap), Diego Roberto Godín Leal, Jorge Ciro Fucile Perdomo (71.Álvaro Fernández), Egidio Raúl Arévalo Ríos, Diego Fernando Pérez Aguado (90.Wálter Alejandro Gargano Guevara), Álvaro Daniel Pereira Barragán, Diego Martín Forlán Corazo, Luis Alberto Suárez Díaz, Edinson Roberto Cavani Gómez (89.Sebastián Bruno Fernández Miglierina). Trainer: Óscar Wáshington Tabárez Silva.
Goals: Diego Martín Forlán Corazo (24, 80 penalty), Álvaro Daniel Pereira Barragán (90).

22.06.2010, 19th World Cup, Final Tournament, 1st Round
Royal Bafokeng Stadium, Rustenburg (South Africa); Attendance: 33,425
Referee: Viktor Kassai (Hungary)
MEXICO - URUGUAY   0-1(0-1)
URU: Néstor Fernando Muslera Micol, Victorio Maximiliano Pereira Páez, Diego Alfredo Moreno Lugano (Cap), Mauricio Bernardo Victorino Dansilio, Jorge Ciro Fucile Perdomo, Egidio Raúl Arévalo Ríos, Diego Fernando Pérez Aguado, Álvaro Daniel Pereira Barragán (77.Andrés Scotti Ponce de León), Diego Martín Forlán Corazo, Luis Alberto Suárez Díaz (85.Álvaro Fernández), Edinson Roberto Cavani Gómez. Trainer: Óscar Wáshington Tabárez Silva.
Goal: Luis Alberto Suárez Díaz (43).

26.06.2010, 19th World Cup, Final Tournament, 2nd Round
„Nelson Mandela" Bay Stadium, Port Elizabeth (South Africa); Attendance: 30,597
Referee: Wolfgang Stark (Germany)
URUGUAY – SOUTH KOREA   **2-1(1-0)**
URU: Néstor Fernando Muslera Micol, Victorio Maximiliano Pereira Páez, Diego Alfredo Moreno Lugano (Cap), Diego Roberto Godín Leal (46.Mauricio Bernardo Victorino Dansilio), Jorge Ciro Fucile Perdomo, Egidio Raúl Arévalo Ríos, Diego Fernando Pérez Aguado, Álvaro Daniel Pereira Barragán (74.Marcelo Nicolás Lodeiro Benítez), Diego Martín Forlán Corazo, Luis Alberto Suárez Díaz (84.Álvaro Fernández), Edinson Roberto Cavani Gómez. Trainer: Óscar Wáshington Tabárez Silva.
Goals: Luis Alberto Suárez Díaz (8, 80).

02.07.2010, 19th World Cup, Final Tournament, Quarter-Finals
Soccer City Stadium, Johannesburg (South Africa); Attendance: 84,017
Referee: Olegário Manuel Bartolo Faustino Benquerença (Portugal)
URUGUAY - GHANA   **1-1(0-1,1-1,1-1)**
    4-2 on penalties
URU: Néstor Fernando Muslera Micol, Victorio Maximiliano Pereira Páez, Diego Alfredo Moreno Lugano (Cap) (38.Andrés Scotti Ponce de León), Mauricio Bernardo Victorino Dansilio, Jorge Ciro Fucile Perdomo, Álvaro Fernández (46.Marcelo Nicolás Lodeiro Benítez), Diego Fernando Pérez Aguado, Egidio Raúl Arévalo Ríos, Edinson Roberto Cavani Gómez (76.Washington Sebastián Abreu Gallo), Luis Alberto Suárez Díaz, Diego Martín Forlán Corazo. Trainer: Óscar Wáshington Tabárez Silva.
Goal: Diego Martín Forlán Corazo (55).
Penalties: Diego Martín Forlán Corazo, Mauricio Bernardo Victorino Dansilio, Andrés Scotti Ponce de León, Washington Sebastián Abreu Gallo.
Sent off: Luis Alberto Suárez Díaz (120+1).

06.07.2010, 19th World Cup, Final Tournament, Semi-Finals
Cape Town Stadium, Cape Town (South Africa); Attendance: 62,479
Referee: Ravshan Irmatov (Uzbekistan)
URUGUAY - HOLLAND   **2-3(1-1)**
URU: Néstor Fernando Muslera Micol, Victorio Maximiliano Pereira Páez, Mauricio Bernardo Victorino Dansilio, Diego Roberto Godín Leal, José Martín Cáceres Silva, Diego Fernando Pérez Aguado, Wálter Alejandro Gargano Guevara, Egidio Raúl Arévalo Ríos, Álvaro Daniel Pereira Barragán (78.Washington Sebastián Abreu Gallo), Edinson Roberto Cavani Gómez, Diego Martín Forlán Corazo (Cap) (84.Sebastián Bruno Fernández Miglierina). Trainer: Óscar Wáshington Tabárez Silva.
Goals: Diego Martín Forlán Corazo (41), Victorio Maximiliano Pereira Páez (90+2).

10.07.2010, 19th World Cup, Final Tournament, 3rd Place Play-off
„Nelson Mandela" Bay Stadium, Port Elizabeth (South Africa); Attendance: 36,254
Referee: Benito Armando Archundia Téllez (Mexico)
URUGUAY - GERMANY   **2-3(1-1)**
URU: Néstor Fernando Muslera Micol, Jorge Ciro Fucile Perdomo, Diego Alfredo Moreno Lugano (Cap), Diego Roberto Godín Leal, José Martín Cáceres Silva, Victorio Maximiliano Pereira Páez, Diego Fernando Pérez Aguado (77.Wálter Alejandro Gargano Guevara), Egidio Raúl Arévalo Ríos, Edinson Roberto Cavani Gómez (88.Washington Sebastián Abreu Gallo), Luis Alberto Suárez Díaz, Diego Martín Forlán Corazo. Trainer: Óscar Wáshington Tabárez Silva.
Goals: Edinson Roberto Cavani Gómez (28), Diego Martín Forlán Corazo (51).

11.08.2010, Friendly International
Estádio do Restelo, Lisboa (Portugal); Attendance: 1,500
Referee: Hugo Miguel (Portugal)
ANGOLA - URUGUAY   **0-2(0-0)**
URU: Néstor Fernando Muslera Micol, Andrés Scotti Ponce de León, Diego Alfredo Moreno Lugano (Cap) (63.Carlos Adrián Valdez Suárez), Mauricio Bernardo Victorino Dansilio, Álvaro Daniel Pereira Barragán, Diego Fernando Pérez Aguado (59.Wálter Alejandro Gargano Guevara), Egidio Raúl Arévalo Ríos (90.Ignacio María González Gatti), Victorio Maximiliano Pereira Páez, Cristian Gabriel Rodríguez Barotti (77.Sebastián Eguren Ledesma), Sebastián Bruno Fernández Miglierina (46.Edinson Roberto Cavani Gómez), Washington Sebastián Abreu Gallo (71.Abel Mathías Hernández Platero).
Trainer: Juan José Verzeri.
Goals: Edinson Roberto Cavani Gómez (84 penalty), Abel Mathías Hernández Platero (90).

08.10.2010, Friendly International
Stadion Utama Gelora Bung Karno, Djakarta; Attendance: 22,000
Referee: Abbas Bin Daud (Singapore)
INDONESIA - URUGUAY   **1-7(1-2)**
URU: Juan Guillermo Castillo Iriart, Jorge Ciro Fucile Perdomo (46.Gastón Exequiel Ramírez Pereyra), Diego Alfredo Moreno Lugano (Cap) (46.Andrés Scotti Ponce de León), Mauricio Bernardo Victorino Dansilio (60.José Martín Cáceres Silva), Álvaro Daniel Pereira Barragán, Victorio Maximiliano Pereira Páez, Diego Fernando Pérez Aguado (46.Sebastián Eguren Ledesma), Wálter Alejandro Gargano Guevara (64.Álvaro Rafael González Luengo), Cristian Gabriel Rodríguez Barotti (60.Sebastián Bruno Fernández Miglierina), Luis Alberto Suárez Díaz, Edinson Roberto Cavani Gómez. Trainer: Óscar Wáshington Tabárez Silva.
Goals: Edinson Roberto Cavani Gómez (35), Luis Alberto Suárez Díaz (43, 54), Sebastián Eguren Ledesma (58), Luis Alberto Suárez Díaz (69 penalty), Edinson Roberto Cavani Gómez (80, 84).

12.10.2010, Friendly International
Wuhan Sports Center, Wuhan; Attendance: 20,000
Referee: Lee Dong-Jun (Korea Republic)
CHINA P.R. - URUGUAY   **0-4(0-0)**
URU: Néstor Fernando Muslera Micol, Victorio Maximiliano Pereira Páez, Diego Alfredo Moreno Lugano (Cap) (67.Mauricio Bernardo Victorino Dansilio), José Martín Cáceres Silva, Jorge Ciro Fucile Perdomo (46.Cristian Gabriel Rodríguez Barotti), Diego Fernando Pérez Aguado (64.Sebastián Eguren Ledesma), Wálter Alejandro Gargano Guevara, Álvaro Daniel Pereira Barragán (86.Andrés Scotti Ponce de León), Luis Alberto Suárez Díaz (81.Gastón Exequiel Ramírez Pereyra), Edinson Roberto Cavani Gómez, Diego Martín Forlán Corazo (64.Sebastián Bruno Fernández Miglierina). Trainer: Óscar Wáshington Tabárez Silva.
Goals: Feng Xiaoting (70 own goal), Edinson Roberto Cavani Gómez (78), Cristian Gabriel Rodríguez Barotti (81), Sebastián Bruno Fernández Miglierina (84).

17.11.2010, Friendly International
Estadio Monumental „David Arellano", Santiago; Attendance: 45,017
Referee: Carlos Manuel Torres (Paraguay)
CHILE - URUGUAY   **2-0(1-0)**
URU: Néstor Fernando Muslera Micol, Diego Alfredo Moreno Lugano (Cap), Mauricio Bernardo Victorino Dansilio, Jorge Ciro Fucile Perdomo, Victorio Maximiliano Pereira Páez (78.José Martín Cáceres Silva), Álvaro Daniel Pereira Barragán (63.Sebastián Eguren Ledesma), Egidio Raúl Arévalo Ríos (63.Gastón Exequiel Ramírez Pereyra), Wálter Alejandro Gargano Guevara, Edinson Roberto Cavani Gómez, Diego Martín Forlán Corazo (78.Washington Sebastián Abreu Gallo), Luis Alberto Suárez Díaz (46.Cristian Gabriel Rodríguez Barotti). Trainer: Óscar Wáshington Tabárez Silva.
Sent off: Wálter Alejandro Gargano Guevara (40).

25.03.2011, Friendly International
A. Le Coq Arena, Tallinn; Attendance: 6,817
Referee: Antti Munukka (Finland)
ESTONIA - URUGUAY   **2-0(0-0)**
URU: Juan Guillermo Castillo Iriart, Victorio Maximiliano Pereira Páez, Diego Alfredo Moreno Lugano (Cap), Mauricio Bernardo Victorino Dansilio, Jorge Ciro Fucile Perdomo (69.Andrés Scotti Ponce de León), Diego Fernando Pérez Aguado (69.Sebastián Eguren Ledesma), Egidio Raúl Arévalo Ríos, Gastón Exequiel Ramírez Pereyra (56.Álvaro Daniel Pereira Barragán), Abel Mathías Hernández Platero, Washington Sebastián Abreu Gallo (69.Sebastián Bruno Fernández Miglierina), Diego Martín Forlán Corazo. Trainer: Óscar Wáshington Tabárez Silva.

29.03.2011, Friendly International
Aviva Stadium, Dublin; Attendance: 25,611
Referee: Saïd Ennjimi (France)
REPUBLIC OF IRELAND - URUGUAY   **2-3(1-3)**
URU: Néstor Fernando Muslera Micol, Diego Alfredo Moreno Lugano (Cap), Diego Roberto Godín Leal, José Martín Cáceres Silva, Victorio Maximiliano Pereira Páez, Diego Fernando Pérez Aguado (90.Andrés Scotti Ponce de León), Egidio Raúl Arévalo Ríos (63.Wálter Alejandro Gargano Guevara), Álvaro Daniel Pereira Barragán, Abel Mathías Hernández Platero (83.Sebastián Eguren Ledesma), Diego Martín Forlán Corazo, Edinson Roberto Cavani Gómez. Trainer: Óscar Wáshington Tabárez Silva.
Goals: Diego Alfredo Moreno Lugano (12), Edinson Roberto Cavani Gómez (22), Abel Mathías Hernández Platero (39).

29.05.2011, Friendly International
Rhein-Neckar-Arena, Sinsheim; Attendance: 25,655
Referee: Olegário Manuel Bártolo Faustino Benquerença (Portugal)
GERMANY - URUGUAY   **2-1(2-0)**
URU: Néstor Fernando Muslera Micol, Victorio Maximiliano Pereira Páez, Diego Roberto Godín Leal, Diego Alfredo Moreno Lugano (Cap), José Martín Cáceres Silva, Egidio Raúl Arévalo Ríos (76.Sebastián Eguren Ledesma), Wálter Alejandro Gargano Guevara (87.Washington Sebastián Abreu Gallo), Edinson Roberto Cavani Gómez, Diego Martín Forlán Corazo, Álvaro Daniel Pereira Barragán (55.Gastón Exequiel Ramírez Pereyra), Luis Alberto Suárez Díaz. Trainer: Óscar Wáshington Tabárez Silva.
Goal: Wálter Alejandro Gargano Guevara (49).

NATIONAL TEAM PLAYERS 2010/2011				
Name	DOB	Club	Cp	Gls
Goalkeepers				
Juan Guillermo CASTILLO Iriart	17.04.1978	Asociación Deportivo Cali (COL); 01.2011-> CSD Colo Colo Santiago (CHI)	13	0
Néstor Fernando MUSLERA Micol	16.06.1986	SS Lazio Roma (ITA)	18	0
Defenders				
José Martín CÁCERES Silva	07.04.1987	FC Juventus Torino (ITA); 08.2010-> Sevilla CF (ESP)	26	0
Jorge Ciro FUCILE Perdomo	19.11.1984	FC do Porto (POR)	33	0
Diego Roberto GODÍN Leal	16.02.1986	Villarreal CF (ESP); 08.2010-> Club Atlético de Madrid (ESP)	45	3
Marcelo Nicolás LODEIRO Benítez	21.03.1989	AFC Ajax Amsterdam (NED)	7	0
Diego Alfredo LUGANO Moreno	02.11.1980	Fenerbahçe SK Istanbul (TUR)	55	5
Victorio Maximiliano PEREIRA Páez	08.06.1984	Sport Lisboa e Benfica (POR)	51	1
Andrés SCOTTI Ponce de León	14.12.1975	CSD Colo Colo Santiago (CHI)	33	1

Carlos Adrián VALDEZ Suárez	05.02.1983	AC Siena (ITA)	17	0
Mauricio Bernardo VICTORINO Dansilio	11.10.1982	CF Universidad de Chile Santiago (CHI); 02.2011-> Cruzeiro Belo Horizonte (BRA)	14	0
Midfielders				
Egidio Raúl ARÉVALO Ríos	29.09.1982	CA Peñarol Montevideo; 01.2011-> Botafogo FR Rio de Janeiro (BRA)	18	0
Sebastián EGUREN Ledesma	08.01.1981	AIK Stockholm (SWE); 07.2010-> Real Sporting de Gijón (ESP)	35	6
Álvaro FERNÁNDEZ	11.10.1985	CF Universidad de Chile Santiago (CHI)	11	0
Walter Alejandro GARGANO Guevara	27.07.1984	SSC Napoli (ITA)	37	1
Álvaro Rafael GONZÁLEZ Luengo	29.10.1984	SS Lazio Roma (ITA)	12	0
Ignacio María GONZÁLEZ Gatti	14.05.1982	Levadiakos FC Levadia (GRE); 08.2010-> Levante UD Valencia (ESP)	19	1
Álvaro Daniel PEREIRA Barragán	28.01.1985	FC do Porto (POR)	27	3
Diego Fernando PÉREZ Aguado	18.05.1980	AS Monaco (FRA); 07.2010-> Bologna FC (ITA)	62	0
Gastón Exequiel RAMÍREZ Pereyra	02.12.1990	Bologna FC (ITA)	5	0
Cristian Gabriel RODRÍGUEZ Barotti	30.09.1985	FC do Porto (POR)	40	4
Forwards				
Washington Sebastián ABREU Gallo	17.10.1976	Botafogo FR Rio de Janeiro (BRA)	64	26
Edinson Roberto CAVANI Gómez	14.02.1987	US Città di Palermo (ITA); 07.2010-> SSC Napoli (ITA)	26	9
Sebastián Bruno FERNÁNDEZ Miglierina	23.05.1985	CA Banfield (ARG); 07.2010-> Málaga CF (ESP)	12	1
Diego Martín FORLÁN Corazo	19.05.1979	Club Atlético de Madrid (ESP)	74	29
Abel Mathías HERNÁNDEZ Platero	08.08.1990	US Città de Palermo (ITA)	3	2
Luis Alberto SUÁREZ Díaz	24.01.1987	AFC Ajax Amsterdam (NED); 01.2011-> Liverpool FC (ENG)	40	16
Trainer				
Óscar Wáshington TABÁREZ Silva	03.03.1947			
Juan José VERZERI	20.05.1963			

(Caps and goals at 31.05.2011)

VENEZUELA

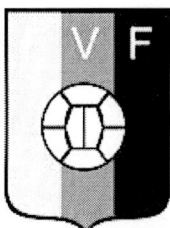

The Country:	The FA:
República Bolivariana de Venezuela (Bolivarian Republic of Venezuela) Capital: Caracas Surface: 916,445 km² Inhabitants: 29,105,632 Time: UTC-4.30	Federación Venezolana de Fútbol Avenida Santos Erminy Ira, Calle las Delicias Torre, Mega II P.H. Sabana Grande, Caracas 1050 Year of Formation: 1926 Member of FIFA since: 1952 Member of CONMEBOL since: 1952

NATIONAL TEAM RECORDS

COPA AMÉRICA		WORLD CUP	
1916	Did not enter	1930	Did not enter
1917	Did not enter	1934	Did not enter
1919	Did not enter	1938	Did not enter
1920	Did not enter	1950	Did not enter
1921	Did not enter	1954	Did not enter
1922	Did not enter	1958	Withdrew
1923	Did not enter	1962	Did not enter
1924	Did not enter	1966	Qualifiers
1925	Did not enter	1970	Qualifiers
1926	Did not enter	1974	Withdrew
1927	Did not enter	1978	Qualifiers
1929	Did not enter	1982	Qualifiers
1935	Did not enter	1986	Qualifiers
1937	Did not enter	1990	Qualifiers
1939	Did not enter	1994	Qualifiers
1941	Did not enter	1998	Qualifiers
1942	Did not enter	2002	Qualifiers
1945	Did not enter	2006	Qualifiers
1946	Did not enter	2010	Qualifiers
1947	Did not enter	PANAMERICAN GAMES	
1949	Did not enter	1951	4th Place
1953	Did not enter	1955	4th Place
1955	Did not enter	1959	Did not enter
1956	Did not enter	1963	Did not enter
1957	Did not enter	1967	Did not enter
1959	Did not enter	1971	Did not enter
1959E	Did not enter	1975	Did not enter
1963	Did not enter	1979	Did not enter
1967	5th Place	1983	Round 1
1975	Round 1	1987	Did not enter
1979	Round 1	1991	Did not enter
1983	Round 1	1995	Did not enter
1987	Round 1	1999	Did not enter
1989	Round 1	2003	Did not enter
1991	Round 1	2007	Round 1
1993	Round 1	PANAMERICAN CHAMPIONSHIP	
1995	Round 1	1952	Did not enter
1997	Round 1	1956	Did not enter
1999	Round 1	1960	Did not enter
2001	Round 1		
2004	Round 1		
2007	Quarter-Finals		
2011	*To be played*		

OLYMPIC GAMES 1896-2008	
1980	

PLAYER WITH MOST INTERNATIONAL CAPS
José Manuel Rey Cortegoso – 110 caps (1997-2010)

PLAYER WITH MOST INTERNATIONAL GOALS
Giancarlo Gregorio Maldonado Marrero – 20 goals / 53 caps (2003-2010)

VENEZUELAN CLUB HONOURS IN SOUTH AMERICAN CLUB COMPETITIONS:

COPA LIBERTADORES 1960-2010
None
COPA SUDAMERICANA 2002-2010
None
COPA CONMEBOL 1992-1999
None
SUPERCUP „JOÃO HAVELANGE" 1988-1997*
None
COPA MERCONORTE 1998-2001**
None

*Contested betwenn winners of all previous editions of the Copa Libertadores
**Contested between teams belonging countries from the northern part of South America (Bolivia, Colombia, Ecuador, Peru and Venezuela);

NATIONAL COMPETITIONS
TABLE OF HONOURS

	CHAMPIONS	CUP WINNERS[1]
	THE AMATEUR ERA	
1921	Las América FC	-
1922	Centro Atlético SC	-
1923	Las América FC	-
1924	Centro Atlético SC	-
1925	Loyola SC	-
1926	Centro Atlético SC	-
1927	Venzóleo	-
1928	Deportivo Venezuela	-
1929	Deportivo Venezuela	-
1930	Centro Atlético SC	-
1931	Deportivo Venezuela	-
1932	Unión SC	-
1933	Deportivo Venezuela	-
1934	Unión SC	-
1935	Unión SC	-
1936	Dos Caminos SC	-
1937	Dos Caminos SC	-
1938	Dos Caminos SC	-
1939	Unión SC	-
1940	Unión SC	-
1941	Litoral SC	-
1942	Dos Caminos SC	-
1943	Loyola SC	-

1944	Loyola SC	-
1945	Dos Caminos SC	-
1946	Club Deportivo Español	-
1947	Unión SC	-
1948	Loyola SC	-
1949	Dos Caminos SC	-
1950	Unión SC	-
1951	Universidad Central de Venezuela FC	-
1952	La Salle FC	-
1953	Universidad Central de Venezuela FC	-
1954	Deportivo Vasco	-
1955	La Salle FC	-
1956	Banco Obrero	-
	THE PROFESSIONAL ERA	
1957	Universidad Central de Venezuela FC	-
1958	CD Portugués Caracas	-
1959	CD Español	CD Portugués Caracas
1960	CD Portugués Caracas	Banco Agrícola y Pecuario
1961	Deportivo Italia FC Caracas[2]	Deportivo Italia FC Caracas
1962	CD Portugués Caracas	Deportivo Italia FC Caracas
1963	Deportivo Italia FC Caracas	Unión Deportivo Canarias
1964	Deportivo Galicia Caracas[3]	Tiquire Flores FC
1965	Lara FC Barquisimeto	Valencia FC
1966	Deportivo Italia FC Caracas	Deportivo Galicia Caracas
1967	CD Portugués Caracas	Deportivo Galicia Caracas
1968	Unión Deportivo Canarias	Unión Deportivo Canarias
1969	Deportivo Galicia Caracas	Deportivo Galicia Caracas
1970	Deportivo Galicia Caracas	Deportivo Italia FC Caracas
1971	Valencia FC[4]	Estudiantes de Mérida FC
1972	Deportivo Italia FC Caracas	CD Portugués Caracas
1973	Portuguesa FC Acarigua	Portuguesa FC Acarigua
1974	Deportivo Galicia Caracas	*No competition*
1975	Portuguesa FC Acarigua	Estudiantes de Mérida FC
1976	Portuguesa FC Acarigua	Portuguesa FC Acarigua
1977	Portuguesa FC Acarigua	Portuguesa FC Acarigua
1978	Portuguesa FC Acarigua	Valencia FC
1979	Deportivo Táchira FC San Cristóbal[5]	Deportivo Galicia Caracas
1980	Estudiantes de Mérida FC	Atlético Zamora FC Barinas
1981	Deportivo Táchira FC San Cristóbal	Deportivo Galicia Caracas
1982	Club Atlético San Cristóbal	Atlético Zamora FC Barinas
1983	Universidad de Los Andes FC Mérida	*No competitio*
1984	Deportivo Táchira FC San Cristóbal	AC Mineros de Guayana FC Puerto Ordaz
1985	Estudiantes de Mérida FC	Estudiantes de Mérida FC
1986	Unión Atlético Táchira San Cristóbal	Deportivo Táchira FC San Cristóbal
1986/1987	CS Marítimo de Venezuela Caracas	CS Marítimo de Venezuela Caracas (1987)
1987/1988	CS Marítimo de Venezuela Caracas	Caracas FC (1988)
1988/1989	AC Mineros de Guayana FC Puerto Ordaz	CS Marítimo de Venezuela Caracas (1989)
1989/1990	CS Marítimo de Venezuela Caracas	Anzoátegui FC (1990)
1990/1991	Universidad de Los Andes FC Mérida	Internacional de Anzoátegui Puerto La Cruz (1991)
1991/1992	Caracas FC	Trujillanos FC Valera (1992)
1992/1993	CS Marítimo de Venezuela Caracas	*No competition* (1993)

1993/1994	Caracas FC	Caracas FC (1994)
1994/1995	Caracas FC	Caracas FC (1995)
1995/1996	AC Minervén Bolívar FC Ciudad Guayana	Universidad de Los Andes FC Mérida (1996)
1996/1997	Caracas FC	Atlético Zulia FC Maracaibo (1997)
1997/1998	Atlético Zulia FC Maracaibo	No competition (1998)
1998/1999	Deportivo Italchacao FC Caracas	No competition (1999)
1999/2000	Deportivo Táchira FC San Cristóbal	Caracas FC (2000)
2000/2001	Caracas FC	No competition (2001)
2001/2002	Club Nacional Táchira San Cristóbal	No competition (2002)
2002/2003	Caracas FC	No competition (2003)
2003/2004	Caracas FC	No competition (2004)
2004/2005	CD Unión Atlético Maracaibo	No competition (2005)
2005/2006	Caracas FC	No competition (2006)
2006/2007	Caracas FC	AC Aragua FC Maracay (2007)
2007/2008	Deportivo Táchira FC San Cristóbal	Deportivo Anzoátegui SC Puerto La Cruz (2008)
2008/2009	Caracas FC	Caracas FC (2009)
2009/2010	Caracas FC	Trujillanos FC Valera (2010)
2010/2011	Deportivo Táchira FC San Cristóbal	

[1] The National Cup had different names over the years: Copa Liga Mayor (1959), Copa Naciones (1960), Copa Caracas (1961-1967), Copa Venezuela (1968-1971), Copa Valencia (1972), Copa Venezuela (1973-today).
[2] changed its name to Deportivo Italchacao FC Caracas between 1998 and 2006.
[3] became 2005 Galicia de Araguay, after moving to Maracay.
[4] became 1997 Carabobo FC Valencia.
[5] called Unión Atlético Táchira San Cristóbal between 1986 and 1999.

BEST GOALSCORERS		
1957	Marino Araújo „Tonho" (BRA, Universidad Central de Venezuela FC)	12
1958	René Irazque (CD Portugués Caracas)	6
1959	Abel Benítez (ESP, CD Español)	15
1960	José Luis Iglesias (ESP, CD Portugués Caracas)	9
1961	Antonio Rávelo (Banco Agrícola y Pecuario)	11
1962	Jaime Araújo da Silva (BRA, Universidad Central de Venezuela FC)	16
1963	Aldeny Isidro „Nino" (BRA, CD Portugués Caracas)	15
1964	Hélio Rodrigues (BRA, Tiquire Flores FC)	12
1965	Mario Mateo (BRA, Lara FC Barquisimeto) Jorge Horacio Romero (ARG, La Salle FC)	16
1966	Luis De Mouros „Ratto" (BRA, CD Portugués Caracas)	21
1967	João Ramos (CD Portugués Caracas)	18
1968	Raimundo Lima „Raimundinho" (CD Portugués Caracas)	21
1969	Eustaquio Batista (Deportivo Italia FC Caracas) Aurélio dos Santos „Lelo" (Valencia FC)	19
1970	Roland Langón (URU, Deportivo Galicia Caracas)	13
1971	Agostinho Sabara (BRA, Tiquire Aragua FC)	20
1972	Francisco Rodríguez (Anzoátegui FC)	18
1973	José Chiazzaro (URU, Estudiantes de Mérida FC)	14
1974	José Chiazzaro (URU, Estudiantes de Mérida FC) Sergio Hugo Castillo (URU, Anzoátegui FC)	15
1975	Pedro Pascual Peralta (PAR, Portuguesa FC Acarigua)	20
1976	Pedro Pascual Peralta (PAR, Portuguesa FC Acarigua)	25

Año	Jugador (Club)	Goles
1977	Jair Ventura Filho „Jairzinho" (BRA, Portuguesa FC Acarigua) Juan César Silva (Portuguesa FC Acarigua)	20
1978	Jorge Luís Andrade (Universidad de Los Andes FC Mérida)	23
1979	Omar Ferrari (URU, Deportivo Táchira FC San Cristóbal)	15
1980	Walfrido Campos (BRA, Portuguesa FC Acarigua)	12
1981	Rafael Angulo (COL, Deportivo Táchira FC San Cristóbal)	14
1982	Germán Montero (URU, Estudiantes de Mérida FC)	21
1983	Johnny Castellanos (Atlético Zamora FC Barinas)	13
1984	Sérgio Meckler (BRA, Atlético Zamora FC Barinas)	15
1985	Sérgio Meckler (BRA, Deportivo Táchira FC San Cristóbal)	17
1986	Wilton Arreaza (Caracas FC)	8
1986/1987	Johnny Castellanos (Portuguesa FC Acarigua)	16
1987/1988	Miguel Oswaldo González (ARG, Unión Atlético Táchira San Cristóbal)	22
1988/1989	Johnny Castellanos (AC Mineros de Guayana FC Puerto Ordaz)	24
1989/1990	Herbert Márquez (CS Marítimo de Venezuela Caracas)	19
1990/1991	Alexander Bottini (Monagas SC Maturín)	15
1991/1992	Andreas Vogler (GER, Caracas FC)	22
1992/1993	Herbert Márquez (CS Marítimo de Venezuela Caracas)	21
1993/1994	Rodrigo Soto (COL, Trujillanos FC Valera)	20
1994/1995	Rogeiro Da Silva (BRA, Mineros de Guayana FC Puerto Ordaz)	30
1995/1996	José Luis Dolgetta (Caracas FC)	22
1996/1997	Rafael Ernesto Castellín García (Caracas FC)	19
1997/1998	José Luis Dolgetta (Estudiantes de Mérida FC / Caracas FC)	22
1998/1999	Gustavo Fonseca (COL, Internacional Lara FC)	24
1999/2000	Juan García Rivas (Caracas FC)	24
2000/2001	(Estudiantes de Mérida FC)	12
2001/2002	Juan García Rivas (Club Nacional Táchira San Cristóbal)	34
2002/2003	Juan García Rivas (Monagas SC Maturín / AC Mineros de Guayana FC Puerto Ordaz)	19
2003/2004	Juan García Rivas (AC Mineros de Guayana FC Puerto Ordaz)	18
2004/2005	Daniel Delfino (ARG, Carabobo FC Valencia)	19
2005/2006	Juan García Rivas (Deportivo Táchira FC San Cristóbal)	21
2006/2007	Robinson Rentería (COL, Trujillanos FC Valera)	19
2007/2008	Alexander Rondón Heredia (Deportivo Anzoátegui SC Puerto La Cruz)	19
2008/2009	Heatklif Rafael Castillo Delgado (AC Aragua FC Maracay) Daniel Enrique Arismendi (Deportivo Táchira FC San Cristóbal)	17
2009/2010	Norman Freddy Cabrera Valencia (Atlético El Vigía FC)	20
2010/2011	Daniel Enrique Arismendi (Deportivo Anzoátegui SC Puerto La Cruz)	20

NATIONAL CHAMPIONSHIP
Primera División de Venezuela 2010/2011

Torneo Apertura 2010 – Copa Movilnet

1. Deportivo Táchira FC San Cristóbal	17	10	6	1	31	-	11	36
2. Real Esppor Club Caracas	17	11	3	3	30	-	11	36
3. Caracas FC	17	11	2	4	24	-	15	35
4. Deportivo Petare FC Caracas *	17	9	6	2	25	-	17	33
5. Trujillanos FC Valera	17	7	6	4	22	-	15	27
6. AC Aragua FC Maracay	17	8	3	6	22	-	20	27
7. Deportivo Anzoátegui SC Puerto La Cruz	17	7	5	5	35	-	30	26
8. Yaracuyanos FC	17	6	8	3	20	-	17	26
9. Estudiantes de Mérida FC	17	6	4	7	18	-	22	22
10. Zulia FC Maracaibo	17	6	3	8	25	-	27	21
11. AC CD Mineros de Guayana Puerto Ordaz	17	4	8	5	20	-	20	20
12. Monagas SC Maturín	17	4	5	8	25	-	25	17
13. CD Lara Barquisimeto	17	3	7	7	23	-	28	16
14. Carabobo FC Valencia	17	3	7	7	15	-	21	16
15. Atlético Venezuela CF Maiquetía	17	4	4	9	22	-	33	16
16. Atlético El Vigía FC	17	2	8	7	18	-	25	14
17. Zamora FC Barinas	17	3	5	9	17	-	30	14
18. Caroní FC Ciudad Guayana Maracaibo	17	3	2	12	10	-	35	11

*Deportivo Petare FC Caracas is the new name of Deportivo Italia FC Caracas
Deportivo Táchira FC San Cristóbal (as winners of the Apertura Championship) are qualified to the Championship finals also to Copa Libertadores 2012.

Torneo Clausura 2011 – Copa Movilnet

1. Zamora FC Barinas	17	13	3	1	37	-	10	42
2. Caracas FC	17	12	2	3	32	-	12	38
3. Deportivo Anzoátegui SC Puerto La Cruz	17	8	5	4	27	-	17	29
4. AC CD Mineros de Guayana Puerto Ordaz	17	9	2	6	27	-	17	29
5. Real Esppor Club Caracas	17	8	4	5	16	-	13	28
6. Monagas SC Maturín	17	7	6	4	22	-	12	27
7. Deportivo Petare FC Caracas	17	7	6	4	21	-	14	27
8. Trujillanos FC Valera	17	7	4	6	18	-	16	25
9. Carabobo FC Valencia	17	6	6	5	26	-	18	24
10. AC Aragua FC Maracay	17	6	6	5	16	-	13	24
11. Yaracuyanos FC	17	6	6	5	18	-	20	24
12. Atlético El Vigía FC	17	7	2	8	35	-	22	23
13. CD Lara Barquisimeto	17	6	5	6	24	-	19	23
14. Deportivo Táchira FC San Cristóbal	17	6	2	9	22	-	21	20
15. Zulia FC Maracaibo	16	5	1	10	14	-	34	16
16. Estudiantes de Mérida FC	17	1	5	11	12	-	32	8
17. Caroní FC Ciudad Guayana Maracaibo	16	1	4	11	9	-	44	7
18. Atlético Venezuela CF Maiquetía	17	2	1	14	8	-	50	7

Zamora FC Barinas (as winners of the Clausura Championship) are qualified to the Championship finals also to Copa Libertadores 2012.

Championship final

22.05.2011, Estadio „Agustín Tovar", Barinas; Attendance: 20,480
Referee: Giovanni Perluzzo
Zamora FC Barinas - Deportivo Táchira FC San Cristóbal   0-1(0-1)
Zamora FC: Luis Alberto Terán Guzmán, Nelson Eusebio Semperena González, William Díaz Gutiérrez, Moises de Jesús Galezo Villalobos (88.Lully García), Jesús Alexander Álvarez Arocha (71.Franco José Fasciana Ordoñez), Vicente Antonio Suanno Rodríguez, Rubén Darío Arocha Hernández, Richard Emmanuel Badillo Pérez, Jesús Manuel Meza Moreno (90+2.Pedro Antonio Ramírez Paredes), Juan Guillermo Vélez, Jonathan Copete Valencia. Trainer: José de Jesús Vera.
Deportivo Táchira: Manuel Alejandro Sanhouse Contreras, Laynecker Evelio Zafra Martínez, Walter José Moreno Arco, José Ángel Wilker Romero, Enrique Andrés Rouga Rossi, José Jesús Yégüez Salgado, Pedro Alfonso Fernández Camacho, Diego Alejandro Guerrero Corredor [*sent off 61*], Edgar Fernando Pérez Greco (69.Jorge Francisco Casanova Canchila), Sebastián Hernández Mejía (75.José Mauricio Parra Perdomo), Sergio Darío Herrera Month (86.Anderson Arias Zambrano). Trainer: Jorge Luis Pinto.
Goal: 0-1 Edgar Fernando Pérez Greco (40).

29.05.2011, Estadio Polideportivo de Pueblo Nuevo, San Cristóbal; Attendance: 37,789
Referee: José Luis Hoyos
Deportivo Táchira FC San Cristóbal - Zamora FC Barinas   0-0
Deportivo Táchira: Manuel Alejandro Sanhouse Contreras, Gerzon Armando Chacón Varela, José Ángel Wilker Romero, Walter José Moreno Arco, Enrique Andrés Rouga Rossi, José Jesús Yégüez Salgado, Pedro Alfonso Fernández Camacho [*sent off 90+3*], Jorge Francisco Casanova Canchila, Sebastián Hernández Mejía (80.Jhon Jairo Ospina Jiménez), Edgar Fernando Pérez Greco (72.Julio Brian Gutiérrez González), Sergio Darío Herrera Month. Trainer: Jorge Luis Pinto.
Zamora FC: Tito Daniel Rojas Rojas, Nelson Eusebio Semperena González, William Díaz Gutiérrez, Richard Emmanuel Badillo Pérez (69.Franco José Fasciana Ordoñez), Moises de Jesús Galezo Villalobos, Rubén Darío Arocha Hernández, Vicente Antonio Suanno Rodríguez (89.Herlyn José Cuica), Arles Eduardo Flores Crespo (78.Pedro Antonio Ramírez Paredes), Jesús Manuel Meza Moreno, Juan Guillermo Vélez, Jonathan Copete Valencia. Trainer: José de Jesús Vera.

Aggregate Table								
1. Caracas FC	34	23	4	7	56	-	27	73
2. Real Esppor Club Caracas	34	19	7	8	46	-	23	64
3. Deportivo Petare FC Caracas	34	16	12	6	46	-	31	60
4. Deportivo Táchira FC San Cristóbal	34	16	8	10	53	-	32	56
5. Zamora FC Barinas	34	16	8	10	53	-	40	56
6. Deportivo Anzoátegui SC Puerto La Cruz	34	15	10	9	62	-	47	55
7. Trujillanos FC Valera	34	14	10	10	40	-	31	52
8. AC Aragua FC Maracay	34	14	10	10	38	-	33	52
9. Yaracuyanos FC	34	12	14	8	36	-	38	50
10. AC CD Mineros de Guayana Puerto Ordaz	34	13	10	11	47	-	37	49
11. Monagas SC Maturín	34	11	11	12	47	-	37	44
12. Carabobo FC Valencia	34	9	13	12	41	-	39	40
13. CD Lara Barquisimeto	34	9	12	13	46	-	48	39
14. Zulia FC Maracaibo	33	11	4	18	39	-	62	37
15. Atlético El Vigía FC	34	9	10	15	41	-	47	37
16. Estudiantes de Mérida FC	34	7	9	18	28	-	52	30
17. Atlético Venezuela CF Maiquetía (*Relegated*)	34	6	5	23	30	-	83	23
18. Caroní FC Ciudad Guayana Maracaibo (*Relegated*)	33	4	6	23	19	-	67	18

Caracas FC qualified for the Copa Libertadores 2012.
Clubs from places 2, 3, 6, and 8-12 qualified for the Copa Sudamericana 2011 Play-offs.

Copa Sudamericana 2011 Play-offs

Quarter-Finals

Carabobo FC Valencia - Real Esppor Club Caracas	0-1(0-0)	0-3(0-1)
Monagas SC Maturín - Deportivo Petare FC Caracas	2-0(1-0)	0-3(0-1)
AC Mineros de Guayana FC Puerto Ordaz - Deportivo Anzoátegui SC	1-1(0-0)	0-3(0-1)
Yaracuyanos FC - AC Aragua FC Maracay	3-0(0-0)	0-0

Semi-Finals
Deportivo Anzoátegui SC Puerto La Cruz - Real Esppor Club Caracas
Yaracuyanos FC - Deportivo Petare FC Caracas
Semi-finals and finals will be played in June 2011.

COPA VENEZUELA FINAL 2010

01.12.2010, Estadio „José Alberto Pérez", Valera; Attendance: 22,000
Referee: Luis Márquez
Trujillanos FC Valera – Zamora FC Barinas   **0-0**
Trujillanos FC: Luis Carlos Rojas, Ynmer Eliécer González Alseco, José Ángel Wilker Romero, Rolando Argenis Álvarez Suárez, Edixon Bladimir Cuevas Tirado, Arquímedes José Figueroa Salazar, Manuel Bernardo Rodríguez Molina (66.Rubén Antonio García Abreu), Roberto Javier Armúa, Julio César Ferreira Martins (46.Luis Alfredo García Urbano), Norman Freddy Cabrera Valencia (57.Juan Guillermo Vélez Córdoba), César Augusto Alzate Vera. Trainer: Pedro Vera.
Zamora FC: Tito Daniel Rojas Rojas, Richard Emmanuel Badillo Pérez, William Díaz Gutiérrez, Moises de Jesús Galezo Villalobos, Rohel Antonio Briceño Carpio, Arles Eduardo Flores Crespo, Franco José Fasciana Ordoñez, Rubén Darío Arocha Hernández, Edwin Sierra (84.Edson Mendoza), Jesús Manuel Meza Moreno, Jonathan Copete Valencia. Trainer: José de Jesús Vera.

08.12.2010, Estadio „Agustín Tovar", Barinas; Attendance: 25,000
Referee: José Marquina
Zamora FC Barinas – Trujillanos FC Valera   **1-1(0-1)**
Zamora FC: Tito Daniel Rojas Rojas, William Díaz Gutiérrez, Moises de Jesús Galezo Villalobos, Richard Emmanuel Badillo Pérez, Nelson Rolando Suárez Chávez (46.Herlyn José Cuica), Arles Eduardo Flores Crespo, Rubén Darío Arocha Hernández (74.Ronald Germán Giraldo Sánchez), Vicente Antonio Suanno Rodríguez (78.Franco José Fasciana Ordoñez), Jesús Manuel Meza Moreno, Edwin Sierra, Jonathan Copete Valencia. Trainer: José de Jesús Vera.
Trujillanos FC: Luis Carlos Rojas, Ynmer Eliécer González Alseco, Rolando Argenis Álvarez Suárez, José Ángel Wilker Romero, Edixon Bladimir Cuevas Tirado, Arquímedes José Figueroa Salazar, Manuel Bernardo Rodríguez Molina (78.Juan Guillermo Vélez Córdoba), Roberto Javier Armúa, Julio César Ferreira Martins (58.Luis Alfredo García Urbano), Rubén Antonio García Abreu (65.Miguel Leonardo Sosa González), César Augusto Alzate Vera. Trainer: Pedro Vera.
Goals: 0-1 Julio César Ferreira Martins (32), 1-1 Richard Emmanuel Badillo Pérez (81).

<u>Copa Venezuela Winners 2010</u>: **Trujillanos FC Valera** (qualified for the Copa Sudamericana 2011)

THE CLUBS 2010/2011

ASOCIACIÓN CIVIL ARAGUA FÚTBOL CLUB MARACAY
Foundation date: August 20, 2002
Address: Prolongación Avenida Sucre y Avenida Las Delicias, Maracay, Estado Aragua
Stadium: Estadio Olímpico „Hermanos Ghersi Páez", Maracay – Capacity: 16,000

THE SQUAD

	DOB
Goalkeepers:	
Jean Carlos Issa Venta	19.07.1990
Geancarlos Martínez Villarroel	21.05.1979
Luigi Alfredo Palomino	06.04.1981
Carlos Alberto Salazar Lugo	20.08.1980
Defenders:	
Ángel David Agnello Espinoza	06.08.1984
Jorge Mario Amara Restrepo	07.07.1982
Sebastián José Camargo Bolaño	11.09.1989
Francisco Javier Fajardo	08.07.1990
Luís Fernando Matute Berdugo	06.04.1993
Rafael Loreto Mea Vitali	16.02.1975
Jean Carlos Neto Gaspar	01.10.1981
Rennier Alexander Rodríguez González	25.03.1984
William José Rodrigues Pereira	17.09.1992
Rommel Walid Saab Moucharrafie	12.12.1984
Freddy Yovanny Segovia Alvarenga	02.06.1980
Midfielders:	
Jorge Enrique Álvarez (ARG)	02.01.1981
Matías Cresseri Valerio (URU)	15.02.1980
Wuiswell Anderson Isea Fernández	13.09.1982
Omar Alberto Labrador Gutiérrez	18.02.1992
Jackson Armando López Osorio	01.08.1990
Jesús Alberto Lugo Limpia	14.09.1991
Miguel Ángel Mea Vitali	19.02.1981
Orlando Jesús Montanari Jiménez	15.12.1986
Orlando José Peraza Venegas	19.03.1991
Ányelo Rodríguez Aparicio	22.01.1982
Carlos José Sánchez Zamora	08.02.1982
Ely Antonio Valderrey Medino	29.04.1986
Víctor Alfonso Villarreal Pérez	15.09.1988
Forwards:	
Irwin Rafael Antón Barroso	10.01.1988
Sebastián Néstor Domínguez Castro (ARG)	18.12.1987
Tulio Enrique Etchemaite (ARG)	10.07.1987
Robert Muñóz	05.02.1992
Hermes Manuel Palomino Fariñes	04.03.1988
Pierre Alexandre Pluchino Caluppo	23.11.1989
Alexander Rondón Heredia	30.08.1977
Trainer:	
Ángel Raul Cavallieri (ARG)	20.03.1952

ATLÉTICO EL VIGÍA FÚTBOL CLUB

Foundation date: October 31, 1987
Address: Avenida Peteroma LC-986, El Vigía, Estado Mérida
Stadium: Estadio „Ramón 'Gato' Hernández", El Vigía – Capacity: 12,000

THE SQUAD

	DOB
Goalkeepers:	
Edward Ibarbo Cadena (COL)	03.12.1986
Víctor Antonio Rangel Vera	14.02.1977
Adrián Albeiro Rodríguez Hernández	06.07.1989
Defenders:	
Alveiro Aislant Mojica	23.05.1984
Janner Aislant Mojica	12.02.1983
Ender Basabe	23.01.1985
Yóger Alfredo Coello Mora	20.04.1991
José Manuel Contreras Sánchez	25.11.1979
Joel Galán	25.03.1978
Anderson Alfredo Montenegro	10.01.1992
Luís Alberto Pineda Martínez	06.12.1988
Luis Carlos Puente Bello	25.08.1990
Benson Enrique Rovira	04.12.1986
Raúl Antonio Vallona Espinoza	07.09.1984
Erlys Yordano Vázquez Carrero	17.04.1993
Midfielders:	
Yuxe Aldemar Buitrago Lara	04.12.1991
Yorlan Antonio Carmona García	29.05.1990
Charlis Jesús Díaz	06.07.1989
Andrés Felipe Escobar Echandía (COL)	01.09.1986
Cristian Leonardo Flores Calderón	02.07.1988
Javier Alfonso García Domínguez	22.04.1987
Carlos Alexander Guerrero Zambrano	07.08.1976
Roberto Antonio Leal Aguillón	02.01.1993
Víctor Manuel Miranda Charri (COL)	27.11.1976
Orlando Rengifo Murillo (COL)	09.01.1967
Wislintos Rentería Menas	19.06.1984
Forwards:	
Dervis Alberto Barrera Aislant	28.01.1993
Andrés Segundo Buelvas	12.10.1982
Juan Carlos Caro	09.02.1983
Mayker Alexander Lozano	
Genlis Alberto Piñeros Novoa	06.09.1989
Marcelo Rojas Ospina (COL)	20.03.1988
Jorge Luis Ruíz Sandoval	01.10.1989
Yan Alexander Salazar Marín	18.04.1988
César Iván Sarmiento Rodríguez	17.05.1971
Trainer:	
Rodín Adolfo Duque	10.05.1970

ATLÉTICO VENEZUELA CLUB DE FÚTBOL MAIQUETÍA
Foundation date: August 15, 2008
Address: *Not known*
Stadium: Estadio Nacional „Brígido Iriarte", Caracas – Capacity: 12,000

THE SQUAD

	DOB
Goalkeepers:	
Carlos Bolívar	30.11.1982
José Bottini	12.01.1977
Fernando Antonio Lobo Carreira	13.03.1991
Franklin Eduardo Zeltzer Pulido	08.12.1988
Defenders:	
Norman Baquero	21.07.1983
Elio Blanco	19.07.1981
Ángel Briceño (COL)	
Edgar Burgués (URU)	
Keynerds Cabeza	
Francisco Chávez	14.02.1987
Daniel Díez	30.07.1976
Jersson Labrada	
Winder Mendoza	
Johnel Noffra	21.12.1991
Antonio Steimbach (BRA)	04.07.1974
Frank Toro	
Midfielders:	
Rai Aguarán	
Guillermo Banquez	24.02.1989
Diego Castro	
Yaquino Celli	07.02.1982
José Contreras	25.11.1979
César Correa	
Jhonatan Guerra	06.09.1988
Adrián Eduardo Machillanda Briceño	
Juan Medina	
Josmer José Mejías Pérez	27.08.1991
Guillermo Octavio	14.08.1985
Jorge Padilla	
Héctor Marcelo Pérez	11.10.1986
Carlos Pineda	30.05.1990
Kristopher Piñero	19.08.1991
Randy José Rivas Sierra	17.09.1992
Adam Rodríguez	19.07.1989
Maik Rodríguez	18.10.1990
Luciano Roque	07.01.1980
Cristopher Eduardo Soto	03.05.1987
Timshel Tabárez	13.08.1981
Juan Vásquez	
Luis Zuleta (COL)	07.08.1974
Forwards:	
Diego Antonio Blanco D'Orazio	31.10.1988
Emilio Garcés	30.05.1984
Kleudes García	31.07.1987
Ronald Gutiérrez	
Elias José Leal	11.11.1986
Endert Márquez	06.06.1978
Jesús Eugenio Márquez	09.03.1979
Darwin Peralta	27.04.1984
Marcelo Refresquini (URU)	28.09.1980
César Rincón	06.01.1986
Charbel Roye	17.02.1991
Remliw Schmuke	
Javier Tarano	
Trainer:	
Carlos Ravel (URU) [03.08.-14.09.2010]	
Edson José Rodríguez Quilarque	24.07.1970

CARABOBO FÚTBOL CLUB VALENCIA

Foundation date: July 24, 1964
Address: Misael Delgado, Oficinas de Carabobo FC, Avenida Bolívar Norte, Valencia, Estado Carabobo
Stadium: Estadio Polideportivo „Misael Delgado", Valencia – Capacity: 14,000

THE SQUAD

	DOB
Goalkeepers:	
Deusdedit Enrique Caguana Bolívar	28.05.1983
Jesús Alfredo Escalona	15.02.1992
Ronald Alexander Garcés	17.05.1989
Defenders:	
Yordani José Abreu Chourio	27.10.1988
Giovanni Dolgetta	18.05.1994
Carlos José García Mijares	12.11.1971
Atahualpa Gabriel González Lanz (CRC)	04.05.1977
Jenner González	08.07.1980
Johandrys Herrera	07.01.1991
José Gregorio Naranjos Guardia	25.10.1991
Jhony David Perozo Rodríguez	28.04.1985
Carlos Rivero	27.11.1992
José Luis Rodríguez Heredia	02.05.1980
Carlos Verdú	23.12.1986
Midfielders:	
Franco Diamante Acosta	28.05.1981
Evaristo Miguel Antequera Romero	03.09.1985
Gualberto José Campos Reyes	24.04.1981
Robert Garcés	05.04.1993
Jarrín Daniel García	19.09.1983
Leopoldo Rafael Jiménez González	22.05.1978
Jonathan Laurens Pérez	02.08.1977
Michael Márquez	
Víctor Pérez Zabala	01.03.1990
Léiner Concepción Rolong Torres	01.09.1981
Jaime Alexander Salazar Tafur	29.09.1976
Luis Roberto Seijas Gunther	09.04.1989
Álvaro Villa	29.05.1992
Víctor Alfonso Villarreal Pérez	15.09.1988
Forwards:	
Andrés Segundo Buelvas Del Toro	12.10.1982
Carlos Mario Ceballos Agualimpia	13.09.1981
Javier del Valle	01.02.1992
Heiber Eduardo Díaz	10.11.1984
José Ángel Díaz	06.10.1982
Pierre Alexandre Pluchino Caluppo	23.11.1989
José Miguel Reyes	19.09.1992
Fernando Wadskier	27.05.1993
Trainer:	
Alberto Valencia [Ape]	20.08.1972
Manuel Correa [Cla]	

CARACAS FÚTBOL CLUB

Foundation date: Ocotober 3, 1989
Address: Cocodrilos Sports Park, Cota 905, Ofoconas del Caracas FC, Caracas
Stadium: Estadio Olímpico de la Universidad Central de Venezuela, Caracas – Capacity: 23,000

THE SQUAD

	DOB
Goalkeepers:	
Alain Baroja Méndez	23.10.1989
David González	24.03.1986
Renny Vicente Vega Hernández	04.07.1979
Defenders:	
Leminger Bolívar	18.02.1990
Rohel Antonio Briceño	15.03.1984
Jaime Andrés Bustamante Suárez	21.04.1980
Pablo Jesús Camacho Figueira	12.12.1990
Alexander David González	13.09.1992
Julio César Machado Cesáreo	19.06.1982
Víctor Abel Nazario Brun (URU)	12.01.1983
Rómulo Otero Vásquez	09.11.1992
Edder Alfonso Pérez Consuegra	03.07.1983
José Manuel Rey Cortegoso	20.05.1975
Giovanny Michael Romero Armenio	01.01.1984
Midfielders:	
Nelson Alberto Barahona Collins	22.11.1987
Henry Leonardo Bautista	29.08.1983
Daniel Da Silva	23.06.1990
Darío Damián Figueroa Lissa	13.02.1978
Jesús Javier Gómez Mercado	06.08.1984
César Iván González Torres	10.10.1987
Luis González	22.12.1990
Juan Francisco Guerra	16.02.1987
Edgar Hernán Jiménez González	19.10.1984
Franklin José Lucena Peña	20.02.1981
Louis Angelo Peña Puentes	25.12.1989
Guillermo Abel Ramírez	10.11.1989
Carlos Luis Suárez	26.04.1992
Luis Eduardo Zapata (COL)	24.04.1980
Forwards:	
Fernando Luis Aristiguieta De Luca	09.04.1992
Luis Carlos Cabezas Mairongo (COL)	03.03.1986
Heatklif Rafael Castillo Delgado	28.11.1979
Daniel Ricardo Febles Arguelles	08.02.1991
Edwards Yesid Jiménez Gómez (COL)	14.07.1981
Josef Alexander Martínez	19.05.1993
Gilson José Salazar Rodríguez	23.01.1989
Christian Novoa Sandín	09.07.1991
Miguel Ángel Romero	23.08.1980
Anthony Chelín Uribe Francia	24.10.1990
Trainer:	
Ceferino Bencomo	01.11.1970

CARONÍ FÚTBOL CLUB MARACAIBO
Foundation date: 2009 (as Orinoco FC Maracaibo)
Address: *Not known*
Stadium: Estadio Olímpico „José Encarnación "Pachencho" Romero", Maracaibo – Capacity: 38,000

THE SQUAD

	DOB
Goalkeepers:	
Tulio Enrique Hernández Ferreira	14.02.1974
José Marcedo	
Alfredo Enrique Pernalete Díaz	18.12.1982
Defenders:	
José Acosta	28.11.1989
Héctor Barreto	
Luis Carrillo	01.01.1988
René Gregorio Flores Navas	29.04.1991
Fabián Ángel Galfráscoli (ARG)	
Carlos Gómez	
Carlos Alfredo Hernández Pérez	10.10.1990
Leonardo Leonet	
José Rafael Loyo Higuera	06.06.1988
Marvin Mina	23.06.1986
Ranyel Nabarro	
Héctor Emilio Noguera Sánchez	01.02.1987
Silvio Alberto Rivero	07.07.1983
Peter Erikson Thelemaque	17.12.1985
Midfielders:	
Alejandro José Araus González	26.03.1986
Anderson Betancourt	20.05.1991
Daniel Blanco	25.05.1990
Ramón Herrera	
Edwin Martínez	
Nixon Mina	20.12.1987
Guillermo Ramírez	10.11.1989
Luciano Roque	07.01.1980
Francisco Valdéz	16.09.1987
Jefferson Johan Velásquez Pacheco	17.03.1991
Forwards:	
Ángelo Alcalá	
Alberto Barreto	
Jonathan Basanta	
Santiago Carlos Davío (ARG)	03.02.1985
Javier Alejandro González Eurriola	12.05.1989
José Félix Gutiérrez	04.04.1975
Eduard Labastidas	14.11.1989
Nelson Mauricio Murillo	12.11.1986
Oscar Núñez	
José Novelio Romaña Urrutia	18.07.1982
Trainer:	
Rodrigo Piñón [Ape]	18.05.1981
Víctor Orozco [Ape; Sacked on 23.12.2010]	
Jesús Iglesias [Cla; Sacked on 18.04.2011]	
Del Valle Rojas	

CLUB DEPORTIVO LARA BARQUISIMETO

Foundation date: 2009
Address: Avenida Libertador entre Calles 36 y 38, Oficinas del Domo Bolivariano, Barquisimeto, Estado Lara.
Stadium: Estadio Metropolitano de Fútbol de Lara, Barquisimeto – Capacity: 40,312

THE SQUAD

	DOB
Goalkeepers:	
David Dario Andrade Hernández	09.08.1982
Héctor Eduardo Pérez Cuevas	16.06.1991
Virgilio Nazareth Piñero Delgado	30.04.1989
Daniel Eduardo Valdéz Guerrero	09.04.1985
Defenders:	
Juan Aristizábal	
José Alexander Becerra	22.01.1977
Joel Cáceres	
Luis Enrique Colmenarez Gutiérrez	26.09.1988
Daniel José Godoy Hurtado	13.06.1981
Jolvi José Granados Acosta	03.03.1980
Yitson Rafael Lameda	08.02.1987
Elvis Alfonso Martínez Dugarte	04.10.1970
Edgar José Mendoza Acosta	15.06.1991
Yuber Antonio Mosquera (COL)	31.08.1984
Pedro Anderson Orozco	06.02.1984
Raúl Antonio Vallona Espinoza	07.09.1984
Leonel Vielma Peña	30.08.1978
Midfielders:	
Engelberth José Briceño Avendaño	02.04.1984
Diego Emilio Cochas (ARG)	14.08.1979
Juan Carlos Colina Silva	21.10.1986
Rafael Júnior De Fex Marriaga	11.05.1990
Pedro Javier Depablos Jacobo	02.01.1977
Marlon Antonio Fernández Jiménez	16.01.1986
Luis Miguel Figueredo Liscano	28.11.1992
Francisco Javier Flores Sequera	30.04.1990
Yurjary Freitez	06.08.1987
Luis Alberto Martínez Zapata	07.09.1984
Jackson Enrique Mijares COll	24.03.1984
David Fernando Montoya Velez	14.02.1978
Frank Piedrahita	15.05.1988
Jarvi Mejía Saldaña (COL)	02.05.1980
Carlos Sira	05.01.1994
Forwards:	
Johan Arrieche	22.06.1991
Heatklif Rafael Castillo Delgado	28.11.1979
Lauro Ramón Cazal (PAR)	23.03.1986
Darío Colmenares	28.08.1992
Adrián José Lezama Español	22.07.1989
Johan Alexander Marín Caceres	15.08.1982
Luis Morillo	
José María Morr Azuaje	12.04.1981
Aquiles David Ocanto Querales	06.06.1978
Alexander Rondón Heredia	30.08.1977
Trainer:	
Carlos Eduardo Hernández [Ape]	
Germán González García [Cla]	26.01.1952

ASOCIACIÓN CIVIL CLUB DEPORTIVO
MINEROS DE GUAYANA PUERTO ORDAZ

Foundation date: November 20, 1981
Address: Urbanización Mendoza, Calle Jusepín, Puerto Ordaz, Estado Bolívar
Stadium: Centro Total de Entretenimiento Cachamay, Puerto Ordaz – Capacity: 41,600

THE SQUAD

	DOB
Goalkeepers:	
Euro Iván Guzmán Torres	29.06.1976
José Carlos Guzmán Solano	06.02.1988
Tulio Enrique Hernández Fereira	14.02.1974
Rafael Antonio Ponzo García	18.10.1978
Defenders:	
Jhon Chancellor	02.01.1992
Rodrigo Iván Gómez Gómez (URU)	24.03.1981
David Lucas	03.03.1993
Ángel Emilio Ojeda Pinto	08.07.1982
José Manuel Rey Cortegoso	20.05.1975
Ramón Elías Russian Rodríguez	20.10.1991
José Luis Roberto Seijas	09.04.1989
Gabriel Tomassini (ARG)	08.11.1985
Luis José Vallenilla Pacheco	13.03.1974
José Manuel Velázquez	08.09.1990
Rubén Ramón Yori	02.06.1976
Midfielders:	
Oscar Humberto Álvarez Escobar (COL)	30.05.1981
Diego Cardozo Batista (URU)	21.07.1983
Edson Castillo	18.05.1994
Oswaldo José Chaurant Arreaza	27.05.1984
Carlos Eduardo De Freitas Moníz	15.02.1988
Nicolás Ignacio Diez Parajón (ARG)	09.02.1977
Ágnel José Flores Hernández	20.05.1989
Sergio Sael Golindano Hernández	13.02.1990
Johnny Alberto González Prieto	26.07.1991
Marcos Antonio Gutiérrez	24.05.1983
Ricardo Antonio Halley	18.06.1992
Abizail José Lugo Cabello	15.02.1989
Carlos Martínez	17.08.1990
José David Moreno Chacón	31.10.1982
Oscar Xavier Noriega Vedrano	02.11.1988
Ricardo David Páez Gómez	09.02.1979
Francisco Leandro Parra Guerra	26.04.1986
Jair José Rojas	19.10.1990
Jorge Alberto Rojas Méndez	10.01.1977
Forwards:	
Orlando José Cordero Zambrano	24.10.1984
Juan Manuel Falcón Jiménez	24.02.1989
Darwin Poll Gómez	
Armando Rafael Maita Urbáez	26.08.1981
José Luis Meza Draegert	17.02.1991
Romer Rojas	
José Antonio Torrealba Acevedo	13.06.1980
Iván José Velásquez (COL)	27.08.1976
Trainer:	
Carlos Fabián Maldonado Piñeiro	30.07.1963

DEPORTIVO ANZOÁTEGUI SPORT CLUB PUERTO LA CRUZ

Foundation date: November 9, 2002
Address: Avenida Américo Vespucio CC Casablanca, of. 6, Lechería, Puerto Ordaz, Estado Anzoátegui
Stadium: Estadio „José Antonio Anzoátegui", Puerto La Cruz – Capacity: 38,000

THE SQUAD

	DOB
Goalkeepers:	
Edixson Antonio González Peroza	13.01.1990
Junior Marcano	
José Leonardo Morales Lares	07.07.1978
Juan Marcelo Ojeda (ARG)	10.11.1982
Daniel Eduardo Valdés Guerrero	09.04.1985
Defenders:	
Javier Carmona	
Juan José Fuenmayor Núñez	05.09.1979
José Francisco González Quijada	21.07.1971
Eduar Granadino	24.11.1989
Luis Miguel Lobo (ARG)	09.10.1983
Agustín Lucas Teixeira (URU)	19.10.1985
Erickson Márquez	02.04.1990
Jonny Fair Mirabal Arboleda	30.06.1990
Henry Pernía	09.11.1990
Carlos Gregorio Rivero	27.11.1992
Oscar Daniel Rojas	16.01.1990
Carlos Alfredo Salazar Cumana	15.05.1989
Yoimer Alberto Segovia Nieves	28.10.1978
Oswaldo Augusto Vizcarrondo Araújo	31.05.1984
Midfielders:	
Manuel Cuárez	04.03.1980
Giácomo Di Giorgi Zerillo	24.02.1981
Alejandro Abraham Guerra Morales	09.07.1985
Carlos Enrique Fernández	01.09.1990
Jesús Hernández	06.01.1993
Nicolás Massía Arias (URU)	17.12.1980
Jelson Pais	30.01.1991
Engelberth Alexander Pérez Vivas	04.02.1986
Mauricio Ruíz	
Mario Andrés Sánchez	19.06.1991
Gabriel José Urdaneta Rangel	07.01.1976
Renzo Zambrano	26.08.1994
Forwards:	
Daniel Enrique Arismendi Marchán	04.07.1982
Carlos Enrique Fernández	01.09.1990
Juan Antonio García Reyes	01.02.1991
Eduard Labastidas	14.11.1989
Luis Robinson Rentería Cuesta	04.07.1980
Gelmín Rivas	23.03.1989
Diego Silva	
Trainer:	
Daniel Alejandro Farias	28.09.1981

DEPORTIVO PETARE FÚTBOL CLUB CARACAS

Foundation date: August 18, 1948
Address: Calle El Río con Avenida Las Palamas, Edificio Melvin, Boleita Sur, Caracas
Stadium: Estadio Olímpico de la Universidad Central de Venezuela, Caracas – Capacity: 23,000

THE SQUAD

	DOB
Goalkeepers:	
Alan José Liebeskind Díaz	07.01.1985
Geancarlos Martínez Villarroel	21.05.1982
Luiyis Palomino	06.04.1981
Ciro Daniel Zamora Spadola	13.07.1990
Defenders:	
Javier Andrés González Tupper	26.02.1988
Rafael Antonio Lobo Espino	15.05.1981
Marcelo Omar Maidana (ARG)	07.01.1979
Armin Alberto Márquez Salas	26.08.1982
David Andrew McIntosh Parra	17.02.1973
Nolberto Riascos Segura	17.10.1984
Juan Pablo Rodríguez Rodríguez	12.05.1994
Andrés Elionai Sánchez León	12.12.1987
Alejandro Javier Valldeperas Pazmiño	09.03.1991
Juan Pablo Villarroel Di Parsia	13.09.1991
Midfielders:	
Ricardo Andreutti Jordán	30.06.1987
Félix Manuel Cásseres	13.06.1987
Gianfranco Di Julio Bartolomeo	07.07.1986
Diomar Ángel Díaz Calderón	07.03.1990
Alain Giancarlo Giroletti Nadali	08.09.1979
Yohnjer Iván Guerrero Zambrano	29.09.1990
Evelio De Jesús Hernández Guedez	18.06.1984
Raigel Alexis Márquez Nieves	04.02.1992
Bladimir Alejandro Morales Duarte	09.04.1983
Yhonny Alexander Salcedo Moreno	05.02.1989
Daniel Martino Vallera Guarente	05.04.1988
Forwards:	
Franco Renato Arévalo Guerrero	10.01.1990
Richard José Blanco Delgado	21.01.1982
Jhon Alexis Córdoba Arbeláez (COL)	10.02.1982
Michael O"Neal Covea Uzcátegui	21.08.1993
Víctor Alfonso Guazá Lucumí	16.08.1985
Gerardo Andrés Hernández Rivero	04.02.1992
Alex Sinisterra Villa	04.01.1979
Trainer:	
Eduardo Saragó	11.01.1982

DEPORTIVO TÁCHIRA FÚTBOL CLUB SAN CRISTÓBAL

Foundation date: January 1, 1974
Address: Calle 14, entre carreras 20 y 21, N° 20-95, Quinta Chelita, Barrio Obrero, San Cristóbal, Estado Táchira
Stadium: Estadio Polideportivo de Pueblo Nuevo, San Cristóbal – Capacity: 40,500

THE SQUAD

	DOB
Goalkeepers:	
Roberts Alexander Rivas Quintero	05.12.1980
Richard Alejandro Ruíz	28.07.1988
Manuel Alejandro Sanhouse Contreras	16.07.1975
Defenders:	
Pedro Luis Boada Noya	26.07.1977
Gerzon Armando Chacón Varela	27.10.1980
Jackson Alejandro Clavijo Montoya	01.01.1992
Willi Guevara	10.02.1994
Walter José Moreno Arco	18.05.1978
Jhon Jairo Ospina Jiménez	06.06.1986
Jackson Alberto Romero Cruz	11.10.1983
Enrique Andrés Rouga Rossi	02.03.1982
Jesús Laudemir Valera Gil	04.02.1992
José Jesús Yégüez Salgado	16.09.1987
Layneker Evelio Zafra Martínez	23.05.1986
José Ángel Wilker Romero	18.03.1993
Midfielders:	
Jorge Francisco Casanova Canchila	06.07.1984
Oswaldo José Chaurant Arreaza	27.05.1984
Maurice Jesús Cova Sánchez	11.08.1992
Pedro Alfonso Fernández Camacho	27.07.1977
César Alexander González	21.06.1990
Diego Alejandro Guerrero Corredor	26.06.1986
Sebastián Hernández Mejía	02.10.1986
José Mauricio Parra Perdomo	06.02.1990
Ebby José Pérez Acero	01.03.1991
Jorge Alberto Rojas Méndez	01.10.1977
José Javier Villafraz Quintero	01.01.1980
Forwards:	
Anderson Arias Zambrano	20.04.1987
José Leonardo Colmenares Torres	28.01.1980
Yhonatan Alexander Del Valle Rodríguez	28.05.1990
Julio Brian Gutiérrez González (CHI)	14.09.1979
Sergio Darío Herrera Month (COL)	15.03.1981
Edgar Fernando Pérez Greco	16.02.1982
Trainer:	
Jorge Luis Pinto	16.12.1952

ESTUDIANTES DE MÉRIDA FÚTBOL CLUB

Foundation date: April 14, 1971
Address: Avenida Urdaneta con calle 51, N° 3-14, Edificio Confirmerca, PB. Mérida, Estado Mérida
Stadium: Estadio Olímpico Metropolitano de Mérida, Mérida – Capacity: 42,500

THE SQUAD

	DOB
Goalkeepers:	
Darwin Moncada	18.04.1992
José Leonardo Morales Lares	07.08.1978
Jorge Luis Moret González	28.11.1983
Rafael Romo	25.02.1990
Defenders:	
Ever Alexander Avendaño Cruz	22.07.1984
Marlon Bastardo	05.04.1990
Mario Bosetti	01.11.1986
Julio José Hernández Gómez	08.04.1993
Deivi José Pérez Subero	
Francisco José Pineda	05.12.1980
Henry Plaza	12.12.1992
Javier Rojas	10.07.1989
Alfredo Alexander Sánchez Acevedo	17.04.1988
Lenin Esteban Uzcátegui	07.02.1983
Midfielders:	
Rodolfo Córdoba	22.02.1980
Ronaldi García	15.03.1991
Martín Alonso López Gómez	23.03.1986
Allizon Gustavo Maldonado	20.06.1988
Diego Armando Mejías Rojas	14.02.1988
Devanis Orozco	10.02.1988
Eduardo Porto	
Ronald Steve Ramírez Molina	22.12.1987
Oscar Alejandro Restrepo Ramírez	02.01.1974
Marcel Rivero	20.10.1985
Marlon Rivero Pacheco	03.07.1984
Cristian Andrés Rodelo Ruíz	28.01.1991
Jonathan Rueda	12.04.1989
José Zambrano	12.12.1990
Forwards:	
Roberto Alterio	31.08.1990
Armando José Araque Peña	06.03.1989
Orángel José Carrero Ibedaca	23.12.1989
Juan Enrique García Rivas	16.04.1970
Yosmer Manuel Mancilla Carrillo	25.02.1991
Sergio David Peña Peña	23.12.1991
Oscar Eduardo Villarreal Rivera	27.03.1991
Trainer:	
Rafael Edgar Dudamel Ochoa [08.2010-17.03.2011]	07.01.1973
Rafael Santana	

MONAGAS SPORT CLUB MATURÍN

Foundation date: September 23, 987
Address: Avenida Rómulo Gallegos, Colegio de Ingenieros, Maturín, Estado Monagas
Stadium: Estadio Monumental de Maturín, Maturín – Capacity: 52,000

THE SQUAD

	DOB
Goalkeepers:	
Carlos Eduardo Angelini	27.05.1988
Leandro Díaz (COL)	09.07.1982
Eduardo Luis Lima Prado	09.10.1992
Defenders:	
Deibis de Jesús Alfaro	11.01.1992
Jhon Deyvis Ariza Cuello	31.01.1990
Pedro Luis Boada Noya	26.07.1977
Daniel Oswaldo Briceño Bueno (COL)	06.09.1985
Carlos Enrique Castro	04.12.1986
Jhon Jairo Cernicchiaro	17.10.1989
Pedro Agustín Duval Tiamo	02.01.1979
Wasmis de Jesús Hernández	17.11.1984
Gregory Evans Lancken Williams	07.05.1975
Pedro Ramón Lugo Maestre	02.11.1986
Rubert José Quijada Fasciana	10.02.1989
Lenín Esteban Uzcátegui Matos	07.02.1983
Wuilber José Velásquez Salazar	05.03.1985
Charly Alfredo Velazco Arenas	02.10.1979
Midfielders:	
Carlos Enrique Alemán Acuña	28.10.1988
Eliézer Álvarez	05.07.1988
Dennys de Jesús Bacelar	26.11.1991
Edgar Alexander Carrillo	27.06.1992
Peter Samy Domínguez Valencia (COL)	20.10.1990
Jesús Alfredo Duque	31.10.1992
Luís José Fasciana	26.01.1991
Jarol Herrera Martínez (COL)	26.05.1984
Alexis Hinestroza Estacio (COL)	28.08.1988
Edward José Leonett Jaramillo	01.02.1983
John Freiman Mancilla Balanta (COL)	06.06.1983
Guillermo Octavio	14.08.1985
Manuel Antonio Padilla Patete	18.08.1989
Jesús Rodríguez	01.12.1992
Luis Omar Valencia Barona (COL)	06.09.1978
Forwards:	
Oscar Alberto Briceño Bueno (COL)	06.09.1985
Edder José Farías Martínez	12.04.1988
Wilmar Jordán Gil (COL)	17.10.1990
Aníbal Enrique Hernández	10.10.1985
Jacobo Salvador Kouffati	30.06.1993
Francisco Javier Navarrete Castañeda	20.11.1987
Trainer:	
José Alí Cañas Navas	19.06.1960

REAL ESPPOR CLUB CARACAS

Foundation date: 2008
Address: Avenida principal de Boleita, c/c Miraima, Edificio Draza
Stadium: Estadio Nacional „Brígido Iriarte", Caracas – Capacity: 12,000

THE SQUAD

	DOB
Goalkeepers:	
Michel Cofrades Poppinghaus	02.12.1991
Víctor Antulio Rivero García	13.02.1980
Javier Eduardo Toyo Barcenas	12.10.1977
Defenders:	
Daniel Eduardo Benítez Pernía	23.09.1987
Antonio José Boada Figueroa	17.08.1981
Luiyi José Erazo Villamizar	13.06.1988
José Luis Granados Asprilla	22.10.1986
Carlos Lujano	14.07.1991
José Manríquez	19.03.1987
José Gregorio Menses Guevara	01.11.1991
Alexander José Osorio Meza	23.11.1991
Jong Harold Viáfara Ramos (COL)	20.07.1976
Lewis Zapata	
Midfielders:	
Juan Aguiar	11.09.1990
Mijail Alexander Avilés Flores	05.06.1987
Francisco Javier Campos Domínguez	05.11.1979
Ángel Antonio Chourio Galindez	04.05.1985
Darío Damián Figueroa (ARG)	13.02.1978
Diego García	05.08.1983
Enrique García Feijoo	15.12.1982
Víctor García	11.06.1994
Argenis José Gómez	23.11.1987
Pedro Argenis Millán Moral	27.03.1985
José Rafael Oviedo Pinzón	11.01.1985
Bremer Alfredo Piñango Arévalo	17.05.1982
Andrés Camilo Ramírez Aya (COL)	01.02.1986
Mauricio Romero Sellares	01.08.1979
Luis Enrique Vera	09.03.1973
Forwards:	
Cristian Alfonso Cásseres Cásseres	21.06.1977
Rafael Ernesto Castellín García	02.09.1975
Manuel Eloy Huertas Rodríguez	07.09.1988
Charlis José Ortíz García	21.07.1986
Alejandro Penzini Pinedo	23.04.1993
Trainer:	
Noel Sanvicente Bethelmy	21.12.1964

TRUJILLANOS FÚTBOL CLUB VALERA

Foundation date: August 25, 1981
Address: Tienda „Gol x Gol", Centro Comerical Plaza, Edificio 2, Nivel Plaza, Local P. 102, Valera
Stadium: Estadio „José Alberto Pérez", Valera – Capacity: 20,000

THE SQUAD

	DOB
Goalkeepers:	
Yohnny José Graterol Araujo	27.05.1989
Ángel Hernández	01.07.1980
Luis Carlos Rojas	30.04.1988
Miguel Vásquez	24.04.1992
Defenders:	
Rolando Argenis Álvarez Suárez	14.12.1975
Francisco Carabalí Terán	24.02.1991
Edixon Bladimir Cuevas Tirado	20.05.1979
Jonathan España	
Mayker José González Montilla	06.06.1988
Ynmer Eliécer González Alseco	08.03.1982
Gerardo José Mendoza	03.01.1989
Freddy de Jesús Reyes Suárez	07.09.1981
Víctor Manuel Sifontes Antequera	21.10.1993
Víctor José Valera Pineda	06.09.1984
José Ángel Wilker Romero	18.03.1993
Midfielders:	
Roberto Javier Armúa (ARG)	08.08.1982
Jean Kender Barrios	14.03.1986
Julio César Ferreira Martins	28.01.1991
Arquímedes José Figuera Salazar	06.10.1989
Luis Alfredo García Urbano	21.07.1983
Jaime Hernández	12.12.1992
Gerardo Mendoza	03.01.1989
Douglas Niño	09.03.1989
Erick Ortega	15.12.1992
Manuel Bernardo Rodríguez Molina	23.01.1980
Miguel Leonardo Sosa González	23.01.1990
Wuiliyhon Vivas	29.09.1993
Forwards:	
César Augusto Alzate Meza	30.07.1989
Norman Freddy Cabrera Valencia	03.06.1989
José Ángel Díaz Heredia	06.10.1982
Albeiro Estupiñán Torres (COL)	
Juan Manuel Falcón Jiménez	24.02.1989
Rubén Antonio García Abreu	11.06.1986
Reinaldo José Lupi Aldana	20.05.1980
Omar Perdomo	03.02.1994
Julián Pino	
Trainer:	
Pedro Vera	15.09.1958

YARACUYANOS FÚTBOL CLUB SAN FELIPE

Foundation date: February 20, 2006
Address: *Not known*
Stadium: Estadio „Florentino Oropeza", San Felipe – Capacity: 10,000

THE SQUAD

	DOB
Goalkeepers:	
Yáñez Alexis Angulo Vallejo	21.02.1984
Mikhael Jaimez Ruíz	12.07.1984
Eddyr Rafael González Rodríguez	29.05.1986
Defenders:	
Walter Fernando Aguilar (ARG)	17.08.1979
Carlos Farly Ambuila Tovar	04.10.1987
Emmanuel Vicente Domínguez Suárez	28.08.1990
Wilcar Antonio Giménez Gutiérrez	24.08.1993
Alexander José Osorio Meza	23.11.1991
Jhon Freddy Palacios Ramírez	23.01.1983
Juan Pablo Péndola Sellanes (URU)	09.09.1980
Frank José Presilla Suniaga	28.07.1982
Néstor Eligio Rodríguez Monroy	29.06.1991
Darwin Leonardo Valbuena Moncada	05.03.1986
Midfielders:	
Roberto Carlos Bolívar Mcken (COL)	07.12.1979
Rodolfo Bracho Suárez	05.01.1987
Pedro Francisco Canquiz González	01.08.1991
Jhonny José González Barreto	09.12.1979
Gilbert Guerra	
Richard Yohans López Salas	22.07.1990
Felipe Pérez	
Wislintos Rentería Menas	19.06.1984
Carlos Alfredo Rodríguez Ochoa	15.10.1983
Carlos Gustavo Rojas Torres	04.12.1988
Néstor Elixmir Sánchez Contreras	17.01.1978
Luis Humberto Vargas Archila	25.06.1987
Juan Ernesto Vázquez López	03.02.1991
Yefferson José Velasco Lea	13.06.1986
Forwards:	
Julio César Aguilar Insaurralde (ARG)	14.07.1990
Edwar Segundo Bracho Suárez	05.01.1987
Amir Buelvas Salsa	24.12.1979
Johan Orlando Moreno Vivas	10.06.1991
Ángel Arturo Osorio Meza	02.01.1990
Jonathan Clemente Parra Palacios	08.07.1983
Marcelo Refresquini (URU)	28.09.1980
Jorge Luis Ruíz	01.10.1989
Trainer:	
Saúl Maldonado	

ZAMORA FÚTBOL CLUB BARINAS
Foundation date: February 2, 1977
Address: Barinas 5201, Estado Barinas
Stadium: Estadio „Agustín Tovar", Barinas – Capacity: 27,500

THE SQUAD

	DOB
Goalkeepers:	
Álvaro Antonio Forero Rojas	19.12.1991
Tito Daniel Rojas Rojas	11.10.1987
Luis Alberto Terán Guzmán	14.08.1993
Defenders:	
Jesús Alexander Álvarez Arocha	17.08.1983
Richard Emmanuel Badillo Pérez	24.09.1989
Rohel Antonio Briceño Carpio	15.03.1984
Pedro Fernando Cabeza Zambrano	05.08.1985
Enrique David Díaz (URU)	04.09.1982
William Díaz Gutiérrez	21.03.1985
Franco José Fasciana Ordoñez	09.05.1990
Moises de Jesús Galezo Villalobos	19.03.1981
Dollbys Asdrúbal Rodríguez Durán	11.03.1984
Rafael Ángel Sánchez Pérez	21.09.1984
Nelson Eusebio Semperena González (URU)	19.02.1984
Midfielders:	
Rubén Darío Arocha Hernández	21.04.1987
Herlyn José Cuica	26.03.1986
Arles Eduardo Flores Crespo	12.04.1991
Sandro Javier Gamarra Ríos	11.07.1991
Lully García	02.03.1988
Ronald Germán Giraldo Sánchez	16.08.1983
Leiver Alberto Hernández Martínez	26.10.1990
Jesús Manuel Meza Moreno	06.01.1986
Johan José Osorio Paredes	02.09.1990
Vicente Antonio Suanno Rodríguez	01.01.1983
José Angel Torres Rattis	11.01.1988
Forwards:	
Bryan Maximiliano Aldave Benítez (URU)	29.09.1983
Jonathan Copete Valencia (COL)	23.01.1988
César Enrique Martínez Quintero	30.09.1991
Yulián Otálvarez	
Pedro Antonio Ramírez Paredes	24.08.1992
Gilson Salazar	23.01.1989
Nelson Rolando Suárez Chávez	23.03.1983
Juan Guillermo Vélez	16.09.1983
Trainer:	
José de Jesús Vera	09.02.1969

ZULIA FÚTBOL CLUB MARACAIBO

Foundation date: January 16, 2005
Address: *Not known*
Stadium: Estadio Olímpico „José Encarnación "Pachencho" Romero", Maracaibo – Capacity: 38,000

THE SQUAD

	DOB
Goalkeepers:	
Luis Eduardo Curiel Riera	28.06.1989
José Agustín Fasciana Azócar	04.03.1971
Eddyr Rafael González Rodríguez	29.05.1986
Defenders:	
Bernardo Isaac Cabezas Benítez	26.10.1986
Kerwis Arcides Chirinos Sánchez	25.05.1985
Pedro Agustín Duval Piamo	22.01.1977
Ángel Enrique Faría Mendoza	28.04.1983
Joangel Luis González Medina	09.08.1988
Jericson Andrés Lugo Alarcón	21.01.1990
Ángel Emilio Ojeda Pinto	08.07.1982
Pablo Emilio Pérez (ARG)	27.08.1973
Greddy Anthony Perozo Rincón	16.08.1983
Edgar Eduardo Pico Seña	18.04.1987
Carlos Edurdo Struve Medina	30.04.1988
Paúl Esteban Velásquez Smith	14.05.1991
Midfielders:	
Alejandro José Araus González	26.03.1986
Esteban Blandón Baena	09.04.1989
José Roberto Cubillán Romero	30.07.1993
José Gregorio Enciso Medrano	20.08.1990
Eder Enrique Hernández Romero (COL)	18.03.1982
Joel Antonio Infante Salas	15.02.1993
Blas Enrique Machado Ávila	13.10.1989
José Ángel Mas y Rubí	06.10.1991
Diego Enrique Meleán Berrueta	13.02.1993
Manuel Alfredo Morales Ávila	01.06.1992
Yohandry José Orozco Cujía	19.03.1991
Henry José Palomino Miranda	10.02.1983
Renier José Paráez Pacheco	12.04.1989
Kendrick Polanco	
Gustavo Adolfo Rojas Rocha	14.01.1982
Jhoan Moisés Thomas Hidalgo	02.06.1992
Forwards:	
René Alarcón	
Freddys Enrique Arrieta Fontalvo	20.08.1985
Manuel Alejandro Arteaga Rubianes	17.06.1994
Peter José Fernández Pirela	03.12.1991
Luis Antonio Fruto Miranda (COL)	28.05.1989
Cristian Alberto Pareja (COL)	19.04.1988
Edgar José Rito Manzanilla	20.06.1988
Leandro Cristian Rodrigues Do Amaral „Leandro Safira" (BRA)	14.08.1985
Trainer:	
Miguel Ángel Acosta Jr.	01.10.1978

	SECOND LEVEL Segunda División A de Venezuela 2010/2011

Torneo Apertura 2010

Grupo Centro-Oriental

1.	Tucanes de Amazonas FC Ayacucho	18	12	3	3	34	-	12	39
2.	Universidad Central de Venezuela FC Caracas	18	11	5	2	31	-	13	38
3.	Caracas FC „B"	18	10	4	4	39	-	17	34
4.	SD Centro Ítalo FC Caracas	18	10	4	4	29	-	17	34
5.	Angostura FC Ciudad Bolívar	18	5	7	6	26	-	18	22
6.	Unión Atlético Aragua San Mateo	18	5	6	7	31	-	33	21
7.	Fundación Cesarger Cumaná	18	4	7	7	17	-	21	19
8.	Unión Atlético Píar Aragua de Maturín	18	4	4	10	16	-	41	16
9.	Minasoro FC El Callao	18	3	6	9	25	-	44	15
10.	Estrella Roja FC Caracas	18	1	4	13	11	-	43	7

Grupo Occidente

1.	Llaneros FC Guanare	18	9	5	4	29	-	17	32
2.	Portuguesa FC Acarigua	18	9	5	4	26	-	19	32
3.	Lotería del Táchira San Cristóbal	18	7	8	3	32	-	25	29
4.	Lara FC Barquisimeto	18	6	7	5	25	-	25	25
5.	Unión Atlético San Antonio	18	6	6	6	25	-	25	24
6.	Zamora FC Barinas „B"	18	7	3	8	28	-	29	24
7.	Real Bolívar FC Lagunillas	18	5	6	7	25	-	30	21
8.	Ureña FC	18	5	5	8	20	-	24	20
9.	Unión Atlético Maracaibo	18	4	6	8	26	-	31	18
10.	Club Deportivo San Antonio	18	4	5	9	21	-	32	17

Tucanes de Amazonas FC Ayacucho and Llaneros FC Guanare qualified to Cuadrangular Final

Torneo Clausura 2011

Grupo Centro-Oriental

1.	Angostura FC Ciudad Bolívar	18	13	2	3	29	-	11	41
2.	Tucanes de Amazonas FC Ayacucho	18	12	4	2	48	-	12	40
3.	SD Centro Ítalo FC Caracas	18	11	4	3	45	-	22	37
4.	Caracas FC „B"	18	10	5	3	38	-	22	35
5.	Fundación Cesarger Cumaná	18	6	6	6	26	-	27	24
6.	Universidad Central de Venezuela FC Caracas	18	6	4	8	16	-	22	22
7.	Minasoro FC El Callao	18	6	3	9	31	-	39	21
8.	Unión Atlético Aragua San Mateo Unión	18	4	4	9	40	-	45	17
9.	Estrella Roja FC Caracas	18	3	1	14	16	-	57	10
10.	Atlético Píar Aragua de Maturín	18	1	2	15	12	-	44	5

Grupo Occidente

1. Real Bolívar FC Lagunillas	16	9	3	4	27	-	19	30
2. Portuguesa FC Acarigua	15	8	5	2	28	-	16	29
3. Llaneros FC Guanare	16	8	3	5	28	-	22	27
4. Ureña FC	16	7	4	5	25	-	23	25
5. Lotería del Táchira San Cristóbal	16	7	3	6	29	-	20	24
6. Unión Atlético San Antonio	15	6	3	6	17	-	15	21
7. Zamora FC Barinas „B"	16	6	2	8	20	-	26	20
8. Lara FC Barquisimeto	15	2	6	7	11	-	23	11
9. Club Deportivo San Antonio	15	2	2	11	11	-	32	8
10. Unión Atlético Maracaibo (*withdrew*)								

Angostura FC Ciudad Bolívar and Real Bolívar FC Lagunillas qualified to Cuadrangular Final

Cuadrangular Final

Will be played in June 2011.

Aggregate Table 2010/2011

Grupo Centro-Oriental

1. Tucanes de Amazonas FC Ayacucho	36	24	7	5	82	-	24	79
2. SD Centro Ítalo FC Caracas	36	21	8	7	74	-	39	71
3. Caracas FC „B"	36	20	9	7	77	-	39	69
4. Angostura FC Ciudad Bolívar	36	18	9	9	55	-	29	63
5. Universidad Central de Venezuela FC Caracas	36	17	9	10	47	-	35	60
6. Fundación Cesarger Cumaná	36	10	13	13	43	-	48	43
7. Unión Atlético Aragua San Mateo Unión	36	9	11	16	71	-	78	38
8. Minasoro FC El Callao	36	9	9	18	56	-	83	36
9. Atlético Píar Aragua de Maturín	36	5	6	25	27	-	85	21
10. Estrella Roja FC Caracas	36	4	5	27	27	-	99	17

Grupo Occidente

1. Llaneros FC Guanare	33	17	10	6	54	-	35	61
2. Portuguesa FC Acarigua	34	17	8	9	57	-	39	59
3. Lotería del Táchira San Cristóbal	34	14	11	9	61	-	45	53
4. Lara FC Barquisimeto	34	14	9	11	52	-	49	51
5. Unión Atlético San Antonio	33	12	9	12	42	-	40	45
6. Zamora FC Barinas „B"	34	12	9	13	45	-	47	45
7. Real Bolívar FC Lagunillas	34	13	5	16	48	-	55	44
8. Ureña FC	33	8	12	13	36	-	48	36
9. Unión Atlético Maracaibo	33	6	7	20	32	-	64	25
10. Club Deportivo San Antonio	18	4	6	8	26	-	31	18

THIRD LEVEL
Segunda División B de Venezuela
2010/2011

Torneo Apertura 2010

División Centro-Oriente:

1. Deportivo Anzoátegui SC Puerto La Cruz „B"	10	5	3	2	13	-	6	18
2. Monagas SC „B"	10	4	4	2	14	-	7	16
3. Deportivo Peñarol FC Caracas	10	2	5	3	11	-	11	11
4. Deportivo Madereinse Caracas	10	2	5	3	9	-	11	11
5. Pellícano FC La Guaira	10	2	5	3	8	-	13	11
6. Club Atlético López Hernández FC Baruta	10	2	4	4	12	-	19	10

División Central:

1. Arroceros de Calabozo FC	10	6	1	3	20	-	13	19
2. Deportivo Apure FC San Fernando de Apure	10	6	1	3	19	-	13	19
3. Escuela Club Guaraní Caracas	10	3	5	2	8	-	6	14
4. Atlético Cojedes San Carlos	10	4	1	5	13	-	16	13
5. La Victoria FC	10	3	2	5	12	-	15	11
6. Hermandad Gallega FC Valencia	10	2	2	6	7	-	16	8

División Occidental:

1. CD Lara Barquisimeto „B"	10	8	2	0	33	-	10	26
2. Deportivo Táchira FC San Cristóbal „B"	10	7	1	2	24	-	17	22
3. Unión Atlético Maracaibo „B"	10	5	1	4	17	-	14	16
4. Omega FC Valera	10	3	0	7	15	-	18	9
5. Academia Emeritense Mérida	10	2	3	5	15	-	26	9
6. Union Atlético Falcón Coro	10	1	1	8	9	-	28	4

Final Round:

Deportivo Anzoátegui SC Puerto La Cruz „B" - Arroceros de Calabozo FC	1-0
Arroceros de Calabozo FC - CD Lara Barquisimeto „B"	2-1
CD Lara Barquisimeto „B"- Deportivo Anzoátegui SC Puerto La Cruz „B"	3-3

1. Deportivo Anzoátegui SC Puerto La Cruz „B"	2	1	1	0	4 - 3	4
2. Arroceros de Calabozo FC	2	1	0	1	2 - 2	3
3. CD Lara Barquisimeto „B"	2	0	1	1	4 - 5	1

Deportivo Anzoátegui SC Puerto La Cruz „B", as Apertura winners, promoted to Segunda División A 2011/2012.

Torneo Clausura 2011

División Centro-Oriente:

1. Deportivo Anzoátegui SC Puerto La Cruz „B"	10	6	2	2	19	-	11	20
2. Monagas SC „B"	10	5	2	3	20	-	12	17
3. Club Atlético López Hernández FC Baruta	10	5	2	3	18	-	17	17
4. Pellícano FC La Guaira	10	4	2	4	13	-	15	14
5. Deportivo Madereinse Caracas	10	2	2	6	15	-	22	8
6. Deportivo Peñarol FC Caracas	10	2	2	6	6	-	14	8

División Central:
1. Escuela Club Guaraní Caracas   8   5   3   0   17 - 9   18
2. Arroceros de Calabozo FC   8   4   4   0   23 - 5   16
3. La Victoria FC   8   2   3   3   6 - 16   9
4. Atlético Cojedes San Carlos   8   2   2   4   10 - 14   8
5. Hermandad Gallega FC Valencia   8   0   2   6   4 - 16   2
6. Deportivo Apure FC San Fernando de Apure   (*withdrew*)

División Occidental:
1. Deportivo Táchira FC San Cristóbal „B"   8   4   3   1   18 - 10   15
2. Union Atlético Falcón Coro   8   5   0   3   16 - 17   15
3. CD Lara Barquisimeto „B"   8   3   4   1   17 - 8   13
4. Academia Emeritense Mérida   8   2   4   2   14 - 16   10
5. Omega FC Valera   8   0   1   7   9 - 23   1
6. Unión Atlético Maracaibo „B"   (*withdrew*)

Final Round:
Will be played in June 2011.

NATIONAL TEAM
INTERNATIONAL MATCHES
(01.06.2010 – 31.05.2011)

11.08.2010	Cd. de Panamá	Panama - Venezuela	3-1(0-0)	(F)
03.09.2010	Puerto La Cruz	Venezuela - Colombia	0-2(0-0)	(F)
07.09.2010	Barquisimeto	Venezuela - Ecuador	1-0(0-0)	(F)
07.10.2010	Santa Cruz	Bolivia - Venezuela	1-3(0-3)	(F)
12.10.2010	Ciudad Juárez	Mexico - Venezuela	2-2(1-2)	(F)
17.11.2010	Quito	Ecuador - Venezuela	4-1(3-1)	(F)
09.02.2011	Puerto La Cruz	Venezuela – Costa Rica	2-2(1-1)	(F)
16.03.2011	San Juan	Argentina - Venezuela	4-1(2-1)	(F)
25.03.2011	Montego Bay	Jamaica - Venezuela	0-2(0-0)	(F)
29.03.2011	San Diego	Mexico - Venezuela	1-1(0-0)	(F)

11.08.2010, Friendly International
Estadio „Rommel Fernández", Ciudad de Panamá; Attendance: 2,000
Referee: William Castro Quesada (Costa Rica)
PANAMA - VENEZUELA   **3-1(0-0)**
VEN: José Leonardo Morales Lares, Jaime Andrés Bustamante Suárez, Franklin José Lucena Peña, Osvaldo Augusto Vizcarrondo Araujo, Roberto José Rosales Altuve (75.Pablo Jesús Camacho Figueira), José Luis Granados Asprilla, Tomás Eduardo Rincón Hernández (72.Francisco Javier Flores Sequera), Juan Fernando Arango Sáenz, Ángel Antonio Chourio Galíndez (69.Yohandry José Orozco Cujía), Nicolás Ladislao Fedor Flores (69.Alejandro Enrique Moreno Riera), Giancarlo Gregorio Maldonado Marrero (69.José Salomón Rondón Giménez). Trainer: César Alejandro Farías Acosta.
Goal: Osvaldo Augusto Vizcarrondo Araujo (70).

03.09.2010, Friendly International
Estadio „José Antonio Anzoategui", Puerto La Cruz; Attendance: 30,000
Referee: Roberto Moreno (Panama)
VENEZUELA - COLOMBIA   **0-2(0-0)**
VEN: Renny Vicente Vega Hernández, Franklin José Lucena Peña, Osvaldo Augusto Vizcarrondo Araujo, Roberto José Rosales Altuve, José Luis Granados Asprilla (79.Juan José Fuenmayor Núñez), Tomás Eduardo Rincón Hernández, Alejandro Abraham Guerra Morales (59.Luis Manuel Seijas Gunther), Juan Fernando Arango Sáenz, Ángel Antonio Chourio Galíndez (83.Giácomo Di Giorgi Zerillo), Ronald Alejandro Vargas Aranguren (59.César Eduardo González Amais), José Salomón Rondón Giménez (68.Emilio Rentería García). Trainer: César Alejandro Farías Acosta.

07.09.2010, Friendly International
Estadio Metropolitano, Barquisimeto; Attendance: 37,262
Referee: Juan Torres (Panama)
VENEZUELA - ECUADOR   **1-0(0-0)**
VEN: Daniel Hernández Santos, Jaime Andrés Bustamante Suárez, Franklin José Lucena Peña, Grenddy Adrián Perozo Rincón, José Luis Granados Asprilla, Tomás Eduardo Rincón Hernández, Luis Manuel Seijas Gunther (78.Alejandro Abraham Guerra Morales), César Eduardo González Amais (85.Roberto José Rosales Altuve), Ángel Antonio Chourio Galíndez (73.Giácomo Di Giorgi Zerillo), Nicolás Ladislao Fedor Flores (90.Francisco Javier Flores Sequera), Emilio Rentería García (66.José Salomón Rondón Giménez). Trainer: César Alejandro Farías Acosta.
Goal: Nicolás Ladislao Fedor Flores (86).

07.10.2010, Friendly International
Estadio „Ramón 'Tahuichi' Aguilera", Santa Cruz de la Sierra; Attendance: 18,000
Referee: Ibrahim Chaibou (Niger)
BOLIVIA - VENEZUELA   **1-3(0-3)**
VEN: Manuel Alejandro Sanhouse Contreras, Jaime Andrés Bustamante Suárez, Gabriel Alejandro Cichero Konarek, Grenddy Adrián Perozo Rincón, Osvaldo Augusto Vizcarrondo Araujo, Tomás Eduardo Rincón Hernández, Luis Manuel Seijas Gunther (73.Jesús Javier Gómez Mercado), César Eduardo González Amais (64.Roberto José Rosales Altuve), Juan Fernando Arango Sáenz (86.Francisco Javier Flores Sequera), Ángel Antonio Chourio Galíndez (80.Emilio Rentería García), Alejandro Enrique Moreno Riera (70.Richard José Blanco Delgado). Trainer: César Alejandro Farías Acosta.
Goals: Ángel Antonio Chourio Galíndez (9), Osvaldo Augusto Vizcarrondo Araujo (28), Ángel Antonio Chourio Galíndez (36).

12.10.2010, Friendly International
Estadio Olímpico „Benito Juárez", Ciudad Juárez; Attendance: 20,000
Referee: Joel Antonio Aguilar Chicas (El Salvador)
MEXICO - VENEZUELA   **2-2(1-2)**
VEN: Daniel Hernández Santos, Giovanny Michael Romero Armenio, Osvaldo Augusto Vizcarrondo Araujo, Grenddy Adrián Perozo Rincón, Gabriel Alejandro Cichero Konarek, Juan Fernando Arango Sáenz, Franklin José Lucena Peña, Luis Manuel Seijas Gunther (27.José Luis Granados Asprilla), César Eduardo González Amais (71.Roberto José Rosales Altuve), Ángel Antonio Chourio Galíndez (88.Jaime Andrés Bustamante Suárez), Alejandro Enrique Moreno Riera (67.Emilio Rentería García). Trainer: César Alejandro Farías Acosta.
Goals: Juan Fernando Arango Sáenz (6, 40).
Sent off: Gabriel Alejandro Cichero Konarek (24).

17.11.2010, Friendly International
Estadio Olimpico "Atahualpa", Quito; Attendance: 9,000
Referee: Ibrahim Chaibou (Niger)
ECUADOR - VENEZUELA   **4-1(3-1)**
VEN: Manuel Alejandro Sanhouse Contreras, Jaime Andrés Bustamante Suárez, Franklin José Lucena Peña, Grenddy Adrián Perozo Rincón, Giovanny Michael Romero Armenio, José Luis Granados Asprilla (78.Juan José Fuenmayor Núñez), Alejandro Abraham Guerra Morales (67.Jesús Javier Gómez Mercado), Luis Manuel Seijas Gunther (86.Edgar Fernando Pérez Greco), César Eduardo González Amais (60.Giácomo Di Giorgi Zerillo), Giancarlo Gregorio Maldonado Marrero, Alejandro Enrique Moreno Riera (70.Daniel Enrique Arismendi Marchán). Trainer: César Alejandro Farías Acosta.
Goal: Giancarlo Gregorio Maldonado Marrero (48 penalty).

09.02.2011, Friendly International
Estadio „José Antonio Anzoategui", Puerto La Cruz; Attendance: 15,000
Referee: Henry Gambetta Ávalos (Peru)
VENEZUELA – COSTA RICA   **2-2(1-1)**
VEN: Daniel Hernández Santos, Roberto José Rosales Altuve (90.Ángel Antonio Chourio Galíndez), Osvaldo Augusto Vizcarrondo Araujo, Grenddy Adrián Perozo Rincón, Gabriel Alejandro Cichero Konarek, Tomás Eduardo Rincón Hernández, Luis Manuel Seijas Gunther (67.Alejandro Abraham Guerra Morales), Juan Fernando Arango Sáenz, César Eduardo González Amais (71.Evelio de Jesús Hernández Guedez), José Salomón Rondón Giménez, Nicolás Ladislao Fedor Flores (71.Daniel Enrique Arismendi Marchán). Trainer: César Alejandro Farías Acosta.
Goals: José Salomón Rondón Giménez (24, 80).

16.03.2011, Friendly International
Estadio del Bicentenario, San Juan; Attendance: 25,000
Referee: Claudio Alfredo Puga Briones (Chile)
ARGENTINA - VENEZUELA **4-1(2-1)**
VEN: José Leonardo Morales Lares, Giovanny Michael Romero Armenio (46.Alexander David González), Carlos Alfredo Salazar Cumana (56.Giácomo Di Giorgi Zerillo), Osvaldo Augusto Vizcarrondo Araujo, Gabriel Alejandro Cichero Konarek, Edgar Hernán Jiménez González (73.Evelio de Jesús Hernández Guedez), Luis Manuel Seijas Gunther, Franklin José Lucena Peña, Louis Angelo Peña Puentes (59.José Miguel Reyes), César Eduardo González Amais (59.Jesús Javier Gómez Mercado), Daniel Enrique Arismendi Marchán (66.Ángel Antonio Chourio Galíndez). Trainer: César Alejandro Farías Acosta.
Goal: Daniel Enrique Arismendi Marchán (29).

25.03.2011, Friendly International
Catherine Hall Sports Complex, Montego Bay; Attendance: 8,000
Referee: Enrico Wijngaarde (Suriname)
JAMAICA - VENEZUELA **0-2(0-0)**
VEN: José Leonardo Morales Lares, Roberto José Rosales Altuve (90.Franklin José Lucena Peña), Osvaldo Augusto Vizcarrondo Araujo, Grenddy Adrián Perozo Rincón, Gabriel Alejandro Cichero Konarek (90+2.Juan José Fuenmayor Núñez), Giácomo Di Giorgi Zerillo, Tomás Eduardo Rincón Hernández, Luis Manuel Seijas Gunther (60.Yohandry José Orozco Cujía), Ángel Antonio Chourio Galíndez (84.Jesús Javier Gómez Mercado), Alejandro Enrique Moreno Riera (78.Mário Júnior Rondón Fernández), Nicolás Ladislao Fedor Flores (81.Daniel Enrique Arismendi Marchán). Trainer: César Alejandro Farías Acosta.
Goals: Nicolás Ladislao Fedor Flores (64), Alejandro Enrique Moreno Riera (67).

29.03.2011, Friendly International
Qualcomm Stadium, San Diego (United States); Attendance: n/a
Referee: Ricardo Salazar (United States)
MEXICO - VENEZUELA **1-1(0-0)**
VEN: José Leonardo Morales Lares, Roberto José Rosales Altuve (80.Franklin José Lucena Peña), Osvaldo Augusto Vizcarrondo Araujo, Grenddy Adrián Perozo Rincón, Gabriel Alejandro Cichero Konarek, Giácomo Di Giorgi Zerillo, Tomás Eduardo Rincón Hernández, Luis Manuel Seijas Gunther (66.Yohandry José Orozco Cujía), Ángel Antonio Chourio Galíndez (61.Jesús Javier Gómez Mercado), Nicolás Ladislao Fedor Flores (85.Evelio de Jesús Hernández Guedez), Alejandro Enrique Moreno Riera (78.Daniel Enrique Arismendi Marchán). Trainer: César Alejandro Farías Acosta.
Goal: Osvaldo Augusto Vizcarrondo Araujo (73).

NATIONAL TEAM PLAYERS 2010/2011				
Name	DOB	Club	Cp	Gls
Goalkeepers				
Daniel HERNÁNDEZ Santos	21.10.1985	Real Murcia CF (ESP)	3	0
José Leonardo MORALES Lares	07.07.1978	Deportivo Anzoátegui SC Puerto La Cruz	22	0
Manuel Alejandro SANHOUSE Contreras	16.07.1975	Deportivo Táchira FC San Cristóbal	16	0
Renny Vicente VEGA Hernández	04.07.1979	Caracas FC	45	0
Defenders				
Jaime Andrés BUSTAMANTE Suárez	21.04.1980	Caracas FC	6	0
Gabriel Alejandro CICHERO Konarek	25.04.1985	CA Newell'S Old Boys Rosario (ARG)	23	1
Pablo Jesús CAMACHO Figueira	12.12.1990	Caracas FC	2	0

Name	Date	Club	Caps	Goals
Juan José FUENMAYOR Núñez	05.09.1979	Deportivo Anzoátegui SC Puerto La Cruz	25	0
Alexander David GONZÁLEZ	13.09.1992	Caracas FC	1	0
José Luis GRANADOS Asprilla	22.10.1986	Real Esppor Club Caracas	15	1
Louis Angelo PEÑA Puentes	25.12.1989	Caracas FC	1	0
Grenddy Adrián PEROZO Rincón	02.02.1986	Boyacá Chicó FC Tunja (COL)	27	0
Giovanny Michael ROMERO Armenio	01.01.1984	Caracas FC	5	0
Roberto José ROSALES Altuve	20.11.1988	FC Twente Enschede (NED)	22	0
Carlos Alfredo SALAZAR Cumana	15.05.1989	Deportivo Anzoátegui SC Puerto La Cruz	9	0
Oswaldo Augusto VIZCARRONDO Araujo	31.05.1984	CD Once Caldas Manizales (COL); 01.2011-> Deportivo Anzoátegui SC Puerto La Cruz	29	4
Midfielders				
Juan Fernando ARANGO Sáenz	16.05.1980	Borussia VfL Mönchengladbach (GER)	92	19
Giácomo DI GIORGI Zerillo	24.02.1981	Deportivo Anzoátegui SC Puerto La Cruz	27	0
Francisco Javier FLORES Sequera	30.04.1990	CD Lara Barquisimeto	16	1
Jesús Javier GÓMEZ Mercado	06.08.1984	Caracas FC; 01.2011-> Wadi Degla FC Cairo (EGY)	14	1
César Eduardo GONZÁLEZ Amais	01.10.1982	San Luis FC Potosí (MEX); 01.2011-> Club de Gimnasia y Esgrima La Plata (ARG)	33	2
Alejandro Abraham GUERRA Morales	09.07.1985	Deportivo Anzoátegui SC Puerto La Cruz	33	3
Evelio de Jesús HERNÁNDEZ Guedez	18.06.1984	Deportivo Petare FC Caracas	15	0
Edgar Hernán JIMÉNEZ González	19.10.1984	Caracas FC	5	0
Franklin José LUCENA Peña	20.02.1981	Caracas FC	28	1
Yohandry José OROZCO Cujía	19.03.1991	Zulia FC Maracaibo; 01.2011-> VfL Wolfsburg (GER)	9	0
Tomás Eduardo RINCÓN Hernández	13.01.1988	Hamburger SV (GER)	32	0
Luis Manuel SEIJAS Gunther	23.06.1986	Santa Fé CD Bogotá (COL)	30	0
Ronald Alejandro VARGAS Aranguren	02.12.1986	Club Brügge KV (BEL)	14	3
Forwards				
Daniel Enrique ARISMENDI Marchán	04.07.1982	Deportivo Anzoátegui SC Puerto La Cruz	29	10
Richard José BLANCO Delgado	21.01.1982	Deportivo Petare FC Caracas	5	0
Ángel Antonio CHOURIO Galindez	05.05.1985	Real Esppor Club Caracas	14	5
Nicolás Ladislao FEDOR Flores	19.08.1985	Getafe CF (ESP)	20	6
Giancarlo Gregorio MALDONADO Marrero	29.06.1982	CD Chivas Carson (USA)	53	20
Alejandro Enrique MORENO Riera	09.07.1979	CD Chivas Carson (USA)	31	3
Edgar Fernando PÉREZ Greco	16.02.1982	Deportivo Táchira FC San Cristóbal	4	0
Emilio RENTERÍA García	09.10.1984	Columbus Crew (USA)	6	0
José Miguel REYES	19.09.1992	Carabobo FC Valencia	1	0
José Salomón RONDÓN Giménez	16.09.1989	Málaga CF (ESP)	10	4
Mário Júnior RONDÓN Fernández	26.03.1986	FC Paços de Ferreira (POR)	1	0
Trainer				
César Alejandro FARÍAS	07.03.1973			

(Caps and goals at 31.05.2011)

SOUTH AMERICAN PLAYER OF THE YEAR 2010

The „South American Footballer of the Year" award is given to the best South American football player currently active in South America or Mexico. It was created in 1971 and was awarded until 1992 by the Venezuelan newspaper „El Mundo", the awards between 1971 and 1985 counted as official. Since 1986, the official award is made by uruguayan newspaper „El País", they choose each year the best South American Player: „Rey del Fútbol de América". The same newspaper choose since 1986 the „South American Coach of the Year" too.

The „2010 South American Footballer of the Year" award, organized on December 30, 2010, was won by Argentinian midfielder Andrés Nicolás D'Alessandro (SC Internacional Porto Alegre). Juan Sebastián Verón (Argentina, Winner 2008 and 2009) became runner-up and Brazilian Neymar da Silva Santos Júnior became third. The „2010 South American Coach of the Year" was awarded to Uruguayan Óscar Wáshington Tabárez Silva, manager of the Uruguayan national team.

All „South American Player of the Year" winners since 1971

Year	Player	Club	Country
1971	Eduardo Gonçalves de Andrade „Tostão"	Cruzeiro EC Belo Horizonte	Brazil
1972	Teófilo Juan Cubillas Arizaga	Club Alianza Lima	Peru
1973	Edson Arantes do Nascimento „Pelé"	Santos FC	Brazil
1974	Elías Ricardo Figueroa Brander	SC Internacional Porto Alegre (BRA)	Chile
1975	Elías Ricardo Figueroa Brander	SC Internacional Porto Alegre (BRA)	Chile
1976	Elías Ricardo Figueroa Brander	SC Internacional Porto Alegre (BRA)	Chile
1977	Arthur Antunes Coimbra „Zico"	CR Flamengo Rio de Janeiro	Brazil
1978	Mario Alberto Kempes	CF Valencia (ESP)	Argentina
1979	Diego Armando Maradona	AA Argentinos Juniors	Argentina
1980	Diego Armando Maradona	AA Argentinos Juniors	Argentina
1981	Arthur Antunes Coimbra „Zico"	CR Flamengo Rio de Janeiro	Brazil
1982	Arthur Antunes Coimbra „Zico"	CR Flamengo Rio de Janeiro	Brazil
1983	Sócrates Brasileiro Sampaio de Souza Vieira de Oliveira	SC Corinthians Paulista São Paulo	Brazil
1984	Enzo Francescoli Uriarte	CA River Plate Buenos Aires (ARG)	Uruguay
1985	Julio César Romero	Fluminense FC Rio de Janeiro (BRA)	Paraguay
1986	Antonio Alzamendi Casas	CA River Plate Buenos Aires (ARG)	Uruguay
1987	Carlos Alberto Valderrama Palacio	Asociación Deportivo Cali	Colombia
1988	Ruben Wálter Paz Márquez	Racing Club de Avellaneda (ARG)	Uruguay
1989	José Roberto Gama de Oliveira „Bebeto"	CR Vasco da Gama Rio de Janeiro	Brazil
1990	Raúl Vicente Amarilla Vera	Club Olimpia Asunción	Paraguay
1991	Oscar Alfredo Ruggeri	CA Vélez Sarsfield	Argentina
1992	Raí Souza Vieira de Oliveira	São Paulo FC	Brazil
1993	Carlos Alberto Valderrama Palacio	CD Atlético Junior Barranquilla	Colombia
1994	Marcos Evangelista de Moraes „Cafu"	São Paulo FC	Brazil

446

Year	Player	Club	Country
1995	Enzo Francescoli Uriarte	CA River Plate Buenos Aires (ARG)	Uruguay
1996	José Luis Félix Chilavert González	CA Vélez Sarsfield (ARG)	Paraguay
1997	José Marcelo Salas Melinao	CA River Plate Buenos Aires (ARG)	Chile
1998	Martín Palermo	CA Boca Juniors Buenos Aires	Argentina
1999	Javier Pedro Saviola Fernández	CA River Plate Buenos Aires	Argentina
2000	Romário de Souza Faria	CR Vasco da Gama Rio de Janeiro	Brazil
2001	Juan Román Riquelme	CA Boca Juniors Buenos Aires	Argentina
2002	José Saturnino Cardozo Otazú	Deportivo Toluca FC (MEX)	Paraguay
2003	Carlos Alberto Tévez	CA Boca Juniors Buenos Aires	Argentina
2004	Carlos Alberto Tévez	CA Boca Juniors Buenos Aires	Argentina
2005	Carlos Alberto Tévez	SC Corinthians Paulista São Paulo (BRA)	Argentina
2006	Matías Ariel Fernández Fernández	CSD Colo-Colo Santiago	Chile
2007	Salvador Cabañas Ortega	Club América Ciudad de México (MEX)	Paraguay
2008	Juan Sebastián Verón	Club Estudiantes de La Plata	Argentina
2009	Juan Sebastián Verón	Club Estudiantes de La Plata	Argentina
2010	Andrés Nicolás D'Alessandro	SC Internacional Porto Alegre (BRA)	Argentina

All „South American Coach of the Year" winners since 1986

Year	Coach	Club/National Team	Country
1986	Dr. Carlos Salvador Bilardo	Argentina	Argentina
1987	Dr. Carlos Salvador Bilardo	Argentina	Argentina
1988	Roberto Fleitas	Club Nacional de Football Montevideo	Uruguay
1989	Sebastião Barroso Lazaroni	Brazil	Brazil
1990	Luis Alberto Cubilla Almeida	Club Olimpia Asunción (PAR)	Uruguay
1991	Alfredo „Alfio"Rubén Basile	Argentina	Argentina
1992	Telê Santana da Silva	São Paulo FC	Brazil
1993	Francisco Maturana	Colombia	Colombia
1994	Carlos Arcecio Bianchi	CA Vélez Sarsfield	Argentina
1995	Héctor Núñez Bello	Uruguay	Uruguay
1996	Hernán Darío Gómez	Colombia	Colombia
1997	Daniel Alberto Passarella	Argentina	Argentina
1998	Carlos Arcecio Bianchi	CA Boca Juniors Buenos Aires	Argentina
1999	Luiz Felipe Scolari	SE Palmeiras São Paulo	Brazil
2000	Carlos Arcecio Bianchi	CA Boca Juniors Buenos Aires	Argentina
2001	Carlos Arcecio Bianchi	CA Boca Juniors Buenos Aires	Argentina
2002	Luiz Felipe Scolari	Brazil	Brazil
2003	Carlos Arcecio Bianchi	CA Boca Juniors Buenos Aires	Argentina
2004	Luis Fernando Montoya Soto	CD Once Caldas Manizales	Colombia
2005	Aníbal Ruiz	Paraguay	Uruguay
2006	Claudio Daniel Borghi	CSD Colo-Colo Santiago (CHI)	Argentina
2007	Gerardo Daniel Martino	Paraguay	Argentina
2008	Edgardo Bauza	LDU de Quito (ECU)	Argentina
2009	Marcelo Alberto Bielsa Caldera	Chile	Argentina
2010	Óscar Wáshington Tabárez Silva	Uruguay	Uruguay